U0107605

日本学者古代中国研究丛刊

复旦大学历史学系 编

徐 冲 主编

唐王朝的贱人制度

浜口重国——著

王安泰 廖 昀——译

安部聪一郎——校

復旦大學 出版社

目 录

中文版序 ································· 1

序 ······································· 1

说明 ····································· 1

主篇

第一章 私奴婢的研究 ················· 3

　第一节 唐代法律中的"贱人"用语 ······ 4

　第二节 私奴婢的籍、姓与丁中老 ······ 10

　　第一项 籍与姓 ····················· 11

　　第二项 丁中老的规定 ··············· 15

　第三节 私奴婢的性质 ··············· 17

　　第一项 将私奴婢当作"物"的规定 ····· 17

　　第二项 结婚 ······················· 21

　　第三项 子女的归属 ················· 29

　　第四项 养子 ······················· 32

　　第五项 与财物的关系 ··············· 34

　　第六项 生命、身体受保护的程度 ······ 41

　　第七项 责任能力与告官 ············· 48

　第四节 私奴婢的总结 ··············· 49

第二章　部曲客女的研究 …………………………… 57
　第一节　姓与丁中老的规定 ……………………… 58
　第二节　部曲客女的性质 ………………………… 63
　　第一项　劳动的形态 …………………………… 63
　　第二项　结婚 …………………………………… 70
　　第三项　各项规定 ……………………………… 77
　第三节　随身 ……………………………………… 83
　第四节　部曲客女的总结 ………………………… 88

第三章　官贱人的研究 ……………………………… 93
　第一节　官奴婢、官户、杂户 …………………… 94
　　第一项　诸项规定 ……………………………… 94
　　第二项　丁中老的规定与劳动方式 …………… 100
　　第三项　土地与衣粮 …………………………… 103
　　第四项　结婚与养子 …………………………… 105
　第二节　户奴婢 …………………………………… 111
　　第一项　户奴婢的相关史料 …………………… 111
　　第二项　何谓户奴婢 …………………………… 116
　第三节　工户与乐户 ……………………………… 120
　　第一项　工户与乐户的等级（其一） ………… 122
　　第二项　工户与乐户的等级（其二） ………… 126
　第四节　太常音声人 ……………………………… 133
　　第一项　诸项规定与名称的由来 ……………… 133
　　第二项　与散乐的异同 ………………………… 137
　　第三项　番上方式与纳资 ……………………… 143
　第五节　官贱人与番役以外的义务　附：残疾与侍丁 ……… 148
　　第一项　上番以外的义务 ……………………… 148
　　第二项　残疾与侍丁 …………………………… 153
　第六节　官贱人的总结 …………………………… 156

第四章　唐代法律中的没官 …… 159
 第一节　造成没官的犯罪 …… 161
  第一项　反、逆以外的犯罪 …… 161
  第二项　谋反罪与谋大逆罪 …… 167
 第二节　武德、开元年间的谋反与谋大逆事件 …… 175
  第一项　高祖时代 …… 176
  第二项　太宗时代 …… 185
  第三项　高宗时代 …… 192
  第四项　武后时代 …… 201
  第五项　中宗、睿宗时代 …… 231
  第六项　玄宗开元时代 …… 241
 第三节　谋反、谋大逆事件的总结 …… 251

第五章　有关官贱人由来的研究 …… 257
 第一节　北魏时代杂户的含义 …… 258
 第二节　北魏的杂役之户与分裂后的杂户 …… 266
  第一项　北魏的杂役之户 …… 266
  第二项　东西魏、北齐北周的杂户 …… 269
  第三项　所谓"近世魏律" …… 275
  第四项　隶户与杂役之户、杂户的关系 …… 277
 第三节　隋及唐初的官贱人 …… 284
  第一项　杂户与官户 …… 284
  第二项　关于工、乐，特别是乐户 …… 289
 第四节　北魏的杂营户、营户与军户 …… 294
  第一项　杂营户与营户 …… 294
  第二项　《魏书·释老志》所见"军户" …… 299

第六章　部曲与"家人"一词 …… 303
 第一节　唐、五代部曲的用例 …… 304
  第一项　安禄山之乱后 …… 304

第二项　开元天宝以前 ·············· 314
第二节　唐及前代的"家人"一词 ·············· 321
第一项　以良、贱家口作家人之例（其一）·············· 321
第二项　以良、贱家口作家人之例（其二）·············· 333
第三项　汉代以庶人作家人的案例 ·············· 338
附　构成本书主篇的已发表论文 ·············· 351

外篇

第一篇　唐代陵、墓户的良贱 ·············· 357

第二篇　《晋书·武帝纪》所见部曲将、部曲督与质任 ······ 365
一　序言 ·············· 366
二　部曲一词 ·············· 366
三　部曲将与部曲督 ·············· 370
四　部曲将、部曲督与质任 ·············· 375

第三篇　南北朝时代的兵士身份与部曲意义的变化 ········ 379
一　序言 ·············· 380
二　南朝部曲的含义 ·············· 381
三　北朝部曲的含义 ·············· 384
四　部曲含义变化的时期 ·············· 387
五　南朝兵士的身份 ·············· 391
六　北朝兵士的身份 ·············· 393
七　北朝末年官兵身份的提升 ·············· 396
八　部曲一词成为私贱民法制名称的理由 ·············· 398

第四篇　唐的部曲、客女与前代的衣食客 ·············· 405
第一节　序言 ·············· 406
第二节　宾客及其他 ·············· 407

第三节　奴客 ················ 418

第四节　佣客与佃客 ··············· 430

第五节　出客与衣食客 ·············· 443

第六节　衣食客与唐代部曲客女的关系 ········· 452

第七节　两晋限客法所见衣食客 ··········· 460

第五篇　唐代贱民、部曲的形成过程 ········· 467

第一节　序言 ················· 468

第二节　诸前辈学者之说 ············· 470

第三节　家兵 ················· 474

第四节　唐代法律中部曲的形成过程 ········ 484

第五节　结论 ················· 492

第六篇　关于中国史上古代社会问题的札记 ········ 497

后　记 ·················· 524

译者后记 ················· 525

编者后记 ················· 527

中 文 版 序

安部聪一郎

　　本书《唐王朝的贱人制度》是滨口重國氏继《秦漢隋唐史の研究》（上、下，东京大学出版会，1966年）之后的第二本论文集，于1966年由京都大学东洋史研究会出版，为"東洋史研究叢刊之十五"，并于1969年与滋贺秀三《中国家族法の原理》[1]等论著一同获第59回日本学士院奖。

　　授奖审查意见中明确指出了本书获日本学士院奖的原因："该书网罗了较为零细的史料，加以周密的考察，作为足以指引后进学人的业绩评价颇高。"[2]最先需要关注的是，诚如这一审查意见所言，本书及滨口重國氏的研究网罗了琐细的史料，且以宏大但不失周密的考证为基础。在汉唐间良贱制度的研究史中，本书被视为沈家本后法制史、制度史研究的集大成者[3]，时至今日仍未失去价值，其主要原因可以说是鉴于上述周密考证的准确性，"无论官贱人还是私贱人，能探究的贱人制中制度性问题几已解明殆尽"[4]。由此可见，本书是良贱制研究的一座里程碑。

　　不过，本书考证所得的结果并不止于究明史实。为了解明在把握中国历史图景方面颇为关键的社会、经济、法律上的重要课题，滨口

---

1. 李力译中文译本《中国家族法原理》已由法律出版社（2003年版）及商务印书馆（2013年版）出版。

2. 该书的授奖审查意见见已于日本学士院官方网站"受赏一览"栏公开，见https://www.japan-acad.go.jp/japanese/activities/jyusho/index.html。

3. 堀敏一：《日本における中国古代身分制研究の動向と本書の構成》，见氏著《中国古代の身分制——良と賤》序章，汲古书院，1987年，第3—16页。

4. 山根清志：《唐の良賤制をめぐる二、三の問題》（1982年初次发表），见氏著《唐王朝の身分制支配と「百姓」》第一部第二章，汲古书院，2020年，第36页。

氏精心挑选了本书考证的对象，而他的选择正是基于对中日两国前人研究中遗留问题的尖锐批判。批判性地继承前人研究、提出论点，网罗史料、周密考证，并在此基础上力求把握历史全貌，这种研究方式一直是日本中国史研究的理想模式，而本书可以说是其精粹。这就是为何上述授奖审查意见将本书评价为"足以指引后进学人的业绩"。实际上，在出版半个多世纪后的现在，本书仍与仁井田陞《中国身分法史》一同作为奠定魏晋南北朝及隋唐身份制研究基础的经典中的经典，被列为开始该领域研究时首先必读的书目[1]。附带一提，笔者在大学本科阶段开始学习中国史时最先被推荐的、值得作为范本的前人研究之一，便是濱口氏的论文。

关于本书的作者，菊池英夫氏撰有一篇优秀的评传[2]。下文将主要基于该篇评传简单介绍作者的经历。濱口重國氏1901年生于日本高知县。濱口家是江户时代服务土佐藩的武士家庭出身，作为"船奉行"，在港口负责管理船舶的工作。其父是警察系统的官员，从明治时代到大正时代历任各县的警察署长，因此濱口氏在中小学时总是随着父亲转任而反复搬迁。据说他热衷于做手工。1921年，他进入京都的第三高等学校理科甲类就读，原本希望攻读造船学，但由于眼疾，视力无法满足制图所需，便于1922年重新进入同一高等学校的文科乙类就读。日本战前的"高等学校"是为了打下大学专门教育的基础，提供语言学习等基础教育的三年制高等教育机关，文科中的历史学不仅包括日本史，也有东洋史及西洋史的课程。当时在第三高等学校负责东洋史的是后来因唐代社会文化史、敦煌文书等研究为人所知，并成为京都帝国大学教授的那波利贞。另外濱口氏在学期间积极组织活动，在学校里举办了讲演会，邀请了当时在京都帝国大学教授东洋史学的桑原隲藏、教授中国文学等科目的狩野直喜，还参加了内藤湖南的讲演等，

---

1. 举一例而言，如礪波護、岸本美绪、杉山正明编：《中国歷史研究入门》第 I 部第 3 章《三国五胡·南北朝》"社会·经济"条及同书第 4 章《隋·唐》"家族·姓差·身分制"条，名古屋大学出版会，2006 年，第 90、114 页。

2. 菊池英夫：《濱口重國 1901～81》，收入今谷明、大濱徹也、尾形勇、樺山紘一编：《20 世纪の歴史家たち》（2）日本编（下），刀水书房，1999 年，第 227—240 页。

这些经历也加深了他对佛教和中国文化的倾慕。

在战胜重病后，滨口氏于1926年进入东京帝国大学文学部东洋史学科跟随藤田丰八、池内宏、加藤繁学习，治唐代制度史，后提出了以《府兵制度より新兵制へ》(《从府兵制到新兵制》)为题的毕业论文，于1929年毕业。据说，他在学期间尤其受池内宏注重史料解读的逻辑性而展开的考证的影响。此后，从1930年到1937年，他在宫城县仙台市的东北学院高等学部文科（历史科）这一私立高等教育机关[1]担任东洋史与汉文的讲师。滨口氏在职期间，与在东北帝国大学法文学部负责东洋史的冈崎文夫、曾我部静雄有着密切交流，这段经历也对此后滨口氏的研究产生了很大影响。1937年，滨口氏回到东京，在外务省管辖下的东方文化学院东京研究所担任研究员，与仁井田陞等人一同致力于研究工作，更于1941年成为东京帝国大学文学部的助教授。自1930年至日本战败期间，滨口氏以唐代为起点，在阐明汉魏晋南北朝时期的兵制、官制、徭役劳动、刑徒劳动等的历史发展上取得了一系列扎实的成果[2]，通过这些成果，他逐渐确立了以催生制度变化的历史性事件为线索，从机构、制度方面分析皇权，以围绕皇权展开的政治为核心来把握社会、经济、文化的中国史研究视角。但1943年，滨口氏由于个人原因不得不离开东京帝国大学，担任满铁调查局的临聘职员，独自前往大连赴任，考察中国东北各地。然而不久后的1945年8月日本战败，战后，滨口氏被卷入滞留日本人间的冲突，健康状况受损，于1947年回到日本，栖身于静冈县家人的避难所。在他远离学界、面临严峻窘境时，正是曾我部静雄劝他提交博士学位论文、回归学界并向他伸出援手。应曾我部氏的劝说，又受到池内宏、冈崎文夫等的激励，他完成了《魏晋南北朝时代の部曲と衣食客の研究》(《魏晋南北朝时代的部曲与衣食客的研究》)一文，并凭借这篇论文于1950年获

---

1. 即现在的东北学院大学。当时是四年制的专门学校，类似高等学校的教育机关。东北学院时代滨口氏的情况可参守屋嘉美《東北学院と史学科》及铃木一郎《滨口重国先生》，见《東北学院大学論集》歴史学·地理学篇（38），2005年，第3—49、52—54页。
2. 这些论文收录于前揭《秦漢隋唐史の研究》（上、下）。另外，这一时期兵制史研究的成果后来亦为谷霁光《府兵制度考释》所参考。

东北大学文学博士学位。濱口氏之所以选择部曲与衣食客为课题，或许不止是因为它是战前兵制史研究长期以来的遗留问题，是把握皇权与法律制度以及与社会、经济关系的重要视角，还与他在日本战败前后的经历有关[1]。后来，这篇博士论文经修订后公开发表，并作为《唐代的部曲、客女与前代的衣食客》（外篇第四篇）及《唐代贱民、部曲的形成过程》（外篇第五篇）两篇文章收入本书，濱口氏自己亦在第四篇末尾的"附记"中详细说明了上述经历[2]。同一年，他作为教授入职山梨县新开设的国立山梨大学学艺学部，此后投身于该学部的研究与教育事业。虽有一部分成果被另收入《秦汉隋唐史の研究》上、下，但总体而言，本书各章是以这一期间的研究成果为基础的（参本书内篇第六章末尾表格）。在此期间，他凭借《唐法上の贱民に关する基础的研究》（《关于唐代法律中贱民的基础性研究》）于1962年获京都大学法学博士学位。1966年，濱口氏退休离职，发表了包括本书在内的两本著作，后于1981年离世。

如上所述，本书是以濱口氏1950年的博士论文为出发点，基于他战后于山梨大学就职期间公开发表的研究，再加以改订增补汇总而成的。其中，构成本书内篇基础的论文之一是濱口氏与在山梨大学学艺学部指导的学生竹川花子共同完成并公开发表的，这正是他在新设的山梨大学致力于教育事业的表现。不过，上述研究的基干无疑是在战前研究中培养的中国史研究的视角，即以催生制度变化的历史性事件为线索，从机构、制度方面分析皇权，以围绕皇权展开的政治为核心来把握社会、经济、文化的方法。从本书内篇第六章第二节"唐及前代的'家人'一词"末尾处提及了汉代皇帝与士人、庶民的关系及其所见的支配秩序，将《关于中国史上古代社会问题的札记》一文置于本书外篇末尾的第六篇等方面都可以看到这一点。由此可见，本书是集濱口氏战前与战后两阶段的研究、教育成果之大成者。

如开头所述，本书被评价为"足以指引后进学人的业绩"，时至今

---

1. 见前引菊池英夫：《濱口重國1901～81》，第236—237页。
2. 更为详细的经过在濱口重國《ある思い出》[收入《岩波講座世界歷史》(旧々版)第五卷附录月报，岩波书店，1970年，第3—6页]中有所记述。

日仍是身份制研究的必读书目。不过，后进学人并不只是以它为指路明灯，而是批判性地继承并深化了本书的研究。前文曾略有提及，本书被视作沈家本以来关于汉唐间良贱制度的法制史、制度史研究的集大成者，特别是本书从分析部曲如何成为对贱民的称呼出发，强调奴婢作为家兵积极行动，由此地位上升，这一点时常受人瞩目。然而另一方面，滨口氏虽不只是具备上述从机构、制度方面分析皇权，以围绕皇权展开的政治为核心来把握社会、经济、文化的视角，而且特别关注中国中世的普通农民阶层（见外篇第六篇），但他仅将贱人制度视作"贱人制度"进行分析，而未将其视作良民与贱民共同组成的身份体系，这点在后来的研究中已为人注意并成为课题。1963年公开发表的西嶋定生《中国古代奴婢制的再考察——その階級的性格と身分的性格》一文便在较早时期触及了这点，成为开拓研究新阶段的契机[1]。西嶋氏基于有关二十等爵制的讨论，认为包括奴婢制在内的良贱制身份体系是为了维持良民身份而形成的，其目的是使以皇帝为核心的一元化个别人身支配体制得以确立。这一观点为堀敏一、尾形勇二人所继承，二人揭示了汉唐间从庶民与奴婢到良民与奴婢、良民与贱民这一身份体系历史性变化中的数个面相[2]。又，尾形勇批判了前揭本书内篇第六章第二节"唐及前代的'家人'一词"中滨口氏讨论汉代皇帝与士人、庶民的关系及所示的支配秩序时的切入点——即对"家人"一词的解释[3]，并以此为线索完成了他的代表作《中国古代の「家」と国家》，突破了以往的家族国家论，阐明了以君臣关系为媒介组建的皇帝支配的秩序构造。如前所述，日本中国史研究的理想模式是在批判性继承

---

1. 西嶋定生：《中国古代国家と東アジア世界》第一篇第四章，东京大学出版会，1983年，第115—147页。
2. 堀敏一：《中国古代における良賤制の展開》，见氏著《均田制の研究》第七章，岩波书店，1975年，第363—400页（中译本参韩国磐等译：《均田制的研究》，福建人民出版社，1984年。该文最初发表于1967年，当时题为《均田制と良賤制》）；及前揭同氏《中国古代的身分制——良と賤》。尾形勇：《良賤制の展開とその性格》，收入《岩波講座世界歷史》（旧旧版）第五卷，岩波书店，1970年，第325—364页。（重新编撰后又收入同氏《中国古代の「家」と国家》，岩波书店，1979年；中译本参张鹤泉译：《中国古代的"家"与国家》，中华书局，2009年）
3. 尾形勇：《中国古代の「家」と国家》序章第三节三，第69—74页。

前人研究的基础上提出论点，以考证为基础，力求把握历史面貌，而在这一层面上，本书自身亦是重要的前人研究，作为深化后进学人研究的基石发挥了莫大作用。

此外，除目前已引用的参考资料外，滨口氏本人也在别处总结了本书的主要内容[1]，另外还有河地重造、布目潮渢的书评可供参考[2]。

本书的研究及回应中诞生了诸多成果，迄今已过去了半个世纪。时至今日，秦汉史领域有里耶秦简、岳麓秦简等大量的出土简牍，唐代史领域则有天圣令的发现，这些都促生了全新的研究成果，其中也可见与身份制度及支配密切相关的内容。我衷心希望，本书的翻译所展示的成果与研究方法能再次对中日学界的发展有所裨益。

2023年3月

附注：本书的翻译工作受到日本学术振兴会平成30年度（2018年度）外国人访问学者（短期）、东方学会青年学者研究会等支援项目及金泽大学平成30年度战略研究推进项目的援助。

---

1. 濱口重國：《唐王朝の賤人制の研究梗概》，《山梨大學學藝學部研究報告》（16），1965年，第47—71页。
2. 河地重造：《濱口重國著「唐王朝の賤人制度」》，《東洋史研究》25（4），1967年，第533—538页。布目潮渢：《濱口重國著「唐王朝の賤人制度」》，《法制史研究》（164），1968年，第164—166页。

序

　　关于唐代贱人制度及其渊源的论考不在少数，不过，其中最值得瞩目的或许是已故玉井是博教授于昭和四年（1929）发表的《唐の賤民制度とその由来》一文。这篇论文是玉井教授年轻时关于唐代史的三部作品之一，它为贱人制度的历史研究打下了基础，实为重大成果。不仅如此，玉井教授早在昭和初年就注意到这一领域，这本身就具有划时代的意义。这篇论文与玉井教授真挚谦和的研究态度都极为后学所推服。后继于玉井教授论文的名著则当数仁井田陞博士于昭和十六、十七年（1941、1942）之际出版的《中国身分法史》第八章《部曲奴婢法》。该章中，仁井田博士以对唐代法律中部曲客女与奴婢的研究为中心，讨论中国历代王朝的私贱人法，在庞大的构想与井然的叙述中，法制史学者的特点跃然纸上。可以说，在仁井田博士的大作出版后，不仅是贱人法，中国身份法史的体系才得以开始建构，该作亦逐渐成为了这一领域的最高权威。

　　在这两篇文章刊布时，我正专注于随着自己的兴趣探讨汉唐时代的诸问题，其间，作为兵役制度研究的副产品，我发表了一两篇关于"部曲"一词由来的论文。回首来看，这些研究成了某种机缘，另外我也注意到了如何把握旧中国社会发展的问题。不久，我就开始把主要精力放在唐代贱人制度研究这一方面。从那时到现在已过了二十年，我只能感叹岁月徒然流逝，研究却迟迟未有进展。暂且不论这些感慨，以玉井是博教授、仁井田陞博士为首的诸家学说曾直接或间接地引导我的研究，使我确信可以获得一定程度的成果，但由于近年我的健康严重受损，我认为是时候该总结自己的学说了，遂下定决心不揣浅陋出版本书。

2

我认为做学问、研究与任何事情一样，都无止境可言。解决一个疑问又会生出下一个疑问，做研究就是在无限延展的领域中，逐步展开自己的历史世界。从这层意义来看，未完成的研究反而更值得期待，也蕴含着希望。在研究交付出版之际，我要感谢文部省过去多次给予我科学研究费补助，更要对关照我研究进展的人们，以及将本书收入《東洋史研究叢刊》的先生们表达深挚的谢意。同时，如果这本书有幸出版的话，我想最先将它献于恩师池内宏先生的灵前。

此外，本书分为主篇与外篇。主篇是根据已发表的论文多加修订而成；外篇除了修改错字与假名，并略微改变部分措辞外，仍维持发表时的原貌。

昭和三十九年（1964）十一月一日
濱口重國于古府中

说　明

一、玉井是博教授的《唐の賤民制度とその由來》一文，发表于昭和四年（1929）9月京都帝国大学法文学会第二部论纂第一辑《朝鲜中国文化の研究》，后收录于玉井教授的论文集《中国社會經濟史研究》（1942），本书引用者为论文集所收内容，特此说明。

二、外篇中的补注与补记，是本书刊行时新增的内容。

主

篇

第一章

私奴婢的研究

第一节　唐代法律中的"贱人"用语

玉井是博教授在《唐の賤民制度とその由來》一文中述及：

> 本文以贱民制度为题，此处的贱民是什么呢？……《唐律》及疏议中曾提及良、良人以及相对的贱、贱人，而无良民与贱民的用法。《唐律疏议》编修于高宗永徽四年（653），因为高宗即位后就重新规定，唐太宗名讳中的世、民两字即使不连用也要避讳，此书不使用良民与贱民的说法自是理所当然。可是，《宋刑统》中仍用良人、贱人，《明律集解》亦同，所以这里的良人、贱人就不一定是避唐太宗之讳。因此，正确的称呼应该是"贱人制度"，不过我现在仍暂时采用一般的说法。[1]

但是，我们现在所见的《唐律疏议》并非《永徽律》的疏议，而是《开元二十五年律》的疏议，后来仁井田陞博士与牧野巽博士的共同研究《故唐律疏議製作年代考》[2]已阐明了这一点。

　　如玉井教授所言，虽然贱人与贱民同义，但如果将它们置于历史中进行观察，究竟是原本就使用贱民、后来为避唐太宗讳而改为贱人，还是从过去开始就已使用贱人，只是刚好符合避太宗讳的意图呢？要利用史料作出判断并不容易。关于这部分，我在迄今为止发表的论文中仿效玉井教授的做法，基本都将相关内容称为贱民或贱民制度。然而，本书后文探讨的是唐代法律尤其是开元法中的贱人，所以本书的第一章至第六章将遵循唐人的用法，全部使用贱人一词，与此同时本书的标题也使用贱人而非贱民，但本书外篇仍沿用旧稿使用贱民一词，

---

1. 收入玉井是博：《中国社會經濟史研究》，岩波书店，1942年，第148页。
2. 见《東方學報》（東京）（1）（2），1931年；后收入律令研究會编，瀧川政次郎等监修：《譯注日本律令：首卷1》，东京堂，1988年。

不作更动。

那么关于贱人一词，我过去一直认为这个词是指唐代身份法中所有非良民者，亦即所有的官府太常音声人、杂户、工户、乐户、官户、官奴婢及私家的部曲客女、私奴婢，且从未对此抱有任何疑念。然而最近我收到了滋賀秀三博士的建议，他认为"《唐律疏议》所记的贱人只有奴婢，没有使用贱人一词称呼其他身份者的案例，这些人恐怕不能划入贱人的类别"[1]。这正直指我考证所未至之点。滋賀博士的建议刚好促使我必须重新检讨传统见解的对错，所以我打算从这点出发加以考虑。

《唐律疏议》卷四《名例四》"诸年七十以上、十五以下及废疾……八十以上、十岁以下及笃疾……盗及伤人者，亦收赎"条的问答云：

> 答曰：奴婢贱隶，唯于被盗之家称人……

同书卷六《名例六》"诸官户、部曲（注省略）、官私奴婢有犯，本条无正文者，各准良人……即同主奴婢自相杀，主求免者，听减死一等"条云：

> 疏议曰：奴婢贱人，律比畜产，相杀虽合偿死，主求免者，听减。若部曲故杀同主贱人（指奴婢），亦至死罪，主求免死，亦得同减法。但奴杀奴是重，主求免者尚听；部曲杀奴既轻，主求免者，亦得免。既称同主，即是私家。若是官奴自犯，不依此律。

同书卷二十《贼盗四》"诸知略、和诱、和同相卖及略、和诱部曲奴婢而买之者……知祖父母、父母卖子孙及卖子孙之妾、若己妾而买者。各加卖者罪一等"条问答云：

> 问曰：知略、和诱充贱，而取为妻妾，合得何罪？

1. 滋賀秀三：《（書評）濱口重國著「唐の官有賤民、雜戸の由来について」（山梨大學學藝學部研究報告一〇號）》，《法制史研究》（11），1961年，第256页，书评栏。

答曰：知略、和诱、和同相卖而买之者，各减卖者罪一等；其略为部曲、客女，减为贱（指为奴婢之事）罪一等；为妻妾、子孙，又减一等：即是从贱（从奴婢）为妻妾减罪二等，通初买减三等。

前述这些贱隶、贱人、贱的用语皆指奴婢，其他身份的人并未包括在内。

另一方面，同书卷二《名例二》有"诸犯十恶、故杀人、反逆缘坐……即监临主守，于所监守内犯奸、盗、略人，若受财而枉法者，亦除名"云云，该条问答云：

问曰：监守内略人，罪当除名之色。奴婢例非良人之限；若监守内略部曲，亦合除名以否？

答曰：据杀一家非死罪三人乃入"不道"，奴婢、部曲不同良人之例……

同书卷十二《户婚一》云：

诸放部曲为良，已给放书……

同书卷十四《户婚三》云：

诸杂户不得与良人为婚，违者杖一百。官户娶良人女者，亦如之……

该条疏议云：

太常音声人，依令"婚同百姓（所谓百姓即同良人）"，其有杂户作婚姻者[1]，并准良人[2]。

---

1. 即以杂户身份与太常音声人结为婚姻者。
2. 即是说其罪等同于杂户与良人结婚。太常音声人在婚姻方面的待遇与良人相近。

同书卷十七《贼盗一》"诸杀一家非死罪三人（……奴婢、部曲非）及支解人者（注省略）皆斩，妻、子流二千里"条问答云：

> 问曰：假有部曲若奴，杀别人部曲、奴婢一家三人或支解，依例"有犯各准良人"，合入十恶以否？
> 答曰：部曲、奴婢虽与良人有殊，至于同类杀三人及支解者，不可别为差等。坐同良人，还入十恶。

依照前述史料，奴婢自不待言，唐代法律中的部曲客女与官户、杂户、太常音声人等确实也不具有良人的身份。

　　总结上述内容可见，部曲客女及官户、杂户、太常音声人等与官私奴婢一样都被规定为非良人，不过在唐律中，贱隶、贱人、贱等词所指称的对象都只限奴婢。从而若此论点无误，那么部曲客女与官户、工户、乐户、杂户、太常音声人在身份上不属于良人，但他们与被称作贱隶、贱人、贱的奴婢也不属同一身份。因此如滋贺博士所言部曲、客女的法律地位："当然，他们也不是良人，而是介于良与贱中间的身份。"[1] 由此就可了解他们的性质。然而，这个前提真的是正确的吗？

　　《唐律疏议》卷四《名例四》"诸略、和诱人，若和同相卖；及略、和诱部曲奴婢，若嫁卖之，即知情娶买"条云：

> 疏议曰：上文皆据良人，此论部曲、客女、奴婢等……其知情娶买者，谓从略、和诱以下，不问良贱，共知本情，或娶或买，限外不首，亦为蔽匿。

同书卷八《卫禁二》"诸不应度关而给过所（注省略），若冒名请过所而度者，各徒一年……若家人相冒，杖八十"云云一条称：

---

1. 滋賀秀三：《（書評）濱口重國著「唐の官有賤民、雜戸の由来について」（山梨大學學藝學部研究報告一〇號）》，《法制史研究》（11），1961年，第256页，书评栏。

> 疏议曰：家人不限良贱，但一家之人，相冒而度者，杖
> 八十。

此处"良贱"的"贱"，不仅包括私奴婢，也包括部曲客女。又同书卷六《名例六》"诸称'道士'、'女官'者，僧、尼同……观寺部曲、奴婢于三纲，与主之期亲同；余道士、与主之缌麻同（犯奸、盗者，同凡人）"条注称"犯奸盗同凡人"，该条疏议虽然仅称"道士、女官、僧、尼犯奸盗，于法最重……若不满十匹者，不坐"，但在《宋刑统》卷六的同一条下又有续文：

> 议曰……议奸者谓僧寺有婢及客女，尼寺有奴及部曲，
> 良贱相奸者、道士、女冠观亦同。

此处"良贱"的"贱"也包含部曲客女。

而据《唐律疏议》卷三《名例三》"诸工、乐、杂户及太常音声人犯流者，二千里决杖一百，一等加三十，留住俱役三年"条可见：

> 疏议曰：此等（指工乐户等）不同百姓……故犯流者不
> 同常人例……若是贱人，自依官户及奴法。

如后章（第三章第三节第二项）所详述，"若是贱人，自依官户及奴法"一条规定，对于从官户、官奴婢中选出的、正在修习工艺或音乐技术之人，应根据他们现在的身份等级进行处罚，所以此处的贱人一词当然是指官户与官奴婢两者。

同书卷十二《户婚一》"诸养杂户男为子孙者，徒一年半……若养部曲及奴为子孙者，杖一百。各还正之（无主及主自养者，听从良）"条云：

> 疏议曰……注云"无主"，谓所养部曲及奴无本主者；"及
> 主自养"，谓主养当家部曲及奴为子孙：亦各杖一百，并听从

良。为其经作子孙，不可充贱故也。

此为对"有人将自家部曲与奴，或失去主家的部曲与奴养为自己的子孙"这一情况的处罚规定。虽然被养之人的养子身份遭到消解，但或许是因为他们一度为良人子孙，让他们回到原本贱人身份的话于情不忍，所以法律只能承认他们已变为良人身份云云。因此，此处的"贱"无疑是部曲客女与奴婢的合称。又同书卷二十二《斗讼二》"诸主殴部曲至死者，徒一年"条的问答云：

> 问曰……或有客女及婢，主幸而生子息，自余部曲、奴婢而殴，得同主期亲以否？
> 答曰……客女及婢虽有子息，仍同贱隶，不合别加其罪。

该条称，客女及婢受主人临幸所生的子息，即使被同一主家的部曲、奴婢所殴打，因为其子根据母亲的身份等级也属于部曲、客女或奴婢，与殴打者同为贱隶之身，故不属殴主人期亲之罪。这里的贱隶一词所指的范围已不言自明了。

上文详细考察了《唐律疏议》中"良贱"的"贱"，以及贱隶、贱人、贱等词汇的用例。即是说，有时"贱"可指良人以外的所有人，有时说到贱隶、贱人、贱，指的是部曲客女与私奴婢，有时指官户与官奴婢，有时则只指奴婢。由此可知，"贱"的用法多种多样，绝非只用于指称奴婢。这是因《唐律疏议》用语不统一而出现的现象，书中相似的例子甚多，不足为奇。例如同书卷三《名例三》"诸犯徒应役而家无兼丁者"条中的"家"，如疏议"'而家无兼丁者'，谓户内全无兼丁"所记，是指一户之内；与之相比，同书卷十七《贼盗一》"诸杀一家非死罪三人（同籍及期亲为一家……）及支解人者"云云一条的"家"，如疏议"注云'同籍及期亲为一家'，同籍不限亲疏，期亲虽别籍亦是"所云，指的是比一户之内更广的范围。另外，尽管同样记作"家人"一词，但"家人"有时总称家内的良人、贱人，有时仅指良人，有时又仅指贱人等，用语不统一的情形随处可见。因此，在追溯《唐律疏议》用语的时候，若不多加注意，就会变得只注重收集某种含义的例证而忽视整体的含义，贱、贱隶、贱人等词汇就是很好的例子。

玉井教授引用《唐律疏议》卷十三《户婚三》"诸与奴娶良人女为妻者，徒一年半"条之疏议中"人各有耦，色类须同。良贱既殊，何宜配合"的内容，称"将唐代良贱看作是不能混同的两大阶级"[1]，事实正是如此。唐代法律将所有人民的身份分为良与贱两类，没有设定介于中间的身份范畴。《唐律疏议》所见的"良贱"指称者为此种广义的"良"或"贱"，故而如果只考虑这种分类方式，所有非良人的官属太常音声人、杂户、工户、乐户、官户、官奴婢，以及私家的部曲、客女和私奴婢，都属于贱人一类。然而贱隶、贱人、贱的用语也有指代其他范围的情况，即仅指部曲客女与奴婢，仅指官户与官奴婢，仅指奴婢等。上述情况中，这些用语被用于指代与上层贱人相比更卑下的贱人（从某种意义上说就是狭义的"贱人"），是作为次级概念来使用的。正因如此，如《唐律疏议》诸例所示，以"贱人"指称贱人中更低贱的奴婢的条文相对较多。

滋贺博士的意见使我们有幸有机会重新思考传统解释，然而就结论而言，滋贺博士似乎是不经意间忘记了"良贱"这一范畴较大的身份区隔，只专门举出极为狭义的例子进行讨论。若滋贺博士的观点中果真存在这种误解，恐怕就难以将部曲客女视作存在于良人与贱人间的中间身份。慎重起见，另作补充，如后文所述，因为唐代法律将奴婢规定为"物"，部曲客女与官户者则被当作人而非"物"。所以，我们无法否定部曲客女是良人与奴婢间中间性的存在，不过现在暂时不讨论这一问题。

第二节　私奴婢的籍、姓与丁中老

说到中国古代文献所呈现的私奴婢实际生活，或许确实有被当作牛马资财者，也有受到正常对待者，可谓样态万千。然而以下要论述的并

---

1. 玉井是博：《中國社會經濟史研究》，第148页。

非私奴婢们日常生活中的样态，而是唐代法律怎样规定私奴婢，又规定了私奴婢的哪些义务，因此我希望读者不要对此有所误解。另外，唐代关于官私贱人的诸类法规散于诸书，相较而言，《唐六典》与《唐律疏议》保留了更多的资料。而如内藤乾吉教授在《唐六典の行用に就いて》中所详述，《唐六典》以《开元七年令》为基础，同时还记录了若干之后的变化[1]；又如仁井田、牧野两位博士所阐明的那样，现今所见《唐律疏议》大抵全都是《开元二十五年律》的疏议。因此，就算想讨论唐代的贱人制度，势必也不得不限定在开元法中。因而，本书第一章到第三章的讨论全都是关于《开元律》中的贱人，这点希望读者能事先理解。

第一项　籍与姓

关于私奴婢的籍，玉井教授与仁井田博士已作过说明[2]，本节即依此进行叙述。唐代法律规定每几年就要制作户籍，遂命各家的家长向里正申告自己的家人、自家土地及其他信息。而在这种场合下，《唐律疏议》卷十二《户婚一》云"诸脱户者，家长徒三年……脱口及增减年状（注省略）以免课役者，一口徒一年……其增减非免课役及漏无课役口者，四口为一口……即不满四口杖六十（部曲、奴婢亦同）"，如疏议所云，"奴婢、部曲亦同不课之口"，不只是户内良人，贱人也要一并申告。因此毫无疑问，私奴婢（以及部曲、客女）也登载在主家的户籍中。现存发现于敦煌的斯坦因文书（第514号）中有唐大历四年（769）沙州敦煌县悬泉乡宜禾里的手实断简，其中可见：

```
                                      官…………
                      昭武校尉……　……………
                                              不课户
户主　索思礼　年陆拾伍岁　　老男
                      …………………　……………
                                      …………
```

---

1. 见内藤乾吉：《中国法制史考证》，有斐阁，1963年，第69页以下。
2. 玉井是博：《中国社會經濟史研究》，第176页；仁井田陞：《中国身分法史》，东方文化学院，1942年，第928页以后。

母	泛	年捌拾玖岁	寡	上元二年帐后死
妻	泛	年伍拾玖岁	老男妻	
男	游鸾	年参拾柒岁	丹州通化府折冲上柱国	
			大历元年□月□日授甲头李季札	
鸾妻	张	年参拾捌岁	职资妻	
鸾男	齐岳	年壹拾贰岁	小男	大历二年帐后漏附
奴	罗汉	年肆拾陆岁	丁	
奴	富奴	年贰拾玖岁	丁	
	沙州	燉煌县	悬泉乡 宜禾里	大历四年手实
奴	安安	年伍拾参?岁	丁 乾元三年籍后死	
婢	宝子	年贰拾玖岁	丁	

合应受田陆拾壹顷伍拾参亩　　贰顷肆拾参亩已受　卌亩永业

一十九亩勋田　一十四亩买田

一顷六十七亩口分　三亩居住园宅

五十九顷一十亩未受

所谓"手实"，就是里正要求家长申告的材料——不是申告的原件也无妨，只要是这个阶段的文书即可，上引手实的体裁几乎已与户籍相同。另外，池田温氏在《敦煌發見唐大曆四年手實殘卷について》[1]中已详细阐述了宜禾里手实被介绍到日本的由来、诸家的相关研究成果以及断简的全貌。上引索思礼的手实，我也只是在池田氏转录的基础上标记出我认为必要的部分。

那么，索思礼手实中所见的奴罗汉、奴富奴、奴安安（乾元三年籍后死亡）与婢宝子等明显都是奴婢的名字，他们的姓又是如何呢？仁井田陞博士引用唐张鷟《朝野佥载》云：

隋开皇中，京兆韦衮有奴曰桃符，每征讨将行，有胆力。

衮至左卫中郎，以桃符久从驱使，乃放从良。桃符家有黄特，

宰而献之，因问衮乞姓。衮曰："止从我姓为韦氏。"符叩头
曰："不敢与郎君同姓。"衮曰："汝但从之，此有深意。"故至
今为"黄犊子韦"，即韦庶人其后也。不许异姓者，盖虑年代
深远，子孙或与韦氏通婚，此其意也。

仁井田博士据此认为"这是奴隶没有姓的证据"。但相反地，仁井田博
士也引用《新唐书》卷八十三《平阳昭公主传》中的"家奴马三宝"，
同书卷九十七《魏謩传》中的"奴王庆"，《资治通鉴》卷一百八十七
武德二年五月条中的"家奴梁百年"等资料，认为"关于奴隶的姓是
否只在清楚的情况下使用，这一点或许还有研究的余地，但至少可以
确认在不清楚的情况下不用姓、在清楚的时候用姓"[1]。

　　唐代史料中只记名的私贱人案例大概可以找到近一百条，不过姓
与名两者并记的例子，除仁井田博士所举外，还有如《旧唐书》卷
十五《宪宗本纪》元和七年十月条的"家僮蒋士则"、同书卷一百四十
《韦皋传》的"家僮刘海广"、同书卷一百四十二《李宝臣传》的"家
人王他奴"、同书卷一百五十六《于頔传》的"奴王再荣"、《新唐书》
卷一百九十四《司空图传》的"奴王段章"[2]等。虽有不少实例，但相比
只记名的例子，其数量还是明显不足。而且，虽然史料中不时能找到
有姓的奴、家僮、家人之类，但从后述情况来看，无法断定他们都是
法律规定的奴婢。如宫崎市定博士《中國史上の莊園》[3]与我在《唐代の
部曲といふ言葉について》[4]中所提到的，当时私家的贱人虽然有部曲
客女与私奴婢两种，但唐人在日常生活中不会烦琐地一一用法制上的
名称来称呼或记述部曲客女与私奴婢，而是用自古以来惯用的、表达
贱人之意的奴婢、仆、奴隶、僮、家人、苍头、青衣等字眼称呼他们。
所以，姑且不论需要特地标示他们法律地位的法令或文书，我们难以
断定普通文章中被记为奴或僮者都是私奴婢，其中有些人可能是部曲

1.《中国身分法史》，第931页以下。
2. 中华书局1975年点校本《新唐书·司空图传》中作"奴段章"，未载"王"姓。——译者注
3. 见《歷史教育》2（6），1954年，第46页。
4. 见《山梨大學學藝學部研究報告》（6），1955年，第5页。

客女也不得而知。在此之上更麻烦的是，如后文所言，如果法制上规定部曲客女有姓的话，就更难判定家僮蒋士则、奴王再荣这些人的身份等级，甚至几乎不可能判断了。

想来，私奴婢中也许有人实际有姓，或还记得之前的姓，而为他人所称呼或记录。然而问题在于，法律上是否规定私奴婢除了名以外还要有姓。要回答这一点的话，就必须从前引的手实入手。

尽管户籍的样式会随着时代而变化，在某些时期还是会维持一定的形式，在此意义上，户籍可以说是最尊重形式的文书。因此如后文所言，在中国西陲发现的户籍、手实类文书中都清楚地记载了良人与部曲客女的姓、名；相较之下，前引的索思礼手实只记奴婢之名而不记姓，据此或可断定私奴婢被看作法律上无姓的群体。另外，过去我们可以见到的、登载奴婢的户籍与手实类文书只有索思礼手实而已，幸而数年前我又获得一条材料，就是池田温氏在《史學雜誌》书评《西域文化研究第二、敦煌吐鲁番社會經濟資料（上）》[1]中介绍的开元四年西州柳中县高宁乡之籍，这是大谷光瑞探险队从吐鲁番所获《树下人物图》背面裱糊的内容。据池田氏的介绍，从其中记载的开元四年籍来看：

——前　　　缺——

奴典仓	年参拾参岁	丁奴
奴呱易	年贰拾伍岁	丁奴
奴来德	年陆拾岁	老奴

（玖字原脱）

貳拾●亩半参拾步永业

贰拾玖亩半柒拾步已受

应受田贰顷肆拾壹亩　　　　肆拾步居住园宅

貳顷壹拾壹亩伍拾步未受

（下　　略）

---

1. 载《史學雜誌》69（8），1960年。

上文是某家户籍的一部分，其中奴婢也只有名而未记姓。毫无疑问，法律规定私奴婢是没有姓的群体，这必然是基于后文所述奴婢的"物"属性而产生的现象。

第二项　丁中老的规定

自武德七年（624）新令规定良人初生为黄、四岁为小、十六岁为中、二十一岁为丁、六十岁为老以来，除了中宗复位后依照韦后的请求，从神龙元年（705）五月至景云元年（710）七月曾一时改变以外，这一规定直到天宝三载（744）都没有变化。但同年十二月，朝廷改十八岁为中、二十三岁为丁，进而在广德元年（763）七月又改二十五岁以上为丁、五十五岁以上为老。丁中老的规定与国民赋役，也就是租、调、役、杂徭及各种色役、兵役的义务年限、授田、还田的年龄等方面有密切关系，普通良人从为中的年龄开始有杂徭的义务，从为丁的年龄开始加上租、调、役的义务，为老时则从所有义务中解放。因此，只要提高为中、为丁的年龄，降低为老的年龄，就能缩短公课的负担年限，上述那些改动丁中老年龄的规定正是要达到这样的效果。

丁中老的规定不只针对良人，也针对私贱人，前文第一项中引用的手实与户籍已清楚地证明了这一点。其中，开元四年籍有"奴来德年陆拾岁　老奴"，可见开元年间规定私奴婢以六十岁为老，这说明至少在为老的年龄上私奴婢与良人相同。然而在其他年龄段方面，如后文所言，与私奴婢被视作同样身份等级的官奴婢，其为中、为丁、为老的年龄与良人有显著差异。这样的话，是否能仅根据为老的年龄，就推定私奴婢的其他年限与良人相同就很有疑问了。我希望就这一点再稍作考察。

《唐律疏议》卷二十二《斗讼二》"诸部曲、奴婢过失杀主者绞，伤及詈者流"条的疏议云"部曲、奴婢，是为家仆，事主须存谨敬"。换言之，主人要怎样役使奴婢（与部曲客女）都是他的自由，私奴婢们不能有些许的反抗。当然，只要他们一到能够劳动的年龄，主人就会毫不留情地开始役使他们；就算是年老者，只要能劳动就必须得工作。又如后文所述，主人不需为他们的劳动付出任何相应的代价，劳动成果也尽数归主人所有。因此，无论官方怎样规定私奴婢的丁中老年龄，从法律上来说也完全无法制约主人，官方也不期待主人会遵守这些规定，这些举措仅是为了展示在道义上怜悯老弱的国家大方针。

另一方面，如玉井教授所指出的，官方不支给私奴婢（与部曲客女）永业田与口分田，如《唐六典》卷三户部尚书、员外郎条云：

> 凡给田之制有差……凡天下百姓给园宅地者，良口三人已上（"下"字之讹）给一亩，三口加一亩；贱口五人给一亩，五口加一亩，其口分、永业不与焉。

如上所述，《唐六典》只是规定依据相应的口数支给园宅地。此外，虽然上述良口、贱口指的是广义的良贱，不过如后文所述，太常音声人与杂户两者有另外的规定，由于均田法上将他们当作一般良人对待，自然也不在此处贱口的规定之列。另外第一项所引索思礼手实中有"合应受田"与"三亩居住园宅地"的内容，如铃木俊教授在《燉煌發見唐代戶籍と均田制》中所详述，这是因为这一家有良口五人给二亩，而贱口三人给一亩，共计三亩[1]。又上引《唐六典》中的"其口分、永业不与焉"说明，园宅地与口分、永业田属于不同类别。以及，法律虽规定要给予贱人园宅地，但在主家除奴婢外还有部曲客女的情况下，不是将他们视作不同身份给田，而是按两者合计后的人数来决定给田数额，而且授田的对象也是主人，私奴婢们终究不过是授田的条件。因此，他们当然如同《通典》卷七《食货七·丁中》所记"按开元二十五年户令云……老男、废疾、妻妾、部曲、客女、奴婢，皆为不课户（户为口字之讹）"，属于与国家公课没有直接关系的不课口。

由此可知，私奴婢（与部曲客女）按照主人的命令从事劳动，与

---

1. 载《史學雜誌》47（7），1936年，第9页。

公家赋役没有关系；而官奴婢则根据年龄或男女的差别，在一定的劳动基准下服官役，官府授予他们一定的衣、粮，两者极为不同，若为私奴婢特别订立丁中老的规定，对他们自身及其主人而言几乎没有意义，因此不妨认为对普通良人的规定也适用于私奴婢。我从这一观点出发，又基于前述开元四年籍所记私奴婢为老年龄与良人相同的事实，认为他们为中、为丁的年龄也悉数与良人相同。

第三节 私奴婢的性质

第一项 将私奴婢当作"物"的规定

《唐律疏议》卷六《名例六》"诸官户、部曲、（注省略）官私奴婢有犯，本条无正文者，各准良人……即同主奴婢自相杀，主求免者，听减死一等"条中：

> 疏议曰：奴婢贱人，律比畜产。

同书卷十七《贼盗一》"诸谋反及大逆者，皆斩……若部曲、资财、田宅并没官"条云：

> 疏议曰……若部曲、资财、田宅，并没官。部曲不同资财，故特言之。部曲妻及客女，并与部曲同。奴婢同资财，故不别言。

同书卷四《名例四》"诸以赃入罪，正赃见在者，还官、主（转易得他物，及生产蕃息，皆为见在）"条云：

> 疏议曰……转易得他物者，谓本赃是驴，回易得马之类。及生产蕃息者，谓婢产子，马生驹之类。

正如这些资料所示，唐律中规定奴婢等同资财田宅畜类，奴婢产子视同畜类的繁殖。当然，这里的奴婢是不问官私的。

私奴婢是"物"，他们就能被买卖。但是《唐律疏议》卷二十六《杂律一》"诸买奴婢、马牛驼骡驴已过价，不立市券，过三日笞三十，卖者减一等"条中：

> 疏议曰：买奴婢、马牛驼骡驴等，依令并立市券。

《唐六典》卷二十《太府寺》"两京诸市署"条云"凡卖买奴婢、牛马，用本司、本部公验以立券"，又如《唐大诏令集》卷五《帝王·改元下》"改元天复赦"云：

> 旧格买卖奴婢，皆须两市署出公券，仍经本县长吏，引检正身，谓之过贱，及问父母见在处分，明立文券。并关牒、太府寺。兵戈以来，条法废坏，良家血属，流落佗门。既远家乡，或遭典卖。州府曾不寻勘，豪猾得恣欺凌。自此准京兆府并依往例处分，两市立正印委所司追纳毁弃改给朱记行用，其传典卖奴婢，如勘问本非贱人，见有骨肉，证验不虚，其卖主并牙人等，节级科决。其被抑压之人，便还于本家。委御史台切加察定。其天下州府如有此色，亦仰本道观察防御刺史各行条制，务绝沉冤。

买卖奴婢时要经由规定手续并作成公券。再者，因为奴婢可以买卖，持有者自然可以将他们赠给别人、用来交换其他东西或作为抵押。《唐律疏议》卷二十六《杂律一》有"诸负债不告官司，而强牵财物过本契者，坐赃论"条，《宋刑统·杂律》同条云：

> 准杂令，诸家长在（在谓三百里内非隔关者）而子孙弟侄等不得辄以奴婢、六畜、田宅及余财物私自质举，及卖田宅（无质而举者亦准此），其有质举卖者，皆得本司文牒，然后听之。

正如仁井田博士所说，该条说明主人有抵押奴婢的自由 [1]。另外，在分割家产的场合下，家产共有者会根据各自的持有份额来分割田宅资财。

《唐律疏议》卷二十《贼盗四》云：

> 诸略奴婢者，以强盗论；和诱者，以窃盗论。各罪止流三千里……
>
> 　疏议曰："略奴婢者"，亦谓不和，经略而取，计赃以强盗论。"和诱者"，谓两共和同，以窃盗论。各依强、窃为罪，其赃并合倍备，各罪止流三千里……

如果强略或和诱良人，会以强略、和诱"人"之罪论处，最重可处以绞刑，相反强略他人奴婢（官奴婢亦同）时为强盗罪、和诱时为窃盗罪，罪的轻重是由奴婢的价格决定的，强略（和诱）了再高价的奴婢也仅止于流三千里。又同书卷二十五《诈伪》云：

> 诸妄认良人为奴婢、部曲、妻妾、子孙者以略人论减一等，妄认部曲者又减一等，妄认奴婢及财物者准盗论减一等。

将他人的奴婢妄认为自己所有，会以盗取他人财产罪论处，罪的轻重依据奴婢的价格而定，并再减一等。此外，同书卷十一《职制三》有"诸监临之官私役使所监临及借奴婢、牛马……之类，各计庸、赁"云云，可见主人将奴婢借贷给他人从事劳动时，会获得租金作为报酬。

只要翻阅《唐律疏议》，就能轻易明白上述规定。正因为规定十分明确，基本上可以断言，唐代法律总体上是将私奴婢当作"物"来对待的。然而，实际中也有不能简单一概而论的情况，需要讨论的问题从这里才真正开始。

仁井田博士在《中国身分法史》中总论式地说明："依据中田、石

1.《中国身分法史》，第912页。

井两博士[1]的研究，在日本律令法中，奴隶是半人半物，这一说法在讨论中国奴隶时也适用；中国法不同于罗马与日耳曼古法，且更类似摩西律法、朝鲜法，这就是中国法中奴隶的特质。"[2]仁井田博士在同书第八章《部曲奴婢法》第三节"部曲奴婢の法律的性質"中叙述了奴婢"物"的性质后，将奴婢作为"人"的性质分为（1）作为财产权主体的奴隶，（2）奴隶的债务负担，（3）奴隶生命身体的保护，（4）奴隶间的亲属关系，（5）奴隶的婚姻及收养的合法性，（6）奴隶的户籍登载及奴隶的姓，（7）奴隶在刑法上的责任能力，（8）奴隶在诉讼法上的地位等共八个项目，详细论述了奴婢仍保有"人"性质的原因[3]。他在最近的大作《中国法制史研究》的"奴隶农奴法、家族村落法"篇中仍继续坚持这一见解。

仁井田博士的"奴婢半人半物"说给之后的研究者带来了很大影响，长期以来我也对此并无异议。然而，在多年来唐代贱人研究推进的过程中，我开始觉得仁井田博士的理论中有数处令人注意的环节。详细的内容将在后文逐步叙述，但假设私奴婢是半人半物的话，上引史料中的唐代法律明确规定奴婢为"物"，为何在其他地方又规定奴婢为"人"呢？我以为应当有必要解释这一矛盾。不仅如此，更重要的是仁井田博士列举了赋予私奴婢"人"属性的诸多项目，但是否全部都如他所言呢？我认为有必要对此重新审视。

带着这样的疑惑，我在去年（1963年）9月的《史學雜誌》上以《唐法上の奴婢を半人半物とする説の檢討》[4]为题发表个人意见，以求诸贤不吝赐教。对于专攻历史者而言，讨论奴婢法律上的性质等可谓异端，但我仍勉力为之，正是因为我只是单纯地想就自己贱人制度研究中的幼稚疑问获得教示，并借此找到部分答案。幸而，我受到了以西田太一郎为首数位博士的批评指正，自己也有所反思与进展，因此接下来在改订旧稿的同时，我将再一次陈述自己的意见。

---

1. 或为中田薫、石井良助二位博士。——译者注
2.《中国身分法史》第一章总论，第88页。
3.《中国身分法史》，第914页以下。
4. 载《史學雜誌》72（9），1963年。

另外，此后本文会屡次使用"主人"一词，因此我将对此略加说明。关于唐代法律中私奴婢以及后述部曲客女的主人，《唐律疏议》卷十七《贼盗一》"诸部曲、奴婢谋杀主者，皆斩。谋杀主之期亲及外祖父母者，绞；已伤者，皆斩"条中：

> 疏议曰……但同籍良口以上，合有财分者，并皆为"主"……其媵及妾，在令不合分财，并非奴婢之主。

说明了主人的定义。即在甲家同籍的良人家族内部，不是只有家长才是主人，只要持有家产的份额，在甲家同籍共财的人们就都是私奴婢及部曲客女的主人。相对的，妾与媵虽然是主家的良人，但没有财产份额，因此不列入"主人"之中。关于唐代的家产共有制，中田薰博士《法制史論集第三》"唐宋時代の家族共產制"及仁井田博士《中國身分法史》、同氏《中國法制史奴隸農奴法·家族村落法》中有详细的研究。

第二项　结婚

因为采取与仁井田博士相同的方式探讨被指为"人的性质"的诸项目已基本没有效果，所以我想采取如下方法来批评仁井田博士的"半人半物"说：说到唐代的私奴婢，一般都会想到"他们是哪家的奴婢"，因此甲家的奴婢与主人间的关系应是最基础的关系；其次还可以想见，甲家中还有其他奴婢和部曲客女，在这种情况下私奴婢与他们之间也会产生关系；更有与其他家的贱人、良人间的关系；此外，在更大的范畴内，私奴婢与国家君主也有关系。因此，我打算在探究私奴婢的法律性质时，对上述几种关系分别进行考察，之后再尝试作全面性的判断。我想，依据这种方法的话，私奴婢至今仍模糊不清的样态就会变得比较鲜明。首先从奴婢结婚的部分开始。

一

《新唐书》卷一百九十六《隐逸·张志和传》云：

张志和……兄鹤龄恐其遁世不还，为筑室越州东郭……观察使陈少游往见[1]……帝尝赐奴婢各一，志和配为夫妇，号渔童、樵青。

《太平广记》卷一百四十七《定数二》"桓臣范"云：

汝州刺史桓臣范自说。前任刺史入考，行至常州。有瞽生者，善占事……见一婢，复云，此婢即打头破血流……至徐州界，其婢与夫相打，头破血流……（出《定命录》）

同书卷三百四十《鬼二十五》"卢顼"云：

贞元六年十月。范阳卢顼家于钱塘……有家婢曰小金，年可十五六。顼家贫，假食于郡内郭西堰，堰去其宅数十步，每令小金于堰主事。常有一妇人不知何来……时天寒，小金爇火以燎，须史，妇人至……怒谓小金曰："有炭而焚烟薰我，何也？"举足踏火……以手批小金，小金绝倒于地。小金有弟年可四五岁，在旁大骇，驰报于家。家人至，已失妇人……（自此小金身上陆续出现奇怪的事）小金母先患风疾，不能言，忽于厨中应诺，便入房，切切然语……（出《通幽录》）

同书卷三百七十五《再生一》"李仲通婢"云：

开元中，李仲通者，任鄮陵县令。婢死，埋于鄮陵。经三年，迁蜀郫县宰……（一日家人扫除时，从地中出现了死婢）鄮陵婢……喜笑如故。乃闭于别室……经月余出之，驱使如旧，便配与奴妻，生一男二女，更十七年而卒。（出《惊

听录》)

同书卷四百三十七《畜兽四·犬上》"姚甲"云:

> 吴兴姚氏者,开元中,被流南裔。其人素养二犬,在南亦将随行。家奴附子及子小奴悉皆勇壮,谋害其主,然后举家北归……姚氏晓其意……因抚二犬云:"吾养汝多年,今奴等杀我,汝知之乎?"二犬自尔不食,顾主悲号。须臾,附子至。一犬咋其喉断而毙,一犬遽入厨,又咋其少奴喉亦断,又咋附子之妇,杀之。姚氏自尔获免。(出《广异记》)

以上是私奴婢有夫、有妻、有家人的实例,另外《太平广记》卷二百七十《妇人一》"李诞女"所引《法苑珠林》中有"家生婢子",同书卷三百二十五《鬼十》"郭庆之"所引《述异记》中有"家生婢",《新唐书》卷一百六十八《柳宗元传》中有"家生小童"等,这些都是对当时自家奴婢所生子的称谓。

自古以来,奴婢结婚进而形成家庭已为常态,那么法规又是如何规定奴婢结婚的呢?《唐律疏议》卷六《名例六》"诸官户、部曲、(注省略)官私奴婢有犯,本条无正文者,各准良人"条中:

> 疏议曰……官私奴婢有犯……其"本条无正文",谓阑入、越度及本色相犯,并诅詈祖父母、父母、兄姊之类,各准良人之法。

律文又继续说:"即同主奴婢自相杀,主求免者,听减死一等",其注云,

> 亲属自相杀者,依常律。

由此可知,法律上承认私奴婢之间存在亲子兄弟等亲属关系,这说明法律承认私奴婢间的结婚。然而,法律又在何种范围内承认婚姻关系

呢？《唐律疏议》卷十四《户婚三》"诸与奴娶良人女为妻者，徒一年半；女家，减一等。离之。其奴自娶者，亦如之"云：

> 疏议曰……与奴娶良人女为妻者，徒一年半……仍离之。谓……若有为奴娶客女为妻者，律虽无文，即须比例科断……奴娶良人徒一年半，即娶客女减一等合徒一年……

如果法律禁止奴与良人女、客女通婚，便可证明奴的结婚对象仅限于婢，而婢的结婚也限于奴，这从《户婚律》诸条中可得到印证。

仁井田博士根据《唐律疏议》及《宋刑统》卷十三《户婚二》所云"诸以妻为妾，以婢为妻者，徒二年。以妾及客女为妻，以婢为妾者，徒一年半，各还正之。若婢有子及经放为良者，听为妾"，及疏议"婢为主所幸，因而有子；即虽无子，经放为良者：听为妾"，认为"虽然奴隶被禁止与良人等通婚，但婢在特殊情况下可与良人通婚"[1]。我猜想，仁井田博士恐怕将此疏议理解为"生了主人之子的婢，是以婢的身份成为主人的妾，又无论奴婢有子与否，只要经过放贱为良的手续，也可以成为妾"，若真是这样，这种解释实为误解。问答云：

> 问曰：婢经放为良，听为妾。若用为妻，复有何罪？
> 答曰：妻者，传家事，承祭祀，既具六礼，取则二仪。婢虽经放为良，岂堪承嫡之重。律既止听为妾，即是不许为妻。不可处以婢为妻之科，须从以妾为妻之坐。

将疏议与问答的内容对照来看，就会明白疏议所述内容应当理解为"无论主人所幸之婢有子或无子，需在办理放贱为良手续的基础上才能成为妾，但不许成为妻"云云。因此，仁井田博士只是由于误解而得出了上述结论。实际上，奴婢只能与同为奴婢者通婚。

总而言之，关于奴婢的结婚，仁井田博士提出，"唐宋时代，部

1.《中国身分法史》，第926页。

曲自不必言，法律也承认了奴婢间的婚姻。不仅是奴隶，贱人的婚姻也有某种程度的限制……然而，虽然有限制，仍需注意奴隶、贱人婚姻的合法性。罗马奴隶男女的结合……只是单纯的同居，与自由人的……婚姻有所区别；日耳曼的奴隶在这点上也一样。然而中国奴隶的婚姻……本质上与良人的婚姻没有任何不同，已婚的奴隶在法律上也被称为夫、妻，前文已说明奴隶自己不能主婚（参照本款第一项"物"的性质），但主人可为他们主婚"，认为私奴婢"人"的性质是其中重点[1]。然而，只因私奴婢同类结婚是合法的，就直接断定他们的婚姻与良人没有区别，并将其视作奴婢具备法制上"人格"的证据，这样的论点仍有值得怀疑之处。

二

《唐律疏议》卷十四《户婚三》云：

> 诸杂户不得与良人为婚，违者杖一百……
>
> 疏议曰……
>
> 即奴婢私嫁女与良人为妻妾者，准盗论；知情娶者，与同罪。各还正之。
>
> 疏议曰：奴婢既同资财，即合由主处分，辄将其女私嫁与人，须计婢赃准盗论罪……知情娶者，与奴婢罪同；不知情者，不坐……仍各离而改正……

此处说明了甲家的奴婢没有依据主人之命，擅自将自己的女儿嫁给乙家的良人为妻或妾时该当何罪。正如疏议所言，"奴婢既同资财，即合由主处分"，虽然是自己的女儿，但也仍是主人的财物，因为只有主人有处分权，这种行为就构成了盗罪，罪的轻重由"女儿"即婢的价格来决定。同时，女儿也要回到原主人的管辖下，这里的犯罪主体换成部曲或奴也一样。另外，如果女儿（婢）自己要成为其他家良人的妻

1.《中国身分法史》，第924页。

妾或是贱人之妻，这种情况就不是盗罪，而属于奴婢自身的不法行为，要区分各种情况、条件再定罪。上述是奴婢未依照主人的处置、擅自被配与他家的良人、贱人或与之结婚的情况。那么不只是婢，如果奴婢想要正当婚配的话，又该如何处理呢？

因为主人将私奴婢当作自己的财物，所以要他们结婚或有其他安排都是主人的自由，主人并不负有必须为他们婚配的法律义务。主人让奴婢结婚，是出于增加、补充自家财产或劳动力的需要，即使从结果上来看，这种做法部分满足了奴婢作为"人"的欲望，但也与法律没有关系，法律只规定奴婢的结婚限于奴与婢之间。而且，即使主人说让他们结婚，那也只限于让自家的奴与自家的婢结合的情况。那么为何甲家的主人要让自家的奴婢结婚呢？如果自家没有合适的对象，就要从乙家购入奴或婢。这是因为首先，购入的奴婢成为自家奴婢后才能让他们结合；又假定甲家主人要将自家的婢嫁给乙家的奴为妻，在法律上只能把这个婢卖给乙家。因此，奴婢的婚姻严格来说，不外乎是主人命令自家的奴与婢结婚的行为。除此之外，各种婚姻关系——无论是与主人、与奴婢自身，还是与其他家的良人、贱人，全都是不正当的行为，《唐律疏议》中颇为详细地规定了对此的处罚。另外，由《唐律疏议》卷二十六《杂律一》来看：

> 诸奸者徒一年半，有夫者徒二年。部曲、杂户、官户奸
> 良人者各加一等。即奸官私婢者杖九十（奴奸婢亦同）。
> 　疏议曰……
> 奸他人部曲妻、杂户、官户妇女者杖一百。强者各加一
> 等，折伤者各加斗折伤罪一等。
> 　疏议曰："奸他人部曲妻"，明奸己家部曲妻及客女各不
> 坐……

正如此处明确可见的，即使是甲家的奴与婢，二者的不正当关系在法律上仍被判为奸罪。

现在，我们应该能理解"奴婢的结婚是正当的"这一说法的含义

了。如上引《杂律一》的疏议"'奸他人部曲妻'，明奸己家部曲妻及客女各不坐"所言，主人（男性）奸自家的部曲妻（部曲之妻）与客女（这里所指不是部曲之妻，只指客女）不构成奸罪，因此不需多言，奸比她们更低一阶的有夫、无夫婢也不构成奸罪。若真是这样，就算让奴婢正当地结婚，在主人奸有夫之婢的情况下，法律明显对主人也没有任何约束力，因此主人以外的人暂且不论，奴婢夫妇在主人的控制下处于无力抵抗、不受保护的状态，不过是繁衍子息的工具而已。而且不仅如此，主人有权、有能力随时将奴婢夫妇分开，有必要的话可以将奴婢夫妇、亲子一个个分开售卖，还有将他们赠与他人的自由。故而，由此大概就能理解主人控制下的奴婢婚姻是怎样的情形了。

概言之，奴婢的婚姻不过是主人让奴与婢结婚并繁衍子息的行为，既然奴婢是主人的物品，这也是理所当然的，仁井田博士已充分理解、认识了私奴婢夫妇在主人控制下的待遇。尽管如此，仁井田博士认为"奴婢的婚姻与良人的婚姻相同"，这或许过于强调"奴婢有法律上的人格"的主旨了。然而法律所规定的是"人应与人同类、物（奴婢）应与物（奴婢）同类结婚"，由此立刻引出"奴婢具有人的性质"本身就是错误的。这一问题是今后深究奴婢法律性质的出发点，正因如此，我才在此像这样赘言自己的见解。

在此，我想先就法规以外的情况略作陈述。开元末至天宝年间，光是列于统计的户数就有八百万户至八百五十万户左右。其中，十分之九以上是庶民，在庶民所持土地及其他生产手段与自家劳动水平极为匹配的情况下，也就是较高地估计庶民土地所有量的话，大约是五十亩左右。其中因土地较少而人力有余，也有人到其他家或官府当佃农或佣人，更有甚者只能把家人卖为奴婢。相比之下，大部分的士族与极少数的富裕庶民普遍拥有大量土地与其他生产手段，因此他们必须要得到相应的劳动力，为此豢养的基本都是私贱人，佃农与佣人不过是人力不足时的辅助而已。

这样的话，有多少士族或富民需要私贱人呢？那些士族或富民之家所有的私贱人又有多少人呢？要把握前者的大致数量是非常困难的，不过现在我综合考虑了各种情况，推测的结果是至多二三十万户，就算有误也不会超过四五十万户。又目前仍残留几条可供参考的关于后者的史料，推测起来就变得相对容易了。《旧唐书》卷五十八《刘弘基传》有云："永徽元年……其年卒，年六十九，高宗为之举哀，废朝三日……陪葬昭陵……弘基遗令给诸子奴婢各十五人、良田五顷，谓所亲曰：'若贤，固不借多财；不贤，守此可以免饥冻。'余财悉以散施。"刘弘基是从高祖起兵就开始跟随的臣下，功劳颇多，家里也颇为富裕，但他在将去世时，遗令分给诸子良田五顷、奴婢十五人作为代耕之资，其他财产则尽数散施。将这条史料与其他史料对照来看，良田五顷、奴婢十五人的水平在士族中属于中位之家，假使把士族的富有程度分为上、中、下三级的话，下级自然占多数，故而可以推想全体的平均水平是土地二三顷、私贱人（包括部曲客女）十人以下。此外尽管史料中存在一家有数百甚至上千私贱人的例子，但这种贵富之家数量甚少，现在暂时不作讨论。

其次，由列传、小说、杂记之类的资料来看，引人注目的是非从事生产用途的贱人较多。这是因为在这类作品中，从事生产的贱人难以适应作品的主题，而夸耀豪奢之家竞相蓄养美婢、有特技之奴或珍稀的异国奴婢之类的例子则不在少数。尽管如此，持有私贱人的最大目的无疑还是在于驱使他们服务自家生产，以维持、增加经济能力。其次，在私贱人的价格方面，似乎也有些用于奢侈行为的高价奴婢价值几十万钱，但劳动用奴婢大体上是一万钱至二万钱左右的价格。这与奢侈用途的奴婢相比非常便宜，不过在开元、天宝时代，一二万钱大抵等于五十石至一百石左右谷物的价格，与普通的五十亩农家一年间的谷物收成相差不远。顺便一提，为私贱人中的部曲客女订立价格是不允许的，详见本书第二章。

最后，关于获得私贱人的方法，有购入他人奴婢、从别人处获赠、天子下赐官奴婢、购入因犯法而成为奴婢的良人、掠夺人口等。购买其他家多余的奴婢或购入出售的奴婢是一种普遍的方法，不过奴婢不是随时随地都可以卖出的，不像购买普通物品那么简单。因此，最便利的方法是自家现有的奴与婢结为夫妇后再生育子女，故而我推测所谓家生奴、家生婢可能为数甚多。当然，就算家生奴婢的数量超过了必要的人数，也可以暂时养育之后再卖出。

以上，本项叙述了拥有奴婢的士族、富家大致的数量，各家所拥有私贱人的平均数，以及奴婢的价格等，关于这些内容，日后有机会的话我希望能举出史料进行考证。

第三项　子女的归属

奴婢夫妇生子，对主人来说就和树木结果、成马生小马之类的事一样，所生之子随母亲的身份成为奴或婢，并成为主人财物之一，但不正当关系下所生之子又该怎么处置呢？关于这一点，仁井田博士已经有确切论述[1]，本没有再反复说明的必要；但由于这点与我之后的讨论有关，在此我还是作些画蛇添足的论述。

如同本节第二项所陈述，主人奸自家有夫、无夫的客女或婢，不以奸罪问处。正如《唐律疏议》卷二十二《斗讼二》"诸主殴部曲致死者，徒一年"条的问答云：

> 问曰……或有客女及婢，主幸而生子息，自余部曲、奴婢而殴，得同主期亲以否？
> 答曰……客女及婢虽有子息，仍同贱隶，不合别加其罪。

主人与客女所生之子，随其母为部曲、客女；与婢所生之子则为奴、婢。

《宋刑统》卷二十六《杂律》"诸监临主守于所监守内奸者"云云一条记：

> 准户令，诸良人相奸，所生男女随父。若奸杂户、官户、他人部曲妻、客女及官私婢，并同类相奸，所生男女并随母。即杂户、官户、部曲奸良人者，所生男女各听为良。其部曲及奴奸主缌麻以上亲之妻者，若奴奸良人者，所生男女各合

1.《中国身分法史》，第957页以下。

没官。

《唐律疏议》卷二十六《杂律一》"诸奴奸良人者徒二年半，强者流，折伤者绞"云：

> 其部曲及奴奸主及主之期亲若期亲之妻者绞，妇女减一等；强者斩。即奸主之缌麻以上亲及缌麻以上亲之妻者流，强者绞。

仁井田博士引用《宋刑统》，根据"准户令"，认为此条以唐代户令为准[1]。又"准户令"中的"其部曲及奴奸主缌麻以上亲之妻……所生男女各合没官"，应当适用于唐律的"即奸主及主之期亲"云云以下的所有情况。

那么，根据以上文献，可以整理出各式各样的关系下所生之子的身份等级与所属原则：（1）良人与自家、他家的女性贱人所生之子，以及高级贱人——部曲与同级的客女、低级的婢所生之子，全部根据母亲的身份等级决定其身份，并归母亲所属之家所有。（2）部曲及奴，与作为主人的女性自不用说，与主人缌麻以上亲之妻所生之子，没官为官奴婢。（3）部曲与前述第（2）项以外的良人女性所生之子，可听许其成为良人。（4）奴与前述第（2）项以外的良人女性所生之子，没官为官奴婢。"部曲与普通良人女性所生之子，听许其为良人"这一规定，究竟是指"所生子归于良人女性之家、是良是贱由其家决定"，还是"良人女性将此子当作自己孩子的话就成为良人，不接受他的话就成为部曲之子，由此作为部曲、客女归属部曲的主家"，略有些难以判断，但所生子有了成为良人的机会，这与后述部曲结婚的合法范围不仅限于同色的客女，也包括良人之女有关。另外，依据"准户令"，可判断良人相奸之子在规定上应随父。接下来是第（5）点，奴与婢所生之子作为婢之子成为主家的奴婢。以上虽然没有尽言所有的处置方式，

1.《中国身分法史》，第958页。

但足以理解大致的情况。

　　为明确起见，另外补充一点。如《唐律疏议·杂律》中奸罪相关规定所见，在"奸"的情况下，女性完全是根据强奸还是和奸来判罪的，如果是被强奸的话女性无罪，只有男性有罪。这个原则无论良贱都一样适用，但部曲妻、客女、婢与一般良人男性和奸所生之子的处置，不应颠倒前述（3）（4）中男女的位置来类推，而是与（1）的普通良人男性与部曲妻、客女、婢所生之子的处置相同。又女性主人与奴、部曲和奸的话，女主人流三千里，奴、部曲处以绞刑（强奸的话则处斩），所生之子如（2）所示成为官奴婢，与男性主人的情况有很大不同。

　　《唐律疏议》卷四《名例四》"诸以赃入罪，正赃见在者，还官、主（转易得他物，及生产蕃息，皆为见在）"条云：

　　　　又问：有人知是赃婢，故买自幸，因而生子，合入何人？
　　　　答曰：知是赃婢，本来不合交关，违法故买，意在奸伪。赃婢所产，不合从良，止是生产蕃息，依律随母还主。

这是对良人丙明知是赃婢，还将其购为自家的婢，宠幸而使其生子的处置。婢被判还给正当的主人，所生之子也随母归原来的主人所有。盖因婢是主人的财产，只要不是通过买卖、交换、赠与等适当的手段成为其他家之物，婢所生之子就归主人所有，问答中便依此原则进行裁决。

　　又同书卷十四《户婚三》"诸与奴娶良人女为妻者，徒一年半；女家，减一等。离之。其奴自娶者，亦如之……"条云：

　　　　疏议曰……若有为奴娶客女为妻者，律虽无文，即须比例科断……即娶客女减一等合徒一年……其所生男女，依户令："不知情者从良，知情者从贱。"

《宋刑统》卷十四《户婚律》同一条中记载：

准户令，诸奴婢诈称良人，而与良人及部曲、客女为夫妻者，所生男女并从良，及部曲、客女知情者从贱。即部曲、客女诈称良人，而与良人为夫妻者，所生男女亦从良，知情者从部曲、客女。皆离之。其良人及部曲、客女被诈为夫妻，所生男女经一载以上不理者，后虽称不知情，各同知情法。如奴婢等逃亡在别部，诈称良人者，从上法。

仁井田博士称，《宋刑统》引用的户令近似于《唐律疏议》中略记的户令原型[1]。

上述并非之前所见"奸"的情况，而是虽结了婚、对方却诈称其身份的情况。良人男女或部曲男女不知道对方身份为奴婢时，所生之子的身份也为良人或部曲；但如果私下知道了诈称的事实，所生之子就会成为奴婢——良人男女与诈称为良人的部曲客女结婚所生之子也按照同样的方式处置。另外，即使在不知情的情况下生子，生子一年内如果没有上报的话，就同知情者处置（不合法的婚姻本身被消解了）。

私贱人在不法关系中生子或是所生之子取得的身份等级及所属大致如上所论。

第四项 养子

《唐律疏议》卷十二《户婚一》云：

诸养杂户男为子孙者，徒一年半；养女，杖一百。官户，各加一等。与者，亦如之。

疏议曰……若有百姓养杂户男为子孙者，徒一年半；养女者，杖一百。养官户者，各加一等……若当色自相养者，同百姓养子之法。杂户养官户，或官户养杂户，依户令："杂户、官户皆当色为婚。"据此，即是别色准法不得相养。律既

1.《中国身分法史》，第959页。

> 不制罪名，宜依"不应为"之法：养男从重，养女从轻。若
> 私家部曲、奴婢，养杂户、官户男女者，依名例律，部曲、
> 奴婢有犯，本条无正文者，各准良人，皆同百姓科罪。

又《唐六典》卷六"刑部尚书、都官郎中、员外郎"之职中，关于官
奴婢等的结婚称："男女既成，各从其类而配偶之。"原注云：

> 并不得养良人之子及以子继人。

玉井教授将其解释为官奴婢不得养良人之子，也不可以将自己的孩子
过继给他人（即良人）的意思[1]。有关玉井教授的观点，我在之前的文章
中已经陈述己见[2]。但现在想来，或许我们不妨认为，正如《唐律疏议》
所示，为了表明"在相反的情况下也是一样"的意思，唐律常常像这
样反复说明一个概念；同时，不妨将被记作"人"的群体都当作"良
人"，故而我赞同玉井教授的解读。而关于上引文献的"并"字，本来
《唐六典》一书就是从原典中取出必要的部分，再作适当的缀合、嵌入
而写成，因此书中往往有前后文字叙述或原文与注关系不明确的部分，
此处的注记便是一例。尽管我们无法直接判断注中要接续什么、指称
什么才写下了"并"字，但如后所述，从官奴婢与官户确实需要经过
官司差配才能结婚来看，或许可以认为"并"字是接续在这二者之后。
　　那么，接下来就需要考察私奴婢与养子的情况。玉井教授认为，
尽管律、令禁止杂户、官户异色之间互为养子，但同色间的养子是合
法的。在对照《唐六典》法条的基础上，或可推定"无疑官奴婢亦可
当色相养，而不得别色相养"[3]。而仁井田博士依据玉井教授的推定，认
为"玉井是博氏也认为官奴婢不得成为良人的养子，在官奴婢当色间
为养子则无妨，但不仅是官奴婢，部曲及私奴婢也同样如此"，类推不
仅是官奴婢，私奴婢同类间的养子也合法，以此指出私奴婢具有某种

---

1. 玉井是博：《中國社會經濟史研究》，第156頁。
2. 濱口重國：《唐法上の奴婢を半人半物とする説の檢討》，《史學雜誌》72（9），1963年，第9頁。
3. 玉井是博：《中國社會經濟史研究》，第156頁。

"人"的性质[1]。

官奴婢的养子一般被描述为官贱人，至于私奴婢是否存在养子尚无明确规定可寻，但也不能简单断言不存在禁止私奴婢间养子的法规。其原因正如本节第二项所论，私奴婢的婚姻并非赋予他们自身权利，只是对于主人而言，让奴婢结婚也未尝不可。虽说如此，正因为奴婢的婚姻被认为是合法的，我想主人也没有禁止奴婢成为奴婢养子的道理。

普通良人收养养子可能出于各种理由，或是由于继承家业的必要，或与家业无关、只是想养为己子，或将弃儿当作养子；但由于私奴婢没有自己的家，也没有姓，无论如何也不会像主人那样为了继承家业而收养孩子，也难以想象私奴婢会在其他情况下收养养子。若是真要考虑的话，甲家的奴婢中有失去父母的幼儿，或是甲家有该收容的孩子出生的时候，甲家的主人为了养育孩子，不仅委托某奴婢夫妇照顾，或许也会命他们将其作为养子加以养育，这种情况也不是没有可能。

要言之，因为主人可以给奴婢下任何命令，主人当然可能在必要时以奴婢为另一奴婢的养子，法律应该也没有理由禁止。但即使如此，这些也不是肯定私奴婢拥有养子权的理由。这与结婚的情况相同，不能成为他们具有人格的证明。

第五项　与财物的关系

一

《太平广记》卷一百五十九《定数十四·定婚店》云："杜陵韦固……贞观二年……旅次宋城南店……有眇妪，抱三岁女来，弊陋亦甚……固……付其奴曰：'汝素干事，能为我杀彼女，赐汝万钱。'奴曰诺……（出《续幽怪录》）"同书卷三百三十《鬼十五·韦氏女》云："洛阳韦氏，有女殊色。少孤，与兄居。邻有崔氏子，窥见

1.《中国身分法史》，第928页。

悦之，厚赂其婢，遂令通意……（出《惊听录》）"这些是私奴婢接受主人或他人金钱财物之例。又同书卷二百七十六《梦一·周氏婢》云："陈留周氏婢入山取樵。倦寝，忽梦一女子，坐中谒之曰：'吾目中有刺，愿乞拔之。'及觉，忽见一棺中有髑髅，眼中草生，遂与拔之。后于路傍得双金指环。（出《述异记》）"这是奴婢拾获金品之例。

　　私奴婢也是人，因与普通人共同生活，也有一些获得财物金钱的机会，除了以此满足口腹之欲外，或许也会将财物储蓄起来购买稍许昂贵的物品。《太平广记》卷二百七十五《童仆一·韦桃符》云：

　　　　隋开皇中，京兆韦衮，有奴曰桃符。每征讨将行，有胆力。衮至左卫中郎，以桃符久从驱使，乃放从良。符家有黄犉牛，宰而献之，因问衮乞姓……（出《朝野佥载》）

这虽然是隋代的故事，或仍可作为私奴拥有牛（在被放良以前）的例子。又《旧唐书》卷一百九十二《隐逸·崔觐传》云：

　　　　崔觐，梁州城固人。为儒不乐仕进，以耕稼为业。老而无子，乃以田宅家财分给奴婢，令各为生业。觐夫妻遂隐于城固南山，家事一不问，约奴婢递过其舍，至则供给酒食而已。夫妇林泉相对，以啸咏自娱。

文宗太和年间，崔觐夫妻因老而无子之故，将田宅资财分给自家的奴婢们，自己隐居于山中。夫妇俩偶尔经过奴婢们的屋舍，便接受他们供给的酒食，以在林泉中吟咏为乐。

　　据此，任谁都会判断私奴婢拥有财物。那么，唐代法律中又是如何规定他们与财物关系的呢？对此，仁井田博士认为："如前所述，古代罗马法与古代日耳曼法中的奴隶，在法律上被当作物品对待。然而，不能说中国法律史上的奴隶完全没有人格（权利能力）。特别是唐宋法中可以见到以'与部曲相同，奴隶也可作为财产权的主体'为前提的条文。"[1]《唐律疏议》卷六《名例六》"诸官户、部曲（注省略）、官私奴婢有犯，本条无正文者，各准良人"条云："应征正赃及赎无财者，准铜二斤各加杖十，决讫，付官、主；若老小及废疾，不合加杖，无财者放免。"该条疏议云：

> 谓以上应征赎之人，若年七十以上、十五以下及废疾，依律不合加杖，勘检复无财者，并放免不征。其部曲、奴婢应征赃赎者，皆征部曲及奴婢，不合征主。

仁井田博士举出以上史料，论述称："据此，在部曲、奴婢没有财产的情况下，准铜二斤各科以杖十之刑；如果部曲、奴婢为老小废疾则不施加杖刑；如果他们没有财产的话就应放免。而同条律文的疏特别指明，'其部曲、奴婢应征赃赎者，皆征部曲及奴婢，不合征主'，表示不对主人征收赃、赎，而以'部曲、奴婢理应有固有财产'为基调进行解释"[2]。

然而，上述律文与疏议规定的是：在向私奴婢（以及部曲客女、官奴婢、官户）征收赃赎时，若有财则征收，无财则以准铜加杖之刑替代。但在无财的情况下，如果奴婢为老龄、年幼、废疾等就不必加杖刑直接放免，也不向他们的主人征收赎金。这样的话，根据上述的律与疏议，"以私奴婢理应有固有财产为基调"云云的说法显然过于夸大。如果私奴婢中有人拥有财产，就应该能预想到也有无财的人，唐律或许只是以此为基调进行立法。

仁井田博士为了让自己的理论更有根据，又引用同书卷十二《户婚一》"诸放部曲为良，已给放书而压为贱者，徒二年"云云条中"问曰……答曰……据户令：'自赎免贱[3]，本主不留为部曲者，任其所乐'"，以及同书卷二十二《斗讼二》"诸部曲殴伤良人者（官户与部曲同），加凡

1.《中国身分法史》，第914页以下。
2. 同上。
3. 所谓"自赎"就是奴婢等一方提出赎身的请求。要言之，是由奴婢自己准备赎身钱，或由他们的亲族熟人准备也可。

人一等……即部曲、奴婢相殴伤杀者，各依部曲与良人相殴伤杀法。
（注省略）相侵财物者，不用此律"条的疏议"相侵财物者，各依凡人
相侵盗之法，故云'不用此律'"，认为上述史料能证明私奴婢可作为
财产权的主体。然而，这些条目也只能说明私奴婢等可能持有财物，
而没有任何其他深意。仁井田博士进而引用《唐六典》卷十七太仆寺、
诸牧监条"凡官畜在牧而亡失者，给程以访，过日不获，估而征之"
条注：

> 谓给访限百日，不获，准失处当时估价征纳，牧子及长
> 各知其半。若户奴无财者，准铜，依加杖例。如有阙及身死，
> 唯征见在人分。

认为"这也是以奴隶拥有财产权为前提，而且此处的户奴或是官奴的
一种"[1]。但正如前段所论，无论是将"若户奴无财者"解读为"如同原
来没有财产的户奴"，还是解释为"在户奴没有财产的情况下"，都难
以据此认为这些条文以奴婢理应拥有财产为前提。附带一提，依照当
时的制度，牧长与牧子是从普通良人当中选取的，而户奴如后所述，
是家族所持有官奴婢的泛称。

通过检讨仁井田博士所引用的诸条史料，可知唐代法律确实承认
私奴婢中也有人持有财物，但我无法认同仁井田博士所说的"私奴婢
始终应拥有固有财产"，根据这些史料来讨论私奴婢的财产权几乎是不
可能的。

二

《唐律疏议》卷二十《贼盗四》云：

> 诸略奴婢者，以强盗论；和诱者，以窃盗论。各罪止流
> 三千里（注省略）。即奴婢别赍财物者，自从强、窃法，不得

1.《中国身分法史》，第915页。

累而科之。

> 疏议曰："略奴婢者"……计赃以强盗论。"和诱
> 者"……以窃盗论。各依强、窃为罪，其赃并合倍备，各
> 罪止流三千里……"即奴婢别赍财物者"，谓除奴婢身所着
> 衣服外剩有财物，自从强、窃法：因略者，一尺徒三年，
> 二匹加一等；和诱者，一尺杖六十，一匹加一等。各从一重
> 科之，并不得将奴婢之身，累并财物同断，故云"自从强、
> 窃法，不得累而科之"。其奴婢身别赍财，略、诱者不知有
> 物，止得略、诱本罪，赃不合科；如其知者，财虽奴婢将
> 行，各同强、窃法。其略、诱良人或部曲、客女，衣服外
> 有财者，亦同强、窃盗法。不取入己者，良人、部曲合有
> 资财，不在坐限。

上述文字的白话翻译如下：某丙若强略奴婢即为强盗罪，若和诱则为窃盗罪，罪的轻重程度根据奴婢的价格决定，但奴婢价格再贵，最多也只处以流三千里之刑。然而，如果丙知道奴婢拥有或持有衣着外的财物，还强略、和诱的话，丙就是盗取了奴婢及那些财物，罪的轻重由被强盗、窃盗的奴婢与财物间价值高者决定。正因如此，以奴婢的价格来决定刑罚的话最重只到流刑，但如果奴婢所持有的财物价格更高的话，强略即处以绞刑，和诱则加役流。可是，如果丙不知道奴婢持有财物，就只处以强略、和诱奴婢之罪。

上述是对盗取奴婢的制裁，那么相对的，强略、和诱良人或部曲客女的情况又该如何处置呢？从前引疏议来看，丙知道良人或部曲客女持有财物而强略、和诱的话，如未将财物据为己有，则不以强、窃财物罪论罪。

这里有一处非常值得注意的地方。在强略、和诱奴婢的情况下，根据犯罪者是否知道奴婢持有财物的事实，论罪方式也会有所不同；而在良人或部曲客女的情况下，根据是否盗取了他们的财物，其罪名也有不同。若如疏议所言，如此量刑的原因是"良人、部曲合有资财"的话，这就说明在唐代法律中，良人与部曲客女确实可拥有财物；相

较之下，奴婢不持有财物才是普遍的状态，这可以说是最明确的证据。这也进一步显示，仁井田博士引用前揭诸史料，主张那些法条"以奴婢始终应有固有财产为基础"，实际是误解了原文。

然而，如何正确看待奴婢与财物的关系呢？由于迄今为止学界对此并不重视，我认为将它分为几种情况逐一考察或许更好。首先，我想从主人、奴婢与财物间的关系开始讨论。如前所述，私奴婢虽可从主人或非主人处获得财物，也有机会通过某些理由或方法获得财物，并可将财物换成其他物品或储蓄起来。但现在的问题在于，这在法律上是如何规定的呢？我们必须牢记，唐代法律中奴婢是主人的财物，因此不管财物来由为何，即使主人将奴婢现在持有的财物拿去消费，仍然不会被追究任何罪名，奴婢也没有阻止主人这么做的法律能力，只能坐视事态发展。正因如此，假如有个恶主人夺走了奴婢苦心积蓄用于自赎的财物，或是拿走作为赃赎的财物，奴婢也不能有怨言。这大概是因为对主人而言，奴婢的身体就是财产，而且主人所有权的范围还包括他们的能力及通过能力获得的成果。劳动成果、主人或非主人所给的金品、拾得的物品及所生子女，全部都归主人所有。也就是说，奴婢作为财物拥有者的权利并不完整。除去为其他家搬运等情况，就算奴婢持有什么物品，也全都是依循主人的命令、容许、默认而定，奴婢自己则完全没有固有财产。

然而，若要论及奴婢所持财物与非主人，换言之即同一主家的私奴婢和部曲客女，乃至与其他家的良人、贱人间的关系，实际情形则大有不同。例如，甲家的私奴婢所持有的财物，或是帮主人携带搬运的财物，被非主人者强夺、窃盗、诈取的话，这样的行为与侵害甲家牛马装备的用具或载运的财物完全相同，当然能构成犯罪的条件。《唐律疏议》卷十九《贼盗三》中有"诸强盗……一尺徒三年，二匹加一等，十匹……绞"；"诸窃盗……一尺杖六十，一匹加一等，五匹徒一年；五匹加一等，五十匹加役流"等内容，不过这些是与良贱身份无关，适用于所有身份等级的原则性规定。同书卷二十二《斗讼二》有"诸部曲殴伤良人者……即部曲奴婢……相侵财物者，不用此律"，该条疏议云，"相侵财物者，各依凡人相侵盗之法，故云'不用此律'"。由此应当可以明了，在前述非主人知道某人的私奴婢持有财物，还强略、和诱的情况下，应依据疏议所云"因略者，一尺徒三年，二匹加一等；和诱者，一尺杖六十，一匹加一等"进行判决。可见若对私奴婢所携带的财物有强盗、窃盗等行为的话，无论犯人是良人还是贱人，全部与良人强盗、窃盗良人财物同罪论处。就算这些财物是私奴婢持有、搬运之物，在量刑轻重上也没有区别。

由上文可判明奴婢与财物间的关系。不过，奴婢从主人、非主人处获取或拾获的财物，在主人的容许、默认之下作为自己的物品保有、消费是无妨的。

仁井田博士从私奴婢可作为财产权主体的观点出发，更进一步提出"奴隶可以像这样取得私财并由自己来管理处置，另外也有可能负担债务"。《太平广记》卷四百三十六《畜兽三·马》"韦有柔"云：

> 建安县令韦有柔，家奴执辔，年二十余，病死。有柔门客善持咒者，忽梦其奴云："我不幸而死，尚欠郎君四十五千（即二十万钱）。地下所由，令更作畜生以偿债。我求作马，兼为异色，今已定也。"其明年，马生一白驹而黑目，皆奴之态也。后数岁，马可值百钱千（即十万钱），有柔深叹其言不验。顷之，裴宽为采访使，以有柔为判官。裴宽见白马，求市之，问其价直，有柔但求三十千（或为三十五千之讹），宽因受之。有柔曰："此奴尚欠十五千，当应更来。"数日后，宽谓有柔曰："马是好马，前者付钱，深恨太贱。"乃复以十五千还有柔，其事遂验。（出《广异记》）

仁井田博士据此指出，"很难说上述记载忠实地反映了现实情况，然而，我想这或许仍可视作当时法律生活的反映"，并总结称"上述例子是奴隶（家奴）生前向主人借钱，在偿清以前即死亡的例子"，认为奴婢拥有作为"人"的特性之一的债务负担能力[1]。

1.《中国身分法史》，第921页。

韦家的家奴执辔向主人借款达二十万钱，金额过于高昂，因此，有可能执辔虽是家奴，但实际或许是为钱所迫、将自己抵押入韦家的良人。他与韦家约定，所借金额的本利由本人劳动偿还，或是日后由家人周转后付清。如果能这样理解的话，这就不只是一个私奴婢借钱的故事了。然而，此处没有必要合理地去解释这种因缘故事，还是应该直接将它理解为家奴向主人借钱的故事为好。又如《太平广记》卷四百《宝一·牛氏僮》云："牛肃曾祖大父，皆葬河内，出家童二户守之。开元二十八年，家僮以男小安，质于裴氏……（出《纪录》）"这甚至是家僮将己子质于他家的故事。因此，私奴婢有可能在实际生活层面向主人或非主人借取财物，但从前述奴婢与财物的法律关系来看，"唐代法律给了私奴婢负担债务的能力"一说可谓错误的推断。

第六项　生命、身体受保护的程度

私奴婢的生命身体受到何种程度的法律保护呢？要考察这一问题，自然要从其与奴婢犯罪的关系入手，因此下文中我将一并论述这两个方面。首先是关于主家保护的程度。

《唐律疏议》卷二十二《斗讼二》云：

> 　　诸奴婢有罪，其主不请官司而杀者，杖一百。无罪而杀者，徒一年（期亲及外祖父母杀者，与主同。下条部曲准此）。
> 　　　疏议曰：奴婢贱隶，虽各有主，至于杀戮，宜有禀承。奴婢有罪，不请官司而辄杀者，杖一百。"无罪杀者"，谓全无罪失而故杀者，徒一年……

正如此处可知，主人在向官司申请后可以杀死自家有罪的奴婢，但未向官司申请就杀的话则处以杖一百，杀无罪的奴婢则要徒一年[1]。盖因奴婢也是人，在唐代以前，法律就禁止主人擅杀奴婢。

但是论及罪的有无，疏议只规定了"谓全无罪失"，由于疏议完全

---

1. 法律上不存在"向官府申请后杀死无罪的奴婢"。

没有顾及罪的种类、轻重、动机等方面，主家是否有罪的判罚，到最后很容易变成"官方只要承认主人的申述就好"。不仅如此，除了后述的三种情况外，唐律不允许奴婢申诉主人的无理行为，若有敢申诉者就要代替主人服罪，因此奴婢便无处申诉。这里再提供一例作为参考，唐律规定，即使是饲主，未向官府申请的话也不可以杀牛马，若饲主犯禁，要处以徒一年之刑。将这条规定与"主人擅杀有罪奴婢会被杖一百，擅杀无罪奴婢时则徒一年"的规定相对比，可以说在主人管理下的奴婢，其生命的价值确实等于牛马，但这一点也不值得惊讶，正是唐律规定奴婢等同车马、资财。

然而，主人对奴婢施加擅杀以外的行为时又如何处置呢？唐律对此完全没有规定。这一事实显示，擅杀以外的行为完全是主人的自由。换言之，除了主人要向官府申告、获得允许才能杀有罪奴婢外，为了惩罚奴婢而加以私刑致死以及过失致死都不足为罪，更何况是主人对有罪、无罪的奴婢加以伤、殴、杖、笞等行为，这些都完全没有问题。由于这一点较容易理解，接下来将讨论主人加害部曲客女的情况。

前引《唐律疏议·斗讼二》之后的续文云：

> 诸主殴部曲至死者，徒一年。故杀者，加一等。其有愆犯决罚致死，及过失杀者，各勿论。
> 疏议曰："主殴部曲至死者，徒一年"，不限罪之轻重。"故杀者，加一等"，谓非因殴打，本心故杀者，加一等合徒一年半。其有愆犯而因决罚致死，及过失杀之者，并无罪。

可见，只要没有伤害致死，主人可以任意殴打部曲客女。法律亦不追究主人过失致死，及为了惩罚有罪部曲而施加杖刑、结果致死的情况；但如果是故意杀人的话，要处徒一年半的罪刑；因殴（也就是以手足殴打）以上的行为致死的话，要追究徒一年之罪。可见与奴婢相比，部曲客女的生命也只是略受重视。不过，如果部曲客女获得了这种程度的保护，或许就能进一步理解奴婢受到的保护：奴婢只是从主人的擅杀下受到庇佑，但仍暴露于擅杀以下的种种私刑中。

除了擅杀一事，主人控制下私奴婢生命、身体的安全无法受到保障，主人对奴婢的权力几近绝对。但尽管如此，国家还是详细规定了奴婢对主人犯罪时的相关罚则。例如奴婢谋杀主人的话要处斩，实际杀害、杀伤的话自然也是处斩，即使只是殴打主人也要处以斩或绞刑，过失致死处绞刑，过失伤害处流刑等。而在生命、身体的加害之外，强奸主人的话处斩，和奸的话处绞，詈骂主人的话处以流刑，从主家逃亡的话一日杖六十，每三日加一等。凡此种种，都是奴婢对主人犯罪的罚则。由于奴婢是主人的财物，主家可以自由地对有罪、无罪的奴婢加以任何私刑；但如果主人将奴婢犯罪的事实诉诸官府，或者是官府知情时，从国家的秩序维持上来看，奴婢的身份等同畜生，却侵犯了主人的权益，这是难以容忍的，因此官府也会施加公刑。如后文所述，这种做法是出于"即使是私家奴婢，也应置于国家君主规制下"的理念。

二

接着要考察的是非主人保护的情况。说到对私奴婢来说属主人以外者，有登载在主家户籍却不具有主人权力的媵、妾，在主家的贱人，以及其他家的良人、贱人等，但在此为便宜起见，我想将讨论范围限定在同一主家的部曲客女、奴婢与其他家的良人、贱人中。此外，即使是其他家的良人，对奴婢来说也可能等同于主人，不过此处也略去不言。

《唐律疏议》卷十七《贼盗一》云：

> 诸谋杀人者，徒三年。已伤者，绞。已杀者，斩；从而加功者绞，不加功者流三千里；造意者虽不行仍为首（雇人杀者，亦同）……
>
> 疏议曰："谋杀人者"，谓二人以上；若事已彰露，欲杀不虚，虽独一人亦同二人谋法，徒三年……"从而加功者，绞"，谓同谋共杀，杀时加功；虽不下手杀人，当时共相拥迫，由其遮遏，逃窜无所，既相因藉，始得杀之：如此经营，皆是"加功"之类，不限多少，并合绞刑。同谋从而不加功力者，流三千里……

普通良人之间的杀人，如果杀意明确的话，即使杀人未遂也要徒三年，因而伤之的话处绞刑，杀害他人的话则处斩。又同书卷二十一《斗讼一》云：

> 诸斗殴人者，笞四十（谓以手足击人者）；伤及以他物殴人者，杖六十（见血为伤。非手足者，其余皆为他物，即兵不用刃亦是）。
>   疏议曰……
>   问曰……
>   答曰……

在详细记述了罪名轻重是根据斗争的情况、殴打造成损伤的程度、因殴打外的手段（如兵刃）造成损伤的程度决定后，唐律又云：

> 诸斗殴杀人者绞，以刃及故杀人者斩。虽因斗而用兵刃杀者，与故杀同。
>   疏议曰：斗殴者元无杀心，因相斗殴而杀人者，绞。以刃及故杀者，谓斗而用刃，即有害心；及非因斗争，无事而杀，是名"故杀"：各合斩罪。"虽因斗而用兵刃杀者"，本虽是斗，乃用兵刃杀人者，与故杀同，亦得斩罪。并同故杀之法。……

此处规定了因斗争而将对方殴杀时与用兵刃杀害对方时的罪名，以及并非因斗争而是故意杀害对方时的罪名。

然而，良人与贱人、贱人与贱人之间出现相犯事件时又要如何处置呢？《唐律疏议》卷二十二《斗讼二》云：

> 诸部曲殴伤良人者（官户与部曲同），加凡人一等（加者，加入于死）。奴婢，又加一等。若奴婢殴良人折跌支体及瞎其一目者，绞；死者，各斩。
>   疏议曰……

> 　　其良人殴伤杀他人部曲者，减凡人一等；奴婢，又减一
> 等。若故杀部曲者，绞；奴婢，流三千里。
> 　　疏议曰：良人殴伤或杀他人部曲者，"减凡人一等"，谓
> 殴杀者流三千里，折一支者徒二年半之类。"奴婢，又减一
> 等"，殴杀者徒三年，折一支徒二年之类。若不因斗，故杀
> 部曲者合绞，若谋而杀讫亦同；其故杀奴婢者流三千里。

换言之，在良人殴、伤、杀其他家的部曲客女，以及故意杀人的情况
下，比杀伤良人时的罪各减一等；良人殴、伤、杀其他家的奴婢，以
及故意杀人的情况下，比杀伤良人时的罪各减二等。反过来，部曲客
女加害良人时，比良人加害时的罪各加重一等；奴婢加害良人时，比
良人加害时的罪各加重二等。这是良人与贱人之间发生加害生命、身
体事件时的基本处置。

而贱人与贱人之间相犯的事件，前述《斗讼二》的续文云：

> 　　即部曲、奴婢相殴伤杀者，各依部曲与良人相殴伤杀法
> （余条良人、部曲、奴婢私相犯，本条无正文者，并准此）。相侵财物者，
> 不用此律。
> 　　疏议曰：部曲斗殴杀奴婢流三千里，折一支徒二年半，
> 折一齿杖一百。奴婢殴部曲损伤二事以上及因旧患令至笃
> 疾，及断舌、毁败阴阳者绞，折一支者流二千里，折一齿者
> 徒一年半。若部曲故杀奴婢，亦绞。是名"各依部曲与良
> 人相殴伤杀法"。"余条良人、部曲、奴婢私相犯"，谓……
> 之类私相犯，本条无正文者，并准此条加减之法。相侵财物
> 者，各依凡人相侵盗之法，故云"不用此律"。

由上文可见，因为部曲客女殴、伤、杀或故意杀害奴婢属于高级贱人
对低级贱人的行为，因而正好如良人加害部曲客女时的情况一般，减
良人互相伤害的罪一等。若是奴婢殴、伤、杀或故意杀害部曲客女的
话，由于这属于低级贱人对高级贱人的行为，所以加良人互相伤害的

罪一等。如果是部曲客女与部曲客女、奴婢与奴婢之间的加害，因为这属于同类间的行为，故而与良人互相加害同罪。

另外，在上引法规之外仍有数种例外处置的情况，本项中只举出其中重要的案例。《唐律疏议》卷十九《贼盗三》云：

> 诸强盗（谓以威若力而取其财……），不得财徒二年；一尺徒三年，二匹加一等，十匹及伤人（仅是给予伤害）者绞，杀人者斩（杀伤奴婢亦同。虽非财主，但因盗杀伤，皆是）。其持仗者，虽不得财流三千里，五匹绞，伤人者斩。
>
> 疏议曰……注云"杀伤奴婢亦同"，诸条奴婢多悉不同良人，于此杀伤奴婢亦同良人之坐。"虽非财主，但因盗杀伤皆是"，无问良贱，皆如财主之法。

如前所述，良人在普通事件中杀、伤其他家部曲客女或奴婢的话，处减杀伤良人之罪一等或二等；然而若是因强盗行为杀伤他人，无论是杀伤随从于受害人或其家中的部曲客女、奴婢，还是强盗部曲客女、奴婢所持的财物，都与强盗杀、伤良人事件同罪。这是因为国家憎恶强盗这类凶恶的犯罪，为了预防、威吓而制定了这类法规。

又同书卷六《名例六》"诸官户、部曲（注省略），官私奴婢有犯，本条无正文者，各准良人。若犯流、徒者，加杖，免居作……即同主奴婢自相杀，主求免者，听减死一等（亲属自相杀者，依常律）"条云：

> 疏议曰：奴婢贱人，律比畜产，相杀虽合偿死，主求免者，听减。若部曲故杀同主贱人，亦至死罪，主求免死，亦得同减法。但奴杀奴是重，主求免者尚听；部曲杀奴既轻，主求免者，亦得免。既称同主，即是私家。若是官奴自犯，不依此律。

私奴婢间的杀人事件中，虽然一般会处加害者死刑，但如果是同一主家中的奴婢相杀，且主人为其求免的话，可特别减死一等，所以原为绞刑者应降为流刑。又部曲客女故意杀害奴婢时一般处以绞刑，但如果是故意杀害同一主家的奴婢，主家求免时亦可减死一等为流刑。同一主家的贱人间发生杀人事件时，若将加害者处以死刑，主人将蒙受加倍的损失，因而立法者亦即拥有私贱人的士族为了维护自身利益，设立了上述规定。此外，从死刑减罪为流刑的私贱人，进而还会透过后文所述规定以杖刑取代流刑，处刑完毕后直接就能回到主人麾下。

从前文引用的《名例六》"若犯流、徒者，加杖，免居作"条疏议来看，

> 犯徒者，准无兼丁例加杖：徒一年加杖一百二十，一等加二十，徒三年加杖二百。准犯三流，亦止杖二百。决讫付官、主，不居作。

此处的意思是，私家的奴婢、部曲客女与作为官贱人的官奴婢、官户因犯下罪行而判处徒刑或流刑时，实际上不执行流、徒之刑。徒一年者代以杖一百二十、徒一年半者杖一百四十、二年者杖一百六十、二年半者杖一百八十、三年者杖二百，流刑的话无论二千里、二千五百里或三千里皆以杖二百代替，处刑完毕则回到主人或官司处，如同从前般受到驱使。这种立法是非常投机取巧的，因为如果实际对犯徒、犯流的官私贱人进行处刑，在此期间，就会使官家或私家的劳动力数量与原本的预想不同，从而产生空缺，为了避免这种状况，这种便利的方法就应运而生了。

正如上文所明确指出的，除擅杀一事外，主家中私奴婢的生命、身体完全没有安全保障，这露骨地显示他们不过是主人的财物。与之相对，法律设置了种种规定，使得私奴婢能从非主人的良人、贱人的侵害中受到某种程度的保护，这是为什么呢？我以前曾主张，相关规定的立法主旨是"将他们视作主人重要的财产加以保护"[1]，但现在我已

1.《唐法上の奴婢を半人半物とする説の檢討》，《史學雜誌》72（9），第18页。

觉察到这一论断略有讹误。如果加害者是良人，就根据皆为良人的情况罪减二等；如果加害者是部曲客女，则根据皆为良人的情况罪减一等；加害者同样是奴婢时则不减罪，并比照皆为良人的情况判罪。如此规定的理由在于私奴婢虽贱，但也同样是人类，因此不得胡乱殴、伤、杀，这一观念与"即使是主人也不能擅自杀害私奴婢"的观念一脉相通，关于这点将在第四节再作讨论。

第七项　责任能力与告官

《唐律疏议》卷十五《厩库》中有"诸官私畜产毁食官私之物，登时杀伤者，各减故杀伤三等，偿所减价；畜主备所毁"，又云"诸犬自杀伤他人畜产者，犬主偿其减价；余畜自相杀伤者，偿减价之半。即故放令杀伤他人畜产者，各以故杀伤论"，再云"诸畜产及噬犬有抵蹋啮人而标帜羁绊不如法，若狂犬不杀者，笞四十；以故杀伤人者，以过失论。若故放令杀伤人者，减斗杀伤一等"，在疏议中各自有详细的解释。由此可知，自家的畜类危害他人、乱啃他人物品、杀伤他人畜类时，根据具体情况，饲主需要承担相应的责任，其理由当然是出于"自家的畜类"这点。这么考虑的话，私奴婢是主人的财物，等同牛马，至少在私奴婢对他家或国家君主犯罪的情况下，主人理所当然要负起相应的责任，但实际并非如此。依据唐律规定，甲家的奴婢即使犯了谋反、谋大逆、谋叛等对国家君主的大罪，或是杀害了其他家的良人，都只是奴婢自身的行为，完全不会连累甲家的主人。这些规定是为了让奴婢犯罪不牵涉主人而制定的。然而不可否认，这些规定与"明确规定私奴婢为主人的所有物"的主旨并不完全吻合，甚至存在矛盾，其间或许有某种其他的理念在运作。关于这点，我希望在本章的第四节再行讨论。由于唐律采取了上述原则，私奴婢在刑法上便彻底成为了有责任能力者，能对自己的行为直接负责。

接着，《唐律疏议》卷二十四《斗讼四》云：

> 诸部曲、奴婢告主，非谋反、逆、叛者，皆绞（被告者同首法）；告主之期亲及外祖父母者，流……即奴婢诉良，妄称主

压者，徒三年；部曲，减一等。

> 疏议曰：日月所照，莫匪王臣。奴婢、部曲虽属于主，其主若犯谋反、逆、叛，即是不臣之人，故许论告。非此三事而告之者皆绞，罪无首从。注云"被告者同首法"，谓其主杂犯死罪以下，部曲、奴婢告之，俱同为首之法，奴婢获罪，主得免科。奴婢为主隐，虽告，准名例律相容隐告言，自合同首，今律文重言"同首法"者，以"相隐"条无相隐字故……"即奴婢诉良，妄称主压者"，谓奴婢本无良状而妄诉良，云主压充贱者，合徒三年。不同诬告主者，开其自理之路。部曲，减一等。其主诬告部曲、奴婢者，即同诬告子孙之例，其主不在坐限。

所谓三事，就是同书卷一《名例一》"十恶"条的谋反（谓谋危社稷）、谋大逆（谓谋毁宗庙山陵及宫阙）、谋叛（谓谋背国从伪）。

私奴婢不仅在主人之下几乎无法保证生命、身体的安全，也不能将主人的各种违法行为告官，如果犯禁的话，由于适用同首法，告官的奴婢自己要代替主人受罚，主人则免于科罪。然而主人违犯的是前述谋反等三事的话，由于私奴婢也是王臣，此时应超越主奴的关系告发主人。另外，主人无理地将良人压为部曲客女、奴婢时，贱人是为了恢复自己的身份才告官，因而也可获允，但这实际是法律给予本为良人者的救济方法，而不是赋予奴婢的能力。

根据前述疏议所说明的理由，私奴婢仅有在主人犯三事时才能告发主人。但这一点又与"私奴婢被规定为主人的财物"这一原则相矛盾，其细节仍将留待次节讨论。不过，对于主人以外者的犯法，私奴婢在任何时候——不需经由主人——都可以向官府告发，或许由此可知他们并非如牛马资财般完全没有告发的能力。

第四节　私奴婢的总结

《唐律疏议》卷一"十恶"条规定，所谓十恶，是指谋反、谋大逆、谋叛、恶逆（谓殴及谋杀祖父母、父母，杀伯叔父母、姑、兄姊、外祖父母、夫、夫之祖父母父母）、不道（谓杀一家非死罪三人，支解人，造畜蛊毒、厌魅）、大不敬（谓盗大祀神御之物、乘舆服御物……）、不孝（谓告言、诅詈祖父母父母，及祖父母父母在，别籍、异财，若供养有阙；居父母丧，身自嫁娶，若作乐，释服从吉；闻祖父母父母丧，匿不举哀，诈称祖父母父母死）、不睦（谓谋杀及卖缌麻以上亲，殴告夫及大功以上尊长、小功尊属）、不义（谓杀本属府主、刺史、县令、见受业师……）、内乱（谓奸小功以上亲、父祖妾及与和者）。如同疏议所言，"五刑之中，十恶尤切，亏损名教，毁裂冠冕，特标篇首，以为明诫"，十恶之诫是国家名教之大本、治道人伦之所据，全体国民都应铭记在心。

对于十恶的行为要特别加重处罚的规定不独限于良人，同样也适用于官私贱人，可谓普遍规范。同书卷六《名例六》"诸官户、部曲（称部曲者，部曲妻及客女亦同）、官私奴婢有犯，本条无正文者，各准良人"条的疏议云：

> 其"本条无正文"，谓阑入、越度及本色相犯，并诅詈祖父母、父母、兄姊之类，各准良人之法。

据此可以明了"十恶"确为普遍律。如果私奴婢或部曲客女诅骂自己的祖父、父母、兄姐等尊亲属，要以十恶的不孝之罪处以绞刑——比诅骂主人处以流刑更重——殴、伤、杀、故意杀害祖父母、父母的话处以斩刑，当然即使主人求免亦不得减罪。

同书卷十七《贼盗一》"诸杀一家非死罪三人（同籍及期亲为一家……奴婢、部曲非），及支解人者（谓杀人而支解者）皆斩；妻、子流二千里"条云：

> 问曰：假有部曲若奴，杀别人部曲、奴婢一家三人或支解，依例"有犯各准良人"，合入十恶以否？
>
> 答曰：部曲、奴婢虽与良人有殊，至于同类杀三人及支解者，不可别为差等。坐同良人，还入十恶。

杀害良人一家非死罪者三人以上，或是杀人后又肢解的"人"中，不
包含作为"物"的私奴婢以及没有与良人同等"人"格的部曲客女。
然而部曲客女、奴婢互相间做出同样行为的话，则比照良人的情况论
以不道之罪。

同书卷四《名例四》云：

> 诸年七十以上、十五以下及废疾，犯流罪以下，收赎（注
> 省略）。八十以上、十岁以下及笃疾，犯反、逆、杀人应死者，
> 上请；盗及伤人者，亦收赎（注省略）。余皆勿论。九十以上，
> 七岁以下，虽有死罪，不加刑（缘坐应配没者不用此律）……

这是为老年、幼弱者以及废疾、笃疾者在刑罚上所设置的特例。而且，
这项规定不仅限于良人，根据《名例六》所见对官户、官奴婢、部曲
客女、私奴婢征赃赎时的律文疏议，"应征赎之人，若年七十以上、
十五以下及废疾，依律不合加杖，勘检复无财者，并放免不征"，此条
无疑也适用于官私贱人，同样的规定一般来说也适用于女性。

在憎恶十恶、怜悯弱者方面，唐代法律基本同等地对待贱人与良
人，这非常明白地显示了私奴婢虽然等同于"物"，但有时也会被当作
"人"。私奴婢被当作"人"的法规与被当作"物"的法规之间，究竟
又有怎样的关系呢？

毋须赘言，私奴婢是先秦、秦汉以来在国民实际的经济生活中出
现的产物，其来由各式各样，但如果要对此进行分析的话，因为人将
自己卖给他人或归附他人所有，所以丧失了"人"的权利，成为了他
人的所有物，故而出现了私奴婢。因此，唐代法律规定私奴婢等同资
财畜产，相当于认可作为持有者的主人有权将奴婢所持的能力，以及
由此所生产、获得的财物、成果，乃至于子女的一切，当作自己的东
西自由使用、消费、处理，主人的权力也理所当然地涵盖包括他们的
婚姻、养子在内的一切。

然而，即使是私奴婢，也经常不是只与主人产生关系。如前所述，
在广大的国家与社会中，私奴婢与主人以外的人也有关系，而且在这

些场合下，似乎私奴婢不仅是因为其根本属性才受到规制。我虽然每每触及这一问题，但所谓"本质以外的东西"究竟是什么呢？

在古代中国的统治理念中，无论被称作王道还是王法思想，这种观念或许无人不知。从这一理念出发，国民全都是天子之子、天子臣民，沐浴在广大恩德中的同时，也必须井然有序地被规制于君主之下。例如唐王朝对于高龄幼弱者、疾病者、女性等弱者（虽然也有尊重高龄者的意思），不分良人、贱人一律宽容处置、给予保护；又如唐朝以遵奉家族道德为国是，无论良贱，对尊亲属的犯罪都要特别加重处罚；又或者主人犯三事的话，就算是贱人也必须作为天子臣民的一分子告发主人，这些都不外乎是王法的具体表现。还不仅如此，唐王朝大致将国民分为良人与贱人两类，从贵戚到士族、庶民（士农工商）是为良人，私奴婢、部曲客女以及后述的官贱人则为贱人，根据人们的尊卑贵贱来赋予地位差别，然而其根本意义在于将全体国民当作臣民、赤子加以掌握。在这种王法下，国民虽有良贱之别，但基本都具备人格。中国古典中有"礼不下庶人"的说法，它是否在任何时代都通用尚值得研究。连最末端的私奴婢都被"礼"包摄在内，我认为必须要注意其间的历史推移与君权伸张。

根据以上所述可知，在主奴关系中，私奴婢的本质基本只被规定为"物"，然而在王道、王法即国家君主之下则是作为国民的一部分被赋予人格。而私奴婢与主人以外者的具体关系，是从上述"物"的本质与"人"的资格两方面规定的，因此唐代各种制度、法规中所见私奴婢的情形自然变得极为复杂，在某些规定中完全被当成物，在某些规定中被当成人，在另一些规定中则被视作二者的混合体。其中最易看出端倪者，莫过于作为刑罚制度的唐律诸项规定。换言之，唐律中——把私奴婢视为"人"、与良人并立的条项就不再重复了——以私奴婢在主人权力下几乎完全没有生命保证为代表，普通人强略、和诱私奴婢的话，要判处强盗、窃盗之罪，并通过计算他们的价格来量刑等，这些是根据私奴婢"物"的本质所定的条项。又私奴婢对主人的犯罪基本要从重处罚，这是因为一方面，作为"物"、畜生的私奴婢伤害主人被看作是不可饶恕的；另一方面，法律或许将这种行为视作侵害对奴婢有恩义的主人，是值得憎恶的。另外，非主人加害私奴婢的生命、身体，根据加害者身份等级的异同，罪刑也有轻重之别；反过来，私奴婢加害非主人的话，如果是对良人，则要比良人相互伤害的罪刑加重二等，对部曲客女的话则加重一等，对奴婢的话则等同良人相互伤害的情况。这是因为，就算是奴婢也是国民的一员，因此法律在禁止非主人对奴婢的殴、伤、杀、故意杀害等行为的同时，奴婢也要对自己的加害行为负起责任。此外，国家给予私奴婢向官府告发非主人不法行为的权利，也是同样的道理。附带论及，关于生命身体的犯罪，基本上无论加害者是谁，都等同于私奴婢与非主人间发生的行为，罪名不会因良贱身份有所差别。不过，在当事人身份等级有差距的情况下，会据此对罪刑轻重稍作调整。总之，良人对奴婢的加害不会被当作人与物间的行为进行裁断。

结合仁井田博士的高见，我虽然重申了关于私奴婢的论议，但关于"犯罪时适用何种法规"这部分，我的观点还非常不成熟，不仅留下了要更进一步研究的问题，而且整体上我没有使用正确的法律用语——这是我力所不能及之事，因此今后也应关注各种词语该用什么样的文字来表现——我想招致读者误解之处应该不少。总之，我想阐明的论点包括：（1）私奴婢仅有名而无姓；（2）私奴婢同类间的婚姻虽然合法，但那只不过是因为主人不介意让奴与婢结婚而已；（3）主人可以对私奴婢下达任何命令，所以可推定不存在奴婢不能成为奴婢养子的规定；（4）私奴婢没有拥有财物的权利，私奴婢所持的财物都是主人的财产，就算不是这样，也不过是替非主人搬运或携带；（5）私奴婢没有被赋予负担债务的能力；（6）在主人之下，除了主人不可擅杀私奴婢外，私奴婢的生命身体安全几乎没有保证，但对于来自非主人的加害，私奴婢虽然处于不利地位，仍有资格被作为人对待；（7）私奴婢不得将主人的不法行为告官，但如果涉及谋反、谋大逆、谋叛三事的话，即使是主人，私奴婢也必须告官，此外对于非主人的所有犯罪行为，私奴婢可不经过主人直接告官；（8）私奴婢也是国民的一员，要为自己的犯罪负起责任，有遵守国法所定家族道德的义务；（9）私奴婢中的高龄、幼弱、病疾者和女性，与良人同样受到宽大处理与保护；最后作为结论（10）私奴婢的本质是主人的"物"，法律基本只基于私奴婢"物"的本质来规定其行为。尽管如此，私奴婢在王法下还是被赋予了"人"的资格，故而在身份法中虽被视为贱人，也还是会被当作"人"来对待，其余与君主、国家、非主人的关系则从"物"的本质与"人"的资格两方面进行规范，这是我一再想要强调之处。而根据上述概要与结论，对于仁井田博士为了证明"私奴婢具备法律人格"而举出的诸事项，我不得不反对其中半数。与此同时，仁井田先生在论述身份法的过程中，还苦心证明私奴婢在"物"以外也残留有"人"的性质，我不由得对此感到好奇。由这样的新观点来看待唐代私奴婢的属性的话，私奴婢为半人、半物的说法并非全然不可能。

此外，如同周藤吉之博士在《敦煌吐鲁番社會經濟資料（上）》的《佃人文書の研究》中介绍的那样，佃人中良人占据压倒性多数，但也存在"佃人康守相奴□总""佃人奴集聚"之类的记载，关于这些，现已产生了一些讨论。想来，上述一系列的文书或许是公廨田、职田，或与其他官有关的土地上佃人（即耕作者）的名簿之类，周藤博士如果要以此为证据说明私奴婢有租佃土地进行耕作的权力、土地的使用收益权等，恐怕是对此有所误解。

我曾经在《唐に於ける兩税法以前の徭役勞働》的第一节"役"一条中论及：日本《养老赋役令》规定，"役"的义务中，良人丁男不是正身就役，他们也可以雇用郡人或自家家人，派他们去服役。该条集解称："释云：'唐令，遣部曲代役者，即知，是家人也。'"[1] 我根据上述史料，推测唐令或许也允许以自家的部曲等代替主人执行"役"的义务。当然并非所有唐代良人必须负担的徭役劳动，亦即役、杂徭、杂役、杂匠等，都可以找人代替。杂匠因为是特殊役务，必须正身就番，不就番的话要征免番钱，以充当其他杂匠每日出勤的雇佣费用。又关于杂役一种的白直、执衣，仁井田博士在《唐の律令および格の新資料》[2] 所介绍的万岁通天元年（696）五月六日所附的文书

---

1. 见《東洋學報》20（4），1933年；后收入氏著《秦漢隋唐史の研究·上卷》第二部第五章，东京大学出版会，1966年。
2. 载《東洋文化研究所紀要》（13），1957年。

（S.1344）云：

> 敕：官人执衣、白直，若不纳课，须役正身，采取及造
> 物者，计所纳物，不得多于本课，亦不得追家人（此处家人
> 指私贱人）车牛马驴杂畜等，折功役使，及雇人代役。

《唐律疏议》卷十一《职制三》"诸监临之官私役使所监临……即役使
非供己者……其应供己驱使而收庸直者，罪亦如之……"条疏议云：

> 其应供己驱使者，谓执衣、白直之类，止合供身驱使，
> 据法不合收庸，而收庸直，亦坐赃论，罪止杖一百……

可见在法律上，执衣、白直只能正身就役或是交纳免番钱，派遣他人
代替正身或是官人收庸雇人代替，都是法律所禁止之事。因此，不是
所有的徭役劳动都允许由私贱人代役，只有如同"役"或杂徭这样单
纯的肉体劳动才能以他人代替。

　　若果真如此的话，不妨类推，无论是官人的职田、公廨田还是屯
田或其他情况，分担耕作义务的人们除了自己去当佃人外，法律也允
许他们让自家的奴或部曲来耕作。从这一观点来看，我认为佃人文书
所见的奴，是代替主人成为佃人的实例，这也明确记载于官府或管理
者的簿账，显示奴自身并非官方土地耕作、收益的责任者本人。

第二章

部曲客女的研究

唐代私家所保有的贱人除奴婢外，还有被称为部曲与客女者。部曲是比奴婢更高级的男性贱人称谓，客女则是比奴婢更高级的女性贱人称谓，两者的关系相当于奴之于婢。另有部曲妻一词，是对部曲之妻的称呼。而部曲、客女与部曲妻三者，除了男女之别与有夫、无夫的不同，在法律上被归为同一类，因此唐律中经常仅举出部曲以代表三者，而省略其他二者。另外，在部曲、客女之外，还有被称为"随身"者。迄今尚无人明确地解释"随身"的含义，但它应与部曲一同讨论，故本章将一并论及。

第一节　姓与丁中老的规定

《唐律疏议》卷六《名例六》"诸官户、部曲（称部曲者，部曲妻及客女亦同）、官私奴婢有犯，本条无正文者，各准良人"条疏议云：

> 部曲，谓私家所有。

同书卷十七《贼盗一》"诸祖父母、父母及夫为人所杀，私和者流二千里"条的问答云："答曰：奴婢、部曲，身系于主。"同书卷二十二《斗讼二》"诸部曲、奴婢过失杀主者绞，伤及詈者流"条的疏议云："部曲、奴婢，是为家仆，事主须存谨敬，又亦防其二心。"从这些资料可知，部曲客女属私家所有、是身系于主人的家仆，在这一点上与私奴婢相同。因此，如王元亮《唐律释文·斗讼二》中所言，"此等之人，随主属贯，又别无户籍"，部曲没有独立的户籍，而是附载于主家户籍。《西域考古图谱》中有一件大谷探险队从吐鲁番地区的吐峪沟携来的文书，其记载称：

> ——前　缺——
>
> （1）部曲白善长　　年伍拾陆岁　丁部曲空

（2）部曲白小秃　　　年肆拾岁捌　　丁部曲空

（3）部曲妻赵慈尚　　　年 伍 拾岁　　丁部曲

（4）部曲男索铁　　　　年 叁 拾岁　　丁部曲男空

（5）　　　　　　　　　　拾 玖 岁　　丁部曲男空

（6）　　　　　　　　　　　　　　　　丁部曲男空

仁井田博士已对这份文书进行解说[1]，认定这是贞观以后的唐籍，是有关部曲的贵重史料。上引部曲籍明确指出，丁中老之制也同样适用于部曲客女，但部曲的丁中老年龄又是如何规定的呢？部曲客女不会获得永业田、口分田，仅被授予园宅地。虽说官府应给予部曲田地，但实际是将田地授予主人，而且在部曲客女外还有奴婢时，是根据两者相加的总数，按照满五口则给一亩、满十口则给二亩的比例授田。这点，部曲与私奴婢完全相同，故而他们也不必负担国家的义务。根据这点可以推断，部曲客女与私奴婢的丁中老年龄相同，良人的规定也适用于部曲客女。

此外，仁井田博士《中国身分法史》中的录文内容为：

（4）部曲男索铁　　　年叁拾岁　　丁部曲男空

（5）〔部〕〔曲〕〔男〕□□□□□□　拾九岁　　丁部曲男空

（6）〔部〕〔曲〕〔男〕□□□□□□　□□〔岁〕　丁部曲男空

仁井田博士认为缺损部分的字数难以判断，仅在录文中作了上述标记作为参考。不过，缺字的部分是不是还能再补上几个字呢？

　前述部曲籍所见的（4）索铁与（5）（6）的丁部曲男这三人应该是（3）"部曲妻赵慈尚年伍拾岁"的孩子。如果（5）的第二子是十九岁的丁男，那么（6）的第三子就是年纪更轻的丁男了。如后所述，即使是比部曲客女的身份等级还低的官奴婢，为丁的年龄也是二十岁；

<hr>

1.《中国身分法史》，第929页以下。

我又曾推断私奴婢为丁的年龄是二十一岁，将上述结论结合起来看的话，还是颇难理解为何部曲为丁男的年龄低于十九岁。又第一子索铁的年龄明确为三十岁，相比之下，第二子十九岁，第三子更小，此处又产生了兄弟间年龄差距过大的疑点。若一并考虑这些问题，我推测前述缺字部分或许应为：

（4）部曲男索铁　　年叁拾岁　　丁部曲男空

（5）□□□□□□□　　□□拾九岁　　丁部曲男空

（6）□□□□□□　　年贰拾　岁　　丁部曲男空

对照考古图谱的图版来看，这样可能更接近原本文书的样态。

　　另外，根据这一部曲籍探讨部曲客女间的家庭关系时，虽然部曲籍中明确记载了家庭成员身份，但究竟有多详细呢？前引的部曲籍中只提到了作为"母"的部曲妻与作为"子"的部曲男之间的关系，却没有明言谁是夫或父。根据这点与下一点，我推测——不明示父亲的身份或许是惯例。如同第一章第三节第三项所述，男性主人奸部曲、奴之妻或女，不构成奸罪，所生之子从母而成为部曲客女或奴婢。在这种情况下，我推测部曲籍恐怕不会明确记载该子的生父为主人一事，立法者预想到这种事会屡屡发生（可能也有其他的理由），就必然不会在户籍上写明"父"或"夫"的身份。顺带一提，由于史料不足，尚无法判定奴婢间的家族关系是像部曲客女那般记入籍中，还是完全不记。

　　说到部曲客女的来历，除了部曲客女本身所生以及从私奴婢的位置上升至部曲客女者之外，他们大抵原本生活穷困，虽然不至于卖身至别人家，但需要其他家供养，作为供应衣食的代价（虽然如后所述，断言为"代价"并不妥当）不得不受其家驱使。也就是说，部曲客女虽然委身于他家，但尚未达到如奴婢般将自己卖作他人之物的境地。《唐律疏议》卷十七《贼盗一》"诸谋反及大逆者，皆斩……若部曲、资财、田宅并没官"条云：

　　　　疏议曰……若部曲、资财、田宅，并没官。部曲不同资
　　财，故特言之。部曲妻及客女，并与部曲同。奴婢同资财，
　　故不别言。

如上所述，奴婢被规定为"物"，相对的，法律则认定部曲客女拥有
"人"的资格。

《唐律疏议》卷十八《贼盗二》云：

　　　　诸杀人应死会赦免者，移乡千里外。其工、乐、杂户及
　　官户、奴，并太常音声人，虽移乡，各从本色。（部曲及奴，出
　　卖及转配事千里外人）
　　　　　疏议曰……注云"部曲及奴，出卖"，谓私奴出卖，部
　　　　曲将转事人，各于千里之外。
　　　　若……杀他人部曲、奴婢，并不在移限（部曲、奴婢自相杀
　　者，亦同），违者徒二年。

因杀人被判死罪，又受豁免者，必须避仇至千里之外。这种情况下，
杀人者的奴婢要被卖到千里之外的其他人家，但相对的，部曲客女则
是要转事千里之外的其他人家。这是因为部曲客女是"人"，不得卖
却，关于"转事"将在后文论述。又如前所述，强略、和诱他家奴婢
要论处盗财物之罪，根据奴婢的价格决定罪行轻重。至于强略、和诱
部曲客女的情况，《唐律疏议》卷二十《贼盗四》云：

　　　　诸略人、略卖人（不和为略。十岁以下，虽和，亦同略法）为奴
　　婢者，绞；为部曲者，流三千里：为妻妾子孙者，徒三年（因
　　而杀伤人者，同强盗法）。
　　　　　疏议曰……为妻妾子孙者，徒三年，为弟侄之类亦
　　　　同……
　　　　和诱者，各减一等。若和同相卖为奴婢者，皆流二千里；
　　卖未售者，减一等（下条准此）。即略、和诱及和同相卖他人部

曲者，各减良人一等。

疏议曰："和诱"，谓和同相诱，减略一等：为奴婢者，流三千里；为部曲者，徒三年；为妻妾子孙者，徒二年半。"若和同相卖"，谓元谋两和，相卖为奴婢者，卖人及被卖人，罪无首从，皆流二千里……"即略、和诱、和同相卖他人部曲者"，谓略他人部曲为奴婢者，流三千里；略部曲还为部曲者，合徒三年；略为妻妾子孙，徒二年半。和诱者各减一等：和诱部曲为奴婢，徒三年；还为部曲，徒二年半；为妻妾子孙，徒二年。若共他人部曲和同相卖为奴婢，减流一等，徒三年；为部曲者，徒二年半。故云"各减良人一等"。其略、和诱缌麻以上亲部曲、客女者，律虽无文，令有"转事，量酬衣食之直"，不可同于凡人，亦须依盗法而减：缌麻、小功部曲，减凡人部曲一等；大功，减二等；期亲，减三等。

如上所述，强略、和诱部曲客女不是处以强、窃盗之罪，而是论处略夺或和诱"人"之罪。而且，虽然唐律认定部曲客女为"人"，但并不认为部曲客女有等同于良人的人格。正如上引疏议中明确阐明的，某良人强夺、和诱、和同相卖其他家的部曲客女时，其罪名比强夺、和诱、和同相卖良人减轻一等。另外，前述疏议所言的"其略、和诱缌麻以上亲部曲、客女者……"是某良人强略、和诱、和同相卖自己缌麻以上亲属所拥有的部曲客女时的罚则。这种情况将论以盗罪，以部曲客女转事他家时，该家主人应收取的衣食之直（之后将详述这一点）计赃，并将其视作亲属间的事件，将罪名减轻数等，这与"将部曲客女当作物对待并估价"的简便方法是不同的。

如上所述，部曲客女与卖身或被卖为他人所有物的奴婢来历不同，因此即使有所限制，他们仍拥有人格。正如前引部曲籍所见，部曲客女有姓与名这一事实，直截了当地显示他们在法律上具有"人"的身份。

第二节　部曲客女的性质

第一项　劳动的形态

一

部曲客女与奴婢同为隶属私家的家仆，那么他们的劳动形态又是怎样的呢？《唐律疏议》卷十八《贼盗二》"诸造畜蛊毒（谓造合成蛊，堪以害人者）及教令者，绞；造畜者同居家口虽不知情……皆流三千里……造畜者虽会赦，并同居家口及教令人，亦流三千里……"云云条的问答云：

> 答曰：部曲既许转事……

同卷《贼盗二》又有"诸杀人应死会赦免者，移乡千里外……"注云：

> 部曲及奴，出卖及转配事千里外人。

同书卷二十五《诈伪》中有"诸诈除、去、死、免官户奴婢及私相博易者徒二年……"问答云：

> 问曰：有人将私部曲博换官奴，得以转事衣食之直准折官奴价否？
> 答曰：奴婢有价，部曲转事无估，故盗诱部曲并不计赃……

转事的意思是改换主家，可知部曲客女存在转事他人的情况。

而除了前述《诈伪》的问答中提到"衣食之直"云云，同书卷二《名例二》"诸犯十恶、故杀人、反逆缘坐，狱成者……即监临主守，于所监守内犯奸、盗、略人……亦除名……"条云：

问曰……若监守内略部曲，亦合除名以否？

答曰……今略良人及奴婢，并合除名。举略奴婢是轻，计赃入除名之法；略部曲是重，明知亦合除名……又令云："转易部曲事人，听量酬衣食之直。"既许酬衣食之直，必得一匹以上，准赃即同奴婢，论罪又减良人。今准诸条理例除名，故为合理。

同书卷二十《贼盗四》"诸略人、略卖人……"条疏议亦云："其略、和诱缌麻以上亲部曲、客女者，律虽无文，令有'转事，量酬衣食之直'。"依据这些条目，可知部曲客女的转事过程中还有所谓"衣食之直"的授受。这条问答中提到的"衣食之直"是"用于衣与食方面的费用"，授予者是部曲客女的新主人，接受者是原来的主人，这也很容易判断。另外，《名例二》的问答所引用的唐令"听量酬衣食之直"中，因为用的是"听"字，故而法律未必强制新旧主人授受衣食之直，不过根据前引名例、贼盗、诈伪律与疏议，授受无疑是常见的情形。

但是，为何转事时要授受衣食之直呢？仁井田博士认为，"衣食之直这一点显示，部曲依靠主人给予衣食或衣食费用而生活"[1]。我认为这一说法是正确的，然而仅凭这一结论还是无法确认部曲客女的性质，因此我在旧稿《唐の部曲客女と前代の衣食客》（收录于本书外篇）中阐述了我个人对"授受衣食之直原因"的见解。所幸仁井田博士亦赞成我的观点，由于这部分是理解部曲客女的重要事项，以下将对旧稿加以订正，再行论述。

部曲客女听命于主家，从事各式各样的劳动，并从主家获得食粮与每季的衣服，或是以某些东西充当衣食费用，这是否就是他们劳动的回报呢？我认为有必要从这点进行考察。

起初，人们以劳动换取衣食，这种形式应当就是部曲客女出现的缘由（参照外篇论文）。如果这种观念与形式适用于任何时期的话，即

1.《中国身分法史》，第899页。

使部曲客女仅能获得维持自己每日温饱的衣食，但衣食与劳动可以相互抵消，衣食费正好成为回报劳动的形式。因此只要想找理由，部曲客女随时可以自行摆脱主家家仆的身份，或是转事其他家，剩下的仅有对主人的恩义。然而，实际上并非如此。概言之，即使部曲客女想恢复自由身，主人也会要求他们负担在此期间的衣食费，只要出不起衣食费就不能得到解放。

《旧唐书》卷五《高宗本纪》咸亨元年十月条云：

> 癸酉，大雪，平地三尺余，行人冻死者赠帛给棺木。令雍、同、华州贫窭之家，有年十五已下不能存活者，听一切任人收养为男女驱使，皆不得将为奴婢。

同卷咸亨四年春正月条云：

> 甲午，诏咸亨初收养为男女及驱使者，听量酬衣食之直……

《旧唐书》虽然如此记载，但开元法严禁将良人卖为奴婢或当作部曲客女。又《唐律疏议》卷十二《户婚一》云：

> 诸养子，所养父母无子而舍去者，徒二年。若自生子及本生无子，欲还者听之。即养异姓男者，徒一年；与者，答五十。其遗弃小儿年三岁以下，虽异姓，听收养，即从其姓。
>
> 疏议曰：异姓之男，本非族类，违法收养，故徒一年；违法与者，得答五十。养女者不坐。其小儿年三岁以下，本生父母遗弃，若不听收养，即性命将绝，故虽异姓，仍听收养，即从其姓。如是父母遗失，于后来识认，合还本生；失儿之家，量酬乳哺之直。

如果是被父母舍弃的三岁以下孩童，虽然是异姓子，法律亦允许人们将他收养为自家的子嗣，舍弃之家也可以日后通过付出"乳哺之直"（即养育费）来带回孩子。可以推定，恐怕高宗时代也有类似的规定。了解以上情况后再来思考《高宗本纪》的话，便会明白下述事实：咸亨元年，天下四十余州蒙受旱、霜、虫害，其中关中也遭受大害，因而朝廷允许雍、同、华三州的贫困者将十五岁以下的子女送至大户收养，可负担劳动者则供大户驱使。"听一切任人收养为男女驱使""收养为男女及驱使者"的读法不同，似乎也可以解释成除了成为大户的养子外，似乎也有人仅供大户驱使、不需成为养子。但不管是哪一种，都是一时的便宜之举。这些被收养的孩子无疑仍有良人的身份，也有人在大户中度过荒年后留下，虽有养子之名，实质却几乎等于家仆——近似部曲客女。因此，咸亨四年时朝廷下令，命能支付这段时间"衣食之直"的人回到他们父母家中。本书虽然无暇详述，但除了咸亨年间的案例外，还有不少以养子或雇佣为名，实际上等同部曲客女或奴婢的情况。

总之，只要人们开始依靠他人供给衣食，就算最初约定以劳动折抵，结果若不支付这段时间的衣食费，就无法脱离现时的境遇，开元法中部曲客女的法律状态正是其典型。根据开元法，除了依据国法命令外，主人有权随意安排部曲客女转事，全然不考虑部曲客女的意志。而在转事之际，如果新旧主人双方同意，可以不授受"衣食之直"，其他情况则都要授受"衣食之直"。此处明确显示，主家部曲客女的劳动与获得的衣食间没有相抵关系，他们的劳动完全被视作无对价劳动，从主人处获得的衣食反而成了他们的欠债。正因如此，旧主人让部曲客女转事他家、解除主仆关系时，当然应向他们收取衣食费，但由于部曲客女没有支付能力，旧主人就转而向新主人收取，新主人据此成为新来部曲客女的债权人，得以行使主人的权力，转事的部曲客女则改为对新主人有负债，且其数量会经年累月地累积。另外，在多数情况下，授受的"衣食之直"或许并非依据主人实际给予部曲客女的总费用计算，而是基于部曲客女现在及将来的利用价值决定。因而，新旧主人将部曲客女转事时授受的"衣食之直"视同他们的价格。

　　根据对"衣食之直"的仔细考察，很明显，部曲客女与私奴婢一样在主家从事无偿劳动，但两者相同之处还不只这点。《唐律疏议》卷十一《职制三》称，"诸监临之官……借奴婢、牛马驼骡驴、车船、碾硙、邸店之类，各计庸、赁，以受所监临财物论"。这是对监临之官无故从管辖范围内借用奴婢与其他物品的处罚。然而，甲家自然可以向乙家借用奴婢及其他物品，此时甲家要向乙家支付作为借金的庸或赁，依据上述律文的疏"借奴婢、牛马……碾硙、邸店之类，称奴婢者，部曲、客女亦同，各计庸、赁之价，人、畜、车计庸，船以下准赁"，可知甲家向乙家借用部曲客女时，与借用奴婢时一样要支付庸直。由此可见，部曲客女不仅要根据主家的需要进行无对价劳动，连遵从主家命令为其他家劳动时[1]，作为借贷他们的费用，劳动所得的庸也会归于主人之手，这点也与奴婢完全相同。总之，部曲客女与奴婢的劳动都是为了主人而做，不存在为了他们自己的劳动，如果有的话，就是主人默许或违法行为。

　　部曲客女负有主人"衣食之直"的债务，所以他们当然不能随意变回原来的良人身份。如果要恢复良人的身份，必须要由他们自己或亲人向主人提供相当于"衣食之直"的金钱或财物，还需要征得主人的同意，以作为解放的必要手续。当然，主人有时也考虑到他们多年劳苦，便抹消"衣食之直"的费用，直接办理解放手续，以作为一种恩惠。可是除此之外，部曲客女纵使在主家数十年，不管到什么时候，其身份也不会改变。不仅如此，他们的孩子从出生开始，就被认为不是由客女母亲哺育，而是仰仗主人供给衣食，因而与身为部曲客女的双亲陷于同样的法律状态。

　　由于我已反复探讨"衣食之直"，厘清了许多情况，所以接下来，我要回过头来讨论前述《唐律疏议》所引唐令"听量酬衣食之直"的用字。与奴婢的买卖必然会明码标价相比，部曲客女由于拥有人格而没有价格，唐代法律可能是在考虑了这些情况后特意使用了"听""酬"这

---

1. 不存在不依照主家命令的劳动。如果有这种劳动的话，若非主人默许，就是其他家的不法行为。

类文字，有许多种可能：或是预设有主人在部曲客女转事与解放时会直接抹消债务，从而有了上述条文；抑或是抹消的情况下，与不抹消债务的其他法规有所冲突之故；或者从以前他们以劳动换取衣食开始，作为某种惯例，有很多主人不拿到点衣食费就不解放部曲客女，因此王朝听任主人向部曲客女收取"衣食之直"，到后来变成了法令条文。可是，开元法中对于部曲客女使用"听"字，是因为他们在恢复身份时，必须支付相当于"衣食之直"的金钱或财物（自赎），或由主人主动抹消债务，且婴儿从刚出生起就与仰赖主人供给衣食的双亲一样，面临着成为部曲客女的命运。由此可知，衣食费与劳动完全不能相抵，衣食费成为部曲客女的债务，劳动成为无对价劳动，这是不争的事实。

陶希圣《西汉的客》一文称，部曲客女虽然是法律上的贱人，但经济上的实体则属佃客之类，推定其为接近于农奴的存在[1]，不过我在旧稿《唐の部曲客女と前代の衣食客》中已陈述了对这个论点的反驳意见。然而此后，宫崎市定博士在《東洋的近世》中认为"部曲客女或许是附属于土地的隶农，与土地一同被买卖"[2]，另外在《中國史上の莊園》中则提出，"奴婢无疑是奴隶……部曲一词是汉末用语的复活，毫无疑问，他们能拥有家属，进而组成户，从官户、杂户也有'户'字来看，可认定他们当然应有家族生活的权利，因此部曲、官户、杂户是如同农奴般的群体"[3]，虽然与陶氏的观点有所差异，但他们都认为部曲客女是农奴。我最初是通过《中國史上の莊園》一文接触到宫崎博士的高见，但我的思考与宫崎博士有许多不同之处，因此我将我的个人观点汇总如下[4]：

在唐代法律中，可拥有家族者并不限于官户以上的官贱人与部曲客女，官奴婢与私奴婢也能拥有妻子与家人。因此，能否结婚拥有妻子一事不能成为判定他们是农奴还是奴隶的关键。判定的关键应当是

---

1. 载《食货》第五卷第一期，1937年。

2. 宫崎市定：《東洋的近世》，教育タイムス社，1950年，第68页。

3. 复刊《歷史教育》2（6），1954年。

4. 京都大学东洋史谈话会，1956年；以及《唐の賤民制度に關する雑考》，《山梨大學學藝學部研究報告》（7），1956年。

他们在主家的劳动型态如何，正如我在别的论文中所证明的那样，部曲客女如果从事无对价劳动、与奴婢相同的话，至少在法律上，将他们视为农奴般的群体可能是说不通的。

以上是我的主要观点，对此，仁井田博士似乎也没有异议。他在其后的高著《中國法制史研究　奴隸農奴法·家族村落法》的补注（2）中提到，"濱口教授也在其《唐の賤民制度に關する雜考》……中批判了将部曲客女当作农奴般群体的说法"[1]，对我的意见表示赞成。

二

那么，部曲客女在主家的劳动是不是都与奴婢相同呢？我在旧稿中断定部曲客女的劳动与奴婢没有任何不同，是完全的奴隶型劳动，直到最近都还确信这一事实。仁井田博士在前述《中國法制史研究》中提出"从不支付报酬的强制劳动、劳动没有区分这一点来看的话，部曲不能算是农奴，而应被视作与奴婢同属奴隶的范畴"[2]，与我虽然用词不同，但意见一致。

不过，瀧川政次郎博士的高著《中国法制史研究》中收有《唐代奴隶制度概说》一文。瀧川博士在该书第73页以下引《令义解·户令》云：

> 凡家人所生子孙，相承为家人，皆任本主驱使，唯不得尽头驱使及卖买。

义解云"谓假有家人男女十人者，放三两人，令执家业也"，集解称"古记云：'不得尽头驱使，谓有一百者，六十七十驱使耳。假令，一家有二人者，役一人，免一人；若有三人者，二人役，一人免；有五人，三人役，二人免，老免丁少役耳"，红叶山文库本《捕亡令义解》的小注云：

> 又本令云："部曲所生子孙，相承为部曲。"

---

1. 仁井田陞：《中國法制史研究　奴隸農奴法·家族村落法》，东京大学出版会，1962年，第169页。
2. 同上书，第14页。

瀧川博士对照上述条目认定此处的"本令"是唐令逸文，在此基础上，推测应当存在与日本《养老户令》的后半"皆任本主驱使，唯不得尽头驱使及卖买"相对应的唐令。以前我没有注意到瀧川博士的这个说法，但这实际上是在研究唐代部曲客女时需要引用的重要论点。现在，我将讨论重点移至唐代。

在后述的官贱人中，官奴婢被规定等同于物品，其劳动原则上全年无休；而具有"人"资格的官户以上者，每年有一定次数的当番与就役，且随着官户、杂户、太常音声人的等级递增，其"人"的属性也递增，每年的就役日数亦会递减，如法律规定太常音声人一年就役二次，每次各一个月。法律如果像这样根据贱人身份等级来设定劳动层级的话，在"物"的私奴婢与"人"的部曲客女之间，也应该存在一些法律上的差别。瀧川博士推定唐令中应有与"皆任本主驱使，唯不得尽头驱使及卖买"对应的规定，我认为其中"不得尽头驱使"的规定应当就是部曲客女与私奴婢在法律上的差别。

假如真的存在与日本户令"皆任本主驱使"对应的唐代法条，我们就可以据此重新认识部曲客女：如果是奴婢，主人就可以无限制地让他们进行无对价劳动，除了睡觉时间外，可以完全不让他们休息；但如果是部曲客女，主人就不能无限制地役使他们，需要给予若干休息时间，因此可以说私奴婢的劳动是完全的奴隶型劳动，反过来说，部曲客女的劳动就并非如此，应当说是半奴隶型劳动。这些是关于部曲客女性质的重要事项。不过从其他方面来看，部曲客女与私奴婢同样要绝对服从主人的命令，也同样被禁止将主人的非法行为告官。然而，就算主人无限制地驱使部曲客女，法律中也没有相应的罚则，因此这个规定只是对主人的要求，如果认为它有更多的效果反而是一种误解。

第二项　结婚

一

《唐律疏议》卷十三《户婚二》云：

> 诸以妻为妾，以婢为妻者，徒二年。以妾及客女为妻，
> 以婢为妾者，徒一年半。各还正之。

同书卷十四《户婚三》"诸与奴娶良人女为妻者，徒一年半……其奴自娶者，亦如之。主知情者，杖一百"条云：

> 疏议曰……若有为奴娶客女为妻者，律虽无文，即须比
> 例科断……奴娶良人徒一年半，即娶客女减一等合徒一年，
> 主知情者杖九十……

据此可知，客女不能成为良人或奴之妻，因此其结婚对象仅限于同色的部曲。又同书卷二十二《斗讼二》"诸部曲殴伤良人者（官户与部曲同），加凡人一等（加者，加入于死）。奴婢，又加一等"条云：

> 疏议曰：名例律，称部曲者，妻亦同。此即部曲妻，不
> 限良人及客女。

可见部曲可娶的对象不只是同色的客女，也包含良人（女）。

虽然部曲可以娶出身良人者为妻，然而同书卷二十六《杂律一》"诸错认良人为奴婢者徒二年，为部曲者减一等。错认部曲为奴者杖一百"条云：

> 疏议曰……若错认部曲为奴者杖一百。若部曲妻虽取良
> 人女为，亦依部曲之坐。

同书卷二十八《捕亡》"诸官户、官奴婢亡者，一日杖六十，三日加一等（部曲、私奴婢亦同）"条云：

> 疏议曰……注云"部曲、私奴婢亦同"，部曲虽取良人之
> 女，其妻若逃亡，罪同部曲。

若据此，就算是出身良人的部曲妻，在作为部曲之妻时，她们仍与出身客女的部曲妻被置于完全相同的法规之下。至于良人出身的部曲妻与客女出身者的不同，同书卷十二"诸放部曲为良，已给放书而压为贱者，徒二年"条的问答云：

> 又问：部曲娶良人女为妻，夫死服满之后，即合任情去住。其有欲去不放，或因压留为妾及更抑配与部曲及奴，各合得何罪？
>
> 答曰：服满不放，律无正文，当"不应为重"，仍即任去……若是良人女压留为妾，即是有所威逼，从"不应得为重"科。或抑配与余部曲，同"放奴婢为良却压为部曲"，合徒一年。如配与奴，同"与奴娶良人女"，合徒一年半；上籍为婢者，流三千里……

正如上述条文所言，在部曲丈夫死亡的情况下，良人出身的部曲妻在服满之后，想要恢复以前良人身份的话或许可以自由恢复。

仁井田博士《中国身分法史》根据《唐律疏议》《宋刑统》所云：

> （1）（《名例三》的疏议）部曲妻者、通娶良人女为之、及婢者、官私婢亦同、
>
> （2）（《名例六》的疏议）部曲谓私家所有、其妻通娶良人奴婢为之、客女、部曲之女〔亦是犯罪皆与官户部曲同〕、

认为部曲除了可与良人女及客女结婚之外，与婢结婚也同样合法[1]。然而，从贱人制整体来看，很难认为部曲能与等级更低的婢结婚，因此我们应该要对仁井田博士引用的史料加以讨论。另外，仁井田博士并未引用〔　〕中的文字，但为了更好地讨论，在此一并附上剩下的内容，句读则完全按照仁井田博士的用法。

1.《中国身分法史》，第924页。

　　首先从史料（2）开始。这是《唐律疏议》卷六《名例六》的"诸官户、部曲（称部曲者,部曲妻及客女亦同）、官私奴婢有犯,本条无正文者,各准良人"条的疏议,如果只看（2）的话,有些部分即使加了句读,文意也不通。谨慎起见,从《宋刑统》的同一条来看:

　　　议曰……部曲谓私家所有, 其妻, 通娶良人客女奴婢为之部曲之女亦是犯罪皆与官户部曲同。

可见,与仁井田博士引用的版本相比,虽然"客女"与"奴婢"二词的位置有所不同,但文意仍然不通。

　　这样的话,我不得不设想（2）的文句中应该有误。玉井教授过去曾注意到这点,推定"其妻通娶良人客女奴婢为之"云云中的"奴婢"二字应是衍字[1]。这一意见无疑非常正确,但如果要画蛇添足地稍作补充的话,通读《唐律疏议》可知,虽然之前"客女结婚对象的合法范围"一段中所引《户婚三》疏议中有"奴娶良人,徒一年半"这样将良人女性单记为良人的例子,但原文多将良人之女、女性记为"良人女",要表示奴婢中婢的话一般只记为"婢"。考虑到这点,我想（2）疏议的原貌应该类似下句:

　　　部曲谓私家所有、其妻通娶良人女为之、客女、部曲之女、亦是、犯罪皆与官户部曲同、

在《名例律》的注"称部曲者,部曲妻及客女亦同"中有说明部曲妻与客女身份的文字,详细地阐明了她们与部曲犯同样罪行时要如何处罚。换言之,所谓"其妻通娶良人女为之",是说部曲可以娶良人之女为妻;所谓"客女部曲之女",是说客女者为部曲（客女）之女;"亦是、犯罪"以下则是说部曲妻、客女犯罪的处罚与部曲相同。另外,所谓"通娶良人女"与随后引用的《名例三》"部曲妻者,通娶良人女

---

1. 玉井是博:《中國社會經濟史研究》,第182页。

为之"相同，如果因为有"通娶"二字，就认为必须在良人女外再加入"客女"二字，反而会造成误解。

接着考虑（1），仁井田博士对此的解释其实有误。为了易于理解这一点，再次引用前后文都曾提及的《名例三》"诸府号、官称犯父祖名，而冒荣居之……若奸监临内杂户、官户、部曲妻及婢者：免所居官"条：

> 疏议曰……部曲妻者，通娶良人女为之。"及婢者"，官私婢亦同。

仁井田博士或许是为了强行让这条记载与存在讹误的（2）相符，因此将其解释为"部曲可以通娶良人之女或婢"，但是所谓"部曲妻者通娶良人女为之"，是说部曲之妻中也有良人之女；所谓"及婢者，官私婢亦同"，律文中的"及婢"并未记载官私婢之别，这是因为奸官婢与奸私婢都会被同等处罚。上述材料实际说的是这样的内容。

二

在阐述部曲客女合法结婚的范畴之前，我想先对《唐律疏议》中数度出现的"部曲妻"一词略作讨论。玉井教授注意到，"部曲妻"一词在《唐律疏议》中只用于表示部曲的妻子，其他贱人则没有相对应的特殊用语。他对这一现象颇有兴趣与疑问，说道：

> 为何要不厌其烦地将属于部曲阶级的女性分为两类呢？部曲妻中也有原为良人而嫁给部曲者。这些人虽然与部曲待遇相同，但因为她们原来是良人，如果丈夫死去，可以恢复原本良人的身份。我认为这是为了要与其他身份有所区别，却找不到适当的用语，便特将她们与客女成为部曲之妻者合称部曲妻。[1]

---

1. 玉井是博：《中国社會經濟史研究》，第182页以下。

只有部曲阶级中才有"部曲妻"一词,其他群体中则不存在如奴妻、官户妻、杂户妻等词,这一现象与玉井教授所触及的"部曲不仅能与同色的客女结婚,也可与良人女结婚"的事实不是完全无关的,特别是在探讨部曲客女在唐代法律制定前的状态时,该现象应具有某种参考价值。然而,我认为在讨论开元法时代的法规时,或许没有必要考虑得如此复杂。

现存《唐律疏议》是基于开元法修订而成的,正如其中所见,部曲表示男性,客女则表示有夫或无夫的女性,以"部曲"二字代表上述两者的条项颇多。也有条项将"部曲客女"连用,以表示部曲、部曲之妻与无夫客女,还有写作"部曲妻及客女"者,以区别于有夫的部曲妻与无夫客女。综合这些用法来看,与其认为"部曲妻"一词有特殊含义,不如认为在立法时已有所谓"部曲妻"的用语,因此立法者就在法规中使用这个方便的词汇,或许更为妥当。

瀧川政次郎博士以玉井说为基础,在《唐代奴隶制度概说》中更进一步指出:

> 因此,律文将部曲妻、客女并称时,其中的部曲妻应理解为以良人之女为部曲之妻。但是在《唐律疏议·斗讼律》中,从前述"名例律称部曲者妻亦同,此即部曲妻,不限良人及客女"的内容来看,可知部曲妻一词是良人之女与部曲之女(亦即客女)为部曲之妻者的总称。

进而认为:

> 客女一词也有广狭二义,在部曲妻、客女并称时,就不包括良人出身的部曲妻,仅包含部曲出身之女;在部曲、客女并称时,则是指属于部曲阶级的所有女性。[1]

瀧川博士指出"部曲妻"与"客女"有广狭二义,狭义的部曲妻

1.《中国法制史研究》,第78页以下。

仅指良人出身的部曲妻。然而，只有现代人才会如此细致地去考量，唐代的立法者只不过是根据条文的不同，在各个场合使用易于理解的写法而已，并非预先将用词分为广狭二义。瀧川博士在部曲妻的含义上钻牛角尖，其中最大的问题在于他认为狭义的部曲妻是出身良人之妻，但部曲妻一词无论何时何地都是指部曲之妻，与出身的良贱完全没有关系。

玉井教授引用了《唐律疏议》卷十三《户婚二》"诸以妻为妾，以婢为妻者，徒二年。以妾及客女为妻……徒一年半"条疏议：

> 客女，谓部曲之女，或有于他处转得，或放婢为之……

对此，玉井教授认为：

> 所谓部曲之女应该不是部曲所生子女的意思。这是因为"部曲之女"中也包含私婢被放免为客女的情况。疏议屡屡使用"部曲客女"一词来总称隶属部曲阶级者。此处的客女，是与称男性为部曲相对，称女性为客女的说法。可是，疏议中有时也用"部曲妻及客女"作为这一阶级的总称，这应该是把部曲妻以外的女性总称为客女。[1]

我虽然无法完全理解玉井教授的观点，但他或许是认为上引疏议中的"部曲之女"，指的是拥有部曲身份的全部女性。

然而，《唐律疏议》诸用例所见"□□之女"的表现方式，即良人女、其女、兄弟之女、前夫之女、官户女等，全部都指某人的女儿，尚未找到反例。况且玉井教授认为有问题的疏议已说明所谓客女是部曲所生之女，或是从其他家转事者，或是从婢转变为客女者等，因此，"部曲之女"是部曲客女之女的意思，应无疑问。

---

1. 玉井是博：《中國社會經濟史研究》，第182页。

第三项 各项规定

一

如同第一章第三节第六项所述，法律不会追究主人对部曲客女施加伤、杖、殴等处罚，但若致有罪失者死（即使只是殴打致死）则会被问罪，因此部曲客女应当比私奴婢拥有更多生命、身体安全的保障。然而，主人就算将他们殴打致死，罪刑也只是徒一年，就算是故意杀害也不过徒一年半，故而他们只是相对而言受到的保护程度较高。另一方面，若部曲客女对主人犯下杀人未遂或既遂、过失致死及殴以上的行为，要处以斩、绞；过失致伤或骂诅处以流[1]；强奸主人处斩，和奸则处绞；若是将主人除三事或非理压贱以外之事告官，官府不处罚主人，而反过来处罚部曲客女等。在这些方面，部曲客女与私奴婢的规定相同。

其次是部曲客女与主人以外的良或贱之间的犯罪。基本规定是：部曲客女对良人的生命身体造成危害，其罪比良人间的情况加重一等；加害同类的部曲客女属于同色间的犯罪，罪刑等同于良人相互间的情况；加害私奴婢属于高级贱人对低级贱人的犯罪，罪刑较良人之间、部曲客女之间的情况减轻一等。反过来，若是良人加害部曲客女，该良人的罪比良人相互间的情况减轻一等；如果犯人是同类的部曲客女，罪刑等同良人相互间的情况；如果犯人是私奴婢，罪刑要比良人之间、部曲客女之间的情况更重一等。又部曲和奸或强奸有夫、无夫的良人女性时，各要比良人奸良人女性之罪加重一等，部曲奸部曲妻、客女、婢时，根据等级的异同，罪刑轻重也有所差别。

附带论及，良人因强盗而杀、伤部曲客女，与强盗杀、伤良人罪刑轻重相同；部曲客女如果犯了流罪或徒罪，都会以杖刑代替，处刑完毕的话就回到主人手下；部曲客女杀、故杀同一主家的奴婢，主人求免者，可从死罪减为流罪；部曲客女对自己的尊亲属犯罪的话，要比常律加重处罚等，从这些例子来看，对待部曲客女的相关规定与对待私奴婢的相关规定主旨相同。又主人犯谋反、谋大逆罪的话，部曲

---

1. 此处只说"流"，是因为私贱人的流刑全部以杖二百替代。

客女虽然会因缘坐而没官[1]，但如《唐律疏议》所云"诸缘坐非同居者，资财、田宅不在没限……若部曲、奴婢犯反逆者，止坐其身"，在部曲客女（奴婢）犯谋反、谋大逆罪的情况下，主人如果与之无关，就不用承担责任，部曲客女（奴婢）的家族近亲也不必缘坐，官府只会处罚罪犯本人（或人们）。这一规定是希望部曲客女（奴婢）自身犯罪时不会累及主人，同时也是为了防止因私有贱人家族缘坐，导致主家的损害进一步扩大。

接下来，我对本节第一项后涉及主人与部曲客女间关系的内容稍作整理：部曲客女有姓与名，其生命被赋予较高的价值，特别是从部曲合法结婚的对象不限于客女，也可以与普通良人女结婚等方面来看，其地位显然比被当作"物"的奴婢高出一阶。然而在其他方面，特别是在劳动方面，虽然法律希望主人不要无限制地驱使部曲客女，但实际上几乎不能期待法律条文的实际效果。部曲客女的一切劳动都是为了主人，他们从事的不是对价劳动，由此可知，他们的状态与奴婢几乎没有不同。

那么，法律又是如何规定他们与财物的关系的呢？我在第一章第三节第五项奴婢与财物之间的关系一段中已有所述，如《唐律疏议》卷二十"诸略奴婢者"云云条的疏议云：

> 良人、部曲合有资财……

作为"人"的部曲客女与良人相同，都有资格拥有财物。可是在这项规定的另一面，在主家，他们没有被赋予自己私有的生产手段；劳动方面则如上所述，他们只能专门为主人而劳动，却不能为自己劳动，因而他们充其量只能从主人或非主人处获得赠与，或者是将拾得物等变为自己的财物。不仅如此，只有在面对非主人时，部曲客女才可以主张这些财物归自己所有，由于他们完全无法对抗主人的权力，故而只能拥有极不完整的财物所有权。

---

1. 奴婢则是作为资产没官。

接着是部曲客女与结婚权。由于他们是"人"，或许不应断言他们没有结婚权，可是他们也不能与法律允许的对象自由结婚。部曲客女要"正当地"结婚的话，主人的同意是不可或缺的，背着主人结婚就会被问以奸罪。不仅如此，就算是正当结婚，主人奸部曲之妻也不会被处以奸罪，而且主人也可以将部曲客女组成的家族拆散，令他们分别转事至他家。若然，则已无必要讨论他们是否有自身的结婚权。只要部曲客女的婚姻合法，官府就将其全部委托主人管理，不加干涉，这无疑是唐代法律的原则。另外，如果部曲客女的婚姻是如此规定，或许养子也是同样的情况。

二

要在何种场合、经过何种手续才能将部曲客女及私奴婢解放为良人呢？关于这点，仁井田博士不仅早在《中国身分法史》第八章第四节第三款中有所讨论，在最近的大作《中國法制史研究 奴隷農奴法・家族村落法》的第三章中也论述了其多年研读之精髓，以下就借用仁井田博士的高见概而论之。

唐代法律大致在两种情况下，容许主人将部曲客女与私奴婢解放为良人，或是将私奴婢提升至部曲客女的位置：主人考虑到他们多年的劳苦，或是出于特殊理由免除部曲客女过往的衣食费、将奴婢所需的赎身钱一笔勾销的情况；以及接受部曲客女或奴婢交付的衣食费或赎身钱——即所谓自赎——的情况。衣食费或赎身钱也可由本人以外的亲戚或友人交付，偶尔则如《旧唐书》卷二《太宗本纪》贞观二年三月丁卯条"遣御史大夫杜淹巡关内诸州。出御府金宝，赎男女自卖者还其父母"所云，也有由国家支付对主人的代偿，将部曲客女或奴婢解放为良人的例子。又主家将部曲客女、奴婢解放为良人，或是将私奴婢提升为部曲客女时，必须要先将其意旨作成文书，由家长署名、长男以下联合署名，以及私贱人本人署名，再列举见证人、保证人等，提交所辖官厅，作成正式的文书。在敦煌等地发现的唐代资料中，就有关于解放私贱人的文书。

由于被解放的私贱人已经是良人，所以他们可以自己决定住所，官方依循他们的住所为他们制定州县户籍的同时，首先要给予他们作为良人的权利，接着在三年后向他们课征赋役等良人必须负担的义务。但是，被解放的良人与以前的主人间还存在如下规定：即是说，除了将他们转事、转卖到其他家，在解放时已经不是主人者，以及非理压贱的主人——即贱人将他们告到官府，恢复原来身份的情况——以外，因为对被解放者来说，主动解放他们或接受他们自赎的主人是有恩义之人，故而就算主人已经将他们解放，被解放者们对旧主人的犯罪处罚还是重于对普通人的犯罪，相反，旧主人对他们的犯罪则会在原有处罚上减轻数等。另外，以前的主人不可娶曾为其家客女或婢者为妻。

羽田亨博士在《西域文明史概論》中介绍的开元四年柳中县籍断简[1]中有：

> 户主大女白小尚　年拾玖岁　中女代母贯　下下户　不课户
>
> 　　母李小娘　年肆拾捌岁　丁寮开元参年帐后死
>
> 壹段肆拾步居住园宅
>
> 　右件壹户放良　其口分田先被官收讫

关于这件断简，可参考铃木俊教授的《燉煌發見唐代戶籍と均田制》[2]与仁井田博士的《中国身分法史》[3]，但我们仍不清楚该户被放良以前是官贱人还是私贱人，不过应该可以判断这件断简是被解放户的部籍。

此处略作他言。伯希和文书第3608、3252号有唐职制、户婚、厩库律的断简。依据内藤乾吉教授的《敦煌發見唐職制戶婚厩庫律断简》[4]，将其中一部分写录如下：

---

1. 羽田亨：《西域文明史概論》，弘文堂，1931年初次发表，第133页第16图。
2. 《史學雜誌》47（7），1936年，第45页。
3. 《中国身分法史》，第967页注3、4。
4. 见《石浜先生古稀記念東洋学論叢》，1957年；又收入内藤乾吉：《中国法制史考証》，有斐阁，1963年。

●诸放奴婢为良（部曲），已给放书，而还压为贱者，徒二年，若压为部曲及放为部曲（奴婢　良），而压为贱者减一等（各　各），放部曲为良还压为部曲者又减一等（即压为部曲及放为部曲而压为贱者又减一等各还正之）●诸冒……（15—18行）

上述傍书小字也是唐人的润饰修正。内藤教授根据修正前的律文使用的是则天文字等[1]，考定该断简的书写年代为载初以后、神龙以前。

至于在润饰修正以前的文字是如何规定的，修正以后的文字又是如何的，在修正前是：

（1）部曲解放为良人　压为奴婢的话[2]
（2）部曲解放为良人　压为部曲的话　　又减一等　　徒一年
（3）奴婢解放为良人　压为奴婢的话　　　　　　　徒二年
（4）奴婢解放为良人　压为部曲的话　　减一等　　徒一年半
（5）奴婢提升为部曲　压为奴婢的话　　减一等　　徒一年半

修正后则为：

（1）部曲解放为良人　压为奴婢的话　　　　　　　徒二年
（2）部曲解放为良人　压为部曲的话 ⎫因为各　　应变为徒
（3）奴婢解放为良人　压为奴婢的话 ⎭减一等　　一年半
（4）奴婢解放为良人　压为部曲的话 ⎫因为又　　应变为
（5）奴婢提升为部曲　压为奴婢的话 ⎭减一等　　徒一年

《唐律疏议》卷十二《户婚一》与之对应的条文为：

> 诸放部曲为良，已给放书而压为贱者，徒二年；若压为

---

1. 为了方便起见，我引用时使用常用字。
2. 文书中没有说明。

> 部曲，及放奴婢为良而压为贱者，各减一等；即压为部曲，
>
> 及放为部曲而压为贱者，又各减一等。各还正之。

与修正后的断简文字相比，《唐律疏议》只是在"又各减一等。各还正之"中多了一个"各"字。由此可知，润饰修正后文字的规定与开元二十五年律的规定一致。谨慎起见，附带论及，从《唐律疏议》以及断简的第99、155、166行来看，毋庸置疑，"又减一等"指"在此之上再减一等"。因此非常明确，修正前的文字是以（3）的情况为准，修正后的文字以及《唐律疏议》是以（1）的情况为准。

那么，根据修正前的文字，（3）如果主人将解放为良人的奴婢压为原本的奴婢身份，其罪为徒二年，（4）主人在奴婢成为良人后将其压为部曲的话，罪为徒一年半，因而（2）部曲解放为良人后又被压为原本的部曲身份时，当然应减一等，为徒一年半之罪——修正后的文字与开元二十五年律亦同。尽管如此，修正前的文字却称"又减一等"，其罪为徒一年，这显然很不合理。所以有些学者推定，正是因为存在这种不合理之处，所以才会再次订正，产生润饰修正后的规定。不过这种解释暗示了以下前提：把修正前的条文与修正后的条文当作对各个时代法规的记录，其文字本身没有错误。然而，是否真是如此呢？我认为或许还应重新考虑。

唐代法律中对部曲客女的规定，是否在唐初或从隋到开元年间都完全没有变化，这个问题将留待日后开展研究。可是该断简的第146行至第147行云：

> 诸以妻为妾，以婢为妻者徒二年，以妾及客女为妻，以
>
> 婢为妾者徒一年半，各还正之。

由上可见，主人以婢为妻的话要徒二年，以客女为妻的话则减一等为徒一年半云云，这条规定与《唐律疏议》卷十三《户婚二》"诸以妻为妾，以婢为妻者，徒二年。以妾及客女为妻，以婢为妾者，徒一年半。各还正之"完全相同。这一事实显示，该断简在开始抄写时，部曲客

女与私奴婢的等级高低已开始确立，至少在与身份等级有关的违法犯罪中，二者由于其等级差别，罪刑已开始有了一等的差距。与此同时，（2）的罪刑在修正前后有所不同，这应该不是规定本身被改正的结果，而是说明修正前的文字有误，修正后的文字才是正确的。将两者都当作正确的条文，应该就是造成误解的根源。另外，无须多言，在修正前的文字中看不到（1）的罪刑轻重，这显然是脱误。而且，修正前的文字以（3）为罚则标准无疑也是文字脱误的结果。

　　附带论及，此处毋须考证这种误记、误脱出现的原因，就算要考证也很困难，根据我数度誊写《唐律疏议》的经验，就算在誊写时非常小心注意，还是很容易出现脱误。另外，我对本断简妄加置喙，是因为它关乎在开元法中部曲客女的法律状态与从前有无不同的问题。

第三节　随身

　　《唐律疏议》卷十八《贼盗二》"诸穿地得死人不更埋，及……者，徒二年……若子孙于祖父母、父母，部曲、奴婢于主冢墓熏狐狸者，徒二年；烧棺椁者，流三千里；烧尸者，绞"条云：

> 疏议曰：称……部曲、奴婢者，随身、客女亦同。

王元亮的《唐律疏议》释文对"随身"的解释为"自幼无归，投身衣饭，其主以奴畜之，及其长成，因娶妻。此等之人，随主属贯，又别无户籍，若此之类，名为部曲。婢经放为良，并出妻者，名为客女。二面断约年月，赁人指使，为随身"，认为唐代法律中的随身是不同于奴婢或部曲客女的雇佣形式。尽管目前也有部分研究贱人制的学者认同王元亮的说法，但王元亮说远晚于唐代，玉井教授对其可信度有所疑问，认为"随身是在身份上与部曲大略相同、法律上在某些场合与部曲待遇相同的私贱民，其他方面则完全不明"[1]。

---

1. 玉井是博：《中國社會經濟史研究》，第184頁。

如仁井田博士曾言，关于随身的史料是匮乏的[1]。然而史料虽少，若以目前已了解的私贱人知识为基础进行考察的话，应该可以在玉井教授的观点上稍加推进。上引《贼盗律》记载了部曲、奴、婢对主人冢墓的种种犯罪行为，虽然没有陈述客女之罪，但"疏议曰：称……部曲、奴婢者，随身、客女亦同"，特地举出了客女，并附言随身也属同类。这么说来，所谓随身与部曲客女或奴婢一样属于某家的家仆，并非雇佣或其他临时的关系。

其次，《宋刑统》卷十一《职制律》"诸监临之官私役使所监临，及借奴婢、牛马……之类，各计庸赁，以受所监临财物论"条的议云：

> 称奴婢者，部曲、客女、随身亦同……

现存《唐律疏议·职制三》的疏议中只有"称奴婢者，部曲、客女亦同"，不见"随身"二字，我想此处可用《宋刑统》补《唐律疏议》中少见的文字缺漏。与此同时，如果《唐律疏议》中确有"随身"二字的话，可知随身在主家的劳动形态与本章第二节第一项之一所述的部曲客女与奴婢基本相同，都不是对价的劳动。

随身与部曲客女、奴婢同样作为主家的家仆，要将主家的人们都视作主人，其劳动形态总体上不是对价劳动，就算有收获，也全都归主人所有。由此，我们已经可以确认他们是私家的贱人，但他们又属于何种等级呢？所幸，在《唐律疏议》卷二十五《诈伪》"诸妄认良人为奴婢、部曲、妻妾、子孙者以略人论减一等，妄认部曲者又减一等，妄认奴婢及财物者准盗论减一等"条有云：

> 问曰：妄认良人为随身，妄认随身为部曲，合得何罪？
>
> 答曰：依别格："随身与他人相犯，并同部曲法。"即是妄认良人为部曲之法。其妄认随身为部曲者，随身之与部曲色目略同，亦同妄认部曲之罪。

1.《中国身分法史》，第859页。

即是说，别格中有所规定，随身与主人以外良贱间的犯罪等同于部曲与非主人间的相犯。因此，如果某人将良人伪作自家随身的话，其罪同于将良人妄认为自家部曲；如将其他家的随身伪作自家的部曲的话，其罪同于将其他家部曲妄认为自家部曲。故而可知随身与部曲虽身份不同，法律地位却相同，在法律上被同等对待。

如上所述，随身与部曲的法律地位相同，那么两者间又有什么不同呢？要解释这一点的话，就必须追溯至稍早的时代。《宋书》卷三十八《黄回传》云："黄回，竟陵郡军人也……从有功，免军户。质（即臧质）在江州，擢领白直队主……（因得罪）付江州作部，遇赦得原。回因下都……诈称江夏王义恭马客，鞭二百，付右尚方……（中书舍人戴明宝时被系于右尚方，黄回献身奉事）明宝寻得原赦，委任如初，启免回，以领随身队，统知宅及江西墅事。性有功艺，触类多能，明宝甚宠任之。回拳捷果劲，勇力兼人，在江西与诸楚子相结，屡为劫盗。会太宗初即位，四方反叛，明宝启太宗使回募江西楚人，得快射手八百，假回宁朔将军、军主。"其中可见"随身队"的记载。

外篇所收的第四、第五篇论文已详细讨论了这条史料，概言之，自东汉末年以来，在国家军队以外，开始出现了私兵活动，私兵有时也会成为庞大的势力。在私兵中，也有被称作"家兵"、相对人数较少的部队。家兵是世家大族为应对混乱动荡的时局，以防卫自家为主要目的所设立的部队，一般以自家的家奴为部队主体，也有的家族雇用勇猛健壮的良人为指挥。除了"家兵"的称呼外，他们亦被称作家兵部曲、部曲、随身。此时，部曲一词意为官或私的军队、部队、将校士卒，乃至可以广泛地表示部下、手下、属下等意思，所谓"家兵部曲"就是家中的士兵，与单称家兵是同一个意思。又所谓"随身"是依附、随从于人身，或随从之人的意思，家兵是主人或主家的随身、随从，因而有此称呼。不过，要在这个时期的史料中寻找"随身"一词的实例，并不如寻找家兵、家兵部曲、部曲的用例那般容易，前文引用的《黄回传》便是一条重要的史料。黄回因奇妙的缘分被戴明宝所认可，作为善战的勇士受到赏识，被雇用为戴家的随身队（即家兵）的队长，以此为基础，后来名显于世。

家兵的主体虽然是各家的奴，但他们因勇壮强健被主人选拔，平时勤于习练武技，有事时则要守卫主家、防卫乡里，有时亦跟随主人出入战场，其地位自然与奴有所区别，待遇也应当稍高于奴婢。更何况，当时的局势一直都很混乱，长期以来都需要家兵。这样的话，部曲或随身被认为比一般的奴高贵，这种观念不知不觉渐渐固定了下来。此前奴婢尚且只有一类，不久后，被称作"部曲""随身"、比奴婢更高级的贱人阶层就开始形成了，这种现象并不奇怪。

另一方面，由于东汉末年以来的丧乱，有许多人在因缘际会下成为其他家的奴婢。除此之外，虽不至于卖身，但须委身于其他家以获得衣食者也有增加的倾向。由于他们还没有成为其他家的所有物，虽然不会被视作奴婢，但他们需仰赖主家授予衣食才能生存，自然逃不开被视作卑贱者的命运。如《宋书·礼志》服饰条所见，他们后来被称为"衣食客"，被当作比私家奴婢更高级的贱人。

如前所述，在魏晋南北朝时期，在私奴婢以上又逐渐出现了两种不同的贱人。而到了南北朝末期，这两种贱人合并成一类，男性的称谓是部曲，衣食客中有客男和客女，女性的称呼则采用了其中的"客女"，甚至连国家也根据社会的这一实际情况，将其名称和地位纳入法律规定。与此同时，"部曲"与"客女"的称呼已被用于区分高级贱人的性别，而远离了原本的意思。唐代法律中"部曲客女"这类私贱人的由来正如上述。

家兵被称作"部曲"或"随身"，其中，部曲经上述过程后变为私贱人在法律上的称呼，但家兵本身又是如何变化的呢？从北周后期开始，中央集权的方针得到强化，隋进而实现了天下一统。结果，大部队的私兵自不必言，家兵也趋于解散，不过朝廷仍允许保留少量的家兵。家兵平常担任主人的警卫，也有人跟随主人出入战场，作为亲兵而表现活跃，隋至唐期间不乏这样的例子。不过，如果"部曲"一词已经成为男性贱人的法律称呼，那么只能用"随身"一词称呼家兵了。虽然《唐律疏议》中只有少量记载，不过应该可以确定流传下来的"随身"一词指的正是这种群体。

上述是我对唐代法律中随身的身份等级、工作内容及其由来的理解。然而，我不认为被称为"随身"的贱人一直都专门从事家兵性质的工作。唐朝建立后，大体而言，太平之世一直持续，随身不只要担任家兵，也要从事其他各项劳动；另一方面，强壮的部曲也好，奴也好，他们随时可以担任家兵的工作，因此可推知"随身"这一用语已经没有了表示某种专门役务的意思，而渐渐变得与部曲相同，泛指高级男性贱人。

《唐会要》卷九十一《内外官料钱上》云：

> 贞元二年敕："左右金吾及十六卫将军，自天宝艰难以后，虽卫兵废缺，而品秩本高，宜增禄秩，以示优崇，并宜加给料钱，及随身、干力、粮课等……"

其后则记载了所司奉答的随身之数与应当给予随身的衣服粮米细目。同书卷七十九《诸使杂录下》一项云：

> 其年（会昌三年）五月敕："比来节将移改，随从将校过多……节度使移镇，军将至随身不得六十人，观察使四十人，经略都护等三十人……如违此数，知留后判官，量加惩罚……"

周藤吉之博士在《五代節度使の牙軍に關する一考察——部曲との關聯において》[1]一文中认为，上述引文所见的"随身"类似唐代法律中的高级贱人——部曲，但这是周藤博士的误解，上文出现的随身原则上采用良人充当。而唐代给予武将及其他人随身一事，还不清楚是从什么时代开始的，不过在距开元天宝之世结束仅三十年的贞元二年（786），已经出现了与私家的随身名称相同，但性质相异的随身，这一事实或可证明私家的随身正逐渐消失。

又《宋刑统》卷十九《贼盗律》"诸窃盗不得财，笞五十，一尺杖

---

1. 载《東洋文化研究所紀要》（2），1951年。

六十"条云：

> 准建隆三年二月十一日敕节文，起今后犯窃盗，赃满五
> 贯文足陌，处死。不满五贯文，决脊杖二十，配役三年。不
> 满三贯文，决脊杖二十，配役二年。不满二贯文，决脊杖
> 十八，配役一年。一贯文以下，量罪科决。其随身并女仆偷
> 盗本主财物，赃满十贯文足陌，处死。不满十贯文，决脊杖
> 二十，配役三年。不满七贯文，决脊杖二十，配役二年。不
> 满五贯文，决脊杖十八，配役一年。不满三贯文，决臀杖
> 二十。一贯文以下，量罪科决。如是伏事未满二周年偷盗者，
> 一准凡人断遣。应配役人，并配逐处重役，不刺面，满日疏
> 放。其女口与免配役，所有赃钱，以一百文足陌为陌，余从
> 前后格敕处分。

建隆三年（962）是宋太祖开国初期，距离开元天宝时代大约两百年。这份敕书所见的随身与女仆都是私家的贱人，肯定不是凡人（即良人），但无法由此判断这是指唐代开元法中的随身与客女，还是指部曲与客女，抑或是以随身指称全部的男性贱人，以女仆指称全部的女性贱人。不过，敕书在叙述私家贱人窃盗主人财物罪时使用了"随身并女仆"一词，这一事实本身或许表现出了开元法中随身的名实变化。附带言及，目前也无法断言开元法中的部曲客女是否在其他场合都是同样的意思。又在前述的敕书中，贱人窃盗主人财物罪轻于凡人的窃盗罪，这点也需注意。

第四节 部曲客女的总结

在此，我想总结迄今关于部曲客女的论述：部曲客女虽然仰赖他家供给衣食，但因为他们没有卖身，故而被看作是受到限制但仍有人格之人。以他们与主人的关系为首，包括与非主人的良人、贱人间的关系，与国家君主的关系等，种种关系皆据此规定；也正因如此，他

们虽然是贱人，但与私奴婢有本质区别。然而依据情况不同，做法自然也就不同，以下首先概括部曲客女与主人间的关系。

（1）部曲客女不同于几乎没有生命安全保障的奴婢，在被主人处以殴打致死以上的私刑时会受到保护。但如果主人真这样做的话，不仅其罪非常轻微，而且主人为了惩罚部曲客女而加笞杖致死、过失致死，以及加以不致死的殴、伤等其他私刑的话，不会受到处罚。

（2）部曲客女与奴婢不同，不可当作卖却、赠与、抵押等的物品，但主人可使其转事他家。

（3）部曲客女与奴婢不同，法律希望主人不要无限制地驱使部曲客女。然而，他们要绝对服从主人的命令，劳动形态是不对价劳动，故而部曲客女不可能为自己而劳动，这点与奴婢完全相同。因此可以说，在劳动方面，部曲客女几乎与奴婢完全相同。

（4）由于上述劳动形态，部曲客女从主人处获取的衣食全部都变成了他们的负债，在被转事时，新主人要代替他们先向原来的主人支付这些负债。

（5）部曲的结婚范围不限于同色的客女，也可与良人女性结婚；客女方面则仅限与部曲结婚。而这项规定的作用仅是标明合法的结婚对象，部曲客女的婚姻在主人的权力范围内这点仍与奴婢无异。

（6）部曲客女不同于作为主人财物的奴婢，自己可以持有固有财产。然而，从法律上来看，他们持有、获取自己财物的可能性极低，而且只能对非主人主张自己对财物的所有权，却完全无法违抗主人的权力，就算被主人非法夺取也无法应对。

（7）部曲客女与奴婢都可经由主人解放为良人。其方法是通过主人全面的恩惠或自赎的方式，"自赎"即是支付自己欠主人的衣食费。因此，除了通过上述方式成为良人，部曲客女无论何时都是部曲客女，子孙也继续成为部曲客女。

（8）部曲客女与奴婢相同，在三事与非理压贱以外，不得将主人的犯罪告官。相反，他们对主人犯罪时，无论是否另外受到主家的私刑，他们都与奴婢同样要被处以比常律更重的公刑。

（9）部曲客女对非主人以及国家君主的犯罪，与奴婢同样都是他们自身的罪行，不会累及主人。

（10）部曲客女与奴婢同样附载于主家的户籍。但是与奴婢没有姓相反，他们作为有人格者，会同时记上姓与名。

以上列举了部曲客女与主人关系中的重点。通观来看，虽说他们拥有人格，但显然在主人之下，他们与奴婢待遇相近。如果用奴隶一词称呼私奴婢的话，部曲客女可以说是处在半奴隶的状态，这是基于他们虽然没有卖身，但接受主家衣食以维系生命的本质。

反过来看，部曲客女与非主人及国家君主间的关系与奴婢有显著差异。至于为何要对非主人者加以规制，其一是他们本质上尚未完全丧失人格，比私奴婢高等；其二则是与第一章私奴婢的总结所述相同，亦即在王法下，良人与贱人都是天子的臣民与赤子，因此在君权之下，他们在全部受到统治的同时，也沐浴着博大的养育之恩。故而，以身份法为首，在民法、刑法……恩宥制度、家族制度等方面，法律从上述本质与理念两方面规定部曲客女与主人以外者的关系，其多样性恰如私奴婢的情况。

关于部曲客女的重要事项大体已如上所述，接下来，我将就部曲客女与私奴婢的整体法规中共通的部分论述一二。毋须赘述，古代中国的信条是"自家或亲属间的问题要自己处理，绝不劳烦官署"，因此除了特殊情况，例如自家实力无法处理时，或自家认为告官才是上策时，没有主人会将自家人的纷争诉诸官府，从而徒然扩大自家的损害。尽管如此，由于立法者，即作为国家支配阶层的士族自身，将社会底层的私家部曲客女、私奴婢置于严苛的国法下管制，自然就会造成法规的繁杂，还会使法规流于形式，这种形同具文的法规随处可见。然而，我们不能忘记，这种法规明知为具文、流于形式，却也明示了唐朝的统治理想，对维持国家社会的秩序有所贡献。

最后，我不仅想从唐代法规中讨论部曲客女与私奴婢，也想一并陈述他们日常生活的实际状况，要说的话，就是想要为骨架创造肉身、添上衣物。但我目前的成果尚未达到可以发表的阶段，故而请允许我直接陈述以下结论：

在私贱人中，有身无一物之人，有拥有大量资财之人，有与牛马一样只能遭受驱使之人，也有主导主家全部经济之人，有善人，也有恶人；还存在仅从事肉体劳动而无才艺之人、拥有各种才能技艺之人，也有受到主人信赖与宠爱的人。这么说来，私贱人具备各式各样的形态，与良人大体上没有不同。不仅如此，私贱人们与主人一家每天都生活在一起，其中也有代代侍奉同一主家者。主人与私贱人虽然存在身份上的差距，但他们彼此亲密相处，共同维持一个生活体，毋宁说这是很普遍的状态。又私贱人到达适婚年龄的话，也有主人不顾私贱人的婚姻对维持、增加自家财产的意义，只是单纯地让他们结婚；或许也有主人怜悯年幼、年老者，偶然考虑到他们的劳苦，将他们解放后，还安排了他们日后的生活方式。

然而，私贱人之所以可以如此，几乎都是由于主人的容许、默认乃至放任，他们完全没有法律上的相关权力，一旦与主人发生纷争或违背主人意旨，情况就会完全改变。主人倚仗法律，毫无顾忌地对私贱人加以私刑，私贱人即使要告发主人的非理或犯罪，也只能诉诸天帝。从唐代史料来看，主人一旦发怒或忌妒，自然会将私贱人卖却或转事其他家，杀、伤私贱人的故事也不少。另外，要说私贱人与信仰的关系，虽然法律乃至习惯上都对此没有限制，但信仰的效果的确根据人在世间身份的不同而有所差异。

第三章

官贱人的研究

　　根据开元法，官贱人有官奴婢、官户、工户、乐户、杂户与太常音声人六种。官户也称番户，另外如玉井教授所指出的，《唐律疏议》卷十七《贼盗一》云："诸谋杀制使……及吏卒谋杀本部五品已上官长者，流二千里（工乐及公廨户、奴婢与吏卒同。余条准此）；已伤者，绞；已杀者，皆斩。"疏议曰："工乐……并公廨户、奴婢谋杀本司五品以上官长。罪与吏卒同。若司农官户、奴婢谋杀司农卿者，理与工乐谋杀太常卿、少府监无别。'余条'，谓工乐、官户、奴婢殴詈本部五品以上官长，当条无罪名者，并与吏卒同。已伤者绞，仍依首从法。已杀者，皆斩。"官户有时也被称为公廨户[1]。

　　在六种官贱人中，由其名称即可知，工户、乐户与太常音声人这三类人担任的都是特殊役务，因此我将在后节再回头讨论。本章将先论述作为官贱人基本主体的官奴婢、官户与杂户三类。

第一节　官奴婢、官户、杂户

第一项　诸项规定

　　官奴婢、官户、杂户的身体归于国家所有，是没官或籍没等窘境的产物。其中，最具代表性的是因谋反罪与谋大逆罪缘坐没官，因此以下将沿着这条线索进行讨论。

　　《唐律疏议》卷十七《贼盗一》云：

　　　　诸谋反及大逆者，皆斩；父子年十六以上皆绞，十五以下及母女、妻妾（子妻妾亦同）、祖孙、兄弟、姊妹若部曲、资财、田宅并没官……伯叔父，兄弟之子皆流三千里，不限籍之同异。

---

1. 玉井是博：《中国社會經濟史研究》，第161页。

由此可知，一旦触犯谋反或谋大逆之罪，犯人会被悉数处斩。此外，犯人的家人、亲属等也会被缘坐。即是说，犯人之父与十六岁以上之子处绞刑，犯人的伯叔父及兄弟之子流三千里，犯人的十五岁以下之子、母女妻妾、子之妻与妾、祖孙及兄弟姊妹们则没为官奴婢，犯人家户内的部曲客女也同样没官，私奴婢被视作资财，与田宅、牛马一并没官。因此，每当发生谋反、谋大逆事件，就会产生不少官奴婢。

那么，没官的官奴婢要如何处置呢？《唐六典》卷六刑部尚书、都官郎中员外郎条云：

（A）凡反逆相坐，没其家为官奴婢。

反逆家男女及奴婢没官，皆谓之官奴婢。男年十四以下者，配司农；十五已上者，以其年长，命远京邑，配岭南为城奴。

（B）一免为番户，再免为杂户，三免为良人，皆因赦宥所及则免之。

凡免皆因恩言之，得降一等、二等，或直入良人。诸律、令、格、式有言官户者，是番户之总号，非谓别有一色。

（C）年六十及废疾，虽赦令不该，并免为番户；七十则免为良人，任所居乐处而编附之。凡初配没有伎艺者，从其能而配诸司；妇人工巧者，入于掖庭；其余无能，咸隶司农。

如（A）条所述，将没官者中的年长者，即十五岁以上男性置于京师有一定危险，因此要将他们发配至遥远的岭南地区为城奴。城奴大概是指从事构筑、修缮营垒城郭等劳役的奴，不过想来他们必然还要服各式各样的劳役。而其他人则如（C）所示，会被分配到京师及他处的诸中央官厅，女性中精于裁缝手艺等女工者配于内侍省，男性中有特殊技能者则被分配到合适的官厅，大部分没有特殊技能的男女都配隶于司农寺。

司农寺是中央官厅之一，根据时代不同，其职务范围多少有些变化，但如《唐六典》所示，司农寺有许多属司：上林署掌管从上林的苑囿园池到果树蔬菜的栽培、冬季藏冰等事务；太仓署管理国家最大的谷仓太仓，并负责从九谷廪藏到给官厅官吏发放俸禄的工作；钩盾署管理薪刍之事、负责饲育鹅鸭鸡彘等；导官署负责从精选米麦到各种加工的事务；太原、永丰、龙门三监掌管次于太仓的重要国仓；司竹监从事竹的培养及各种加工品的制作；温泉汤监负责温泉及园内的修筑等事项；京都苑总管总掌京师诸苑之事；九成宫监掌管九成离宫。如上所列，司农寺主要掌管与国家农林有关的实务，因而对劳动力的需求最高，而且有不少劳务不是熟练工也能完成，可以说最适合收容那些身无长物的没官者。

配隶于诸官厅的官奴婢虽然听命从事各色劳役，但他们不会永远都是官奴婢。（C）条中提到："年六十及废疾，虽赦令不该，并免为番户；七十则免为良人，任所居乐处而编附之。"《唐会要》卷八十六"奴婢"云：

> 太和二年（828）十月敕……诸司所有官户奴婢等，据要典及令文，有免贱从良条，近年虽赦敕，诸司皆不为论，致有终身不霑恩泽。今请诸司诸使，各勘官户奴婢，有废疾及年近七十者，请准各令处分。……

上述史料明确说明，只要官奴婢的年龄到达六十岁，或是有废疾病症，他们都会被提升为官户。而官户（后天成为官户者及原本就是官户者）到了七十岁就会被放为良人，获得州县籍贯，成为编户民。另外，如后文所述，有严重疾病的官奴婢将被直接放为良人。附带言及，上述是已经没官的情况，至于官府如何处理在没官之际已有废疾或笃疾之人，我将在第四章第一节进行分析。

上述是成为官奴婢者被解放为良人的一般步骤，其他如（B）条"一免为番户，再免为杂户，三免为良人"，"凡免皆因恩言之，得降一等、二等，或直入良人"所言，受到国家恩赦或特赦者能从官奴婢变为官户（番户），从官户变为杂户，从杂户被解放为良人，也有官奴婢一次跨越数等成为杂户或良人的情况。又根据本章第二节第一项引用的《散颁刑部格》，作为监牧户奴[1]检举告发的报酬，官府有时会将他们免贱为良，同样的情形或许也适用于其他官贱人。又《唐会要》卷八十六"奴婢"云：

> 其年（大历十四年）八月，都官奏："……又准格式：官户受有勋及入老者，并从良。比来因循，省司不立文案。伏恐日月滋深，官户逃散，其受勋及入老者无定数。伏请令诸司准式造籍送省，并孳生及死亡者，每季申报，庶凭勘会。"敕旨："宜并准式处分。自今已后，有违阙者，委所司奏闻，准法科罪。"

这份上奏出现于唐代官贱人制度逐渐崩坏的时期。自唐初开始，国家在大行事、行幸或亲征等活动时，屡屡授予良人勋官，也有官户以上的官贱人获此恩典。根据上引都官的奏请，可知有贱人因为受勋而被解放为良人。而如后文所述，即使是官贱人中最高级的太常音声人，在正二品的上柱国到比从七品的武骑尉这十二阶勋官中，也要获得五品以上的勋官才能勉强满足免贱为良的条件。这样的话，官户、杂户大抵也同样能获得某等以上的勋官。而且，由于官贱人的身份等级提升或免贱为良完全围绕个人运作，故而除特殊情况外，亲子间的等级或身份亦会不同。又没官之人起初全都会成为官奴婢，而不会跳过官奴婢直接成为官户或杂户，因此除了出生时继承父母等级的情况，任何要成为官户与杂户者都必须经由上述过程。在这层意义上，官奴婢是官户、杂户的直接来源。

为慎重起见，附带说明，《唐六典》卷六刑部尚书、都官郎中员外郎条在叙述没官、成为官户与杂户的顺序、最初没官时根据技能有无配属不同单位等内容后，又云："凡配官曹，长输其作；番户、杂户，则分为番（注省略）。"其次记曰：

> 男子入于蔬圃，女子入厨膳。

---

1. 如后文所述，官奴婢也有家人。

《新唐书》卷五十六《刑法志》亦云："谋反者男女奴婢没为官奴婢，隶司农，七十者免之。凡役，男子入于蔬圃，女子入于厨饎。"《唐六典》的"男子入于蔬圃，女子入厨膳"，到底是什么意思呢？

《新唐书》恐怕是将《唐六典》等视为原典加以参照，但从上述文字来看，《新唐书》的作者好像认为《唐六典》记载的是官奴婢最初没官时基于男女性别的大致役务区分。毋须赘言，《唐六典》也参考了其他原典，集各种法规的要领于一书，因而有时会过于简要，导致前后文字的连贯性不甚明确，还有时会将同一规定分在两个官厅的职务中来叙述，偶尔也会令人怀疑是否有误。对此，我们不得不稍加注意。由此来看，上述《唐六典》条文的前段叙述的是"最初没官时，根据技能的有无、种类，官奴婢会被分配到不同的单位"，所以我总觉得将"男子入于蔬圃，女子入厨膳"概括为最初没官时据男女之别所分的役种不太妥当。那么，是否有其他的解释方法呢？

如同本节第三项所述，就连官奴婢也能分到园宅地，该园宅地的收获便成为他们的副食[1]。将这条与上条一并考虑，或许可以认为，官奴们在官役外的闲暇时间于蔬圃共同劳动，官婢们应是将官给的主食与从园圃获得的副食做成他们共同的食物，但果真如此吗？

二

接着要讨论的是原该优先提出的问题，就是官奴婢、官户与杂户间究竟有何根本差异。《唐律疏议》卷六《名例六》"诸官户、部曲、（注省略）官私奴婢有犯，本条无正文者，各准良人"条云：

> 疏议曰：官户隶属司农，州、县元无户贯……

同书卷十二《户婚上》"诸养杂户男为子孙者，徒一年半"云云条则说：

> 疏议曰：杂户者，前代犯罪没官，散配诸司驱使，亦附

---

1. 作为主食的谷物则全由官给。

州县户贯……官户亦是配隶没官，唯属诸司，州县无贯。

同书卷十八《贼盗二》"诸杀人应死会赦免者，移乡千里外。其工、乐、杂户及官户、奴并太常音声人"云云条记曰：

> 疏议曰……工、乐及官户、奴，并谓不属县贯。其杂户、太常音声人有县贯，仍各于本司上下……

根据这些内容可知，官奴婢与官户（以及工户、乐户）仅被记录于当下所属官厅的簿籍，而不存于州县簿籍；相较之下，杂户（以及太常音声人）则与良人相同，其本人居住地所在州县都会有他们的户籍。且上引《名例律》疏议云"官户属隶司农"，是说官户大多配隶于司农寺，但也有官户隶属其他官厅。罗振玉《鸣沙石室佚书》的《水部式残卷》中有"都水监渔师……并取白丁及杂色人，五等以下户充……本司杂户，官户并教习，年满廿补替"的内容，这是官户也配隶于都水监的明证[1]。此外，还有其他证据显示官户会被配隶于司农寺以外的机构。

《唐六典》卷六刑部尚书、都官郎中员外郎的官贱人条云：

> 每岁孟春，本司以类相从而疏其籍以申。每岁仲冬之月，条其生息，阅其老幼而正簿焉。

《唐会要》卷八十六"奴婢"云：

> 其年（大历十四年）八月，都官奏："伏准格式：官奴婢，诸司每年正月造籍二通，一通送尚书，一通留本司，并每年置簿，点身团貌，然后关金、仓部给衣粮。又准格式：官户受有勋及入老者，并从良。比来因循……（又言须根据前述之式造籍申报）"

---

1. 不过，杂户则是从州县番上者。

《新唐书》卷四十六《百官志》刑部尚书、都官郎中员外郎之职条云：

> 每岁孟春上其籍，自黄口以上印臂，仲冬送于都官，条
> 其生息而按比之……附贯州县者，按比如平民……

综合这三条史料来看，可知官户与官奴婢所隶属的诸官厅要在每年孟春制作他们的簿籍，一份留于本司，另一份送交刑部尚书下属的都官曹，冬十月时要调查并向都官曹报告其后的死亡、疾病、受勋、出生等异动，都官曹检阅后再向相关的各官厅报告；至于像太常音声人与杂户等记于州县户籍者，诸司的工作大概会交由州县执行[1]。

第二项　丁中老的规定与劳动方式

《唐六典》卷六刑部尚书、都官郎中员外郎条云：

> （D）凡配官曹，长输其作；番户、杂户，则分为番。
> 番户一年三番，杂户二年五番，番皆一月。十六已上当
> 番请纳资者，亦听之。其官奴婢长役无番也。
> （E）男子入于蔬圃，女子入厨膳，迺甄为三等之差，以
> 给其衣粮也。
> 四岁已上为"小"，十一已上为"中"，二十已上为"丁"。
> 春衣每岁一给……
> （F）凡居作各有课程。
> 丁奴，三当二役；中奴若丁婢，二当一役；中婢，三当
> 一役。
> （G）凡元、冬、寒食、丧、婚、乳免咸与其假焉。
> 官户、奴婢，元日、冬至、寒食放三日假，产后及父母
> 丧、婚放一月，闻亲丧放七日。

---

1. 接受杂户服役的官厅虽然并非杂户隶属的单位，但理应拥有他们的簿账。

官奴婢、官户、杂户也有丁中老的规定，官奴婢的情况如（E）所述，初生为黄，四岁为小，十一岁为中，二十岁为丁。此处没有官奴婢为老年龄的规定，是因为年满六十岁的官奴婢会一并提升为官户，所以就不需再加记述。本来，丁中老的规定是为了说明"公"的义务开始与结束的年龄等内容，就良人而言，他们从为中之年开始承担一部分义务，在为老的同时终止所有义务。官奴婢在这点上也不例外，他们从十一岁为中的年龄开始服官役。这是由于（F）提及了官奴婢劳动量的基准，明确记载丁奴是三人服二役，丁婢或中奴是二人服一役，中婢则是三人服一役，不过没有提及小奴、小婢。而官奴婢服役的方式如（D）所述，原则上全年无休，不过如（G）所见，在元旦、冬至、寒食以及生产婚丧等情况下会给予若干休假。

附带论及，丁奴三人服二役、中奴二人服一役、丁婢二人服一役、中婢三人服一役的规定，从实际应用上来看，丁奴一个半人可以完成的工作，中奴或丁婢要用两人，中婢要用三人。实际工作中，官府会根据奴婢的年龄与性别，以不同的方式安排其劳动。换言之，相比丁奴，官府需要更多女性或年幼者来完成相同的工作量，因此这些人负担的工作较为轻松。宫崎市定博士在《唐代赋役制度新考》一文中认为，此处的"一役"是指将良人丁男的"役"定为一人一役，因此其背后隐含着对良丁的劳动评价较高、对官奴婢的劳动评价较低的倾向[1]。诚然，如果仅就评价而言，这样的解释或许可以成立。然而，如果上述的评价是"对良人丁男一役的代偿或对于免役的代偿较高，而对官奴婢的代偿则较低"这种观点的前提，那么如后文所言，我很难赞成宫崎博士的观点，或许没有必要像他那样解释良丁的"役"与官奴婢的劳动。

接着讨论杂户。《唐律疏议》卷三《名例三》"诸府号、官称犯父祖名……若奸监临内杂户、官户、部曲妻及婢者：免所居官"条云：

疏议曰：杂户者……职掌课役不同百姓，依令"老免、

---

1. 载《東洋史研究》14（4），1956年，第14页。

进丁、受田依百姓例"，各于本司上下。

杂户"老免、进丁"，换言之，其丁中老的规定等同良人：初生为黄，四岁为小，十六岁为中，二十一岁为丁，六十岁为老。他们自然是从"十六岁为中"开始服官役，至"六十岁为老"免除官役。而将杂户"六十岁为老"与后述官户"在七十岁为老的同时解放为良人"的规定相对照，可知杂户也应在六十岁时被一并解放为良人。又如（D）所言"杂户二年五番，番皆一月"，杂户的服役方式是两年五次，每次各服役一个月，亦即一年中有七十五日要就役，因此与全年无休的官奴婢相比要轻松不少。此外，两年五次的规定确实适用于杂户丁男，但是其他杂户的规定是与之相同，只是从事的劳动略显轻松呢，还是其服役方式本身，也就是每年的就役日数会有所不同呢？详细情况暂无法得知。

再接着讨论官户。依据（D）"番户一年三番……番皆一月"，可知官户是一年服役三次，每次各服役一个月。这确实是适用于官户丁男的规定，但关于其他官户的规定目前暂不清楚，这与杂户的情况相同。然而，官户是从几岁开始服役、几岁终止服役呢？

根据第一项所引史料，可确定官户在七十岁为老时被解放为良人，因而在满六十九岁为止当然都要服役。然而，由于官户为中、为丁年龄的记载并未保留下来，因而我们无法直接判断官户开始服役的年龄，不过也不是完全没有线索。（D）中有"十六已上当番请纳资者，亦听之"的记载，相关细节将在后文详述。（D）的大概内容是：像官户或杂户这种需要当番服役的官贱人，官府允许他们根据自己或官方的情况免除服役，并缴纳免番钱代替。应当注意的是，纳资免番的年龄是十六岁以上。如果官户为中的年龄与官奴婢相同，是十一岁左右，既然只有达到上番年龄的人才有免番的必要，我想官府应该也不会不允许他们交钱免番。然而，（D）只记载了十六岁以上者纳资免番，或许只能认为官户为中、开始服役的年龄与杂户一样，都是十六岁。另外，我推断官户为中的年龄是十六岁，为丁的年龄应该也与杂户相同，那么在丁中老的规定中，官户与杂户的不同点只有为老的年龄。

第三项　土地与衣粮

如昔日玉井教授在《唐時代の土地問題管見》中所言，《唐律疏议》卷三《名例三》"诸府号、官称犯父祖名，而冒荣居之"云云条的疏议有"杂户者……依令'老免、进丁、受田依百姓例'"，可见杂户在均田法上的待遇与良人完全相同[1]。又《唐六典》卷三户部尚书、户部郎中员外郎中有"凡给田之制有差：丁男、中男以一顷……凡田分为二等一曰永业，一曰口分。丁之田二为永业，八为口分"一条：

> 凡官户受田减百姓口分之半。凡天下百姓给园宅地者，良口三人已上给一亩，三口加一亩；贱口五人给一亩，五口加一亩，其口分、永业不与焉（若京城及州、县郭下园宅，不在此例）。

由上可知，官府授予官户良人口分田之半，官奴婢则不给口分、永业田。至于给园宅地的情况，杂户与良人相同，官户与官奴婢则是按照男女老幼五人以内一亩、十口以内二亩的比例授田。附带言及，上述《唐六典》园宅地条"良口三人已上"中的"已上"，如果不是"三人以内"，即"三人、二人、一人"的意思的话，此处的"已上"就应该是"已下"之讹。又良口、贱口的良贱是广义的良贱，因此在贱口中也包含杂户与太常音声人，不过根据其他规定，他们的授田待遇与良人相同，自然就被排除在此处对授予贱口园宅地的规定之外。

如果以非常具体的方式来想象官奴婢的生存状态，由于只有所属官厅才有他们的簿籍，他们大概集中居住在各自官厅附近的园宅地，从事官役的闲暇之余，也会共同栽培蔬菜，饲养小型牲畜、家禽，获取他们自身所需的副食。然而，他们无法获得永业田、口分田，加上劳役全年无休，因此他们的主食谷物与四季的衣料全部都由官方供给。《唐六典》卷六刑部尚书、都官郎中员外郎"凡配官曹，长输……甄为三等之差，以给其衣粮也"条注云：

---

1. 玉井是博：《中国社會經濟史研究》，第29页。

（H）春衣每岁一给，冬衣二岁一给，其粮则季一给。丁奴春头巾一，布衫、裤各一，牛皮靴一量并毡。官婢春给裙、衫各一，绢禅一，鞋二量；冬给襦、复裤各一，牛皮靴一量并毡。十岁已下男春给布衫一、鞋一量，女给布衫一、布裙一、鞋一量；冬，男女各给布襦一、鞋靺一量。官户长上者准此。其粮：丁口日给二升，中口一升五合，小口六合；诸户留长上者，丁口日给三升五合，中男给三升。

以上是给予官奴婢衣粮的细则。中口与十岁以下的小口之间有较大的差距，这是因为官奴婢以十一岁为中，要从此时开始服官役。

虽然官户与官奴婢相同，也只被记录于所配隶单位的簿籍，但他们可获得良人一半数额的口分田。有了这些口分田，政府就认为他们足以自给日常的衣食，不用给予其他东西。但是《唐六典》卷三户部尚书、仓部郎中员外郎"凡在京诸司官人及诸色人应给仓食者，皆给贮米……卫士、防人已上征行若在镇及番还，并在外诸监、关、津番官（上番日给）"云云一条说：

诸官奴婢皆给公粮，其官户上番充役者亦如之。

如该条史料所述，在一年三次的上番服役期间，官户本人可获得每日的粮食。再从上述《唐六典》（H）"官户长上者准此"来看，官户在一年半载的长期服役（非短番）期间，除了每日的粮食外还能获得衣料。附带提及，官户也住在配属单位的官厅附近，恐怕是和官奴婢们一起居住。由于官贱人个人的等级会提升，或被解放为良人，同一家庭内有可能会同时存在官奴婢、官户、杂户与良人，因此实际生活中对土地、衣粮、户籍等的处置必然会变得非常复杂，但法律完全没有顾及这点。

杂户无论在均田法、丁中老制还是户籍方面，都与良人待遇相同。杂户两年五次，每次各上番一个月，即使在上番期间，他们也不会获得衣粮，全都要靠自己准备，这与良丁为了丁役而去上番服役的情况完全相同。但是从上述《唐六典》（H）"诸户留长上者，丁口日给三升五合，中男给三升"来看，可知官府在命令杂户长时间服役时，会供应他们每日的粮食。

另外，如果要论及《唐六典》（H）"其粮：丁口日给二升，中口一升五合，小口六合"的细节，官户只有在短番以及长上（长期服役）时、杂户只有在长上时才会获得每日的粮食。与此同时，在官户、杂户中，只有丁口与中口有上番的义务。如此一来，在所有黄、小、中、丁之中，官奴婢必须由官府供给粮食，而包含"小口六合"规定的史料（H）正显示了官府在一年内供给官奴婢粮食的基准量。关于这一点，对照同书卷十九司农寺、太仓署"凡京官之禄，发京仓以给。给公粮者，皆承尚书省符"条注"丁男日给米二升、盐二勺五撮，妻、妾、老男、小则减之。若老、中、小男无官及见驱使，兼国子监学生、针医生，虽未成丁，亦依丁例"来看，可知不分良贱，给丁口的标准量都是一日两升。然而，《唐六典》（H）条却云："诸户长上者，丁口日给三升五合，中男给三升[1]。"这是特意要给予长上的官贱人更高的额度，还是可能有数字的误记呢？关于这点，我希望得到大家的教示。

在《唐六典》卷六刑部尚书、都官郎中员外郎条中，还记有："有疾，太常给其医药（其分番及供公廨户不在给限）。"《唐律疏议》卷二十六《杂律一》则云："诸丁匠在役及防人在防若官户、奴婢疾病，主司不为请给医药救疗者笞四十，以故致死者徒一年。"疏议云："若官户、奴婢在本司上者，而有疾病，所管主司不为请，虽请而主医药官司不给，阙于救疗者笞四十。'以故致死者'，谓不请给医药救疗，以故致死者各徒一年。"规定官奴婢或官户生病时，所管主司必须给予治疗。

第四项　结婚与养子

如同第一章第三节第一项所述，官奴婢在法律上被规定为"物"。《唐律疏议》卷二十《贼盗四》云：

---

1. 近卫本云"一本作二升"。

> 诸以私财物、奴婢、畜产之类（余条不别言奴婢者，与畜产、财物同），贸易官物者，计其等准盗论（官物贱，亦如之），计所利以盗论（其贸易奴婢，计赃重于和诱者，同和诱法）。
>
> 疏议曰：……"贸易官物者"，谓以私物贸易官物。"计其等准盗论"，假将私奴贸易官奴，其奴各直绢五匹，其价虽等，仍准盗论，合徒一年。注云"官物贱，亦如之"，谓私奴直绢十匹，博官奴直绢五匹，亦徒一年。"计所利以盗论"，谓以私物直绢一匹，贸易官物直绢两匹，即一匹是等，合准盗论……

上文规定，以私奴贸易官奴者，须以两者的价格为基础论以盗罪，由此可知官奴婢显然与私奴婢一样被当作"物"来对待。

相较之下，官户与杂户不是"物"，而是"人"，这方面虽已不需反复论述，但为方便参考起见，我还是在此举出相关史料。《唐律疏议》卷二十八《捕亡》云：

> 诸官户、官奴婢亡者，一日杖六十，三日加一等（部曲、私奴婢亦同）。主司不觉亡者，一口笞三十，五口加一等，罪止杖一百。故纵官户亡者与同罪，奴婢准盗论。即诱导官私奴婢亡者准盗论，仍令备偿。
>
> 疏议曰……故纵官户亡者同官户逃亡之罪，罪止流，准加杖二百之法；故纵官奴婢亡者"准盗论"，谓计赃五匹徒一年，五匹加一等。"即诱导官私奴婢亡者"，谓不将入己，导引令亡者并准盗论，五匹徒一年，五匹加一等，仍令备偿。

如上所述，故意纵容官奴婢逃亡者，将计算逃亡官奴婢的价格，据此论以窃盗罪：若达绢五匹的话徒一年，每加五匹的话罪加重一等。也就是说，法律仅追究该人窃盗相应数额财物之罪。但若故纵官户逃亡，故纵一日杖六十，每过三日加一等，最多止于流刑。又所谓"准加杖二百之法"，是说官户自身的逃亡罪最重止于流刑，并且三个等级的流刑都可以加杖二百的方式代替，所以在处罚故纵者时也可以杖二百代替。因此，官奴婢为物，故纵者遂论处侵害财物罪；官户为人，故纵者遂论以与官户自身逃亡相同的罪名。

唐代法律中，如果官奴婢也属于"物"，他们当然与私奴婢一样都没有姓，也不能主张对财物的所有权。而官户、杂户属于"人"，他们就有姓且可获得财物的所有权。在均田法中，官户可获得良人口分田数额的一半，杂户则被授予与良人同样的口分、永业田，除了短番就役与长上的情况外，平常不会获得官给的任何物品，这些规定与官户、杂户拥有人格这点是互为表里的。另外，官奴婢被规定为物，理所当然可以由持有者（国家）下赐给王公臣僚；而官户及以上者拥有人格，国家可以变更其配隶或服役单位，但不能把他们下赐给个人。因此，《新唐书》卷二百九《来俊臣传》云"进司仆少卿，赐司农奴婢十人。以官户无面首，闻吐蕃酋阿史那斛瑟罗有婢善歌舞，令其党告以谋反，而求其婢……"其中的"官户"无疑是"官奴婢"之误，《资治通鉴》卷二百六神功元年六月条云"赏奴婢十人。俊臣阅司农婢，无可者……"可资为证。

接下来讨论官奴婢、官户与杂户的婚姻。首先从合法婚姻对象的范围入手进行考虑，《唐六典》卷六刑部尚书、都官郎中员外郎的"官贱人"条云：

> 男、女既成，各从其类而配偶之（并不得养良人之子及以子继人）。

同书卷十九司农寺云：

> 凡官户、奴婢男女成人，先以本色媲偶……

对于没官之初的官奴婢，虽然他们过往的家族关系完全解体，被配隶于各个官厅，但并非任何情况下都是如此。官府可以允许官奴婢与官奴婢、官户与官户结婚，构造新的家族关系。而在杂户方面，《唐律疏议》卷十四《户婚三》云：

> 诸杂户不得与良人为婚，违者杖一百。官户娶良人女者，亦如之。良人娶官户女者，加二等。
>
> 　疏议曰：杂户……不与良人同类，止可当色相娶，不合与良人为婚。违律为婚，杖一百。"官户娶良人女者，亦如之"，谓官户……亦当色婚嫁，不得辄娶良人，违者亦杖一百。良人娶官户女者，加二等合徒一年半。官户私嫁女与良人，律无正文，并须依首从例。
>
> 　即奴婢私嫁女与良人为妻妾者，准盗论；知情娶者，与同罪。各还正之。
>
> 　疏议曰：奴婢既同资财，即合由主处分，辄将其女私嫁与人，须计婢赃准盗论罪，五匹徒一年，五匹加一等。知情娶者，与奴婢罪同；不知情者，不坐。自"杂户与良人为婚"以下，得罪仍各离而改正。其工、乐、杂户、官户，依令"当色为婚"，若异色相娶者，律无罪名并当"违令"。既乖本色，亦合正之。太常音声人……

由上可知，杂户与杂户之间的婚姻是合法的。

玉井教授早已指出，官奴婢、官户、杂户无疑只能与同身份者结婚。但在结婚权的方面又如何呢？由于在法律上，官奴婢与私奴婢同样属于物，他们自身应该没有这方面的权利，主导官奴婢婚姻者或许也只是从前述疏议"奴婢既同资财，即合由主处分"的"主"，变为配隶单位的"官"而已。其次，由于官户不是物，而为人，我们可能无法断言官户没有结婚的权利。然而，与官奴婢相同，他们只被登记于配隶官厅的簿籍，如前引《唐六典》司农寺"凡官户、奴婢男女成人，先以本色媲偶"所言，如果官户依照官方的命令结婚，我们就没有必要考虑官户有无结婚权这一难题。亦即假如他们是听从官司之命结婚，本质上就不是法律规范的问题，如此理解或许更为恰当。接着关于杂户，从他们的法律位置与状态来看，只要在合法范畴内，他们的婚姻便由他们自己决定，不受官府的干涉。换言之，或许可以断定，到了杂户这一等级，官贱人终于被授予了与良人结婚的权利。

接下来，我将讨论上引《户婚律三》的律疏。唐律规定，在处罚违法的婚姻后，应使之恢复成原本的状态，不过当时通常认为婚姻之事以男方为主导，女方处于被动的立场，如果女方不知道实情而结婚的话不会被论罪，如果知情则与男性同罪。因此，即使女性是实际的主导者，法律上仍会裁定作为结婚对象的男性为主犯，女性则为知情者。这种考虑方式与奸罪的情况类似。又律云"官户娶良人女者，亦如之"，官户（男）与良人女结婚的话罪杖一百；相较之下，律云"良人娶官户女者，加二等"，良人（男）与官户女结婚的话罪则加重二等、为徒一年半，这点必须特别注意。又疏议云"官户私嫁女与良人，律无正文，并须依首从例"，意为如果官户的父母不接受当下配隶官厅的命令，私自将自己的女儿嫁给良人，官户父母将比照良人（男）娶官户女性之罪的主犯处徒一年半，良人方面则作为从犯罪减一等，为徒一年。所谓首从例，是指同书卷五《名例五》"诸共犯罪者，以造意为首，随从者减一等"。

官奴婢、官户、杂户的结婚已如上述。若奸官贱人的话，无论该官贱人有夫还是无夫，也不管犯人是什么身份，都会被视作奸罪，特别是处于监临立场的官人奸官贱人的话处罚更重，这点与私家部曲客女、奴婢与男性主人间的关系大异其趣。又《唐六典》卷六刑部尚书、都官郎中员外郎条云"凡诸行宫与监、牧及诸王、公主应给者，则割司农之户以配"，注云"诸官奴婢赐给人者，夫妻、男、女不得分张；三岁已下听随母，不充数"，同书卷十九司农寺条云"凡官户、奴婢……若给赐，许其妻、子相随"，可知官府对此已有关照，若官户、官奴婢从原来的配隶单位转至其他单位，或是官奴婢被下赐[1]时，官府可以让已有家人者与其家人一同移动，使他们不至于分散。《旧唐书》卷九十五《让皇帝宪传》云"睿宗……下制曰……成器（李宪的本名）……赐物五千段、细马二十四、奴婢十房、甲第一区、良田三十顷"，同书卷九《玄

---

1. 官户不会被下赐。

宗本纪》天宝十三载春正月乙巳条云"加安禄山尚书左仆射，赐实封千户，奴婢十房，庄、宅各一区"，这些都是以家族为单位下赐官奴婢的实例，不过可能也有只记载赐几个奴婢，但实际上这些奴婢是一家人的情况。又《唐六典》卷六刑部尚书、都官郎中员外郎条云："官户、奴婢……产后及父母丧、婚放一月，闻亲丧放七日。"

《唐律疏议》卷十二《户婚一》云：

> 诸养杂户男为子孙者，徒一年半；养女，杖一百。官户，各加一等。与者，亦如之。
>
> 疏议曰……若有百姓养杂户男为子孙者，徒一年半；养女者，杖一百。养官户者，各加一等……与者，各与养者同罪，故云"亦如之"……若当色自相养者，同百姓养子之法。杂户养官户，或官户养杂，依户令："杂户、官户皆当色为婚。"据此，即是别色准法不得相养。律既不制罪名，宜依"不应为"之法：养男从重，养女从轻。若私家部曲、奴婢，养杂户、官户男女者，依名例律，部曲、奴婢有犯，本条无正文者，各准良人，皆同百姓科罪。

据此可知，杂户可以杂户为养子，官户也可以官户为养子。

然而参考上述结婚的情况，我认为虽然杂户在合法范围内可自由决定养子之事，但官户却没有同样的自由。总之，在法律上，官户应该是必须要得到官府的认同方能养子。另外，我认为官奴婢没有必要，也无法自由养子，但官方仍有可能出于某些必要而让他们养子。附带言及，《唐六典》卷六刑部尚书、都官郎中员外郎"男、女既成，各从其类而配偶之"条注云"并不得养良人之子及以子继人"。如前所述，这条注释说的是禁止官户、官奴婢认良人为养子，以及以自己（官户、官奴婢）之子为良人的养子；不过另一方面，户令中存在官户能以官户为养子的规定，那么很容易想见户令中也有官奴婢可认养官奴婢为养子的规定，但我推断并非如此，只会有禁止这一行为的规定。

第二节　户奴婢

第一项　户奴婢的相关史料

《唐六典》卷二十七太子家令寺、典仓署令之职条云：

> 掌九谷入藏之数，及酝醴、庶羞、器皿、灯烛之事，举
> 其名数，而司其出纳……凡诸园圃树艺者，皆受令焉。每月
> 籍其出纳之数，以上于寺，岁终则申詹事府。凡户奴婢及番
> 户、杂户皆给其资粮及春、冬衣服等，数如司农给付之法；
> 若本司用不足者，则官给……

《旧唐书》卷七十五《张玄素传》云：

> （贞观）十四年，擢授银青光禄大夫，行太子左庶子。时
> 承乾（即太子李承乾）久不坐朝，玄素谏曰……承乾嫉其数
> 谏，遣户奴夜以马挝击之，殆至于死。

同书卷八十八《韦承庆传》云：

> 累迁太子司议郎。仪凤四年五月，诏皇太子贤监国。时
> 太子颇近声色，与户奴等款狎，承庆上书谏曰："……仆隶小
> 人，缘此得亲……"

太子家令寺是与皇太子有关的官厅，为总掌财政之处；若拿天子之官打比方，典仓署相当于小规模的光禄寺加司农寺，其职务包括为配隶于太子诸司或至此上番服役的官贱人提供食粮和衣服，供给方式则以前述司农寺的给付规定为基准。如果典仓署现有的存量不足，则从作为天子之官的诸寺补充。

那么，前述三条史料所见的"户奴婢"与"户奴"等词，究竟是指什么人呢？《资治通鉴》卷一百九十六《唐纪》贞观十六年六月甲

辰条云："太子恶其书，令户奴伺玄素早朝，密以大马棰击之，几毙。"
胡三省注云：

> 户奴、官奴，掌守门户。

又玉井教授反对胡三省的说法，认为："诚然，史料中也会将守门者记
作户者，因此可以将户奴解作守门奴，然而《唐六典》……有将户奴
婢与番户杂户并举的记载，无论如何，户奴应该是一个阶级的总称；
也有以户奴婢特指'隶属东宫的奴婢'的例子。"[1]《旧唐书》卷七十六
《恒山王承乾传》云：

> 承乾恐有废立……有太常乐人年十余岁，美姿容，善歌
> 舞，承乾特加宠幸，号曰称心。太宗知而大怒，收称心杀之，
> 坐称心死者又数人……承乾自此托疾不朝参者辄逾数月。常
> 命户奴数十百人专习伎乐……鼓角之声，日闻于外。

此条亦是与皇太子有关的史料，看来玉井说比胡三省说更有道理。
　　然而进一步检索史料，会发现皇太子官厅以外的单位中也有户奴
婢。即《唐六典》卷十七太仆寺牧监条"凡官畜在牧而亡失者，给程
以访，过日不获，估而征之"的注云：

> 谓给访限百日，不获，准失处当时估价征纳，牧子及长
> 各知其半。若户奴无财者，准铜，依加杖例。

不仅如此，玉井教授的论文发表后，大谷胜真教授《敦煌出土散颁刑
部格残卷に就いて》[2]以及仁井田博士《唐令の復舊について》[3]中，初次
向日本学界介绍了敦煌发现的神龙年间散颁刑部格残简，其中有云：

---

1. 玉井是博：《中國社會經濟史研究》，第153頁。
2. 載《青丘學叢》(17)，1934年。
3. 載《法學協會雜誌》52(2)，1934年。

> 盗及煞官驼马一匹以上者，先决杖一百，配流岭南……
> 人有纠告者，每纠得一匹，赏布廿匹，纠数虽多，不得过
> 一百匹……告数十匹以上者，卫士免军，百姓免简点，户奴
> 放从良。

知道这条史料的仁井田博士认为："根据《通鉴》等书，户奴有时也隶属太子，乍看之下他们好像是隶属太子的奴隶，但这并非如《通鉴》注'户奴、官奴守门户'所云一般是守门的官奴，我想如前述……所云的户奴，应该是官牧的官奴。"[1]比起玉井说，仁井田博士更倾向于相信胡说，但他并未断定所有的户奴都是守门奴，而是采用了颇为灵活的说法。

竹川（伊藤）花子氏对户奴的变化加以考察，她的考察方法颇为成熟，并已发表于与我共著的《唐の官有賤民、戶奴・戶婢・戶奴婢について》[2]一文中，以下是对该文的补订。

《唐六典》与《刑部散颁格》所见的户奴，仅根据玉井说、胡说已无法解释，当然仁井田说也没有完全解释清楚。我仔细查找了有关户奴婢的其他史料，未曾想遗漏的史料比比皆是。如《唐会要》卷三十"洛阳宫"条云：

> 上元二年，高宗将还西京，乃谓司农少卿韦机曰："两都
> 是朕东西之宅也。见在宫馆，隋代所造，岁序既淹，渐将颓
> 顿，欲修殊费财力，为之奈何？"机奏曰："臣曹司旧式，差丁
> 采木，皆有雇直。今户奴采斫，足支十年，所纳丁庸，及蒲
> 荷之直，在库见贮四十万贯，用之市材造瓦，不劳百姓，三
> 载必成矣。"上大悦……

该条史料证明，在司农寺的管辖内有很多户奴。又《新唐书》卷

1.《中国身分法史》，第915页。
2. 载《山梨大學學藝學部研究報告》（5），1954年。

九十八《薛元超传》云：

> 俄拜中书令兼左庶子。帝（高宗）幸东都，留辅太子
> （李显）监国……时太子射猎，诏得入禁籞，故太子稍怠政
> 事。元超谏曰："内苑之地，缭丛薄，冒翳荟，绝碛险涂。殿
> 下截轻禽，逐狡兔，衔橛之变，讵无可虞？又户奴多反逆余
> 族，或夷狄遗丑，使凶谋窃发，将何以御哉……"

这也是在司农寺管下的内苑中有户奴服役的证据。又《旧唐书》卷
九十七《锺绍京传》中也有相关内容，大意是说，景龙四年六月庚子
夜，时为临淄郡王的玄宗率领万骑营的将士诛灭韦太后一党时，担任
京都苑总管的锺绍京率领手下的丁夫与户奴组成军队加以支援：

> 景龙中，为苑总监。玄宗之诛韦氏，绍京夜中帅户奴及
> 丁夫以从。及事成，其夜拜绍京银青光禄大夫、中书侍郎，
> 参知机务。望日，进拜中书令……

这也证明苑总管之下亦有户奴。

《册府元龟》卷四十五《帝王部·谋略》云：

> 睿宗景云元年八月，帝以万骑十余人，自恃平韦氏功，
> 肆行凌暴，士庶多苦之，并授以外官，又停以户奴为万骑，
> 更增置飞骑，隶于左右羽林卫，京师大悦。[1]

万骑最初被称为百骑，后改为千骑，景龙元年九月改名为万骑。伴随
着名称的变更，不但兵员数有所增加，而且万骑原本负责扈从天子游
猎等事，担任亲兵，因此随着禁卫军日渐衰微，万骑逐渐有了公属性
的禁军特质。根据前述引文可知，当时的千骑、万骑有时也会采用

1.《唐会要》卷七十二"京城诸军"条误将"景云"记作"景龙"。

户奴。

《新唐书》卷四十六《百官志》工部尚书、虞部郎中员外郎之职条云：

> 掌京都衢閧、苑囿、山泽草木及百官蕃客时蔬薪炭供顿、畋猎之事。每岁春，以户小儿、户婢仗内莳种溉灌，冬则谨其蒙覆。

上引史料规定，虞部差遣户小儿、户婢在“仗内”，即天子宫殿地域内的庭园进行莳种灌溉。由于虞部只是掌管政令的官司，实际差遣户婢、户小儿的是其他官厅，仔细想来，他们应主要来自司农寺。又同书卷四十七《百官志》内侍省、掖庭局令之职云：

> 妇人以罪配没，工缝巧者隶之，无技能者隶司农。诸司营作须女功者，取于户婢。

可见，诸官厅需要女工进行作业时会从户婢中找取，掖庭局多数是裁缝手艺精巧的女贱人，如果其他官厅临时有需要，掖庭局就会派自己管内的户婢前往，听候差遣。但由于《新唐书·百官志》经常未经过充分考虑，就直接将史料记在看起来有关系的官厅下，因此即使《新唐书》中有上述记载，还是难以直接证明当时掖庭局会派遣户婢。我认为，可能还是从司农寺等单位差遣户婢（理由将于后文阐述）。

接下来，《新唐书》卷四十八《百官志》司农寺之职条云“官户奴婢有技能者配诸司。妇人入掖庭，以类相偶，行宫监牧及赐王公、公主皆取之”，又云“凡孳生鸡彘，以户奴婢课养”。可以推断前文抄录自《唐六典》刑部尚书、司农寺条，后文则依据的是《唐六典》司农寺、钩盾署“凡孳生鹅、鸭、鸡、彘之属，皆令官奴婢为课养之”，《新唐书》的“户奴婢”应该依据《唐六典》订正为“官奴婢”[1]。同样

1. 此处也有可能是官户、奴婢的误写。

是在《新唐书》卷四十八《百官志》中，御史台主簿之职条云"掌印，受事发辰，覆台务，主公廨及户奴婢、勋散官之职"，但是在《通典》卷二十四《职官六》御史台、主簿条中则作"管辖台中杂物、公廨、厨库，检督令史、奴婢，配勋、散官职事。每食则执黄卷，书其谴罚"[1]，两相对照，就有理由怀疑《新唐书·百官志》"户奴婢"的文字可能有误。

第二项　何谓户奴婢

我在查找与户奴婢、户奴有关的史料后，还发现了户婢与户小儿的相关材料。总结上文观点来看，户奴婢、户奴不仅存在于与太子有关的官府，也存在于司农寺的诸司与太仆寺的牧监。此外，法律还规定仗内庭园的整理须使用户婢、户小儿，如果诸官厅临时需要女性贱人的话则差遣户婢，另外千骑万骑亦有时会采用户奴。由这些事实可见，户奴婢既不是专门守卫门户者，也不是特指配隶于太子相关官府的奴婢。同时，户奴婢无疑要从事官府的各种役务，纵然其中也包括门户的警戒，但那显然只是个人听从官府命令而执行的役务，而非全体户奴婢的服役内容。

众所周知，唐代的奴婢一词，不是一直都指法规上的官私奴婢，也可指广泛的贱人身份，根据情况也有将良人蔑称为奴婢的情形。然而，至少法制上的奴婢必然是官私奴婢，而非其他的贱人或良人。因此，《唐六典》《刑部散颁格》与《百官志》等处所见的户奴婢、户奴、户婢，在法律上无疑是官奴婢，胡、玉井、仁井田说虽有不同，但在这点上看法一致。可是如前所述，由于官奴婢的婚姻由官府安排，他们当然可能拥有家人。从唐代制度的相关记载来看，这点非常明确，也不是什么新鲜的话题。但我们在关键时刻却出乎意料地容易忘记这一事实。那么，在牢记这点的基础上再来考察户奴婢的属性，可知：（1）户奴婢的身份等级为官奴婢；（2）户奴婢的劳役种类繁多，没有特定的整体役务；（3）因此，户奴婢的"户"字并非源于门户，不过由于

---

1. "主簿之职"的句读方式暂无法判断。

其名称被冠以户字，应该确实表现了他们的整体特征；（4）然而，有不少官奴婢已经结婚，从而拥有了家人，我们当然难以认定他们在法律上是独立的"户"，不过不妨认为他们因为有家人而形成了户；（5）若果真如此，自然就可以认为存疑的户奴婢实际泛指拥有妻、子的官奴婢，户小儿或许就是户奴婢的小孩。这就是我对户奴婢的解释。

以上阐明了什么是户奴婢、户奴、户婢、户小儿，但是对此仍有若干问题须加以探讨。总之，官户这一群体是由官奴婢达到六十岁者、有废疾病状者、蒙受恩宥而提升身份者，抑或官户的子女等组成的。因此以现有的数字来考虑，官奴婢显然占了多数。而且，官府出于补充劳动力的必要，不断安排官奴婢结婚，因此所谓户奴婢的人数就相当多了，可以想见，其中拥有大量官奴婢的司农寺中也有许多户奴婢。想来，前文引用的史料中，和其他相比，与司农寺有关的材料中屡屡出现"户奴"之名，这或许是现实状况的反映。而与太子有关的史料中可能也有同样的情形，但这单纯只是因为太子的官厅、官府被分配了较多的户奴婢，抑或有其他的理由，我认为还有必要对此再做探讨。

《唐六典》卷六刑部尚书、都官郎中员外郎"官贱人"条云：

> 凡诸行宫与监、牧及诸王、公主应给者，则割司农之户以配。

又云"其余杂伎则择诸司之户教充"。这里的"司农之户"如果不是误记，那么就是指隶属司农寺的户奴婢（拥有家人的官奴婢）与官户[1]两者。同时，根据上述的规定，司农寺在为行宫、监牧以及王、公主官府提供劳动力时，会挑选有簿籍的官贱人，尤其是户奴婢与官户充当劳力。《唐六典》太子典仓署中"凡户奴婢及番户、杂户皆给其资粮"一条正与上述规定互为表里。如玉井教授所注意到的，如果是普通的官厅官府，通常会将官奴婢、番户（官户）、杂户连用，可是《唐六典》太子典仓署一条却不记官奴婢，反而特意记作户奴婢，这与其说

---

1. 虽然不能说所有官户都有家人，但大概可以这么理解。

是反映有家人的官奴婢数量甚多，更可能是因为根据法规，身为亲王的太子可获得官府配给的户奴婢。故而根据这一规定可知，典仓署的记载或许更能反映真实情况。

然而为何会订立仅限于行宫、监牧以及王、公主府的规定呢？我的理解如下：无须赘言，与单身时相比，一个人有妻子儿女时通常会采取比较慎重的行动，这点即使在官贱人身上也适用。拥有家人者自然会有妻儿之爱、手足之情，做坏事、逃走或参加叛乱的概率就会降低，官府役使这一类人也能比较安心。想来，以天子为首的贵戚经常出入行宫，王、公府[1]的官厅也是他们自己的居所，因此同样是使用官贱人，役使拥有家人者会更为安全。而开元时期的监牧有数十个之多，其中多数位于边区，而且占地面积大、放牧时间长，故而如果要让官贱人在这里工作，就有必要事先采取预防策略。不仅如此，如果不以家庭为单位开展编制，畜牧工作就会变得更为困难，因此监牧当然希望能分配到成户的官贱人。至于为何要规定"在戒备森严的仗内，应役使户婢、户小儿进行播种灌溉"，与其说是因为这些劳动较为轻松，不如说这是官府认为这种安排更加安全。而千骑、万骑均役使官贱人的做法应该是出于各式各样的目的，将没官的外国奴培养为部下士兵并用以夸耀，这当然是原因之一；不过在这种情况下，任用拥有家人的户奴的话，或许危险率也会降低。另外，出于临时需要将女工差遣至各官厅时，官府可能也是基于同样的理由规定要差遣户婢。此外，之前我曾论及，需要女工时，可能不是差遣配隶于掖庭局的户婢，恐怕是从司农寺等官厅派遣。这是因为有夫的户婢不可能被配隶至除了宦官外只有女性的掖庭局。此外，史料虽然使用"女工"一词，但除了高级的裁缝工外，"女工"应该还包括简单的裁缝、各种轻体力劳动、炊爨等需要大量女性人手的临时工作。

《金石萃编》卷七十八"唐三十八"《大唐故代国长公主碑》一节云：

---

1. 前后文均为"王、公主府"，只有此处为"王、公府"，或许原书漏一"主"字。——译者注

　　……□□精神错乱，言语不得，合掌奉辞。至其□□众呼云有敕使□索香水颒浴，于正寝而寝，斋时炯然开目，告别诸王公主及诸亲等□府□□□□□一切总放，不情愿者、于诸庄安置，先是司农小儿亦准此，家生者不在此限。品官给使，放归上台……

代国长公主是睿宗之女，名华，字华婉，嫁与郑万均，后薨。碑文由其夫所撰，建立于开元二十二年（734）十二月三日。正如《金石萃编》的编者所云，"又有云，不情愿者于诸庄安置，先是司农小儿亦准此，家生者不在此限。似处分府中奴仆男女之语"，上文中，公主在即将离世时对低等的贱人施以恩德，由此传为美谈，可推测司农小儿是由司农寺官给的官奴婢或官户的子女。相对的，家生者则是指公主自己所有的私贱人。之前曾提到，原则上良贱在"小"的年龄皆无须承担官府义务，但如前文所述，仗内有从事播种灌溉的户婢、户小儿。如果是这样的话，官贱人中的官奴婢或官户等只要到了能工作的年龄，也会被要求从事合适的工作，现实中，官府并不会让他们无所事事[1]。

　　关于户奴婢的考察就至此告一段落，不过我还想附言几句。《资治通鉴》卷二百五长寿元年秋七月条云：

　　太后自垂拱以来，任用酷吏，先诛唐宗室贵戚数百人，次及大臣数百家，其刺史、郎将以下，不可胜数。每除一官，户婢窃相谓曰："鬼朴又来矣。"不旬月，辄遭掩捕、族诛。

此处也提到了户婢一词。殿中的户婢冷眼旁观着前去拜谒武后的新任高官们，窃窃私语道"鬼朴又来矣"，对他们之后的宿命感到怜悯，因此胡三省将此处的"户婢"注解为"户婢，官婢之直宫中门户者"，恰能让人感受到史料整体的语境。又《旧唐书》卷五十一《睿宗昭成顺圣皇后窦氏传》云："光宅元年立为德妃。生玄宗及金仙、玉真二公主。长寿

---

1. 然而，唐代史料中的"……小儿"通常指的不是法规上年龄为"小"的人。

二年，为户婢团儿诬谮与肃明皇后（睿宗之妃刘氏）厌蛊祝诅。正月二日，朝则天皇后于嘉豫殿，既退而同时遇害。梓宫祕密，莫知所在。"

由此可以较为肯定地推断，身为女性的武后应该会使用女性贱人来警卫宫殿门户。中宗复位后，掌握宫廷实权的韦皇后任命贺娄氏为内将军，担任殿中警卫的长官，该事可见于《资治通鉴》景云元年六月条。不难想象，贺娄氏率领的是女性贱人[1]。不仅如此，如玉井教授所言，所谓户者有时也指称守门户者。若果真如此，上引史料中的户婢等可以理解为侍卫殿中门户的官婢。而且，武后身边确实存在有夫之婢，这就更不在当时的明文制度规范内了。

前引《唐六典》典仓署以下的户奴婢、户奴、户婢泛指成户的官奴婢，是无可否认的事实，不过正如我在第六章第一节中从部曲的用例出发所类推的那样，由"户奴婢"引申的户婢一词在成为有家庭之官婢的法律专有名词后，或许也会有作者用户婢来表达"守门户的婢"的意思。

仁井田博士在其大作《中國法制史研究 土地法·取引法》[2]中指出，龙谷大学大谷文书1263号中，记有仪凤年号的公文书断简中有：

诸牧监所有尉长户奴婢等春衣监□□

仁井田博士认为，"尉长户奴婢"当然应该理解为（牧）尉、（牧）长与户奴婢三者，但我认为应该理解为尉、长户与奴婢三者。换言之，如后文所述，所谓长户是被牧监差役的普通良人。从畜牧工作的性质来看，他们基本上是全家一同服长役，即使有短期服役者也是少数，故而有了"长户"这一称呼。因此，这份公文书断简并非户奴婢相关的资料。

第三节　工户与乐户

《唐律疏议》卷三《名例三》"诸工、乐、杂户及太常音声人犯流

---

1. 在韦太后被诛杀时，贺娄氏亦被斩杀。
2. 仁井田陞：《中國法制史研究　土地法·取引法》，东京大学出版会，1960年，第805页。

者，二千里决杖一百"云云一条云：

> 疏议曰：工、乐者，工属少府，乐属太常……"太常音
> 声人"，谓在太常作乐者，元与工、乐不殊……

由于工户隶属少府监，乐户隶属太常寺，显然两者专属于特定的官厅，与奴婢、官户及杂户不同。

《唐六典》卷二十二少府监条云："少府监之职，掌百工伎巧之政令，总中尚、左尚、右尚、织染、掌冶五署之官属，庀其工徒，谨其缮作。"中尚署令之职条云："掌供郊祀之圭璧，及岁时乘舆器玩，中宫服饰，雕文错彩，珍丽之制，皆供焉。"左尚署令之职条云："掌供天子之五辂、五副、七辇、三舆、十有二车，大小方圆华盖一百五十有六，诸翟尾扇及大小伞翰，辨其名数而颁其制度……凡皇太后、皇后、内命妇之重翟、厌翟、翟车、安车、四望、金根等车，皇太子之金辂、轺车、四望车，王公已下……公主、王妃、外命妇……其制各有差。"右尚署令之职条云："掌供天子十有二闲马之鞍辔，及五品三部之帐，备其材革，而修其制度……凡刀剑、斧钺、甲胄、纸笔、茵席、履舄之物，靡不毕供。"织染署令之职条云："掌供天子、皇太子及群臣之冠冕，辨其制度，而供其职务……天子之冠……凡织纴之作有十……皆率其属而修其职焉。"掌冶署令之职条云："掌镕铸铜铁器物之事……"换言之，少府监负责天子服饰以下百官仪制的制作及其他事务，但实际上在《唐六典》的时代，少府监也掌管五署以外的诸冶监[1]、北都军器监[2]、诸铸钱监、诸互市监等。

如上所述，由于少府监的属署从事各种高级器物的制作，正如监丞职掌条所云："凡教诸杂作，计其功之众寡与其难易而均平之，功多而难者限四年、三年成，其次二年，最少四十日，作为等差，而均其劳逸焉。"注云："凡教诸杂作工，业金、银、铜、铁铸、钙、凿、镂、错、镞所谓工夫者，限四年成；以外限三年成；平慢者，限二年成。

---

1. "掌镕铸铜铁之事，以供少府监。"
2. "掌缮造甲弩之属……以时纳于武库。"

诸杂作有一年半者，有一年者，有九月者，有三月者，有五十日者，有四十日者。"器物制作的技术要求颇高，因而少府监中有为此而选拔出的技术人才，工户就是其中之一。

同样由上引疏议可知，乐户是隶属于太常寺的官贱人。即是说，乐户分属太常寺的太乐署与鼓吹署，从事以国家宫廷的祭祀、飨燕、仪式、行幸、卤簿为代表的各种官方活动中不可或缺的、献上音乐歌舞的工作。因此，如《唐六典》卷十四太常寺、太乐令一条云"凡习乐立师以教，每岁考其师之课业，为上、中、下三等，申礼部；十年大校之，若未成，则又五年而校之，量其优劣而黜陟焉"，乐户需经过非常严格的学习过程，或是承继其父兄的乐技，才能开始参加官方活动。那么工户与乐户在官贱人中处于何种地位呢？

第一项 工户与乐户的等级（其一）

《唐律疏议》卷十八《贼盗二》"诸杀人应死会赦免者，移乡千里外。其工、乐、杂户及官户、奴，并太常音声人，虽移乡，各从本色"条的疏议云：

> 工、乐及官户、奴，并谓不属县贯。其杂户、太常音声人有县贯，仍各于本司上下……

由于工户、乐户与官户、官奴婢相同，他们的簿籍仅属于所属官司，而不属于州县，可知他们是比杂户更低级的贱人。而如后文所述，他们有当番，需要服役，故而由这一点可知，他们比长役无番的官奴婢更高级。关于工户、乐户与官户的等级高下问题，很早以前玉井教授、瀧川政次郎博士与曾我部静雄博士就各自提出了不同的论点，一般而言，玉井、瀧川两位教授之说更为通用，因此下文中，我将按顺序对这三种说法进行介绍与批评。

《唐律疏议》卷十七《贼盗一》云：

> （Ⅰ）诸谋杀制使，若本属府主、刺史、县令及吏卒谋杀本

部五品以上官长者，流二千里（工乐及公廨户、奴婢与吏卒同。余条准此）；已伤者，绞；已杀者，皆斩。

疏议曰：……吏卒谋杀都水使者，或折冲府卫士谋杀本府折冲、果毅，如此之类，并流二千里。工乐，谓不属县贯，唯隶本司，并公廨户、奴婢谋杀本司五品以上官长，罪与吏卒同。若司农官户、奴婢谋杀司农卿者，理与工乐谋杀太常卿、少府监无别……

同书卷二十五《诈伪》云：

（J）诸诈除、去、死、免官户奴婢及私相博易者徒二年，即博易赃重者从贸易官物法。

疏议曰：官户、奴婢各有簿帐，"除"者，谓诈言给赐；"去"者，谓去其名簿；"死"者，谓诈言身死；"免"者，谓加年入六十及废疾各得免本色之类……

问曰：……

答曰：……

其匿脱者徒一年（产子不言为匿，典吏不附为脱），主司不觉匿脱者依里正不觉脱漏法。

疏议曰：……

同书《诈伪律》云：

（K）诸诈自复除若诈死及诈去工、乐、杂户名者徒二年。

疏议曰："诈自复除"，复除之条备在格、令，谓诈云落番新还或诈云放贱之类以得复除；若诈作死状；及诈去工、乐及杂户等名字者：徒二年。其太常音声人州县有贯，诈去音声人名者，亦同工、乐之罪。

玉井教授指出，（I）条将官户、官奴婢与工户、乐户同列，（J）条中仅述及官户和官奴婢，（K）条将工户、乐户与杂户、太常音声人同列，据此推定工户、乐户的身份等级介于官户与杂户之间，并认为官贱人的等级依序为太常音声人、杂户、工户、乐户、官户、官奴婢[1]。众所周知，唐律中有不少按照犯罪者的身份等级决定罪刑轻重的条目，身份等级相同者的犯罪会在同一条律文内叙述。玉井教授关注到了这点，并将工户与乐户时而与官户、官奴婢同列，时而与太常音声人、杂户同列的现象看作工户、乐户的地位介于二者之间的证据。可惜的是，在这一论述中，玉井教授对前引诸条文的解释有误。

（I）陈述了对吏卒谋杀本部五品以上官长的定罪，又称同样在谋杀官长时，工户、乐户与官户、官奴婢的量刑轻重一致。但为何《唐六典》在叙述这种罪行时，没有提到杂户与太常音声人呢？其理由如下：即如疏议所言，工户、乐户与官奴婢三者无州县户籍，只在所配隶的官厅有簿籍，因此他们与所配隶官厅五品以上官长间的关系，正好等同于吏卒与其本部五品以上官长间的关系，故而在（I）中一并加以规定。相对的，杂户与太常音声人有州县户籍，与在乡的良人一样，以本属的刺史、县令为平时的官长，因此如果他们有谋杀官长的行为，就视同良人处置。他们的罪刑量度，已在律文"诸谋杀……本属府主、刺史、县令……流二千里"一条中有所规定。

其次是（J）与（K）的部分。玉井教授认为这两条所述的是同类主体犯下相同违法行为的情况，但这正是他产生误解的根源。这是因为（J）叙述的是官厅自身在下属官户、官奴婢"除、去、死、免"之事上作假时的罪刑，（K）是普通良人与工户、乐户、杂户、太常音声人自身在犯同样罪行时的量刑，犯罪主体并不相同。因此，玉井说将这两点混同考虑，实为谬误。另外，可能有人会认为（J）列举了官户、官奴婢，却未触及同样只有官司簿籍的工户、乐户是很奇怪的，但至此已可发现工户、乐户与官户的等级完全相同，故而只列官户就足够了。又（K）陈述的是官贱人自己诈伪的情况，此处未言及官户、官奴婢的理由在于，如果已经述及工户、乐户、杂户、太常音声人的罪刑，

---

1. 玉井是博：《中国社會經濟史研究》，第169页。

那么就不需另外说明官户与官奴婢的罪了。像这样能举一反三之处，在《唐律疏议》中随处可见。

　　我在前文暂时先略过了（J）"其匿脱者徒一年"云云条的疏议不谈，此处还想再作说明。该条疏议云：

> 　　匿者，谓产子隐匿不言。脱者，谓典吏知情，故不附帐。不言、不附者，各徒一年……"主司不觉匿脱者，依里正不觉脱漏法"，户婚律："里正不觉脱漏增减者，一口笞四十，三口加一等；过杖一百，十口加一等，罪止徒三年。知情者，各同家长法。"既同里正之罪，主司止坐所由。若父母匿子，其数更多，亦准户婚律家长故隐口之法，一口徒一年，二口加一等；未堪入役者，四口为一口罪；此是"当条虽有罪名，所为重者自从重"。其典吏及主司匿、脱多者，依律既准里正脱漏，合从累科。主司知情者，各同父母故匿之罪。知与不知罪名不等者，依脱漏之法，并满科之。

其主要内容为：官户、官奴婢只记于官司簿账，如果他们有隐匿其子不上报官司，或相关典吏知情却使其脱附簿籍，或主司未察觉相关不法行为等情况，应该根据何条法律论罪。

　　而所谓"若父母匿子，其数更多，亦准户婚律家长故隐口之法"，是说官户、官奴婢隐匿子一人的话要徒一年，如果数目增加的话，是根据同书卷十二《户婚一》"诸脱户者，家长徒三年……脱口及增减年状（谓疾、老、中、小之类）以免课役者，一口徒一年，二口加一等，罪止徒三年"，按照适用于普通良人的法律来决定量刑[1]。又所谓"未堪入役者，四口为一口罪"，原则上年龄未达到"中"的十五岁以下官户没有服官役的义务，未达"中"的十岁以下官奴婢也是如此。但官户、官奴婢隐匿这些人时，是以《户婚一》"其增减非免课役及漏无课役口者，四口为一口，罪止徒一年半；即不满四口杖六十"对良人的规定

---

1. 这种情况最后全都按照对良人的规定进行判罚。

为基准进行处罚。

《東洋史研究》刊载了曾我部静雄博士《日唐の律令に於ける課口對不課口の比率》[1]一文，曾我部博士在文中指出，前述疏议"未堪入役者，四口为一口罪"对应的是《户婚律》的"漏无课役口者，四口为一口，罪止徒一年半"，对此我没有异议。然而，曾我部博士认为"未堪入役者"就等于"无课役口"，两者是规定同一事项的异文，对此我有不同意见。这是因为官户、官奴婢与良人的租、调、役三项公课完全无关，仅从事专门官署所命的劳役，所以他们被区分为"处于应服劳役年龄者"与"尚未到服官役年龄者"。这种区分方式类似于依据课役有无区分良人的方式，故而官户、官奴婢隐匿"未堪入役者"时，可以比照普通良人家长脱漏"无课役口"的情况加以处罚。换言之，如前所述，"未堪入役者"与"无课役口"二者的主体并不相同，因此负担的义务也不同。所以，曾我部博士将这两条法规所据的"课役"定义为"力役"是有问题的。曾我部博士的论考是近日的新作，虽然我只是刚拜读了他的高见，但因为与贱人制有关，因而在此追加说明。

第二项 工户与乐户的等级（其二）

一

就其结论而言，瀧川博士《唐代奴隷制度概説》[2]中的说法与玉井教授相同，然而所根据的史料与理由不同，因此我还是在此列出瀧川博士所举的史料。

《唐律疏议》卷三《名例三》：

> （一）诸工、乐、杂户及太常音声人
>
> 疏议曰……。
>
> 犯流者，二千里决杖一百，一等加三十，留住俱役三年

---

1. 载《東洋史研究》23（1），1964年。
2. 瀧川政次郎：《中国法制史研究》，有斐阁，1940年。

（犯加役流者，役四年）。

　　疏议曰：此等不同百姓，职掌唯在太常、少府等诸司，故犯流者不同常人例配，合流二千里者，决杖一百；二千五百里者，决杖一百三十；三千里者，决杖一百六十；俱留住，役三年……若是贱人，自依官户及奴法。

　　若习业已成，能专其事，及习天文，并给使、散使，各加杖二百。

　　疏议曰：工乐及太常音声人，皆取在本司习业，依法各有程试。所习之业已成，又能专执其事……犯流罪，并不远配，各加杖二百。

　　（二）犯徒者准无兼丁例加杖，还依本色。

　　疏议曰：工、乐及太常音声人习业已成，能专其事及习天文，并给使、散使，犯徒者皆不配役，准无兼丁例加杖；若习业未成，依式配役。如元是官户及奴者，各依本法。

《唐六典》卷六刑部尚书、都官郎中员外郎条云：

　　（三）其余杂伎则择诸司之户教充。

　　官户皆在本司分番，每年十月，都官按比。男年十三已上，在外州者十五已上，容貌端正，送太乐；十六已上，送鼓吹及少府教习。有工能官奴婢亦准此。业成，准官户例分番。其父兄先有伎艺堪传习者，不在简例。

《唐律疏议》卷六《名例律》云：

　　（四）诸官户、部曲、（注省略）官私奴婢有犯，本条无正文者，各准良人。

　　疏议曰……

　　若犯流、徒者，加杖，免居作。

　　疏议曰：犯徒者，准无兼丁例加杖：徒一年加杖

一百二十，一等加二十，徒三年加杖二百。准犯三流，亦止
杖二百。决讫付官、主，不居作。

按理来说，应该要先介绍瀧川博士有关前述史料的见解，但为了
讨论的便利，还是由我自己作一概括。史料（一）规定了工户、乐户、
太常音声人以及杂户犯流罪时应如何处置。此处对其他三者作一说
明，杂户则容后再论：（a）如果工户、乐户、太常音声人犯了流罪，不
像普通良人要被执行流刑，而是以杖一百代替流二千里、杖一百三十
代替流二千五百里、杖一百六十代替流三千里，所有犯流罪者在杖刑
结束后都要处以留住役三年。不过，此处虽然说的是工户、乐户、太
常音声人，其实是对尚未结束工、乐学习之人，乃至尚未合格者的规
定；（b）对于结束学习、已可以胜任工作者，以及现任工作者会采取别
的规定，均以杖二百代替三流，处罚完毕后则让他们回到原本的岗位
上。其次，至于工户、乐户、太常音声人犯徒罪时该怎么处理，如同
史料（二）所示：（c）如"若修业未成，依式配役"所述，尚未结束学
习者或尚未合格者实际会被处以与常人相同的徒刑，也没有什么特殊
待遇；（d）不过若是结束学习者，则是准"无兼丁例"，以杖一百二十
代替徒一年、杖一百四十代替徒一年半、杖一百六十代替徒二年、杖
一百八十代替徒二年半、杖二百代替徒三年，处罚完毕后则让他们继
续从事原本的官役。所谓的"无兼丁例"，自然是指《唐律疏议·名例
三》"诸犯徒应役而家无兼丁者，徒一年，加杖一百二十，不居作；一
等加二十"的规定。

然而，虽然官府会让工户、乐户的子女学习技艺以补充两户人数，
但这样依然无法满足其需求。因此，如史料（三）所记，官府也会选
拔官户（根据情况也包括官奴婢）子弟中合适的年少者，到少府监或
太常寺进行学习，在修得技术后作为工户、乐户进行工作。至于像这
些学习中的官户、官奴婢在犯流罪、徒罪时应该如何处置，（一）和
（二）的疏议即对此有所规定："若是贱人，自依官户及奴法"，"如元是
官户及奴者，各依本法"。亦即法律依照他们原本身份等级（即官户与
官奴婢）的本来之法处置他们，可参后述（e）与（f）的说明。

　　史料（四）是官户与官奴婢犯流罪与徒罪时的规定。据此可知：
（e）官户、官奴婢犯流罪的话，无论是流二千里、流二千五百里或流
三千里，都以杖二百代替，杖刑结束后则让他们继续从事至今为止的
官役；（f）官户、官奴婢犯徒刑的话，徒一年以杖一百二十代之，徒
一年半以杖一百四十代之，徒二年以杖一百六十代之，徒二年半以杖
一百八十代之，徒三年以杖二百代之，杖刑结束后则让他们继续从事
原本的劳役。

　　前述内容已整理为上表。可是，为何要对他们有特殊规定呢？由
于工户、乐户、太常音声人是极其特殊的官贱人，官府对他们有高度
的技术要求，技艺学习也不是易事，因此对完成学习者执行流刑或徒
刑，致使他们的技能无处施展是颇不明智的。正因如此，工户、乐户、
太常音声人在犯流、犯徒时会以杖刑代替，处罚完毕后则让他们继续
从事原本的官役。然而对于仅有工户、乐户、太常音声人之名，实际
并未完成学习或不合格者，如果犯徒罪就和普通人一样被执行徒刑；
只有在犯流罪时，才会依据流罪的轻重杖一百到杖一百六十，杖刑完
毕后再留住役三年。另一方面，官户与官奴婢不像工户、乐户、太常

音声人那样在需要高超技术的部门服役，他们在上百种役务中从事适合自己的工作，不需要根据学成或未学成来加以区别。从某种意义上来说，工户、乐户与太常音声人已是"完成品"，对官署而言，与其对这些人中的犯罪者执行流刑或徒刑，不如让这些人继续从事已上手的工作，这样才更方便。所以官府在处置他们时以杖刑代替流刑、徒刑，处罚结束后就让他们继续从事原本的官役。而正在修习工、乐的官户与官奴婢犯流、徒罪时，官府则理所当然地依照原本对官户、官奴婢的规定加以处置。

二

回到前面瀧川博士的说法。瀧川博士引用史料（三）并正确指出："因此，他们的待遇大抵与官户相同，一样被要求一年服三番役，且当色为婚。"然后，他依据史料（二）所见"如元是官户及奴者，各依本法"称，"因此，如前述《名例律》的疏'元是官户及奴'所言，工户、乐户的本质身份是官户奴婢，只是因为他们的职业类似杂户，所以受到与杂户同等对待"[1]。另外，瀧川博士根据史料（一）和（四）认为，"工户、乐户本质身份是官户、官奴婢，与此同时受到与杂户类似的待遇"，他还据此提出："工乐与官户唯一的不同点在于，官户在犯流罪时，不论其里数多远都以加杖二百代替；工乐则与杂户及太常音声人相同，犯流二千里的话代以杖一百，犯流二千五百里的话代以杖一百三十，犯流三千里的话代以杖一百六十，并在此之上各自处以三年留住役。"[2]最后作为结论，他推测"工乐原本的身份是官户奴婢，而且其待遇类似杂户，因此其地位如前所述，居于杂户与官户（番户）之间"[3]。

然而，这些论点全都基于瀧川博士的误解，其中，从史料（二）"如元是官户及奴者，各依本法"推导出的结论是最难理解的。另外，论及对犯流罪的工户、乐户的处置，如上表所示，（a）是对未完成学

<hr>

1. 瀧川政次郎：《中国法制史研究》，第70页。
2. 同上书，第69页。
3. 同上书，第86页。

习者的规定，如果要正确地比较工户、乐户与官户，或许应该要举出（a）（b）与（e）三种情况，将（b）与（e）进行比较。又瀧川博士认为工户、乐户的待遇与杂户相同，其理由是这两者的职业具有相似点；但如后文所述，恐怕很难说工户、乐户与杂户的役种间存在相似的地方。要言之，我可以理解瀧川博士煞费苦心地想要提出比玉井说更有根据的论点，然而由于他在解读基础性内容时出现错误，又比较了实际无法比较的部分，其结论就变得令人难以接受。

接下来讨论杂户犯流罪、徒罪的情况。史料（一）的律中提到"诸工、乐、杂户及太常音声人"，又云"犯流者，二千里决杖一百……"史料（二）的律云"犯徒者准无兼丁例加杖，还依本色"，因此一般都会将其理解为：对犯流罪杂户的处置与未学成的工户、乐户、太常音声人相同，对犯徒罪杂户的处置则与完成学习的工户、乐户、太常音声人相同——也与犯徒罪的官户、官奴婢相同。

然而杂户从事着各式各样的劳役，这点与官户、官奴婢完全相同。换言之，没有必要将服劳役的杂户分为"完成学习者"与"未完成者"，这与工户、乐户、太常音声人全然不同，因此对他们的处置，不管是流罪还是徒罪都理应同于官户、官奴婢，其待遇也不应有差。出于这样的考虑，在之前发表的《唐の樂戶》[1]一文中，我竟然忽略了《名例律》"凡杂户陵户犯流者，近流决杖一百，一等加卅，留住俱役三年（犯加役流者役四年），犯徒者，准无兼丁例，加杖还依本色"的记载，并推测对犯流杂户的处置与官户、官奴婢相同，以杖二百代替，杖刑执行完毕后就继续从事原本的官役。同时，我又提出这一结论成立的关键在于律文及疏议本身，否则可能就是我们没有充分考虑相关情况，就将史料囫囵读过。不过，我的观点似乎并未得到诸贤的赞成。想来，其实没有必要在《唐律疏议》的原文外展开多余的臆测，还是应该根据原文，承认只有对杂户流罪的处理是特别的。不仅如此，或许应该接受事实就是这样。虽然有些拘泥于理由，但至少杂户的待遇确实与官户、官奴婢不同。至于杂户为何有特殊待遇，可能是因为如后文所

1. 载《山梨大學學藝学部研究報告》（14），1963年。

述，杂户这一种类比官户、官奴婢设置得要晚，其中存在某种特别的关窍。

对玉井教授、瀧川博士论说的批评暂告一段落，接下来我想介绍曾我部静雄博士的说法。曾我部博士在《雑戸と品部》[1]第四项中指出，一方面工户、乐户只能与官户等同色者结婚，且没有州县户籍，只登载于所属官司的簿籍；另一方面，如《唐六典》都官条所明言，官府规定完成学习者与官户一样，一年三次，每次各上番一个月左右。若如此的话，显然工户、乐户与官户属于同一等级，不过是一种特殊的官户。我认为这种简明的解释值得采纳。十几年来，我参考曾我部博士的论点，讨论了许多问题，也没有发现任何矛盾。如前所述，唐律中的很多条文在判定良人、贱人间的犯罪时，会根据当事人身份等级的差别、高低增减罪的轻重。不过，通读唐律就会明白，法规中认定的官贱人等级只有太常音声人、杂户、官户与官奴婢四等，并未承认他们中间的其他等级，因此工户与乐户当然属于其中一种等级。如果是这样的话，或许正如曾我部博士所言，具有与官户相同属性的工户与乐户很显然也与官户等级相同。

为慎重起见，我再增补一条史料。《唐律疏议》卷二十八《捕亡》云：

> 诸丁夫、杂匠在役及工、乐、杂户亡者（太常音声人亦同），一日笞三十，十日加一等，罪止徒三年。主司不觉亡者，一人笞二十，五人加一等，罪止杖一百；故纵者，各与同罪。
>
> 疏议曰……丁夫、杂匠并据在役逃亡，工、乐以下在家亡者亦是。
>
> ——中　　略——
>
> 诸官户、官奴婢亡者，一日杖六十，三日加一等（部曲、私奴婢亦同）。主司不觉亡者，一口笞三十，五口加一等，罪止杖一百。故纵官户亡者与同罪，奴婢准盗论……

---

1. 载《文化》2（4），1950年。

> 疏议曰……

> 诸在官无故亡者,一日笞五十,三日加一等,过杖一百,五日加一等。边要之官,加一等。
>
> 疏议曰:"在官",谓在令、式有员,见在官者……"边要之官",户部式:"灵、胜等五十九州为边州。"此乃居边为要,亡者加罪一等,谓品官以上,一日杖六十,三日加一等。

从引文可知,工户、乐户、杂户、太常音声人(不论是否就役中)以及良人中的丁、夫、杂匠(仅限在役的情况)逃亡,与官户、官奴婢逃亡时的罪行相差数等。这与各州官员逃亡时,边要州与非边要州之间差一等的道理是相同的。工户、乐户虽然与官户位于同一等级,但他们逃亡的惩罚是一日笞三十,比官户的杖六十轻了不少。这是因为他们是特殊技术者,可替代者不多,即便在处刑后也要让他们能继续工作——杂户、太常音声人与良人逃亡时,即使他们的人格较高,也依此标准处罚。官户(与官奴婢)并非高级技术者,寻找替代者相对容易,因此处以一日杖六十的刑罚也无大碍,并不是因为工户、乐户与官户间有某种等级差距。

第四节 太常音声人

第一项 诸项规定与名称的由来

太常音声人是在太常寺的太乐、鼓吹两署服役,与乐户一样从事音乐工作的官贱人。《唐律疏议》卷十七《贼盗一》"诸缘坐非同居者,资财、田宅不在没限……若部曲、奴婢犯反逆者,止坐其身"的问答云:

> 问曰:杂户及太常音声人犯反、逆,有缘坐否?
>
> 答曰:杂户及太常音声人各附县贯,受田、进丁、老免与百姓同,其有反、逆及应缘坐亦与百姓无别。若工、乐、官户不附州县贯者,与部曲例同,止坐其身,更无缘坐。

非常明确，太常音声人与杂户一样，在州县都有户籍，在均田法上的待遇及丁中老制则与良人相同。如果他们犯了谋反、谋大逆等罪的话也必须缘坐他人，缘坐范围与良人一样。

如上文所述，太常音声人在许多方面与杂户待遇相同。然而，他们的地位比杂户更高，最能显示这点的是太常音声人结婚对象的范围。《唐律疏议》卷十四《户婚三》"诸杂户不得与良人为婚，违者杖一百。官户娶良人女者，亦如之。良人娶官户女者，加二等。即奴婢私嫁女与良人为妻妾者，准盗论"条云：

> 疏议曰……其工、乐、杂户、官户，依令"当色为婚"……太常音声人，依令"婚同百姓"，其有杂户作婚姻者，并准良人……

如引文所言，官奴婢、官户、工户、乐户和杂户仅能当色为婚，与之相对，太常音声人除当色婚外，与良人男女结婚也同样合法。而上述疏议中的"其有杂户作婚姻者，并准良人"，则是指如果杂户男性与太常音声人女性结婚，就等同于杂户（男）与良人（女）结婚之罪，处以杖一百；反过来，如果太常音声人男性与杂户女性结婚，就等同良人（男）与杂户、官户（女）结婚之罪，要处以徒一年半。由此可知，太常音声人婚姻的规定与良人完全相同。太常音声人不仅在刑法上的婚姻规范中与良人处于同等地位，在关于生命身体的事件中，包括通奸、强略、和诱等，很多情况下太常音声人与良人都待遇相同，他们在官贱人中确实地位特殊。然而，其原因又是什么呢？

《唐律疏议》卷三《名例三》"诸工、乐、杂户及太常音声人犯流者，二千里决杖一百"云云一条称：

> 疏议曰……"太常音声人"，谓在太常作乐者，元与工、乐不殊，俱是配隶之色，不属州县，唯属太常，义宁（隋末年号）以来，得于州县附贯，依旧太常上下，别名"太常音声人"。

《唐会要》卷三十四"论乐"一项云：

> （武德）四年九月二十九日诏："太常乐人本因罪谴没入官
> 者，艺比伶官，前代以来，转相承袭。或有衣冠继绪，公卿
> 子孙，一霑此色，累世不改。婚姻绝于士庶，名籍异于编甿，
> 大耻深疵，良可矜愍。其太乐鼓吹诸旧乐人，年月已久，时
> 代迁移，宜并蠲除，一同民例。但音律之伎，积学所成，传
> 授之人，不可顿阙，仍令依旧本司上下。若已经仕宦，先入
> 班流，勿更追补，各从品秩。自武德元年配充乐户者，不在
> 此例。"

《资治通鉴》武德四年九月条也录有内容大致相同的诏书。由上可知，
在隋末唐初时，官府给予隋朝以来的乐户恩典，在户籍与结婚等方面
给予他们与良人相同的待遇，名称也改为太常音声人，只有役务一切
如旧。这就是他们拥有特殊地位的原因。而《唐大诏令集》卷八十一
政事"礼乐"中也有与《唐会要》相同的诏书，虽然文中未见发布年
月，但编者宋人宋敏求的注记则称发布于武德二年八月。

太常音声人名称的由来已如上述，那么这一恩典颁布的正确时间
是义宁年间，还是武德二年，抑或武德四年呢？关于这点，玉井教授
提到："这次解放的时间究竟是义宁中、武德二年还是武德四年呢？总
之必然有一方是错误的。"[1]但他似乎并未提出任何解释。暂且不论宋敏
求所注的武德二年八月，《唐律疏议》的说法是"义宁年间"，但官撰
之书未必不会误记。另一方面，《唐会要》的诏书中有"自武德元年配
充乐户"的内容，因此就算假设这份诏书开头"四年九月二十九日"
的年月有误，诏书的发布时间也确实是武德中。这样的话，只能认为
"义宁"与"武德"两个时间点都是正确的。那么，官府真的发布了两
次主旨相同的诏令吗？为了判断这点，就要回顾隋末唐初政局的变化。

唐高祖李渊太原起兵的时间为隋大业十三年（617），同年十一月，

---

1. 玉井是博：《中国社會經濟史研究》，第165页。

李渊攻陷隋都长安，新立隋的宗室代王侑（恭帝）为天子，改元义宁。到了义宁二年（618）五月，李渊接受恭帝的禅让，在长安即天子位，建元武德，创立唐朝。然而此时四方仍是群雄割据，战乱不休，直到武德四年（621）五月，唐降服了盘踞隋东都洛阳的大敌王世充，才终于出现四海一统的曙光。

毋须赘言，论起明示国家威权、整备天子大仪的重要道具，除礼之外就属乐。为此，历朝都不忘整备乐官，乐人乐工们也费尽心力地传承正统雅乐。相传，遭逢丧乱的乐人乐工会抱着乐器隐遁山林，以期传统不会断绝。长安、洛阳两都或跟随炀帝至江都宫的乐户突遭隋末唐初大乱，其中大多数人无疑会因为各种理由隐居避难。相应的，李渊拥立了恭帝，身边却少有人通晓新帝威仪之事。李渊在多方考虑下，为了应对这一事态，在拥戴恭帝后对隋朝乐户降下恩宥，计划以此将他们集于恭帝之下。《唐律疏议》中的"义宁"年号或许就是这一事件的反映。然而即使有特意颁布的诏书，由于天下尚未安定，仍有许多乐户采取观望态度，因此隋末的政策成效不彰。其后，李渊利用打倒王世充、巩固新王朝根基的机会，再度发布意旨相同的诏书，这或许就是《唐会要》收录的武德四年九月诏书。

考虑到时代背景的因素，我认为朝廷降下恩典、订定太常音声人名称的时期当如上所述。这么看来，《唐律疏议》在"义宁"后特意加上"以来"二字的理由也就清楚了。与此同时我们自然也能了解，《唐大诏令集》中宋敏求注记的"武德二年八月"，可能是作者的谬误，也可能是后世誊写时的错误。

言归正传。太常音声人以年六十为老、可解放为良人一事，可通过其他官贱人的事例证明，这一点毫无疑问。又《唐大诏令集》卷六十六"典礼、封禅"条"开元十三年东封赦书"的一节云：

卫士马主军戎主幕士掌闲供膳太常及伏内音声人……亦赐勋两转。

同书后土条"后土赦书"（开元二十年）的一节云：

诸卫骁骑……掌闲幕士驾供膳生习驭工人乐人杂户官户白
身有职掌人。合行从人等，各赐勋一转。物三段。

由此可知，国家宫廷进行各种仪式与要事时，亦有官户以上的官贱人
被纳入受勋对象。勋官共有十二级，按规定，最高级的上柱国可获得
勋田三十顷，以下递减，最低级的武骑尉可获得勋田六十亩。另外，
他们在获得某级以上的勋官后可被放贱为良，如玉井教授所指出的[1]，
《唐会要》卷三十四"杂录"云：

（开元）二十三年敕："……音声人得五品已上勋，依令应
除簿者，非因征讨得勋，不在除簿之列。"

这么说来，太常音声人如果多次获得勋官，达到上骑都尉（比正五品）
与骑都尉（比从五品）以上的话，可以不经为老或其他理由而直接解
放为良人。但是可以想见，官府之所以加上"必须经由征讨而得勋"[2]的
限制，是因为担心如果不作限制，就会有许多可除簿者，将造成官府
所需的劳动力变得匮乏。另外，官户通过授勋而放贱为良的史料，已
在本章第一节第一项中举出。

第二项　与散乐的异同

有唐一代，掌管音乐歌舞之事的国家、宫廷单位与制度几经变迁。
据岸邊成雄博士大作《唐代音樂の歴史的研究　樂制篇上》所述开元
到天宝时代相关内容来看，太常寺的太乐署与鼓吹署的起源十分古老，
而且是最基础的官厅，设有若干名乐官与许多音乐歌舞表演者，上述
的太常音声人与乐户即属于这两署。两署之外，还有其他的内教坊、
左右教坊、梨园等。内教坊是女性表演者所属的单位，最初属于中书
省，后来移交太常寺管辖。而左右教坊与梨园创设于玄宗朝，男女表

---

1. 玉井是博：《中國社會經濟史研究》，第166页。
2. 虽说如此，没有直接从军，而是讨伐成功等普通的勋功或许也可以。

演者皆有，不过以女性占多数，且由太常寺之外的单位管辖。故而要论述唐代音乐制度的话，必须要说明所有的设施与表演者，不过由于本书的主要目的是研究官贱人，因此我将只讨论隶属太乐署与鼓吹署的太常音声人与乐户二者。

那么，从《唐六典》卷十四太常寺太乐署条来看：

> （L）凡乐人及音声人应教习，皆着簿籍，覈其名数而分番上下，
>
> > 短番散乐一千人，诸州有定额。长上散乐一百人，太常自访召。关外诸州者分为六番，关内五番，京兆府四番，并一月上；一千五百里外，两番并上。六番者，上日教至申时；四番者，上日教至午时。
>
> 皆教习检察，以供其事。
>
> > 若有故及不任供奉，则输资钱以充伎衣、乐器之用。

可见太乐署中存在名为"散乐"的人。黄现璠氏《唐代之贱民阶级》[1]认为散乐就是太常音声人，此处所见的上番方式就是太常音声人的方式。岸边博士受到了黄氏见解的深刻影响，他在此基础上，于高著《樂制篇上》中提出了大致如下的意见：

> 说到要去太常寺的太乐署与鼓吹署上番、与音乐有关的官贱人，就是太常音声人与乐户二者，以表演内容来看则分为散乐与音声二类。散乐是以曲艺、幻术为主的表演，音声则是以歌唱、器乐为主的表演，在太常音声人中分别有散乐与音声的专家，乐户中也是如此。而关于上番的方式，太常音声人中无论是散乐还是音声的专家，都是根据各自居住地的远近，一年上番四次、五次或六次，每次各上番一个月；乐户与此有些不同，散乐专家的上番方式与太常音声人一样，音声专家则是一年上番三次，每次上番各一个月。

---

1. 载《师大月刊》第13期，1934年。

上引为岸邊博士的论点。我很理解他为推导出这一结论煞费苦心，但可惜的是，如下文我所指出的，这一论点不过是进一步扩展黄氏谬见的结果。此外，岸邊博士在其著作中引用了我的论点，以讨论太常音声人与乐户的番上方式[1]，不过岸邊博士引用的方式有误，这是我无法预见的。

　　针对岸邊博士的见解，首当其冲的批评是（L）的番上方式中提到，散乐有短番者与长上者，《唐六典》记载了短番的方式，这与太常音声人及乐户的番上无关。这点一看便知，应该很难产生误解。黄氏的误解居然产生了这么大的影响，我也对此感到惊讶。这里所记的番上方式，简言之，居住于关外诸州域的短番散乐会被分成六番（六组），每组上番一个月，也就是一年两次，每次各上番一个月。然而，虽说是关外，一千五百里外远隔之地的散乐如果每年番上两次，负担会变得很重，因此官府采取两番并上，也就是一次就番两个月的方式，这样一年只要番上一次就好；关内诸州域的散乐每州被分为五组，每五个月番上一次，每次各一个月；而同为关内的京兆府内散乐则被分为四组，每四个月番上一次，每次各一个月。

　　其次，《通典》卷一百四十六《乐六》"清乐"云：

　　　　昔唐虞讫三代，舞用国子，欲其早习于道也；乐用瞽师，谓其专一也。汉魏以来，皆以国之贱隶为之，唯雅舞尚选用良家子。国家每岁阅司农户，容仪端正者归太乐，与前代乐户，总名音声人，历代滋多，至有万数。

《唐会要》卷三十三"清乐"中也有同样的记载。岸邊博士认为[2]，上文的"总名音声人"不仅指太常音声人，应泛指音乐歌舞表演者。正如在《唐の賤民制度に關する雜考》第四项中所述，我对此并无异议[3]。然而，岸邊博士将引文中的划线部分解读为"国家每年'阅司'农户

1.《唐代音樂の歴史的研究　樂制篇上》，第181页。
2. 同上书，第162页。
3.《山梨大學學藝学部研究報告》（7），1956年。

（农家）容仪端正者，送到太乐署以作八佾舞之用"，又根据史料中的"汉魏以来，皆以国之贱隶为之，唯雅舞尚选用良家子"，认为除了在八佾舞中使用良人农户以外，汉魏以来，音乐歌舞的表演者都是以国家的贱人充当，到唐朝也依然如此，这是岸边博士的说法中第二处根本性的误解。

前文的画线部分无疑应读作"国家、每岁阅司农户、容仪端正者、归太乐"，即与之前引用的《唐六典》刑部尚书、都官郎中员外郎条"官户……每年十月，都官按比。男年十三已上，在外州者十五已上，容貌端正，送太乐；十六已上，送鼓吹及少府教习。有工能官奴婢亦准此。业成，准官户例分番。其父凡[1]先有伎艺堪传习者，不在简例"相对应，说明除了太常音声人与乐户的孩子外，官府也会从官户或官奴婢的子弟中选拔合适者修习音乐，以此补充表演者。而"汉魏以来，皆以国之贱隶为之，唯雅舞尚选用良家子"，当然是说八佾舞等选用良家子[2]，其他乐舞中则使用贱隶。但此处不是指所有国家朝廷的音乐歌舞，而是限定在当时国之正乐的范围内。这样的话，在唐朝，正乐是由如太常音声人或乐户这样的贱人来从事，除此之外，由非贱人的良人从事的、正乐以外的乐，不外乎都被泛称为散乐。

《云麓漫钞》卷十二云"今人呼路岐乐人为散乐。按周礼：'掌教散乐。'释云：'散乐，野人为乐之善者。'以其不在官之员内，谓之散乐"，说明了散乐的原义。这些被称作散乐的人从此前数代开始就存在，在某些时期也被朝廷要求从事工作，但他们的身份是"无冠的野人"，即普通良人，而非贱人。而唐代的散乐也同样如此，可参下述史料。

《新唐书》卷一百二十三《李峤传》提到了李峤神龙二年的上书，其中一节云："太常乐户已多，复求访散乐，独持大鼓者已二万员，愿量留之，余勒还籍，以杜妄费。"《唐会要》卷三十三"散乐"云："神龙三年八月敕，太常（"常"字疑衍）乐鼓吹散乐音声人，并是诸色供

---

1. 近卫本云"凡当作兄"。
2. 汉代用语，指除了商工等家外的普通家庭之子。

奉。"由此可知，散乐与太常音声人和乐户被分开记述，换言之，散乐是另一种不同的群体。而《旧唐书》卷七十五《孙伏伽传》云："武德元年，初以三事上谏……其二曰：百戏散乐，本非正声，有隋之末，大见崇用，此谓淫风，不可不改。近者，太常官司于人间借妇女裙襦五百余具，以充散妓之服，云拟五月五日于玄武门游戏。臣窃思审，实损皇猷……如臣愚见，请并废之，则天下不胜幸甚。"如这段文字所见，年代近如隋炀帝时期，散乐虽被用于国家朝廷的盛大表演（其状况如第五章第三节第二项所述），但仍无法进入国之正乐的行列，其内容如《唐会要》卷三十三所云：

> （M）散乐，历代有之，其名不一，非部伍之声，俳优歌舞杂奏，总谓之百戏：跳铃、掷剑、透梯、戏绳、缘竿……窟礧子，及幻伎激水化鱼龙、秦王卷衣、筷鼠、夏育扛鼎、巨象行乳……画地成川之类，至于断手足、刳肠胃之术。自汉武帝，幻伎始入中国，其后或有或亡……后魏道武……后周武帝保定初，罢之，至宣帝复召之，作殿庭，昼夜不息。隋文时，并放遣之。炀帝大业二年，又总追集于东都，命太常教习……玄宗以其非正声，置教坊于禁以处之。若寻常飨会，先一日具坐、立部乐名，太常上奏，御注其下。会日，先奏坐部伎，次奏立部伎，次奏蹀马，次奏散乐（然后奏部次第，并取当时进止）。旧制之内，散乐一千人，其数各系诸州多少，轮次随月当番，遇闰月，六番人，各征资钱一百六十七文，一补之后，除考假轮半次外，不得妄有破除。贞观二十三年十二月诏，诸州散乐太常上者，留二百人，余并放还。

另外，所谓的"考假轮半次"，参照后文可知是"孝假输半资"的误写。

即是说，散乐也被叫作百戏，是当时称"俳优歌舞杂奏"的杂乐、杂剧以及幻术类的总称，表演者亦称"散乐"，表演千变万化。然而因为这些表演不是正乐，所以在国家朝廷的各种仪礼中，首先要由太常音声人与乐户的坐部伎、立部伎表演，接下来是蹀马，然后才到散乐。

而从《唐六典》(L)的"太常自访召",李峤上奏中的"复求访散乐",以及《唐会要》(M)所称的"其数各系诸州"来看,可知太常寺负责从诸州县的良人中选拔技艺高超者。他们是良人而非贱人,这是因为如《唐六典》(L)所述,根据居住地的远近,散乐的番上次数也有差异,相对于此,如前所述乐户固定一年中上番三次,每次一个月,太常音声人也如后文所述是固定一年中上番两次,每次各一个月。在这一点上,散乐确实与太常音声人和乐户有所区别。另一方面,官府的官贱人中,只有太常音声人和乐户从事音乐歌舞工作。这样的话,散乐就不是官贱人,换言之他们是良人,可谓事理分明。

另外,《唐会要》卷三十四"杂录"云:"其年(开元二年)十月六日敕:'散乐巡村,特宜禁断。如有犯者,并容止主人及村正,决三十,所由官附考奏。其散乐人仍递送本贯入重役。'"该条敕文是因为有不少官方散乐在上番工作的闲暇之余巡回地方,娱乐众人并以此获得收入,因而加以禁止,还是由于以散乐为生计的人们无所顾忌,自由地在各地表演,因此官府加以禁止呢?很遗憾,目前我还无法做出判断。

又玉井教授引用《新唐书》卷二十二《礼乐志十二》:

> 唐之盛时,凡乐人、音声人、太常杂户(乐户之误)子弟隶太常(太乐之误)及鼓吹署,皆番上,总号音声人,至数万人。

以及《唐会要》卷三十三"清乐":

> 国家每岁阅司农户容仪端正者,归之太乐,与前代乐户总名音声人,历代滋多,至于万数。

由此认为唐代的"音声人"不仅是对普通太常音声人的简称,上述两条史料中"前者是将乐人(乐户)、音声人(太常音声人)与太常杂户三者总称为'音声人';后者则稍有不同,是用'音声人'总称前代乐户与唐代乐户。这大概也是因为唐代的贱民阶级到了宋代已变得混乱,故而上述群体间的区别不再明确"[1]。

然而，如《唐六典》卷四礼部尚书云"凡国有五声、八音"，注云"五声谓宫、商、角、徵、羽，八音谓金、石、丝、竹、匏、土、革、木"，由于"乐"是基于五声八音而产生的，熟练的音声就表示为音乐，那么"音声人"当然常用于指代的是音乐歌舞的表演者。例如《旧唐书》卷十七上《文宗本纪》即位之年十二月庚申之诏云"今年已来诸道所进音声女人，各赐束帛放还"；同书卷十九上《懿宗本纪》咸通十三年五月乙亥条云"国子司业韦殷裕于閤门进状，论淑妃弟郭敬述阴事。上怒甚，即日下京兆府决杀殷裕，籍没其家。殷裕妻崔氏，音声人郑羽客、王燕客，婢微娘、红子等九人配入掖庭"，这两条史料中的"音声人"也是如此。因此，玉井教授所引两条史料中的"音声人"也与此相同，将官方散乐、太常音声人与乐户总称为音声人一点都不奇怪，不需怀疑这是不是《新唐书》编撰者的杜撰。另外要补充说明的是，太常寺的劳务又多又杂，为此寺中还配置了杂户与其他官贱人，不过以音乐为工作的官贱人只有太常音声人、乐户二者，不存在具有"太常杂户"等称号、从事音乐工作的贱人。所以，上述《新唐书》的太常杂户，显然是太常寺乐户的误记。故而此处的乐人是指散乐，音声人是指太常音声人。

第三项 番上方式与纳资

一

《唐六典》太乐署（L）中有"凡乐人及音声人……皆教习检察，以供其事"，注云：

> 若有故及不任供奉，则输资钱以充伎衣、乐器之用。

由引文可知，当在太常寺上番的乐人乐工无法参加自己或官方要求的上番时，或因不适任而无法参与工作（表演）的话，就要缴纳免番钱。

---

1. 玉井是博：《中國社會經濟史研究》，第167页。

那么这个额度是多少呢？

首先讨论散乐的免番钱。《唐会要》"散乐"（M）云：

> 散乐……遇闰月，六番人，各征资钱一百六十七文……

散乐中的"六番人"是指关外的居住者，他们的上番在平年是一年两次，每次各一个月，平均下来是一年三百六十天中上番六十天，一个月三十天中上番五天。而如果碰到闰年，就不得不在那年闰月的五日进行一次多余的上番。不过实际上，若根据上述计算来执行的话，对于六番人本身负担很重，对征召上番的官府来说可能也很烦杂。因此法律规定，就算碰到闰年，实际的上番也按平年的规定进行，闰月多出来的上番则以征收五天"免番钱"即一百六十七文的方式代替。以这一规定为基准来计算，一个月三十天的免番钱是一千零二文。然而，别处还有一个月的免番钱为一千文的规定，那么五天的免番钱就是一百六十六点六六……文，约等于一百六十七文，这一数字应该没有问题。另外，可以确定在闰年时，只有关外的居住者才适用以上方法，如果所有散乐都据此缴纳免番钱，闰月期间就不会有人能工作了。

然而，不论年的平闰还是居住地的远近，在散乐因官府或个人原因无法服役时，其免番钱又该如何计算呢？当然，我们可以认为免番钱是按照上述"一个月三十天一千文"的数额按比例折算，但关于这一点我还想略作说明。散乐的上番全都是每番一个月，上番次数则根据居住地的远近分为两次、二点四次、三次三个等级，故而以一个月一千文来计算的话，一年的免番钱也应该分为二千文、二千四百文、三千文三个等级。

那么，究竟唐代徭役劳动的状况又是如何呢？唐代的徭役劳动分为役、各种代替役的工匠（杂匠）之役、杂徭与代替租、调、某些杂徭的各种杂役。如后文所述，租、调、役、杂徭四者换算为钱的话是二千五百文。至于人们被要求超额完成这些役务时应该如何处理，最常见的情况是免除租、调、役或某种杂徭，不过也会免除地税之类，也有如杂匠那般以赁银补偿其劳动的情况。问题在于，散乐的任务是否属于上述的徭役劳动呢？散乐一年的免番钱是二千文，就算有时可达二千四百文，甚至在京兆府内达三千文，光是散乐本身的任务就比租、调、役、杂徭合计的二千五百文还多出五百文，颇为繁重，因而散乐的任务应当不属于徭役劳动。尤其是像京兆府内的散乐等，这类近距离者的免番钱也可能会低于每月一千文，如同即将引用的《新唐书》太常寺"散乐……长上者复徭役"中所言，这里的徭役是指役跟杂徭二者，还是只指其一，或是两者皆非呢？我现在无法立刻判断，但"（非短番的）长上者复徭役"这一记载让我们更加疑惑，就算租、调等已被免除，散乐的劳动真的能被纳入徭役劳动中吗？关于这点，我想留待后考。

散乐免番钱的基准大致可以判定为一个月三十天一千文，那么太常音声人又如何呢？从《新唐书》卷四十八《百官志》太常寺、太乐署条来看的话：

> ……以番上下。有故及不任供奉，则输资钱，以充伎衣乐器之用。散乐，闰月人出资钱百六十，长上者复徭役，音声人纳资者岁钱二千。

此处的"散乐，闰月人出资钱百六十"不如《唐会要》中"一百六十七文"的记载精确。又前文提到，不是所有的散乐都会在闰月到来时纳资免番，《唐会要》的记载也可以证实这一点。而所谓的"音声人纳资者岁钱二千"，由于音声人一词也可当作对散乐、太常音声人、乐户的通称，那么我们必须考虑此处的音声人指的是三者中的哪一种。不过，既然我们目前要讨论太常音声人与乐户免番钱的额度，《新唐书》保留的这条史料就是相当重要的。

散乐的免番钱是一个月一千文，但番上次数也会根据居住地的远近有所不同，因此应该也有人不是固定一年缴纳二千免番钱，这类人是太常音声人还是乐户呢？想来，由于散乐、太常音声人、乐户三者都从事音乐工作，所以他们的免番钱规定也很可能基准相同。例如一年三次、每次各一个月者一年就缴纳三千文；一年两次、每次各一个月者就缴纳二千文。这样的话，乐户正符合前一种情况，即一年缴纳三千文，那么《新唐书》"音声人纳资者岁二千"中的"音声人"正是太常音声人，"岁二千"是他们的纳资额，同时也自然表明他们的上番是一年两次，每次各一个月。

目前，我们已推测出了太常音声人的免番钱与上番方式：太常音声人一年就役两次，即共计六十日；相较之下杂户是两年五次，也就是共计七十五日；官户、工户、乐户是一年三次，即共计九十日，可知根据等级差异，这三类群体各自间有十五日的差别。另外，上述都是丁男的上番次数与日数，如果只考虑太常音声人的情况，想来其中的中男虽然也有义务上番，但大概要比丁男要轻松一些。不过，具体是轻减哪些工作还不得而知。又女性也有丁与中的年龄区别，既然太常音声人与良人的待遇甚为接近，那么或许与良人的情况相同，太常音声人女性本身没有上番的义务，但关于这点尚不能妄下结论。

二

《唐六典》卷六刑部尚书、都官郎中员外郎"凡配官曹，长输（官奴婢之事）其作；番户、杂户，则分为番"条注云：

> （N）番户……杂户……十六已上当番请纳资者，亦听之。其官奴婢长役无番也。

《新唐书》卷四十六《百官志》刑部尚书、都官郎中员外郎条云：

> （O）掌俘隶簿录……凡反逆相坐，没其家配官曹，长役为官奴婢。一免者，一岁三番役。再免为杂户，亦曰官户，二岁五番役。每番皆一月。三免为良人。（官奴婢）六十以上及废疾者，为官户；七十为良人。每岁孟春上其籍，自黄口以上印臂，仲冬送于都官，条其生息而按比之。乐工、兽医、骟马、调马、群头、栽接之人皆取焉。（如太常音声人、杂户等）附贯州县者，按比如平民，不番上岁，督丁资为钱

一千五百；丁婢、中男，五输其一；侍丁、残疾半输。凡居作……

如玉井教授所言，《新唐书》（O）"亦曰官户"的记录有误，应删除或改为在"一免者，一岁三番役"的后面接"为番户，亦曰官户"[1]。又宫崎市定博士在《唐代赋役制度新考》中将（O）的"不番上岁、督丁资为钱一千五百"解释为配隶都官曹的官奴丁男的规定[2]。然而，由于都官曹掌管政令，此处记录的规定应与全体官贱人有关，而不仅是对配属都官曹的部分官奴的规定。不仅如此，如《唐六典》（N）与《新唐书》（O）中所见，纳资一事与当番制的官户以上者有关，而与长役无番的官奴婢无关。这样的话，既然《新唐书》"不番上岁，督丁资为钱一千五百；丁婢、中男，五输其一"与官奴婢无关，其中的"丁婢"就很明显是"丁女"的误写。

上述《新唐书》的这条记载不见于他书，是很重要的史料。那么，所谓一千五百文指的究竟是官户以上何者的丁资呢？已知太常音声人的丁资是一年二千文，那么此处肯定是杂户或官户，但到底是哪一种呢？根据宫崎博士的研究，大抵贱人身份越高，劳动的评价也高，故而纳资的基准也高，因此我将首先从这点出发进行探讨。《唐六典》卷三户部尚书、户部郎中员外郎条云"凡丁岁役二旬（有闰之年加二日），无事则收其庸，每日三尺（布加五分之一）"；《唐律疏议》卷四《名例四》"诸平赃者"云云条曰"疏议曰：记功作庸，应得罪者，计一人一日为绢三尺。牛马驼骡驴车计庸，皆准此三尺"，同书卷十一《职制三》"诸监临之官私役使所监临及借奴婢、牛马驼骡驴、车船、碾硙、邸店之类"云云条则曰"疏议曰……称奴婢者，部曲、客女亦同……人、畜、车计庸，船以下准赁……其借使人功，计庸一日绢三尺。人有强弱、力役不同，若年十六以上、六十九以下犯罪徒役，其身庸依丁例；其十五以下、七十以上及废疾既不任徒役，庸力合减正丁……"免番

1. 玉井是博：《中国社會經濟史研究》，第159页。
2. 载《東洋史研究》14（4），1956年。

钱、赁与庸不可混为一谈，不过如上引史料所见，在役务相同的情况下，良人与贱人，甚至贱人内部的庸都不存在等级差异，纳资的标准都是一日绢三尺。从这点类推，在役务无甚差别的情况下，免番钱的纳资标准应该也是一样的。从前述论证来看，散乐与太常音声人在身份上虽有良贱之别，不过其免番钱的标准相同。

若果真如此，我们就越发确定乐户的纳资也是一个月一千文了。如果乐户是这样的话，工户，与工户、乐户同等级的官户，比他们高一级的杂户就都是如此。与此同时，太常音声人一年服务六十日，一年的免番钱是二千文，那么杂户一年服务七十五日，一年的免番钱是二千五百文，工户、乐户、官户一年服务九十日，一年的免番钱是三千文。然而，这么推理出来的数额与《新唐书》(O)的记载完全不符，可以说非常奇怪。我认为这一事实极为有力地证明了《新唐书》"一千五百文"的数字有误：我推测，一千五百文是二千五百文的误记，二千五百文才是杂户一年免番钱的数额。

上述是我对杂户、官户、工户、乐户免番钱的判断，不过这自然只是丁男的数额。据《新唐书》(O)所记"丁女、中男，五输其一"，可知丁女与中男也有上番的义务[1]，免番时的纳资数额由其上番役务的轻重决定。只是，"五输其一"似乎稍微失之过轻，这里的数字可能也有误，不过这已经超出了本文要考证的范围。另外，根据现存的史料也无法确认中女的义务有无。

第五节　官贱人与番役以外的义务　　附：残疾与侍丁

第一项　上番以外的义务

《开元令》中有赋役令。根据《唐六典》卷三户部尚书、户部郎中员外郎条云"凡赋役之制有四：一曰租，二曰调，三曰役，四曰杂徭"，赋役的根本是租、调、役、杂徭四类，这是国民必须负担的基本义务，丁男要负担所有四类，中男则是负担杂徭一项。另外还有可以

---

1. 对此的具体规定仍不清楚。

代替某些赋役的、形形色色的义务，其中包含官方必需的各项杂役。

《唐律疏议》卷十二《户婚一》"诸养杂户男为子孙者，徒一年半"条云：

> 疏议曰：杂户……散配诸司驱使……赋役不同白丁。

同书卷十八《贼盗二》"诸杀人应死会赦免者，移乡千里外"条云：

> 疏议曰……其杂户、太常音声人有县贯，仍各于本司上下，不从州县赋役者。

依上所言，太常音声人、杂户的赋役与普通良人负担的四种赋役无关，只需专门行使番上的义务。然而，这部分恐怕还有必要再稍加慎重考虑。原因在于同书卷三《名例三》"诸府号、官称犯父祖名……若奸监临内杂户、官户、部曲妻及婢者"云云条曰：

> 疏议曰：杂户者……配隶诸司，职掌课役不同百姓……

此处，赋役一词被写作课役，亦即租、调、役，没有说到杂徭一类。

我对这件事情考虑良久，目前的想法是：众所周知，四类赋役中，原则上租、调、役三项归于中央，杂徭一项归于地方。举例来说，《通典》卷六食货、赋税下"天宝中国家预算大纲"一条中，清楚地反映了[1]相关史料以国家规模叙事时，常无视杂徭的存在。这类做法在"令"中也有所体现，《唐律疏议》卷六《名例六》"诸称'日'者，以百刻……称'人年'者，以籍为定"条的问答亦云：

> 答曰：令为课役生文，律以定刑立制。

---

1. 参见滨口重國：《唐の玄宗朝に於ける江淮上供米と地税との關係（二）》,《史學雜誌》45（2），1934年。

如上文所见，令的内容是以课役为主订立的，律自然也是如此，所以与赋役有关的律文常常关注课役，也就是租、调、役三类，而几乎不触及杂徭的部分。当然，唐律的疏议也是如此。同书卷十三《户婚二》"诸差科赋役违法……若非法而擅赋敛"云云条的疏议云，"依赋役令："每丁，租二石；调……丁役二十日。'此是每年以法赋敛……"为了说明"赋役"这一用语，疏议特意引用了赋役令，但正是出于上述原因，其内容只限于租、调与役，而全未言及杂徭；也正因如此，太常音声人、杂户与赋役间的关系被形容为"赋役不同白丁"或"不从州县赋役者"，亦被形容为"课役不同百姓"。

唐代令与律的结构即如上所述，这也是造成后世研究者困惑的一大原因。例如《唐律疏议》卷十二《户婚一》"诸脱户者，家长徒三年……脱口及增减年状（谓疾、老、中、小之类。）以免课役者，一口徒一年"云云条的疏议云"废疾虽免课役，若入笃疾即得侍人"，据此，研究者们会认为废疾者应该只免除课役，但从其他史料可知连杂徭也会被免除，因而赋役全免；同样，残疾看起来只能免除役，但从其他规定可知残疾者的杂徭也同样可免除。既然如此，我们就有必要重新了解，太常音声人与杂户是仅与课役即租、调、役无关呢，还是连与杂徭都无关呢？

四类赋役中，只有租、调、役的相关史料较为丰富，更易判断。而关于杂徭，目前连每年的义务日数都不清楚。我之前在《唐代における兩税法以前の徭役勞働》[1]及《唐に於ける雜徭の開始年齡》[2]两文中虽然考察过杂徭的日数，结果只得出了四十日、五十日上下的暧昧结论。然而到了战后，宫崎市定博士发表了《唐代赋役制度新考》[3]，推定丁男的役务日数是一年三十九日以内，丁男残疾者为四十九日以内，十八岁至二十岁的中男是恰好五十日，十六七岁的中男是三十九日以内；同时一并论及以下问题，如认为杂徭的轻重相当于役的一半，也就是说四十日杂徭可换算为二十日役；租、调、役全都换算成役的话

1. 载《東洋學報》20（4），1933年。

2. 载《東洋學報》23（1），1935年。

3. 载《東洋史研究》14（4），1956年。

相当于五十日役，一日役换算成钱的话是五十文等。该文尝试为杂徭研究提供新的出发点。

　　我从宫崎博士的论点中获得了很大的启发。特别是宫崎博士引用《白氏六帖事类集》中的《户部式（充夫式）》，指出其中应误脱了"役"字，这一点让我茅塞顿开。然而，宫崎博士推断，唐代杂徭根据年龄不同，存在如前述般复杂的日数差异，从唐代普遍的公课规定来看，我实在无法认同这一点。此前，我在《唐の太常音声人と樂戶、特に雜徭と散樂との關係》[1]中借用了宫崎博士论点之精华，认为杂徭的役务日数式与丁、中男一样都是五十日，役换算成钱是一日三十三点三三……文，杂徭一日是役一半的十六点六六……文；并讨论了租、调、役、杂徭共可换算为七十五日役，因此四类赋役大概相当于二千五百文等问题。后来，我注意到户部式"诸正丁充夫四十日免〔役〕[2]，七十日并免租，百日已上课役俱免，中男、充夫满四十日已上，免户内地租……"的内容，想在此修正之前的论点：户部式是在人们服杂徭的日数超过规定日数时，官府给予的补偿规定，此处四十日的数字与杂徭义务日数无关。正如《唐六典》卷三户部尚书"凡丁岁役二旬"中提到的，"有事而加役者，旬有五日免其调，三旬则租、调俱免（通正役并不得过五十日）"，其中的五十日同样与原本二十日役的日数无关。日后有机会的话，我打算再次详细探讨杂徭的日数。此外，这点受到了吉田孝氏《日唐律令における雜徭の比較》[3]的启发，附言于此[4]。

　　接下来要考察的是太常音声人与杂徭间的关系。若是通过他们与良人的负担孰轻孰重来讨论的话，或许能较容易地得出结论。太常音声人的上番义务日数是一年六十日，对应的免番钱是二千文。另一方面，良人的丁男要负担租、调、役、杂徭，根据宫崎博士的说法，租、调役相当于五十日役，一日役相当于五十文，那么总计二千五百文，

---

1. 载《山梨大學學藝學部研究報告》（13），1962年。

2. 此处从宫崎博士之说。

3. 载《歷史學研究》（264），1962年。

4. 补记：关于杂徭的义务日数，我在与本书大致同时出版的《秦漢隋唐史の研究》下卷附录中大概论述了个人观点，务请参考。

再加上杂徭的话就达到将近三千五百文。而我的见解则是租、调、役、杂徭四类相当于七十五日役，一日役是三十三点三三……文，正好二千五百文。而就算宫崎博士与我对杂徭的考察都是错的，义务日数也无疑是四十日至五十日，应当不会与上述计算产生太大落差。以上所示的是太常音声人与良人丁男的负担。但若是如此，太常音声人只有六十日的上番义务，负担远轻于良人，因此现实中恐怕不是这样的。

尽管如此，太常音声人的上番义务大概相当于良人丁男的课役。而法律规定太常音声人上番六十日，良丁的课役相当于五十日役，相较之下，太常音声人多了十日。这是因为虽然太常音声人的身份与良人甚为接近，但仍然属于贱人，因此还是加重了十日。与此同时，在这项上番的义务之外，他们大概也有类似于良人的杂徭或是相当于杂徭的负担。附带论及，杂徭本身是肉体劳动。因此，不具备音乐表演资格的太常音声人实际上也差不多是去从事杂徭；而对于正在学习中以及能胜任表演工作的人，让他们实际去服杂徭并不明智，故或许应该如此理解：官府采取了一系列方针，例如上番超过规定日数时或临时从事音乐表演的话可以代替杂徭之类。

因为我们已经知道太常音声人的待遇接近良人，所以他们当然也负有杂徭或是与之相当的义务。唐制中会根据良人的户等征收对应的户税，根据良人现有的土地面积收纳地税，甚至还有在"令"制表面没有明确呈现的若干负担。这样的话，太常音声人原则上应该也有负担这些公课的义务。《唐会要》卷三十三"散乐"云：

> 神龙三年八月敕，太常（"常"为衍字）乐鼓吹散乐音声人，并是诸色供奉，乃祭祀陈设，严警卤簿等用，须有矜恤，宜免征徭杂科。

音声人至少指太常音声人。而征徭有各式各样的意思，但我暂时认为此处的"征徭"指征召兵役或防人等。杂科也是一个难以理解的词汇。近来有许多有关唐代公课的研究成果得以发表，相关知识正取得长足进展，故而我更不能妄下结论。此处的"杂科"意谓各种差科，"差科"则如松永雅生氏在《兩税法以前に於ける唐代の差科》[1]中所论,是指根据各户等级赋予课役时所征收的户税、临时饮食供应或军事费等。另外,征徭与杂科是散乐和太常音声人两者都有的义务,还是太常音声人只有杂科,这个问题也尚有讨论空间。不仅如此,《唐会要》的神龙三年八月敕是只限当年,还是成为了长期行用的制度,这点亦有疑问。不过,通过该敕,应该更能确定官府会向太常音声人之家征取户税与地税。

上文述及了太常音声人上番以外的负担,这样的话,杂户在授田、为老成丁、户籍等方面与太常音声人待遇相同,他们必然也负有同样的义务。然而剩下的官贱人又如何呢? 除官奴婢外,官户、工户、乐户一年上番九十日,被授予良人口分田的半数,他们应该也需要负担地税。

附言之,《唐会要》卷三十四"杂录"云:"(开元)二十三年敕:'内教坊博士及弟子,须留长教者,听用资钱,陪其所留人数,本司量定申者为簿。音声内教坊博士及曹第一、第二博士房,悉免杂徭,本司不得驱使。"《新唐书》卷四十八《百官志》太常寺太乐署云:"武德后,置内教坊于禁中。武后如意元年,改曰云韶府,以中官为使。开元二年,又置内教坊于蓬莱宫侧,有音声博士、第一曹博士、第二曹博士。京都置左右教坊,掌俳优杂技。自是不隶太常,以中官为教坊使。"唐代崔令钦的《教坊记》(据唐人说荟本)"妓女入宜春苑,谓之内人……"中云:"楼下戏出队,宜春院人少,即以云韶添之,云韶谓之宫人,盖贱隶也。非直美恶殊貌,居然易辨明,内人带鱼,官(宫字之误)人则否,平人女以容色选入内者,教习琵琶、三弦、箜篌、筝等者,谓擪谈家……"开元二十三年敕提到内教坊"悉免杂徭,本司不得驱使",或可作为本项所述内容的参考。

第二项　残疾与侍丁

《唐律疏议》卷三《名例三》"诸犯徒应役而家无兼丁者"条云

1.《重松先生古稀記念九州大學東洋史論叢》,九州大学文学部东洋史研究室,1957年;《東洋史學》(17)。

"疏议曰……其残疾既免丁役，亦非兼丁之限"，可知残疾丁男在课役范围内只负担租、调，其役则被免除，那么杂徭的部分又如何呢？有学者根据前引疏议只云"免除丁役"而不言及杂徭，就认为残疾丁男需负担杂徭，但我并不赞成这点。《通典》卷三十五《职官十七》禄秩、门夫中有："诸州县不配防人处，城及仓库门……须守护者，取年十八以上中男及残疾，据见在数，均为番……每番一旬。每城门各四人，仓库门各二人……满五旬者，残疾免课调，中男免杂徭……总谓之门夫。"规定门夫由官府差遣十八岁以上的中男或残疾丁男担任，若就役时间达到五番五十日，中男门夫得以免除杂徭，残疾门夫得以免除课调。我曾经根据这一规定指出，因为残疾丁男没有可以免除的杂徭，才改用课调代替[1]。目前看来，这一观点暂时没有变更的必要。由前述《唐律疏议》的条目[2]来看，显然我们无法根据前引疏议判定残疾丁男是否有杂徭的义务。附带论及，我在旧稿中错误地将门夫条的"课调"一词理解为"课其调"，但据松永雅生氏《唐代の課について》[3]一文，这里的"课调"实际指租与调两种。

其次，《通典》卷七《食货七》"丁中"云："按开元二十五年户令云……诸年八十及笃疾，给侍丁一人，九十二人，百岁五人，皆先尽子孙，听取先亲，皆先轻色。无近亲外取白丁者，人（？）取家内中男者，并听。"众所周知，高龄与笃疾者应各给几名侍者，侍者原则上由户内丁男担任，另外还有其他的细则。而《唐律疏议》卷三《名例三》云"诸犯死罪非十恶，而祖父母、父母老疾应侍，家无期亲成丁者，上请。犯流罪者，权留养亲……课调依旧"，又如"疏议曰：侍丁，依令'免役，唯输调及租'。为其充侍未流，故云'课调依旧'"所言，担任侍者的丁男可免役。唐代律法中有较为忠实地实施儒教规定的一面，可参西村元佑博士在《唐代差科簿の研究》[4]一文中的讨论。

唐代法律规定减轻残疾者的负担，或通过侍者制度协助高龄、残

---

1. 濱口重國：《唐代における兩税法以前の徭役劳働》，《東洋學報》20（4），1933年，第132页。
2. 即本节第一项中关于令、律与课役、赋役间关系的相关内容。
3. 载《史淵》（55），1953年。
4.《敦煌吐魯番社會經濟資料（下）》，法藏馆，1960年，第426页。

疾者，这种主旨也贯彻至官贱人群体，这在本节第三项之二引用的《新唐书》(O)中也可体现：

> 不番上岁，〔杂户〕督丁资为钱一千（二千之误）五百……侍丁、残疾半输。

当然，这里所记的官户、工户、乐户、杂户不是如同良人般免除几种赋役，而是免除番上的义务，或是只需缴纳一半的免番钱，在这些部分稍有不同。另外，这里虽然说官户以上可以成为侍者，不过因为没有高龄的官贱人，这里只能理解为他们侍奉的是已成为良人的自家父母。而太常音声人中残疾、侍者的情况又如何呢？史料没有明确记载，但他们可能被置于对良民的规定下。官奴婢虽然不在上述规定的范围内，也应该要稍加关注。此外，在第四节第二项中，我在讨论散乐时，推测《唐会要》(M)的"考假轮半次"是"孝假输半资"之误。根据上述向官户以上征收免番钱的制度，这一结论应该大体无误。即是说，在"孝假"（即由于为父母服丧而免番）的情况下是按照普通免番钱的一半纳资。

附带一提，《唐会要》卷三十四"杂录"云：

> 乾封元年（666）五月敕："音声人及乐户祖母老病应侍者，取家内中男及丁壮好手者充，若无所取中丁，其本司乐署博士及别教子弟应充侍者，先取户内人及近新（"亲"字之误）充。"

"祖母老病"是"祖父母老病"之误，"音声人及乐户"的音声人中至少包含太常音声人。而"其本司乐署"以下提到了太乐、鼓吹署的博士及别教的子弟，从文字顺序来看，这段话是说如果他们不得不成为侍者，那么官府理应从该户内的近亲中选出替代者，这是因为官府更重视官役，敕文前半段与太常音声人、乐户有关的命令也是根据同一方针下达的。不过，文中"及丁壮好手者充若无所取中丁"一句中可能有错字、脱字，导致文义难以理解。但我们还是可以由此明白，这段话的主旨是说"当轮到好手（即技术优秀者）当侍者时，应该取其他人为侍者，没有丁男的话就从中男中选取"。

第六节　官贱人的总结

官贱人的由来各式各样，不过每个人都是自身没于国家而成为官奴婢，其后成为官户、杂户，或者被选为工户、乐户。因此，官奴婢是官贱人的母体，应将他们视作最基础的组成部分——太常音声人除外。与此同时，从数量上看，身为官奴婢者在官贱人中所占比例也可能最多。另一方面，由于工户与乐户的役务完全不同于杂户，他们也不可能被改为杂户，只是还不能肯定乐户能否提升为太常音声人。我想，有资历、功绩或技术最好的一批乐户，或许可以提升为太常音声人。反过来说，朝廷也可能降敕将乐户解放为良人，并担任乐官、乐吏；而太常音声人中，只有隋末唐初时受到优待的太常音声人的子孙可继承其地位[1]。

然而官贱人根据各自的等级，以前述的官役工作为代表，在各项规定方面都有各式各样的差异，此外他们与私贱人同样作为国民的一员，被施加了遵奉国家、社会、家族秩序与道德标准的法律义务。他们必须对自己的犯罪负责，同时，如高龄[2]、幼弱、女性等群体可获得宽典与恩宥，他人不可无故侵害其身体生命与财物等，可向官府告发他人的犯罪等，官贱人与私贱人的相似点很多，我暂不在此一一论述。不过如后文所述，虽然官贱人与私贱人同样都被冠以贱人之名，但本质上是不同的。

我已经数度论及官贱人的由来，进而如第四章所述，官贱人中有因对犯罪者直接或间接的惩罚而没官者，还有在与外国的战争或内战中被国家视为罪大恶极者，或是不遵王法、情节严重的犯罪者。因此，

---

1. 太常音声人中有资历功绩者、优秀者被解放为良人，成为乐官乐吏的情况则另当别论。
2. 官贱人中本身没有高龄者，不过其家人中仍有高龄者。

官贱人的由来从根本上就与人们经济生活中产生的私贱人不同，应当说其本质就是相异的。虽然令与律都将私奴婢与官奴婢规定为"物"，实际上真正为"物"的应该只有私奴婢，官奴婢只是在被管理的时候等同于"物"，但本质上并非如此。

官贱人终究是国家的一种惩罚制度，其本质是将各种犯罪者以及对国家而言重罪者的近亲没官，并长期将其子孙贬作官贱人来惩罚、役使。与《唐律疏议》卷一《名例一》"徒刑五"的疏议所云"徒者，奴也，盖奴辱之。周礼云'其奴入于罪隶'，又'任之以事……'"类似，为了将这些人贬作官贱人来役使，法律上设立了种种规定，借此官府可管理、驱使他们。当官奴婢被提升为官户、杂户时，相应的，他们的待遇会有所不同，惩罚的方式也有差别。纵使官奴婢被规定为"物"，官户以上被规定为"人"，这并不是说他们本质不同，只不过是待遇上有所差别罢了。

在身份制上，唐代法律用"贱人"之名来概括这些本质不同的人，于是在各项制度细则中就产生了很多不合理之处。就算官府制定了相关规定，但也近乎空文，无法遏止这一点。唐代法律中有很多私奴婢与官奴婢对应、部曲客女与官户对应的情况，但如前所述，他们相互间也有很多不同。因此，通过区分官贱人或私贱人来判断两者间的等级高低几乎是没有意义的，如果因为将私贱人中的私奴婢视作奴隶来理解，就将官奴婢甚至全体官贱人也置于所谓奴隶的范畴中理解的话，就会产生误解。

第四章

唐代法律中的没官

唐代法律中官贱人出现的原因就是人身归国家所有。起初大家都是官奴婢，后来便有人因为老龄、病疾、恩赦、特赦、授勋等被提升为官户或杂户，因此基本可以认为，官奴婢原则上是官户、杂户等的来源。然而，到底是哪些人通过什么样的方式变成官奴婢，这点还需稍加详述。

人们成为国家官奴婢的原因不一，大概可分为如下几种：（1）在唐代对外战争中被俘虏而没官者；（2）由于犯罪或缘坐而没官者；（3）官贱人在正当、不正当的婚姻中所生的子孙，以及私贱人奸女性主人所生之子被没官者；（4）被贡纳、献于国家，或国家从民间购入者；（5）前朝以来的官贱人等。

我原本打算一边依次详述上述官贱人来源，一边也论及私贱人，尤其是部曲客女。不过可惜的是，由于健康状况所限，我只能论述官奴婢产生的原因（2）中导致最多没官者产生的谋反与谋大逆事件。

附带言之，（3）的部分可参考第一章第三节第三项。（5）中虽然会涉及（1）至（4）的内容，不过需要注意的是，官贱人的身份与王朝交替无关，而是会继续延续至新王朝。故而关于剩下的（1），我仅在此陈述我的结论：唐的对外政策根据时代的推移与面对的民族不同，会产生相当大的差异，因此难以简单地说明有唐一代对捕虏与降虏的待遇[1]。不过只比较二者来看的话，到高宗朝为止，捕虏作为官贱人没官的现象相对较多，其后逐渐减少，具有强大民族捕虏少、弱小民族捕虏多的倾向。唐朝虽然屡次开展对外作战，但在应对东北、西北面的民族时，仍时常放还捕虏以安抚边境。相反，对于西南的无组织蛮民，唐朝可以肆意挑起战争，从而获得捕虏，或是略夺、购入当地住民为官私贱人。不过概言之，想来由（1）产生的官贱人数量不多，由（2）产生的则占大宗。此外，玉井是博教授《唐時代の外國奴》一文已收入其论文集，或可一参。

---

1. 当然，被捕虏者与主动降服者的待遇不同。

第一节　造成没官的犯罪

第一项　反、逆以外的犯罪

《旧唐书》卷四十八《食货志上》云"武德四年七月，废五铢钱，行开元通宝钱……仍置钱监于洛、并、幽、益等州。秦王、齐王各赐三炉铸钱，右仆射裴寂赐一炉"，又云：

> 敢有盗铸者身死，家口配没。

可见武德四年下令盗铸钱者死罪、家口没官。不过，如果参考同书"后盗铸渐起，而所在用钱滥恶。显庆五年（660）九月，敕以恶钱转多，令所在官私为市取，以五恶钱酬一好钱。百姓以恶钱价贱，私自藏之，以候官禁之弛。高宗又令以好钱一文买恶钱两文，弊仍不息"的记载，及《新唐书》卷五十四《食货志》所云"诏所在纳恶钱，而奸亦不息。仪凤中（676—679），濒江民多私铸钱为业，诏巡江官督捕，载铜、锡、镴过百斤者没官。四年，命东都粜米粟，斗别纳恶钱百，少府、司农毁之。是时铸多钱贱，米粟踊贵，乃罢少府铸，寻复旧。永淳元年，私铸者抵死，邻、保、里、坊、村正皆从坐"，可知禁止盗铸并不容易。另外，《新唐书》的永淳元年（682）敕在《通典》卷九《食货·钱币下》中有详细引用，文曰：

> 敕："私铸钱造意人及句合头首者，并处绞，仍先决杖一百。从及居停主人加役流，各决杖六十。若家人共犯，坐其家长；老疾不坐者，则罪归其以次家长。其铸钱处，邻保配徒一年；里正、坊正、村正各决六十。若有纠告者，即以所铸钱毁破并铜物等赏纠人。同犯自首免罪，依例酬赏。"

想来，厉行禁止盗铸是非常困难的，如果直接推行不善的良币政策，只会导致物价混乱，因此官府对通货问题采取半放任经济自然发展的态度，对盗铸者的处罚则是对首领处以绞刑，不只其家人没官，还要广泛地追究邻里乡党的共同责任。然而，《唐律疏议》卷二十六《杂律一》云：

> 诸私铸钱者流三千里，作具已备未铸者徒二年，作具未备者杖一百。
>
> 疏议曰：私铸钱者，合流三千里。其"作具已备"，谓铸钱作具并已周备而未铸者，徒二年。若"作具未备"，谓有所欠少未堪铸钱者，杖一百。若私铸金银等钱不通时用者，不坐。
>
> 若磨错成钱令薄小，取铜以求利者徒一年。
>
> 疏议曰：时用之钱，厚薄大小，并依官样。辄有磨错成钱，令至薄小而取其铜，以求利润者，徒一年。

律文中，私铸钱的处罚已从绞刑减至流三千里。

接着，《旧唐书》卷七《睿宗本纪》太极元年二月己巳（712）"颁新格式于天下"云：

> 夏四月辛丑，制曰：……明罚峻典，自古而然……自今已后，造伪头首者斩，仍没一房资财，同（？）用荫者并停夺。非头首者绞。其承前造伪人，限十日内首使尽。官典主司枉法受赃一匹已上……

这条材料亦见于《册府元龟》卷六百十二《刑法部·定律令四》。假如此处应句读为"仍没一房，资财同"[1] 的话，就说明此时法律除了规定造伪禁物的首领要处斩外，首领一家都要没官，资财也要没收。不过，至于这种句读方式是否合理，仍留有很大疑问。所谓禁物，即如《唐律疏议》卷四《名例四》有"诸彼此俱罪之赃（注省略）及犯禁之

---

1. 原文为日文标点，读法为"仍没一房，资财亦同"，故此处加逗号顿开。——译者注

物，则没官（即没收品物）……" 其疏议云："谓甲、弩、矛、稍、旌旗、幡帜及禁书、宝印之类，私家不应有者，是名'犯禁之物'。" 而在开元二十五年律中，《唐律疏议》卷二十五《诈伪》云：

> 诸伪造皇帝八宝者斩，太皇太后、皇后、皇太子宝者绞，皇太子妃宝流三千里（伪造不录所用，但造即坐）。

造伪中情节最重者，即伪造皇帝八宝的情况下也只是斩杀犯人，而没有将其家口没官。

《旧唐书》卷八十六《孝敬皇帝弘（高宗第五子）传》云：

> 总章元年……高宗并从之。时有敕，征边辽军人逃亡限内不首及更有逃亡者，身并处斩，家口没官。太子上表谏曰："窃闻所司以背军之人，身久不出，家口皆拟没官。亦有限外出首，未经断罪，诸州囚禁，人数至多。或临时遇病，不及军伍，缘兹怖惧，遂即逃亡；或因樵采，被贼抄掠；或渡海来去，漂没沧波；或深入贼庭，有被伤杀。军法严重，皆须相傔。若不给傔，及不因战亡，即同队之人，兼合有罪。遂有无故死失，多注为逃。军旅之中，不暇勘当，直据队司通状，将作真逃，家口令总没官，论情实可哀愍。书曰：'与其杀不辜，宁失不经。' 伏愿逃亡之家，免其配没。" 制从之。咸亨二年，驾幸东都……

军法中有很多秘密的事项，不过根据上文，还是能判断出逃亡军人家口没官这一政策实行的时期。然而，如《唐律疏议》卷二十八《捕亡》云：

> 诸征名已定及从军征讨而亡者，一日徒一年，一日加一等，十五日绞；临对寇贼而亡者斩。主司故纵，与同罪（下条准此）。

可见此处不存在家口没官的规定。

其次,《文苑英华》卷六百二十三《表七十一》有褚遂良"谏五品以上妻犯奸没官表",文曰:

> 臣昨日伏见敕至门下,五品已上官人妻及女等有犯罪者,并没为官婢,夫犯恶逆("反逆"之误),始用此刑。不然历代杂刑,曾无此准……臣乞以一理,敢烦天听。夫禁秽防奸,既张罗网,生民干犯,必有其事。今忽有三公六尚书等,官当重寄,或有子数人,半居文武,而此三公六尚书之妇,忽犯奸淫,披猖衢路,没为官婢,其夫既耻,其子亦愧,更何颜以在列,亦无面以当官,合门耻辱,一时俱弃。至于九卿之室,十二卫将军之妻,没为官婢,夫岂不愧……臣恐失诸人伦……是以古者存其大体而略其细微,掩其家室而用其才能。若没其女,亦为狼狈,厥父与兄,胡颜自处……臣荷陛下殊恩,擢居近侍,披迹庸流,位班四品,官高禄厚,于臣愿……

第二表云:

> 臣今月五日诣虔化门进封表,论五品以上官人妻及女等,有犯罪者没为官婢,既未进旨,下情惶惧。臣又再三思量,实为不可,唯有身犯叛逆("反逆"之误),天下不容,妻女等始合配没。自兹以往,曾无此例。若犯奸罪,身即没官,不敬舅姑,则依常律。自非中刑,不可为教。至于一妇没官,其夫及子,同宗合门,有大羞辱……

上述表文是说,褚遂良反对将五品以上官之妻女犯奸者没为官婢的敕旨。而根据《旧唐书》卷八十《褚遂良传》,褚遂良担任门下省的四品官即黄门侍郎的时间是贞观十八年到二十二年之间。

《唐会要》卷四十一"杂记"云:

开元三年二月敕："禁别宅妇人，如犯者，五品以上贬远恶处，妇人配入掖庭。"

《册府元龟》卷一百五十九《帝王部·革弊一》云：

（开元）三年二月丙辰制曰："帝王之政，必厚风俗，男女不别，深蠹礼经。至如别宅妇人，久未悛革，近令检括，配入掖庭，将示小惩，使及知禁。朕愍其愚惑，尚在含弘，思屈常宪，许其迁善。特放出，令府县，即配嫁，不得影认更为藏匿，畜别宅人，容其自新，并宜放免。自今已后，更有犯者并准法科断，五品已上，仍贬授远恶处官，妇人配入掖庭，纵是媵妾，亦不得别处安置，即为尝式。"

《唐大诏令集》卷一百零九《政事·禁约下》"禁别宅妇人诏"云：

别宅安妇，先施禁令，往年括获，特已宽容，何得不悛，尚多此事。国有常宪，宜真于理，方画一于后刑，故三令以先德，俾从轻罚，以愧其心。今所括获者，见任官征纳四季禄，前资准见任，自余诸色，并准九品官禄数纳粟，妇女并放出掖庭，即令京兆尹李朝隐求匹配嫁。行之京都，作戒天下，敢更犯者，一依常格（开元五年七月）。

根据这些史料可知，开元三年（715）官府禁止置妇人于别宅，犯禁者贬至远处，女子配至掖庭。在《唐丞相曲江张先生文集》卷十三"论内勘别宅妇女事状"中亦云："右件：妇女事缘卑亵，纵两县检括，有所阿容，即愿宣付宪司，纠摘其罪。今便收捕入内，别加推逐，道路有云，何急于此！若在外勘当，虑以相宽；其余法狱，岂皆应就内，始可以杜其请托，方益威严？便是法不肃而吏不惧，其弊尤重于别宅者也。昔汉丞相府尚不按吏，诚以务在尊崇，体不可失。况天子中禁，而有此名？丞尉极微，所缘至小，固不足以尘黩圣听。虽在内曹，外议切切，未为得所，即有闻知，不敢不奏。谨状。"

另一方面，《文苑英华》卷六百二十四《表七十二》张廷珪的"论别宅妇女入宫表"云：

> 臣廷珪言，昨奉进止，别宅妇女皆遣入宫，敕至黄门，臣已执奏，停寝数日，宰相重宣。陛下以人废言，未蒙允纳，密旨增峻，制狱益严……臣窃有疑，且臣位在黄门，年高白首，常恐宠禄过厚……伏望曲流天鉴，少垂矜采。

第二表云：

> 臣廷珪言，别检贞观、永徽故事，妇人犯私，并无入宫之例。准天授二年（691）有敕，京师、神都犯奸，先决杖六十，配入掖庭。至太极修格（712），已从除削，唯决六十，仍依法科罪。今不依贞观、永徽典故，又舍太极宪章，而依天授之法，臣愚窃谓未便。且法令者，与天下共之者也……特乞天恩曲垂矜鉴，得令别宅妇女，各准法处分，率土苍生幸甚。如允臣所请，仍望便停令，敕内宣降进止。

张廷珪担任黄门侍郎是在开元初[1]，另据《旧唐书》本纪，将门下省称作黄门省是在开元元年十二月到五年九月。

对照前引制、诏与张廷珪的上表或可知，自贞观末年开始出现"将五品以上妻、女犯奸罪者没官"的议论，但由于褚遂良的反对而停止。然而，后来武后于天授二年发布"将长安、洛阳二京犯奸妇女没于掖庭"的敕书，该敕虽于太极改格时被削除，但朝廷又于开元三年沿用天授敕旨，规定别宅妇人配没掖庭。至于犯奸的妻、女与别宅妇人间究竟有何不同，其细节差异虽无法确定，不过《新唐书》卷二百四《方技·袁天纲传》云：

1.《旧唐书》卷一百一。

时有长社人张憬藏，技与天纲埒⋯⋯裴珪妻赵见之，憬
藏曰："夫人目修缓，法曰'豕视淫'，又曰'目有四白，五夫
守宅'，夫人且得罪。"俄坐奸，没入掖廷。

《资治通鉴》卷二百五天册万岁元年正月云："丙申⋯⋯是夕，密烧天
堂，延及明堂，火照城中如昼⋯⋯先是，河内老尼昼食一麻一米，夜
则烹宰宴乐，畜弟子百余人，淫秽靡所不为⋯⋯及明堂火，尼入唁太
后，太后怒叱之，曰：'汝常言能前知，何以不言明堂火？'因斥还河
内，弟子及老胡等皆逃散。又有发其奸者，太后乃复召尼还麟趾寺，
弟子毕集，敕给使掩捕，尽获之，皆没为官婢。"这也是武后时代的事
件。《唐律疏议》即开元二十五年律中没有看到犯奸良人女性没官的规
定，或许本来这种性质的事情就不在律所规定的范围内。

上文根据史料，分析了到开元末年为止，犯罪者或其家口缘坐没
官的情况，不过除此之外可能还有其他犯罪会导致没官。

第二项　谋反罪与谋大逆罪

在《唐律疏议》即开元二十五年律中，只有谋反与谋大逆二罪中
情节严重者才会导致良人、贱人没官。

《唐律疏议》卷十七《贼盗一》云：

诸谋反及大逆者，皆斩；父子年十六以上皆绞，十五以
下及母女、妻妾（子妻妾亦同）、祖孙、兄弟、姊妹若部曲、资
财、田宅并没官，男夫年八十及笃疾、妇人年六十及废疾者
并免[1]（余条妇人应缘坐者，准此）；伯叔父[2]，兄弟之子皆流三千里，

---

1. 《唐律疏议》卷四《名例四》云"诸年七十以上、十五以下及废疾⋯⋯九十以上，七岁以
　下，虽有死罪，不加刑"；注"缘坐应配没者不用此律"条的疏议云"'缘坐应配役者'，谓
　父祖反、逆，罪状已成，子孙七岁以下仍合配役，故云'不用此律'"。各版本之间有所出
　入，不过"配役"应该是"配没"之误。此外，我也参考了唐律研究会的《唐律疏議校勘
　表》及同书《補遺》，在此暂不一一记述。
2. 《通典》卷一百六十五《刑三·刑制下》记载大唐谋反及大逆罪时称："伯叔父母、兄弟之子，
　皆流三千里。""母"字应为衍字。

不限籍之同异。

　　疏议曰：……有狡竖凶徒，谋危社稷，始兴狂计，其事未行，将而必诛，即同真反。名例称："谋者，二人以上。"若事已彰明，虽一人同二人之法。大逆者，谓谋毁宗庙、山陵及宫阙。反则止据始谋，大逆者谓其行讫。故谋反及大逆者皆斩，父子年十六以上皆绞。言"皆"者，罪无首从……部曲不同资财，故特言之。部曲妻及客女，并与部曲同。奴婢同资财，故不别言。男夫年八十及笃疾，妇人年六十及废疾，并免缘坐。注云"余条妇人应缘坐者，准此"，谓"谋叛已上道"及"杀一家非死罪三人"，并"告贼消息"，此等之罪缘坐各及妇人，其年六十及废疾亦免。故云"妇人应缘坐者，准此"。"伯叔父、兄弟之子皆流三千里，不限籍之同异"，虽与反逆人别籍，得罪皆同。若出继同堂以外，即不合缘坐。○释曰：出继，谓伯叔父及兄弟之子、己之子内有出继同宗者。同堂，谓伯叔父之子，今俗呼为亲堂兄弟者。

上述是情节严重的二罪。

　　谋反、谋大逆都冠有"谋"字，不过在涉及这二罪时，不管是个人行为还是二人以上的谋划，且不分首从都是同罪。其次，在谋反的情况下，就算只有计划也与实际谋反者同罪；但在谋大逆的情况下，实际谋反者为重罪，只有计划者如后文所述会被列入情节较轻的二罪。而在重罪的谋反与谋大逆中，除犯人本身会被斩首外，犯人之父与十六岁以上之子（男）处绞刑，犯人十五岁以下之子（男）、母、女（即指女儿）、妻、妾，犯人子之妻、妾，犯人之祖、孙[1]（据《名例六》，也包含曾孙、玄孙）、兄弟、姊妹都要没官。

　　上述是因情节严重的二罪而没官之良人的范围，当然，其中也有例外，即上述律文所言的"男夫年八十及笃疾、妇人年六十及废疾者

1.《唐律疏议》卷六《名例六》云"诸称'期亲'及称'祖父母'者，曾、高同……嫡孙承祖，与父同"，注中有"缘坐者，各从祖孙本法"，疏议云："依贼盗律，反逆者，父子年十六以上皆绞，祖孙没官。若嫡孙承祖，没而不死。故云'各从祖孙本法'。"

并免缘坐"，上引疏议所云"若出继同堂以外，即不合缘坐"的情况。在这条律的后文中更有：

> 若女许嫁以定，归其夫。出养、入道及娉妻未成者，不
> 追坐（出养者，从所养坐）……
> 　　疏议曰："女许嫁已定"，谓有许婚之书及私约或已纳娉
> 财，虽未成皆归其夫。"出养"，谓男女为人所养；"入道"，
> 谓为道士、女冠若僧、尼；"娉妻未成者"，虽克吉日，男女
> 未相见：并不追坐。出养者从所养家缘坐，不涉本生……

如上所述，除因高龄、病疾、性别而被赦免者外，前述规定亦不包括结婚及已订下婚约的女性，出养、入道的男女等。另外，所谓"聘妻未成者"，意为犯上述二罪之家已约定要迎娶他姓女子为妻，就算婚期已定，尚未行相见礼者，仍被视作他姓之女，不属于缘坐的范围。这与"女许嫁已定……虽未成皆归其夫"的规定立场相反。

　　对于情节严重的二罪，缘坐没官者则不限于良人。据前引律文"部曲、资财、田宅并没官"及疏议"部曲不同资财，故特言之。部曲妻及客女，并与部曲同。奴婢同资财，故不别言"，犯人拥有的部曲、客女与私奴婢及资财田宅之类会尽数没官。而犯人以外者所有的奴婢、财物又如何呢？前引律文的后文又云：

> 诸缘坐非同居者，资财、田宅不在没限。虽同居非缘坐，
> 及缘坐人子孙应免流者，各准分法留还（老、疾得免者，各准一子
> 分法）。
> 　　疏议曰："缘坐非同居者"，谓谋反、大逆人亲伯叔兄弟
> 已分异讫，田宅、资财不在没限……

据此，因缘坐而绞、没官、流的仅限与犯人同居，即同居共财者[1]，其所

---

1. 据《名例六》，同居共财者不拘籍之同异。

持的资财、田宅、奴婢同样也要没官。另外，法律没有明确规定对部曲客女的处置，不过应该也只有同居共财者所持的部曲客女才要没官。《宋刑统》卷十二"诸同居卑幼私辄用财者，十匹笞十……"条云"准户令"，注云"其见在部曲、奴婢、田宅不得费用，皆应分人均分"，正如仁井田博士所说，这条史料是关于家产分割的唐令[1]，在这一问题上或可提供若干参考。

另外，根据律疏后续的文字：

> 若女许嫁已定，归其夫……道士及妇人若部曲、奴婢犯反逆者，止坐其身。
>
> 疏议曰……"道士及妇人"，称道士，僧、尼亦同；妇人不限在室及出嫁、入道。若部曲、奴婢者，奴婢不限官、私。"犯反逆者，止坐其身"，自道士以下，若犯谋反、大逆，并无缘坐，故云"止坐其身"。
>
> 问曰：杂户及太常音声人犯反、逆，有缘坐否？
>
> 答曰：杂户及太常音声人各附县贯，受田、进丁、老免与百姓同，其有反、逆及应缘坐亦与百姓无别。若工、乐、官户不附州县贯者，与部曲例同，止坐其身，更无缘坐。

可知一般来说，若是身为良人的道士、女冠、僧、尼者，无论在室、出嫁、入道与否的女性，私家的部曲客女、奴婢，及官贱人中的官户、工户、乐户、官奴婢犯二罪时，官府只处罚犯人而不会缘坐他人。

《唐六典》卷十九司农寺条云：

> 凡官户、奴婢男女成人，先以本色媲偶……若犯籍没，以其所能各配诸司，妇人巧者入掖庭。

上述唐律规定中的"若犯籍没……"一段甚难理解。这可能是良贱刚

1.《中国身分法史》，第908页。

刚没官的规定，也就是同书刑部尚书、都官郎中员外郎条"凡初配没有伎艺者，从其能而配诸司；妇人工巧者，入于掖庭"中提到的人，但这样理解还是令人感到颇为混乱。若非如此，只能解释为此处详细地记述了官户、官奴婢犯没官之罪时，要重新对这些人进行分配。《唐六典》中有不少类似的、由于语焉不详而产生疑问的条目。附带论及，籍没除了指因为户籍被没、导致本人没官的情况外，也能指代家口或亲属没官。虽然籍没与没官的概念稍有不同，但在之后的讨论中，若无必要，我就将二者当作同一概念使用。

如上所论，如果发生情节严重的二罪，就算犯人只有一人，也会因他而在相当大的范围产生缘坐没官者，所以假如同谋者人数增加，良、贱被没者也会随之增加，故而二罪是产生官奴婢的大宗。相对的，如果是情节较轻的谋反与谋大逆，就不会出现这种没官者。那么，情节较轻的二罪是怎样的情形呢？《唐律疏议》卷十七《贼盗一》云：

> 即虽谋反，词理不能动众，威力不足率人者，亦皆斩（谓结谋真实，而不能为害者。若自述休征，假托灵异，妄称兵马，虚说反由，传惑众人而无真状可验者，自从袄法）。父子、母女、妻妾并流三千里，资财不在没限。其谋大逆者，绞。
>
> 疏议曰：即虽谋反者，谓虽构乱常之词，不足动众人之意；虽骋凶威若力，不能驱率得人；虽有反谋，无能为害者：亦皆斩。父子、母女、妻妾并流三千里，资财不在没限。注云"谓结谋真实，而不能为害者"。若自述休征，言身有善应；或假托灵异，妄称兵马；或虚论反状，妄说反由：如此传惑众人，而无真状可验者，"自从袄法"，谓一身合绞，妻子不合缘坐。"谋大逆者，绞"，上文"大逆"即据逆事已行，此为谋而未行，唯得绞罪。律不称"皆"，自依首从之法。

虽有谋反之实，但不足以动员众人，无法造成实际伤害者属于轻罪的谋反，犯人不分首从均同罪处斩，此外犯人的父、子、母、女、妻、姜等都缘坐流三千里，部曲、奴婢、资财田宅等则不没官，和重罪的谋反相比刑罚颇轻。而在谋大逆方面，只有计划而未执行者属于情节较轻的大逆，分首从之别，只有主犯被处绞刑，其罪也减轻了一层。另外，律文后续又云"诸口陈欲反之言，心无真实之计，而无状可寻者，流二千里"，不过这些情况已经没有必要讨论了。

谋反与谋大逆的罪行轻重之别不是从唐初才开始确立的。《旧唐书》卷五十《刑法志》称，太宗即位以来，过往的严刑峻法渐渐松弛，又记述了改断趾之刑为加役流的经过，后又云：

> 又旧条疏，兄弟分后，荫不相及，连坐俱死，祖[一]孙配没。会有同州人房强，弟任统军于岷州，以谋反伏诛，强当从坐。太宗尝录囚徒，悯其将死，为之动容，顾谓侍臣曰："刑典仍用，盖风化未洽之咎。愚人何罪，而肆重刑乎？更彰朕之不德也。用刑之道，当审事理之轻重，然后加之以刑罚。何有不察其本而一概加诛，非所以恤刑重人命也。然则反逆有二：一为兴师动众，一为恶言犯法。轻重有差，而连坐皆死，岂朕情之所安哉？"更令百僚详议。于是玄龄等复定议曰："案礼，孙为王父尸。案令，祖有荫孙之义。然则祖孙亲重而兄弟属轻，应重反流（"没"字之误），合轻翻死，据礼论情，深为未惬。今定律，祖[二]孙与兄弟缘坐，俱配没。其以恶言犯法不能为害者，情状稍轻，兄弟免死，配流为允。"从之。

其后又云"自是比古死刑，殆除其半。玄龄等遂与法司定律五百条，分为十二卷……贞观十一年正月，颁下之"。《通典》卷一百七十《刑八》宽恕条也提到太宗改断趾刑为加役流，接着在贞观二年三月大理卿胡演的上言后，又提到：

> 又旧条，兄弟分后，荫不相及，连坐俱死，祖[a]坐罪死孙配流（"没"字之误），会……太宗……更令百僚详议。于

是玄龄等复定议曰："按礼，孙为王父尸；按令^(b)，祖有荫孙
之义。然则祖孙亲重，兄弟属轻。应重反流（"没"字之误），
合轻翻死，据礼论情，深为未惬。今定律：祖孙与兄弟缘坐，
俱配役（"没"字之误）。其以恶言犯法不能为害者，情状稍
轻，兄弟免死，配流为允。"从之。

《唐会要》卷三十九"议行轻重"、《册府元龟》卷六百十二《刑法
部》定律条等史料中也可见到同样的记载。

改断趾刑的经过暂时讨论到这里。首先对照诸文献来看，有几处
记载应为"配没"，但不同版本中有误作"配流"或"配役"的情况，
不过这些很容易区分。《旧唐书》的（二）与通典的（b）是说，房玄
龄等人认为，从荫的制度来看，祖孙亲情比兄弟重要，但孙缘坐的话
只是没官，兄弟缘坐却会被处死，由于这不合情理，故律应改为"祖
孙与兄弟缘坐俱配"。因此，"祖孙亲重"的祖在这一场合是指犯二罪
的犯人自己；"今定律，祖孙与兄弟缘坐，俱配没"的祖是指犯人之祖。
又《旧唐书》（一）的祖孙是说犯人的祖、孙，《通典》（a）的祖不是
指犯人之祖，而是指犯人自己，文意是"作为犯人的祖坐死，其孙要
没官"。

那么，由上述史料可知，以贞观初年房强兄弟的事件[1]为直接动机，
唐太宗命令房玄龄等人调整法规，改正了此前"谋反时，犯人的兄弟
被处死、祖孙没官"的规定，首先区分罪的轻重，重罪时兄弟祖孙都
要没官，轻罪时兄弟配流（未提及祖孙的部分），这也被编入了贞观
十一年的新律之内。《旧唐书》卷七十四《崔仁师传》云：

十六年，迁给事中。时刑部以贼盗律反逆缘坐兄弟没官
为轻，请改从死，奏请八座详议……仁师独驳曰："……皇上
爱发至仁……仍降纶綍，颁之九区。故得断狱数简……忽以

---

1. 虽然可以确定房强兄弟一事发生在贞观初年，但具体年月尚不明了。因此《文献通考》卷
一百六十九《刑考·详谳》"贞观元年，同州人房任统军于岷州……"所云的贞观元年几乎
没有根据。

暴秦酷法……未见其可。且父子天属，昆季同气，诛其父子，足累其心……请更审量。"竟从仁师驳议。

《通典》卷一百六十七《刑五·杂议下》云：

> 二十一年，刑部奏言："准律：'谋反大逆，父子皆死，兄弟处流（显然，"流"字为"没"字之误）[1]。'此则轻而不惩，望请改重法。"制遣百官详议。司议郎敬播议曰："昆弟孔怀，人伦虽重，比于父子，情理有殊……今有高官重爵，本荫唯逮子孙……余光不及昆季。岂有不霑其荫，辄受其辜，背理违情……"诏从之。

据此可知，与谋反相同，谋大逆中也区分了罪行轻重，对应的刑罚轻重自然也有所改变[2]。而律文改正后，有司屡次上奏，认为对二罪的处罚太轻，因此应该恢复旧规。但结果因为有其他大臣反对，太宗并未听取这些意见。

按照顺序，接下来要讨论的是与谋反、谋大逆合称三事的谋叛罪。《隋书》卷二十五《刑法志》云："高祖……开皇元年，乃诏尚书左仆射、勃海公高颎……等，更定新律，奏上之。其刑名有五……唯大逆谋反叛者，父子兄弟皆斩，家口没官。又置十恶之条……一曰谋反，二曰谋大逆，三曰谋叛……"在隋文帝时代，对三事的刑罚都是父子兄弟缘坐处斩、家口没官，武德初大致沿用《开皇律》，因而对谋叛罪的缘坐应该与谋反、谋大逆的做法相同。可是前文引用的贞观十六年、贞观二十一年刑部奏言中完全没有涉及谋叛罪，此外与妇人子女犯奸者有关的褚遂良上表文中云"夫犯恶逆（应是反、逆之误）"，第二表云"唯有身犯叛逆（反、逆之误），天下不容，妻女等始合配没"，或许可以据此推断，当时已经认为谋叛罪要轻于二罪了。

1.《新唐书》卷一百九十八《敬播传》："有司建言：'谋反大逆，惟父子坐死，不及兄弟，请更议。'诏群臣大议，播曰……"

2. 只是不能认为处罚也变得完全相同。

《唐律疏议》卷十七《贼盗一》云：

> 诸谋叛者，绞。已上道者皆斩（谓协同谋计乃坐，被驱率者非。余条被驱率者，准此）。
>
> 　疏议曰：谋叛者，谓背国投伪。始谋未行事发者，首处绞，从者流。已上道者，不限首从，皆斩。注云"谓协同谋计乃坐"，协者和也，谓本情和同，共作谋计，此等各依谋叛之法。"被驱率者非"，谓元本不共同情，临时而被驱率者，不坐。"余条被驱率者，准此"，余条谓"谋叛（"反"之误）、谋大逆"，或"亡命山泽，不从追唤"，"既肆凶悖，堪擅杀人"，并"劫囚"之类，被驱率之人，不合得罪。
>
> 　妻、子流二千里；若率部众百人以上，父母、妻、子流三千里。所率虽不满百人，以故为害（害，谓有所攻击虏掠者）者，以百人以上论。
>
> 　疏议曰……

可知，被定为谋叛的犯人处以斩、绞，妻子缘坐，处以流刑。

第二节　武德、开元年间的谋反与谋大逆事件

唐代产生官奴婢的各项原因中，犯罪，尤其是当中的谋反与谋大逆罪已在前节详述，但究竟自唐初到开元末的一百二十多年间，又发生过何种程度的二罪呢？要考察这一问题，当然要追溯至原本的年代调查各项事件，可是仅通过史料，也很难判断其中的部分事件是否属于二罪的范畴。而且，就算确定某事件属于二罪，也难以深究它究竟是谋反还是谋大逆，乃至是轻罪还是重罪。另外，也有不按照律文规定，而是根据敕命加重律外的刑罚，或反之减轻处罚的情况。不仅如此，律本身对谋反罪的规定就极为抽象、模糊，谋大逆罪中也留有较多诠释的余地。故而，就算要讨论谋反、谋大逆事件，也难以避免会出现些暧昧不清的现象。在此，我将二罪视作同一项"谋反

逆"的罪名，且只阐述确定伴有籍没，即没官者的事件。此外，在叙述事件时应该尽可能地探讨其原因，不过由于所用材料的性质，有很多案例是难以究明事件真相、讨论正邪黑白的，所以我基本采用新旧两《唐书》与《资治通鉴》的说法。至于异民族的二罪则暂不论及。

如此，本节在多处都采用了便宜行事的说法，而且整节都在罗列众所周知的事件，不过若是本节内容能成为官有贱人来源的参考，实为万幸。

第一项　高祖时代

一

唐高祖李渊于隋大业十三年（617）七月在任官地——并州太原城举兵，以关中为目标展开进攻。途中，在历经著名的霍邑之战后，李渊于同年十一月成功占领隋都长安，拥立代王侑（恭帝）为新天子，改元义宁。翌年三月，在江都宫行幸的炀帝被弑。五月，李渊自己即天子位，建元武德，创建了唐朝。高祖在此后招抚、讨平了背后的陇右、河西、巴蜀等地区，巩固了王朝的基础。后来，武德二年九月，盘踞于淮南、江南的杜伏威来降；三年四月，高祖讨伐河东北部的刘武周，将其赶至突厥[1]；四年五月，高祖讨平河北之雄窦建德，进而降伏盘踞洛阳、在河南势力庞大的王世充；十月平定占据长江中游荆州的萧铣；十一月降伏会稽的李子通。由此，统一四海的曙光渐渐显露。

然而在武德四年七月，窦建德的余党刘黑闼占据了漳城，势头再次强盛起来；兖州总管[2]徐圆朗（此前降唐）于八月、蔚州总管高开道（此前降唐）于次年三月加入刘黑闼一方，且与突厥结盟入侵，因此河东、河北、山东的形势再次陷入混乱。对此，唐代频繁派出讨伐军，

---

1. 同年七月，刘武周为突厥所杀。
2. 据两《唐书》及《通鉴》，徐圆朗似为兖州总管。——译者注

武德六年初彻底讨平刘黑闼[1]与徐圆朗[2]；七年二月高开道身亡；武德六年八月，统一战争达到高潮，此前与杜伏威一同来降的辅公祏在长江下游发动叛乱，使唐朝甚为忧虑，不过到了七年三月，辅公祏终被平定，至此唐的统一战争宣告终结[3]。尽管突厥依然不断深入中原、侵寇作乱，隋末群雄中的梁师都在其庇护下占据夏州，这一局面一直延续到了贞观二年，不过如《旧唐书·高祖本纪》武德七年夏四月庚子条"大赦天下，颁行新律令。以天下大定，诏遭父母丧者听终制"所言，唐朝自身将武德七年四月视为天下大定之时。

那么，随着唐初以来天下大势的变化，群雄或风云人物们也采取了各式各样的行动，其中有人趁已归服唐朝地区的士庶心生动摇，借机发动新的叛乱；也有人最初就臣属李渊，却怀抱侥幸心理而举起反旗。唐朝又是如何处置他们的呢？首先以辅公祏为例来看。

辅公祏事件（623年） 杜伏威从隋末起就占据淮南、江东，发展出了庞大的势力，归顺唐朝后即被任命为东南道行台尚书令，于武德五、六年之交入朝，并留在了长安。其留守辅公祏[4]以天下归趋未定为由，伪造杜伏威的密令，在丹阳城发动叛乱，号为宋国，署置百官，自僭大位。时为武德六年八月，由于当地郡县有不少人与之呼应，唐

1.《旧唐书·高祖本纪》武德五年十二月条云："皇太子（建成）破刘黑闼于魏州，斩之，山东平。"然而这条史料只记载了事情大概，当时刘黑闼尚未被斩，可参《新唐书》本纪武德五年十二月云"壬申，皇太子及刘黑闼战于魏州，败之。甲戌，又败之于毛州"；六年"正月己卯，黑闼将葛德威执黑闼以降……二月，刘黑闼伏诛"。又参两《唐书》之《刘黑闼传》及《资治通鉴》，刘黑闼败走后，在饶阳因诸葛德威而被捕，被送至皇太子建成处后被杀，该事发生于武德六年一、二月之交。

2. 关于平定徐圆朗一事，相对于《旧唐书·高祖本纪》武德七年五月"李世勣讨徐圆朗，平之"的记载，《新唐书》本纪武德六年二月条云"丙寅，行军总管李世勣败徐圆朗，执之"，《资治通鉴》则同《新唐书》本纪。两《唐书》的《徐圆朗传》中均未明确记载其败死年月。不过，《旧唐书》卷六十七《李勣传》云："又从太宗破刘黑闼、徐圆朗（据《旧唐书·太宗本纪》，此处指武德四年至五年的讨伐），累迁左监门大将军。圆朗重据兖州反，授勣河南大总管以讨之，寻获圆朗，斩首以献，兖州平。七年，诏与赵郡王孝恭讨辅公祏……江南悉定（辅公祏之乱爆发于武德六年八月，平定于七年三月）。"不仅如此，唐朝将平定辅公祏叛乱的七年四月视为天下一统的时间点。如此看来，《旧唐书》本纪将平定徐圆朗一事系于七年五月，一定是因为某种原因产生了讹误。这点恳请方家指教。

3. 自武德五年七月，岭南方面大抵归服于唐。

4.《旧唐书》卷五十六。

便派遣宗室赵郡王孝恭为元帅、李靖为副手，率大军前往，于次年的武德七年三月结束讨伐。

《旧唐书》卷六十《河间王孝恭传》云：

> 江南悉平。玺书褒赏，赐甲第一区、女乐二部、奴婢七百人、金宝珍玩甚众。

同书卷六十二《李大亮传》云：

> 迁安州刺史。又令徇广州以东，行次九江，会辅公祏反，大亮以计擒公祏将张善安。公祏寻遣兵围猷州，刺史左难当婴城自守，大亮率兵进援，击贼破之。以功赐奴婢百人，大亮谓曰："汝辈多衣冠子女，破亡至此，吾亦何忍以汝为贱隶乎！"一皆放遣。高祖闻而嗟异，复赐婢二十人，拜越州都督。

同书卷六十七《李靖传》云："十六年（六年之误），辅公祏于丹阳反，诏孝恭为元帅、靖为副以讨之，李勣、任瓌、张镇州、黄君汉等七总管并受节度……江南悉平。于是置东南道行台，拜靖行台兵部尚书，赐物千段、奴婢百口、马百匹。"《唐大诏令集》卷一百二十三《政事·平乱上》"平辅公祏赦"云："诏曰……逆贼辅公祏，搆扇凶丑……命彼偏师，聊申薄伐，沿流而下，乘机克定……可大赦天下，自武德七年四月一日昧爽以前，大辟罪已下，已发露，系囚见徒，悉从原免。其犯十恶劫贼……并不在赦例……扬越之民，新沾大化，见在民户，给复一年。其与贼同心，共为逆乱，非被迫胁，情状难原者，不在赦限。"

综合上述史料来看，可知辅公祏作乱时所任命的主要将军或地方官等都被认定为同谋，因此他们的良、贱家口都没为官奴婢，人数相当之多；而且，朝廷将数百没官者下赐给唐军将帅，大概也有不少低级将校或士卒能获得若干奴婢。附带一提，战时将新获官奴婢当场赐予他人的例子并不少见。

其后，又有许多与辅公祏的叛乱有关的事接连发生，在此略述一二。如前所述，杜伏威在叛乱爆发时居于长安，但如《旧唐书·高祖本纪》武德七年二月丁巳条所言"吴王伏威薨"，及同书卷五十六《杜伏威传》所云"初，辅公祏之反也，诈称伏威之令以绐其众，高祖遣赵郡王孝恭讨之。时伏威在长安暴卒。及公祏平，孝恭收得公祏反辞，不晓其诈，遽以奏闻，乃除伏威名籍（削除先前所赐李氏之姓），没其妻子"，杜伏威于武德七年二月暴毙，辅公祏之乱平定后，他又被当作同谋，家口没官。另外，阚稜之前与杜伏威一同归降，被任用为越州都督，他虽然在此次讨伐中从军征战，且立下许多功劳，然而如《新唐书·高祖本纪》武德七年三月己亥云"孝恭杀越州都督阚稜"，《旧唐书》卷五十六《阚稜传》所云"公祏之破，稜功居多，颇有自矜之色。及擒公祏，诬稜与己通谋。又杜伏威、王雄诞及稜家产在贼中者，合从原放，孝恭乃皆籍没。稜诉理之，有忤于孝恭，孝恭怒，遂以谋反诛之"，阚稜被诬告为辅公祏的同谋，还因家产之事与元帅起了争执，因此被当作同谋诛杀。又张善安[1]此前降唐，被任用为洪州总管。他于武德六年三月[2]举起反旗，在辅公祏之乱爆发时与之汇合。其后，张善安虽然被唐将李大亮劝降，结果还是被视作同谋伏诛。

还有数人像辅公祏那样，一度臣服于唐却又举起反旗，但我们无法一一辨明那些人受到了怎样的处置[3]。不过从政局的推移来判断的话，随着唐朝势力的增强，总体来看，处罚也愈加严重，辅公祏事件发生于唐朝统一战争的最终阶段，或许可被视作从严处罚的一个实例。

刘文静（619年）、独孤怀恩（620年）、刘世让（623年）等事

1.《旧唐书》卷五十六。

2. 据《新唐书》本纪及《资治通鉴》。

3.《旧唐书》卷一百八十七上《张道源传》云："后拜大理卿。时何稠、士澄有罪，家口籍没，仍以赐之，道源叹曰：'人有否泰，盖亦是常。安可因己之泰，利人之否，取其子女以为仆妾，岂近仁者之心乎！'皆舍之，一无所取……后历相州都督。武德七年卒官。"《新唐书》卷一百九十一中有："淮安王神通略定山东，令守赵州，为窦建德所执……俄而贼平，还，拜大理卿。时何稠得罪，籍其家属赐群臣。道源曰……"《隋书》卷六十八《何稠传》云："十二年……从幸江都。遇宇文化及作乱，以为工部尚书。化及败，陷于窦建德，建德复以为工部尚书、舒国公。建德败，归于大唐，授将作少匠，卒。"对照上述史料来看，何稠从窦建德处归服唐朝后，可能是因为与窦建德暗中勾结，被处以谋反罪。

件 接着来看唐朝旧臣（即最初就是唐臣者）被追究谋反、谋大逆罪的案例。刘文静与裴寂等人从高祖起兵开始就担任他的谋臣，但不久后，刘文静就为高祖与裴寂所排斥，如《旧唐书·高祖本纪》武德二年冬十月[1]载："杀民部尚书、鲁国公刘文静。"同书卷五十七《刘文静传》载："文静自以才能干用在裴寂之右，又屡有军功，而位居其下，意甚不平……尝……拔刀击柱曰：'必当斩裴寂耳！'家中妖怪数见，文起（文静之弟）忧之，遂召巫者……为厌胜之法。时文静有爱妾失宠，以状告其兄，妾兄上变。高祖以之属吏……高祖谓群臣曰：'文静此言，反明白矣。'李纲、萧瑀皆明其非反。太宗……极佑助之。而高祖素疏忌之，裴寂又言曰：'……今天下未定，外有勍敌，今若赦之，必贻后患。'高祖竟听其言，遂杀文静、文起，仍籍没其家。"刘文静因谋反罪被诛杀、家口籍没。在之后的贞观二年，太宗复刘文静等人官爵，为他们昭雪冤屈，家族中被缘坐者也得到赦免，但据《新唐书》卷八十八《刘文静传》，文静之子树艺、树义兄弟因为其父无罪被杀，因怨起事，又被判为谋反罪。

独孤怀恩是北周独孤信第七女、亦即文献独孤皇后（隋高祖的皇后）之侄，仕唐为工部尚书。他因某事与刘武周派联合，试图杀害高祖，但其计划遭到泄漏。《旧唐书·高祖本纪》武德三年二月庚子云"幸华阴。工部尚书独孤怀恩谋反，伏诛"；同书卷一百八十三《外戚·独孤怀恩传》云"收其党按验，遂诛之……籍没其家"；同书卷五十八《唐俭传》云"俭（告发怀恩谋反的阴谋，救高祖于危急之中）……分捕反者按验之，怀恩自缢，余党伏诛……高祖嘉俭……并赐独孤怀恩田宅赀财……"当然，他的数名同谋也都受到了同样的处置。

刘世让先前任并州总管，与突厥作战有功，在转任广州总管时进备边之策，恰好顺应了高祖的心思，便临时受命负责突厥之事。但如《新唐书·高祖本纪》武德六年十月丙午条"杀广州都督刘世让"，《旧唐书》卷六十九《刘世让传》"乃使驰驿往经略之。突厥惧其威名，乃

---

1. 据《新唐书》本纪和《资治通鉴》，刘文静于武德二年九月伏诛。

纵反间，言世让与可汗通谋，将为乱。高祖不之察，遂诛世让，籍没其家。贞观初，突厥来降者言世让初无逆谋，始原其妻子"所言，他后来也遭遇了不幸之事。

在唐的旧臣中，当然也有其他人行谋反、谋大逆之事，或以谋反、谋大逆的名义被问罪，但就算有，这样的事件也应该不算频繁。

二

武德七年四月以来，唐朝迎来统一时代，社会环境渐趋平稳。但实际上，宫廷内部正酝酿着一场风暴。众所周知，论起唐朝创业之功，与身为皇太子的长子建成相比，次子世民要高出数截。这般不幸成为了兄弟手足间不和的种子，无论何时，大臣都分成两派，意欲凌驾于对方之上，两者的纠葛最后导致了玄武门之变的爆发，在那之前则发生了杨文干事件。

杨文干事件（642年）《新唐书·高祖本纪》武德七年条云："六月辛丑，如仁智宫。壬戌，庆州都督杨文干反。七月……癸酉，庆州人杀杨文干以降。甲午，至自仁智宫。"庆州都督杨文干为了皇太子建成秘密募集健儿，事情暴露后遂于州城发动叛乱，杨文干以下的主事者自然皆伏诛籍没。可是，由于事情与皇太子有关，高祖害怕波及他人，便如《旧唐书》卷七十七《韦挺传》所云"七年，高祖避暑仁智宫，会有上书言事者，称太子与宫臣潜搆异端。时庆州刺史杨文干搆逆伏诛，辞涉东宫，挺与杜淹、王珪等并坐流于越巂"，仅止于流配若干太子宫臣与特别亲近之人。

玄武门之变（626年）　建成党与世民党之间的争斗在台面下愈加严重，杨文干事件只是冰山一角。直到武德九年六月庚申（四日），玄武门之变爆发，世民击败了建成与其盟友、弟元吉，取代他成为了皇太子。

虽然，由于诛杀皇太子即其兄建成、其弟元吉一事，世民受到了后世史家的种种批评，但这也是当时局势下不得不为之事。然而，这场兄弟间势力斗争的结果又受到了怎样的裁决呢？《旧唐书》卷六十八《尉迟敬德传》云：

太宗升春宫，授太子左卫率。时议者以建成等左右百余人，并合从坐籍没，唯敬德执不听，曰："为罪者二凶，今已诛讫，若更及支党，非取安之策。"由是获免。及论功，敬德与长孙无忌为第一，各赐绢万匹，齐王府财币器物，封其全邸，尽赐敬德。

《唐大诏令集》卷一百二十三《政事·平乱上》"皇太子建成齐王元吉伏诛大赦"云："朕恭膺宝位，临驭万方……岂谓莫大之衅，近发萧墙，反噬之恶，灭于天性。皇太子建成，地居嫡长，属当储贰……遂昵近群小，听受邪谋，蔑弃君亲，离阻骨肉，密图悖逆，潜为枭獍。司徒齐王元吉，寄深磐石，任惟翰屏，宠树既厚……背违天经，协同元恶，助成隐慝，递相驱扇，丑心逆迹，一旦尽彰。惟彼二凶，罪穷数稔，祸不旋踵，自取屠戮……今祸难既除……政道惟新……可大赦天下。自武德九年六月四日申时以前，罪无轻重，已发露、未发露、禁囚见徒，悉从原免，凶逆之事，止有二人，自余徒党，其被诖误，一无所问，各从洗荡……国朝之事，皆受秦王处分。"据此可知，在玄武门之变后，世民还未代为皇太子以前，世民一侧有许多臣子以胜利为傲，他们主张应该以谋反罪将建成、元吉派的百余臣僚尽数诛杀、家口籍没。但其中，尉迟敬德提出了反对意见，主张为了尽速平息事态，应下令宽大处置。《旧唐书》卷六十九《薛万彻传》、卷七十一《魏徵传》、卷一百八十七上《忠义》冯立、谢叔方传中也提到了类似的内容。

然而，玄武门之变并未以只有建成、元吉失败身亡的"美好"结局收场。如《旧唐书》卷六十四《隐太子建成传》云，"建成死时年三十八。长子太原王承宗早卒。次子安陆王承道、河东王承德、武安王承训、汝南王承明、巨鹿王承义并坐诛。太宗即位，追封建成为息王，谥曰隐……以皇子赵王福（太宗之子）为建成嗣"；同卷《巢王元吉传》云，"元吉死时年二十四。有五子：梁郡王承业、渔阳王承鸾、普安王承奖、江夏王承裕、义阳王承度，并坐诛。寻诏绝建成、元吉属籍。太宗践祚……"建成、元吉的儿子亦被悉数诛杀。由此看来，由于两人而缘坐的两家妇女、孩子和私贱人中，也有不少没官者。又《旧唐书》卷七十五《韦云起传》云："迁益州行台民部尚书，寻转行台兵部尚书。行台仆射窦轨[1]多行杀戮，又妄奏獠反，冀得集兵，因此作威，肆其凶暴，云起多执不从。云起又营私产，交通生獠，以规其利，轨亦对众言之，由是构隙，情相猜贰。隐太子之死也，敕遣轨息驰驿诣益州报轨，轨乃疑云起弟庆俭、堂弟庆嗣及亲族并事东宫，虑其闻状或将为变，先设备而后告之。云起果不信，问曰：'诏书何在？'轨曰：'公，建成党也，今不奉诏，同反明矣。'遂执杀之。"也有大臣像这样卷入事变被杀或遭到贬官。

庐江王瑗事件（626年）　在玄武门之变二十日后，如《旧唐书》卷二《太宗本纪》武德九年六月条所云，"壬午，幽州大都督庐江王瑗谋逆，废为庶人"。幽州大都督庐江王瑗是高祖从父兄之子，以建成派的外援自居。在建成败死后，庐江王瑗受命被征召至京师，便决定在州城发动叛乱。庐江王瑗始终信任身边的辅佐——中央指派的王君廓，但不久他就因王君廓的诡计被擒。据《旧唐书》卷六十《庐江王瑗传》云："君廓擒瑗，缢杀之……传首京师，绝其属籍。君廓，并州石艾人也……寻以诛瑗功，拜左领军大将军，兼幽州都督，以瑗家口赐之。"同书卷七十《王珪传》云："（贞观）二年，代高士廉为侍中。太宗尝闲居与珪宴语，时有美人侍侧，本庐江王瑗之姬，瑗败籍没入宫，太宗指示之曰：'庐江不道，贼杀其夫而纳其室。暴虐之甚，何有不亡者乎！'珪避席曰：'陛下以庐江取此妇人为是耶，为非耶？'太宗曰：'杀人而取其妻，卿乃问朕是非，何也？'对曰……太宗虽不出此美人，而甚重其言。"[2]可知庐江王一家遭到籍没，不过由于这一事件与玄武门之变的性质不同，可能庐江王的下属中，也有不少人被视作他的同谋而遭伏诛籍没。至于镇压叛乱有功的王君廓，在贞观元年九月受命从幽州入朝时，因某事感到不安，行至渭南时突然斩杀驿吏，逃往突厥，途中为野人所杀。

1.《旧唐书》卷六十一。
2.《贞观政要》卷二《纳谏第五》云："太宗……遽令以美人还其亲族。"

附带说明,《资治通鉴》卷一百九十一武德九年秋七月条云:

> 太子建成、齐王元吉之党散亡在民间,虽更赦令,犹不
> 自安,徼幸者争告捕以邀赏。谏议大夫王珪以启太子。丙子,
> 太子下令:"六月四日已前事连东宫及齐王,十七日前连李瑗
> 者,并不得相告言,违者反坐。"

注云:"反坐者,反以所告罪人之罪坐之。"

> 《考异》曰:《太宗实录》,"六月丙申",《唐历》脱"七
> 月"而在"壬辰"下,按六月无丙申。丙申,七月十日也。
> 今从《唐历》。

尽管朝廷赦免了被玄武门之变与庐江王事件中牵连的人,但仍有人害怕被问罪,依旧逃隐于世,也不断有人为了恩赏而暗中告发他们。对此,朝廷采纳了王珪的谏言,到了七月丙子,便下令不许告发六月四日以前与建成、元吉有关,以及十七日以前与庐江王有关的人,犯禁者处以反坐,这段材料或许值得参考。

玄武门之变发生于六月四日(庚申),同日被平定,且前引"皇太子建成齐王元吉伏诛大赦"中明确写明"武德九年六月四日申时以前",可知上述赦令"四日"的文字无误,不过十七日的日期又是什么情况呢?关于庐江王事件发生的日期,《旧唐书·太宗本纪》记作"壬午,庐江王瑗谋逆、废为庶人";《新唐书·高祖本纪》作"庚辰,幽州都督、庐江郡王瑗反,伏诛。癸未,赦幽州管内为瑗所诖误者";《资治通鉴》则云"辛巳,幽州大都督……瑗反,右领军将军王君廓杀之,传首……壬午,以王君廓为左领军大将军兼幽州都督,以瑗家口赐之"。据《唐大诏令集》卷一《帝王·即位册文》"太宗即位册文",此时的干支是"武德九年岁次丙戌、八月丙辰朔、九日甲子",那么六月四日为庚申、二十四日为庚辰、二十五日为辛巳、二十六日为壬午、二十七日为癸未。因此,就算上述诸书的干支出现了若干错误,也无

需怀疑事件的起止时间。那么，前引敕令中的"十七日"就是二十七日（癸未）之误，这与《新唐书》本纪和《资治通鉴》所记对幽州管内发布赦书的日期一致。《册府元龟》卷八三《帝王部·赦宥二》云"是月（六月）庐江王瑗……反……王君廓斩瑗传首京师。癸未，赦幽州都督管内文武官人及民庶被瑗拘逼、沦陷逆党者，罪无轻重，咸从荡涤"，文中的干支也是癸未。另外，如《考异》所言，倘若《通鉴》遵从的是《唐历》干支，由于下令的时间是七月十日丙申，那么《通鉴》正文"丙子，太子下令"中的"丙子"应该是"丙申"之误。

第二项　太宗时代

一

据《旧唐书·太宗本纪》，世民于六月甲子（八日）成为皇太子[1]，八月癸亥从高祖处接受传位诏书，登基为帝，尊父亲为太上皇，翌年改元贞观，自此开始了后世所谓的贞观之治。太宗至二十三年五月己巳驾崩，其间谋反、谋大逆二罪发生的情况是怎样的呢？

罗艺事件（627年）　罗艺是隋末唐初风云人物中的一位，于武德二年十月[2]归服唐朝，被封为燕王，赐李姓，后因战功出任天节军将，坐镇泾州。太宗即位后，由于罗艺曾对世民的部下行为不逊，太宗对此心怀不安，故如《旧唐书·太宗本纪》贞观元年春正月条云"辛丑，燕郡王李艺据泾州反，寻为左右所斩，传首京师"所言，罗艺因叛乱被杀。所谓的天节军是主要为了防备突厥侵寇而编成的十二军之一。由于叛乱位于长安附近，朝廷为之震骇，便派遣长孙无忌与尉迟敬德讨伐罗艺。所幸，罗艺剑指京师，进军到豳州城时，遭遇豳州治中赵慈皓与统军杨岌等人出其不意的反击而败退，在逃往突厥的途中为部下所杀，叛乱在规模扩大前就偃旗息鼓了。

《旧唐书》卷五十六《罗艺传》在记述了上述情况后，又云："传

1.《新唐书》世系表作六月癸亥（七日），《通鉴》亦同。

2.《旧唐书》本纪。

首京师，枭之于市。复其本姓罗氏。艺弟寿，时为利州都督，缘坐伏诛。先是，曹州女子李氏为五戒，自言通于鬼物，有病癫者，就疗多愈……高祖闻之，诏赴京师。因往来艺家，谓艺妻孟氏曰：'妃骨相贵不可言，必当母仪天下。'孟笃信之，命密观艺，又曰：'妃之贵者，由于王；王贵色发矣，十日间当升大位。'孟氏由是遽劝反，孟及李皆坐斩。"可知罗艺之妻孟氏与女巫李氏被视作同谋，其弟罗寿则是缘坐，此外罗艺的部将中大概也有人被当作同谋。

义安王孝常事件（627年）《旧唐书·太宗本纪》贞观元年十二月戊申条云："利州都督义安王孝常、右武卫将军刘德裕等谋反，伏诛。"同书卷五十一《太宗文德顺圣皇后长孙氏传》云："有异母兄安业，好酒无赖……位至监门将军。及预刘德裕逆谋，太宗将杀之，后叩头流涕为请命……遂得减死。"《资治通鉴》贞观元年十二月条云："戊申，利州都督李孝常等谋反，伏诛。孝常因入朝，留京师，与右武卫将军刘德裕及其甥统军元弘善、监门将军长孙安业互说符命，谋以宿卫兵作乱。安业，皇后之异母兄也……由是得减死，流巂州。"义安王孝常因企图以宿卫兵作乱而伏诛。李孝常其人，《旧唐书》本纪武德元年十二月丁丑云"封上柱国李孝常为义安王"，应该与《资治通鉴》武德四年十二月庚申条中"遣右屯卫大将军义安王孝常将兵讨黑闼。黑闼将兵数万进逼宗城"中的"义安王孝常"为同一人[1]。不过可能由于政治原因，《新唐书·宗室世系表》与新旧《唐书》列传均未记录其名。而《旧唐书》卷五十八《长孙顺德传》称"寻坐与李孝常交通除名"，同书《刘弘基传》亦云"李孝常、长孙安业之谋逆也，坐与交游除名"，可见这件事并不只是在小范围内处罚同党就结束了。

青州事件（627年）《旧唐书》卷七十四《崔仁师传》云："贞观初，再迁殿中侍御史。时青州有逆谋事发，州县追捕支党，俘囚满狱，诏仁师按覆其事。仁师至州，悉去柟械，仍与饮食汤沐以宽慰之，唯坐其魁首十余人，余皆原免。及奏报，诏使将往决之，大理少

1.《全唐文》卷二百四十九《李峤八》中有《攀龙台碑》。此碑立于武后追谥武士護帝号之后，碑文中有"利州都督义安郡王孝常称乱剑南"等字样。

卿孙伏伽谓仁师曰：'此狱徒侣极众，而足下雪免者多……深为足下忧也。'仁师曰：'尝闻理狱之体，必务仁恕……'伏伽惭而退。及敕使至青州更讯，诸囚咸曰：'崔公仁恕。事无枉滥，请伏罪。'皆无异辞。"《通鉴》将此事系于贞观元年十二月。虽然谋逆的内容不得而知，但就算崔仁师处理宽正，仍坐其"魁首十余人"，可知参与这一事件的党徒甚多。

卫士事件（641年）《新唐书》本纪贞观十五年正月条云："辛巳，如洛阳宫，次温汤。卫士崔卿、刁文懿谋反，伏诛。"《资治通鉴》云："上将幸洛阳……辛巳，行及温汤。卫士崔卿、刁文懿惮于行役，冀上惊而止，乃夜射行宫，矢及寝庭者五；皆以大逆论。"同样发生了这类事件。

刘兰事件（643年）《旧唐书》本纪贞观十七年春正月戊辰条中有"右卫将军、代州都督刘兰谋反，腰斩"；《新唐书》卷九十四《刘兰传》云："俄检校代州都督。初，长社许绚解谶记，谓兰曰：'天下有长年者，咸言刘将军当为天下主。'兰子昭又曰：'谶言海北出天子，吾家北海也。'会鄠县尉游文芝以罪系狱当死，因发其谋，兰及党与皆伏诛。"

上文中，我罗列了正史中从贞观元年到十七年初，伴有没官（或可推断确伴有没官）的二罪事件。当然，这期间也发生了其他的事件，例如《通典》卷一百七十《刑八》"宽恕"条所载"会同州人房强，弟任统军于岷州，以谋反伏诛，强当从坐"[1]，该事件成为了官府区分二罪轻重的原因之一。但就算有这样的事件，数量应该也不是很多[2]。想来，到太宗贞观初为止，唐朝的政局并不稳定，人心不安，这或许就是罗艺事件、义安王孝常事件、青州事件等二罪事件的时代背景。其后，唐朝逐渐走向太平之世，故而重罪二罪的发生频率也降低了。

---

1. 房强事件参第173页注1。
2. 《隋唐嘉话》（唐人说荟本）中云："高宗乳母卢，本滑州总管杜才干妻。才干以谋逆诛故，没入于宫中。帝既即位，封燕国夫人，品第一。卢既藉恩宠，屡诉才干枉见构陷。帝曰：'此先朝时事，朕安敢追更先朝之事？'卒不许。及卢将亡，复请与才干合葬，帝以获罪先朝，亦不许之。"高宗生于贞观二年六月，卢氏身为杜才干之妻，因二罪缘坐没官，恰好因为有母乳而成为了高宗的乳母，因此这一事件大约发生在贞观初。

二

太宗的诸多子嗣中，文德皇后长孙氏（贞观十年六月崩）所生的有第一子承乾[1]、第四子泰[2]与第九子治（之后的高宗）三人。承乾因为身居嫡长，在太宗登基的武德九年时，他就以八岁之龄成为皇太子。然而承乾身有足疾，而且他在长大以后逐渐溺于声色，做出了很多自私的行为，因此太宗日渐属意第四子泰。这使得承乾与泰开始围绕太子之位互相猜疑、暗中斗争，引发了各种事态。

齐王祐事件（643年） 太宗的第五子是后宫阴氏所生的齐州都督祐。齐王看到王室内部微妙的动作，觉得父皇百年之后，连自己也有可能继承大统，颇为自大。太宗对此甚是忧心，屡屡训诫，又加强对他的监督，但却造成了反效果。被太宗屡次警告的齐王遂杀害了负责监视他的权万纪[3]，随即据齐州城作乱。当时是贞观十七年三月丙辰，齐王听从谋臣的计策，征发城内十五岁以上男子为兵，伪署官职，其影响迅速扩及青、淄等州，发展成了大规模叛乱。朝廷大惊，便派遣被誉为名将的兵部尚书李勣[4]，动员怀、洛、汴、宋、潞、滑、济、郓、海九州之兵前往讨伐，又遣刘德威[5]率河南之兵向齐州进发。但在战争尚未打响时，齐王府的兵曹杜行敏施以巧计，逮捕了齐王，叛乱立刻就被平定下来。至于叛乱后的各项处置，《旧唐书》卷七十六《庶人祐传》云"余党悉伏诛。行敏送祐至京师，赐死于内省，贬为庶人，国除"；《新唐书》卷八十《庶人祐传》则云"及败，牵连诛死者凡四十余人"，可见伏诛、籍没的人数应该不少。

承乾太子、汉王元昌事件（643年） 梁州都督汉王元昌[6]是高祖的第七子、太宗的异母弟，因被太宗斥责而生怨，便在皇太子承乾身边出谋划策。因此，在齐王事件发生后不久的四月，当时汉王恰好入朝，

1.《旧唐书》卷七十六。
2. 同上。
3.《旧唐书》卷一百八十五上《良吏传》。
4.《旧唐书》卷六十七。
5.《旧唐书》卷七十七。
6.《旧唐书》卷六十四。

被齐王事件所牵连的人告发了汉王与皇太子间的谋反计划，太宗便命长孙无忌、房玄龄、萧瑀、李世勣等重臣与中书门下参鞫，汉王谋反的事实已证据确凿。于是，判罚的情况如《旧唐书》本纪贞观十七年夏四月条所言："庚辰朔，皇太子有罪，废为庶人。汉王元昌、吏部尚书侯君集并坐与连谋，伏诛。"

《唐大诏令集》卷三十一《皇太子·废黜》"废皇太子承乾为庶人诏"，文曰：

> 诏曰……皇太子承乾，地惟长嫡……而邪僻是蹈，仁义蔑闻，疏远正人，亲昵群小……酒色极于沉荒，土木备于奢侈，倡优之伎，昼夜不息……捶楚遍于仆妾……日月滋甚。朕……倍加训诱，选名德以为师保……愚心不悛，凶德弥著，自以久婴沉痼（指患有足疾），心忧废黜……怀异端而疑诸弟……引奸回以为腹心，聚僮隶而同游宴（指聚集官贱人等一同游宴）……其所爱小人，往者已从显戮（承乾曾嬖爱年少的太常乐工，太宗怒杀少年），立遗形（指少年的遗形）于高殿，日有祭祀，营窀穸于禁苑……既伤败于典礼，亦惊骇于视听，桀跖不足比其恶行……岂可守器纂统，承七庙之重……承乾宜废为庶人，朕受命上帝……一旦至此，深增惭叹。

诏书只说承乾太子被废的原因是奢侈糜烂。然而在《旧唐书》卷七十六《恒山王承乾传》中又云："承乾……又尝召壮士左卫副率封师进及刺客张师政、纥干承基，深礼赐之，令杀魏王泰，不克而止。寻与汉王元昌、兵部尚书侯君集、左屯卫中郎将李安俨、洋州刺史赵节、驸马都尉杜荷等谋反，将纵兵入西宫。贞观十七年，齐王祐反于齐州。承乾谓纥干承基曰：'我西畔宫墙，去大内正可二十步来耳，此间大亲近，岂可并齐王乎？'会承基亦外连齐王，系狱当死，遂告其事。太宗……废承乾为庶人，徙黔州，元昌赐令自尽……"更详尽地记载了谋反一事。

从上述史料只能确认，承乾太子因此事被废为庶人，之后被迁至黔州，于贞观十九年死于配所，其他情况则未被记载下来。至于汉王元昌，《旧唐书》本传云："十七年，事发，太宗弗忍加诛，特救免死。大臣高士廉、李世勣等奏言：'……元昌苞藏凶恶，图谋逆乱……天地之所不容，人臣之所切齿，五刑不足申其罚……而陛下情屈至公，恩加枭獍，欲开疏网，漏此鲸鲵。臣等有司，期不奉制，伏愿……诛此凶慝。顺群臣之愿，夺鹰鹯之心……'太宗事不获已，乃赐元昌自尽于家，妻子籍没[1]，国除。"可知汉王被赐死，家口籍没。

另外，被视作同谋的侯君集，此前在征伐吐谷浑与高昌国时立下大功，但在平定高昌时因私取其国宝物而被弹劾，之后便怏怏不乐，有流言说他有谋反之心。《旧唐书》卷六十九《侯君集传》云："时庶人承乾在东宫，恐有废立，又知君集怨望，遂与通谋……及承乾事发，君集被收……太宗谓君集曰：'与公长诀矣，而今而后，但见公遗像耳！'[2]因歔欷下泣。遂斩于四达之衢，籍没其家。君集临刑……谓监刑将军曰：'君集岂反者乎，蹉跌至此！然尝为将，破灭二国，颇有微功。为言于陛下，乞令一子以守祭祀。'由是特原其妻及一子，徙于岭南。"[3]《资治通鉴》卷一百九十七则记录下了"籍没其家，得二美人，自幼饮人乳而不食"的后续。至于侯君集以外的人，《册府元龟·帝王部·恤下二》云"十七年四月，中郎将李安俨与太子承乾谋反诛，籍没其家。其父年九十余，太宗愍焉，特赐奴婢以养之"；《旧唐书》卷六十二《杨恭仁（师道）传》云"太子承乾逆谋事泄……师道妻前夫之子赵节[4]与承乾通谋，师道微讽太宗，冀活之，由是获谴"；同书卷六十六《杜如晦传》云"构（杜如晦之子）……官至慈州刺史，坐弟荷谋逆，徙于岭表而卒。初，荷以功臣子尚城阳公主[5]……与太子承乾谋反，坐斩"。由上述史料或可知，李安俨、赵节、杜荷也同样伏诛，

1.《资治通鉴》中有"上欲免汉王元昌死，群臣固争，乃赐自尽于家，而宥其母、妻、子"，注云"元昌母，孙嫔"。想来汉王的家人遭到籍没，朝廷特使其母与妻儿免于没官。

2. 贞观十七年正月，侯君集获得图像入凌烟阁的荣誉。

3.《新唐书·宰相表》十七年条中有"四月乙酉，君集诛"。

4. 高祖之女长广公主先嫁赵慈景，赵慈景阵亡后再嫁杨师道。

5. 太宗之女，杜荷伏诛后再嫁他人。

家口籍没。

那么，与承乾太子争夺父皇宠爱的第四子泰又如何呢？《旧唐书》本纪贞观十四年夏四月癸巳条云"魏王泰以罪降爵为东莱郡王"；闰（六）月丙子条云"徙封东莱郡王泰为顺阳王"。《唐大诏令集》卷三十九《诸王、降黜》"降魏王泰东莱郡王诏"云："诏曰……魏王泰，朕之爱子，实所钟心……恩遇极于隆重……不思圣哲之戒，自构骄僭之咎，惑谗谀之言，信离间之说，以承乾虽居长嫡，久缠痾恙，潜有代立之望……承乾惧其陵夺，泰亦日增猜阻，争结朝士，竞引凶人。遂使文武之官，各有托附，亲戚之内，分立朋党。朕志存公道，义在无偏，彰厥巨衅，两从废黜，非唯作则四海，亦乃贻范百代。可解雍州牧相州都督左武候大将军，并削爵土，降为东莱郡王。"如上述史料所言，太宗贯彻了"使承乾太子与泰两败俱伤"的做法，解除了魏王泰的雍州牧等显职，降其为东莱郡王。后来，李泰在数月后改封顺阳王，至二十一年进封濮王，于高宗永徽三年去世。

上文叙述了贞观十七年陆续发生的齐王祐事件及承乾太子与汉王昌事件。与玄武门之变不同，对于自诩英明的太宗而言，两个孩子与一个异母弟弟在这样的事件中丧生，仍然是非常心痛的。然而，太宗属意对象的变化正是事情发展到如此地步的间接原因，想来太宗必然会陷入深刻的烦闷之中。太宗原本希望用魏王泰取代承乾，但这也因魏王被废黜无疾而终。在此之后，太宗的第二选择是立如自己般英勇果毅的第三子吴王恪为储，但因重臣长孙无忌（太宗过世的皇后长孙氏之兄）、褚遂良等人的反对而被迫放弃。同年四月丙戌，一直被评价为"仁弱"的第九子晋王治被立为东宫太子。

张亮事件（646年）《旧唐书·太宗本纪》贞观二十三年三月己丑[1]云"刑部尚书、郑国公张亮谋反诛"。张亮[2]此前曾上奏称侯君集有反心，但他自己也在与程公颖、公孙常等术士交往，坚信自己总有一天会应图箓所言，成为皇帝。到了贞观二十年，常德玄将此事告官，称"张

1.《资治通鉴》亦云"三月己丑"，但《新唐书·宰相表》则云"三月丁丑亮诛"。

2.《旧唐书》卷六十九。

亮平日里豢养了五百义儿，以备谋反"，其结局正如《张亮传》所云，"竟斩于市，籍没其家"。

李君羡事件（648年）《新唐书》本纪贞观二十二年七月条云："甲申，太白昼见。壬辰，杀华州刺史李君羡。"《旧唐书》卷九十六《李君羡传》记其缘由，云："李君羡者，洺州武安人也……太宗即位，累迁华州刺史，封武连郡公。贞观初，太白频昼见，太史占曰：'女主昌。'又有谣言：'当有女武王者。'太宗恶之。时君羡为左武卫将军，在玄武门。太宗因武官内宴，作酒令，各言小名。君羡自称小名'五娘子'，太宗愕然，因大笑曰：'何物女子，如此勇猛！'又以君羡封邑（武连郡公）及属县（武安县）皆有'武'字，深恶之。会御史奏（或为贞观二十二年）君羡与妖人员道信潜相谋结，将为不轨，遂下诏诛之。天授二年，其家属诣阙称冤，则天乃追复其官爵，以礼改葬。"《资治通鉴》则记云："御史奏君羡与妖人交通，谋不轨。壬辰，君羡坐诛，籍没其家。"如果这就是李君羡被杀的原因，那的确是场灾难，不过史料还记载，太宗对"当有女武王"的谶言颇为在意，向李淳风[1]问了很多相关问题。

第三项　高宗时代

一

贞观二十三年五月，太宗病重，将后事托付给褚遂良、长孙无忌等人后就驾崩了。皇太子治即位，次年改元永徽。那么高宗时期二罪事件的情况又如何呢？

房遗爱事件（653年）《旧唐书》本纪永徽四年条云：

> 春正月……丙子，新除房州刺史、驸马都尉房遗爱，司徒、秦州刺史、荆王元景，司空、安州刺史、吴王恪，宁州刺史、驸马都尉薛万彻，岚州刺史、驸马都尉柴令武谋反。

1.《新唐书》卷二百四。

二月乙酉，遗爱、万彻、令武等并伏诛；元景、恪、巴陵高
阳公主并赐死。左骁卫大将军、安国公执失思力配流嶲州，
侍中兼太子詹事、平昌县公宇文节配流桂州。戊子，特进、
太常卿、江夏王道宗配流桂州，恪母弟蜀王愔废为庶人……
三月……丙辰，上御观德殿，陈逆人房遗爱等口马资财为五
埒，引王公、诸亲、蕃客及文武九品已上射。

可知当时发生了一起重大事件[1]。

　　房遗爱[2]是唐朝功臣房玄龄的次子、太宗之女高阳公主（始为高
阳、后为合浦）之夫；荆王元景[3]是高祖的第六子，即太宗的异母弟、
高宗的叔父；吴王恪如前述为太宗第三子，高宗异母兄；薛万彻[4]是
高祖女丹阳公主之夫；柴令武[5]是功臣柴绍（高祖女平阳公主之夫）之
子、太宗女巴陵公主之夫；执失思力[6]出身突厥，仕宦于唐朝，为高祖
女九江公主之夫；另外江夏王道宗[7]是唐的宗室；蜀王愔是吴王恪之
弟；而宇文节[8]是隋宇文弼之孙、玄宗朝的宇文融之祖，于永徽二年担
任宰相。

　　据两《唐书》《房遗爱传》与《新唐书》卷八十三《公主传》，此
次事件的起因是下嫁房遗爱的高阳公主性情骄恣、笃信邪道，长孙无
忌等人在鞠讯公主时，无意间发觉诸王与诸臣意图谋反，但这只是表
象。实际上，如《旧唐书·吴王恪传》所直接指出的："恪母，隋炀帝
女也，恪又有文武才，太宗常称其类己。既名望素高，甚为物情所向。
长孙无忌既辅立高宗，深所忌嫉。永徽中，会房遗爱谋反，遂因事诛

1.《新唐书》本纪云："二月甲申，驸马都尉房遗爱薛万彻柴令武、高阳巴陵公主谋反，伏诛；
　杀荆王元景、吴王恪。乙酉，流宇文节于桂州。戊子，废蜀王愔为庶人。"同书卷六十一
　《三公表》中有"二月甲申，荆王元景、吴王恪赐死"，《资治通鉴》大略同。
2.《旧唐书》卷六十六。
3.《旧唐书》卷六十四。
4.《旧唐书》卷六十九。
5.《旧唐书》卷五十八。
6.《新唐书》卷一百十。
7.《旧唐书》卷六十。
8.《旧唐书》卷一百五。

恪，以绝众望，海内冤之。有子四人：仁、玮、琨、璥，并流于岭表。"该事件的本质是褚遂良、长孙无忌等重臣透过房遗爱夫妇之事，沉重打击了那些认为高宗即位并非太宗本意的贵戚。后来，高宗命人将谋反诸王、诸臣的私奴婢、马匹、资财等堆成五垛，只要王公、诸亲、蕃客、文武官用弓箭射中就可以取走，处理手段极为夸张，这或许也是为了威吓高宗的反对者。被该事件牵连的多是高贵之家，大概也有很多良贱人口因此没官。

陈硕真事件（653年）《旧唐书》本纪永徽四年十月条云"戊申，睦州女子陈硕真举兵反，自称文佳皇帝，攻陷睦州属县。婺州刺史崔义玄、扬州都督府长史房仁裕各率众讨平之"，《新唐书》本纪云叛乱于十月戊申爆发，于十一月庚戌平定。如《旧唐书》卷七十七《崔义玄传》云："永徽初，累迁婺州刺史。属睦州女子陈硕真举兵反，遣其党童文宝领徒四千人掩袭婺州，义玄将督军拒战。时百姓讹言硕真尝升天，犯其兵马者无不灭门，众皆凶惧。司功参军崔玄籍言于义玄曰：'……此乃妖诳，岂能得久。'义玄以为然，因命玄籍为先锋，义玄率兵继进。至下淮戍，擒其间谍二十余人。夜有流星坠贼营，义玄曰：'此贼灭之征也。'诘朝进击，身先士卒……由是士卒勠力，斩首数百级，余悉许其归首。进兵至睦州界，归降万计。及硕真平，义玄以功拜御史大夫。"这大概是一批盲目信仰的反贼，叛乱大抵从睦州波及婺州，贼徒过万，耗费六十日才平定，颇值得关注。其中应该也有很多人伏诛、没官。

二

元老们以房遗爱事件为由，打压承乾太子事件后一直愤愤不平的反对派，但他们自身也遭到了预料之外的攻击。高宗在晋王时期就迎娶了王氏，她是并州祁县王仁祐之女，柳奭的外甥女，后成为皇后。不幸的是，王皇后未育有子嗣。因此，高宗将太宗的才人武氏纳入后宫，褚遂良、长孙无忌、柳奭等人也并未反对。不过，不久武氏便独占了高宗的宠爱，永徽六年十月，高宗顶着元老们的强硬反对，成功册立武氏为皇后，废皇后王氏与后宫萧氏为庶人，不仅如此，一场血雨腥风亦席卷宫内[1]。武后就这样登上了历史舞台。自此，唐朝的政治局面从迄今为止的高宗与元老一体，变成了高宗、武后与元老们对立，武后开始清除重臣。

最初被贬斥的是褚遂良[2]。他曾激烈反对高宗册武氏为皇后，因此在永徽六年九月正式立后前，他就早早被贬为潭州都督，后又陆续左迁，

1.《旧唐书》卷五十一《高宗废后王氏传》云："昭仪（即武氏）宠遇日厚。后惧不自安，密与母柳氏求巫祝厌胜。事发，帝大怒，断柳氏不许入宫中，后舅中书令柳奭罢知政事……永徽六年十月，废后及萧良娣皆为庶人，囚之别院。武昭仪令人皆缢杀之。后母柳氏、兄尚衣奉御全信及萧氏兄弟，并配流岭……寻又追改后姓为蟒氏，萧良娣为枭氏。"《资治通鉴》云："冬十月，己酉，下诏称：'王皇后、萧淑妃谋行鸩毒，废为庶人。'"另外，《旧唐书》本纪永徽五年六月癸亥中有"中书令柳奭兼吏部尚书"；《新唐书》本纪称永徽四年十一月丁巳，柳奭被授中书令，五年六月癸亥"柳奭罢"；同书《宰相表》也记载了此事，五年六月癸亥条云"奭罢为吏部尚书"，这应该是柳奭被王皇后之事所累，被罢中书令、削除宰相之位的讹误。又如本项之后所引史料所述，《资治通鉴》中的"谋行鸩毒"被列为柳奭被杀时的罪状之一，由此可见，此事可能也成为了王皇后、萧良娣等人被废位、杀害时的口实。如《旧唐书·废后王氏传》所云，伴随着王皇后、萧良娣的废位，皇后之母柳氏、其兄王全信及萧氏的兄弟均被配流岭外。《册府元龟》卷八十四《帝王部·赦宥三》中亦云："（永徽六年）十月乙卯，诏立武氏为皇后，令来月一日备礼册拜。丁巳，大赦天下，流人达前所放还，缘王、柳、萧等家配流者，不在此限。"可见皇后虽然被废，但此事并没有就此结束。想来此事也被判为二罪，不过其处置经过了若干宽大处理。《新唐书》卷八十一《孝敬皇帝弘传》云："义阳、宣城二公主以母故幽掖廷，四十不嫁，弘闻眙恻，建请下降。武后怒，即以当上卫士配之，由是失爱……上元二年，从幸合璧宫，遇酖薨，年二十四。"《资治通鉴》上元二年夏四月亦云："义阳、宣城二公主……年逾三十不嫁。太子见之惊恻，遽奏请出降，上许之。天后怒，即日以公主配当上翊卫权毅、王遂古……"太子弘被其母武后酖杀，义阳、宣城公主之事即是原因之一，想来个中原因颇为奇怪。萧良娣被武后所杀时，义阳公主与宣城公主（后来的高安公主）姐妹被幽闭于掖庭，不过除《新唐书》卷八十三有两人的记载外，关于宣城公主，《全唐文》卷二百五十七《苏履八》中有《高安长公主神道碑》，碑文云："惟开元二年……夏五月……高安长公主薨于长安永平里第，享年六十有六……始封宣城公主，下嫁乎王氏，驸马都尉故颍州刺史赠右监门将军太原王府君讳勗字遂古……天授中，圣后从权革命，驸马非罪婴酷，公主复归于后庭……中宗……册拜宣城长公主，食实封一千户，并置府僚……太皇御极，又赠五百户，改封于高安……今上握图，又通前加至二千户……三子闻教……长曰晧……仲曰晖……季曰暕……"可见公主度过了曲折的一生。此外，太子弘初见其姐妹时，她们的年龄如《新唐书·弘传》所云是"四十不嫁"，《通鉴》则记为"年逾三十不嫁"。当时距萧氏被杀已过去了三十五年，另一方面，上引《高安长公主神道碑》云公主享年六十六岁，故而本文采"四十不嫁"的说法，"年逾三十不嫁"可能是讹误。

2.《旧唐书》卷八十。

在显庆三年时死于爱州刺史任上。而柳奭[1]在王皇后被废后也被贬为爱州刺史，韩瑗与来济[2]也因反对册立之故于显庆二年八月左迁，韩瑗于显庆四年死于振州刺史任上。

长孙无忌事件（659年） 最初，武后对该如何处置高宗母后之兄长孙无忌感到忧虑，但在命许敬宗为中书令等一系列举措执行后，武后的地位逐渐稳固。于是，如《旧唐书》本纪显庆四年夏四月戊戌条所记"太尉、扬州都督、赵国公无忌带扬州都督于黔州安置，依旧准一品供给"所言，武后将无忌迁至黔州。当然，无忌是因为被诬构谋反才遭贬谪，《旧唐书》卷六十五《长孙无忌传》对当时状况的描述是：

> 四年，中书令许敬宗遣人上封事，称监察御史李巢[3]与无忌交通谋反，帝令敬宗与侍中辛茂将鞠之。敬宗奏言无忌谋反有端，帝曰："我家不幸，亲戚中频有恶事。高阳公主与朕同气，往年遂与房遗爱谋反，今阿舅复作恶心。近亲如此，

1.《旧唐书》卷七十七。

2.《旧唐书》卷八十。

3.《旧唐书·长孙无忌传》云，许敬宗诬告长孙无忌与李巢谋反，而《新唐书》卷一百五《李义琰（巢）传》则云"（巢）拜监察御史，与李义府同按柳奭、韩瑗狱，迁殿中"，两条史料的说法有很大差异。《资治通鉴》显庆四年四月条云："后令敬宗伺其隙而陷之。会洛阳人李奉节告太子洗马韦季方、监察御史李巢朋党事，敕敬宗与辛茂将鞠之。敬宗按之急，季方自刺，不死，敬宗因诬奏季方欲与无忌构陷忠臣近戚，使权归无忌，伺隙谋反，今事觉，故自杀。上惊曰……"此条后的《考异》按曰：《实录》：'洛阳人李奉节上封事告太子洗马韦季方、监察御史李巢交通朝贵，有朋党之事。诏敬宗与侍中辛茂将鞠之，敬宗按之甚急，季方事迫，自刺，不死。又奉敕，得私书，有题与赵师者，遂奏言："赵师，即无忌也。阴为隐语，欲陷忠良，伺隙谋反。"上惊曰……敬宗奏曰："臣始末推勘，自奉节有赵师之言，又得伪书，是季方所作，即疑无忌欲反。使其潜行构间，斥除忠臣近戚，此计若行，自然权归无忌。踪迹已露，陛下犹有所疑……"'旧《无忌传》云：'敬宗使人上封事，称监察御史李巢与无忌交通谋反，诏敬宗与茂将鞠之。'《唐历》《统纪》与《实录》略同。按奉节乃告事之人，推鞠者岂得反搜奉节之家。且与赵师者谁之私书，若是季方书，安得在奉节家！若在奉节家，奉节当执以兴讼，何待搜而后得！又既云赵师是无忌，乃是实与无忌书，何得谓之伪书！《实录》叙此事殊卤莽，首尾差舛，不可知其详实，故略取大意而已。"《考异》又云："旧《传》所云，虽为简径，然高宗初无疑无忌之心，故李弘泰告无忌反，高宗立斩之，何至奉节而独令敬宗鞠之也。且《实录》在前而详，《列传》在后而略，故亦未可据也。"李弘泰告长孙无忌事发生于永徽元年，详见《旧唐书》卷七十八《于志宁传》、《唐会要》卷四十"臣下守法"条。总之，正史中也有不少前后矛盾、出现讹误之处。

使我惭见万姓。"敬宗曰:"房遗爱乳臭儿……无忌与先朝谋取
天下,众人服其智,作宰相三十年,百姓畏其威……臣恐无
忌知事露,即为急计,攘袂一呼,啸命同恶,必为宗庙深忧。
诚愿陛下断之……"帝泣曰……敬宗曰:"……今无忌忘先朝
之大德,舍陛下之至亲,听受邪谋,遂怀悖逆……臣闻当断
不断,反受其乱,大机之事,间不容发,若少迟延,恐即生
变,惟请早决!"帝竟不亲问无忌谋反所由,惟听敬宗诬构之
说,遂去其官爵,流黔州……其子秘书监、驸马都尉冲等并
除名,流于岭外。敬宗寻与吏部尚书李义府遣大理正袁公瑜
就黔州重鞫无忌反状,公瑜逼令自缢而死,籍没其家。无忌
既有大功,而死非其罪,天下至今哀之……安世(无忌之从
父兄)子祥……坐与无忌通书见杀。

　　长孙无忌因谋反而籍没时,褚遂良与韩瑗已死,不过如《旧唐
书·褚遂良传》云"许敬宗、李义府奏言长孙无忌所构逆谋,并遂良扇
动,乃追削官爵,子孙配流爱州";同书《韩瑗传》云"敬宗等又奏瑗
与无忌通谋,遣使杀之。及使至,瑗已死,更发瑗棺验尸而还,籍没
其家,子孙配徙岭表";《新唐书》卷一百五《韩瑗传》云"籍其家,子
孙谪广州官奴",两人都被当作同谋而家口籍没。而柳奭与来济当时还
活着,但据《旧唐书·柳奭传》"寻为许敬宗、李义府所构,云奭潜通
宫掖,谋行鸩毒[1],又与褚遂良等朋党构扇,罪当大逆。高宗遣使就爱州
杀之,籍没其家",《新唐书》卷一百十二《柳奭传》"没其家,期以上
亲并流岭表,奭房隶桂州为奴婢",柳奭也同样被诛杀籍没,只有来济
在命悬一线时获助,之后再度被起用为官。
　　附带说明,前述《韩瑗传》《柳奭传》中提到,在一定的范围内,
与他们有血缘关系者被没为官奴婢,流放岭表,这似乎与开元法中的
城奴之制相近。又《柳奭传》称期以内之亲尽数没官,但即便是在此
时,据法律规定,犯人的伯叔父与兄弟之子应处流刑但不须没官。因

1. 参195页注1。

此可以推断，柳氏作为王废后的舅家，受到了特别严酷的处置。而《新唐书》本纪显庆四年五月戊戌条云："杀凉州都督长史赵持满。"《旧唐书》卷一百八十三《外戚·长孙敞传》云："敞从父弟操，……子诠尚太宗女新城公主……诠即侍中韩瑗妻弟也，及瑗得罪，事连于诠，减死配流巂州。诠至流所，县令希旨杖杀之。诠之甥有赵持满者，工书善射，力搏猛兽……亲仁爱众，多所交结，京师无贵贱皆爱慕之。初为凉州长史，尝逐野马，自后射之，无不洞于胸腋，边人深伏之。许敬宗惧其作难，诬与诠及无忌同反。及拷讯，终无异词，且曰：'身可杀，辞不可夺。'吏竟代为款以杀之。"可见此事之后尚有余波。

此事还有后话，虽然《旧唐书·长孙无忌传》云"上元元年，优诏追复无忌官爵，特令无忌孙延主齐献公之祀"，只言长孙无忌在上元元年被追复官爵，不过同书本纪神龙元年冬十一月壬寅条云"则天将大渐，遗制……王、萧二家（废后王氏与后宫萧氏二家）及褚遂良、韩瑗等子孙亲属当时缘累者，咸令复业。是日，崩于上阳宫之仙居殿"，可见在武后退位、驾崩之际，其他人也渐被追复，然而当时离他们被伏诛、籍没之日已经过了将近五十年。《旧唐书·柳奭传》云：

> 神龙初，则天遗制，与褚遂良、韩瑗等并还官爵，子孙亲属当时缘坐者，咸从旷荡。开元初，亨（奭的叔父柳亨）孙涣为中书舍人，表曰："臣堂伯祖奭，去明庆三（"四"字之误）年，与褚遂良等五家同被谴戮。虽蒙遗制荡雪，而子孙亡没并尽。唯有曾孙无忝，见贯龚州，蒙雪多年，犹同远窜。陛下自临宇县，优政必被，鸿恩及于泉壤……先天已后，频降丝纶[1]，曾任宰相之家，并许收其沦滞。况臣伯祖往叨执政，无犯受诛，薰窆尚隔故乡，后嗣遂编蛮服。臣不申号诉，义所难安。伏乞许臣伯祖还葬乡里，其曾孙无忝放归本贯。"疏奏，敕令奭归葬，官造灵舆递还。无忝后历位潭州都督。

1.《唐大诏令集》卷四《帝王·改元中》有《改元开元元年大赦天下制》，其中一节云"国初以来，宰相及实封功臣，子孙一房沉翳未承恩者，令所司访择有才可用者，量加擢用"，后来也数次出现了主旨相同的文书。

可知尚有如柳奭一家，其曾孙无忝辛苦窜居于龚州，甚至没有能力奉父祖之丧回乡，这是何等悲哀。

梁王忠、上官仪事件（664年） 言归正传。由于王皇后无子，高宗与王皇后及柳奭、褚遂良、长孙无忌等人商议，于永徽三年将后宫所生的第一子忠[1]立为皇太子。然而武后取代王皇后后，认为皇太子是个阻碍，于永徽七年正月辛未改封他为梁王、梁州都督，放逐出京师，后又迁房州刺史。不过由于当时长孙无忌还在朝，武后对梁王忠的处置也只能做到这个地步。到了显庆四年，长孙无忌一派被诛灭后，如《旧唐书》本纪显庆五年秋七月己巳云"废梁王忠为庶人，徙于黔州"，武后便毫无忌惮地废梁王忠为庶人。《唐大诏令集》卷三十九《诸王·降黜》有"黜梁王忠庶人诏"，引述如下：

> 东台……房州刺史梁王忠，居庶孽之地，在髫卯之辰。柳奭遂良，上结无忌，频烦进说，劝立东朝……（接着叙述了梁王忠被废位后）窥怨之词，日盈于床第。妇女阿刘，远有陈告，迹其罪状，盖非一涂。乃伪作过所入关，云欲出家逃隐。又令急使数诣京都，觇候两宫，潜问消息。自说妖梦，戴通天冠，喜形于色，以邀非望。每召巫师，祀龙祈福，画千菩萨，愿升本位。每于晨夕，着妇人衣。妄有猜疑，云防细作。又嗟叹柳奭，称其为我，悼伤韩瑗，情发于词。朕初见此言，疑生怨谤，故遣御史大夫理及中书官属相监推鞫，证见非虚。然其地则人臣，亲则人子，怀奸匿怨，一至于斯……考之大义，应从极罚，皇后情在哀矜，兴言垂涕，再三陈请，特希全宥。朕戚属之中，频亏国典，虽缅惟前载，匪独兹子，属怀于此，尤深愧叹。特宜屈法，降为庶人，主者施行。

读过便觉诏书中充斥着虚伪的托辞与"恩典"。然而梁王忠的灾难并未

1.《旧唐书》卷八十六。

就此结束,《旧唐书》本纪麟德元年十二月条云"丙戌,杀西台侍郎上官仪。戊子,庶人忠坐与仪交通,赐死",不可思议的是,梁王忠为上官仪事件所牵连而被赐死,上官仪正是前引降黜制书的作者。

上官仪因诗文而有美名,自贞观年间开始任官,高宗朝时成为西台侍郎、同东西台三品兼弘文馆学士,地位升至宰相。《旧唐书》卷八十《上官仪传》记述了上官仪"谋反"一事:"仪颇恃才任势,故为当代所嫉。麟德元年,宦者王伏胜与梁王忠抵罪,许敬宗乃构仪与忠通谋,遂下狱而死,家口籍没。子庭芝……与仪俱被杀。"《新唐书》卷一百五则云:"初,武后得志,遂牵制帝,专威福,帝不能堪;又(武后)引道士行厌胜,中人王伏胜发之。帝因大怒,将废为庶人,召仪与议。仪曰:'皇后专恣,海内失望,宜废之以顺人心。'帝使草诏。左右奔告后,后自申诉,帝乃悔;又恐后怨恚,乃曰:'上官仪教我。'后由是深恶仪。始,忠为陈王时,仪为谘议,与王伏胜同府。至是,许敬宗构仪与忠谋大逆,后志也。自褚遂良等元老大臣相次屠覆,公卿莫敢正议,独仪纳忠,祸又不旋踵,由是天下之政归于后,而帝拱手矣。"高度评价了上官仪的忠诚。虽然颇疑高宗是否真有要废武后的想法,至少上官仪确实成为了武后势力扩张的阻碍,因而被许敬宗诬告。

再补充说明一点。如新旧两《唐书》的《后妃传》《上官仪传》等所示,上官仪与其子庭芝伏诛时,庭芝刚出生的幼女与其母郑氏一同被没入内侍省的掖庭局。这个名叫婉儿的女子或许继承了祖父的才能,长于诗文,明通吏事。由此,婉儿为武后所注意,在圣历以后参与表决百司,中宗复位后亦掌制诰,日渐获得了武后的信任,被封为昭容(后宫的称号,正二品),其母郑氏为沛国夫人,祖父与父也被追赠官爵,声望愈发显赫,长于文学的名声也更为广泛流传。于是,她也成了朝廷内的一股势力。她通过当时的权贵武三思,在武后死后恢复武氏一族的威势,助长皇后韦氏的滥权,是这些事件(见后文)的幕后黑手,最后在临淄王(后来的玄宗)诛杀韦氏时死于兵刃之下,结束了传奇的一生。

刘龙子事件(681年)《新唐书》本纪开耀元年五月乙酉条云"常

州人刘龙子谋反，伏诛"，除这条史料以外没有任何记载，内容完全不明，仅作参考。

上述是高宗朝三十五年间史料有载的二罪的处罚中伴有籍没或可推断应有籍没的案例。通过整理这些案例可见，房遗爱及陈硕真事件发生于永徽四年，长孙无忌事件发生于显庆四年，梁王忠、上官仪事件发生于麟德元年，但在麟德元年后，一直到开耀元年刘龙子事件，其间近十九年都没有出现二罪事件。想来，这可能是因为到麟德元年前后，武后已成功清除了反对派。其后，为了达成更高的目的，她转而辅佐仁弱的高宗励精图治、招揽人心，进入了一个内政外交均无重大破绽的时期。不过，个中内情是自上元二年三月以来，高宗由于中风，只能将政治事务委托给武后，最后于弘道元年十二月驾崩。

第四项 武后时代

高宗有八个儿子，其中武后所生的有第五子弘（孝敬皇帝）、第六子贤（章怀太子）、第七子显（初名显，后改名哲，又改为显，即中宗）与第八子旦（初名旭轮，后数度改名轮、旦、轮、旦，即睿宗）四人。此前，武后在废太子忠（第一子）时，曾立第五子弘为太子，但上元二年四月乙亥时李弘薨逝[1]，又以第六子贤代为太子。然而，武后在调露二年八月问罪太子贤，废其为庶人，以第七子显为新的皇太子，开耀二年二月，显生子重照（懿德太子），改元永淳，三月[2]，重照被立为皇太孙。

高宗驾崩后，理所当然应由皇太子显即位，然而武后在隔年，即嗣圣元年二月废新帝为庐陵王，其子重照也被废为庶人，以显弟旦为

1.《新唐书》本纪云"天后杀皇太子"。

2. 相对于《新唐书》本纪将立皇太孙一事系于三月戊午，《旧唐书》本纪云："癸未，以太子诞皇孙满月，大赦。改开耀二年为永淳元年，大酺三日。戊午，立皇孙重照为皇太孙……是春，关内旱，日色如赭。四月甲子朔，日有蚀之。"《资治通鉴》亦云："春二月……癸未，改元，赦天下。戊午，立皇孙重照为皇太孙。"因为二月无戊午，如果"戊午"的记载无误，此事应当发生在三月。

帝，改元文明，自己临朝称制。而到了三月[1]，武后诛杀当时迁于巴州的废太子贤，四月徙废帝庐陵王显于均州，九月改元光宅，追尊武后五世之祖，改旗帜为金色。这一连串的举动，显然说明武氏以长期巩固的威权为基础，准备革命，当然反对的声音也甚嚣尘上。

徐敬业事件（684年）《旧唐书》本纪则天皇后光宅元年条云：

> 九月，大赦天下，改元为光宅……故司空李勣孙柳州司马徐敬业伪称扬州司马，杀长史陈敬之，据扬州起兵，自称上将，以匡复为辞。冬十月，楚州司马李崇福率所部三县以应敬业。命左玉钤卫大将军李孝逸为大总管，率兵三十万以讨之。杀内史裴炎。丁酉，追削敬业父祖官爵，复其本姓徐氏。十二月……杀左威卫大将军程务挺。

光宅元年九月，徐敬业等人于扬州叛乱。徐敬业[2]是名将李世勣之孙，曾被贬为柳州司马。徐敬业与唐之奇[3]、骆宾王[4]、杜求仁[5]、其弟李敬猷等当时被贬谪的诸人密谋，打着匡正王室的旗号占据扬州、起兵叛乱。时人群起响应，一时号称十万之师，势力及于扬、楚、润三州，酿成六十年来规模最大的内战。武后派遣三十万大军，从各方面打压叛军，同年十一月将其击溃。

徐敬业以下的主谋者自然被追究谋反罪，不过，关于其中被视为事件主谋的徐敬业，《旧唐书》本传云："追削敬业祖、父官爵，剖坟斫棺，复本姓徐氏……勣诸子孙坐敬业诛杀，靡有遗胤，偶脱祸者，皆

---

1. 相对于《旧唐书》本纪"三月，庶人贤死于巴州"的记载，《新唐书》本纪则云："二月……庚申，废皇太孙重照为庶人，杀庶人贤于巴州。"《资治通鉴》云："辛酉，太后命左金吾将军丘神勣诣巴州，检校故太子贤宅以备外虞，其实风使杀之……三月，丁亥，徙杞王上金为毕王，鄱阳王素节为葛王。丘神勣至巴州，幽故太子贤于别室，逼令自杀。"《考异》云"《则天实录》，贤死在二月丘神勣往巴州下。旧《本纪》在三月。《唐历》，遣神勣、举哀、追封皆有日。今从之。"现从《唐历》。
2.《旧唐书》卷六十七。
3.《旧唐书》卷八十五《唐临传》。
4.《旧唐书》卷一百九十上。
5.《新唐书》卷一百六。

窜迹胡越。"其后又云："贞元十七年（801），吐蕃陷麟州，驱掠民畜而去。至盐州西横槽烽，蕃将号徐舍人者，环集汉俘于呼延州，谓僧延素曰：'师勿甚惧，予本汉人，司空、英国公五代孙也。属武太后斫丧王室，吾祖建义不果，子孙流落绝域，今三代矣。虽代居职任，掌握兵要，然思本之心，无忘于国。但族属已多，无由自拔耳。此地蕃汉交境，放师还乡。'数千百人，解缚而遣之。"虽然徐敬业的祖父与父亲被剖墓切棺、削夺官爵、取消赐姓，被处以严刑，官方尽数诛杀徐氏一族，不过其中仍有人死里逃生躲至绝域、隐于左衽。

　　除了主谋者一家、一族以外，前盩厔尉魏思温、监察御史薛仲璋与韦超、杨神让[1]、元万顷[2]也因与事件有关而被追究谋反罪，此外还有下述牺牲者出现：前引《旧唐书》本纪云："冬十月……杀内史裴炎……十二月……杀左威卫大将军程务挺。"同书卷八十七《裴炎传》云"文明元年……秋，徐敬业构逆，太后召炎议事。炎奏曰：'皇帝年长，未俾亲政，乃致猾竖有词，若太后返政，则此贼不讨而解矣。'御史崔察闻而上言，曰：'裴炎伏事先朝，二十余载，受遗顾托，大权在己，若无异图，何故请太后归政？'乃命御史大夫骞味道、御史鱼承晔鞫之。凤阁侍郎胡元范奏曰：'炎社稷忠臣……臣明其不反。'右卫大将军程务挺密表申理之，文武之间证炎不反者甚众，太后皆不纳。光宅元年十月[3]，斩炎于都亭驿之前街……籍没其家……胡元范，申州义阳人，坐救炎流死琼州。程务挺伏法，纳言刘齐贤贬吉州长史，吏部侍郎郭待举贬岳州刺史，皆坐救炎之罪也。"同书卷八十三《程务挺传》云："及裴炎下狱，务挺密表申理之，由是忤旨。务挺素与唐之奇、杜求仁（叛乱的主谋）友善，或构言务挺与裴炎、徐敬业皆潜相应接。则天遣左鹰扬将军裴绍业就军斩之[4]，籍没其家。"由此可知，叛乱爆发后，武后认为徐敬业等人的行动并非毫无道理，故而必须强硬地将其

1.《旧唐书》卷一百九十上《杨炯传》云："德干（炯伯祖虔威之子）子神让，天授初与徐敬业于扬州谋叛，父子伏诛。"但从列传的记述方式来看，"天授初"应为"则天初"之误。

2.《旧唐书》卷一百九十中。

3.《新唐书》之《则天皇后本纪》《宰相世系表》与《资治通鉴》均记载，裴炎于十月丙申伏诛。

4.《新唐书》本纪与《资治通鉴》均记载程务挺于十二月癸卯伏诛。

势力彻底摧毁，以绝后患。就算是身处内史枢机位置的裴炎，也被毫不留情地视作同谋论罪，甚至连想要救助裴炎的左武卫大将军、单于道安抚大使程务挺这等大人物，也被以徐敬业、裴炎共犯的名义斩于军中。

以上是在这次叛乱事件被诛杀的主要大臣。《旧唐书》卷一百八十六上《酷吏·索元礼传》云："徐敬业起兵扬州，以匡复为名，则天震怒，又恐人心动摇，欲以威制天下。元礼探其旨告事，召见，擢为游击将军，令于洛州牧院推案制狱。元礼性残忍，推一人，广令引数十百人，衣冠震惧，甚于狼虎。"由此可知，还有大量士族在严苛的政策下遭酷吏检举。同书卷一百九十上《刘胤之传》云：

> 延祐（胤之之弟）……徐敬业之乱，扬州初平，所有刑名，莫能决定，延祐奉使至军所决之。时议者断受贼五品官者斩，六品者流。延祐以为诸非元谋，迫胁从盗，则置极刑，事涉枉滥，乃断受贼五品者流，六品已下俱除名而已。其得全济者甚众。

群臣认为，在徐敬业叛乱时，从反贼处受五品以上官者，应被视作同谋处以诛杀、籍没；六品以下处以流刑。对此，刘延祐主张应将四品以上视作同谋处理，但五品及以下者是被迫成为反贼党羽的。结果许多人因此获救。当时对士族从犯的处置基本如上所述。而《唐大诏令集》卷四《帝王·改元中》"改元载初赦"（690）的一节云：

> 其与敬业虺冲（虺冲指后述的琅邪王冲）并与诸虺友往还、其魁首已伏诛、其支党事未发者，并特从原免，不得更相言告。

在徐敬业之乱后，又爆发了琅邪王父子的叛乱。上引赦文即是改元载初时，官方承诺除了这两大事件的罪魁祸首外，将特别免除其他仅为党羽且罪状尚未被发觉者的罪行。

《通典》卷一百六十九《刑七·守正》云：

> 推事使顾仲琰奏称："韩纯孝受逆贼徐敬业伪官同反，其身先死，家口合缘坐。"奉敕依曹断，家口籍没。有功议（徐有功之议）："按贼盗律：'谋反者斩。'处斩在为身存，身亡即无斩法。缘坐元因处斩，无斩岂合相缘？缘者是缘罪人，因者为因他犯。犯非己犯，例是因缘。所缘之人先亡，所因之罪合减。合减止于徒坐，徒坐频会鸿恩。今日却断没官，未知据何条例。若情状难舍，敕遣戮尸，除非此途，理绝言象。伏惟逆人徐敬业同柳明肃之辈[1]，身先殒没，不许推寻。未敢比附敕文，但欲见其成例。勘当尚犹不许，家口宁容没官？"申覆，依有功所议，断放。此后援例皆免没官者，三数百家。

徐有功[2]是武后时代的法官，为了救政治犯挺身而出，颇具名气。上引史料引用的是活跃在武后末至开元年间的潘好礼[3]所撰徐有功事迹的纂录。结合《通典》的记载与前述对参加徐敬业叛乱的士庶的处置来看，可知徐有功认为：由于韩纯孝在先前徐敬业之乱中被授予了颇高的伪官，如果他还活着，当然应该伏诛、家口没官。但是，既然韩纯孝已死（死亡原因不明），其家人还要因其缘坐籍没就变得很不合理，应当减为徒罪。何况迄今为止，朝廷已经屡次颁布恩宥诏令，现在却还要将韩纯孝的家口没官，这些处置是毫无根据的。而且，独孤敬和柳明肃的情况也应据此判决，这样可能才是正当的。结果，徐有功不仅将韩纯孝的家人从籍没的命运中解救出来，因为这一判决已成为先例，许多家族也因此得救。

杨初成事件（687年）　据《旧唐书》本纪垂拱元年三月条"迁庐

---

1. 据《册府元龟》卷六百十六《刑法部·议谳》、《全唐文》卷一百六十三《徐有功》，或当为"伏惟逆人独孤敬同柳明肃之辈"。
2. 《旧唐书》卷八十五。
3. 《旧唐书》卷一百八十五下。

陵王哲于房州"，此前，废帝庐陵王于文明元年被迁[1]至均州，到了垂拱元年又被迁到房州。《新唐书》本纪垂拱三年九月己卯条云"虢州人杨初成自称郎将，募州人迎庐陵王于房州，不果，见杀"，杨初成希望从房州请废帝前来，想必最后杨初成一党也应遭到了伏诛、籍没的处罚。

二

琅邪王冲、越王贞事件（686年） 嗣圣（文明、光宅）元年以来，武后发动革命的意图日益明显，也发生了徐敬业举兵等事件。对此，唐朝宗室诸王无法坐视不理，遂如《旧唐书》本纪垂拱四年条所云：

> 八月壬寅，博州刺史、琅邪王冲据博州起兵，命左金吾大将军丘神勣为行军总管讨之。庚戌，冲父豫州刺史、越王贞又举兵于豫州，与冲相应。九月，命内史岑长倩、凤阁侍郎张光辅、左监门大将军麹崇裕率兵讨之。丙寅，斩贞及冲等，传首神都，改姓为虺氏……

琅邪王等人起兵反对武后。

越王贞[2]是太宗第八子，琅邪王是其长子。在举兵前，越王父子可能在同党间演练过相关计划，但从垂拱四年八月，琅邪王率先举起反旗，剑指洛阳展开攻击的行动来看，诸王并未依照约定一同行动，可以想见，此后的战事也毫无进展。因此琅邪王退回博州城，于当地被

1.《旧唐书·则天皇后本纪》嗣圣元年即文明元年云"夏四月，滕王元婴薨。改封毕王上金为泽王，葛王素节为许王。丁丑，迁庐陵王哲于均州。闰五月……"与之相对，同书《中宗本纪》云"改元嗣圣。元年二月，皇太后废帝为庐陵王，幽于别所。其年五月，迁于均州，寻徙居房陵……"；《新唐书·武后本纪》云"四月……癸酉，迁庐陵王于房州；丁丑，又迁于均州。五月癸巳，以大丧禁射猎。闰月……"；《资治通鉴》云"夏四月……癸酉，迁庐陵王于房州；丁丑，又迁于均州故濮王宅"。关于庐陵王迁均州的时间，上述史料中有四月和五月两种说法，不过，也不能断言《旧唐书·武后本纪》的记载中，四月与闰五月间没有误脱"五月"二字。

2.《旧唐书》卷七十六。

人所杀，结局悲惨。这场叛乱总共只持续了七日[1]。只有越王看到琅邪王举兵，徘徊犹豫数日后，终究还是在豫州城起兵，开展了一些行动，但他在武后所派的大军阵前丧失了战意，与谋臣一同自杀，由此战争遂告终结。

《旧唐书》本纪中记述了事变后的始末："九月……丙寅，斩贞及冲等，传首神都（枭首于阙下），改姓为虺氏。曲赦博州。韩王元嘉、鲁王灵夔、元嘉子黄国公譔、灵夔子左散骑常侍范阳王蔼、霍王元轨及子江都王绪、故虢王元凤子东莞公融坐与贞通谋，元嘉、灵夔自杀，元轨配流黔州，譔等伏诛，改姓虺氏。"《新唐书》本纪则称："九月……削越王贞及琅邪郡王冲属籍，改其姓为虺氏。贞死之。丙寅，赦豫州。杀韩王元嘉、鲁王灵夔、范阳郡王蔼、黄国公譔、东莞郡公融及常乐公主，皆改其姓为虺氏。……十二月乙酉，杀霍王元轨、江都郡王绪……大杀唐宗室，流其幼者于岭南。"韩王元嘉是高祖第十一子，其子为黄国公譔；鲁王灵夔是高祖第十九子，其子为范阳王蔼；霍王元轨是高祖第十四子，其子为江都王绪；东莞公融是高祖十五子虢王元凤之子[2]；常乐公主[3]是高祖之女，下嫁赵瓌，其女赵氏为高宗第七子显（后来的中宗）之妃。大概就在公主刚刚获罪、随夫左迁时，其女因受到牵连，被幽闭于内侍省而死。由此看来，在这次事变中，常乐公主应是被认为与丈夫寿州刺史一同援助了越王贞，以同谋的身

---

1. 《旧唐书》本纪八月壬寅条中记载了琅邪王起兵一事，同月庚戌条记载越王贞起兵等，九月云朝廷讨伐越王贞，同月丙寅则记二王首级到达东都与曲赦博州。相对的，《新唐书》本纪云"八月丙午……冲举兵以讨乱（指讨武后之乱）……丘神勣拒之。戊申，冲死之。庚戌，越王贞举兵于豫州以讨乱（指讨武后）。辛亥，曲赦博州。九月丙辰，左豹韬卫大将军魏崇裕……以拒越王贞……削越王贞及琅邪郡王冲属籍，改其姓为虺氏。贞死之。丙寅，赦豫州"，干支与旧书略有不同。《资治通鉴》云"八月壬寅，冲召长史萧德琮等令募兵"，《考异》云"实录作丙午，盖据奏到之日也。旧传、本纪作壬寅。按冲以戊申死，而实录又云'冲起兵七日而败'，然则壬寅是也。今从之"；《通鉴》又云"凡起兵七日而败……越王贞闻冲起，亦举兵于豫州，遣兵陷上蔡。九月，丙辰，命……魏崇裕……以讨之……崇裕等至城下，左右谓贞曰……贞、规（贞之子）、守德（即裴守德）及其妻皆自杀"，《考异》考证曰"《实录》，'庚戌，贞举兵，九月，丙寅，豫州平'。又云'举兵二十日而败'。庚戌至丙寅才十七日，盖皆据奏到之日耳"。

2. 以上见《旧唐书》卷六十四。

3. 《旧唐书》卷五十一《中宗和思皇后赵氏传》、《新唐书》卷八十三《公主传》。

份被问罪。

在此前的房遗爱事件中，唐朝的宗室已蒙受了一些伤害，而此次有更多的宗室以谋反罪被诛杀、没官、配流，受到了很大的打击。《旧唐书·韩王元嘉传》中留下了这样的哀叹："譔少以文才见知，诸王子中与琅邪王冲为一时之秀……时天下犯罪籍没者甚众，唯冲与譔父子书籍最多，皆文句详定，祕阁所不及。"

在琅邪王冲、越王贞的反武后事件中，除了宗室以外，也有很多其他的牺牲者。《旧唐书》卷一百八十六上《酷吏·丘神勣传》云："垂拱四年，博州刺史、琅邪王冲起兵，以神勣为清平道大总管。寻而冲为百姓孟青棒、吴希智所杀。神勣至州，官吏素服来迎，神勣挥刃尽杀之，破千余家，因加左金吾卫大将军。"丘神勣是唐初的将军丘行恭[1]之子，此前武后曾密令酷吏们杀害废太子贤，丘神勣正是其中一人。琅邪王冲横死后，在博州士民已表达恭顺之意的情况下，他不仅将博州的官吏尽数杀害，还抓捕、斩杀了许多士庶，致使数千户家破人亡。而同书卷八十九《狄仁杰传》云：

> 转宁州刺史……出为豫州刺史（或因叛乱爆发之故）。时越王贞称兵汝南事败，缘坐者六七百人，籍没者五千口，司刑使逼促行刑。仁杰哀其诖误，缓其狱，密表奏曰："臣欲显奏，似为逆人申理；知而不言，恐乖陛下存恤之旨……此辈咸非本心。伏望哀其诖误。"特敕原之，配流丰州。豫囚（豫州人中免死配流者）次于宁州，父老迎而劳之曰："我狄使君活汝辈耶！"相携哭于碑下，斋三日而后行。豫囚至流所，复相与立碑颂狄君之德。初，越王之乱，宰相张光辅率师讨平之。将士恃功，多所求取，仁杰不之应。光辅怒曰："州将轻元帅耶？"仁杰曰……光辅不能诘，心甚衔之。还都，奏仁杰不逊，左授复州刺史。

1.《旧唐书》卷五十九。

这是越王所在之豫州的情况，可见官军在当地恃功傲物，随意掠夺住民、争抢财物。尽管狄仁杰采取了救济措施，还是有许多人受到连累。要言之，在这次事变中，在王公或公主以下，还有博州、豫州的官吏、士族等许多人受害，就连部分没有起兵的王公也遭牵连。

　　另外，还有些与二王叛乱有关的情况需要说明。《旧唐书》卷一百八十九下《儒学·高子贡传》云："高子贡者，和州历阳人也……（先前徐敬业之乱时曾尽力保卫故乡）以功……拜成均助教。虢王凤之子东莞公融，曾为和州刺史，从子贡受业，情义特深。及融为申州，阴怀异志，令黄公譔结交于子贡，推为谋主，潜谋密议，书信往复，诸王内外相应，皆出自其策。寻而事发，被诛。"高子贡这类儒者正是事变背后的参谋。又《新唐书》本纪垂拱四年十一月辛酉条云，"杀济州刺史薛颛及其弟驸马都尉绍"。太宗之女城阳公主[1]先嫁杜荷，由于杜荷因承乾太子事件连坐伏诛，公主又再嫁薛瓘，但不久后公主夫妇就因巫蛊之罪徙于房州（薛瓘徙房州刺史），在该地留下薛颛、薛绍二子后去世。薛颛兄弟后来各自为官，颛为济州刺史，绍为武后女太平公主之夫。就在那时，琅邪王冲等人举兵反对武后，因此薛颛、绍兄弟便准备武器以支援琅邪王，并募集士兵。然而最终事迹败露，如《新唐书》本纪所言，薛颛被诛杀，薛绍以太平公主之故免死，但仍饿死于狱中[2]。又《新唐书》本纪垂拱四年十二月乙酉条云"杀……及殿中监裴承光"；《旧唐书》卷五十七《裴寂（承先）（此处作先）传》云"承先，则天时为殿中监，为酷吏所杀"；同书卷六十四《霍王元轨传》云"长子绪……垂拱中，坐与裴承光交通被杀"。综合三条史料来看，可知裴承光为这次事件连累，惨遭诛杀。而《旧唐书》卷八十八《苏瓌（干）传》云"干，瓌从父兄也……寻迁冬官尚书。酷吏来俊臣素忌嫉之，遂诬奏干在魏州（干先为魏州刺史）与琅邪王冲私书往复，因系狱鞫讯，干发愤而卒"，也有这种情况。

　　如前所述，徐有功在当时法官多狐假虎威、横加施暴的环境中，独自威武不屈、守正不阿，《通典》所引潘好礼的纂录便详细记载了其事迹。《通典》卷一百六十九《刑七》守正条中可见：

> 武太后时，徐弘敏，字有功，延载初（694）为司刑寺丞。时魏州人冯敬同，告贵乡县（魏州治所）尉颜余庆与博州刺史虵冲同反。余庆，博州人，冲先放粟债于贵乡百姓，遣家人敛索，托余庆为征，所得征钱，冲家人自买弓箭。余庆兼修启状于冲，直叙寒温，并言债负不可征得。敬同遂以此状论告。武太后令殿中侍御史来俊臣就推，俊臣所推征债是实，其弓箭非余庆为市[1]，遂奏余庆与冲同谋反。曹断缘会永昌赦，称其与虵贞同恶魁首并已伏诛，其支党未发者将从原放（由于永昌之赦中涵盖了处理这些罪的方式），遂准律改断流三千里。侍御史魏元忠奏：“余庆为冲征债，叶契凶谋，又通书启，即非支党。请处斩，家口籍没。”奉敕依。有功执奏曰：“谋反大逆，罪极诛夷，殄其族未足以谢愆，污其宫宁可以塞责。今据余庆罪状，颇共虵冲交涉，为冲理债，违敕是情（他郡的县尉为了王，做了不该做的行为），于冲致书往[2]反为验。既属永昌恩赦，在余庆罪合原状。据永昌元年赦曰[3]：‘其与虵贞等同恶徒党，魁首既并伏诛，其支党事未发者，特〔从〕赦原[4]。’谨详魁首两文，在制非无所属。尚书曰：‘歼厥渠魁。’名例律曰：‘造意为首。’魁即其帅，首乃原谋。魁帅首谋已露者，既并伏法；支派党与未发者，特从原宥。伏请[5]既标‘并’字（赦书云“魁首既并伏诛”），足明魁首无遗。余庆赦后被言发觉，即为支党。必其庆是魁首，当时寻已伏诛。若从魁首逃亡，亦应登时追捕。进则不入伏诛之例，退

---

1. 此处可能是以征债为名收纳弓箭之意，或是征债的李冲家人购入弓箭，而颜余庆默认之意。
2. 《册府元龟》作“在”字，此处不采。
3. 应从《册府元龟》作“曰”字。
4. 据《册府元龟》补“从”字。
5. “请”字应据《册府元龟》改为“诛”字。

则又异捕亡之流，将同魁首结刑，何人更为支党？况非常之
恩，千载罕遇；莫大之罪，万死蒙生。岂令支党之人，翻同
魁首；应生之伍，更入死条。嫉恶虽臣子之心，好生乃圣人
之德。今赦而复罪，即不如无赦；生而又杀，则不如无生。
窃惟圣朝伏当不尔。余庆请依后断为支党，处流。"有功玉阶
具奏，太后大怒，抗声谓有功曰："若为唤作魁首（怎么才能
当作魁首）？"有功对曰："魁是大帅，首是原谋。"太后又曰：
"余庆可不是魁首？"有功又对曰："若是魁首，虺冲败日，并
合伏诛。今赦后事彰，只是支党。"太后又谓曰："违敕征债，
与虺冲买弓箭，何为不是魁首？"有功又对曰："违敕征债，诚
如圣旨；所买弓箭，状不相关。"太后又谓曰："二月内与冲征
债，八月又通书，此岂不是同谋？"有功又对曰："所通之书，
据状是寒温。其书搜检不获，余庆先经奏讫。通书征债，只
是支党。"太后怒少解，乃谓曰："卿更子细勘问，是支党不是
支党奏来。"当时百僚供奉及仗卫有三二百人，莫不股栗，而
有功神色不动，奏对无差，人皆服其胆力，直而不挠[1]。

《新唐书·徐有功传》称其结果为"遂免死"。这是纂录中最重要的部
分，徐有功不惧权威展开论辩，由此可知其真实意图。总而言之，即
使朝廷在事件平息后颁布了宽宥诏书，仍一直有人意图通过密告他人
来获得恩赏。

另外，如玉井教授[2]早已指出的，《旧唐书·越王贞传》云"家僮千
人，马数千匹，外托以畋猎，内实习武备"；《唐会要》卷八十六"奴
婢"云"永昌元年（689）九月，越王贞破，诸家僮胜衣甲者千余人，
于是制王公以下奴婢有数"，由此可知，由于家僮随时都可以武装化，
朝廷便以这次叛乱为由头，限制王公以下可拥有的私贱人数量，不过
具体细节并不明了。

1. 亦见《册府元龟》卷六百十七《刑法部》守法条。
2. 玉井是博：《中国社會經濟史研究》，第179页。

徐敬真事件（689年）《新唐书》本纪永昌元年八月条云：

> 甲申，杀张光辅、洛州司马弓嗣业、洛阳令弓嗣明、陕
> 州参军弓嗣古、流人徐敬真……辛丑，杀陕州刺史郭正一。
> 丁未，杀相州刺史弓志元、蒲州刺史弓彭祖、尚方监王令基。

《旧唐书》卷九十《张光辅传》云："以讨平越王贞之功，拜凤阁侍郎、知政事。永昌元年，迁纳言。旬日，又拜内史。皆有能名。其年，洛州司马房嗣业、洛阳令张嗣明坐与徐敬业弟敬真阴相交结。敬真自流所绣州逃归，将北投突厥，引虏入寇。途经洛下，嗣业、嗣明二人给其衣粮而遣之。行至定州，为人所觉。嗣业于狱中自缢死。嗣明与敬真多引海内相识，冀缓其死。嗣明称光辅征豫州日，私说图谶天文，阴怀两端，顾望以观成败。光辅由是被诛，家口籍没。"之前叛乱的徐敬业之弟（？）徐敬真[1]从流刑地逃走，准备逃至突厥，却在定州被捕，因此在徐敬真途经洛阳时给予援助的弓嗣业等人也被捕。徐敬真与弓嗣明为了保命而陷入了酷吏的话术，由于他们的大范围诬告，连讨平越王贞有功的张光辅都被认为有意谋反，最后伏诛、籍没。

《资治通鉴》卷二百四永昌元年八月条在记录了上述事件后，乙未条又云：

> 秋官尚书太原张楚金、陕州刺史郭正一、凤阁侍郎元万
> 顷、洛阳令魏元忠，并免死流岭南。楚金等皆为敬真所引，
> 云与敬业通谋。临刑，太后使凤阁舍人王隐客驰骑传声赦
> 之。声达于市，当刑者皆喜跃讙呼，宛转不已；元忠独安坐
> 自如……既宣敕，乃徐起，舞蹈再拜，竟无忧喜之色。是日，
> 阴云四塞，既释楚金等，天气晴霁。

---

1. 新旧《唐书》的《李（徐）勣传》、《新唐书·宰相世系表第十五下》的徐氏中，皆不见徐敬业弟敬真之名。

《考异》中则考证道：

> 《唐历》："七月二十四日，张楚金绞死；八月二十一日
> （辛丑），郭正一绞死。"《年代纪》："七月甲戌，楚金绞死；八
> 月辛亥，郭正一绞死。"《新书纪》："八月辛丑，杀郭正一。"
> 今据《实录》，楚金等皆流配未死。《旧书》楚金、正一、万
> 顷传，皆云流岭南。《御史台记》云："元忠将刑，至于市，神
> 色自若。则天以扬楚功免死流放，复叙授御史中丞……"

又《陈子昂集》卷九《书》"谏刑书"云："承务郎守右卫曹参军臣陈子
昂……上言……比者大狱增多，逆徒兹广……去月十五日，陛下特察，
诏囚李珍等无罪……又重推元万顷，百寮庆悦，皆贺圣明……死囚张
楚金、郭正一、弓彭祖、王令基等，以凶恶之罪，特蒙全活，朽骨更
肉，万死再生，天地人祇，实用同庆。何以知之，臣伏见去年八月以
来，天苦霖雨。自陛下赦李珍等罪，天朗气晴。又九（"八"字之误）
月十八日……又其月二十一日恩赦，免楚金等死，初有风云，变为景
云，司刑官属，皆所共见。"虽然因记载不同而仍有不明之处[1]，但从中
仍可知，在徐敬真逃走事件中被追究谋反罪者，除《新唐书》本纪所
列以外尚有他人；以及史料称被杀的人中，也有人在将被执行死刑之
际，由于武后的特赦而减死为流，在命悬一线时获救。

三

《旧唐书》本纪垂拱四年条在记述了对琅邪王冲、越王贞叛乱事件

---

1. 张楚金，《旧唐书》卷一百八十七上本传云"为酷吏周兴所陷，配流岭表，竟卒于徙所"，
《新唐书》列传略同；郭正一，《旧唐书》卷一百八十七上本传"永昌元年，为酷吏所陷，
流配岭南而死，家口籍没，文集多遗失"，但《新唐书》卷一百六本传"与张楚金、元
万顷皆为周兴所诬构，杀之，籍入其家，妻息流放。文章无存者"；元万顷，《旧唐书》卷
一百九十本传云"万顷素与徐敬业兄弟友善，永昌元年为酷吏所陷，配流岭南而死"，但
《新唐书》卷二百一本传云"武后时，累迁凤阁侍郎，坐诛"。可见史料记载多有出入。然
而，《旧唐书》卷九十二云魏元忠在即将被杀时，由于武后特赦而免死，后来流配岭表一事
应无疑点。

214

的处置后，又云："自是宗室诸王相继诛死者，殆将尽矣。其子孙年幼者，咸配流岭外，诛其亲党数百余家。"自此，武后开始逐一清除宗室诸王公，或杀或流，几被歼灭，这绝非夸张之言。武后自永昌元年至载初元年，短短两年间所杀或流的宗室，据《新唐书》本纪抄录如下：

永昌元年

四月甲辰，杀汝南郡王玮^(一)、鄱阳郡王諲^(二)、广汉郡公谧^(三)、汶山郡公蓁^(四)、零陵郡王俊^(五)、广都郡公璹^(六)，徙其家于巂州。

七月丁巳，流纪王慎^(七)于巴州，改姓为虺氏。

九月庚戌，杀恒山郡王承乾之子厥^(八)。

十月己未，杀嗣郑王璥^(九)。

载初元年（天授元年）（永昌元年十一月改元载初，载初元年九月又改为天授）

正月乙未，除唐室属籍。

五月己亥，杀梁郡公孝逸^(十)。

七月辛巳，流舒王元名^(十一)于和州。壬午，杀豫章郡王亶^(十二)。丁亥，杀泽王上金^(十三)、许王素节^(十四)。

八月辛亥，杀许王素节之子璟^(十五)。辛未，杀南安郡王颖^(十六)、鄅国公昭^(十七)及诸宗室李直、李敞、李然、李勋、李策、李越、李黯、李玄、李英、李志业、李知言、李玄贞^(十八)。

九月乙亥，杀巨鹿郡公晃^(十九)。壬午，改国号周。

十月己巳，杀许王素节之子瑛、琪、琬、瓒、玚、瑗、琛、唐臣^(二十)。

（一）的汝南郡王玮，是太宗第七子蒋王恽之子，父王恽在上元元年被诬告谋反，畏罪自杀，另外《旧唐书》卷七十六《炜（"玮"字作"炜"）传》云"垂拱中为则天所害"，即是说玮死于垂拱中，这种本纪与列传年月相异的情况屡见不鲜，如无特殊理由，本文即以《新唐书》本纪为准。（二）的鄱阳郡王諲，据《新唐书》卷七十下《宗室世系表》表十下，可知是高祖第十六子道王元庆[1]之子。（一）（二）二王之所以获罪，据《旧唐书》卷一百九十上《邓玄挺传》"为天官侍郎，

1.《旧唐书》卷六十四。

其失又甚于前。玄挺女为道王子諲妻，又与蒋王子炜相善。諲谋迎中宗于房陵，以问玄挺。炜又尝谓玄挺曰：'欲作急计如何？'玄挺虽皆不答，而不以告。永昌元年得罪，下狱死"，可知是因为二王当时计划从房州迎接废帝李显。接着是（三）的广汉郡公谧，据《宗室世系表》为鄱阳郡王諲之兄；（四）的汶山郡公綦根据同世系表，为高祖第十子徐王元礼[1]之子；（五）的零陵郡王俊是太宗第十四子曹王明[2]之子；（六）的广都郡公璹是太宗第六子蜀王愔[3]之子，广汉郡公谧与鄱阳郡王諲是兄弟关系，这些王公也被视作奉迎废帝的同谋而受到处罚。

接下来我再赘言几句。零陵王俊之父曹王明，此前在永隆中与废太子贤通谋，因此降封为零陵王，更徙于黔州。后来，黔州都督谢祐揣测武后实欲杀之，故而逼明自杀。《资治通鉴》卷二百零三永淳元年秋七月条记载了这个故事的后续："黔州都督谢祐希天后意，逼零陵王明令自杀……祐后寝于平阁，与婢妾十余人共处，夜，失其首。垂拱中，明子零陵王俊、黎国公杰为天后所杀，有司籍其家，得祐首，漆为秽器，题云谢祐，乃知明子使刺客取之也。"据此，零陵王俊等人被杀时，其弟黎国公杰同样遇难，官府在没收兄弟二人的家口与家产时，发现他们为报父仇，派遣刺客斩下谢祐之首，并做成秽器以报生平之怨。

（七）的纪王慎是太宗第十子。《旧唐书·则天皇后本纪》永昌元年秋七月条云："纪王慎被诬告谋反，载以槛车，流于巴州，改姓虺氏。"同书卷七十六《纪王慎传》云："初，贞（即越王贞）将起事，慎不肯同谋，及贞败，慎亦下狱。临刑放免，改姓虺氏，仍载以槛车，配流岭表，道至蒲州而卒。慎长子和州刺史东平王续最知名，早卒。次子沂州刺史义阳王琮、楚国公叡、遂州别驾襄郡公秀、广化郡公献、建平郡公钦等五人，垂拱中并遇害，家属徙岭南。"纪王慎被当作越王贞的同谋，本应被杀，特减为流配，在移至配所的途中死亡。《唐文粹》卷五十五下《碑·妃主》"唐东光县主神道碑铭并序"亦云"纪王，太

1.《旧唐书》卷六十四。

2.《旧唐书》卷七十六。

3.《旧唐书》卷七十六。

宗第十子也……东光县主，纪王第三女也……年十八受封邑，王择闻喜公以妻之，闻喜有王佐之材……太后临朝，诸武专政，鲁卫之国，翦焉邱墟。纪王流窜巴濮，薨于道路。县主承讯，崩心呕血"，与前述内容一致。然而，《旧唐书》称纪王五子（长子之前已去世）"垂拱中并遇害"，这与后文所引用的《赠陈州刺史义阳王神道碑》碑文并不相合，不过至少可以确定，纪王诸子同样遭难。

（八）的恒山郡王承乾之子厥，即废太子承乾[1]之子。（九）的嗣郑王璥[2]是高祖第十三子郑王元懿[3]之子，两人的罪状不明。（十）的梁郡公孝逸是高祖从父弟淮南王神通[4]子道彦之弟，《旧唐书》卷六十本传云："光宅元年，徐敬业据扬州作乱，以孝逸为左玉铃卫大将军、扬州行军大总管，督军以讨之……以功……孝逸素有名望，自是时誉益重，武承嗣等深所忌嫉，数谗毁之。垂拱二年，左迁施州刺史。其冬，承嗣等又使人诬告孝逸往任益州，尝自解'逸'字云：'走绕兔者，常在月中。月既近天，合有天分。'则天以孝逸常有功，减死配徙儋州，寻卒。"《新唐书》卷七十八的记载大致相同，但与《新唐书》本纪"见杀"的记载不同，仅称"配流"。

（十一）的舒王元名是高祖第十八子；（十二）的豫章郡王亶是元名之子[5]。据《旧唐书》卷一百八十六上《酷吏·侯思止传》云"侯思止，雍州醴泉人也。贫穷不能理生业，乃乐事渤海高元礼家。性无赖诡谲。时恒州刺史裴贞杖一判司。则天将不利王室，罗反之徒已兴矣。判司教思止说游击将军高元礼，因请状乃告舒王元名及裴贞反，周兴按之，并族灭。授思止游击将军"，由于酷吏侯思止这一无赖之徒的诬告，舒王元名被处谋反罪。

（十三）的泽王上金是高宗第三子，为后宫杨氏所生；（十四）的许

1.《旧唐书》卷七十六。

2.《旧唐书·郑王元懿传》也称嗣郑王名为"璥"，但《新唐书·宗室世系表》"小郑王房"中则云"嗣郑王璜"。

3.《旧唐书》卷六十四。

4.《旧唐书》卷六十。

5.《旧唐书·舒王元名传》云"永昌年，与子亶俱为丘神勣所陷，被杀"，父子俱被杀。此外，《新唐书·三公表》天授元年条中云"七月辛巳，元名流和州"。

王素节则是第四子，其母是与高宗王皇后一起被武氏所杀的淑妃萧氏。
《旧唐书》卷八十六《泽王上金传》云："出为随州刺史。载初元年，武
承嗣使酷吏周兴诬告上金、素节谋反，召至都，系于御史台。舒州刺史、
许王素节见杀于都城南驿，因害其支党。上金恐惧，自缢死。（上金之）
子义珍、义玫、义璋、义环、义瑾、义璇七人并配流显州而死。"同卷
《许王素节传》云："素节尤被谗嫉……天授中，与上金同被诬告，追赴
都……行至都城南龙门驿，被缢死……则天令以庶人礼葬之……素节被
杀之时，子瑛、琬、玑、玚等九人并为则天所杀；惟少子琳、瓘、璆、
钦古以年小，特令长禁雷州。"而（十五）的许王素节之子璟在新旧两
《唐书》的本传或《宗室世系表》中都没有记载，可能与瑛是同一个人。
不过从《新唐书》本纪天授元年十月己巳条（二十）云"杀许王素节之
子瑛、琪、琬、赞、玚、瑗、琛、唐臣"来看，也可能另有其人。

（十六）的南安郡王颖是高祖第二十一子密王元晓[1]之子，（十七）
的鄌国公昭据《宗室世系表》是舒王元名之子、豫章郡王亶之弟，
（十九）的巨鹿郡公晃据《宗室世系表》是高祖第二十子江王元祥[2]之
子。至于（十八）中的李直以下十二名就不一一论述了。

如上所述，自永昌元年起的两年内，武后打压唐宗室诸王公及其
子弟，或杀或流，让人深感除了自己所生的二子外，武后几乎要将他
们尽数消灭。想来，武后决意实行革命，李氏王公便都成了她的敌人。
但李唐宗室不会束手就擒，因此自己必须将他们一一打倒。或许正因
如此，几乎每月都有人因阴私手段（武后并未使用军事力量）惨遭杀
害。因为当时歼灭政敌最有效的名目和手段就是构陷对方谋反，故而
宗室们被杀或遭流的理由也大多是谋反，或是与谋反扯上关系。其中，
酷吏这一群体也扮演了重要角色。

四

载初元年（690），武后完成了对唐朝宗室的大规模清理，于九月

1.《旧唐书》卷六十四。
2. 同上。

九日进行革命，定国号为周，改元天授，登基称帝，将自己的儿子、有名无实的天子李旦降为皇嗣，随后在神都洛阳建立武氏七庙，封武氏一族的主要成员为王。那么，在武周革命达成后，谋反、谋大逆二罪发生的情况又是怎样的呢？

綦连耀事件（697年）《旧唐书·则天皇后本纪》万岁通天二年正月条载："凤阁侍郎李元素、夏官侍郎孙元亨坐与綦连耀谋反，伏诛。"同书卷五十七《刘世龙（思礼）传》载："万岁通天二年，为箕州刺史。思礼少尝学相术于许州张憬藏，相己必历刺史，位至太师。及授箕州，益自喜，以为太师之职，位极人臣，非佐命无以致之。与洛州录事参军綦连耀结构谋反，谓耀曰：'公体有龙气。'耀亦谓思礼曰：'公是金刀，合为我辅。'因相解释图谶，即定君臣之契。又令思礼自衒相术，每所见人，皆谓之'合得三品'，使务进之士，闻之满望，然始谓云：'綦连耀有天分，公因之以得富贵。'事发系狱，乃多证引朝士，冀以自免。所诬陷者三十余家，耀、思礼并伏诛。凤阁侍郎李元素、夏官侍郎孙元亨、知天官侍郎事石抱忠、凤阁舍人王勮、勮兄前泾州刺史勔、太子司议郎路敬淳等坐与耀及思礼交结，皆死。初，则天命河内王武懿宗按思礼之狱。懿宗宽思礼于外，令广引逆徒。而思礼以为得计，从容自若，尝与相忤者，必引令枉诛。临刑犹在外，尚不之觉，及众人就戮，乃收诛之。"

綦连耀事件发端于刘思礼的妄信，思礼意图推举綦连耀为天下之主，又诱骗那些期待借此升官的官员们加入其党派。其事败露后，刘思礼为了保全性命，对武懿宗唯命是从，因此告发了许多人，称他们是自己的同谋，导致三十多户人家破灭。即使如此，刘思礼直到被杀前依然坚信自己能独善其身，甚为愚蠢。据《旧唐书》卷一百八十六上《酷吏·吉顼传》，最初揭发这一事件的人是吉顼，另外除上文提及的綦连耀、刘思礼、李元素[1]、孙元亨、石抱忠[2]、王勮、王勔[3]、路敬淳[4]

1.《旧唐书》卷八十一。

2.《新唐书》卷一百十二。

3.《旧唐书》卷一百九十上。

4.《旧唐书》卷一百八十九下。

外，天官侍郎刘奇[1]、来庭县主簿柳璆、给事中周潘、司门员外郎刘慎之、右司员外郎宇文全志等也成为了受害者。而且由"楚毒百端，以成其狱。皆海内贤士名家，天下冤之，亲故连累审逐者千余人"可见，他们的亲朋故旧或是连坐，或是逃亡，加上这些人的话，被牵连者已达千余人。这大概是由于武氏借题发挥，又构陷了不少对她心有不满的士族。

《旧唐书》卷八十九《姚璹传》中可见：

> 神功初（神功元年为公元697年）左授益州大都督府长史。蜀中官吏多贪暴，璹屡有发擿，奸无所容。则天嘉之……时新都丞朱待辟坐赃至死，逮捕系狱。待辟素善沙门理中，阴结诸不逞，因待辟以杀璹为名，拟据巴蜀为乱。人密表告之者，制令璹按其狱。璹深持之，事涉疑似引而诛死者，仅以千数。则天又令洛州长史宋元爽、御史中丞霍献可等重加详覆，亦无所发明。逮系狱数百人，不胜酷毒，递相附会，以就反状。因此籍没者复五十余家，其余称知反配流者亦十八九，道路冤之。监察御史袁恕己劾奏其事，则天初令璹与恕己对定，又寻令罢推。俄拜地官尚书。

这是在蜀地发生的事件。虽然很多人因此伏诛或籍没，但由于这是地方上的事件，因此本纪中没有记载。而且，《旧唐书》卷一百一《薛登传》云："天授中，为左补阙……寻转水部员外郎，累迁给事中、检校常州刺史。属宣州狂寇朱大目[2]作乱，百姓奔走，谦光（登的本名）严备安辑，阖境肃然。转刑部侍郎，加银青光禄大夫，再迁尚书左丞。景云中，擢拜御史大夫。"虽然能推测出该叛乱发生于武后时期，但具体时间不明。

武周革命后的情况如上所示。如果革命后的谋反、谋大逆二罪只

1.《旧唐书》卷五十八《刘政会传》。
2.《新唐书》卷一百十二作"钟大眼"。

有上述事件，那么和革命前相比，政治局面似乎平静了许多，但实际上完全不是这样。下文中，我将根据《新唐书》本纪，列出本文尚未提及，但在武周革命前后数年间被指控犯有二罪的人。

垂拱四年

三月壬戌，杀麟台少监周思茂[1]。

四月戊戌，杀太子通事舍人郝象贤[2]。

十二月己亥，杀骞味道[3]。

永昌元年

闰月（闰九月）甲午，杀魏玄同[4]、夏官侍郎崔詧[5]；戊申，杀彭州长史刘易从[6]。

十月丁巳，杀陕州刺史刘延景[7]；戊午，杀右武威卫大将军黑齿常之、右鹰扬卫将军赵怀节[8]。

---

1. 《旧唐书》卷一百九十中《周思茂传》云"垂拱四年，下狱死"，《新唐书》列传同。

2. 《旧唐书》卷八十四《郝处俊传》云"处俊孙象贤，垂拱中为太子通事舍人，坐事伏诛，临刑言多不顺。则天大怒，令斩讫仍支解其体，发其父母坟墓，焚爇尸体，处俊亦坐斫棺毁枢"；《资治通鉴》在此之外又云，郝象贤被人诬告谋反，为周兴所鞠狱。

3. 宰相骞味道在《新唐书·宰相表》与同书《宰相世系表》中都有记载，然而于两《唐书》中无传。《资治通鉴》垂拱四年十二月条中记载了他伏诛的由来："左肃政大夫、同平章事骞味道素不礼于殿中侍御史周矩，屡言其不能了事。会有罗告味道者，敕矩按之。矩谓味道曰：'公常责矩不了事，今日为公了之。'乙亥，味道及其子辞玉皆伏诛。"《考异》云："御史台记：'味道陷周兴狱。'今从《矩传》。"

4. 《旧唐书》卷八十七《魏玄同传》云："素与裴炎结交（裴炎被诬构为徐敬业之乱的同谋）……永昌初，为周兴所构，云玄同言：'太后老矣，须复皇嗣。'太后闻之，怒，乃赐死于家。监刑御史房济谓玄同曰：'何不告事，冀得召见，当自陈诉。'玄同叹曰：'人杀鬼杀，有何殊也，岂能为告人事乎！'乃就刑。"

5. 《新唐书·宰相世系表十二下》"崔氏"中亦见其名，但两《唐书》中无崔詧传。然而，《资治通鉴》在记魏玄同之死（本页注4）后，又云"又杀夏官侍郎崔詧于隐处。自余内外大臣坐死及流贬者甚众"。由这一点推测，可知这或许是周兴向武后进谗言的结果。

6. 据《旧唐书》卷七十七《刘德威传》及《宰相世系表》第十一上，德威子审礼，审礼弟延景，审礼子易从。而《易从传》中云"易从……永昌中，坐为徐敬贞（真之误）所诬搆遇害"，可见易从被杀后一月被杀的刘延景，应该也同样被卷入了徐敬贞事件。顺带论及，武后所生皇子旦（后来的睿宗）之妃是延景之女，妃于三年后遭难（参第223页注6），所以刘易从、刘延景被害与妃的遭难没有直接关系，可能是武氏一党为了扫除障碍，才借徐敬贞事件将二人杀害。

7. 参本页注6。

8. 《旧唐书》卷一百九《黑齿常之传》云："寻为周兴等诬构，云与右鹰扬将军赵怀节等谋反，系狱，遂自缢而死。"

载初元年（天授元年）

腊月丙寅，杀刘齐贤[1]。

二月丁卯，杀地官尚书王本立[2]。

五月戊子，杀范履冰[3]，己亥杀梁郡公孝逸[4]。

六月戊申，杀汴州刺史柳明肃[5]。

七月癸卯，杀太常丞苏践言[6]。

---

1. 《旧唐书》卷八十一《刘齐贤（景先）传》云"永昌年，为酷吏所陷，系于狱，自缢死，仍籍没其家"，此前亦因为裴炎辩护而惹怒武后。

2. 新旧《唐书》均无王本立传，但他在武后时位列宰相，《新唐书·宰相表》和新旧《唐书》本纪中均有关于他的记载。而他于天授元年二月丁卯被杀，此事亦见于《新唐书》本纪。然而，《资治通鉴》天授元年二月条云"丁卯，地官尚书王本立薨"；《考异》云"《新纪》：'丁卯，杀王本立。'御史台记：'本立为周兴所诛。'今从《实录》"。

3. 《新唐书·宰相表》天授元年条云："四月丁巳，履冰被杀。"《旧唐书》卷一百九十中《范履冰传》云："寻迁春官尚书、同凤阁鸾台平章事，兼修国史。载初元年，坐尝举犯逆者被杀。"

4. 李孝逸是淮安王神通之子，曾任平定徐敬业叛乱官军的领兵大将，立下战功。然而《旧唐书》卷六十《孝逸传》云："尽捕斩敬业等，振旅而还，以功进授镇军大将军，转左豹韬卫大将军，改封吴国公。孝逸素有名望，自是时誉益重，武承嗣等深所忌嫉，数谮毁之。垂拱二年，左迁施州刺史。其冬，承嗣等又使人诬告孝逸往任益州，尝自解'逸'字云：'走绕兔者，常在月中。月既近天，合有天分。'则天以孝逸常有功，减死配徙儋州，寻卒。"

5. 柳明肃之名除此之外仅见于《新唐书·宰相世系表第十三上》"柳氏"条，所幸本节第四项"一"中讨论徐敬业叛乱时，引用了《通典》"守正"条中关于对韩纯孝处置的议论："伏惟逆人独孤敬同柳明肃之辈。"据此，或许可进一步推断柳明肃的情况。

6. 《旧唐书》卷七十五《苏世长（良嗣）传》云："与地官尚书韦方质（第222页注7）不协，及方质坐事当诛，辞引良嗣，则天特保明之。良嗣谢恩拜伏，便不能复起，舆归其家，诏御医张文仲、韦慈藏往视疾。其日薨，年八十五……其子践言，太常丞，寻为酷吏所陷，配流岭南而死。追削良嗣官爵，籍没其家。"《新唐书》列传略同。

　　与上引史料有关的还有《通典》卷一百六十九《刑七》"守正"条称：故左相苏良嗣亡后被告反，男践言、践忠、践义，推事使、金吾将军丘神勣奏称请准法绞刑者，奉敕依。顷又有敕："苏良嗣往者频被言告，指验非虚。朕以其年迫桑榆，情敦簪履，掩其恶迹，竟不发扬。洎乎归壤之辰，爰备饰终之礼。不谓因子重发逆踪，所司执法论科，请申毁枢之罚。朕念劳志切，惟旧情深，是于因赦之科，特降非常之需。式延恩于朽骼，俾流渥于幽魂。特免斫棺之刑，宽其籍没之典者。"少卿郭奉一等所奏："苏良嗣作逆先死，准敕免斫棺，矜其籍没，其男践言等缘坐，既在敕无文，请准法处绞刑。奉依者。"有功执奏曰："践言、践忠、良嗣之子，缘其父逆，并合绞刑。但为敕称：'屈法申恩，特降非常之需。'又言：'念劳志切，惟旧情深，特免斫棺之刑，宽其籍没之典。'两节皆具'特'字，信知恩是非常。父免斫棺之刑，子无缘坐之死；既宽籍没之典，理绝收录其家。按名例律：'因罪人以致罪，若罪人遇恩原减，亦准罪人原减法。'又云：'即缘坐家口虽配没，罪人得免者，亦免。'斫棺为其父逆，因父致其绞刑，父既特遇殊恩，子便不拘恒律。践言等并即不合缘坐（转下页）

八月甲寅，杀裴居道[1]；壬戌，杀右司郎中乔知之[2]；癸亥，杀尚书右丞张行廉[3]；甲子，杀流人张楚金[4]；戊辰，杀流人元万顷、苗神客[5]。

九月乙亥，杀麟台郎裴望[6]及其弟司膳丞琏。

十月丁卯，杀流人韦方质[7]。

天授二年

正月戊寅，杀雅州刺史刘行实及其弟渠州刺史行瑜、尚衣奉御行感、兄子左鹰扬卫将军虔通；庚子，杀史务滋[8]。

（接上页）处尽。录奏者。"奉敕："践言等缘坐合死，朕好生恶杀，不忍加刑，宜特免死配流。"由于此处引用的是潘好礼的纂录，不免首尾不清，但仍可明白事情经过：徐有功面对丘神勣、少卿郭奉一等人的讨论，以下赐苏良嗣的特敕与当时的名例律等为根据展开抗辩。最终的决定是"宜特免死配流"，因此应当采信《旧唐书》列传"配流岭南而死。追削良嗣官爵，籍没其家"的说法。此外，此时犯二罪者的近亲被处以死刑，其家口、家产也被籍没；但只有犯罪者本人被判死刑，本应籍没的近亲等被特减为流刑、只有家产——可见私家奴婢也属于这一范畴——没官的做法也并不少见。

1. 《旧唐书》卷八十六《孝敬皇帝弘传》附传中云："裴居道，绛州闻喜人……以女为太子（即李弘）妃，则天时，历位……载初元年春，为酷吏所陷，下狱死。"另外，太子弘虽然是武后之子，但因为武后所忌，死于上元二年。

2. 《旧唐书》卷一百九十中《乔知之传》云："乔知之……父师望，尚高祖女庐陵公主……知之与弟侃、备，并以文词知名……则天时……迁左司郎中。知之有侍婢曰窈娘，美丽善歌舞，为武承嗣所夺。知之怨惜，因作绿珠篇以寄情，密送与婢，婢感愤自杀。承嗣大怒，因讽酷吏罗织诛之。"《新唐书·外戚·武承嗣传》与《资治通鉴》记载略同。但《资治通鉴》将此事系于神功元年，其理由见《考异》。

3. 《资治通鉴》八月癸亥条中也有相应记载。从《通鉴》前后的记载来看，他或许是因身为唐朝宗室的亲党而被诬构，此处恳请方家教正。

4. 见第213页注1。

5. 新旧两《唐书》《苗神客传》并未云被杀一事，《旧唐书·元万顷传》云："万顷……永昌元年为酷吏所陷，配流岭南而死。时神客、（胡）楚宾已卒，（范）履冰、（周）思茂相次为酷吏所杀。"另外，关于张楚金、元万顷可参第213页注1。

6. 据《新唐书·宰相世系表第十一上》"东眷裴氏"，裴望是裴居道（第222页注1）之子。

7. 《旧唐书》卷七十五《韦方质传》云"则天初鸾台侍郎、地官尚书、同凤阁鸾台平章事……俄而武承嗣、三思当朝用事，诸宰相咸倾附之。方质疾假，承嗣等诣宅问疾，方质据床不为之礼，左右云：'踞见权贵，恐招危祸。'方质曰……寻为酷吏周兴、来子珣所构，配流儋州，仍籍没其家。寻卒"；《新唐书》本纪载初元年一月丙午"流韦方质于儋州"；同年十月丁卯"杀流人韦方质"，据此韦方质或在配流后被杀。《资治通鉴》十月丁卯条"杀流人韦方质"，《考异》云"旧传云：'配流儋州，寻卒。'今从统纪、新本纪"。

8. 《旧唐书》卷一百八十六上《来子珣传》云"天授中……时雅州刺史刘行实及弟渠州刺史行瑜、尚衣奉御行感并兄子鹰扬郎将军虔通等，为子珣诬告谋反诛，又于盱眙毁其父左监门大将军伯英棺柩"；同书卷九十《史务滋传》云"史务滋……累至内史。天授中，（转下页）

八月庚申，杀右玉钤卫大将军张虔勖[1]。

九月乙亥，杀岐州刺史云弘嗣[2]。

十月己酉，杀岑长倩、欧阳通、格辅元[3]；壬戌，杀乐思晦[4]、左卫将军李安静[5]。

天授三年（如意元年、长寿元年）

长寿二年

腊月癸亥，杀皇嗣妃刘氏、德妃窦氏[6]。

（接上页）雅州刺史刘行实……（所述事与上条史料同）初，务滋素与行感周密，意欲寝其反状。则天怒，令俊臣鞫之，务滋恐被陷刑，乃自杀"；《新唐书·宰相表》天授二年条云"正月庚子，务滋自杀"。

1.《旧唐书》卷一百八十六上《来俊臣传》云："俊臣复按大将军张虔勖、大将军内侍范云仙于洛阳牧院。虔勖等不堪其苦，自讼于徐有功，言辞颇厉，俊臣命卫士以乱刀斩杀之。云仙亦言……俊臣命截去其舌。士庶破胆，无敢言者。"

2.《资治通鉴》本年九月条云："杀岐州刺史云弘嗣。来俊臣鞫之，不问一款，先断其首，乃伪立案奏之，其杀张虔勖（本页注1）亦然。敕旨皆依，海内钳口。"

3.《旧唐书》卷七十《岑长倩传》云："其年（天授二年），凤阁舍人张嘉福与洛州人王庆之等列名上表，请立武承嗣为皇太子。长倩以皇嗣在东宫，不可更立承嗣，与地官尚书格辅元竟不署名，仍奏请切责上书者。由是大忤诸武意，乃斥令西征吐蕃，充武威道行军大总管，中路召还，下制狱，被诛，仍发掘其父祖坟墓。来俊臣又胁迫长倩子灵源，令诬纳言欧阳通及格辅元等数十人，皆陷以同反之罪，并诛死。"《新唐书》列传云："来俊臣胁诬长倩与辅元、欧阳通数十族谋反，斩于市，五子同赐死，发暴先墓。"《旧唐书》卷七十《格辅元传》、同书卷一百八十九《欧阳通传》中也略记了上述事件。

4.《旧唐书》卷八十一《乐彦玮》传仅云："思晦，则天时……为酷吏所杀。"《资治通鉴》十月壬辰条云："杀鸾台侍郎、同平章事乐思晦、右卫将军李安静。安静，纲之孙也。太后将革命，王公百官皆上表劝进，安静独正色拒之。及下制狱，来俊臣诘其反状，安静曰：'以我唐家老臣，须杀即杀！若问谋反，实无可对。'俊臣竟杀之。"据此，乐思晦与李安静被杀的理由似乎相同，但就算二人在同一日伏诛，罪状也有可能相异，因此无法立刻判断。此外，《旧唐书·来俊臣传》中有"凤阁侍郎乐思晦男年八九岁，其家已族，宜隶于司农，上变，得召见，言'俊臣苛毒，愿陛下假条反状以付之，无大小皆如状矣。'则天意少解"，可知乐思晦一家被判为情节严重的二罪。

5.《新唐书》卷九十九《李安静传》所记与本页注4引《资治通鉴》李安静事迹略同。

6. 皇嗣旦之妃刘氏，即《旧唐书》卷五十一《睿宗肃明顺圣皇后刘氏》所述之人，为刘德威之孙、刘延景之女（参第220页注6）。又德妃窦氏即《旧唐书》卷五十一中的"睿宗昭成顺圣皇后窦氏"，为窦抗曾孙、窦诞之孙、孝谌之女，后来的玄宗隆基之母，本传云："长寿二年，为户婢团儿诬谮与肃明皇后厌蛊咒诅。正月二日，朝则天皇后于嘉豫殿，既退而同时遇害。梓宫祕密，莫知所在。睿宗即位，谥曰昭成皇后……"此外，《资治通鉴》长寿二年正月记事与《考异》也可资参考，但此处暂不述。

一月甲寅，杀尚方监裴匪躬、内常侍范云仙[1]。

三月己卯，杀左卫员外大将军阿史那元庆[2]、白涧府果毅薛大信。

五月乙未，杀冬官尚书苏干[3]。

延载元年

证圣元年（天册万岁元年）

万岁登封元年（万岁通天元年）

神功元年

六月丁卯，杀监察御史李昭德[4]。

在此我只列举了明确因二罪被诛杀的人，其他不确定的情况及被判流放者就暂时省略了。此外，根据《旧唐书》的卷七十一《魏徵传附魏叔璘传》、卷八十四《刘仁轨传附刘濬传》、卷九十八《韩休传附韩大敏传》、卷一百九《契苾何力传》、卷一百八十五上《薛大鼎传附薛克构传》、卷一百八十五上《王方翼传》、卷一百八十八《裴敬彝传》、卷一百九十上《崔信明传附崔冬日传》等列传，可继续补充上述内容。

---

1. 《旧唐书》本纪长寿二年春二月条云"尚方监裴匪躬坐潜谒皇嗣（即李旦），腰斩于都市"；《资治通鉴》长寿二年春一月条则云"前尚方监裴匪躬、内常侍范云仙坐私谒皇嗣腰斩于市"。《通鉴考异》否定了《旧唐书·来俊臣传》的说法，称应从《实录》，张虔勖被杀于天授二年，但范云仙是于长寿二年被杀。但是，《来俊臣传》（第223页注1）的记载也并没有认为张虔勖与范云仙一定是在同年同月被杀。

   《新唐书》卷七十六《高宗则天顺圣皇后武氏传》云："帝（即睿宗）之为皇嗣，公卿往往见之，会尚方监裴匪躬、左卫大将军阿史那元庆、白涧府果毅薛大信、监门卫大将军范云仙潜谒帝，皆腰斩都市，自是公卿不复上谒。"

2. 同第224页注1。

3. 《旧唐书》卷八十八《苏瓌传》云："干（瓌的从父兄）……垂拱中，历迁魏州刺史……迁冬官尚书。酷吏来俊臣素忌嫉之，遂诬奏干在魏州与琅邪王冲私书往复，因系狱鞫讯，干发愤而卒。"

4. 据《旧唐书》卷八十七《李昭德传》，李昭德严厉地处罚了向武后上表请立武承嗣为皇太子的一伙人，又向武后直言不可立武承嗣的原因。此外他还曾问责酷吏侯思止的非法行为，将之棒杀。因为上述一系列事件，部分臣僚便指责李昭德大权独揽，本传云："延载初，左迁钦州南宾尉，数日，又命免死配流。寻又召拜监察御史。时太仆少卿来俊臣与昭德素不协，乃诬构昭德有逆谋，因被下狱，与来俊臣同日而诛。是日大雨，士庶莫不痛昭德而庆俊臣也。相谓曰：'今日天雨，可谓一悲一喜矣。'"附带论及，来俊臣是因其他罪状而与李昭德在同日伏诛的。

　　上文所列各人的具体情况可参注释。至于这些人获罪的原因，有些史料中只提了"酷吏构陷"；有的和徐敬业、琅邪王及越王、徐敬真事件有关而被牵连，或是忤逆了新掌权的武后和武氏当权者，甚至有为酷吏所憎以致得罪的，情况多种多样、真伪混杂。另外，关于人们所受的惩罚，有《旧唐书》卷七十五《苏践言传》"籍没其家"，卷八十一《刘齐贤传》"仍籍没其家"，同书卷八十四《刘濬传》"妻子籍没"，卷七《韦方质传》"仍籍没其家"，卷一百九十中《郭正一传》"家口籍没"，卷一百八十六上《来俊臣传》"凤阁侍郎乐思晦男年八九岁，其家已族，宜隶于司农（即没官后，成为司农寺的官奴婢）"等记载。由此可以推测，重罪二罪的处罚多半伴有籍没。然而，即使犯了情节严重的二罪，也可能会被特减死罪，改为没官、流放远地，那么情节严重的二罪可能也会被视作较轻的二罪处理。附带论及，正如《唐大诏令集》卷四《帝王·改元中》所载《改元载初赦》的一节"长流人并别敕流人移贯人……虽未至前所，并不在赦限"；同书卷七十七《典礼·亲谒》所载《谒五陵赦》（开元十七年十一月）的一节"其反逆缘坐长流及戍奴（或为城奴），量移近处，编附为百姓"所示，"长流"一词屡见不鲜。《唐律疏议》中看不到"长流"的字样，根据同书卷三《名例三》的规定，因普通犯罪被判流刑者，刑期已满后便附籍于流放地的州县，成为当地的编户民，此前有出仕资格的人在六年后被允许出仕。但是犯了谋反、谋大逆罪，本应被判死刑却被免死配流者，以及因二罪缘坐流放者，即使刑期已满也没有这样的待遇。此外，我认为长流不只是为了二罪才被推行的，不过长流与上引后者[1]的规定或许有某种关联，详细内容将留待后考。

五

　　《资治通鉴》长寿元年秋七月条中总结了徐敬业及琅邪王与越王叛

---

1. 即指犯了二罪免死配流，或因二罪缘坐流放者，即使服满刑期，也无法在六年后重新出仕的规定，见《唐律疏议》卷三《名例三》"诸犯流应配者，三流俱役一年"条疏议引唐令："流人至配所，六载以后听仕。反逆缘坐流及因反、逆免死配流，不在此例。"见刘俊文笺解：《唐律疏议笺解》，中华书局1996年版，第256页。——译者注

乱后的情况："太后自垂拱以来，任用酷吏，先诛唐宗室贵戚数百人，次及大臣数百家，其刺史、郎将以下，不可胜数"，当时的情况正如该条史料所言。《旧唐书·酷吏传》中记载来俊臣前后族灭了一千余家，周兴也使数千人家破人亡等，这绝非夸大之言。因此，京师方面暂且不论，在流放南方偏远诸州的犯人中，有因自身免死被流放的、因缘坐免官被流放的，还有因缘坐被判流刑的，数量已经相当可观。这些人遭遇的悲惨命运可见下文。

《旧唐书》卷一百八十六上《酷吏·万国俊传》云：

> 长寿二年[1]，有上封事言岭南流人有阴谋逆者，乃遣国俊就按之，若得反状，便斩决。国俊至广州，遍召流人，置于别所，矫制赐自尽，并号哭称冤不服。国俊乃引出，拥之水曲，以次加戮，三百余人，一时并命。然后锻炼曲成反状，仍诬奏云："诸流人咸有怨望，若不推究，为变不遥。"则天深然其奏，乃命右卫翊二府兵曹参军刘光业、司刑评事王德寿、苑南面监丞鲍思恭、尚辇直长王大贞、右武卫兵曹参军屈贞筠等，并摄监察御史，分往剑南、黔中、安南等六道鞫流人。寻擢授国俊朝散大夫、肃政台侍御史。光业等见国俊盛行残杀，得加荣贵，乃共肆其凶忍，唯恐后之。光业杀九百人，德寿杀七百人，其余少者咸五百人。亦有远年流人，非革命时犯罪，亦同杀之。则天后知其冤滥，下制："被六道使所杀之家口未归者，并递还本管。"国俊等俄亦相次而死，皆见鬼物为祟，或有流窜而终。

长寿二年，朝廷派万国俊等六名酷吏，以暗中谋逆为由杀害了共三千数百名流配南方的政治犯，这是何等令人毛骨悚然的残忍行为。

《新唐书》卷一百六《刘德威（延景）传》云："易从（其弟）……

1.《资治通鉴》也称其为长寿二年二月之事，但《唐会要》卷四十一"酷吏"记有"长寿元年，有上封事人"云云。

永昌中，为酷吏周兴诬构坐死……子升，年十余岁流岭表，六道使诛流人，升以信爱为首领所庇免。后易姓温，北归洛。景云中，特授右武卫骑曹参军。"像这样，也有少数幸存者幸免于难，在武后之世结束后又被任用，史料中也流传着这些幸存者的悲惨故事。《全唐文》卷二百三十《张说十》中有《赠陈州刺史义阳王神道碑》，文中载：

　　……王讳琮，字某，文帝之孙，纪王之子……总角封义阳郡王，弱冠拜归州刺史，又守檀州，又抚沂州……遭王运中微，投于南海[1]……某年月日，遘六道酷吏，薨于桂林之野，春秋五十。神龙之初，兴废继绝，追赠陈州刺史……季子豫州刺史行休（琮之季子），髫龀羁孤，托身炎厉（行休免于六道使之难），荑是余庆，岿然独存，泣血上请，迎丧远裔。开元四年二月，至桂林（遇父琮之丧，再赴桂林），王同气三人，往偕遇祸[2]，殡殓无主，封树缺如，岁月茫茫，尽为野草。问邻母而失处，访樵童而莫识。议者以为不可复得，宜招魂而葬。行休拊心苍昊，誓不徒还……（此后行休在荒野探求父亲的遗骸，或受梦中指引，或占卜询问结果，也有奇迹般的内容）以其月二十八日，于桂城东洲发见神柩。举体咸备，而一节阙焉。行休甚痛惋，若自毁裂。其夜，又梦王告在南洛（？）州。厥明，直旧殡而南，十有九步，沙州痕下，掘而得之，安合如故。他日，北郭之外并收二叔父焉（父琮弟中的二人）。于是乎验著梦之有征也。子子三旐，连舳归飞，遥遥百越，经途赡叹，零桂人士，以为美谈……以某年月日，陪葬于昭陵柏城。妃（义阳王琮之妃）汝南周氏祔焉，礼也。妃考曰驸马都尉梁郡襄公（妃父周道务是唐太宗女临川公主之夫），姊曰临川大长公主，宗周元胄……以王之故，薨于掖

<hr />

1. 纪王慎和琮等的事迹可见本项"三"。
2. 父琮的兄弟中有三人都被判流于此地，和本项"三"中《旧唐书·纪王慎传》载子五人于垂拱中遇害有出入。

> 宫[1]。初永昌之难，王下河南狱（义阳王琮在被流放之前，曾于
> 河南狱中受讯），妃录司农寺（妃因缘坐义阳王琮没官），惟
> 有崔（？）氏女，扉屦布衣，往来供馈，徒行悴色，伤动人
> 伦，中外咨嗟，目为勤孝。王之二子，配在巂州，及六道使
> 之用刑也，长曰行远，以冠就戮（行休之兄），次曰行芳，以
> 童当舍（行休之兄）。芳啼号，抱行远乞代兄命，既不见听，
> 固求同尽。西南伤之，称为死悌……夫如是淳美……安可阙
> 而不饰？碑版无文而已哉。铭曰……

详尽地描绘了行休等人面对义阳王琮等所受的深刻迫害，其孝悌之举中悲哀尽显的情状。

武后时代酷吏横行肆虐的情形如上所述。这些酷吏原本就受到掌权者的指示，或察觉到了这种意图，便以真伪混杂之事为口实来逮捕这些人，还尽可能多地牵连他人以求晋升。如《旧唐书·酷吏传序》所评论的："遂使酷吏之党，横噬于朝，制公卿之死命，擅王者之威力……天诛发于唇吻，国柄秉于掌握。"以及《唐会要》卷四十一《酷吏》所载："公卿入朝，默遭收捕，故每出必与家人诀曰：'不知重见否？'"当时的风气已达到了如此程度。公卿的生死握于酷吏之手，每日战战兢兢、如履薄冰，这一浩劫全非东汉宦官之祸所能比。

但即使是如此异常的酷吏活动也终将衰退。据《新唐书》本纪可知，丘神勣于天授二年正月乙未伏诛，傅游艺于同年九月壬辰被诛；另外据《旧唐书·酷吏传》，周兴于天授二年十一月，在流配途中被仇家手刃；来子珣、侯思止、万国俊、王弘义等人在长寿至延载年间或受刑而死，或是被流放；其中，连酷吏头目来俊臣，也在武氏诸王、武后之女太平公主、嬖臣张易之兄弟等宫中势力发动反抗后，于万岁通天二年（697）六月被处刑，这是其间最重大的变故。在刑场等待他被斩首的仇家争先恐后地直冲上去，恨不得食其肉、寝其皮，大呼快

1.《新唐书·公主传》载永淳年间薨，而根据此碑，公主受纪王、义阳王琮连累，被夫家出，被幽闭于掖庭而死。

哉，旁观的民众也高声欢呼。这声音响彻四方，就连武后也为这怨恨
之深而动容。至于为何酷吏们的影响日趋淡薄，既是因为他们内部纷
争不断、犯罪频仍，又是因为掌权者将士庶针对自己的批评、非难转
嫁到他们头上；但是无论如何，最根本的原因是当时武后已经七十过
半，没有了往年的气力，到了不得不听取臣僚善言的年龄。

　　《旧唐书·则天皇后本纪》圣历元年（698）条云"春三月，召庐陵
王哲于房州……九月……丙子[1]，庐陵王哲为皇太子，令依旧名显"；圣
历二年条云"春二月，封皇嗣旦为相王"，武后召还[2]废帝李显，并再次
封他为太子，其弟李旦的位置与名号则从皇嗣退回到了相王。但与之
截然相对的是，《新唐书》本纪圣历二年腊月辛亥条中有"赐皇太子姓
武氏"的记载；《旧唐书》本纪二年秋七月条云"上以春秋高，虑皇太
子、相王与梁王武三思、定王武攸宁等不协，令立誓文于明堂"。由此
可见，武后虽然还未完全舍弃维持周朝的执念，不过总算是召回了庐
陵王，长年阴惨的政治氛围渐趋明朗，这点已成事实。但是，还要再
经历一二次事件后，武后才会完全放弃自己的执念。

　　万岁通天二年时，经太平公主推荐，定州义丰县人张希臧之子昌
宗进入禁中，不久，其兄易之也入侍宫内。兄弟二人立刻得到了武后
的宠幸，到了久视、长安年间，他们因武后的宠爱而得势，行事也愈
发肆意妄为。如此，他们理所当然地与武氏一族、太平公主、皇太子
一家等所谓旧势力水火难容，皇太子显的长子邵王重润便成为了双
方冲突的牺牲品。邵王原名重照，从出生开始就饱经政局动荡，所受
之苦不亚于其父王。他憎恶张易之兄弟，与他们抗争，结果张易之兄
弟反过来向武后进上谗言，结果重照与其妹永泰公主[3]、妹夫魏王武延

1.《新唐书》本纪与《资治通鉴》云九月壬申。

2.《唐会要》卷五十一"官号""识量上"云："（圣历）三（？）年腊月，张易之兄弟贵宠逾
　分，惧不自全，请计于天官侍郎吉顼（《旧唐书·酷吏传》）……顼曰：'天下思唐德久矣，主
　上春秋已高，武氏诸王殊非所属意，公何不从容请立庐陵、相王，以副生民之望。'易之乃
　乘间屡言之，则天意乃易。既而知顼之谋，乃召问顼，顼曰：'庐陵、相王皆陛下子，高宗
　初托于陛下，当有所主。'上意乃追中宗焉。其事密，睿宗立，左右乃发明之。遂追赠顼为
　御史大夫。"这是一个有名的故事。

3.《新唐书》卷八十三。

基[1]一同被祖母武后赐死。时为大足元年（701）九月。

张易之兄弟被诛事件（705年） 在上述事件后，二张在禁中的威势从表面上来看似乎愈加强盛。然而，武后已经年过八十，自然会有人意图通过推戴皇太子一举成事。《旧唐书》本纪神龙元年[2]春正月云"制自文明元年已后得罪人，除扬、豫、博三州（徐敬业、越王贞、琅邪王事件）及诸逆魁首，咸赦除之"，武后此举或许是出于笼络人心的考虑，但为时已晚。同月癸卯[3]（二十二日），以桓彦范、崔玄暐、张柬之、袁恕己、敬晖、李多祚[4]、王同皎[5]等为主，群臣率领以洛阳左右羽林军为主力的军队闯入宫殿，以谋反罪为名斩杀张易之兄弟——另外还袭杀了张昌期、张同休、张景雄等人——帮助在突发政变中惊慌失措的皇太子于二十五日丙午[6]再度登基，果断地实现了政权的转换。

---

1. 《旧唐书·外戚传》。

2. 与《旧唐书·则天武后纪》"神龙元年春正月，大赦，改元（改元神龙）。上不豫，制……癸亥（为"癸卯"之误，事变发生）……"的记载相对——《旧唐书·中宗本纪》与《新唐书·则天武后纪》均未记改元之事——《新唐书·中宗本纪》则云"神龙元年正月，张柬之等以羽林兵讨乱。甲辰，皇太子监国，大赦，改元。丙午，复于位"，皇太子于甲辰开始监国，并改长安五年为神龙元年。《资治通鉴》"壬午朔，赦天下，改元"条《考异》云：'《新纪》（即《武后本纪》）：'长安五年，正月，壬午，大赦（引《中宗本纪》）；甲子（"辰"之误），太子监国，改元。' 按《则天实录》：'神龙元年，正月，壬午朔，大赦，改元。'《旧纪》《唐历》《统纪》《会要》皆同。纪年通谱亦以神龙为武后年号，中宗因之。《新纪》误也。"关于改元神龙的具体年月日，史料中存在不同说法，不过总之要么是在正月壬午朔改元，要么是在甲辰皇太子监国时改元，但此时武后依然在位，因此中宗在复位后的三年内都沿袭神龙年号，后来才终于改元景龙，这种现象在历史上是极为少见的。

3. 《旧唐书·则天武后纪》云"癸亥"，但如果《资治通鉴》所云"正月壬午朔"的记载正确，那么正月就没有癸亥，因此或应从《新唐书》《资治通鉴》"癸卯"的说法。此外，平冈武夫教授《唐代の暦》亦采"壬午朔"一说。

4. 均收入《旧唐书》卷九十一。

5. 《旧唐书》卷一百八十七上。

6. 与《旧唐书·则天武后纪》"甲辰，皇太子监国，总统万机，大赦天下。是日，上传皇帝位于皇太子，徙居上阳宫"的记载相对，同书《中宗纪》云："乙巳，则天传位于皇太子。丙午，即皇帝位于通天宫，大赦天下……丁未，天后徙居上阳宫。"《新唐书·则天武后纪》与《中宗纪》均云丙午中宗复位，《通鉴》称乙巳传位，丙午即位，丁未太后迁宫。将上述史料彼此参照，可见实际情况可能是乙巳决定传位，丙午正式即位。

　　附带一提，《唐会要》卷一《帝号上》中云"中宗……神龙元年正月二十四日，即位于通天宫"，"二十四日"或为"二十五日"之讹。又据《册府元龟》卷十《帝王部》"继统"条与卷十五《帝王部》"年号"条，武后传位于正月甲戌，中宗乙亥即位，但如果以《资治通鉴》"壬午朔"为基础的话（本页注3），正月也不存在甲戌和乙亥。

中宗在复辟后大赦天下，为受酷吏构陷的人们洗刷冤屈，并寻找已被没官的唐室子孙。据《新唐书》卷八十《曹王明传》云"神龙初，以杰[1]子胤为嗣曹王。是时，诸王子孙自岭外还，入见中宗，皆号恸，帝为泣下。初，武后时，壮者诛死，幼皆没为官奴，或匿人间庸保。至是，相继出，帝随属远近封拜云"，大概宗室诸王均是如此。另外，中宗也报答了张柬之、桓彦范等主导者，这些人自然被委以重任，相王旦、太平公主等人也参与谋划诛杀二张，因功受赏；相反，阿附二张的臣僚则遭左迁或配流。而逊位的武后在同年十一月，以八十三岁高龄驾崩于洛阳上阳宫。

第五项　中宗、睿宗时代

一

中宗登基后，于二月恢复国号为"唐"。洛阳在武后时代被称作"神都"，现也与从前一样改称"东都"，各种官名、仪礼也重归原样。三月时，中宗施恩于自武后临朝以来被判二罪的家族——徐敬业与裴炎两家除外——[2]赐还其子孙从前的资荫；另一方面，中宗宣布将严惩垂拱以来的二十六名酷吏（虽然已经死去了大半），详见后文。这无疑是唐室复兴之兆，但遗憾的是，之后的政局发展却背离了士庶们的期待。

那么，李氏再兴后的武氏一族又怎么样了呢？《旧唐书·中宗本纪》神龙元年二月条云："丙寅……特进、太子宾客、梁王武三思为司空、同中书门下三品，加实封五百户，通前一千五百户。丁卯，右散骑常侍、定安郡王、驸马都尉武攸暨封定王，为司徒，更加实封四百户，通前一千户……丁丑，武三思固让司空、同中书门下三品，武攸暨固让

---

1. 即永昌元年遇难的曹王之子，被流放岭表。
2. 《旧唐书·中宗本纪》三月辛巳条云"追复故司空、英国公李勣官爵，令所司为起坟改葬"；甲申条云"制文明已来破家臣僚所有子孙，并还资荫。其扬州构逆徒党，唯徐敬业一房不在免限，余并原有"。由于李勣之孙徐敬业曾在扬州叛乱，李勣被改回徐姓、追削官爵，坟墓也被剖开，中宗时追复。由此，甲申制中"唯徐敬业一房"指的是"只有徐敬业一家"。然而，《册府元龟》卷八十四《帝王部·赦宥三》所载甲申制云"唯徐敬业一房及裴炎不在免限"，称徐敬业叛乱的同谋裴炎也不在赦免范围内，本文从之。

司徒、封王，许之。"由此可知，武氏一族基本是幸存下来了。不仅如此，与其说是"幸存"，不如说武氏的势力瞬间恢复到了盛时的状态。

如前所述，武后之女太平公主于永隆二年七月下嫁薛绍，薛绍死于琅邪王事件后，她又再嫁武攸暨。《新唐书·公主传》中称公主"方额广颐，多阴谋，后常谓'类我'"，可见她无疑是一位女杰，能巧妙地驾驭复杂的政局，又在诛杀二张之时因功被赐予"镇国"之号。总之，公主身为武攸暨之妻，这是武氏一族的一项优势。此外还有一位安乐公主。中宗与皇后韦氏虽然生有一男四女，但其男重润与永泰公主在武后末年与二张争斗至死，永寿公主在出嫁后便早早离世，因此剩下的就只有长宁与安乐两位公主。后来，长宁公主下嫁杨慎交[1]，总体而言并不处于政局中心，但幼女安乐公主却嫁给了武三思之子崇训。由于安乐公主集父母宠爱于一身，武氏以安乐公主为倚仗，权势自然有所增长。然而，最值得注意的是中宗的糟糠之妻——韦后的动作。关于中宗的资质，《旧唐书》本纪断定他为优苟[2]之人，并非继世之主；《资治通鉴》则评价他"顽鄙不仁"[3]。很显然，不论根据哪种说法，中宗都不是明主。此时，韦后与后宫中的上官氏共谋，意欲模仿武后，又与武三思私通，与武氏一族的同党关系日益稳固。此事不仅导致武氏东山再起，中宗复位也因此变得毫无意义。

再看张柬之等人。张柬之、桓彦范、敬晖、袁恕己、崔玄暐五人作为中宗复位的大功臣得到重用；但对武氏一党而言，因为他们曾强迫武后退位，故武氏对他们深恶痛绝。据《旧唐书》卷九十一《敬晖传》记载，诛杀张易之兄弟时，洛州长史薛季昶就发出忠告，应趁势征讨武三思等人。但薛季昶的进言并未被采纳，他也只能哀叹"吾不知死

1.《新唐书·公主传》有载，公主后来再嫁苏彦伯，直到开元年间依然在世。
2. 中华书局本《旧唐书》作："比汉、晋之惠，盈辈为优，苟非继以命世之才，则土德去也。"滨口氏或将"优苟"连作一词，故而有此说。——译者注
3.《资治通鉴》神龙元年五月甲午（甲午的话应该是十六日）封张柬之等五人为王一条，《考异》称："《统纪》曰：'太后善自粉饰，虽子孙在侧，不觉其衰老。及在上阳宫，不复栉颒，形容羸悴。上入见，大惊。太后泣曰："我自房陵迎汝来，固以天下授汝矣，而五贼贪功，惊我至此。"上悲泣不自胜，伏地拜谢死罪。由是三思等得入其谋。'按中宗顽鄙不仁，太后虽毁容涕泣，未必能感动移其意。其所以疏忌五王，自用韦后、三思之言耳。今不取。"

所"。此后的事态发展正应验了薛季昶的担忧。

《唐大诏令集》卷六十一《异姓王》"封五王制"条云：

> 门下、建侯之典，岂独于懿亲，茅土之荣，必覃于茂绩。侍中上柱国齐国公敬晖、侍中上柱国谯郡开国公桓彦范、银青光禄大夫守中书令兼修国史上柱国汉阳郡开国公张柬之、银青光禄大夫中书令博陵郡开国公崔玄暐、中书令兼检校安国相王府长史上柱国南阳郡开国公袁恕己等，早竭忠谠……除凶而殄逆，更安宗社之基，策命而褒崇，爰申利建之宠。敬晖可封为平阳郡王；彦范可封为扶阳郡王，仍赐姓韦；柬之可封为汉阳郡王，兼特进，勋及食实封各如故；玄暐可封为博陵郡王，恕己可封为南阳郡王。仍令准例朔望朝参，便即不须推让，主者施行。［神龙元年五月十（？）日］

《旧唐书》本纪将这一制文系于五月癸巳（十五日[1]）[2]。虽然制文中满是美言，但是实际目的是将五人调离侍中、中书令之位，转而封为远离

---

1. 《唐大诏令集》卷六十一《大臣》"异姓王"条中，《封五王制》后有《册张柬之汉阳郡王文》，文曰："维神龙元年，岁次乙巳，五月己卯朔，十五日癸巳，皇帝若曰……汉阳郡公张柬之……是用命尔为特进汉阳郡王……"其后还有《册崔玄暐博陵郡王文》，文曰："维神龙元年岁次乙巳，六月己酉朔，六日甲寅，皇帝若曰……博陵郡公崔玄暐……是用命尔为博陵郡王……"可见封张柬之等五人为王仪式的时间并不相同。

2. 《唐会要》卷四十七《封建杂录》下云："其年（神龙元年）五月十五日（十五日应为癸巳），侍中敬晖等以唐室中兴，武氏诸王宜削其王爵，乃率群臣上表曰：'……今神器大宝，重归陛下，百姓讴歌……天命维新，武氏诸王，封建依旧。生者既加茅土，死者仍追赋邑，万夫失望，卿士寒心……周命已去……伏愿陛下为社稷之远图，割私情之小爱……'疏奏，遂降武三思等为郡王，懿宗等为国公。"如果"侍中敬晖"的记载无误，他上奏的时间必然要早于他被授予郡王、特进的朔望朝参，即中宗发布册授敬晖等五人之制的日子（并非对各人实行册授仪式的日子）。然而，由本页注1可知，五人中张柬之受册的日子无疑是五月十五日癸巳，显然，《唐会要》误将册授张柬之与五人上奏同系于十五日，上奏应发生在十五日以前。此外，至于册授五人郡王、特进之制的发布日期究竟是哪一天，《旧唐书》本纪云五月癸巳，与之相对，《新唐书·宰相表》则云五月甲午。十日是戊子，癸巳是十五日，甲午是十六日。然而，如前文考证，册授五人之制的发布应在十五日及以前，因此"五月甲午"的说法或许在哪个环节上有误。至于具体日期是《旧唐书》的五月癸巳，还是《唐大诏令集》的五月十日，目前还难以确定。

枢机的郡王，只能以兼特进的身份参与朔望的朝参。由此可知，中宗复位仅五个月后，宫廷内部的势力划分就急剧改变了[1]。可是，对这五个人的打压并未就此结束。

王同皎事件（705年）《旧唐书》本纪神龙二年闰月（正月）乙卯云"以特进敬晖、桓玄范、袁恕己等三人为滑、洺、豫刺史"[2]，可见武氏一族和韦后进一步打压他们，此时还发生了另一件事。王同皎是谋划中宗复位的大臣之一，因其功勋尚安定公主、迁光禄卿。随着事态推移，他也渐渐不平了起来，后来如《旧唐书》卷一百八十七上本传所云："神龙二年，同皎以武三思专权任势，谋为逆乱，乃招集壮士，期以则天灵驾发引，劫杀三思。同谋人抚州司仓冉祖雍，具以其计密告三思。三思乃遣校书郎李悛上言：'同皎潜谋杀三思后，将拥兵诣阙。废黜皇后。'帝然之，遂斩同皎于都亭驿前，籍没其家……初与同皎叶谋，有武当丞周憬者，寿州寿春人也。事既泄，遁于比干庙中，自刎而死。临终，谓左右曰：'……韦后乱朝……武三思干上犯顺，虐害忠良，吾知其灭亡不久也……'"王同皎想要袭杀武三思，反而被同谋者密告谋反，落得惨遭诛杀、家口籍没的下场。时为神龙二年三月庚戌。

王同皎愤慨而死后，针对张柬之等五人的中伤和谗言愈演愈烈，正

---

1. 侍中敬晖上奏请降武氏诸人爵后没多久，武氏一党就反过来封敬晖等五人为郡王、特进，迫使他们远离政治中心。又如《旧唐书》本纪神龙元年五月癸卯（即二十五日）条称，之后"降梁王武三思为德静郡王，定王武攸暨为乐寿郡王，河内王武懿宗等十余人并降为国公"，武氏诸人向中宗自请降爵。这当然是武氏一族巧妙的策略，可知他们行动之快。

2. 由此可知敬晖被出为滑州刺史，桓彦范被出为洺州刺史，袁恕己被出为豫州刺史。至于其他二人的去向，《旧唐书·张柬之传》云："进封汉阳郡王，加授特进，令罢知政事。其年秋，柬表请归襄州（其乡里）养疾，许之，仍特授襄州刺史……寻为武三思所构，贬授新州司马。柬之至新州，愤恚而卒，年八十余。"同书《崔玄暐传》云："寻进爵为王，赐实封四百户，检校益州大都督府长史，兼知都督事。其后累被贬，授白州司马，在道病卒。"可以确认五人在不同时期远赴外任。而《旧唐书》本纪神龙二年六月戊寅条云："特进、朗州刺史、平阳郡王敬晖贬崖州司马，特进、亳州刺史、扶阳郡王桓彦范泷州司马，特进、郢州刺史袁恕己窦州司马，特进、均州刺史、博陵郡王崔玄暐白州司马，特进、襄州刺史、汉阳郡王张柬之新州司马，并员外置，长任，旧官封爵并追夺。"可见五人之后被武三思诬告为谋反同谋，或许是被屡次贬官后左迁为各处的刺史。此外，《资治通鉴》神龙二年六月条中也有关于此事的考异。

如《旧唐书》卷九十一《桓彦范传》所载："大理卿裴谈奏云[1]：'敬晖等祇合据敕断罪，不可别俟推鞫，请并处斩籍没。'中宗纳其议，仍以彦范等五人尝赐铁券，许以不死，乃长流彦范于瀼州，敬晖于崖州，张柬之于泷州，袁恕己于环州，崔玄暐于古州，并终身禁锢，子弟年十六已上者亦配流岭外……三思俄又讽节愍太子（中宗后宫所生的重俊）抗表请夷彦范等三族。中宗以既有前命，不依其请。三思犹虑彦范等重被进用，又纳中书舍人崔湜之计，特令湜姨兄嘉州司马周利贞[2]摄右台侍御史，就岭外并矫制杀之。彦范赴流所，行至贵州，利贞遇之于途，乃令左右执缚，曳于竹槎之上，肉尽至骨，然后杖杀。"同卷《敬晖传》云"晖到崖州，竟为周利贞所杀"；同卷《崔玄暐传》亦有"在道病卒"的记载；同卷《张柬之传》载"柬之至新州，愤恚而卒"；同卷《袁恕己传》载"流于环州。寻为周利贞所逼，饮野葛汁数升，恕己常服黄金，饮毒发，愤闷，以手掘地，取土而食，爪甲殆尽，竟不死，乃击杀之"。神龙二年六月，五人被判为王同皎的同盟。尽管他们因铁券得以苟全性命，但还是遭武三思的手下迫害，直接或间接地死于流放。

当时有一事正能鲜明地表现此时的政局，因此我将略作讨论。《旧唐书》本纪神龙元年二月丙子条云"诸州置寺、观一所，以'中兴'为名"，不仅在天下诸州设置了冠有"中兴"二字的寺院道观，而且据《新唐书》卷一百二十三《李峤传》所见，李峤于神龙二年的上书中有一句"分职建官，不可以滥……自帝室中兴……"士庶们也认为中宗复辟是唐朝的中兴。但仅过了两年，"中兴"一词却成为了禁词。其理由见《唐大诏令集》卷一百十四《杂录》"不许言中兴敕"：

> 敕，朕承天宰物，光宅中区，嗣祖宗之丕基，承圣善之
> 洪业……往自永淳，至于天授，奸臣称乱，鼎运不安。则天大
> 圣皇后，思顾托之隆，审变通之数，忘己济物，从权御宇，四

1.《新唐书》卷一百二十八《齐澣传》云："睿宗将祠太庙，刑部尚书裴谈摄太尉，先告。澣奏……谈'……神龙时，事武三思，陷敬晖，没其家以获进。妻外淫，男女不得姓氏。夫告神慢，事主不忠，家不治，有是三罪，不可不实之法。'谈由是下除汾州刺史。"

2.《旧唐书·酷吏传下》。

> 海由其率顺，万姓所以咸宁。唐周之号暂殊，社稷之祚斯永。
> 天宝□□，实由于兹。朕所以抚璇玑、握金镜，事惟继体，义
> 即缵戎，岂若文叔之起舂陵……中兴之号，理异于兹，宜革前
> 非，以归事实。自今已后，更不得言中兴，其天下大唐中兴寺
> 观，宜改为龙兴寺观，诸如此例，并即令改。（神龙三年二月）[1]

敕书发布于神龙三年二月庚寅[2]。世上有"权枉之辞"的说法，正是用于
形容这种事情。在这道敕书颁布前，朝廷已经下达了恢复武氏庙、陵
祭祀[3]的制书，将二者一并考虑的话，韦后与武氏一族合作，重现武后
时代的意图便一目了然了。

重俊太子事件（770年） 神龙二年秋七月丙午[4]，中宗的第三子重
俊[5]被立为皇太子。因为他是后宫某氏之子，在他成为太子后，韦后和
武三思便将他视作眼中钉，意图以安乐公主为皇太女，取而代之。重
俊对此十分愤慨，于是在三年七月[6]，他与左羽林大将军李多祚、右羽
林将军李思冲、李承况、独孤祎之、沙吒忠义等密谋，引羽林兵和千
骑兵共计三百余人，袭击武三思、武崇训的宅邸，将二人杀害。左金
吾将军成王千里把守宫城诸门，亲自率兵自肃章门突入宫中，搜寻韦
后、安乐公主和后宫上官氏。然而，由于韦后等人应对机敏，中宗行
事昏庸，致使黑白颠倒，李多祚等人都被随行的部下所杀，太子在逃
亡终南山途中被随行的奴仆杀死，最后都落得枭首于朝的下场。《旧唐
书》卷八十一《李思冲传》云"事败见杀，籍没其家"；同书卷一百九
《李多祚传》载"多祚俄为左右所杀，并杀其二子，籍没其家"；同书

1.《全唐文》卷二百七十《张景源》中有《请改中兴寺为龙兴疏》，同书卷十七《中宗二》中
  有"答张景源请改中兴寺敕"，前者所据为《唐会要》卷四十八《寺》"龙兴寺"条。

2.《旧唐书·中宗本纪》神龙三年（景龙元年）二月庚寅条、《资治通鉴》同月同日条。

3. 新旧两《唐书》本纪神龙三年二月条、《资治通鉴》同年同月条。

4.《旧唐书》本纪称神龙二年秋七月丙午，《新唐书》本纪云七月戊申，《资治通鉴》亦云七月
  戊申。

5.《旧唐书》卷八十六。

6. 与《旧唐书》本纪系于神龙三年秋七月庚子相对，《新唐书》本纪云七月辛丑，《资治通鉴》
  云七月辛丑，《考异》云"旧纪作'庚子'，今从《实录》"，有一日之差。

卷七十六《吴王恪传》载"千里与禧（千里之子）坐诛，仍籍没其家，改姓蝮氏"，记录了对重俊事件主谋们的处罚。不过，据《新唐书》卷一百二十《苏安恒传》，亦有苏安恒等人受此事牵连而死。

二

由于重俊的举兵，武氏一族的势力迅速崩溃，但韦后一党仍然健在，且还未放弃原本的野心。尽管中宗还有后宫所生的第二子重福和第四子重茂，但重福自神龙初就被中宗厌弃而身处外州，重茂尚且年幼，因此，能够对抗韦后一党的就只有中宗之弟相王旦和妹妹太平公主。据《唐会要》卷六十二《御史台下》"谏诤"条载："三年八月，节愍太子诛武三思之后，安乐公主及宗楚客兄弟并冉祖雍、李悕等，共诬构安国相王、镇国太平公主，与太子连谋举兵，请收制狱。上召御史中丞萧至忠，令鞫之。至忠泣而奏曰：'陛下富有四海，贵为天子，岂不容一弟一妹，忍受人罗织。宗社存亡，实在于此……汉书云：一尺布，尚可缝；一斗粟，尚可舂；兄弟二人不兼容。愿陛下详察此言。初，则天欲立相王，累日不食，请迎陛下，固让之诚，天下传说。足明冉祖雍所奏，咸是虚构。'上深纳之，遂停鞫问。"重俊事件后不久，双方的斗争便浮出水面。

就在这种情况下，景龙四年（701）六月壬午，中宗驾崩。《旧唐书·中宗本纪》云："时安乐公主志欲皇后临朝称制，而求立为皇太女，自是与后合谋进鸩。"中宗暴崩后，众人便围绕谁为继承者争论不休，结果中宗第四子、十六岁的重茂被立为太子，之后于甲申发丧，改元唐隆。到了丁亥[1]，重茂即位（即殇皇帝），韦后临朝称制。至此，韦后一党的计划已成其半。而相王旦的第三子临淄王隆基为了击破这一阴谋，挺身而出，他就是后来的玄宗。

1.《旧唐书·中宗本纪》景龙四年（唐隆元年）条云："六月壬午，帝遇毒……癸未……又命左右金吾卫大将军赵承恩、右监门大将军薛简帅兵五百人往均州，备谯王重福。立温王重茂为皇太子。甲申，发丧……改元为唐隆……丁亥，皇太子即帝位于柩前，时年十六。皇太后韦氏临朝称制……内外兵马密亲掌，仍令韦温总知。时召诸府折冲兵五万人分屯京城，列为左右营，诸韦子侄分统之。"《资治通鉴》所记干支略同。《新唐书·睿宗本纪》云"甲申，乃发丧……皇太子即皇帝位……大赦，改元曰唐隆……丁亥，温王妃陆氏为皇后"，此处不从。附带论及，壬午是六月二日，癸未是三日，甲申为四日，丁亥为七日。

相王旦自龙朔二年出生以来屡经政局变动，先是受封为王、登基称帝，后被废为皇嗣，又复封为王，虽然没有被逐出京都，但正因如此，相王旦和中宗一样经历了坎坷的岁月。在兄长暴崩之际，李旦本可主张由自己继承皇位，但鉴于他谦恭退让的性格和身边复杂的情况，他只能保留意见，隆基便代替其父，愤而起事。隆基与太平公主、公主之子薛崇暕（公主与前夫之子）、前朝邑尉刘幽求、利人府折冲麻嗣宗、押万骑果毅葛福顺与李仙凫、宝昌寺僧普润以及锺绍京、崔日用等人合谋，约定于六月庚子傍晚闯入宫中，先杀韦太后，并斩杀安乐公主、公主之夫武延秀以及智囊上官氏等人，又命令分队于各处袭杀韦氏朋党。到天亮时，所有的行动已告一段落。由于近来流言频起，为了防备反对派，韦太后特地加强了宫城内外的警戒。在这样的情况下，根据同谋者的名单及《旧唐书》卷九十七《锺绍京传》所云"为苑总监，玄宗之诛韦氏，绍京夜中帅户奴及丁夫以从"可以推测，隆基和同谋们能以寡兵成大事，正是因为敌友双方都自然地察觉到了天下局势的走向。

《唐大诏令集》卷一百二十三《政事·平乱上》有"平内难赦"，是借重茂（殇帝）之名发布的文书，文曰：

> 大盗移国，朝有贼臣，见危授命，家多义士。朕以凶闵，触绪糜溃，奸竖构扇，倾陷宗社。潜图窃发，机兆未萌。相王第三子临淄郡王隆基，纠合同盟，忠勇奋怒，志除凶党，保护邦家。逆贼韦温、马秦客、叶静能、宗楚客、纪处讷、武延秀、赵履温、杨均业等，密行鸩毒，先圣暴崩，朕志不图全，枕戈泣血……太平公主男卫尉卿薛崇暕，与前同州朝邑县尉刘幽求，总监锺绍京，日夜共谋，誓诛逆党。凶徒惊恐，投窜无所。今天衢交泰，氛祲廓清，宜申作解之恩，以洽升平之化。自唐隆元年六月二十一日昧爽以前，大辟以下，常赦所不原者，咸赦除之。其逆贼头首，咸已斩决，自余支党，一无所问……

又《旧唐书》卷五十一《韦庶人传》云：

诛其党与韦温、温从子捷及族弟婴，宗楚客、弟晋卿，纪处讷，马秦客，叶静能，杨均，赵履温，卫尉卿王哲，太常卿李玚，将作少匠李守质及韦氏武氏宗族，无少长皆斩之。枭后及安乐公主首于东市。

韦后与安乐公主被枭首于东市。又韦温[1]是韦后的从父兄，和武氏一同，一族无论少长都被处斩；武延秀是武承嗣的次子，在安乐公主之夫武崇训死后，于景龙二年十一月[2]成为公主的新夫；马秦客[3]是天子的侍医，叶静能可能也是侍医，他们二人被视作负责调制鸩毒之人；此外赵履温[4]、杨均业、宗楚客、宗晋卿、纪处讷[5]、王哲、李玚等韦氏朋党也都被诛杀。另外，后宫中韦后的参谋上官氏被找出并斩于宫内，这也无须赘言。

六月甲辰，在事变成功后，临淄王隆基与太平公主筹划，让殇帝退位，将自己的父亲相王旦推上帝位，随后自己成为皇太子，七月己巳[6]改元景云，但此时却有人提出了异议。

1.《旧唐书》卷一百八十三。

2.《册府元龟》卷八十《帝王部·庆赐二》。

3.《旧唐书·韦后传》内。

4. 据《旧唐书》卷九十一《桓彦范传》，赵履温是彦范的妻兄。

5.《旧唐书》卷九十二。

6.《旧唐书·睿宗本纪》确云："夏六月……庚子夜，临淄王讳……诸韦、武党与皆诛之。辛丑……进封临淄王为平王……壬寅……癸卯……甲辰，少帝诏曰……是日（睿宗）即皇帝位……秋七月……己巳，册平王为皇太子。大赦天下，改元为景云。"同书《玄宗本纪》云："睿宗即位，与侍臣议立皇太子……丙午，制曰……第三子平王基……立为皇太子。有司择日，备礼册命。七月己巳，睿宗御承天门，皇太子诣朝堂受册。是日有景云之瑞，改元为景云，大赦天下。"确如《唐大诏令集》卷二十八《皇太子·册文》"册平王为皇太子文"中所言，"维唐隆元年，岁次庚戌，七月庚戌朔，二十日己巳，皇帝若曰"云云，隆基于七月己巳接受了立皇太子的仪式。然而，至于睿宗下制封隆基为皇太子的具体日期，《旧唐书·玄宗本纪》如上述记作"六月丙午"；《新唐书·睿宗本纪》六月条云"丁未，立平王隆基为皇太子"；同书《宰相表》亦同。虽然仅有一日之差，但《资治通鉴》云"六月……丁未，立平王隆基为太子"，《考异》云"刘子玄先撰《太上皇实录》，尽传位；后又撰《睿宗实录》，终桥陵；文字颇不同。《睿宗录》及《旧纪》皆云'丙午，立太子'。今从《太上皇录》"。此外，《唐会要》卷一"帝号上"所云"七月二十六日册为皇太子"中的"二十六日"，显然是二十日之误。概言之，如《通鉴考异》中数度提及、（转下页）

谯王重福事件（710年） 因为此前韦后哄骗中宗称"我们的重润（第一子）被武后赐死，是因为张易之兄弟和重福进了谗言"，中宗的第二子重福便被放逐到了外州。中宗被弑时，韦后担心他可能会主张由自己来继承大统，就加强了对他的监视，但韦后意外被杀，重福的处境也瞬间改变。这么一来，高宗诸子中还活着的只有相王旦，中宗诸子只有自己和重茂，所以重福理所当然地会觉得，即使自己无法继承大统，也应该能获得什么好处。但是，重茂在位时间不长，后来叔父相王旦即位，隆基成为皇太子；相反，自己却只被任命为集州刺史，甚至没有被召回京都，因此重福心中极为不满。越是这种时候，教唆者就越有可能出现。果然，在张灵均、郑愔等人的言语蛊惑下，重福潜入东都洛阳，集结兵力。景云元年八月[1]，重福声称自己也有权继承大统，进而举事，但支持他的人寥寥无几，重福在小规模战斗后败走自杀，磔尸三日。

《旧唐书》卷九十七《张说传》云："景云元年秋，谯王重福于东都构逆而死，留守捕系枝党数百人，考讯结构之状，经时不决。睿宗令说往按其狱，一宿捕获重福谋主张灵均、郑愔等，尽得其情状，自余枉被系禁者，一切释放。睿宗劳之曰：'知卿按此狱，不枉良善，又不漏罪人。非卿忠正，岂能如此？'"同书卷一百九十一《方伎·严善思传》云："睿宗在藩，善思尝谓姚元之曰：'相王必登帝位。'及践祚，元之以事闻奏，由是召拜右散骑常侍。唐隆元年，郑愔谋册谯王重福为帝，乃草伪制，除善思为礼部尚书，知吏部选事。及谯王下狱，景云

（接上页）我也在注中所提到的那样，关于同一件事的干支，不同史料往往有不同的说法，这种现象多到无法一一考证。其中，有的是因为作者从"记叙某事花了几天较妥当"这类叙事的角度出发做了调整，有的是因为作者一并叙述了数个有关事件，还有的是因为史料记载自身存在误解、后世誊写错误等，原因多种多样。我为了专注于自己研究的进展，只相对细致地讨论了一部分有关的（或者说，通过列举繁复的史料得以讨论的）干支。在考证时，我只列举了《通鉴考异》的说法，而未参考之后诸家的注释，这是因为在目前的论述中，如果要一并参考诸家论说的话未免过于繁杂。

1.《旧唐书·睿宗本纪》景云元年八月条云"癸巳，新除集州刺史、谯王重福潜入东都构逆，州县讨平之"；《新唐书》本纪云"八月庚寅，谯王重福及汴州刺史郑愔反，伏诛"。与之相对，《资治通鉴》称重福于八月庚寅起事，次日自杀，《考异》云"《睿宗实录》《旧本纪》皆云'癸巳重福反'。今从《太上皇实录》"。

元年，大理寺奏：'善思与逆人重福通谋，合从极法。'给事中韩思复奏曰：'……严善思往在先朝……有所发明（即言睿宗必当登极）……虽交游重福……唯刑是恤，理合昭详……'有司仍执前议请诛之，思复又驳奏恳直，睿宗纳其奏，竟免善思死，配流静州。无几，遇赦还。"由此可知，在重福事件中，起初有许多人遭到逮捕，但最后只有张灵均、郑愔等主谋被处以重刑，受牵连者并不算多[1]。

第六项 玄宗开元时代

一

睿宗于即位之年改元景云，景云三年春正月改元太极，五月又改元延和，延和元年八月庚子传位于皇太子隆基，自称太上皇。《唐大诏令集》卷三十《皇太子·传位》"睿宗命皇太子即位诏"称，"朕以寡昧，虔奉鸿休，本殊王季之贤……昔在圣历，已让皇嗣之尊，爰暨神龙，终辞太弟之授……顷属国步不夷，时艰主幼……宝位深坠地之忧，议迫公卿，遂司契象，日慎一日，已至于今……昔尧之禅舜，惟能是与，禹以命启，匪私其亲……皇太子某有大功于天地，定倾危于社稷……朕之知子，庶不负时，历数在躬，宜陟元后。可令即皇帝位，有司择日授册，朕方比迹洪古，希风太皇，神与化游……王公百僚，宜识朕意"（延和元年七月），以"让位于实际有功于匡正王室者"为由传位隆基。而如《旧唐书》本纪八月条所述，"帝传位于皇太子，自称太上皇帝，五日一度受朝于太极殿，自称曰朕，三品已上除授及大刑狱，并自决之，其处分事称诰、令。皇帝每日受朝于武德殿，自称曰予，三品已下除授及徒罪并令决之，其处分事称制、敕"，睿宗的传位非常不合规矩，但终究还是正式让位了，即位的新帝玄宗于八月甲

1.《大唐新语》（唐人说荟本）云："敬昭道，为大理评事。延和中，沂有反者，诖误四百余人，将隶司农，事未即露，系在州狱，昭道据赦文而免之。时宰切责大理奈何赦反人家口，大理卿及正等失色，引昭道，执政怒而责之。昭道曰，赦文云现系囚徒，反者系在州狱，此即现禁也，反覆诘难，至于五六，执政无以夺之，诖误者悉免之。昭道迁监察御史……"但此条记载未见于其他史料。

辰改元先天。

太平公主事件（713年） 再来看此时太平公主的动向。公主是拥立睿宗的功臣，又是睿宗之姐[1]，因此渐渐开始在宫廷内部与新帝隆基争权夺势。通过传位的反常，以及新帝初期的七名宰相中，窦怀贞、岑羲、萧至忠、崔湜、薛稷五人均属太平公主一方，可见太平公主势力之强。于是到了先天二年，两人的竞争愈发激烈，流言四起，双方都在寻找打倒对手的机会。然而，这次的情况与以往有很大不同。因为对手是父亲的姐妹，正邪成败都应取决于玄宗的意志。于是，皇帝便与岐王范、薛王业、兵部尚书郭元振、龙武将军王毛仲、殿中少监姜皎、太仆少卿李令门、尚乘奉御王守一、内给事高力士、果毅李守德等人制定计划。七月甲子[2]（三日），他突然命令部卒将公主派的常元楷、李慈、贾膺福、李猷、萧至忠、岑羲等人依次逮捕、斩杀，彻底掌握了宫内的实权。受到惊吓的窦怀贞自杀身亡，太平公主逃入山寺，后来被捕赐死，甚至其亡夫武攸暨之墓（死于延和元年）也被毁坏。

《册府元龟》卷八十四《帝王部·赦宥三》云"七月甲子，左仆射窦怀贞等与太平公主谋逆，事觉伏诛。是日，太上皇御承天门楼，下诏"，诏书称："天步时艰，王业多难，乱常干纪，何代无之……逆贼窦怀贞、萧至忠、岑羲、薛稷、李慈、李猷、常元楷、唐昕、李晋、李钦、贾应福、傅孝忠、僧惠范等……遂兴枭獍之心，共举北军，突入中禁，将欲废朕及皇帝，以行篡逆。朕令皇帝率众讨除，应时殄尽，元恶既戮，奸党毕歼，宗社乂安……可大赦天下，自大辟罪已下无轻重咸赦除之，其逆人魁首未捉获及应缘坐者并不在赦限，自余党类往还一无所问，布告遐迩，咸使知闻。"这是事变刚刚发生后的诏书。又《唐大诏令集》卷一百二十一《政事·舍雪》"矜放缘坐敕"云："敕……顷逆贼窦怀贞等，首谋逆乱……太上皇震威电激，睿略天断，命朕龚行，应时戡翦……今退而自省……欲使阳和时雨之惠……将布宽典……其逆人亲党，缘坐合死者，特宜放免，配为城奴，仍差使领送，

---

1. 实际应为睿宗之妹。——译者注
2. 《资治通鉴》七月甲子世变条之考异云："《玄宗实录》作'乙丑'。按《金载》，'七月三日诛常元楷'。今从《睿宗》、《上皇实录》。"甲子为三日，乙丑为四日。

自余支党往还，一无所问……凡厥远近，咸遣知悉。"（先天二年七月十三日）这是事变若干日后下赐恩宥之敕。又《旧唐书》卷六十《长平王叔良传》载"德良（高祖的从父弟）孙晋……寻坐附会太平公主伏诛，改姓厉氏"；同书卷一百八十三《窦怀贞传》云"太平公主逆谋事泄，怀贞惧罪，投水而死，追戮其尸，改姓毒氏"；同书卷七十《岑羲传》云"坐预太平公主谋逆伏诛，籍没其家"，同书卷九十二《萧至忠传》载"与太平公主谋逆……伏诛，籍没其家[1]"；《朝野金载》[2]云"至先天二年七月三日，楷（即常元楷）以反逆诛，家口配没"。还有如《旧唐书》卷五十八《唐俭传》、卷七十三《薛稷传》、卷七十四《崔湜传》、卷九十四《卢藏用传》、卷一百八十五《贾膺福传》等，均记有太平公主派众人所受的惩罚。根据这些史料可知，公主一方的主要大臣以谋反的名义受到重罚，而出于对时局的考虑，其他本应缘坐而死的人则被特别免死，充作城奴。

《旧唐书·睿宗本纪》云："翌日太上皇诰曰：'朕将高居无为，自今后军国刑政一事以上，并取皇帝处分。'"在事变的第二天，太平公主刚一倒台，玄宗就从特例的继承者摇身一变，逐渐成为真正的至尊。然而，玄宗击败太平公主还有另一层内涵——沉重打击了武后临朝以来长期掌握宫廷内部实权的武氏一族，使他们几乎不可能东山再起。由此，玄宗成为了名实兼备的李氏帝王。

玄宗于先天二年十二月庚寅朔大赦天下，改元开元，所谓开元治世自此开始。下面，我将汇总中宗、睿宗及玄宗初期针对酷吏采取的措施，并加以论述。

《旧唐书·酷吏传》"来俊臣"条中有："中宗神龙元年三月八（？）日，诏曰：'国之大纲，惟刑与政，刑之不中，其政乃亏。刘光业、王

1.《旧唐书·玄宗本纪》云"执萧至忠、岑羲于朝，皆斩之"，称玄宗诛杀太平公主时，于宫城内抓捕并斩杀萧至忠等人；但同书卷九十二《萧至忠传》则云"至忠遽通入山寺，数日，捕而伏诛，籍没其家"，《新唐书》列传亦同。《通鉴考异》称"盖误以太平公主为至忠事。今从玄宗实录"，认为列传有误。另外，《太平公主传》（《旧唐书》卷一百八十三《武承嗣传》内）亦有"公主遽入山寺，数日方出，赐死于家"的记载，《新唐书》卷八十三《公主传》亦同。

2.《资治通鉴》事变当日条考异所引。

德寿、王处贞、屈贞筠、鲍思恭、刘景阳等，庸流贱职……以粗暴为能官，以凶残为奉法……曝骨流血，其数甚多，冤滥之声，盈于海内。朕唯布新泽……光业等五人积恶成衅，并谢生涯，虽其人已殂，而其迹可贬，所有官爵，并宜追夺。其枉被杀人，各令州县以礼埋葬，还其官荫。刘景阳身今见在，情不可矜，特以会恩，免其严罚，宜从贬降，以雪冤情，可棣州乐单县员外尉……其酷吏丘神勣、来子珣、万国俊、周兴、来俊臣、鱼承晔、王景昭、索元礼、傅游艺、王弘义、张知默、裴籍、焦仁亶、侯思止、郭霸、李仁敬、皇甫文备、陈嘉言等，其身已死，并遣除名[1]。自垂拱已来，枉滥杀人，有官者并令削夺。唐奉一依前配流，李秦授、曹仁哲并与岭南恶处。"这是中宗复位后对酷吏的处置。又《唐会要》卷四十一《酷吏》载"至开元二年二月一日敕：'周利贞、裴谈、张福贞、张思敬、王承、刘晖、杨允、姜晊、封行珣、张知、卫遂忠、公孙琰、锺思廉等十三人皆为酷吏，比周兴、来俊臣、侯思止等事迹稍轻，并宜放归草泽，终身勿齿。'"尽管《资治通鉴》同年闰二月条称这十三人"皆天后时酷吏"，但是裴谈和周利贞的酷吏事迹实际发生在诬构张柬之等五人时，已不是武后时代了。

此外，《通典》卷一百七十《刑八·峻酷》有：

> 开元格
> 周朝酷吏来子珣（京兆府万年县）、万国俊（荆州江陵县）、王弘义（冀州）、侯思止（京兆府）、郭霸（舒州同安县）、焦仁亶（蒲州河东县）、张知默（河南府缑氏县）、李敬仁（河南府河南县）、唐奉一（齐州金节县）、来俊臣、周兴、丘神勣、索元礼、曹仁愻、王景昭、裴籍、李秦授、刘光业、王德寿、屈贞筠、鲍思恭、刘景阳、王处贞（以上检州贯未获及）。
> 右二十三人，残害宗支，毒陷良善，情状尤重，身在者

---

1. 据中华本《旧唐书》校勘记，"并遣除名"四字各本原无，据《册府元龟》卷一五二补。濱口原书引用史料时亦无此四字，特此注明。——译者注

　　宜长流岭南远处。纵身没，子孙亦不许仕宦。

　　陈嘉言（河南府河南县）、鱼承晔（京兆府栎阳县）、皇甫文备
（河南府缑氏县）、傅游艺。

　　右四人，残害宗支，毒陷良善，情状稍轻，身在者宜配
岭南。纵身没，子孙亦不许近任。

　　敕依前件

　　开元十三年三月十二日

《旧唐书·来俊臣传》及同书本纪十三年三月丙午[1]条中也简略地记录了这件事。附带说明，上引《通典》中，有几名官员的籍贯未被检出，但当时不应有籍贯不明的官员。因此，这或许是编纂者出于某种考虑而故意为之。

　　如上所见，中宗复辟以来，对至今为止的酷吏们施以轻重处罚，开元时代也延续了这一政策。此后，即使有二罪事件发生，朝廷也没有大肆牵连、逮捕他人，为虚构的罪名所害的人也就减少了。

二

　　《旧唐书》本纪开元三年十一月条云"丁亥，妖贼崔子嵩等入相州作乱。戊子，州司讨平之"；《新唐书》本纪也有"相州人崔子嵓反，伏诛"的记载。另外，《新唐书》本纪开元十年九月己卯条又云"京兆人权梁山反，伏诛"；《旧唐书》本纪开元十三年五月条云"庚寅，妖贼刘定高率其党夜犯通洛门，尽擒斩之"；同书卷一百八十五下《李尚隐传》云"再迁河南尹……十三年夏，妖贼刘定高夜犯通洛门，尚隐坐不能觉察所部，左迁桂州都督"。崔子嵩和刘定高事件的具体情况不详，权梁山事件则如下所述。

　　权梁山事件（722年）　中宗的季子重茂（殇帝）在睿宗登基时被重授温王，后又转封襄王，如《旧唐书》本纪开元二年七月条所云"房州刺史、襄王重茂薨于梁州，谥曰殇帝"，作为可怜的政治牺牲品，重茂薨于

---

1. 实际似为丙申条，见中华书局1975年点校本《旧唐书》第187—188页。——译者注

幽闭期间。然而后来有一妄信之徒权楚璧[1]，让其兄子权梁山伪装成重茂的遗子，与李齐损[2]、卢玢等人一起，趁玄宗行幸东都时攻击留守官员，举起反旗，主张由权梁山"继承"帝位。然而，如《旧唐书》本纪开元十年九月所记："乙卯[3]夜，京兆人权梁山伪称襄王男，自号光帝，与其党权楚璧，以屯营兵数百人，自景风、长乐等门斩关入宫城构逆。至晓兵败，斩梁山，传首东都。"同书《权楚璧传》载："开元十年，驾在东都，楚璧乃与故兵部尚书李迥秀男齐损、从祖弟金吾淑、陈仓尉卢玢及京城左屯营押官长上折冲周履济杨楚剑元令琪等举兵反。立楚璧兄子梁山，年十五，诈称襄王男，号为光帝。拥左屯营兵百余人，梯上景风门，逾城而入，踞长乐恭礼门。入宫城，求留守、刑部尚书王志愔，不获。属天晓，屯营兵自相翻覆，尽杀梁山等，传首东都。"最终事情就这样结束了。

上引《权楚璧传》载"楚璧并坐籍没"，同书《李齐损传》云"与权梁山等构逆伏诛，籍没其家也"，可见主谋者们自然是伏诛，他们的家人也因此没官。然而，同书卷六十九《宋璟传》云："明年，京兆人权梁山构逆伏诛，制河南尹王怡驰传往长安穷其枝党。怡禁系极众，久之未能决断，乃诏璟兼京兆留守[4]，并按覆其狱。璟至，惟罪元谋数人，其余缘梁山诈称婚礼因假借得罪及胁从者，尽奏原之。"如果参照这一记载，主谋以外的其他人基本得到了宽大处理。

《旧唐书》本纪开元十九年十二月条云：

> 巂州都督张审素以劫制使监察御史杨汪伏诛。

开元二十三年三月丁卯条记：

> 殿中侍御史杨万顷（即杨汪）为仇人所杀。

1.《旧唐书》卷一百八十五上。
2.《旧唐书》卷六十二。
3.《旧唐书》本纪云"乙卯夜"，但九月无乙卯，因此《新唐书》本纪与《资治通鉴》将其订正为"己卯夜"。
4. 事变当时的留守王志愔被惊吓至猝死，见《旧唐书》卷一百。

上述两条史料讲述了一桩复仇事件，但背后还有下面这一故事。《旧唐书》卷一百八十八《孝友·张琇传》云：

> 张琇者，蒲州解人也。父审素，为巂州都督……俄有纠其军中赃罪，敕监察御史杨汪驰传就军按之。汪在路，为审素党与所劫，对汪杀告事者，胁汪令奏雪审素之罪。俄而州人翻杀审素之党，汪始得还。至益州，奏称审素谋反，因深按审素，构成其罪，斩之，籍没其家。琇与兄瑝，以年幼坐徙岭外。寻各逃归，累年隐匿。汪后累转殿中侍御史，改名万顷。开元二十三年，瑝、琇候万顷于都城，挺刃杀之。瑝虽年长，其发谋及手刃，皆琇为之。既杀万顷，系表于斧刃，自言报仇之状。便逃奔，将就江外，杀与万顷同谋构父罪者。行至泛水，为捕者所获。时都城士女，皆矜琇等幼稚孝烈，能复父仇，多言其合矜恕者。中书令张九龄又欲活之。裴耀卿、李林甫固言：“国法不可纵报仇。”上以为然，因谓九龄等曰：“复仇虽礼法所许，杀人亦格律具存。孝子之情，义不顾命，国家设法，焉得容此……”乃下敕曰：“……近闻士庶，颇有喧词，矜其为父复仇……国家设法，事在经久……曾参杀人，亦不可恕……宜付河南府告示决杀。”瑝、琇既死，士庶咸伤愍之。[1]

换言之，巂州都督张审素被问谋反罪时，他的两个儿子张瑝、张琇也被没官，二人从流配地逃出，袭击了杀父仇人杨汪（改名杨万顷），最终达成了复仇的心愿。这一突发事件勾起时人浓烈的感伤，士庶都颇为关心朝廷对这对兄弟的处置。宰臣虽有议论，但最后还是由玄宗一锤定音，连本纪都记载了这件事。

上述是开元时代二罪的情况。此外，还有如《旧唐书》本纪开元二十二年四月甲寅“北庭都护刘涣谋反，伏诛”；《新唐书》本

1.《新唐书》卷一百九十五所记的谋反经过则略有不同。

248

纪开元二十三年冬"东都人刘普会反，伏诛"；《旧唐书》本纪开元二十四年夏六月[1]（"五月"之误）丙午"京兆醴泉妖人刘志诚率众为乱，将趋京城，咸阳官吏烧便桥以断其路，俄而散走，京兆府尽擒斩之"；《新唐书》本纪开元二十六年正月甲戌"潮州刺史陈思挺谋反，伏诛"等事件发生。如果再加上没有留下记载的，实际的二罪事件应该更多。但是，这些事件的影响都不是很大，如果开元二十九年间的二罪事件只有这些，那想必是"开元之治"的结果。尤其是即使有事件发生，也很难见到如往年般酷吏活跃的迹象，也基本没有因王室内部纷争而起的惨烈事件。不妨说，这正是玄宗的政治远见所致。

但是时至开元末年，情况也发生了一些变化。玄宗最初娶了同州下邽的王仁皎之女为妃，先天二年时，王氏虽然被封为皇后[2]，但由于她无子，又与武惠妃争宠，故王氏多有怨言。因此，玄宗与姜皎[3]便秘密策划废后。但废后计划却泄入了王皇后耳中，姜皎因此获罪，并在流配途中被杀。到了开元十年九月甲戌[4]，王皇后因为此事愈发不安，便听从了其兄王守一[5]的建议，行了符厌之事。此事令玄宗大怒，结果如《旧唐书》本纪开元十二年秋七月己卯条云"废皇后王氏为庶人。后弟太子少保、驸马都尉（睿宗之女薛国公主之夫）守一贬为泽州别驾，至蓝田，赐死"；《新唐书》本纪同年十月条云"庶人王氏卒"。另外，《旧唐书》卷一百八十三《王守一传》中有如下记载："十一年（二年之误），坐与庶人潜通左道，左迁柳州司马，行至蓝田驿，赐死。守一性贪鄙，积财巨万，及籍没其家，财帛不可胜计。"

如果只是这样，王皇后被废作为普通的后宫争宠事件，似乎颇为轻易地就结束了。但实际上，由于此事与皇太子的地位及其人有关，事态便日渐复杂起来。当时的皇太子是玄宗的第二子李瑛。然而，《旧

---

1. 开元二十四年六月无丙午。此处或因从《新唐书》本纪开元二十四年条"五月丙午，醴泉人刘志诚反，伏诛"中"五月"的记载。
2. 《旧唐书》卷五十一、《新唐书》卷七十六。
3. 《旧唐书》卷五十九。
4. 《旧唐书》本纪。
5. 由于二人是双胞胎，王守一是王皇后之兄或之弟的说法都有。

唐书》卷一百六《张昕传》云："昕，景龙初为铜鞮令，家本豪富，好宾客，以弋猎自娱。会临淄王为潞州别驾，昕潜识英姿，倾身事之，日奉游处。及乐人赵元礼自山东来，有女美丽，善歌舞，王幸之，止于昕第，生废太子瑛。唐隆元年六月，王清内难，升为皇太子，召昕拜宫门大夫……"同书卷一百七《废太子瑛传》云："开元三年正月，立为皇太子。七年正月，加元服……瑛母赵丽妃，本伎人，有才貌，善歌舞，玄宗在潞州得幸。及景云升储之后，其父元礼、兄常奴擢为京职，开元初皆至大官。及武惠妃宠幸，丽妃恩乃渐弛……惠妃之子寿王瑁，钟爱非诸子所比……"太子之母是卑微的乐人之女[1]，自然不可能成为玄宗的皇后。王氏虽然身为皇后，但她没有孩子，而且武惠妃也渐渐独占了玄宗的宠爱。此事最终导致王皇后被废，可见其并不简单。

　　武惠妃独占玄宗宠爱[2]，在将王皇后逼至废位后，她当然会希望自己能登上后位，自己的孩子寿王瑁也能被立为皇太子，玄宗也默许了此事。然而，他们仍需面对一项障碍——武惠妃是武攸止之女。群臣好不容易将武氏一族的势力一扫而空，此时也纷纷反对武惠妃的计划。其中，如《新唐书》卷七十六《贞顺皇后武氏传》所言：

　　　　将遂立皇后，御史潘好礼上疏曰："礼，父母仇，不共天。春秋，子不复仇，不子也。陛下欲以武氏为后，何以见天下士！妃再从叔三思也，从父延秀也，皆干纪乱常，天下共疾……匹夫匹妇尚相择，况天子乎？愿慎选华族，称神祇之心……今人间咸言右丞相张说欲取立后功图复相，今太子非惠妃所生，而妃有子，若一俪宸极，则储位将不安。古人所以谏其渐者，有以也！"

甚至有一位大臣直言不讳地对此事表示了反对[1]。

群臣虽然一时阻止了武惠妃以及容忍她的玄宗，但开元二十四年，张九龄被罢中书令之职，高祖的从父弟、长平王李叔良的曾孙李林甫成为了中书令。此后，情况开始有所改变。奸猾的李林甫暗中揣测玄宗的意图，并与武惠妃之女咸宜公主的丈夫杨洄密谋，成功通过武惠妃向皇帝诬告太子与鄂王瑶（玄宗第五子）、光王琚（第八子）、太子妃之兄薛锈（玄宗之女唐昌公主之夫）等有所异谋。结果，如《旧唐书》本纪开元二十五年四月乙丑云"皇太子瑛、鄂王瑶、光王琚并废为庶人。太子妃兄驸马都尉薛锈长流瀼州，至蓝田驿赐死"，太子与二王被废为庶人，薛锈则被杀[2]。不仅如此，《新唐书》本纪开元二十五年四月乙丑中有"废皇太子瑛及鄂王瑶、光王琚为庶人，皆杀之"。同书卷八十二《太子瑛传》云："妃（即武惠妃）白帝曰：'太子、二王谋反……'帝……遽召宰相林甫议，答曰：'陛下家事，非臣所宜豫。'帝意决，乃诏：'太子瑛、鄂王瑶、光王琚同恶均罪，并废为庶人；锈赐死。'瑛、瑶、琚寻遇害，天下冤之，号'三庶人'。"《资治通鉴》同条云："瑛、瑶、琚寻赐死城东驿……丙寅，瑛舅家赵氏、妃家薛氏、瑶舅家皇甫氏，坐流贬者数十人，惟瑶妃家韦氏以妃贤得免。"可知太子和二王均被赐死，妃家、舅家被流贬者也有数十人。

武惠妃是否借由太子瑛的废位，实现了长年以来的愿望呢？其实并没有。如《旧唐书·废太子瑛传》所云"其年，武惠妃数见三庶人为祟，怖而成疾，巫者祈请弥月，不瘳而殒"，四十多岁的武惠妃在同年因亡灵作祟而死，不仅如此，其子寿王瑁最后也没有登上太子之位。开元二十六年六月，玄宗第三子忠王玙成为了新的储君。忠王就是后来的肃宗。

玄宗自登基以来可谓英主，有鉴于前代之弊，他励于治道，带来了所谓的"开元盛世"。但是，玄宗也在不知不觉间被内宠所左右，至

1.《资治通鉴》开元十四年夏四月云"上欲以武惠妃为皇后，或上言……上乃止"。《考异》称《唐会要》中的潘好礼上疏并非本人所作："苏冕驳曰：'此表非潘好礼所作……竟未知此表是谁献之。'今除其名。"

2.《唐大诏令集》卷三十一中有皇太子被废黜时的制。

开元末年时，他已经对政治感到腻烦，李林甫便趁机上位。一登上权力的宝座，李林甫就开始恣意行事，如《新唐书》卷五十六《刑法志》所评论的那样："然而李林甫用事矣，自来俊臣诛后，至此始复起大狱，以诬陷所杀数十百人，如韦坚、李邕等皆一时名臣，天下冤之。"他毫不留情地排挤、攻击反对自己的人，新太子玙的地位也岌岌可危，这些事为开天之际辉煌的唐王朝蒙上了一层阴影。随后，李林甫从权力宝座上跌落、伏诛，其间杨氏一族又突然上位。他们将中央政权玩弄于股掌之中，盛宠不衰，最终使国家倾覆。

第三节　谋反、谋大逆事件的总结

上文中，我简短地叙述了各次谋反、谋大逆事件的情况，这与原计划不同，反而显得颇为冗长了。这是因为从武后到中宗、睿宗时代的历史发展颇为复杂，故而有必要通过史料来说明事件的前后关联。如果不这样做的话，我自己也担心可能无法把握这一时代的历史脉络。如果有读者青睐更简洁的叙述，谷川道雄氏《武后朝末年より玄宗朝にいたる政争について—唐代貴族制研究の一視角》一文[1]虽然与我的研究目的不同，但文中第二项亦仔细地整理、阐述了相关事件，特在此予以推荐。

那么，如我多次提及的那样，关于唐初以来伴有没官的谋反、谋大逆罪，虽然可能还有漏网之鱼，但根据目前为止所述的内容，应当可以把握二罪的基本情况：概言之，除了唐初以外，毫不夸张地说，发端于王室内部权力斗争的案例占压倒性多数，剩下的也多半与之有关。在那个时代，这种情况是理所当然的。除非二罪事件极大地损害了他们的生活，不然庶民阶层与二罪几乎没有关联，充其量只是扮演了旁观者的角色。尽管谋反事件数度发生，但王朝的根基并未受到动摇。

由上述事件来看，朝廷并未严格按照法律规定对犯二罪者进行处

---

1. 见《東洋史研究》14（4），1956年；目前收于《谷川道雄中国史論集·下卷》，汲古书　　院，2017年。

罚，根据敕命，处罚或重或轻的情况屡见不鲜，有时也会施加枭首、磔尸、斫棺等律外之刑。但是，因二罪没官的人数大约有多少呢？综合唐初以来的大小事件来看，最保守的没官人数也应达到了数万人以上；但反过来说，至多也不会超过二十万。因此，十万余人应当是一个比较合理的数字。当然，这是一百二十余年间没官良贱的总数，扣除因没官后死亡、下赐或解放而减少的人数，以及由于没官者的婚姻而增加的人数，我认为官府稳定拥有的官贱人平均数量并不算多，至多也就十万左右。自然，官贱人不全是因二罪而缘坐没官，但如本章开头所述，在对外战争中被捕虏而没官者应该不会很多，因二罪没官的人则占了绝大多数。

《唐会要》六十二《御史台下·谏诤》中有：

> 长安四年十一月，敕于登、莱州置监牧，和市牛羊。右肃政台监察御史张廷珪谏曰："窃见国家于河北和市牛羊，及荆、益等州市奴婢，拟于登、莱等州置监牧。此必有人为国用不足……"

又《唐文粹》卷二十二《颂五·监牧》张说所撰《大唐开元十三年陇右监牧碑颂并序》云：

> ……开元神武皇帝登大宝……二年春，帝乃简心腑善畜之将，卜福佑宜生之长。俾领内外闲厩使焉，即开府霍国公其人也。公名毛仲，姓王氏……上顾谓太仆少卿兼秦州都督监牧都副使张景顺曰……对曰："帝之福也，仲之令也，臣何力之有？"因具上其状，帝用嘉焉……于是明威将军行右卫郎将南使梁守忠……（以下诸使及）……都使判官果毅齐琛、总监韦绩及五使长户三万一千人金曰："自开府庇我十三年矣。畜有娩息，人无乏匮……其政一也；纳长户隐田税二万五千石，以俭私肥公，其政二也……贾死畜贮绢八万，往严道市樊僮千口，以出滞足人，其政七也……"

长安四年时，朝廷打算在登州与莱州境内新设监牧，在荆益等州购买奴婢；开元年间，王毛仲在任内外闲厩使时，用绢八万匹购入僰僮一千人，以缓解长户辛劳之苦。另外，第五章第三节第一项中也将述及，《唐会要》卷八十六"奴婢"中云：

> 景龙三年，司农卿赵履温奏请以隋代番户子孙数千家没为官奴婢，仍充赐口，以给贵倖。监察御史裴子余……

根据上述史料可知，唐代官贱人可能并无富余，只不过是将将维持国家体制运转之数。

从朝廷下赐官奴婢的数量也可看出这一点。如前所述，武德七年，朝廷平定辅公祐叛乱时曾将官奴婢下赐给将军们，领军大将赵郡王孝恭赐七百人，部将们则为一百人左右。又《旧唐书》卷五十九《姜行本传》云："及高昌之役，以行本为行军副总管……进平高昌……及还……赐物一百五十段、奴婢七十人。"同书卷六十二《李大亮传》云："……及讨吐谷浑，以大亮为河东道行军总管，与大总管李靖等出北路……俘其名王，虏杂畜五万计。以功进爵为公，赐物千段、奴婢一百五十人，悉遗亲戚。仍罄其家资……"《张说之文集》卷十四《赠太尉裴公神道碑》云："公[1]西擒都支，北降伏念，前后锡马五百匹，僮二百人，金银器物三千品，锦罽织皮六百段。公受置庭中，旬日散尽，此又赵奢之待士，田文之市义也。"如这些史料所见，此前朝廷赐予大将官奴婢约一百人、领军大将数百人的事例并不鲜见，然而这种现象到高宗时就基本消失了，此后，大量下赐奴婢的事例愈发少见。例如《旧唐书》卷九十五《让皇帝宪传》"睿宗践祚……下制曰……成器（宪的本名）可雍州牧、扬州大都督、太子太师、别加实封二千户。赐物五千段、细马二十匹、奴婢十房、甲第一区、良田三十顷"等便是证据之一。成器是睿宗的长子，在其父登基时本应优先成为皇储，可他却将储位让给了弟弟隆基。作为他高尚品德的回报，成器在当时获

---

1. 即裴行俭，见《旧唐书》卷八十四。

得了最优厚的待遇，但即使在那时，睿宗也不过赐给成器"十房"奴婢，至多四十人左右。此外，下赐奴婢的例子还可见《旧唐书·来俊臣传》"下赐奴婢十人"；同书《刘幽求传》中有"赐奴婢二十人"等。不仅是下赐奴婢的数量变少了，连相关的记录本身也愈发少见。想来，高宗以前，国家不仅行事俭素，连制度与官僚的人数也变得较为精简；那么相对的，获得官贱人的机会也较多，奴婢的数量也稍显宽裕。然而，之后的情况又发生了很大变化，官贱人不再富余，这或许是下赐奴婢的人数与记录均有所减少的重要原因。

回过头来看开元天宝时代。在讨论国家统计中户口的数量时，虽然各史料所记的数字略有不同，不过《唐六典》卷三"户部尚书"注中称，开元二十二年的户口数量为 8 018 714 户、46 285 106 口；《通典》卷七"历代盛衰户口"条中，据天宝元年的统计，时有 8 348 395 户、45 311 272 口。而天宝十四载极盛时代时，据《通典》，唐朝有 8 914 709 户、52 919 309 口，其中有 3 565 501 户为不课户，44 700 988 人为不课口，5 349 280 户为课户，8 208 321 人为课口。同书卷六《食货六·赋税下》基于天宝十四载的户口统计，计算了国库收入，即租、调、役（庸）及户税、地税五类的年收入额。如果利用这一点来计算开元二十二年的课口数，结果就是共七百十二万，即是说，当年是由这些良人丁男来负担国家的租、调和役（庸）。附带一提，法律规定中杂徭不属于国家，而属于地方财政收入，因此无法通过课口、不课口来推算。

另一方面，根据开元法，官府除了要求良人丁男服二十日役、丁男与中男服四十或五十日杂徭外，还能使他们负担可代替部分租、调、役及杂徭的工作。换言之，官府能在所有上述名目的范围内驱使丁男与中男，让他们从事各种杂役。如果丁男会手工技术，也可以让他从事工匠的工作以代替原本的义务。这样的话，官府可驱使的良人数量，应该就是当年课口及负担杂徭者的大概人数。因此，在开元二十三年度，官府能役使的良人数理应略多于前述的七百十二万人。与总体人口相比，这个数字出乎意料得少，不过数量本身还是颇为庞大的，唐朝无论如何也无法消化这么多的劳动力。这就是为何唐朝要规定百姓以"庸"的形式履行服役的义务，在如此庞大的劳动人口面前，官贱人这种群体几乎可以忽略不计。

不过，上述只是官府理论上能动员的劳动力数量，并非实际被征用于官府劳动的人数。然而《唐会要》卷九十三"诸司诸色本钱上"云"天宝元年……天下白直，岁役丁十万，有诏罢之，计数加税以供用，人皆以为便"；同书卷九十一"内外官料钱上"云"五载三月二十日敕：'郡县官人及公廨白直，天下约计一载破十万丁已上，一丁每月输钱二百八文，每至月初，当处征纳送县，来往数日功程，在于百姓，尤是重役……'""白直"是杂役的一种，即是差役良人丁男，让他们为地方官厅的流内官及官厅自身服务。原本白直应是需要正身就番的杂役，但从天宝初开始，官府便向人们收取免役钱[1]以代替正身就役。如果仅白直一种杂役就需要役使十万丁，那么延伸到所有杂役的话，仅现实中役使的丁男、中男人数就已经相当可观了。另外，先前引用的开元十三年《陇右监牧颂》中有"长户三万一千人"，这是天下监牧的长户数量。长户也是杂役的一种，即担任监牧的牧子，它可能不是短番而是长上的杂役，故而有此称呼。由此可见，监牧也役使了许多良人。又《唐六典》卷七"工部尚书"中有"凡兴建修筑，材木、工匠，则下少府、将作，以供其事"，其注云：

少府监匠一万九千八百五十人，将作监匠一万五千人，散出诸州，皆取材力强壮、伎能工巧者，不得隐巧补拙，避重就轻。其驱役不尽及别有和雇者，征资市轻货，纳于少府、将作监。其巧手供内者，不得纳资，有阙则先补工巧业作之子弟。一入工匠后，不得别入诸色……凡计功程者……其役功则依户部式。

同书卷二十三"将作监"云"凡诸州匠人长上者，则州率其资纳之，随以酬顾。凡功有长短，役有轻重"；《新唐书》卷四十八《百官志》

---

1. 根据每年的就役日数，须缴纳二千五百文。

"少府监·将作监"中也记载了工匠之名与数量。由此可知,少府监、将作监中,以工匠身份被役使的良人数量达到了各一万五千人。此外,《唐六典》卷六"刑部尚书"中有"其应徒则皆配居作"的记载,其注云:

> 在京送将作监,妇人送少府监缝作;外州者,供当处官役及修理城隍、仓库及公廨杂使。犯流应住[1]居住[2]者亦准此,妇人亦留当州缝作及配舂……

即是说,犯徒刑或某些犯流在京者(两京之人)会被送往少府监与将作监服官役。

如上所述,如果要探讨官贱人在官役整体中的贡献度,就有必要将其置于社会制度的整体情况中进行考察。从这一点来看,官贱人的贡献度并未占到如此高的比重。然而,其中也有如太常音声人、乐户等在国家朝廷仪式性的传统音乐中起着核心作用的群体。想来恐怕在多数情况下,官贱人中人数最多的官奴婢从事的是他人不愿做的役务或重体力劳动,因此在这一层面上,官奴婢劳动的意义就已经显得十分重要了。不仅如此,官奴婢的劳动是长役无番的,因此数万人在一年间持续不断地劳动,最终能完成近一二千万人的劳动量。这么想来,官奴婢的劳动量绝不能被轻易忽视。前文中,我从许多角度探讨了官贱人劳动在官方劳动中的贡献度,总体来看,可能占到了整体的十分之一或十分之二左右。

---

1. 据本朝令,"住"当作"任"——近卫本。
2. "住"当作"作"——近卫本。

第五章

有关官贱人由来的研究

第一节 北魏时代杂户的含义

唐代法律规定的几类官贱人中，官奴婢的前身自前代就存在，相较而言更为人所知；至于太常音声人，本书第三章第四节的第一项中已有论及，故而本章将以杂户为中心展开论述，并探寻官户、工户与乐户的由来。

玉井教授根据《春秋左氏传》疏所引"近世魏律"中"缘坐配没为工乐杂户者"、《魏书》本纪太和五年七月"班乞养杂户……"、同书普泰元年三月"募伎作及杂户从征者"、《隋书·刑法志》北周条"盗贼及谋反大逆降叛恶逆罪当流者，皆甄一房配为杂户"等史料，指出杂户作为官贱人的一种，自北魏太和初年就一直存在，并延续到唐代的法律规定中[1]。后来，很多学者继承了这一说法，我在八九年前也采信了教授的观点，并以之为前提展开讨论。但不知不觉间，我渐渐开始对此产生了疑问，起因是我意识到散见于史料的"杂户"一词含义众多，未必全部相同。

北魏太和时代前很久，"杂户"一词就存在了。如《晋书》卷一百四十《石勒载记上》云：

> 勒攻准（即靳准）于平阳小城，平阳大尹周置等率杂户六千降于勒。

同书卷一百一十九《姚泓载记》云：

> 勃勃既克阴密，进兵侵雍，岭北杂户悉奔五将山。

同卷云：

---

1. 玉井是博：《中國社會經濟史研究》，第196页以下。

　　刘裕进据郑城。泓使姚裕、尚书庞统屯兵宫中，姚洸屯于澧西，尚书姚白瓜徒（或为"徙"或"从"字之误）四军杂户入长安，姚丕守渭桥……

《魏书》卷五十一《封敕文传》云：

　　诏敕文率步骑七千征吐谷浑慕利延兄子拾归于枹罕……拾归夜遁。敕文引军入枹罕，虏拾归妻子及其民户，分徙千家于上邽，留乌头守枹罕[1]。金城边冏、天水梁会谋反，扇动秦益二州杂人万余户，据上邽东城，攻逼西城。敕文先已设备……贼乃引退。冏、会复率众四千攻城。氐羌一万屯于南岭，休官、屠各及诸杂户二万余人屯于北岭，为冏等形援。

　　上述史料中的"杂户"与下引《金石续编》中的"杂户"相同，用于指代种类繁多的种族、部族、夷类等。《金石续编》卷一《前秦》中所收《郑能进修邓艾祠碑》记载：

　　大秦苻氏建元三年，岁在丁卯，冯翊护军、建威将军、奉车都尉、城安县侯华山郑能进……被除为护军，甘露四年十二月廿五日到官……统和 宁 戎鄜城洛川定阳五部，领屠各、上郡、夫施、黑羌、白羌、高凉、西羌、卢水、白虏、支胡、粟特、苦水杂户七千夷类十二种，兼统夏阳治……以太尉邓公祠，张冯翊所造，岁久颓朽，因旧修饬，故记之。

另外，《魏书》卷四下《世祖纪》太平真君六年（445）秋八月云"车驾幸阴山之北，次于广德宫……徙诸种杂人五千余家于北边。令民北徙畜牧至广漠，以饵蠕蠕"；同书卷九十五《铁弗刘虎（屈孑）传》云"以屈孑为安远将军……以义城、朔方杂夷及卫辰部众三万配之"；同

_____

1. 据《魏书》本纪太平真君六年八月。

书卷一百一十三《官氏志》序云"其诸方杂人来附者，总谓之'乌丸'，各以多少称酋、庶长，分为南北部，复置二部大人以统摄之"。其中提到的杂人、杂夷即被称作杂户者。

后来，用"杂户"一词表示杂人、杂夷、杂族等意义的做法逐渐消失，在史料中也看不到了。反之，时人开始用"杂户"指代不同于杂夷的群体，这类用例初见于《魏书》卷七上《高祖纪》太和五年（481）秋七月甲戌条：

> 班乞养杂户及户籍之制五条。

以前，我曾对此处的"杂户"发表过观点[1]，但当时我并未明确地认识到"乞养"的含义，幸蒙平中苓次博士指点，我对"乞养"一词才有所了解：《商君书》卷五《境内篇》载，"四境之内，丈夫女子皆有名于上，〔生〕者著，死者削。其有爵者乞无爵者以为庶子，级乞一人。其无役事也，其庶子役其大夫，月六日。其役事也，随而养之"。增渊龍夫博士在《商鞅の變法の一問題》[2]中认为，"乞"是"气"字的略写，"气"与"氣""餼"通用，即"长期任用"之意。他详细地参考、说明了中国学者的观点，认为《商君书》的原文应采取如上的句读方式，并增补一"生"字。北魏政令诏敕中部分文字的生僻、古老超乎人想象，时常令人费解，不过增渊博士的说法使我大受启发。《唐律疏议》卷二十《贼盗四》云："诸略奴婢者，以强盗论……若得逃亡奴婢不送官而卖者，以和诱论……即私从奴婢买子孙及乞取者，准盗论；乞卖者与同罪……"疏议云："'即私从奴婢买子孙及乞取者'，或买或乞，各平所乞、买奴婢之价，计赃准盗论。"其中亦有"乞"字，或许与《商君书》中的"乞"字语义相近。想来，太和五年秋七月政令中所见的"乞养"一词，大致接近"乞养杂户"（即在私家蓄养杂户）或"任用"的意思，然而其具体含义又是什么呢？我将首先从杂户的意思出发进

---

1. 日本法制史学会昭和三十一年（1956）秋季大会，于大阪市立大学。
2. 收入野村兼太郎博士还历记念论文集《封建制と資本制》，有斐阁，1956年；后收入氏著《新版　中国古代の社会と国家》，1996年，第一篇第五章。

行探讨。

由史料来看，毫无疑问，太和五年政令中的"杂户"并无以前杂夷、杂人、杂种那样的含义。然而，玉井教授"私家乞养作为杂户的官贱人"的说法颇为难解，仅从这一点来看，其说即有不尽妥当之处。翻阅《魏书》卷九十七《岛夷·刘裕传》，其中有"是岁，凡诸郡士族婚官点杂者，悉黜为将吏，而人情惊怨，并不服役，逃窜山湖，聚为寇盗"的记载。同一事件亦见于《资治通鉴》卷一百二十九《宋纪》孝武帝大明五年条"是岁，诏士族杂婚者……"胡注云"杂婚，谓与工商杂户为婚（应看作工商之类的杂户）"。自然，胡注所云是对南朝史实的注解，不过当时南朝和北朝都用"杂户"来称呼工商等地位低下的卑姓，现在讨论的太和五年秋七月政令中的"杂户"也是其中一例。

原本，我应通过论述逐渐阐明北魏身份制的情况，不过概言之，北魏不论蕃汉，而是以良贱之别区分国民，良人被分为贵族或士族、庶民（即庶姓）与杂姓，商贾、百工等属于杂姓、杂户，比身为庶姓（庶民）的农民地位更低。《魏书》卷七下《高祖纪》太和十一年（487）十一月丁未条云："诏罢尚方锦绣绫罗之工，四民欲造，任之无禁。其御府衣服、金银、珠玉、绫罗、锦绣，太官杂器，太仆乘具，内库弓矢，出其太半，班赉百官及京师士庶，下至工商皂隶，逮于六镇戍士，各有差。"可见百官与士族、庶民及工、商、皂隶间是相互区分（皂隶一词见后文所述）的，北魏作为征服国家，延续了秦汉以来士、农、工、商、医、巫的观念，并将其引入了自己的身份制。

若是"杂户"一词被用作百工、商贾的泛称，那么太和五年制中所见的"杂户"也只能是这个意思。但是否有史料能够证明当时私家确实乞养了这些人呢？

《魏书》卷四下《世祖纪》太平真君五年（444）春正月戊申条云：

> 诏曰："愚民无识，信惑妖邪，私养师巫，挟藏谶记、阴阳、图纬、方伎之书；又沙门之徒，假西戎虚诞，生致妖孽。非所以壹齐政化，布淳德于天下也。自王公已下至于庶人，有私养沙门、师巫及金银工巧之人在其家者，皆遣诣官曹，

262

不得容匿。限今年二月十五日，过期不出，师巫、沙门身死，主人门诛。明相宣告，咸使闻知。"

另外，同月庚戌条亦云："诏曰：'自顷以来，军国多事，未宣文教，非所以整齐风俗，示轨则于天下也。今制自王公已下至于卿士，其子息皆诣太学。其百工伎巧、驺卒子息，当习其父兄所业，不听私立学校。违者师身死，主人（？）门诛。'"又同书卷五《高宗纪》和平四年（463）十有二月辛丑条云："诏曰：'名位不同，礼亦异数，所以殊等级，示轨仪。今丧葬嫁娶，大礼未备，贵势豪富，越度奢靡，非所谓式昭典宪者也。有司可为之条格，使贵贱有章，上下咸序，著之于令。'"壬寅条云：

> 诏曰："夫婚姻者，人道之始。是以……礼之重者，莫过于斯。尊卑高下，宜令区别。然中代以来，贵族之门多不率法，或贪利财贿，或因缘私好，在于苟合，无所选择，令贵贱不分，巨细同贯，尘秽清化，亏损人伦，将何以宣示典谟，垂之来裔。今制皇族、师傅、王公侯伯及士民之家，不得与百工、伎巧、卑姓为婚，犯者加罪。"

同书卷七上《高祖纪上》太和元年（477）八月丙子条云：

> 诏曰："工商皂隶，各有厥分，而有司纵滥，或染清流。自今户内有工役者，推上本部丞，已下准次而授。若阶藉元勋、以劳定国者不从此制。"

同卷太和二年（478）五月条云：

> 诏曰："婚娉过礼，则嫁娶有失时之弊；厚葬送终，则生者有糜费之苦。圣王知其如此，故申之以礼数，约之以法禁。迺者，民渐奢尚，婚葬越轨，致贫富相高，贵贱无别。又皇

族贵戚及士民之家，不惟氏族高下，与非类婚偶。先帝亲发
明诏，为之科禁，而百姓习常，仍不肃改。朕今宪章旧典，
祗案先制，著之律令，永为定准。犯者以违制论。"

据上揭诸诏书，在世祖太平真君年间至高祖太和初期，王公百官
或富裕的庶民会豢养多种人口，其中，豢养百工伎巧[1]的人也不在少数。
他们之间不只是利益关系，更有人利用自家的势力让百工伎巧出仕任
官，或是互相通婚，毫无顾忌地扰乱了国家与社会的秩序。因此朝廷
数次发布诏书加以禁止，却无法轻易地矫正这一乱象。与此同时，朝
廷禁止百工商贾——即被泛称为"杂户"的人们与"庶姓"——即作
为庶民的农民及以上身份的人通婚，应当也不允许他们出仕任官。

既然了解了"杂户"的意义与当时的情况，那么朝廷于太和五年
秋七月"班乞养杂户及户籍之制五条"，就是因为仅严格禁止乞养杂
户并无成效，不如设置规定，允许人们在相关规定下乞养杂户来得更
为实际。可见，朝廷此次或是借着向国民颁布五条户籍法的机会，确
定与乞养杂户相关的规定。另外，《魏书》卷九《肃宗纪》孝昌二年
（526）闰十一月条：

> 诏曰："顷旧京沦覆，中原丧乱，宗室子女，属籍在七庙
> 之内，为杂户滥门所拘辱者，悉听离绝。"

同书卷十一《前废帝纪》普泰元年（531）三月条：

> 诏右卫将军贺拔胜并尚书一人募伎作及杂户从征者，正
> 入出身，皆授实官，私马者优一大阶。

"杂户"一词依然继续行用于诏书。北魏末年大乱之际，已有百工商贾
等凭借自己的势力，迎娶了王室的疏属子女。因此，朝廷为了救济这

---

1. "百工伎巧"指"各种技能的持有者"，含义宽泛。

些宗室，便颁布了前诏。后诏则颁布于北魏命悬一线时，是说就算是百工商贾之类出身，朝廷也允许其中应募从军者以及持有私人马匹应募者正式出仕。

虽然叙述顺序有所颠倒，不过我想在此处先论述唐代的百工、商贾之类的情况。《唐六典》卷三户部尚书条云：

> 辨天下之四人，使各专其业：凡习学文武者为士，肆力耕桑为农，功作贸易[1]者为工，屠沽兴贩者为商（注略）。工、商之家不得预于士，食禄之人不得夺下人之利。

同书卷二吏部尚书条云："凡官人身及同居大功已上亲自执工商，家专其业，皆不得入仕。"唐代也有"士农工商"的思想，不仅如此，如《通典》卷二《食货·田制下》大唐条载"开元二十五年令……诸以工商为业者，永业口分田各减半给之，在狭乡者并不给"，《唐会要》卷三十一《舆服》"杂录"条云"乾封二年二月，禁工商不得乘马"等，正如众所周知，法律中工商比农民受到的限制、压迫更多。此外，《旧唐书》卷四十八《食货志上》云："武德七年，始定律令……士农工商，四人各业……工商杂类，不得预于士伍。"《册府元龟》卷一五九《帝王部·革弊一》亦云："永隆二年正月丁亥，帝以频年饥馑，百姓匮乏，召雍州长史李义琛及万年等四县令谓曰：'……又庶人之徒，商贾杂类，竞为厚葬，违越礼度……'"可见当时依旧残留着把百工商贾看作杂类、杂姓的想法。

然而，《唐律疏议》卷十一《职制下》"诸去官而受旧官署、士庶馈与"条云：

> 疏议曰："旧官署"，谓前任所僚佐。"士庶"，谓旧所管部人。

---

1. 近卫本《唐六典》云，"《旧唐书》，贸易作器用"。

此外，同书卷三十《断狱二》有"诸疑罪，各依所犯以赎论（疑，谓虚实之证等……）。即疑狱，法官执见不同者，得为异议，议不得过三"条：

> 疏议曰……注云"疑，谓虚实之证等"，谓八品以下及庶人，一人证虚，一人证实，二人以上虚实之证其数各等；或七品以上，各据众证定罪……

依据上述内容，农与工商无疑均是庶人。同书卷二十五《诈伪》"诸诈假官……若诈增减功过年限而预选举"云云条载："疏议曰……依选举令：'官人身及同居大功以上亲自执工商，家专其业者，不得仕。其旧经职任，因此解黜，后能修改，必有事业者（有事业之实），三年以后听仕。其三年外仍不修改者，追毁告身，即依庶人例。'"同书卷二十二《斗讼》"诸妻殴夫徒一年……媵及妾犯者，各加一等"云云条载："疏议曰：依令，五品以上有媵，庶人以上有妾……"上述史料中，庶人中也包括农与工商。还有《唐六典》卷三户部尚书条"凡庶人年八十及笃疾，给侍丁一人；九十，给二人；百岁，三人"中的"庶人"也是如此，"庶人"一词基本是指士族以外的人，这一点是比较清楚的。

　　显而易见，唐朝确立士农工商之别，首先区分了士族与士族以外之人，又将士族以外的人分为农和工商，将工商之类视作卑贱之人，给予差别待遇。然而，无论是农还是工商都被置于"庶人"的名目下，这点虽然从上述史料中也能明白，但还是唐律整体的结构表现得最为明确。就算农以上者与工商结合，也仍会遭受社会的非难，但即使如此，律文也没有明文禁止此事，可见工商基本上还是位列庶人。附带论及，《唐会要》卷三十一《舆服》"杂录"太和六年六月的服饰之制一条云："又奏：'商人乘马，前代所禁，近日得以恣其乘骑，雕鞍银镫，装饰焕烂，从以童骑，最为僭越，请一切禁断。庶人准此……'"这种将工商和庶人分开记述的情况并不少见，但这无法证明工商不在庶人之列。就算是在庶人中，工商也在种种方面受到限制，因此编纂者有时也会将工商从庶人中举出并进行说明。

　　回过头来看，《资治通鉴》卷二百二高宗上元元年秋八月戊戌条云：

"敕：'文武官三品以上服紫，金玉带；四品……八品服深青，九品服浅青，并输石带；庶人服黄，铜铁带。自非庶人，不听服黄。"此处除"自非庶人，不听服黄"一句以外，其他内容和《唐六典》卷四礼部尚书条、《唐会要》卷三十一《舆服上》"章服品第"条及《旧唐书》卷四十五《舆服志》等所载内容大体相同。问题是《通鉴》胡注中的"非庶人，谓工商杂户"这一句。若从胡氏之说，那么唐上元年间，工商就还未进入庶人之列。胡三省大概是据《隋书》卷十二《礼仪志七》所载"至（大业）六年后诏[1]从驾涉远者，文武官等皆戎衣。贵贱异等，杂用五色。五品已上……六品已下……胥吏以青，庶人以白，屠商以皂，士卒以黄"，将"大业从驾涉远"这一临时情况套用在北魏制度上，还以此解释在唐上元元年敕中所见的"庶人"一词，误认为所谓的庶人仅指农，而不包含工商。

此外，仁井田博士的《中国身分法史》介绍了北京图书馆藏敦煌发现的《贞观氏族志》断简[2]，其结尾附近载：

> 合三百九十八姓。今贞观八年五月十日壬辰，自今已后，明加禁约。前件郡姓出处，许其通婚媾……其三百九十八姓之外，又二千一百杂姓，非史籍所载，虽预三百九十八姓之限，而或媾官混杂，或从贱入良，营门杂户。慕容高（"商"字之误）贾之类，虽有谱，亦不通，如有犯者，剔除籍……

其中有杂姓、杂户等文字。可见这些词语的含义既非完全延续前代，也不是全然无关。

第二节　北魏的杂役之户与分裂后的杂户

第一项　北魏的杂役之户
《魏书》卷七下《高祖纪》太和十七年（493）九月条云：

1.《旧唐书·舆服志》云"复诏"，或为正确的写法。
2.《中国身分法史》，第564页。

又诏厮养之户不得与士民婚；有文武之才、积劳应进者同庶族例，听之。

那么所谓的厮养之户是什么呢？早在《春秋公羊传》中即有相关记载，如宣公十二年"诸大夫死者数人，厮役扈养，死者数百人"及何休注"艾草为防者曰厮，汲水浆者曰役，养马者曰扈，炊烹者曰养"。另有《史记》卷八十九《张耳陈馀列传》云："有厮养卒谢其舍中曰：'吾为公说燕，与赵王载归。'"《集解》云："如淳曰：'厮，贱者也。公羊传曰……'"《汉书》卷五十一《路温舒传》云："时，诏书令公卿选可使匈奴者，温舒上书，愿给厮养，暴骨方外"，颜师古注云："求为卒而随使至匈奴也。"《后汉书》卷三十五《郑玄传》云："玄后尝疾笃，自虑，以书戒子益恩曰：'吾家旧贫，不为父母群弟所容，去厮役之吏，游学周、秦之都……'"承蒙守屋美都雄博士指点，由这些用例可知，太和十七年诏书所见的"厮养之户"一词指的是世代为官府承担低贱劳动义务的户。他们的地位比庶民更低，不允许和士族、庶民通婚；在任官方面，他们如果没有积累功勋就无法出仕。附带论及，我在旧文《北朝の史料に見えた雜戶・雜營戶・軍戶》[1]中曾提到，由于"厮"与"私"发音相通，因此"厮养之户"等同于前节所述的"私家乞养之人"。但厮养、厮役的本意其实是官府役使之人，故而根据守屋博士的批评，我立即改正了这一说法。

《魏书》卷九《肃宗纪》神龟元年（518）春正月庚辰条云：

诏以杂役之户或冒入清流，所在职人皆五人相保，无人任保者夺官还役。

同书卷十一《前废帝纪》普泰元年（531）二月乙巳条云：

改建明二年为普泰元年。其税市及税盐之官，可悉废之。

1.《山梨大學學藝學部研究報告》（8），1957年。

百杂之户，贷赐民名，官任仍旧……

前诏的主要内容是官府的杂役之户中，有人尚未取得任官资格，却通过特殊手段获得了官职。所以职人们需互相担保，没有担保者的人会被剥夺现有官职，只能继续从事原本的官役。至于后诏，北魏末年的政治实权被尔朱氏一党操纵，在拥立前废帝时，他们试图通过发布这份诏书收买人心。所谓"贷赐民名"说的是给予百杂之户庶民的名分；"官任"与《周礼·地官·司徒》的"乃均土地，以稽其人民而周知其数，上地家七人，可任也者家三人……"相同，都是对官役的称呼。另外，"杂役之户"与"百杂之户"只是对同一种事物的不同称谓，再与上述"厮养之户"相对照，显然两者意义相同。可见，它们只是不同时代用于称呼"承担官役任务的户"的不同名称。

那么，正如前废帝普泰元年的政令所示，被称作厮养之户、杂役之户、百杂之户的人没有"民"的身份，因此可以说他们只在官司中有户籍，不是一般的编户。既然如此，人们很可能就会以为他们不是良人而是官贱人，但事实并非如此。下面的史料明确显示，他们至少有良人的身份。《魏书》卷一百一十一《刑罚志》记载，肃宗孝明帝神龟年间（518—519），兰陵公主的丈夫刘辉与另两名女子私通，并对公主施暴后逃亡，因此官府将特别奖赏抓到他的人，尚书三公郎中崔纂随即表示反对：

> 神龟中，兰陵公主驸马都尉刘辉，坐与河阴县民张智寿妹容妃、陈庆和妹慧猛，奸乱耽惑，殴主伤胎。辉惧罪逃亡。门下处奏："各入死刑，智寿、庆和并以知情不加防限，处以流坐。"诏曰："容妃、慧猛恕死，髡鞭付宫，余如奏。"尚书三公郎中崔纂执曰："伏见旨募若获刘辉者，职人赏二阶，白民听出身进一阶，厮役免役，奴婢为良。案辉无叛逆之罪，赏同反人刘宣明之格。又寻门下处奏……"

如上所述，关于该事件如何处置，舆论沸沸扬扬，但最值得注意的是官府给予逮捕到刘辉者的奖赏规定。成功逮捕刘辉的人，如果是职人即有仕官资格者——虽然我还无法确定所谓职人指的是哪一领域的职务，本人的职资晋升两阶；若是白民即无职资者——换言之，大部分庶民，但庶民不都是白民——就可以出仕，并比正常情况再高一级；如果是厮役者，即厮养之户、杂役之户，就可从现在负担的官役下被解放出来；若是奴婢就放贱为良。因此，虽然杂役之户不在庶民之列，但很显然他们有良人的身份。附带一提，《册府元龟》卷六百一十五《刑罚部·议谳第二》"崔纂为尚书三公郎中……厮役奴婢为良"一条中缺了"免役"二字，这是传本的讹误。

　　要言之，北魏时代有被官方别称为厮养之户、杂役之户、百杂之户的一类人，他们常年从事官府所需的各项役务，户籍归官司管理，地位低于作为庶民、庶族的农民。但他们不是贱人，只是位于良人的最底层。这样的话，他们的地位可能与同一时代被泛称为"杂户"的百工商贾之类接近。明白了这一点后，便可确定第一节所引《魏书》太和元年八月诏"工商皂隶，各有厥分"及同书太和十一年十一月诏"下至工商皂隶"中，与工商并记的皂隶指的是隶属官府的杂役之户。

第二项　东西魏、北齐北周的杂户

一

　　高祖孝文帝至世宗宣武帝时代，北魏国势趋于鼎盛，但到了肃宗孝明帝时，不仅王室内部产生纷争，而且自孝文帝实行汉化政策以来，汉人势力明显抬头，作为征服者的鲜卑等北族系士庶便日益不平。在这种情形下，沃野镇叛乱爆发了。从以前开始，北魏就在北部和西北边境设置军镇，以防备塞外势力，沃野镇就是其中之一。然如今，心怀不满的军士们在此地发动叛乱，而且立刻波及各地，华北全域陷入动乱。由此，持续十余年的战乱开始了。野心家们逐次登台、争权夺势，最后，出身北族的高欢掌握了王朝的实权，拥立孝静帝代替当时的天子孝武帝，从洛阳迁都河北邺城，支配了山东地区，也就是现代从山西、河北、山东到河南的一部分。不久后，与高欢同样出身北族的宇文泰出兵关西，在机缘巧合下将逃离洛阳的孝武帝迎至长安，却又杀害了孝武帝，后重新拥立文帝，在关西形成了一股对抗高欢的势力。这是公元534—535年间发生的变故，北魏因此分裂为东魏和西魏，两魏开始了十余年的相互攻伐。在东魏，高欢死后，魏帝禅位于高欢之子高洋，创建北齐（550）；在西魏，宇文泰之子宇文觉也建立了北周（557），两魏分立演变成了北齐与北周的对立，两朝激烈争霸。最后，北周于建德六年（577）成功吞并北齐。然而在当时的北周内部，杨坚（即后来的隋文帝）已然得势，于长安篡周建隋（581），改元开皇，后于开皇九年平陈。

想来，北魏时官府杂役之户的数量曾大幅增加，那么在世变之际，他们又会变成什么样呢？《北史》卷五《魏本纪·文帝纪》大统五年（539）条云：

> 免妓乐杂役之徒，皆从编户。

《北齐书》卷四《文宣纪》天保二年（551）九月壬申条云：

> 诏免诸伎作、屯、牧、杂色役隶之徒为白户。

同书卷八《后主纪》天统三年（567）九月己酉条载：

> 太上皇帝诏："诸寺署所绾杂保户（杂役户之讹）姓高者，天保之初虽有优敕，权假力用未免者，今可悉蠲杂户，任属郡县，一准平人。"

同卷武平七年（北周建德五年，即576年）二月辛酉条云：

> 括杂户女年二十巳下十四巳上未嫁悉集省，隐匿者家长处死刑。

西魏大统五年政令将技作杂役之徒，即诸杂役之户放为编户民；北齐天保二年诏也称，诸伎作、屯牧等役隶之徒，即杂役之户可变为白户（编户民）；北齐天统三年诏令云，此前（即北齐受禅后不久的天保初年），太上皇帝曾授予诸司所管杂役之户中与本朝同姓"高"者优敕，但因为当时该诏令并未实际实行，朝廷也只是便宜行事，继续把他们当作杂役，所以今后会将他们从杂户中解放，附籍郡县，成为编户民；北齐武平七年诏令则称，在北周大举入寇、王朝濒临灭亡之际，应当全方位地募集都城邺城内的未婚杂户女子，将她们配与将士，以期能动员将士们奋战到最后一刻。

　　通观以上材料，最值得注意的是北齐天统三年诏令将"杂役之户"记作"杂户"。由此可知，至迟于北齐天统三年，时人已经将杂役之户略称为杂户，据此，或可确定武平七年诏中的"杂户"也是杂役之户。此外，《北齐书》卷八《幼主纪》叙述后主昏聩的一节中云："任陆令萱、和士开……等宰制天下，陈德信、邓长颙、何洪珍参预机权。各引亲党，超居非次，官由财进，狱以贿成……诸宫（？）奴婢、阉人、商人、胡户、杂户、歌舞人、见鬼人滥得富贵者将万数。庶姓封王者百数……"这条材料中"奴婢"以下的部分似乎只是列举了卑贱者的名称，其史料价值肯定不高，但也不妨碍我们将其中的"杂户"理解为官府的杂役之户。回过头来看，北魏初期曾用"杂户"表示异族、部族等繁多的含义，但这种现象在此后的史料中可能已颇难得见了。高祖孝文帝时期以来的诏书就已用"杂户"作为百工、商贾之类的泛称；北魏分裂后，"杂户"一词更用于略称此前被称作厮养之户、杂役之户、百杂之户的官府杂役之户。这是一个典型的词语内容随时代推移而变迁的例子，但实际上，其变化还不仅于此。

　　《周书》卷六《武帝纪下》建德六年（577）八月，即北周平定北齐之后的一条云：

　　　　诏曰："以刑止刑，世轻世重。罪不及嗣，皆有定科。杂役之徒，独异常宪，一从罪配，百世不免。罚既无穷，刑何以措。道有沿革，宜从宽典。凡诸杂户，悉放为民。配杂之科，因之永削。"

上引史料用"杂户"指称杂役之户，清晰地证明了我上一段的推论。但更重要的是，以前杂役之户（杂户）就算地位最低，也还是良人，可是如该诏所言，杂户是由因犯罪没官者构成的群体，其成分忽然彻底改变了。这种变化究竟是如何发生的呢？

二

后文将引用的《隋书·刑法志》中有这样的记载：北魏当初平定西凉时，曾迁徙当地住民，使他们变为官属隶户，世代从事各种官府杂役，这些隶户在北魏分裂时大致归东魏所有，东魏、北齐则控制这些人继续从事官役。隶户即杂户在北周和北齐统一时得到解放，此后杂户之名便不复存在。《隋书·刑法志》的这条记载混入了编者自己的观点与误解，并非与事实完全相同，但它仍能供我们了解杂役之户的渊源与国家分裂时的状态，颇为重要。

北魏时期，杂役之户应是被安排在必要之处。他们主要被集中安置于帝都洛阳，其次是以旧都平城为首的重要据点，纵观北魏全境，无疑关东杂役之户较多，关西较少。高欢号称成功从洛阳将四十万户迁到新都邺城，并且统治了关东的大部分地区，因此东魏获得了大多数杂役之户。与之相反，宇文泰只迎立了从洛阳仓皇逃窜、蒙尘长安的魏帝，那么西魏当然也只得到了关西地区的杂役之户，这点或许正如《隋书·刑法志》所言。军队中也有相似的现象。北魏以同系的北族为基础，组织起强大的军队，凭此震慑内外。而在大规模动乱后，东魏的高欢掌握了大量鲜卑部民，并用他们继续作为国家军队主力；西魏的宇文泰只不过掌握了少量的鲜卑兵。在当时这种分裂的状况下，我认为西魏在面对建设新国家的重重障碍时，采取了将迄今为止由特定的户或部族承担的任务分摊到全体国民身上的对策。在军事组织方面，朝廷在克服了诸多困难后，得以顺利地完成这一对策，由此建立的新军事制度也成了后来隋唐府兵制的前身。然而，对于诸杂役，西魏则采取了其他手段。

《晋书·王羲之传》中记有他呈给尚书左仆射谢安的一封书信，其中写道：

又有百工医寺，死亡绝没，家户空尽，差代无所，上命不绝，事起或十年、十五年，弹举获罪无懈息，而无益实事，何以堪之！谓自今诸死罪原轻者及五岁刑，可以充此，其减死者，可长充兵役，五岁者，可充杂工医寺，皆令移其家以实都邑。都邑既实，是政之本，又可绝其亡叛。不移其家，逃亡之患复如初耳。今除罪而充杂役，尽移其家，小人愚迷，或以为重于杀戮，可以绝奸。刑名虽轻，惩肃实重，岂非适时之宜邪！

东晋时，官府的百工、医户必须世代从事相关职业，而随着岁月流逝，有人死去，也有人逃跑，时至今日出现了很多空户的现象，有碍于官方事务。因此王羲之献策称，可以让服五岁刑者充当工户和医户来代替原本的刑罚，他们的家人也一并移入都城。

西魏、北周也缺乏必要的、用以从事官役的户，他们采用的方法与此颇为相似，可见《隋书·刑法志》北周保定三年大律：

盗贼及谋反大逆降叛恶逆罪当流者，皆甄一房配为杂户。

我并不了解北魏刑罚制度的详细内容。根据玉井教授的研究[1]，对于谋反及其他重罪，最早是全家无论长幼满门抄斩，处罚似乎极为严苛；后来好像稍从宽典，将对年幼者等的处罚改为没官。然而被没官者归官方所有，失去良人的资格而成为官奴婢，而非以良人身份充当杂役之户。《魏书》卷四十六《李䜣传》云："又赵郡范攦具条列敷（即李敷）兄弟事状，有司以闻。敷坐得罪。诏列䜣贪冒，罪应死。以纠李敷兄弟，故得降免，百鞭髡刑，配为厮役……未几而复为太仓尚书，摄南部事[2]。"李䜣免死，在受百鞭和髡刑后配为厮役，可见当时从事官方杂役的人中就混有刑徒。然而，这与各种官役、兵役中也混有刑徒和官

---

1. 玉井是博：《中國社會經濟史研究》，第193页。
2. 为世祖太武帝末年左右事。

奴婢的情况一样，不会以犯罪者或其家人充作世代的杂役之户。此外，刑徒参与各种官役也很正常，汉代的详细情况可见《漢代の將作大匠と其の役徒》[1]；唐代的情况如后文第四章第三节所述；我也在《魏晉南朝の兵戶制度の研究》[2]第五节第三项的结尾处提到了兵士中存在刑徒的事实。

既然西魏、北周不得不以一部分犯罪缘坐者充当世代杂役之户，他们也确实采取了这种措施，那么被称为杂役之户、杂户者的内涵当然会与之前有明显的差别。前揭北周吞并北齐后的诏书云"杂役之徒，独异常宪，一从罪配，百世不免。罚既无穷……宜从宽典。凡诸杂户，悉放为民。配杂之科，因之永削"，正是这一结果的体现。因此可以断定到这时，杂役之户、杂户的主体已变为犯罪缘坐之户，"杂户"几已成为官贱人的一类。

另一边，在东魏、北齐，由于东魏获得了相对较多的前朝杂役之户，或许暂时不会出现不便的情况。但据《隋书·刑法志》北齐条引河清三年（564）律云：

> 盗及杀人而亡者，即悬名注籍，甄其一房配驿户。

据此，可知东魏、北齐实行了和西魏、北周一样的措施。想来，这一方面可能是为了补充消耗较快的杂役之户；另一方面，朝廷也有必要在混乱的政局下借严刑峻法威吓人民。又如后文所述，驿户是被泛称为杂役之户、杂户者的役种名称。

如上所述，北魏分裂后，杂役之户即杂户发生了质的变化。在充分了解这一情况的基础上再看建德六年八月的诏书，可见以统一华北为契机，北周朝廷宣示，现为杂户者，不论出身地域新旧或来由如何，悉数放为庶民；同时完全废除杂户之制与配为杂户之科。

---

1. 见《史學雜誌》47（12），1936年；后收于氏著《秦漢隋唐史の研究·上卷》第二部第八章，东京大学出版会，1966年。
2. 见《山梨大學學藝學部紀要》（2），1957年；后收于氏著《秦漢隋唐史の研究·上卷》第一部第十章。

第三项　所谓"近世魏律"

《春秋左氏传》襄公二十三年"初，斐豹隶也，著于丹书"条五经正义、唐孔颖达疏曰：

> 近世魏律：缘坐配没为工乐杂户者，皆用赤纸为籍，其卷以铅为轴。

程树德氏在《九朝律考·后魏律考》魏律佚文条中，虽然把近世魏律视为北魏律，但由于程氏把东西魏的情况也并入北魏一同叙述，因此无法确定这就是我们所称的"北魏时代的律"。与之相对，玉井教授把北魏史料中散见的"杂户"直接联系起来，指出最迟至孝文帝太和以后，北魏已设立类似于唐代杂户、工户、乐户的官贱人名目，并以缘坐没官者充当[1]。然而，如果我至今为止的考证结果不是空穴来风，或许很难认为"近世魏律"是北魏分裂前的律。

　　如前所述，杂户的语义发生过三次变化：从北魏中期到末期，如当时的诏书所示，"杂户"指百工、商贾等；在北魏分裂后，"杂户"一词变成了官府杂役之户的略称；最早在东西魏时代，杂户中已配属了缘坐没官者。另外，伴随着这样的变化，此前杂役之户即后来的杂户好歹也是良人，可现在其主体渐渐变成了没官的官贱人。若果真如此，"近世魏律"只能是东魏或西魏的律。当然，为慎重起见，我在讨论让刑徒服杂役的情况时，也引用了第二项中所述的史料并加以考虑。总之，如果当时的朝廷真让刑徒服杂役的话，那么他们与世代为工、乐、杂户者的性质便完全不同了。何况同时代的政令中，不可能用"杂户"一词同时指称百工商贾等与官方的杂役之户，杂役之户还另外被称作厮养之户、杂役之户、百杂之户。要言之，"近世魏律"是北魏分裂后的律，其内容应是"因缘坐配没成为工商杂户者，其官籍用赤纸，以铅为卷轴，以明确区分他们与非缘坐配没的、前朝以来的杂役之户"。此外，如前所述，此前的杂役之户也不附籍于州县，其籍

---

1. 玉井是博：《中国社會經濟史研究》，第196页以下。

簿只在所属官司。

《魏书》卷十九中《任城王澄（顺）传》云：

> 尔朱荣之奉庄帝，召百官悉至河阴（此时河阴之变爆发，
> 有二三千衣冠之士被虐杀）……顺……闻害衣冠，遂便出走，
> 为陵户鲜于康奴所害。

同书卷十《孝庄纪》建义元年（528）六月条云：

> 河间邢杲，率河北流民十余万户反于青州之北海……戊
> 申，以征东将军、金紫光禄大夫李叔仁……率众讨之。诏直
> 寝纪业持节募新免牧户，有投名效力者授九品官。己酉，诏
> 诸有私马仗从戎者，职人，优两大阶，亦授实官；白民，出
> 身外优两阶，亦授实官。

又《魏书》卷一百十一《刑罚志》中记载，高欢迁都邺城、创立东魏
时，当地的治安颇为混乱，群盗横行，有司奏请以严刑应对时，侍中
孙腾上言阻止：

> 孝昌已后，天下淆乱，法令不恒，或宽或猛……至迁邺，
> 京畿群盗颇起。有司奏立严制：诸强盗杀人者，首从皆斩，
> 妻子同籍，配为乐户；其不杀人，及赃不满五匹，魁首斩，
> 从者死，妻子亦为乐户；小盗赃满十匹已上，魁首死，妻子
> 配驿，从者流。侍中孙腾上言："谨详，法若画一，理尚不二，
> 不可喜怒由情，而致轻重。案律，公私劫盗，罪止流刑。而
> 比执事苦违，好为穿凿，律令之外，更立余条……斯乃刑书
> 徒设，狱讼更烦，法令滋彰，盗贼多有……臣以为……请诸
> 犯盗之人，悉准律令，以明恒宪……。"诏从之。

将这些史料与目前所引北魏分裂后的诸项法令对照来看，可知杂役之

户、杂户表示的是各种世代为业的役种，其数量可能相当多。

　　自然，无论工户还是乐户都被包含在杂役之户、杂户这一泛称中，但也有如"近世魏律"中将"工乐杂户"并记的情况，这是因为他们从事的是极为高级、特殊的官役。恰好，唐代法律中的工户、乐户基本上等同官户（而不是杂户），但同时也存在工乐与官户分列的现象。即由《唐律疏议》卷十四《户婚三》"诸杂户不得与良人为婚……即奴婢私嫁女与良人为妻妾者"条云"疏议曰……其工、乐、杂户、官户，依令'当色为婚'"可知，如有必要的话，律文也会将这几类人并列。此外《隋书》卷二十七《百官志》北齐条曰：

> 尚书省，置令、仆射，吏部、殿中、祠部、五兵、都官、度支等六尚书……其六尚书，分统列曹。吏部统……五兵统左中兵（掌诸郡督告身、诸宿卫官等事）、右中兵（掌畿内丁帐、事力、蕃兵等事）、左外兵（掌河南及潼关已东诸州丁帐，及发召征兵等事）、右外兵（掌河北及潼关已西诸州，所典与左外同）、都兵（掌鼓吹、太乐、杂户等事）五曹……

五兵尚书的都兵曹与其他诸曹同样，不只是根据政令执行实际政务。由于鼓吹署和太乐署隶属太常寺，故"掌鼓吹、太乐、杂户等事"应解释为"掌管应当配属于鼓吹、太乐两署的杂户等事"。此处既然说的是"两署杂户"，那么其中应该也包括乐户。这条记载或许可以证明，北齐时代也用杂户泛称乐户、工户。

第四项　隶户与杂役之户、杂户的关系

　　在所有王朝的国家经营中，官方的劳役都是不可或缺的。除了只需聚集劳动力就可完成的那种简单朴素的劳动外，还有部分劳动要求人们具备一些经验或者承担责任：从城门守护、桥梁津渡、驿传烽燧、栽培渔业、牧畜饲养、伐采制炭，到陵墓警备、官厅或官吏的勤杂事务等，还有武器、建筑、工艺、医术、天文、音乐这些需要高级技术的领域，种类多样、数不胜数。而像汉、唐这样的统一大国，由于君

权渗透到了社会的相对下层，故而从单纯的劳动到各种杂役都由全体国民负担，官贱人和刑徒也承担了其中一部分，国家由此得以运转无阻。我已在第四章结尾处叙述过唐朝的情况，至于良人与官方劳动的关系可另参旧稿《唐に於ける兩税法以前の徭役勞働》[1]。

然而到了中原分裂、天下丧乱的时代，王朝的君权日渐脆弱，便无法像汉唐那样轻易地驱使国民从事劳役。从五胡纷争中建国的北魏就是最典型的例子。当时国土荒废，实际人口数量锐减，人们并不忠于新诞生的征服国家。为了尽可能地逃避租税赋役，人们从户籍制度中逃离、隐匿起来，因此北魏要役使土著汉人去从事官府所需的各种劳动并非易事。

面对这种情况，北魏将比较简单的劳动交由土著汉人负责，勉强解决了这个问题；另一方面，北魏主要役使非土著汉人，让他们从事那些多少需要些经验技术的工作。《魏书》卷二《太祖纪》天兴元年（398）条载：

> 春正月，慕容德走保滑台（前一年十月，慕容氏大本营中山城陷落），仪（即卫王仪）克邺……车驾自邺还中山……帝虑还后山东有变，乃置行台于中山……辛酉，车驾发自中山，至于望都尧山。徙山东六州民吏及徒何、高丽杂夷三十六万，百工伎巧十万余口，以充京师……二月……诏给内徙新民耕牛，计口受田。

北魏击破以中山城为根据地、借此保有大规模势力的慕容氏后，将吏、民、杂夷，据说还有十万余百工伎巧从山东六州迁至京师。又同书卷四下《世祖纪》太平真君七年（446）三月条载：

> 徙长安城工巧二千家于京师。

---

1. 见《東洋學報》20（4）、21（2），1933年；后收入氏著《秦漢隋唐史の研究・上卷》第二部第五章。

这是北魏在讨伐关中叛乱后的处置。读过《魏书》的人都会知晓，随着北魏统一华北大业的推进，其版图也日渐扩大，北魏便大规模地将部分当地住民迁至京城等地，这是因为获得人口是解决诸多国家经营问题的基础。

虽然只有上述两条史料明确记载北魏迁徙了所谓"百工伎巧"，但其方针显然适用于所有徙民的情况。不仅如此，当时朝廷可能还肆意从徙民中选取整体官府杂役所需的劳动力，将他们移往必要的地点，迫使他们隶属于官府，成为将来世代从事杂役的户。《魏书》卷三十《安同传》云：

> 清河王绍之乱（天赐六年清河王作逆，太祖道武帝暴崩），太宗在外，使夜告同（太宗惊闻这一变故，连夜遣使告知安同），令收合百工伎巧，众皆响应奉迎。太宗即位……

同书卷三《太宗纪》神瑞元年（414）春正月条云：

> 辛巳，幸繁畤。赐王公已下至于士卒百工布帛各有差。

上述内容表明，当时国家或许已逐渐能直接掌握百工伎巧等杂役之徒。

另外，从《隋书》卷二十五《刑法志》看来：

> 魏虏西凉之人，没入名为隶户。魏武入关，隶户皆在东魏，后齐因之，仍供厮役。建德六年，齐平后，帝欲施轻典于新国，乃诏凡诸杂户，悉放为百姓。自是无复杂户。

如上条史料所述，官府先将掌握的部分人口命名为隶户，让他们常年从事官府杂役，他们后来被称作杂役之户、杂户，这种杂户制度在北周讨平北齐时被完全废除。这条史料还记载了前述厮养之户、杂役之户、百杂之户的渊源，价值颇高。然而《隋书·刑法志》中还有一两点需要探讨的内容。

《魏书》卷四上《世祖纪》太延五年（439）云：

> 八月……丙申，车驾至姑臧，牧犍兄子祖逾城来降……
> 九月丙戌，牧犍兄子万年率麾下来降。是日，牧犍与左右文
> 武五千人面缚军门，帝解其缚，待以藩臣之礼。收其城内户
> 口二十余万，仓库珍宝不可称计……冬十月辛酉，车驾东还
> ，徙凉州民三万余家于京师。留骠骑大将军、乐平王丕，征西
> 将军贺多罗镇凉州。

同书卷九十九《沮渠牧犍传》也有相同的记载，称世祖太武帝在讨平
凉州沮渠氏后，将城内的三万余户、二十万余人向魏都平城方向迁徙。
另一方面，同书卷二十九《奚斤传》载：

> 凉州平，以战功赐僮隶七十户。

同书卷三十七《司马楚之传》载：

> 从征凉州，以功赐隶户一百。

因此，将这两条史料对照来看，可知北魏平定凉州后，大部分被迫迁
徙的旧凉州城住民都成为了国家掌握的隶户，同时，朝廷又取其中若
干户赏赐给有战功的臣下。很显然，隶户的意思应该是"隶属官府之
户"，所以北魏朝廷的目的当然是使他们世代从事官役，因此这应符合
《隋书·刑法志》的记载。

然而，北魏并非只在降服沮渠氏时期，才将被征服国家的住民移
徙为官方隶户。《魏书》卷二十四《许谦传》云：

> 从征卫辰，以功赐僮隶三十户。昭成崩……

同书卷三十《王建传》云：

> 从征伐诸国，破二十余部，以功赐奴婢数十口，杂畜数千。
> 从征卫辰，破之，赐僮隶五千户（应为"五十户"之误）……

同卷《安同传》云：

> 太祖班赐功臣，同以使功居多，赐以妻妾及隶户三十，马二匹，羊五十口……从征姚平于柴壁……

同书卷三十三《李先传》云：

> ……于是北伐，大破蠕蠕。赏先奴婢三口，马牛羊五十头……太宗即位……拜安东将军、寿春侯，赐隶户二十二。

同书卷八十三上《姚黄眉传》云：

> 姚泓灭，黄眉间来归，太宗……赐隶户二百。

上揭均是平定凉州沮渠氏前的史料。如此，北魏迁徙新获土地的住民，其中有部分成了官府的隶户，有部分则被下赐给大臣，可见这种做法自建国初以来便已有之，绝非只在平定凉州时施行。另外，《魏书》卷三十《刘尼传》云："显祖即位，以尼有大功于先朝，弥加尊重，赐别户三十。皇兴四年（470）……"如果"别户"是隶户的异称，那么它就是现有记录中最后一条"向臣下下赐隶户"的材料。

附带一提，除了下赐隶户之外，上揭《魏书》列传中的《王建传》《李先传》还有赐予奴婢的记载，这与赏赐隶户的情况有所不同。不仅如此，同书卷二十六《长孙肥传》云"南平中原，西摧羌寇，肥功居多，赏赐奴婢数百口，畜物以千计"；同书卷三十《宿石传》云"世祖时……从驾讨和龙，以功赐奴婢十七户"；同卷《豆代田传》云"后从驾平昌（即赫连昌），以战功赐奴婢十五口……神䴥中……从讨和龙，战功居多，迁殿中尚书，赐奴婢六十口"；同书卷三十三《张济传》云

"……从车驾北伐，济谋功居多。赏赐奴婢百口，马牛数百，羊二十余口。天赐五年卒"。虽然我只举了几个例子，但与隶户不同，下赐奴婢的数量全都是用口数来表示的，显然《宿石传》中"十七户"的记载有误。这些事实明确表示，那些被称作僮隶户、隶户的人并不是奴婢。

总之，无论如何，如果从北魏建国初开始，隶户就已经出现，那么为何《隋书·刑法志》却将隶户的出现系于平定沮渠氏时呢？自"隶户"一词首次出现，到平定沮渠氏为止已有六十多年，虽然我无法断言以前的隶户与之后的性质完全相同，但总之，北魏的华北经略在讨平凉州后暂时画上了休止符，因而盛行一时的徙民政策也在此时告一段落。想来，可能是有资料称，在平定沮渠氏（即最后的徙民政策）时被移徙的三万余户住民中，大部分人都成了官府隶户，常年从事各项劳役，故而《隋书·刑法志》的编者就据此阐释东西魏、北齐北周王朝杂役之户、杂户的渊源。

另外，《刑法志》有"没入名为隶户"的记载。诚然，迁徙住民并将他们充作隶户的做法可能是与"没入"相近；但如果隶户是后来的厮养之户、杂役之户、百杂之户、杂户的前身，那么他们不管怎样也保有良人的身份，所以"没入"的说法或许并不恰当。想来，这可能是因为北魏分裂后，杂役之户的主体变成了缘坐没官者，《刑法志》的编者被这样的变化所迷惑，故而采用了这种不太恰当的写法。此外，《刑法志》的记载容易让读者认为"某些没官者被充为杂役之户，是东魏北齐专有的现象"，但如前所述，实情并非如此。

虽然上文已大体阐明了"隶户"与杂役之户、杂户的关联，但关于隶户仍需厘清一二。《魏书》卷九十四《阉官·赵黑传》云：

> 赵黑，字文静，初名海，本凉州隶户。自云其先河内温人也，五世祖术，晋末为平远将军、西夷校尉，因居酒泉安弥县。海生而凉州平，没入为阉人，因改名为黑。有容貌，恭谨小心。世祖使进御膳，出入承奉……

赵黑得到了天子的信任，后来在太和六年卒于冀州刺史任上。可是，根据上引列传，赵氏本来是河内温县的士族，后来赵黑的父祖被授予凉州的官职，便举家迁至酒泉郡安弥县。但赵黑出生后不久，凉州的沮渠氏就被讨平，全家都成为了北魏的隶户，同时赵黑则被没为阉人。但是，这种人物经历多有粉饰，难以尽信。其中最无法肯定的是赵黑从凉州被移徙后成为隶户，因此以阉人的身份没官。这是因为即使是官奴婢，也不应该无罪而受宫刑。正因如此，实际情况可能是凉州陷落，赵黑一家成为北魏的隶户后不久，由于家庭成员中的某人犯下大罪，据《通典》卷一百六十四《刑制中》的法律规定"至太武帝神麚中，诏崔浩定律令……大逆不道腰斩，诛其同籍，年十四以下腐刑，女子没县官"，幼小的赵黑则因此惨遭宫刑。《魏书》卷二十一上《咸阳王禧传》云：

> 诏曰："……廷尉卿李冲可咸阳王师。"禧将还州，高祖亲饯之，赋诗叙意，加禧都督冀、相、兖、东兖、南豫、东荆六州诸军事。于时，王国舍人应取八族及清修之门，禧取任城王隶户为之，深为高祖所责。诏曰："……违典滞俗，深用为叹。以皇子茂年，宜简令正，前者所纳，可为妾媵。将以此年为六弟娉室。长弟咸阳王禧可娉故颍川太守陇西李辅女……"

诸王本应迎娶八族及清修之门的女子为妃嫔，但咸阳王禧却不顾这一规定，纳任城王家的隶户之女为妃嫔。因此，其兄高祖孝文帝痛斥了他，还下诏将那名女子的地位降为妾媵。任城王家的隶户可能是以前由官方下赐者的子孙，但这种私家的隶户与本章第一节所述的太和五年七月"班乞养杂户……"间究竟有什么关系，有机会的话我还想再作探讨。另外，与《魏书》卷三十五《李冲传》相对照，李冲任咸阳王师的时间是太和十六年正月施行开建五等之制到十七年六月立东宫期间；而所谓的"王国舍人"，如胡三省在《资治通鉴》卷一百四十《齐纪》明帝建武三年条中所注，其意为"王国舍人，舍，谓诸王妃嫔之舍，其人即妃嫔也"。

　　下面对本节讨论的问题作一总结：（1）北魏初期，每当新占领了敌方领地，朝廷就会将某些当地住民夺为己有，移往都城及其他地区，并选取其中部分，迫使他们常年从事官府必要的工技或杂役。（2）北魏最初称这些人为"隶户"，但后来则称为厮养之户、杂役之户、百杂之户等，东西魏分裂后则出现了略称这些人为杂户的情况。（3）这些人没有附籍于郡县，而是大部分由所属的官司部门管辖，根据世代所从事的役务种类，被称为陵户、牧户、驿户、工户、乐户等。（4）而且，即使这些人在结婚或任官上略有限制，比作为庶姓、庶民的农民还要低一级，近于民间的百工、商贾，其身份终究是良而非贱。（5）北魏分裂为东西魏后，最显著的变化是在原本的杂役之户外，新出现了因犯罪缘坐而变为杂户的情况。正是由于这种情况逐渐增加，杂役之户、杂户就变得像是官贱人中的一种。以上结论虽然乍一看颇为复杂，但要点在于名称与内容的变化。

第三节　隋及唐初的官贱人

第一项　杂户与官户

那么，北魏分裂后，朝廷设置了配杂之科，将部分缘坐没官者控制起来，配作世代的杂户。由此来看，这应该就是名为"杂户"的官贱人的渊源。然而，即使此时的杂户与唐的杂户名称相同，但据前文明确可知，它们在很多方面也有区别。不仅如此，如建德六年诏"凡诸杂户，悉放为民。配杂之科，因之永削"和《隋书·刑法志》"自是无复杂户"所云，由于杂户自身曾一度被废罢，那么我们就有必要重新考察唐代法律中"杂户"的由来。

《唐律疏议》卷三《名例三》"诸府号、官称犯父祖名，而冒荣居之"云云条疏议曰：

> 杂户者，谓前代以来配隶诸司……各于本司上下。官户者，亦谓前代以来配隶相生，或有今朝配没……

玉井教授据此认为："杂户虽然在北周末被罢除，但到隋又再度出现，这一制度就这样延续至唐朝。"[1]然而，上揭疏议云："所谓杂户，是前代以来被配隶于诸司的人（的子孙），所谓官户也是前代以来配隶于诸司的人（的子孙），或是本朝建立后被配没者。"不仅如此，在《唐律疏议》即开元法的时代，由于犯罪或者缘坐没官的人起初都会成为官奴婢，后来则会因老龄、疾病、恩宥等原因被提升为官户、杂户，而非在没官时就立刻成为官户、杂户。这样的话，就不应该将上引疏议解释为"杂户就是隋代的杂户者的子孙，官户亦同"，并据此主张"在隋代，杂户制度已再次出现"。

本来，即使说到唐的官贱人制度，我们所知的也只是从《唐六典》《唐律疏议》等典籍中获取的信息，换言之就是以开元制为主的制度。因此，我们不能直接用开元制度比附一百多年前的唐初制度，必须逐一进行判断。如我的旧稿《唐の陵墓戶の良賤に就いて》（本书外篇所收）所述，在《唐六典》的规定中，官府会差遣附近良人的下户，使之担任陵墓户，但至少到开元十七年产生变化为止，高祖等五帝陵的陵户都属于官贱人，这就是其中一例。何况如果是唐以前的情况，就更应慎重地去判断。

废止杂户后仅四年，北周就为隋所篡，但进入隋代后，杂户制度完全没有再次出现的迹象，唐初也是如此。然而，从前由杂户负担的种种杂役现在又由谁承担呢？从北周末开始，王朝统治者就决心发展中央集权，隋也一统四海。由此来看，当时的普通良人被迫负担了大多数的杂役。当然与此同时，国家的制度也逐渐向由官贱人、刑徒等共同负担杂役的方向发展。

那么，隋朝是否只设置了自古以来便存在的、作为官贱人的官奴婢，而且到最后也没有设置其他名目的官贱人呢？实际并非如此。《唐会要》卷八十六"奴婢"一项：

> 景龙三年，司农卿赵履温奏请以隋代番户子孙数千家没为官奴婢，仍充赐口，以给贵幸。监察御史裴子余以为官户承恩，始为番户，且今又是子孙，不可抑之，奏免之。

---

1. 玉井是博：《中国社會經濟史研究》，第198页。

《旧唐书》卷一百八十八《孝友·裴子余传》云：

> 景龙中，为左台监察御史。时泾、岐二州有隋代蕃户子孙
> 数千家，司农卿赵履温奏，悉没为官户奴婢（"官奴婢"之误），
> 仍充赐口，以给贵幸。子余以为官户承恩，始为蕃户，又是子
> 孙，不可抑之为贱，奏劾其事。时履温依附宗楚客等，与子余
> 廷对曲直。子余词色不挠，履温等词屈，从子余奏为定。

《新唐书》卷一百二十九《裴子余传》云：

> 景龙中，为左台监察御史。泾、岐有隋世番户子孙数千
> 家，司农卿赵履温奏籍为奴婢，充赐口。子余曰："官户以恩
> 原为番户，且今又子孙，可抑为贱乎？"履温倚宗楚客势，辩
> 于廷，子余执对不挠，遂诎其议。

这些史料正确地揭示了隋曾新设番户（即官户）一事。另外，如果依
照《旧唐书》卷一百零六《王毛仲传》：

> 初，太宗贞观中，择官户蕃口中少年骁勇者百人，每出
> 游猎……谓之"百骑"。

可知隋新设官户，不久后便为唐初所继承，而且一直持续到了开元法
时期。

附带一提，《旧唐书》"没为官户奴婢"中的官户，根据其他两种
史料，应当订正为"没为官奴婢"。而三条史料中均有"官户承恩始为
番（蕃）户"的内容，但宫崎道三郎博士称，唐代法律中，"官户"与
"番户"不过是对同一群体的异称，故而此处的番户[1]可能是官奴婢之

讹[1]。对此，以前我在《唐の賤民制度に關する雜考》[2]中曾有不同观点，但关于这一问题还是应当依从宫崎博士的高论。不过，如果了解唐代制度的话，就会明白"官户（官奴婢）承恩后始为番户"的含义[3]，此处只作参考，不深入探讨。另外，《隋书》卷六十四《麦铁杖传》云：

> 陈太建中，结聚为群盗，广州刺史欧阳頠俘之以献，没为官户，配执御伞。每罢朝后，行百余里，夜至南徐州，逾城而入，行光火劫盗。旦还及时，仍又执伞……陈亡后，徙居清流县……

对照上述记载，会发现隋代的"官户"之名沿袭自陈朝。而且新设官户中有"户"字，再加上如《裴子余传》所言他们也被称为番户，既然如此，因为他们肯定是据番服役的人，不妨认为他们的性质大概与唐代法律中的官户相同。但是，隋的官户是和唐一样，是被没为官奴婢，再从官奴婢成为官户；抑或是如同陈朝的官户或以前的杂户一样，一没官就成为杂户呢？限于无法直接从《裴子余传》"官户（"官奴婢"之讹）承恩始为蕃户"中直接获取信息，我对这一点仍有疑问。

在隋朝，即使杂户之名本身没有再次出现，但当时已在官贱人中设立了"官户"这一种类。这样的话，官户一定在某种程度上承担了原本杂户的义务，因此可以说杂户之实由此再次出现。然而，唐代法律又是在何时设置"杂户"这一名称的呢？目前史料中依然无法找到有关唐初杂户之名的记载。

在开元法中，除了官奴婢长役无番外，无论官户还是杂户[4]都是番役制，所以如果根据是否有番来命名的话，当然可以将官户和杂户都称作番户。《唐六典》刑部尚书、都官郎中员外郎条云：

---

1. 宫崎道三郎：《家人の沿革》，收入氏著，中田薫编：《宫崎先生法制史論集》，岩波书店，1929年。
2. 《山梨大學學藝學部研究報告》（7），1956年。
3. 此处"唐代制度"或即指《唐六典》"凡反逆相坐，没其家为官奴婢，一免为番户……"的规定。——译者注
4. 官户中特殊的工户、乐户，还有在唐初被特殊对待的太常音声人在此就没有必要叙述了。

> 诸律、令、格、式有言官户者，是番户之总号，非谓别
> 有一色。

实际上，被称作番户的只有官户，这在名称上明显是不合理的。如果要从制度运行上来解释这种不合理之处，或许只能认为在过去的某个时代中，只有官户是当番制的官贱人。这与我的推测是符合的：我曾推断，唐初的史料中依然没有杂户之名，也就是说，唐初存在长役无番的官奴婢和当番制的官户两类。我认为，贞观年间奏上的《隋书·刑法志》在记载了北周废止杂户后，又云"自是无复杂户"，可资证明。

大谷胜真教授[1]和仁井田陞博士[2]所介绍的神龙年间（705—706）散颁刑部格残简的一节云：

> 一工乐杂户犯者，没为官奴婢，并不在赦限。

内藤乾吉教授在《敦煌發見唐職制戶婚廄庫律斷簡》[3]中判定为书写于载初到神龙元年间的户婚律断简（P3608）云：

> 诸养杂户男，为子孙者，徒一年半，养女杖一百，官户
> 各加一等，与者亦如之。

这些是现存史料中最早有杂户之名的记载。本来，只要有史料流传，我们就能轻易地知道唐在何时设置了杂户，只可惜现在只能确定到这种程度。因此，我们只能从上述及其他的材料出发来想象这个问题的答案了。

《唐会要》卷八十六"奴婢"项云：

---

1. 大谷胜真：《敦煌出土散頒刑部格殘卷》，《青丘學叢》（17），1934年。
2. 仁井田陞：《唐令の復舊について》，《法學協會雜誌》52（2），1934年；后收于氏著，池田温编：《唐令拾遺補——附唐日兩令對照一覽》，東京大學出版会，1997年。
3. 见石濱先生古稀記念会編：《石濱先生古稀記念東洋學論叢》，石濱先生古稀記念会，1958年；后收于氏著《中國法制史考證》，有斐閣，1963年。

　　　　显庆二年十二月敕："……诸官奴婢年六十已上及废疾者
并免贱。"

朝廷对六十岁以上及有废疾的官奴婢免除贱籍。据此，在《永徽令》
发布不久后的显庆二年（657），很难确定官奴婢之上还同时存在着官
户与杂户两类。这是因为开元法中有"达六十岁及废疾的官奴婢可升
为官户"的规定。然而，如果本敕的"年六十"是"年七十"之误，
"废疾"是"笃疾"之讹的话，就与开元法相符合了。不过就算这些史
料确实存在我推测的那些讹误，早在《永徽令》中也应该已经有这样
的规定了。因此，如果想要解释该敕，就只能认为敕中的"官奴婢"
是官户之误，该敕原本是要对达七十岁、应当免除贱籍的官奴婢降下
上述恩典，且该敕中的处置仅限于当年。

　　上文尝试探讨了隋代和唐代的杂户，但是隋至唐初并没有"杂户"
一类，只有官户和官奴婢两种。另外，官户之上有杂户，他们每年的
就役日数仅有七十五日，在户贯、授田、丁中制中的待遇近乎良人，
唐朝增设这种官贱人大概最早也是太宗贞观以后的事了。

第二项　关于工、乐，特别是乐户

一

　　如上所述，工户和乐户是北魏杂户中的一种，其身份是良人。但
《魏书》卷八十六《孝感传》云：

　　　　河东郡人杨凤等七百五十人，列称乐户皇甫奴兄弟，虽
沉屈兵伍而操尚弥高，奉养继亲甚著恭孝之称……景明初
（500），畿内大使王凝奏请标异，诏从之。

以前，我曾据此认为，"乐户皇甫奴兄弟的孝行为同郡的杨凤等人称
颂，畿内大使王凝便将他们的事迹上报，获得了朝廷的标异。从皇甫
奴兄弟在兵伍中来看，他们是良而非贱"，并以此为旁证，指出乐户是

杂役之户中的良人[1]。然而现在想来,此处的"乐户"也不一定是官府的乐户,这条史料也可以解释为"民间乐人兄弟的孝行受到了同郡人们的称赞",因此我将不再用这条史料来证明我的观点。

北魏分裂后,杂役之户发生了上述变化,此后的北周建德六年则完全废止了杂役之户即杂户和配杂之科。据此,官府的乐户自然也从官方支配下被解放,进入民间,那么缺一日不可的乐户劳务该由何人来完成呢?《隋书》卷七十三《循吏·梁彦光传》云:

> 复为相州刺史(开皇初)……初,齐亡后,衣冠士人多迁关内,唯技巧、商贩及乐户之家移实州郭。由是人情险诐,妄起风谣,诉讼官人,万端千变。彦光……招致山东大儒,每乡立学……于是人皆克励,风俗大改。

北周灭北齐时,齐都邺城的衣冠士族大都被迁移到了北周的根据地关中,同时,被称为技巧、商贾、乐户的一类人也被移往士族原本居住的邺城。因此,社会风气骤然变得轻浮,诉讼之事络绎不绝,故而刺史梁彦光便苦心矫正风俗。而《隋书》卷十五《音乐志下》云:

> 自汉至梁、陈乐工,其大数不相逾越。及周并齐,隋并陈,各得其乐工,多为编户。

生性简朴的隋文帝不怎么喜欢音乐,从前朝或南朝所得的乐户大多被解放为编户民,在《隋书》的叙述中,这与之后隋炀帝时代的情况形成了对照。

通过上述两条史料,我们了解了建德六年以来乐户即杂户被解放后的情况。国家朝廷不可一日无乐,因此当然可以认为朝廷没有彻底解放旧乐户,而是在官府中保留了最少的所需人数——可称之为良人

---

1. 濱口重國:《唐の樂戶について——附·部曲妻·客女の話》,《山梨大學學藝學部研究報告》
   (14),1963年。

乐户，让他们继续为朝廷服务。不仅如此，官府的乐户中不是一直只有良人乐户。《周书》卷二十一《司马消难传》云：

> 齐文宣末年，昏虐滋甚。消难既惧祸及……遂……入朝（指北周）……隋文帝辅政……消难……率其麾下，归于陈……隋文（指司马消难仕周时）每以叔礼事之。及陈平，消难至京，特免死（不追究投陈之罪），配为乐户。经二旬放免。犹被旧恩，特蒙引见。寻卒于家。

据此，官府有时也会将某些犯罪者或者缘坐者配为乐户。想来，隋朝的政治组织逐年壮大，对乐户的需求日渐增加，逐渐超越了隋文帝简朴的方针，此事必然与前述的"新设官户一类"互为表里。而且，将此事与隋炀帝时代的情况相对照，如我在叙述太常音声人由来时引用的《唐律疏议》《唐会要》（见第三章第四节第一项）所示，对乐户的需求越来越高，故而后来的乐户几乎全都是因直接或间接的原因而没官的人。

二

文帝时代的官属乐户如前所述，但到了炀帝时期，声伎突然大受欢迎，国家朝廷的音乐歌舞也迅速发展壮大。

《隋书》卷三《炀帝纪上》大业六年二月庚申条云：

> 征魏、齐、周、陈乐人，悉配太常。

同书卷十五《音乐志下》云：

> 至六年，帝乃大括魏、齐、周、隋乐人子弟，悉配太常，并于关中为坊置之，其数益多前代。

同书卷六十七《裴蕴传》云：

　　大业初，考绩连最。炀帝闻其善政，征为太常少卿……
至是，蕴揣知帝意，奏括天下周、齐、梁、陈乐家子弟，皆
为乐户。其六品已下，至于民庶，有善音乐及倡优百戏者，
皆直太常。是后异技淫声咸萃乐府，皆置博士弟子，递相教
传，增益乐人至三万余。帝大悦……

将这些史料彼此参照，可知大业六年，隋炀帝采纳了太常少卿裴蕴的
献策，将此前被解放而居于民间的前朝官府乐户乃至其子弟再次配为
乐户，隶籍太常寺，并在关中合适的位置造坊，将他们移至该地居住。
如此，朝廷对官属乐户的需求增加，而炀帝的举措还不止如此。

　　《隋书》卷一《高祖纪上》开皇元年四月戊戌条云：

　　太常散乐并放为百姓。禁杂乐百戏。

同书卷六十七《裴蕴传》云：

　　初，高祖不好声技，遣牛弘定乐，非正声清商及九部四
傀之色，皆罢遣从民。

如上所述，文帝将不属于国家朝廷正乐类的散乐悉数罢废，还归民间。
　　然而，《隋书》卷十五《音乐志下》云：

　　始齐武平中，有鱼龙烂漫、俳优、朱儒、山车、巨象、拔
井、种瓜、杀马、剥驴等，奇怪异端，百有余物，名为百戏。
周时，郑译有宠于宣帝，奏征齐散乐人，并会京师为之。盖秦
角抵之流者也。开皇初，并放遣之。及大业二年，突厥染干来
朝，炀帝欲夸之，总追四方散乐，大集东都。初于芳华苑积翠
池侧，帝帷宫女观之。有舍利先来，戏于场内，须臾跳跃，激
水满衢……（此处叙述了各种艺）……又有神鳌负山，幻人吐
火，千变万化，旷古莫俦。染干大骇之。自是皆于太常教习。

> 每岁正月，万国来朝，留至十五日，于端门外，建国门内，绵亘八里，列为戏场。百官起棚夹路，从昏达旦，以纵观之。至晦而罢。伎人皆衣锦绣缯彩……三年，驾幸榆林，突厥启民，朝于行宫，帝又设以示之。六年，诸夷大献方物。突厥启民以下，皆国主亲来朝贺。乃于天津街盛陈百戏，自海内凡有奇伎，无不总萃……弹弦撅管以上，一万八千人。大列炬火，光烛天地，百戏之盛，振古无比。自是每年以为常焉。

同书卷三《炀帝纪》大业三年秋七月甲寅条云：

> 上于郡城（即榆林郡城）东御大帐，其下备仪卫，建旌旗，宴启民及其部落三千五百人，奏百戏之乐。

同书卷六十七《裴矩传》云：

> 竟破吐谷浑，拓地数千里……诸蕃慑惧，朝贡相续……其冬，帝至东都，矩以蛮夷朝贡者多，讽帝令都下大戏。征四方奇技异艺，陈于端门街，衣锦绮、珥金翠者，以十数万。又勒百官及民士女列坐棚阁而纵观焉。皆被服鲜丽，终月乃罢……蛮夷嗟叹，谓中国为神仙。

到了炀帝时代，朝廷还大量聚集了乐户之外的散乐。

如在唐代官贱人条中所述，与国朝正乐有别的杂乐杂戏自古便为人们所喜爱，到了晚近的北齐、北周也是如此。为朝廷服务的妙伎奇手们被称作散乐或百戏。散乐本来是民间的良人，文帝登基之初将他们从朝廷悉数放归，而到了炀帝时，为了向蕃夷夸耀，便将四方的散乐人召集于东都，举办了盛大的集会。以此为契机，不久后如《音乐志》所云"自是皆于太常教习，每岁正月，万国来朝……列为戏场……自海内凡有奇伎，无不总萃……自是每年以为常焉"；前引《裴蕴传》云"其六品已下，至于民庶，有善音乐及倡优百戏者，皆直太常。是后异技淫声咸萃乐府"[1]，炀帝不满足于临时召集散乐人，便令天下奇伎到太常寺当值并教授众人，每年定期表演。由这些记载可以看出，炀帝时代的音乐歌舞或许突然变得繁杂了起来。

附带一提，《资治通鉴》卷一百八十一炀帝大业六年二月庚申条云："以所征周、齐、梁、陈散乐悉配太常，皆置博士弟子以相传授，乐工至三万余人。"这段记载根据的是《隋书·音乐志》和《裴蕴传》等史料，但《通鉴》误记为"散乐"，正确的写法应是"乐人"或"前乐户"。

第四节　北魏的杂营户、营户与军户

第一项　杂营户与营户

本章第一、二节中，我讨论了北魏时代杂户含义的变迁，但因为"杂营户"与"营户"容易与杂户混淆，故而我打算对杂营户与营户进行说明。

《魏书》卷九十四《阉官·仇洛齐传》载：

> 仇洛齐，中山人，本姓侯氏……洛齐生而非男（即"人道不全"），嵩（即仇嵩）养为子，因为之姓仇……魏初禁网疏阔，民户隐匿漏脱者多。东州既平，绫罗户民乐葵因是请采漏户，供为纶绵。自后逃户占为细茧罗縠者非一。于是杂营户帅遍于天下，不属守宰，发赋轻易，民多私附，户口错乱，不可检括。洛齐奏议罢之，一属郡县。从平凉州……

同书卷一百十《食货志》云：

> 先是，禁网疏阔，民多逃隐。天兴中（398—403），诏采诸漏户，令输纶绵。自后诸逃户占为细茧罗縠者甚众。于是杂营户帅遍于天下，不隶守宰，赋役不周，户口错乱。始光

---

1. 此处的内容指的不是乐户，而是散乐，所以《裴蕴传》中没有明言二者的区别，或为杜撰。

三年（426）诏一切罢之，以属郡县。

另一方面，同书卷四下《世祖纪》太平真君五年（444）六月条云：

> 北部民杀立义将军、衡阳公莫孤，率五千余落北走。追击于漠南，杀其渠帅，余徙居冀、相、定三州为营户。

同书卷七上《高祖纪》延兴元年（471）冬十月条云：

> 沃野、统万二镇敕勒叛。诏太尉、陇西王源贺追击，至枹罕，灭之，斩首三万余级；徙其遗迸于冀、相、定三州为营户。

同卷延兴二年（472）三月条云：

> 连川敕勒谋叛，徙配青、徐、齐、兖四州为营户。

志田不动麿教授有《南北朝時代に於ける敕勒の活動（下）》[1]一文，我在讨论《魏书》太和五年条"班乞养杂户及户籍之制五条"中的杂户时，志田教授的这篇论文深深地启发了我。然而，志田教授认为《魏书》中散见的杂户、杂营户与营户三者基本同义，并认为上引《魏书》本纪的意思是"将叛乱后被捕的敕勒迁徙至内地作为营户，即成为专门从事织造或金银加工的精细工作之户"，对此我完全无法苟同。理由很简单，上引《食货志》中明确可见，始光三年，太武帝据仇洛齐的上奏将所有的杂营户罢为郡县的编户；但是朝廷将敕勒的叛民徙至内地并使其成为营户的时间反而晚于始光三年，因此很难认为营户是杂营户的略称。又如朝廷将敕勒之类的北族移往冀、定、相等州，成为从事织造等工作的户——志田教授认为此时他们专门从事锻造等

---

1. 见《歷史學研究》9（2），1939年。

产业——云云的说法甚难理解，肯定还有更合适的用途。因此，杂营户也好，营户也罢，我不打算拘泥于其字面意思，而是探讨他们各自的含义。

《晋书》卷一百《谯纵传》中记载，东晋义熙初年，谯纵包围益州刺史毛璩于州城时，城内营户李腾作为内应，打开城门引入了谯纵的军队：

> 益州营户李腾开城以纳纵。

又《宋书》卷七十七《沈庆之传》中记载，元嘉十九年到二十七年间，名将沈庆之数次讨伐沔水流域的山蛮，将俘获的蛮民送往京师作为营户：

> 庆之前后所获蛮，并移京邑，以为营户。

如我在《魏晋南朝の兵戶制度の研究》[1]中所述，从东汉末曹操执政到三国、两晋、南朝宋期间，朝廷实施着独特的常备军制，即"兵户制度"。兵户制以特定人家承担世代的兵役义务，然而到了东晋刘宋，越来越多的兵户同家属一起，在军营内外过着集团生活。在这一制度外，朝廷也会对犯罪者、缘坐者实施配入军营的处罚，强迫他们从事杂务劳动或者兵役。在了解了这种情况后，再来看谯纵和沈庆之的传，或许就可以确定"营户"的含义正如《资治通鉴》卷一百十四《晋纪》义熙元年二月谯纵围攻益州条胡三省注所言，"民有流离逃叛分配军营者为营户"。想来，这是因为朝廷用士家、兵家、军户等词称呼兵户制下的兵士，而用营户称呼这些人以示区别。

《魏书》本纪中散见的"营户"无疑和上述"营户"同义。当时，冀、相、定、徐、齐、兖等州作为战略要地，屯驻着鲜卑系的部队，北魏抓捕叛乱的敕勒等人，将他们迁徙至这些州，用于各军营的杂务

---

1. 见《山梨大學學藝學部紀要》（2），1957年；后收入氏著《秦漢隋唐史の研究·上卷》第一部第十章。

劳动，根据情况也会让他们担任士兵。

那么，杂营户又是什么呢？结合当时的政局来看，《仇洛齐传》和《食货志》应该说的是以下内容：皇始二年（397），北魏攻陷了慕容德[1]的根据地中山城，至翌年即天兴元年又平定了附近的六州之地，势力大幅扩张。此时，当地的绢织业者中有一人名为乐葵，他向北魏当局进言，称该地区此前已有大量的漏口、漏户，若立刻强硬地将他们附籍于郡县、征收赋税公课，只会使民心动摇，招致逃散背叛，因此应该默认他们迄今为止的逃籍行为，作为交换，正好让他们以这一地区的绢织为主业，纳付纶、绵等，这才是符合时情的策略。于是北魏在天兴后便采取了这种方针，而无论对当时正在建设中的王朝还是对人民，这种措施都很方便，所以它之后也被广泛推行于新占领地区。这些杂营户仅需缴纳绢绵茧等较轻的税收，尚未成为郡县的编户民。夸张地说，在仇洮齐上言时，这些杂营户已然遍布天下。于是，北魏朝廷在仇洮齐上言时借机改革时弊，于始光三年（426）废除所有的杂营户，使他们附籍郡县，服从公课。

由此可见，所谓的杂营户当与前面的营户毫无关联，而且也与当时杂户一词所指的对象无关。又胡三省在《资治通鉴》卷一百二十四《宋纪》文帝元嘉二十一年六月条中，注上引《魏书》太平真君五年六月"北部民……徙冀、相、定三州为营户"称"杜佑曰：魏道武天兴中，诏采漏户，令输纶绵……于是杂营户率遍于天下……"是因为胡三省参考了《魏书·食货志》杂营户的记载，从而产生了误解。又程树德的《九朝律考·后魏律下》"魏户籍五条"中引用了《魏书·仇洛齐传》作为《高祖纪》太和五年"班乞养杂户及户籍之制五条"的参考，或许也不是非常妥当。

话题似乎有所偏离，《晋书》卷一百二十七《载记·慕容德传》云："其尚书韩諲上疏曰：'……百姓因秦晋之弊，迭相荫冒，或百室合户，或千丁共籍，依托城社，不惧熏烧，公避课役，擅为奸宄……今宜隐实黎萌，正其编贯……'德纳之……以諲为使持节、散骑常侍、行台

尚书，巡郡县隐实，得荫户五万八千。"众所周知，从五胡之乱到北魏初期，汉人的漏口、隐户、逃亡现象非常严重，不可忽视的是，军营也是他们的藏身之地。

《晋书》卷一百十一《载记·慕容暐传》云：

> 暐仆射悦绾言于暐曰："太宰政尚宽和，百姓多有隐附……今诸军营户，三分共贯，风教陵弊，威纲不举，宜悉罢军封，以实天府之饶，肃明法令，以清四海。"暐纳之。绾既定制，朝野震惊，出户二十余万。慕容评大不平，寻贼绾，杀之。

同书卷一百二十四《慕容宝传》载：

> 其年宝嗣伪位，大赦境内，改元为永康……遵垂遗令，校阅户口，罢诸军营（"营"字下应有"户"字）分属郡县，定士族旧籍，明其官仪，而法峻政严，上下离德，百姓思乱者十室而九焉。

《资治通鉴》卷一百八《晋纪》武帝太元二十一年六月条所记，与前引《慕容宝传》相同，却称"罢军营封荫之户，悉属郡县"，自然应参考这条史料。由此来看，上述史料中的诸军营户、军封和军营，都指的是军营的封荫户。

据上述内容可知，慕容氏麾下的军营有许多封荫户，这些户在军营的庇护下缴纳较轻的赋税，得以逃避慕容氏的公课；对军营而言，封荫户的存在使他们就像真正持有封户一样，可以谋求更丰富的供给，故而这应该是丧乱时朝廷和军营间的权宜之计。然而，从国家经营的角度来看，军营始终荫蔽着几千、几万户口，正如悦绾所担忧的那样，这样下去，天府之饶无法充实，反而只会让大将们中饱私囊。因此，慕容暐和慕容宝便试着果断地废除军营的封荫户，将他们全部附籍于郡县，使他们负担公课。然而，这一方针自然不会受到当时的将领或荫附户的欢迎，结果，在慕容晸的改革中献策张本的悦绾被暗杀，而慕容宝的改革则招致了士庶的离叛。

如果五胡时代的状况真如上所示，那么北魏于中山城击败慕容氏后乐葵所进的策略，其实早已在五胡时代实践过了。我曾在旧稿中说明，北魏曾迫使中山城中达八军四万的鲜卑部队——因为士兵们还有家人，那么实际数量会更加庞大——世代从事屯营[1]。将此事与乐葵的献策对照来看，可知《魏书》中所谓的杂营户是新荫附于进驻军营之户。之后朝廷在各地的永屯部队中也实行了这一做法，而非默认土著汉人士庶间用这种方法荫附人口。

第二项　《魏书·释老志》所见"军户"

《魏书》卷一百十四《释老志》云：

> 尚书令高肇奏言："谨案：故沙门统昙曜，昔于承明元年，奏凉州军户赵苟子等二百家为僧祇户，立课积粟，拟济饥年，不限道俗，皆以拯施……"

由于《释老志》中出现了上述记载，我想就这条史料中的"军户"略作讨论。据塚本善隆博士所言，僧祇户是佃农的一种，有义务每年向州县的僧曹缴纳每户六十斛谷物。这些谷物被称作僧祇粟，除了可供寺院所用外，还可作为饥年时的普通赈给，或是作为需要支付利息的借贷物。朝廷将普通贫困者和平齐户充作僧祇户[2]。另外，所谓的平齐户，是指北魏从南朝夺取青、齐地区时，因当地士庶激烈抵抗，北魏对此颇为憎恶，便将当地的普通住民没为官奴婢，又将士族和一部分富家迁徙至平城西北方向，建立平齐郡，称他们为"平齐户"。平齐户遭到特别对待，被任意驱使。但凉州的军户又是什么呢？

---

1. 濱口重國：《正光四五年の交に於ける後魏の兵制に就いて》，《東洋學報》22（2），1935年；后收入氏著《秦漢隋唐史の研究·上卷》第一部第二章。

2. 塚本善隆：《北魏の僧祇戶·佛圖戶》，《東洋史研究》2（3），1937年；后收入氏著《塚本善隆著作集·第二卷·北朝仏教史研究》第四章，大東出版社，1974年。

300

北魏时期的汉人虽也有服兵役的义务，但那只是名义上的。征服国家常常以自己的民族为主力组织军队，北魏为了始终保持军事上的优势，便要求鲜卑等北族系部民世代负担兵役。因此，从北魏由特定的家户负担兵役这点来看，虽然由来不同，但可以说北魏的制度与南朝宋的兵户制样貌一致。不仅如此，在南朝宋，兵户被称作军户。这样的话，我们就很容易以为凉州的军户与南朝宋的军户也相同，但事实并非如此。

北魏承明元年（476），高祖孝文帝刚刚登基。当时，北魏在国家的北部及西北边境设置了强大的军镇，凉州镇也是其中之一[1]。这些军镇的主体由北族系士兵及他们的家族成员构成，此时的军镇极为重要，因此与北魏后期不同，国家给予这些人良好的待遇，他们自身也为承担靖边大任感到自豪。因此，无论什么情况下，这种光荣的军镇兵户都不应受到贫困者或者平齐户那般的对待，也不该出现将他们充作僧祇户的提案。

回过头来看，《魏书》卷五十八《杨椿传》云：

> 复以本将军除定州刺史。自太祖平中山，多置军府，以相威摄。凡有八军，军各配兵五千，食禄主帅军各四十六人。自中原稍定，八军之兵，渐割南戍，一军兵才千余，然主帅如故，费禄不少。椿表罢四军，减其帅百八十四人。州有宗子稻田，屯兵八百户，年常发夫三千，草三百车，修补畦堰。椿以屯兵惟输此田课，更无徭役，及至闲月，即应修治，不容复劳百姓，椿亦表罢。朝廷从之。

这是世宗宣武帝时期的事情。宗子是宗子羽林的略称，是由选拔出的鲜卑贵族子弟组成的一支天子亲卫队，即使在近卫军中，宗子羽林的待遇和地位都颇为出众[2]。当然，受命在定州从事永屯的八军是别的组织，不过在定州有"宗子稻田"。朝廷为了耕田而设置了八百户屯兵，

1. 濱口重國：《東魏の兵制》第一节第二项"北邊諸州の防備軍"，《東洋學報》24（1），1936年；后收入氏著《秦漢隋唐史の研究·上卷》第一部第三章。

2. 濱口重國：《正光四五年の交に於ける後魏の兵制に就いて》，第一节第二项宗子庶子望士，《東洋學報》22（2），1935年；后收入氏著《秦漢隋唐史の研究·上卷》第一部第三章。

故而可以说那是为了筹措部分宗子队的经费。于是，在定州担任刺史的杨椿上表称，宗子稻田的屯兵（即耕作者）只缴纳田课（处于租作形态）而不从事其他徭役，朝廷现今征发、役使普通民众修理屯田畦堰，这是很不合理的，此后应不再驱使普通百姓，而让屯田户自己在闲月进行修缮。朝廷也听从了杨椿的建议。

　　想来在北魏盛时，不只是宗子部队，为了配置于国防要地的鲜卑等北族系部队，朝廷一定在各处都设置了屯田与佃户，或许在凉州镇也有那样的设置。于是，沙门统昙曜奏请的"凉州军户赵苟子等二百家为僧祇户"云云中的所谓"凉州军户"，无非是为了凉州的军镇而设置的屯田佃户。以上，我在本节中考证了《魏书》中散见的杂营户、营户与军户等容易混淆的内容，与前述杂户一词类似，上述文字所指的内容极难把握，时常无法轻易判断。

第六章

部曲与"家人"一词

第一节　唐、五代部曲的用例

第一项　安禄山之乱后

一

众所周知，史料中首次用"部曲客女"指代私家的贱人，是在《周书》卷六《武帝纪下》建德六年十一月条：

> 诏自永熙三年七月已来，去年十月已前，东土之民，被抄略在化内为奴婢者；及平江陵之后，良人没为奴婢者：并宜放免。所在附籍，一同民伍。若旧主人犹须共居，听留为部曲及客女。

其后还有《隋书》卷二十四《食货志》云："炀帝即位，是时户口益多，府库盈溢，乃除妇人及奴婢部曲之课。"《文馆词林》卷六百六十九《诏三十九·赦宥五》"武德年中平王充窦建德大赦诏一首"云："可大赦天下。自武德四年七月十二日昧爽以前大辟罪以下⋯⋯悉从原放。唯子弑父母、孙弑祖父母、妻妾弑夫、奴客女部曲弑其主及免死配流之人，不在赦例⋯⋯律令格式，即宜修定。未颁之前，且用开皇旧法。"《唐大诏令集》卷八十三《政事·恩宥一》"贞观四年二月大赦"条云："可大赦天下。自贞观四年二月十八日昧爽以前，罪无轻重，自大辟以下，系囚见徒，皆赦除之⋯⋯其谋反大逆、妖言惑众及杀期亲以上尊长、奴婢部曲反主、官人枉法受财，不在赦例。"《唐会要》卷八十六"奴婢"云："显庆二年十二月敕：'放还奴婢为良及部曲客女者，听之。皆由家长手书，长子已下连署，仍经本属申牒除附⋯⋯'"《唐大诏令集》卷四《帝王·改元中》"改元载初赦"云："自载初元年正月一日子时已前，大辟罪以下，罪无轻重⋯⋯皆赦除之。其叛逆缘坐、及子孙杀祖父母父母、部曲容奸（客女之误）奴婢杀主，不在赦限"等。

隋唐之交的史料中用"部曲客女"指代私家贱人，其后的《唐六典》《唐律疏议》等亦是如此，这种用法经由《唐会要》卷三十一《舆服》"杂录"所载"诸部曲、客女、奴婢，服紬绢绢布，色通用黄白，饰以铜铁。客女及婢，通服青碧"（唐太和六年服制）等规定，一直延续到了《宋刑统》之中。

如上所示，通观隋唐时代，法律上都是用部曲客女一词称呼私家的贱人。因此，部曲一词也很有可能出现于上引史料以外的文字中。仁井田博士根据《旧唐书》卷十五《宪宗纪下》元和十四年冬十月壬戌条云"安南军乱，杀都护李象古，并家属、部曲千余人皆遇害"，同书卷二十上《昭宗纪》乾宁二年十一月壬寅条云"王行瑜与其妻子部曲五百余人溃围出奔，至庆州，行瑜为部下所杀"等记载，指出这些是表明当时私人也可拥有很多部曲的例子[1]，但此处的部曲是否就是唐代法律中的部曲呢？

周藤吉之博士在其论文中指出：

> 仁井田陞博士称，唐代的部曲是介于良民与奴婢中间的贱民，主家供给他们衣食，虽然不会像对奴婢一样，把他们当作物品来买卖，但也会将他们转事他人。五代节度使的牙军几乎与之相同。牙军是节度使的私兵集团，隶属于节度使，由节度使支给衣粮。牙军作为节度使的私有物，也会被赠与或遗托给其他节度使，或因为节度使犯罪被杀而被政府没入禁军。在这一点上，五代节度使的牙军与唐代的部曲是一样的，所以，当时节度使的牙军或其他武人的私兵也多被称为部曲。可是这些部曲不一定都是贱民，其中还有许多普通的牙兵和牙兵将。因此，包括那些牙兵或牙兵将的广义上的"部曲"一词，是由原本指贱民的"部曲"一词扩充而来的。与此相对，当时自然也还有狭义的部曲，即原本为贱民的部曲，但这种部曲与奴仆间的身份差别日渐模糊，部曲在某些场合也会被称作"仆夫"或"家僮"等。……像这样，五代

1.《中国身分法史》，第872页。

时期，唐代位于良民和奴婢中间的部曲逐渐分解，良民和奴
婢间的身份差别渐渐消失。[1]

简言之，因为节度使或武将麾下士兵们的状态与唐代法律中身为私贱人
的部曲类似，他们便被称作"部曲"。即周藤博士引用仁井田博士的考
证来说明，为何当时屡屡用"部曲"一词称呼节度使的牙兵。然而这一
现象的实质真的那么复杂吗？我将在考察以下案例的同时试作探讨。

《旧五代史》卷二十一《梁书·贺德伦传》云：

> 寻授云州节度使，行次河东，监军张承业留之不遣。顷
> 之，王檀以急兵袭太原，德伦部下多奔逸，承业惧其为变，
> 遂诛德伦，并其部曲尽杀之。

同书卷七十《唐书·张敬达传》云：

> 晋高祖建义，末帝诏以敬达为北面行营都招讨使，仍使
> 悉引部下兵围太原（此时契丹军前来支援太原，反而包围了
> 张敬达的部队）……自是敬达与麾下部曲五万人，马万匹，
> 无由四奔（因此敬达命令部下将他斩杀，出阵投降）……末
> 帝闻其殁也，怆恸久之。契丹主告其部曲及汉之降者曰："为
> 臣当如此人。"令部人收葬之。

同书卷八十八《晋书·杨思权传》云：

> 乃劝从荣招置部曲，调弓砺矢，阴为之备。

同书卷九十七《杨光远传》载：

1. 周藤吉之：《五代節度使の牙軍に關する一考察—部曲との關聯において》，《東洋文化研究
所の紀要》（2），1951年，第5頁。

> 光远由此怨望，潜贮异志……又私养部曲千余人，挠法
> 犯禁……

《新五代史》卷六十八《闽世家·王继鹏传》云：

> 既立，更名昶……以李倣判六军诸卫事。倣有弑君之罪，
> 既立昶，而心常自疑，多养死士以为备。昶患之，因大享军，
> 伏甲擒倣杀之，枭其首于市。倣部曲千余人叛，烧启圣门，
> 夺倣首，奔于钱塘。

"部曲"一词在新旧《五代史》中还出现了二十多次，通读前后文来
看，这些"部曲"显然是军队、将士、士卒、部下、手下等的意思。
周藤博士当然不是要讨论这点，他是希望在此之后更进一步，以解答
为何时人要用唐代法律中对私贱人的称呼——"部曲"来指代这些人。
　　我们很难判断安史之乱后，节度使和武将所率的部兵是否真的渐
渐产生了变化，不久后变得近似于唐代法律中的部曲。因此，我打算
不厌其烦地追溯不同时期所用的"部曲"一词，由此展开探索，希望
能自然地从中得出结论。首先从安禄山之乱后开始。
　　《旧唐书》卷一百二十《郭子仪传》云：

> 明年（广德元年）十月，吐蕃陷泾州……贼将逼京师，
> 君上计无所出，遽诏子仪为关内副元帅，出镇咸阳。子仪自
> 相州不利，李光弼代掌兵柄，及征还朝廷，部曲散去。及是
> 承诏，部下唯二十骑，强取民家畜产以助军。至咸阳，蕃
> 军已过渭水。其日，天子避狄幸陕州……（子仪收复京城）
> 十一月，车驾自陕还宫……
> 　明年……十月，仆固怀恩引吐蕃、回纥、党项数十万南
> 下，京师大恐，子仪出镇奉天。帝召子仪问御戎之计，子仪
> 曰："以臣所见，怀恩无能为也。"帝问其故，对曰："……怀
> 恩本臣偏将，其下皆臣之部曲，臣恩信尝及之，今臣为大将，

必不忍以锋刃相向，以此知其无能为也。"……（子仪最终退敌）子仪自泾阳入朝，帝御安福门待之……

同书卷一百二十七《源休传》云：

> 会泾原兵叛，立朱泚为主……休遂为谋主……泚败走，休随至宁州。泚死，休走凤翔，为其部曲所杀，传首来献。休三子并斩于东市，籍没其家。

同书卷一百八十七下《许远传》载：

> 贺兰进明……为彭城太守、河南节度使、兼御史大夫，代嗣虢王巨……虢王巨受代之时，尽将部曲而行，所留者拣退赢兵数千人、劣马数百匹，不堪扞贼……（安史之乱时）

这样的例子在《旧唐书》中还有十余例。

自然，《新唐书》中也存在相应的记载，本文只列举仅见于《新唐书》者。《新唐书》卷二百二十五上《安禄山传》云：

> 先三日（举兵前三日），合大将置酒……禄山从牙门部曲百余骑次城北，祭先冢而行。

同书卷一百三十六《李光弼传》云：

> 光弼悉军趋河阳，身以五百骑殿。贼游骑至石桥……光弼曰："当石桥进。"甲夜，士持炬徐引，部曲重坚，贼不敢逼。已入三城，众二万（史思明之乱时）……

同书卷一百五十二《姜公辅传》云：

> 俄而泾师乱……帝……欲驻凤翔倚张镒。公辅曰："镒虽
> 信臣，然文吏也，所领皆朱泚部曲，渔阳突骑，泚若立，泾
> 军且有变，非万全策也。"

诸如此类。还有仅见于《资治通鉴》的记载。

上述是安禄山之乱后，部曲被用于指称军队、部下、手下等的例子。从"部曲"一词所指的内容来看，有指官兵的，也有指广义上的私兵和部下、手下的情况。然而仅有这些案例，还不能表明当时的"部曲"仅指武将私兵一类，或是私兵几乎沦为主将所有的私贱人。众所周知，"部曲"一词原本就用于形容官私军队、私人的部众和部下以及队伍、队列之类，上述案例可能只是使用了"部曲"的原义，如果想得太复杂反而会产生误解。实际上，前引《新唐书·李光弼传》中的"部曲重坚，贼不敢逼"，与汉扬子云《羽猎赋》[1]"曲队坚重，各按行伍"和魏傅巽文[2]中"公子曰……农功既毕，戒戎简旅……整部曲齐行伍"中的"曲队""部曲"相同，是说队伍防守严密，没有给贼人可乘之机。又《资治通鉴》卷二百二十六德宗建中元年五月云："文喜（即刘文喜）使其将刘海宾入奏，海宾言于上曰：'臣乃陛下藩邸部曲，岂肯附叛臣，必为陛下枭其首以献……'"注曰："帝初以雍王为天下兵马元帅，讨史朝义，凡在行营，皆部曲也。"我同意胡注的见解。

二

目前我所列举的都是两《唐书》及《五代史》那样后世编纂的书籍，而下文所引则都是唐代各时期的文人所撰，即所谓的一手史料中的案例。《文苑英华》卷八百八十五《碑四十三·神道》中所见元载撰《故相国杜鸿渐神道碑一首》云：

> 大驾移幸灵州……肃宗虽受传国之诰……遥禀威略，不

1.《文选》卷八《赋·畋猎》。
2.《文馆词林》卷四百十四《七诲八首》。

> 正位号。公与御史中丞裴冕，率呼韩单于、羌戎君长、校尉
> 部曲、塞翁老将，顿首劝进，封章十上。

这条史料叙述了安禄山之乱爆发后，玄宗避难于蜀时，在灵武的杜鸿渐等人劝肃宗即大位一事。所谓"率呼韩单于、羌戎君长、校尉部曲、塞翁老将"，指的是尽数率领在灵武的蕃汉君长官吏、将校士卒、父兄长老。

《金石萃编》卷一百《唐六十》中有同样由元载撰写的《唐故朔方河东河西陇右节度、御史大夫、赠兵部尚书、太子太师清源公王府君神道碑铭并序》，文中载：

> 哀其殁而念其忠……倪若水，乘驷吊祭，命许国公苏颋
> 为之文，以致意焉。轻车介士，麾儿属将，饰枢护丧，封坟
> 宠葬。公之道阅，年初九岁，诏……令中贵扶入内殿……锡
> 名曰忠嗣。部曲主家，后宫收视。

碑文的主人公名为王忠嗣。开元二年时，其父海宾在讨伐吐蕃的战争中阵亡，当时忠嗣刚满九岁。玄宗念其可怜，特意将身为忠臣之子的他养在后宫，赐名忠嗣。正因如此，王忠嗣和后来的肃宗自少时就关系亲密。经年之后，忠嗣被任命为陇右节度使。当时，身为皇太子的肃宗正为权臣李林甫所忌，地位摇摇欲坠。忠嗣对此事颇为忧虑，为之殚精竭虑，却也因此在天宝八载惨死。以《旧唐书》卷一百三《王忠嗣传》为代表，当时的许多史料中都记载了王忠嗣父子的事迹，未有隐瞒。但这块碑却立于大历十年四月，立碑时间很晚的原因正是王忠嗣曾遭难。总而言之，碑文中的"轻车介士"，说的是朝廷遵照汉以来的习惯，差遣禁卫军为战死的王海宾护丧封坟；"麾儿属将"指海宾麾下的将士；"部曲主家"则是说从海宾的部下中选拔适任者，令他们掌管海宾身后的家事，以待忠嗣成人之时。

《册府元龟》卷一百三十三《帝王部·褒功二》中有建中二年十二月赐予河东节度使马燧的诏书，其中一节云：

> 诏曰："忠臣之事君也，愿赡家以奉国；良将之养士也，
> 或均材以周惠……故窦婴陈金于庙庑，赵奢散财于部曲，皆
> 受之天府，不取私门，犹能垂名史册，遗芳千载……"

这封诏书称赞了马燧在出兵讨伐田悦时，将私财散予麾下的将士，以鼓励将士奋勇参战的行为，称马燧甚至胜过古之名将。其次，《陆宣公翰苑集》卷十五中有"兴元论请优奖曲环所领将士状"，开头曰：

> 右曲环所领一军，悉是朱泚部曲……

建中四年，泾原节度使的军队发动叛乱，占领了长安城，天子不得不外出避难。随后，叛军拥戴曾任凤翔、陇右等节度使、当时因事滞留京师的朱泚为总帅，气势高涨。当时，邠陇行营节度中有名为曲环之人，他曾为朱泚的部将，当时所率士兵也大多是朱泚旧部，但尽管如此，他却为了朝廷孤守陈州城，坚守不动。陆贽在上引"状"中奏请，为了回报曲环的忠心，应当迅速送去救援物资。又同文集卷十六有"收河中后请罢兵状"：贞元元年八月，有朝臣主张应趁着平定李怀光之乱的势头，一鼓作气讨平汴州的李希烈。对此，陆贽上状反对，认为如今朝廷不用采取行动，而应等待其自取灭亡。状的其中一节描述了李希烈的现状：

> 内则无辞以起兵，外则无类以求助，其计不过厚抚部曲，
> 偷容岁时，心虽陆梁，势必不敢。

元稹的《长庆集》卷四十四中有"授牛元翼深冀等州节度使制"。穆宗即位当年的十月，魏博节度使田弘正被任命为成德军节度使，成德军节度使王承元转任义成军节度使，成德军将士对此次的处置感到颇为不公。翌年即庆元元年七月，以王廷凑为主谋，将新到任的田弘正及其家属，还有随从的亲卫兵们尽数杀害。面对这一骚动，朝廷提拔了前成德军的部将、如今的深州刺史牛元翼为新的深冀等州节度使，

前去镇压叛乱。元稹所撰之制正是当时的文书，其文曰：

> 检校右散骑常侍、深州刺史牛元翼……夫以尔之材力……
> 破之必矣。而况于镇之黎人，皆朕之赤子，尔之部曲，即镇之
> 卒徒。闻尔鼙鼓之音，怀尔椒兰之德。吾知此辈，谁不革心？

《金石萃编》卷一百七《唐六十七》收有穆宗长庆元年二月所建
"唐故忠武军监军使宁远将军守内常侍员外置同正员紫金鱼袋上柱国赠
云麾将军左监门卫将军朱公神道碑铭并序"。撰者为苏遇，文云：

> 公……京兆三原县人也……元和十五年七月廿日遘疾，
> 终于许州官舍，部曲表请归葬长安……
> 铭曰……智勇双高，功名日跻，紫授金貂……恩宠极今，
> 悲凉部曲，呜咽鼓鼙，佳城白日，草露凄凄。

又同书卷一百十三《唐七十三》中有王起撰"大唐故银青光禄大夫检
校礼部尚书使持节梓州诸军事兼梓州刺史御史大夫充剑南东川节度
副大使知节度事管内观察处置静戎军等使上柱国长乐县开国公食邑
一千五百户赠吏部尚书冯公神道碑铭并序"，文曰：

> 三川浩穰，尹正斯□时□之□□　公□理及□□必信赏必罚，
> 宽人急吏□□著无□兼并□必□□□□□□部曲□□□□□有
> □□为□吏□□□□□□于杖下□□□□□□□□□□禁
> 止……

碑文磨损严重，意义难解，但若与《旧唐书》卷一百六十八《冯宿传》
"太和二年，拜河南尹。时洛苑使姚文纵部下侵欺百姓，吏不敢捕。
一日，遇大会，尝所捕者傲睨于文寿之侧，宿知而掩之，杖死"，《新
唐书》卷一百七十七《冯宿传》"拜河南尹。洛苑使姚文纵部曲夺民
田，匿于军，吏不敢捕。府大集，部曲辄与文寿偕来，宿掩取榜杀之"

相对照，可知碑文中的"部曲"可能指的就是洛苑使姚文寿的部下。

《全唐文》卷八百三《李磎》[1]有"蔡袭传"，叙述了河东节度使刘沔的部下蔡袭建立功勋，其功绩却被大将夺走一事，传曰：

> 袭至匈奴所，扬言云："振武镇守欲杀汝曹，河东刘仆射是招抚使，若不移，必为振武所害。"匈奴有得此语者，遽归宁武。遂移部曲次于屈。越城西已在河东界，去官军犹二百余里……今上大中四年，南山党羌反。自会昌二年及今征伐，袭并有勋绩，其功皆录在河东簿书，惟破匈奴为首功，而为人所掩耳。至今部曲将校，无不称其智勇。

前一个"部曲"说的是匈奴的部队，后一个"部曲将校"说的是蔡袭麾下部队的军官。同书卷九百七十八《阙名十九》有"对军副别屯斩人判"，年代、作者均不详，文曰：

> 丁为军副在别屯辄以法斩人主将奏请诛之诉云专军别将不在部曲于法不合罪
> 　　……奉车都尉，虽谓专而请诛……况斩之以法，乃非徇私，副在别屯，异于擅杀。欲加之罪，无以为词。

《后汉书》卷四十六《郭躬传》云："永平中，奉车都尉窦固出击匈奴，骑都尉秦彭为副。彭在别屯而辄以法斩人，固奏彭专擅，请诛之。显宗乃引公卿朝臣平其罪科……议者皆然固奏，躬独曰：'于法，彭得斩之。'帝曰：'军征，校尉一统于督。彭既无斧钺，可得专杀人乎？'躬对曰：'一统于督者，谓在部曲也。今彭专军别将，有异于此。兵事呼吸，不容先关督帅。且汉制棨戟即为斧钺，于法不合罪。'帝从躬议。"这封判决根据《后汉书·郭躬传》记载的著名事件所作，其中"在别屯"与"不在部曲"同义，说的是与主将分开、另为一队。

---

1. 李磎大中十三年中进士。

上述史料都是成于唐人之手的文章，据此可见，当时的文章中经常使用"部曲"一词的古义。如果像周藤博士那样考察词语的使用方法，或许反而会判断错误。此外，随手翻阅《全唐诗》，会发现有二十五六首诗都使用了"部曲"一词，也能得出一样的结论。《白氏文集》卷二十二的"朱藤谣"篇云："朱藤朱藤，温如红玉，直如朱绳。自我得尔以为杖，大有裨于股肱。前年左迁，东南万里。交游别我于国门，亲友送我于浐水。登高山兮车倒轮摧，渡汉水兮马跙蹄开。中途不进，部曲多回。唯此朱藤，实随我来。瘴疠之乡，无人之地。扶卫衰病……"此处提到"部曲"，只不过是想表示"到渡过汉水时，很多追随我的人却离我而去了"的意思。

第二项 开元天宝以前

唐人使用"部曲"一词古义的做法可追溯至开元天宝以前，下文将列举数例。《八琼室金石补正》卷五十《唐二十二》胡晧所撰"大唐故巂州都督赠幽州都督吏部尚书文献公姚府碑铭"，文曰：

> ……父祥，隋怀州长史检校函谷关都尉……公都尉□□^{之季}
□^子……年十八，属乱隋无象□^群盗生郊，授公本县令，以先人部曲，少用辑宁……太宗济河闻公名，密遣相□^{闻公告于}□□□……□^闻道入谒……高祖嘉叹者久之……[1]

此碑建立的契机是姚懿于开元三年被追赠为吏部尚书。

《册府元龟》卷一百五十七《帝王部·诫励二》云：

> （开元五年）八月诏曰：分命督将，保宁疆场……必也仁明，在乎清整……若其心不公，所视唯利，放纵部曲，阿容子弟，此乃求鹰鹯以驯乳，使豺狼以掌牧，欲其辑宁，庸可得也。

---

1. 傍字据《全唐文》卷三百二十八《胡晧》。

《文苑英华》卷九百六十五《志三十一》张说撰"右豹韬卫大将军赠益
州大都督汝阳公独孤公燕郡夫人李氏墓志铭",文曰：

> 府君……天子元老，白首兵栏，腹心爪牙，朝无与二，
> 外受彫戈文马之赏，内委金玑宝贝之饰。将军既颁于部曲，
> 夫人亦散于宗姻，可谓贵而好礼，富而能惠者已。

《全唐文》卷二百二十五《张说五》"送田郎中从魏大夫北征篇序"云：

> ……帝曰亚，尔倅朔方，文庙授钺，御闲锡马，太卜祯
> 辰，乘舆饯宴。临长乐而推毂，顿近郊而誓旅，总部曲，统
> 五羌，署将士，校侯王……

《张说之文集》卷六《杂诗》"送李侍郎迥秀薛长史李昶同赋水字"云：

> 汉郡接胡庭，幽并对烽垒。旌旗按部曲，文武惟卿士。
> 薛公善筹画，李相威边鄙。

《唐丞相曲江张先生文集》卷一"开元记功德颂并序"中歌颂了开元
二十二年十二月幽州长史张守珪突袭契丹，抓获了其王屈烈及数名大
臣，大获全胜：

> 公卿大夫，未始测也，将校部曲，亦莫知也。皇帝方日
> 靖以虑之……初决策于九重，已收功于万里矣。二十二年冬
> 十有二月，中贵将命，元戎受律，三军疾雷于不时，二庭丧
> 胆于非意。

胡晧、张说、张九龄均生活在武后末年至开元年间。当时府卫制
度日益衰落，新的军队组织在中央、地方或边境形成，逐渐取而代之。
虽说如此，当时唐朝国力强盛，武将还没有像安禄山叛乱后那样肆意

妄为，士卒也相对完备。时人虽然用"部曲"一词来指称军队、部下、士卒乃至队伍、队列，但这些显然也是"部曲"的古义。此外，武后时代的例子可见《旧唐书》卷八十九《狄仁杰传》中所载圣历元年（698）的上疏，其中一节有云："昔董卓之乱，神器播迁，及卓被诛，部曲无赦，事穷变起，毒害生人，京室丘墟，化为禾黍。"

　　武后时期已有"部曲"一词的实例，然而在更早以前，《新唐书》卷八十四《李密传》中就有：

> 未几，闻故所部将多不附世充（即王世充）者，高祖诏密以本兵就黎阳招抚故部曲，经略东都……

同书卷九十二《苑君璋传》云：

> 武周（即刘武周）死，突厥以君璋为大行台，统武周部曲，使郁射设监兵，与旧将高满政夜袭代州……

《旧唐书》卷一百九十五《回纥传》云：

> 太宗册北突厥莫贺咄为可汗，遣统回纥、仆骨、同罗、思结、阿跌等部。回纥首帅吐迷度与诸部大破薛延陀多弥可汗，遂并其部曲，奄有其地。

上述史料中都提到了"部曲"一词。前两则是武德初年群雄割据时的史料。

　　另外，温大雅《大唐创业起居注》卷二秋七月条云："帝乃将世子及敦煌公等，率家僮十数巡行营幕。次比器仗精粗，坐卧饮食，粮廪升斗，马驴饥饱，逮乎仆隶，皆亲阅之。如有不周，即令从人借助，亦不责所属典司。"可见，高祖李渊起兵之初，所部将士中也有贱人，众所周知，这些贱人中也有人后来成为了将军。接着，《起居注》描述了霍邑之战，其后云：

> 遂平霍邑，帝视战地，怆然谓左右曰："……其破霍邑攻

战人等有勋者，并依格受赏。"受事不逾日，惟有徒隶一色，
勋司疑请教（高祖）曰：义兵取人，山藏海纳，逮乎徒隶，
亦无弃者。及著勋绩，所司致疑，览其所请，可为太息。岂
有矢石之间，不辨贵贱，庸勋之次，便有等差。以此论功，
将何以劝。黥而为王，亦何妨也。赏宜从重，吾其与之。诸
部曲及徒隶征战有功勋者，并从本色勋授。"

这里的部曲指的是良人军士，徒隶指的是以贱人身份随军的人。此外，
《通典》卷一百五十七《兵十》"下营斥候并防捍及分布阵附大唐卫公
李靖兵法"一节中云：

险地狭径，亦以部曲鳞次，或须环回旋转，以后为前，
以左为右……

这应当是太宗时代的史料。

从目前引用的史料明确可见，就算"部曲"一词已演变为唐代法
律上对高级贱人的称呼，时人也仍会同时使用部曲的古义，这显然不
是没有理由的。我在以前发表的论文中曾提及，"中唐以后，再次出现
用部曲指称军队士兵的情况，这应当与古文运动有关。但这已经超出
了本文的讨论范围，故暂不论及。"[1]然而，现在我要重新考虑这一问题。

该领域的大家青木正儿博士著有《中国文學概說》这一入门书。
书中，青木博士简明扼要地指出，唐代虽然普遍行用骈文，但也有一
派文人不愿随波逐流，想要保持汉以前的散文传统。而这一运动的先
驱就是陈子昂，后继者则有吴少微、富嘉谟和谷倚。盛唐后，这一趋
势更加显著，到韩愈、柳宗元时变得愈发强盛[2]。被称为古文派先驱的陈
子昂在高宗驾崩时成为进士，在公元690年代，于四十余岁时离世，大
致活跃于高宗至武后时代。古文派好读到汉代为止的文章，古文的影

---

1. 本书外篇第三篇所收《南北朝時代の兵士の身分と部曲の意味の變化に就いて》，序言注1
（第380页注2）。
2. 青木正儿：《中国文學概說》，弘文堂书房，1936年，第152页。

响不仅会体现在文体上，当然也会在语言方面有所生发。而且，在古文派的动向外，唐自太宗时开始推行诸前朝的正史编纂事业，《史记》《汉书》《后汉书》的研究也连带着开始盛行，出现了颜师古的《汉书注》、章怀太子的《后汉书注》、司马贞的《史记索隐》等撰述，更有许敬宗的《文馆词林》一千卷、李善的《文选注》等著述问世，受到士人的欢迎。如《史记》《两汉书》还成为了科举考试中的一科。这实在可以说是文运昌隆之兆。在这种情势下，即使是那些不以古文派自居的人们，也会受到不少广义上古文、古语的影响。举例来说，《册府元龟》卷一百三十五《帝王部·愍征役》开元二年（应该是二十二年）四月诏云："王者经略，以正区夏，武夫干城，式固封域……朕所以选择忠良，镇守疆场，念践更之役，有徭戍之勤，备以武守，示之威惠。"在汉代行用的"践更"等极为特殊的用语自玄宗朝时开始散见于史料中等即是明证。

另一方面，与后代相比，唐初的史料并不算多，但也可举出数例。而且，无论什么时代都流传着许多与战争、军队有关的故事。因此，理论上应该能找到不少运用部曲古义的案例。尽管如此，我在检索时发现，除了到太宗时仍有前揭的若干案例外，高宗时代就完全见不到了，而从武后时代开始，这样的案例再次散见于史料，后来就渐渐不那么少见了。这种现象与上述古文、古语复兴的潮流极为吻合，绝非偶然。想来，就算"部曲"一词已变为私贱人法律上的称呼，在有些情况下，偶尔也会有人习惯性地使用其古义。然而，在武后时代后，伴随着古文、古语的浪潮，时人已明确意识到"部曲"是表示军队、将士、兵卒、队伍、队列，乃至于部下、手下、辈下等含义的古语，并将其运用于文章之中。

关于唐到五代时期部曲用例的考释虽然暂告一段落，但如果认为"使用部曲古义的风潮变得像以前一样盛行"的话就会引发误解。通观这一时代的史料，在提及军队或官私辈下时，使用部兵、部下、所部兵、士卒、军士等词汇的情况占压倒性多数，不如说使用部曲一词的情况是非常少见的，归根究底，这并没有超出文学家舞文弄墨的范畴。

由此我还想略言几句。《旧五代史》卷一百一《汉书·隐帝纪上》

乾祐元年十一月条云：

> 甲寅，诛太子太傅李崧及其弟司封员外郎屿、国子博士
> 羲，夷其族，为部曲诬告故也。

同书卷一百八《李崧传》云：

> 有部曲葛延遇者，逋李屿船佣，屿挞之，督其所负，遇
> 有司辈李澄亦事逢吉（即苏逢吉），葛延遇夜寄宿于澄家，以
> 屿见督情告，遂一夕通谋告变。逢吉览状示史弘肇……

《隐帝纪》中的部曲即是《李崧传》中的部曲葛延遇。但参看同书《苏
逢吉传》的话：

> 会崧有仆夫欲诬告谋反，逢吉诱致其状，即告史弘肇，
> 令逮捕其家……

同书卷一百七《史弘肇传》云：

> 故相李崧为家僮诬告，族歼于市，取其幼女为婢。自是
> 仕宦之家畜仆隶者，皆以姑息为意，而旧勋故将失势之后，
> 为厮养辈之所胁制者，往往有之。

《新五代史》卷五十七《李崧传》云：

> 屿仆葛延遇……夜宿逢吉部曲李澄家，以情告澄。

部曲葛延遇分别被记作仆夫、家僮、仆，另外《旧五代史》中"有司
辈李澄"一条，在《新五代史》中被记作部曲李澄。

　　周藤博士在考察五代牙军的士卒与部曲一词的关系时，注意到了

上述现象，认为像这样将同一人有时称作部曲，有时称作仆夫、仆、家僮的做法，证明了唐代法律中，高级贱人——部曲与低级贱人——私奴婢间的区别，至五代以降渐渐不再分明，并推测部曲与良人间的区别也逐渐变得暧昧起来。想来，不知周藤博士的推测是否受到了玉井教授《唐の賤民制とその由来》的影响，但不论唐末五代以前部曲的实质发生了怎样的变化，至少基于上述材料，可以说周藤博士的推测是错误的。

我已多次论及，唐人不会一一用法制上规定的称呼来称呼私家贱人，他们不会采取这么麻烦的做法。不管是部曲还是奴婢，唐人对他们的称呼和记载都是古今惯用的僮、仆、奴婢、奴隶等词。因此，诏敕、法令、籍账、制度文书等可能需要区别二者，这些情况暂且不论；在普通的文章、诗歌等中，几乎完全没有用"部曲客女"一词称呼贱人的实例。而且如本节所述，时人常会使用部曲一词的古义。此外，此处我暂时略去史料，不过唐后期以后，有很多主人直接任用身为贱人的私家贱人，让他们担任自己所任官的下级小吏，有些贱人甚至可以恣意逞威。考虑到这些实际存在的案例，再来看上引史料的话，正因为葛延遇是李崧一家的部下，也是手下，所以被称作部曲；另一方面，又因为他是李家的贱人，所以也很容易理解为何他被叫作仆夫、家僮、仆。而且，苏逢吉家的有司辈李澄也被记作部曲李澄。《旧五代史》卷四十五《唐书·闵帝纪》应顺元年正月条云：

> 丁巳，安州奏，此月七日夜，节度使符彦超为部曲王希全所害……

对此，同书卷五十六《符彦超传》云：

> 彦超厮养中有王希全者，小字佛留，粗知书计，委主货财，岁久耗失甚多，彦超止于诃谴而已。应顺元年正月，佛留……谋乱。一夕，扣门言朝廷有急递至，彦超出至厅事，佛留挟刃害之。

这也是类似的情况。无论有司辈还是厮养，都是在高官或武将麾下担任小吏的部下或手下，故而也被记作部曲。

第二节　唐及前代的"家人"一词

第一项　以良、贱家口作家人之例（其一）

唐代史料中屡屡可见"家人"一词。因为该词与日本的历史也有关联，因此诸家学者也对此进行了讨论，其中，宫崎道三郎博士《家人の沿革》[1]尤其值得长久铭记。不过，在宫崎博士撰写这篇论文时，详查中国史料所面临的困难尤胜今日。因此，尽管存在一些更适合宫崎博士引用的史料，但他在著作中未予引用，这实属不得已。又玉井教授从宫崎博士的研究出发，一直追溯到汉代，来探讨"家人"一词的由来[2]，对我们大有启发，但文中也有我想稍作补充之处。于是本节中，我想在继承先贤之说的基础上，不揣鄙陋，略抒己见。

一

《唐律疏议》卷五《名例五》"诸共犯罪者，以造意为首，随从者减一等。若家人共犯，止坐尊长"条云：

疏议曰……家人共犯者，谓祖、父、伯、叔、子、孙、弟、侄共犯，唯同居尊长独坐，卑幼无罪。

《唐律疏议》中屡屡出现用语不统一的情况，其中"家人"一词的用法正是其典型。根据条项，"家人"指示的范围在每个条目中都不同，而在上引疏议中，所谓"家人"指的是同居的近亲者。"家人"的原义是值得研究的重要课题，不过以"家人"称同居者或近亲属的例子古已有之。

《史记》卷八《高祖本纪》云：

---

1. 前引《宫崎先生法制史論叢》。
2. 玉井是博：《中国社會經濟史研究》，第203页以下。

六年，高祖五日一朝太公，如家人父子礼。太公家令说太公曰："……今高祖虽子，人主也；太公虽父，人臣也。奈何令人主拜人臣！如此，则威重不行。"

同书卷五十二《齐悼惠王世家》云：

齐悼惠王刘肥者，高祖长庶男也……孝惠帝兄也。孝惠帝二年，齐王入朝。惠帝与齐王燕饮，亢礼如家人。吕太后怒……

同书卷四十九《外戚世家》"褚先生曰：臣为郎时，问习汉家故事者锺离生。曰"条云：

王太后（原为景帝后宫，后来成为皇后）在民间时所生一女者……在长陵也……武帝乃自往迎取之……乘舆驰至长陵。当小市西入里，里门闭，暴开门，乘舆直入此里……即使左右群臣入呼求之。家人惊恐，女亡匿内中床下。扶持出门，令拜谒。

《汉书》卷二十七中之上《五行志》云：

（成）帝为微行出游，常与富平侯张放俱称富平侯家人，过阳河主作乐，见舞者赵飞燕而幸之……

《东观汉纪》卷十八《赵兴传》云：

司隶校尉下邳赵兴不恤讳忌，每入官舍，辄更缮修馆宇，移穿改筑，故犯妖禁，而家人爵禄，益用丰炽，官至颍川太守。子峻，太傅，以才器称。孙安世，鲁相。三叶皆为司隶……

《后汉书》卷四十一《宋均传附族子意传》云：

> 乃上书谏（肃宗）曰："……以济南王康、中山王焉先帝昆弟……比年朝见，久留京师，崇以叔父之尊，同之家人之礼，车入殿门，即席不拜……春秋之义，诸父昆弟无所不臣，所以尊尊卑卑，强干弱枝者也……"

又《通典》卷一百四十九《兵二》"法制附"引"魏武步战令"云：

> 校督、部曲督住阵后，察凡违令畏懦者……卒逃归，斩之。一曰家人弗捕执，及不言于吏，尽与同罪。

《宋书》卷五十七《蔡廓传》曰：

> 为侍中，建议以为："鞫狱不宜令子孙下辞明言父祖之罪，亏教伤情，莫此为大。自今但令家人与囚相见，无乞鞫之诉，便足以明伏罪，不须责家人下辞。"朝议咸以为允，从之。

《文选》卷三十八《表下》任彦升"为齐明帝让宣城郡公第一表"云：

> 臣（后来的齐明帝）本庸才，智力浅短。太祖高皇帝笃犹子之爱，降家人之慈。

《魏书》卷二十一下《彭城王勰传》云：

> 又以勰为太师，勰遂固辞。诏曰……世宗又修家人书于勰曰："……父德望兼重，师训所归，岂得近遗家国，远崇清尚也。便愿……"勰不得已而应命。

同书卷四十一《源贺传》云：

> 贺上书曰："案律：谋反之家，其子孙虽养他族，追还就
> 戮，所以绝罪人之类，彰大逆之辜；其为劫贼应诛者，兄弟
> 子侄在远，道隔关津，皆不坐。窃惟先朝制律之意，以不同
> 谋，非绝类之罪，故特垂不死之诏。若年十三已下，家人首
> 恶，计谋所不及，愚以为可原其命，没入县官。"高宗纳之。

《文馆词林》卷六百七十《诏十四·赦宥六》李德林"隋文帝免三道逆
人家口诏一首"云：

> 朕受天明命，为其父母……诚欲荡涤疵瑕，悉以原宥。
> 但分配之日，折物赏勋。虚而夺之，功臣或怨。其从尉迥司
> 马消难、王谦作逆，非元谋之家，良口配勋（勋之误）人。
> 见为奴婢，若有家人亲旧依本折物之直赎者听之，若无家人
> 亲旧有口之人，宜具录文簿，即上尚书，官为酬赎。庶使有
> 功获赏，不失王者之信。

又《册府元龟》卷四十七《帝王部·友爱》云：

> （开元）二十九年宁王宪薨，帝闻之号泣……遣中官高力
> 士，赍手书，置于灵坐之前。其书曰：讳白，一代兄弟，一
> 朝存没，家人之礼，是用申情，兴言感恩（思之误），悲涕交
> 集，大哥孝友，近古莫俦……远自童幼，洎乎成人，长则同
> 游，乐（学之误）则同业……

《唐会要》卷六《公主》"杂录"曰：

> 会昌五年七月，中书门下奏："伏见公主上表，称妾李氏
> 者，伏以臣妾之义，取其贱称，家人之礼，即宜区别。臣等

商量，公主上表，请如长公主之例，并云某邑公主第几女上
表……"从之。

《旧唐书》卷一百八十五上《良吏上·韦机传附孙岳传》云：

> 则天谓曰："卿是韦机之孙，勤干固有家风也。卿之家事，
> 朕悉知之。"因问家人名，赏慰良久。

以上是一些用"家人"表达家族、亲属之意的例子，类似的史料不胜
枚举。

二

《唐律疏议》卷八《卫禁二》"诸不应度关而给过所（取而度者，亦同），若
冒名请过所而度者，各徒一年……若家人相冒，杖八十"云：

> 疏议曰：家人不限良贱，但一家之人，相冒而度者，杖
> 八十。

同书卷二十八《捕亡》有"诸被人殴击折伤以上若盗及强奸，虽傍人
皆得捕系，以送官司（捕格法，准上条。即奸同籍内，虽和，听从捕格法）"：

> 疏议曰：有人殴击他人折齿、折指以上若盗及强奸，虽
> 非被伤、被盗、被奸家人及所亲，但是傍人，皆得捕系以送
> 官司……"即奸同籍内"，言同籍之内，明是不限良贱亲疏，
> 虽和奸亦听从上条"捕格"之法。

与前文所举略有不同，这几处的"家人"指的是不分良贱而同居一家
者，乃至同籍之人。

　　唐代其他史料中相同的用法，只见于《太平广记》卷三百六十六
《妖怪八》"曹朗"：

> 进士曹朗，文宗时任松江华亭令。秩将满，于吴郡置一
> 宅，又买小青衣，名曰花红，云其价八万，貌甚美，其家皆
> 怜之。至秋受代，令朗将其家人入吴郡宅……至除前一日，
> 朗姊妹乃亲，皆办奠祝之用……旁堆炭火十余斤。妹作饼，
> 家人并在左右，独花红不至。朗亲意其惰寝，遂召之至，又
> 无所执作。朗怒，笞之，便云头痛……（出《乾𦠆子》）

肯定与《唐律疏议》中"家人"用法相同的例子只有这段史料。不
过，如果将《旧唐书》卷一百六《李林甫传》云："林甫……自以结怨
于人，常忧刺客窃发，重扃复壁……一夕屡徙，虽家人不之知。"同书
卷一百八十五上《李畲传》云："及妻卒，时母已先病，畲恐伤母意，
约家人不令哭声使闻于母，朝夕定省。"《太平广记》卷三百三十《鬼
十五》云："李令问，开元中……左迁集州长史……令问至集州，染疾，
久之渐笃。刺史以其名士，兼是同宗，恒令夜开城门，纵令问家人出
入……（出《灵怪录》）"同书卷四百七十二《水族九》载："唐刘彦回
父为湖州刺史。有下寮于银坑得一龟长一尺，持献刺史……使君……
故自骑马，送龟即至坑所（放生）。其后十余年，刺史亡，彦回为房
州司士，将家属之官。属山水泛溢，平地尽没，一家惶惧，不知所
适。俄有大龟来引其路，彦回与家人谋曰：'龟乃灵物，今来相导，状
若神。'三十余口随龟而行，悉是浅处，历十余里，乃至平地，得免水
难，举家惊喜，亦不知其由。至此夕，彦回梦龟云：'己昔在银坑，蒙
先使君之惠，故此报恩。'（出《广异记》）"如果以上史料中的"家人"
也视为一家良贱的并称，那么就还可以举出很多例子。

三

《唐律疏议》卷二十《贼盗四》"诸共盗者，并赃论……主遣部曲、
奴婢盗者，虽不取物，仍为首"条问答云：

> 问曰：有人行盗，其主先不同谋，乃遣部曲、奴婢随他
> 人为盗。为遣行人元谋作首，欲令部曲、奴婢主作首？

　　　　答曰：……今所问者，乃是他人元谋，主虽驱使家人，

　　　不可同于盗者元谋。既自有首，其主即为从论……

另外，仁井田陞博士《唐の律令および格の新資料》[1]介绍了有"万岁通天元年五月六日"字样的唐代文书（S.1344号文书），其中载："敕官人执衣、白直，若不纳课，须役正身，采取及造物者，计所纳物，不得多于本课，亦不得追家人、车牛、马驴、杂畜等，折功役使及雇人代役。"这些是在唐代法令类文书中"家人"仅指家中贱人的案例。而既然前文所引史料中已有将家中良人、贱人并称为家人的案例，那么自然也会有家人仅指代贱人的情况。

　　然而，关于"家人"一词还有更多值得讨论的问题。《文苑英华》卷五百七十八《表二十六》中有李峤的《为公主辞家人畜产官给料表》：

　　　　臣妾等言……通祕籍于龙廷之内，枉仙舆于凤楼之

　　　下……兼复别隆朝旨，猥存家务，舆台供隶之衣食，栈厩豢

　　　牢之秣养，并回中府，俱出大农……供阍门之费，不烦机

　　　杼……国邑田租之常料，既已丰殷，马牛、陪隶之杂供，并

　　　希停减……谨遣某官，诣朝堂奉表，陈请以闻。

这份文书申请停减官方给予舆台供隶的衣食料。文书中称他们为"家人"，是因为对公主府而言，官贱人也相当于家人。此外，本书第三章第二节第二项中已有说明，除了私贱人，官府还会供给公主官贱人，《新唐书》卷八十三《诸公主·万安公主传》中也有"自是著于令。主不下嫁，亦封千户，有司给奴婢如令"的记载。

　　《太平广记》卷四百五十三《狐七》"王生"中记载了一个有趣的传说。唐建中初，杭州有名曰王生之人，在都内拥有旧业，为了谋求官职，王生便留下母亲和弟妹，孤身上京。王生先是寻访外家，暮夜

1.《東洋文化研究所紀要》（13），1957年。

于柏林中遇到两只狐狸。因为狐狸举止傲慢，王生便以弹丸击之以示惩戒。于是，两只狐狸大为怨恨，尝试了各种方法报复王生，但都没有成功。王生则典贴了都内旧业，营造新户，耐心地等待得官之日的到来。一日，使者从杭州前来，告知王生母亲的死讯及遗言。王生不知这是狐狸所为，大惊，便按照母亲的遗言抛售都内资产，穿着丧服急忙上路，赶到扬州的渡口一看：

> 及至扬州，遥见一船子，上有数人，皆喜笑歌唱。渐近视之，则皆王生之家人也，意尚谓其家货之，今属他人矣。须臾，又有小弟妹搴帘而出，皆彩服笑语。惊怪之际，则其家人船上惊呼，又曰："郎君来矣，是何服饰之异也?"王生潜令人问之，乃见其母惊出，生遽毁其缞绖，行拜而前。母迎而问之，其母骇曰："安得此理?"王生乃出母送遗书，乃一张空纸耳。母又曰："吾所以来此者，前月得汝书云，近得一官，令吾尽货江东之产，为入京之计，今无可归矣。"及母出王生所寄之书，又一空纸耳……（出《灵怪录》）

人类最终输给了狐狸。而此处的家人显然指私家的贱人。

《太平广记》卷三十二《神仙三十二》"王贾"云：

> 贾……后选授婺州参军。还过东都，贾母之表妹，死已经年……（然而，贾母表妹的灵魂像是留了下来，始终掌管着家事）贾曰："此必妖异。"因造姨宅……先是姨谓诸子曰："明日王家外甥来，必莫令进，此子大罪过人。"贾既至门，不得进。贾令召老苍头谓曰："宅内言者，非汝主母，乃妖魅耳。汝但私语汝主，令引我入，当为除去之。"家人（出来的老苍头）素病之，乃潜言于诸郎（亡母的儿子们）。诸郎亦悟，邀贾入……（出《纪闻》）

同书卷一百四十三《征应九》"杨慎矜"云：

唐杨慎矜，隋室之后。其父崇礼，太府卿，葬少陵原。封域之内，草木皆流血，守者以告。慎矜大惧，问史敬忠，忠有术……而流血亦止。敬忠曰："可以免祸。"慎矜愧之，遗侍婢明珠，明珠有美色，路由八姨门（贵妃妹也）。姨方登楼，临大道，姨与敬忠相识……乃曰："后车美人，请以见遗。"因驾其车以入。敬忠不敢拒，姨明日入宫，以侍婢从。帝见而异之，问其所来。明珠曰："杨慎矜家人也，近赠史敬忠。"……（出《明皇杂录》）

同书卷三百三十九《鬼二十四》"阎敬立"云：

兴元元年，朱泚乱长安。有阎敬立（未到太平馆，正要进入当时成为废屋的旧馆，自称知馆官前凤州河池县尉的刘俶出现）……俶乃云："此馆所由并散逃，因指二皂衫人曰："此皆某家昆仑奴，一名道奴，一名知远，权且应奉尔。"敬立因于烛下，细目其奴，皂衫下皆衣紫白衣，面皆昆仑，兼以白字印面分明，信是俶家人也。（出《博异记》）

同书卷三百四十二《鬼二十七》"华州参军"云：

无何，王生旧使苍头过柳生之门，见轻红惊，不知其然。又疑人有相似者，未敢遽言。问闾里，又云流人柳参军。弥怪，更伺之。轻红亦知是王生家人，因具言于柳生。（出《乾膜子》）

同书卷四百八十六《杂传记三》"刘无双传"云：

（王仙客）村居三年，后知克复，京师重整，海内无事，乃入京，访舅氏消息（王仙客与刘震之女无双有婚约，在平定泾原军叛乱后入京寻找她的消息）。至新昌南街……忽有一人马前拜。熟视之，乃旧使苍头塞鸿也……乃闻报曰，尚书（即舅氏刘震）受伪命官，与夫人皆处极刑，无双已入掖庭矣。仙客哀冤号绝……又问曰："旧家人谁在。"鸿曰："唯无双所使婢采苹者，今在金吾将军王遂中宅。"仙客……见遂中，具道本末，愿纳厚价，以赎采苹。遂中……许之……

上引史料均是时人把私家的贱人称为家人的明显例子。

接下来，《稽神录》（据唐人说荟本）云：

临川有士人唐遇，虐其所使婢，婢不堪其毒，乃逃入山中……数岁其家人伐薪见之，以告其主，使捕之不得。

《太平广记》卷七十五《道术五》"张士平"云：

唐寿州刺史张士平，中年以来，夫妇俱患瞽疾，历求方术，不能致，遂退居别墅……元和七年壬辰，八月十七日，有书生诣门请谒。家人曰："主公夫妇抱疾，不接宾客久矣。"书生曰："吾虽书生，亦攻医术。闻使君有疾，故来此耳。"家人入白士平……（出《神仙感遇传》）

同书卷三百二十八《鬼十三》"明崇俨"云：

唐正谏大夫明崇俨……俨尝行，见名流将合祔二亲者，辒车已出郊。俨随而行，召其家人谓曰："汝主君合葬二亲乎？"曰："然。"……（出《纪闻》）

又《太平广记》卷二百十二《画三》"吴道玄"云：

……当时。朱景玄云："有旧家人尹老年八十余，尝云，见吴生画中门内神，圆光最在后，一笔成。当时坊市老幼，

日数百人，竞候观之……"（出《唐画断》）

同书卷三百七十五《再生类一》"崔生妻"曰：

> 元和间，有崔生者，前婚萧氏，育一儿卒，后婚郑氏。萧卒十二年，托梦于子曰……（自己再生，居于墓中）……子终不能言。郑氏有贤德，萧乃下语于老家人云："为吾报郑夫人，速出吾，更两日，即不及矣。"老家人叫曰："娘子却活也！"……即开坟，果活动矣。异归……（出《芝田录》）

《旧唐书》卷一百九十下《文苑·司空图传》云：

> 图布衣鸠杖，出则以女家人鸾台自随。

《灵怪录》（唐人说荟本）曰：

> 郑生者，天宝末，应举之京。至郑西郊日暮，投宿主人（就这样，郑生与据称是居处主人的外孙、当时淮阴县令柳氏之女的人结婚了）……郑生……挈其妻至淮阴，先报柳氏，柳举家惊愕，柳妻意疑令（即其夫淮阴令），有外妇生女，怨望形言。俄顷女家人往视之，乃与家女（即柳氏之女）无异，既入门下车……内女闻之，笑出视，相值与庭中，两女忽合，遂合为一体。

又《太平广记》卷二百五十《诙谐六》"邓玄挺"云：

> 唐邓玄挺入寺行香，与诸僧诣园，观植蔬，见水车以木桶相连，汲于井中，乃曰："法师等自蹋此车，当大辛苦。"答曰："遣家人挽之。"邓应声曰："法师若不自蹋，用如许木桶何为？"僧愕然思量，始知玄挺以木桶为幪秃。（出《启颜录》）

同书卷三百五十七《夜叉二》"蕴都师"云：

> 经行寺僧行蕴，为其寺都僧。尝及初秋……齐整佛事。见
> 一佛前化生，姿容妖冶，手持莲花，向人似有意。师因戏谓所
> 使家人曰："世间女人，有似此者，我以为妇。"（出《河东记》）

如果只看《稽神录》以下史料中的"家人"，会发现其含义并不明确。
不过，最初的三例是相对主人而言称家人，接下来几例是指旧家人、
老家人或女家人，最后的两例指不应有血缘关系的寺院中的家人，因
此可以确定这些"家人"指的全是仆人之类。而且这些身为仆人的
"家人"并非雇佣、佃农等，虽然不是没有例外，但还是应该将他们视
作私家贱人。实际上，段成式《酉阳杂俎》前集五《怪术》有"蜀有
费鸡师……或为人解灾……成式旧家人永安，初不信"云云，同为唐
代的薛蕴《幻影传》（唐人说荟本）将其转录为"成式家奴永安"。《旧
唐书》卷一百四十二《李宝臣传》云"惟岳（建中二年，成德军节度
使李宝臣卒，子惟岳为留后）暗懦……而所与图议，皆奸吏胡震、家
人王他奴等，唯劝拒逆为事"，《资治通鉴》卷二百二十六德宗建中二
年条则记为"家僮王他奴"。

　　以上我列举了大量以家人指称私贱人的例子，简直像是在夸耀史料
之多。但是从上述史料来看，与其说这种叫法是从家人一词的广泛含义
中衍生出来的，不如说它显示了在唐人的实际生活中，用"家人"专门
指代私贱人的用法相当普遍。而就算我不画蛇添足，宫崎道三郎博士也
早已在论文中引用了苏鄂（僖宗光启二年进士）的《苏氏演义》：

> 俗呼奴为邦，今人以奴为家人也。凡邦家二字，多相连而
> 用，时人欲讳，家人之名，但呼为邦而已，盖取用于下字者也。

同样说明了这一现象。而且，李商隐的《义山杂纂》（唐人说荟本）中
有题为"必不来"的"醉客逃席　客作偷物去　追王侯家人　把棒呼狗　穷
措大唤女妓"一文，此处的"家人"自然也是私贱人。

第二项　以良、贱家口作家人之例（其二）

虽然当时产生了一种用"家人"专指家中贱人的风气，但无须赘述，这并不是该词的唯一用法。那么究竟用"家人"一词并称家中良贱，或把贱人叫作"家人"的做法是从何时开始出现的呢？《魏书》卷二十八《古弼传》云：

> 以弼为司徒。高宗即位，与张黎（当时的太尉）并坐议不合旨，俱免，有怨谤之言。其家人告巫蛊，俱伏法，时人冤之。

家人或亲属并非完全不能告发一家之长的人罪行，但举报巫蛊等罪，使全家破灭的更可能是妾或贱人，因而此处的"家人"肯定是古弼家中的贱人。不过，我还是想尽可能地找到一个能直接表明"家人"为贱人身份的实例。

我前几年发表的论文中提到[1]，《三国志》卷二十八《魏书·毌丘俭传》的裴松之注云：

> 魏末传曰：殿中人姓尹，字大目，小为曹氏家奴，常侍在帝侧，大将军（即司马师）将俱行。大目……启云："文钦（正元二年，毌丘俭、文钦等因司马氏一族的专横使曹氏陷入危殆，颇为愤慨，继而发兵反叛）本是明公腹心，但为所人误耳……大目昔为文钦所信，乞得追解语之……"大将军听遣大目……追文钦，遥相与语。大目心实欲曹氏安……钦殊不悟，乃更厉声骂大目："汝先帝家人，不念报恩，而反与司马师作逆；不顾上天，天不佑汝！"乃张弓傅矢……大目涕泣曰："世事败矣……"

这个例子值得注意。这是在唐朝以前，少数明确表明家中贱人也被称

---

1. 濱口重國：《唐の部曲客女と前代の衣食客》，收入本书外篇第四篇，第433页注1。

为"家人"的史料之一。

玉井教授也同样蒐集了家人的用例，如《汉书》卷三十一《陈胜传》云：

> 秦令少府章邯，免骊山徒人奴产子，悉发以击楚军[1]……

该条颜师古注云：

> 服虔曰："家人之产奴也。"师古曰："奴产子，犹今人云家生奴也。"

玉井教授指出："如果将此处的家人理解为一家之人或庶人之类，奴产子的说明就无法成立。而如果将家人解释为私奴婢，那么奴产子就是私奴婢所生之奴（婢），这样注解才最为合理。因为服虔是东汉末时人，所以我相信至少从汉末开始，就有称呼私奴婢为家人的风气。"[2] 玉井教授所言甚是。为慎重起见，我再赘言几句。《陈胜传》中的颜师古注曰"奴产子，犹今人云家生奴"，因此我们很容易将原文句读为"免'骊山徒人'和'奴产子'"，但其实应该在"骊山徒"处就断开，"人奴产子"则与稍后引用的《史记·卫青传》"青笑曰：'人奴之生……'"同义。另外，骊山徒应是从事骊山浩大工程的人，根据我的旧文《漢代の將作大匠と其の役徒》[3]及劳榦氏《居延汉简》所示，其实质正是刑徒。此外，服虔在注释时经常将家中良贱合称为家人，这是因为他认为读者完全能明白注中所说的是家生奴，而不意味着此时的"家人"一词仅指私贱人。

既然东汉时代的情况如玉井教授所述，那么可以推测西汉也是同样的情形，但慎重起见，我还是借由史料进行说明。《史记》卷

---

1. 濱口原注称，《史记》卷四十八《陈涉世家》中，"产"字下还有"生"字。但中华书局本《史记》原文为"人奴产子生"，"生"字在"子"字之后，特此注明。——译者注
2. 前引玉井是博教授论文集，第203页以下。
3.《史學雜誌》47（12），1936年；后收入氏著《秦漢隋唐史の研究·上卷》第二部第八章。相关考证见论文第五项。

一百一十一《卫将军骠骑列传》云：

> 大将军卫青者，平阳人也。其父郑季（河东平阳人），为
> 吏，给事平阳侯家，与侯妾卫媪通，生青。青同母兄卫长
> 子，而姊卫子夫自平阳公主家得幸天子，故冒姓为卫氏。字
> 仲卿。长子更字长君。长君母号为卫媪。媪长女卫孺，次女
> 少儿，次女即子夫。后子夫男弟步广皆冒卫氏。青为侯家人，
> 少时归其父，其父使牧羊。先母之子皆奴畜之，不以为兄弟
> 数。青尝从入至甘泉居室，有一钳徒相青曰："贵人也，官至
> 封侯。"青笑曰："人奴之生，得毋笞骂即足矣，安得封侯事
> 乎！"青壮，为侯家骑，从平阳主。建元二年春，青姊子夫得
> 入宫幸上。

下文试对这条史料加以分析。

除了卫青本人外，其母卫媪还生了数个子女，但只有卫青之父郑季被记录了下来，其他人则于史无载。另外，关于他们卫姓的由来，我们只知道卫媪之女子夫日后为汉武帝宠幸，被称作卫子夫，因此其他人也以卫氏为姓了。然后关于卫媪、卫青的身份，卫青年幼时生活在父亲身边，史料记载"其父使牧羊。先母之子（应是嫡妻之子）皆奴畜之，不以为兄弟数"。卫青长大后随人前往甘泉宫时，碰巧在那里服劳役的刑徒预言称，卫青将来会飞黄腾达，而卫青则自嘲道"人奴之生，得毋笞骂即足矣"。又《汉书》卷五十五《卫青传》云"主家僮卫媪"；同书卷五十八《公孙弘卜式儿宽传》的赞称"卫青奋于奴仆"。如此，卫媪无疑是平阳侯家的奴婢，而卫青是卫媪与侯的下吏郑季私通所生之子，是侯家的家生奴。

根据《史记》，卫青长大后成为了平阳侯家骑，屡次扈从平阳公主，同书卷四十九《外戚世家》"褚先生曰：臣为郎时，问习汉家故事者锺离生"条云：

> 是时平阳主寡居，当用列侯尚主。主与左右议长安中列

侯可为夫者，皆言大将军可。主笑曰："此出吾家，常使令骑
从我出入耳，奈何用为夫乎？"左右侍御者曰："今大将军姊为
皇后，三子为侯，富贵振动天下，主何以易之乎？"于是主乃
许之。言之皇后，令白之武帝，乃诏卫将军尚平阳公主焉。

平阳公主是汉武帝之姐，原号阳信公主，嫁给曹寿后改称平阳公主。元
光五年曹寿死后，公主寡居[1]。不久，当再婚之事被提起时，左右劝说公
主选卫青为丈夫。当然，卫青已非昔日的卫青，他天纵英才，以此登上
了大将军之位，加上他还是武帝的皇后、太子据之母卫子夫的同母弟，
有着他人无法匹敌的权势地位。卫青原来不过是公主的骑从，所以公主
对此言付之一笑，但最后公主还是与他再婚了，死后也葬于同一墓室。

而且，《史记》卷一百四《田叔列传》"褚先生曰"中"臣为郎时，
闻之曰"云：

田仁故与任安相善。任安……出为三百石长，治民。坐
上行出游共帐不办，斥免。乃为卫将军舍人，与田仁会，俱
为舍人，居门下，同心相爱。此二人家贫，无钱用以事将军
家监，家监使养恶啮马。两人同床卧，仁窃言曰："不知人哉
家监也！"任安曰："将军尚不知人，何乃家监也！"卫将军从
此两人过平阳主，主家令两人与骑奴同席而食，此二子拔刀
列断席别坐。主家皆怪而恶之，莫敢呵。

这是卫青还未与平阳公主成婚时的事。田仁和任安在卫将军家中做舍
人，平日就对将军家的待遇不满。有一次，他们扈从将军拜访平阳公
主，因为在用餐时被迫与骑奴同席，二人再也抑制不住自己的愤懑，
称"与身份不同的人同席叫什么事"，大闹一通。而卫青也曾有过这里
提到的骑奴的遭遇。

不知不觉叙述了很多关于卫青的事情，总之他以前是平阳侯家的

---

1. 曹寿似死于元光四年。另外，曹寿死后，平阳公主曾一度再嫁夏侯颇。——译者注

奴。了解了这一情况后，再来看《史记》中的"青为侯家人"——这里既可读作"侯的家人"，也可读作"侯家的人"，是一样的——可知将私家贱人纳入"家人"的风气从司马迁的时代就已开始了。这样的话，《史记》卷五十七《绛侯周勃世家》云：

> 乃免相就国。岁余，每河东守尉行县至绛，绛侯勃自畏恐诛，常被甲，令家人持兵以见之。其后人有上书告勃欲反，下廷尉。

由此自然就能理解，这里"家人"一词所指的应该也包括侍奉周勃身侧的奴婢们。

附带论及，《后汉书》卷四十五《张酺传》云：

> 征入为河南尹。窦景家人复击伤市卒，吏捕得之，景怒，遣缇骑侯海等五百人殴伤市丞。酺部吏杨章等穷究，正海罪，徙朔方。景忿怨……

同书卷二十三《窦宪传》云：

> 而（窦）笃进位特进……景为执金吾，（窦）瓌光禄勋，权贵显赫，倾动京都。虽俱骄纵，而景为尤甚，奴客缇骑依倚形埶，侵陵小人，强夺财货，篡取罪人，妻略妇女。

乍一看，《张酺传》的"窦景家人"似乎等于《窦宪传》的"窦景的奴客缇骑"，但实际并非如此。众所周知，汉代有许多大家族拥有所谓的客或宾客。从不时谒见主公的客（宾客），到在主公家中起居的客（宾客），其种类繁多，职务也多种多样，涵盖了为主公做顾问、负责各种消息宣传、警固扈从等各种工作。不过，如"客"这一文字所示，客是没有血缘关系、不在家中的人，与家人正好相反，而且客有随时改换主公的自由。另外，这里的奴客指的是奴与客两者，缇骑是当时担任执金吾卫的窦景所管辖的官兵。如果明白了这些情况，那么《窦宪传》说的是窦景的私奴、客与缇骑一起实施了暴行；而《张酺传》则是说，河南尹张酺逮捕了袭击洛阳市卒的窦景家人，即其家奴。或许奴、客和缇骑都对士卒实施了暴行，但就算河南尹张酺鼓起了勇气，可能也只能抓到家奴。

第三项　汉代以庶人作家人的案例

一

我们已经确认，从汉代开始，家人一词就不只指家族、亲属，同时还能表示家内的贱人。不过与此稍有不同，汉代还有以"家人"指代平民的情况，所以在本项中我将略作讨论。

《史记》卷三十三《鲁周公世家》云：

> 二十四年，楚考烈王伐灭鲁。顷公亡，迁于下邑，为家人，鲁绝祀。顷公卒于柯。

同书卷三十九《晋世家》云：

> 魏武侯、韩哀侯、赵敬侯灭晋后而三分其地。静公迁为家人，晋绝不祀。

同书卷九十《魏豹彭越列传》云：

> 魏豹者，故魏诸公子也。其兄魏咎，故魏时封为宁陵君。秦灭魏，迁咎为家人。

《汉书》卷六十三《燕刺王旦传》云：

> 王莽时，皆废汉藩王为家人，嘉（旦的后裔）独以献符

命封扶美侯，赐姓王氏。

同书卷九十七下《外戚传·中山卫姬》云：

> 尽诛卫氏支属……唯卫后在，王莽篡国，废为家人，后岁余卒……

《汉书》卷三十三《魏豹传》将《史记·魏豹传》的内容记为"秦灭魏，为庶人"，"为家人"即是说成为庶民。

众所周知，家人有"庶民"的意思，这种例子其实相当多见。除上述事例外，还有《史记》卷一百《季布栾布列传》云：

> 栾布者，梁人也。始梁王彭越为家人时，尝与布游。穷困，赁佣于齐，为酒人保……而布为人所略卖，为奴于燕。为其家主报仇……

同书卷一百二《张释之冯唐列传》云：

> 唐对曰："……夫士卒尽家人子，起田中从军，安知尺籍伍符……"

同书卷一百二十《汲黯列传》云：

> 河内失火，延烧千余家，上（即武帝）使黯往视之。还报曰："家人失火，屋比延烧，不足忧也……"

同书卷一百二十八《龟策列传》云：

> 太史公……余至江南……江傍家人常畜龟饮食之，以为能导引致气，有益于助衰养老，岂不信哉！

《汉书》卷二《惠帝纪》二年春正月条云：

> 癸酉，有两龙见兰陵家人井中，乙亥夕而不见。

同书卷二十五下《郊祀志下》云：

> 天子（即成帝）异之，以问刘向。对曰："家人尚不欲绝
> 种祠，况于国之神宝旧畤……"

同书卷二十七中之上《五行志》云：

> 成帝鸿嘉、永始之间，好为微行出游，选从期门郎有材力
> 者，及私奴、客，多至十余，少五六人……出入市里郊壄，远
> 至旁县……谷永曰："易称'得臣无家'，言王者臣天下，无私家
> 也。今陛下弃万乘之至贵，乐家人之贱事；厌高美之尊称，好
> 匹夫之卑字；崇聚票轻无谊之人，以为私客；置私田于民间，
> 畜私奴车马于北宫……晨夜相随，乌集醉饱吏民之家……诸侯
> 梦得土田，为失国祥，而况王者畜私田财物，为庶人之事乎！"

同书卷九十二《游侠传·原涉》云：

> 或讥涉曰……涉应曰："子独不见家人寡妇邪？始自约敕
> 之时意乃慕宋伯姬及陈孝妇，不幸一为盗贼所污，遂行淫失，
> 知其非礼，然不能自还。吾犹此矣！"

颜师古逐一仔细地解释了上述史料中的"家人"一词，如"家人，犹
言编户之人"（《汉书·栾布传》）；"家人子，谓庶人之子"（《汉书·冯
唐传》）；"家人，谓庶人之家"（《汉书·郊祀志》）等，并让读者注意到
这些词不应与其他的"家人"一词混淆。然而，俞正燮认为，《史记》
列国世家所谓为家人，即奴虏。'梁王彭越为家人时'，谓囚奴也。《冯

唐列传》：'士卒尽家人子，起田中从军，安知尺籍伍符。'即苍头军亦私属。"[1]他的解释已完全偏离了原义。

汉以后也会把庶民称作家人。比如《宋书》卷十四《礼志一》云：

> 魏文帝诏曰："汉氏不拜日于东郊，而旦夕常于殿下东面拜日，烦亵似家人之事，非事天郊神之道也。"

《魏书》卷一百十二上《灵征志上》云：

> 真君六年二月丙辰，有白龙见于京师家人井中。龙，神物也，而屈于井中，皆世祖暴崩之征也。

《通典》卷四十三《礼三》"大雩"云：

> 隋制……秋分以后不雩，但祷而已。皆用酒脯。初请后二旬不雨者，即徙市禁屠。皇帝御素服，避正殿，减膳撤乐，或露坐听政。百官断伞扇。令家人造土龙。雨澍，则命有司报。[2]

不过，魏文帝诏书中出现了"家人"，可能是由于文帝工于文章，好用古语；《魏书·灵征志》的"家人"与上引《汉书·惠帝纪》[3]二年春正月条一样，讲述的是兆异之事；隋代雩礼中的"家人"则不过是《后汉书·礼仪志中》"自立春至立夏尽立秋，郡国上雨泽。若少，郡县各扫除社稷；其旱也，公卿官长以次行雩礼求雨。闭诸阳，衣皂，兴土龙"条的梁刘昭注补"郭璞曰：'今之土龙，本此……'董仲舒云：'……家人祠井。毋壅水……又为小龙五，各长三丈，于北方，皆北乡……'"所记祭典遗制中残留下来的文字。不仅如此，到了东汉中期，用"家

1.《癸巳存稿》七《家人言解》。
2.《隋书》卷七《礼仪志二》云"令人家造土龙"，不确。
3. 原书作《高帝纪》，但前文并未引用《高帝纪》，应为《惠帝纪》。——译者注

人"指代庶民的例子突然变少，如此看来，或许这种叫法大致在东汉中期前就已然衰微了。

由此可见，用家人一词表达"庶民"的意思虽然是在秦汉时代（以前的情况我还不清楚）出现的特例，但我想在此指出，被称作家人的实际是庶民阶层，并不包括士族。《汉书》卷九十七上《外戚传》云：

> 孝昭上官皇后。祖父桀……桀、安（桀之子）……遂结党与谋杀光（意图谋杀霍光），诱征燕王至而诛之（霍光），因废帝而立（燕王）。桀或曰："当如皇后何？"安曰："逐麋之狗，当顾菟邪！且用皇后为尊，一旦人主意有所移，虽欲为家人亦不可得，此百世之一时也。"

上官安对其父桀说，一旦谋划失败，就算想舍弃一切荣耀，成为一介庶民也做不到了，因此不要顾虑皇后，唯应果断采取行动。本条的颜师古注"家人，言凡庶匹夫"颇为贴切。又同书卷九十三《佞幸传·董贤》云：

> 闳为贤弟驸马都尉宽信求咸女为妇，咸惶恐不敢当，私谓闳曰："董公为大司马，册文言'允执其中'，此乃尧禅舜之文，非三公故事，长老见者，莫不心惧。此岂家人子所能堪邪！"闳性有知略，闻咸言，心亦悟。

权臣董贤的父亲拜托王闳，替其子宽信（董贤之弟）求娶名家萧望之的儿子萧咸之女，但当时萧咸预见到董贤必将失败，便以"像我这样无名的家人之子"为由婉拒了王闳，正如颜师古所注，"家人犹言庶人也，盖咸自谓"。以上两则史料明确表明，家人一词并不包含士族，但就算不做这些考证，也能确定上文所引的《史记》《汉书》中的"为家人"，是指剥夺所有的荣誉和资格，成为庶民。

《南齐书》卷九《礼志上》云："永明九年正月，诏太庙四时祭，荐宣帝面起饼、鸭臛；孝皇后……高皇帝……昭皇后……皆所嗜也。先是世祖梦太祖曰：'宋氏诸帝尝在太庙，从我求食。可别为吾祠。'上乃敕豫章王妃庾氏四时还青溪宫旧宅，处内合堂，奉祠二帝二后，牲牢服章，用家人礼。"世祖武帝梦见高祖皇帝（萧道成）说，太庙中的宋氏诸帝无时无刻不在向自己求食，希望能为自己另设祠堂。于是，世祖便在青溪旧宅设下萧氏二帝二后的祠堂，供奉各种高祖素日喜爱之物，几乎与太庙祠祭做法相同。世祖身为天子之尊，却采取家族亲属间的做法，史料中记载此事，是为了指明这是违背国之大典的行为。《资治通鉴》卷一百三十七《齐纪》永明九年春正月条也引述了此事，司马光对此特别评论道："臣光曰：昔屈到嗜芰，屈建去之，以为不可以私欲干国之典，况子为天子，而以庶人之礼祭其父，违礼甚矣。"用"庶人之礼"替换了"家人礼"的说法。如《史记》《汉书》中所见，世祖以至尊之身遵循家人之礼，此事最后被司马光理解为遵循士庶之礼。司马光的批判作为史论或许无妨，但"家人礼"说的是近亲之间的礼，与庶民之礼不完全相同。

二

《汉书》卷九十八《元后传》云：

> （王禁）生女政君，即元后也。（婚约对象两度在正式过门前死去）……禁独怪之，使卜数者相政君，"当大贵，不可言"。禁心以为然……五凤中，献政君，年十八矣，入掖庭为家人子。岁余，会皇太子所爱幸司马良娣病，且死，谓太子曰："妾死非天命，乃诸娣妾良人更祝诅杀我（我的病是由于后宫之人们的怨恨）。"……久之，宣帝闻太子恨过诸娣妾，欲顺适其意，乃令皇后择后宫家人子可以虞侍太子者，政君与在其中。

同书卷八十《东平思王宇传》云：

> 元帝崩……比至下[1]，宇凡三哭，饮酒食肉，妻妾不离侧。

---

1. 颜注载，张晏曰："下，下棺也。"

又姬胸臑故亲幸，后疏远，数叹息呼天。宇闻，斥胸臑为家人子，扫除永巷，数笞击之。胸臑私疏宇过失，数令家告之。宇觉知，绞杀胸臑。

同书卷六十三《广陵厉王胥传》云：

> 公卿请诛胥……胥……置酒显阳殿，召太子霸及子女董訾、胡生等夜饮，使所幸八子郭昭君、家人子赵左君等鼓瑟歌舞。王自歌曰……即以绶自绞死。及八子郭昭君等二人皆自杀。

同书卷九十七上《外戚传》载：

> 史皇孙王夫人，宣帝母也，名翁须，太始中得幸于史皇孙。皇孙妻妾无号位，皆称家人子。征和二年，生宣帝。帝生数月，卫太子、皇孙败，家人子皆坐诛……

可见"家人子"的名称。

据《汉书·外戚传》，天子的后宫中有昭仪、婕伃、娙娥、傛华、婕娥、美人、八子、充依、七子、良人、长使、少使、五官、顺常十三级，与无涓、共和、娱灵、保林、良使、夜者共一级，总计十四级。昭仪"位视丞相，爵比诸侯王"，从无涓递减到夜者是"视百石"；但前述的家人子"视有秩斗食"，被视作十四级外地位低下之人，有上家人子和中家人子之分。而家人子的名称如《外戚传》颜注"家人子者，言采择良家子以入宫，未有职号，但称家人子也"所述，是指服务于后宫的良家子（非工商、医巫者之家所生子），即普通庶民之女，故而理所当然应该置于卑位，不过也有人从家人子一步步升至后宫高位。另一方面，不是只有庶民出身者才会成为家人子，如前引《元后传》所示，士族之女最初也会被给予家人子之号。上述是已然完备的天子后宫制度，而皇太子以下的制度相比之下要简单得多，皇孙等只有家人子一类。又《隋书》卷十一《礼仪志六》北齐河清之制中可见"太子孺人同世妇。太子家人子同御女",可知家人子的名称一直流传后世。

赘言几句,《史记》卷九十九《刘敬传》云:

> 刘敬对曰:"……若陛下不能遣长公主,而令宗室及后宫诈称公主,彼亦知……"高帝曰:"善。"欲遣长公主。吕后日夜泣,曰:"妾唯太子、一女,奈何弃之匈奴!"上竟不能遣长公主,而取家人子名为长公主,妻单于。使刘敬往结和亲约。

《汉书》卷四十三《娄敬传》也记载了此事。颜师古在这里的"家人子"后注释曰"于外庶人之家取女而名之为公主";周寿昌在《汉书注校补》卷三十三中称"颜注曰……寿昌案:汉制良家子入宫,无职号者,谓为家人子,有上家人子、中家人子之别,颜注误。若《冯唐传》,士卒尽家人子,则是庶人之家子,不能与此同解也";王先谦《汉书补注》称"据《匈奴传》,使敬奉宗室女翁主,为单于阏氏,是家人子,乃宗室女也"。

周寿昌认为颜师古将《刘敬传》中的家人子解释为家人之女,即庶民之女,并在此基础上认为颜注是错误的,反驳称这些家人子是后宫的家人子。王先谦根据《匈奴传》,主张家人子是宗室之女。无论如何,颜师古注可能认为"庶"字用的是"嫡庶"之"庶"的含义,即派遣宗室诸王侯之女,但和其他简明的注相比,这条注释确实很难理解。当然,颜师古对《汉书》了如指掌,他之所以在注文中采用这种模糊不清的解释,是因为高祖以谁为长公主的替身已不得而知,他的注释也只能写到这个程度。

接下来,《史记》卷一百二十一《儒林列传》云:

> 窦太后好老子书,召辕固生问老子书。固曰:"此是家人言耳。"太后怒曰:"安得司空城旦书乎?"乃使固入圈刺豕。景帝知太后怒而固直言无罪,乃假固利兵,下圈刺豕,正中

其心，一刺，豕应手而倒。太后默然，无以复罪……

这个故事颇为有名。但为什么当时窦太后听了辕固生的回答，感到如此愤怒呢？原因未必明了。

颜师古在《汉书·儒林传》中注云"家人言僮隶之属"。因此，后世很多人便遵从这一解释，但是，只因为辕固生回答"这只是僮隶之书"，喜好老子的太后就勃然大怒，还是令人无法理解。对此，唐代司马贞的《索隐》称："服虔云：'如家人言也。'案：老子道德篇虽微妙难通，然近而观之，理国理身而已，故言此家人之言也。"日本的中井積德[1]称"家人谓庶人，言庶人理身家之术耳，不可施之邦国也。如索隐解，太后何以怒"，认为辕固生回答太后"此是家人言耳"，是说老子的言论不过是庶民治家理身之术，并不能施及国家大事。从汉代家人一词的用法整体来看，我认为中井说是较为妥当的，不过或许也可以将"家人"解释为"家内之人"。作为参考，《魏书》卷三十五《崔浩传》载："浩能为杂说，不长属文，而留心于制度、科律及经术之言……性不好老庄之书，每读不过数十行，辄弃之，曰：'此矫巫之说，不近人情，必非老子所作。老聃习礼，仲尼所师，岂设败法文书，以乱先王之教。韦生所谓家人箧箧中物，不可扬于王庭也。'"北魏名士崔浩早已点明了"家人之言"究竟是何物。

然而问题是，为什么这层意思招致了太后的愤怒。辕固生身为儒者，自然会视老子为"家人言耳"，因此太后再怎么钟爱老子之说，其反应也过于愤怒了，不得不让人揣测其中可能隐藏着什么其他理由，中井積德亦自问道："太后何以怒？"俞正燮在《癸巳存稿》卷七《家人言解》中，关于这一点说道：

宫中名家人者，盖宫人无位号，如言宫女子、宫婢[2]。汉廷儒生辕固生斥老子书为"家人言"。窦太后怒曰："安得司空

---

1. 据瀧川龜太郎博士：《史記會注考證》。
2. 宫婢的说法并不正确。

城旦书也！""司空城旦书"，谓其时公羊学，惨刻过申商，而
托名儒者。"家人言"本意谓仁弱似姬媪语，而家人又适为宫
中无位号者……外戚世家云：窦太后"始以良家子入宫侍吕
后，吕后出宫人赐诸王"，窦姬"籍代伍中。……至代。"是
窦太后始为家人……明神宗（叙述时参考了明代宫中发生的
事件）……汉窦太后恶闻"家人"，其事同也。

　　如俞正燮所言，窦太后是清河观津县的庶民之女，最初作为良家
子被征入后宫，成为吕后的侍者。吕后后来将用处不大的宫人分赐于
诸王国，当时窦氏虽然希望被遣回离故乡较近的赵王国，但由于宦者
的差错，最后被遣往代国。然而塞翁失马，焉知非福，她不久便获得
了代王的宠幸，代王（即文帝）继承大统时，她就成为了皇后，所生
之子为皇太子。在文帝驾崩后，太子就成为了景帝，窦氏则成为了太
后。然而，《史记》卷四十九《外戚世家》云：

　　　　吕太后时，窦姬以良家子入宫侍太后……孝文帝立数
　　月……立窦姬为皇后……窦皇后亲蚤卒，葬观津……兄窦长
　　君，弟曰窦广国，字少君。少君年四五岁时，家贫，为人所
　　略卖，其家不知其处。传十余家，至宜阳，为其主入山作
　　炭……从其家之长安。闻窦皇后新立，家在观津，姓窦氏。
　　广国去时虽小，识其县名及姓，又常与其姊采桑堕，用为符
　　信，上书自陈。窦皇后言之于文帝，召见，问之，具言其故，
　　果是。又复问他何以为验？对曰："姊去我西时，与我决于传
　　舍中，丐沐沐我，请食饭我，乃去。"于是窦后持之而泣，泣
　　涕交横下。侍御左右皆伏地泣，助皇后悲哀。乃厚赐田宅金
　　钱，封公昆弟，家于长安。

记载了一位经历悲惨的主人公。即是说，窦氏以前有个弟弟，名叫广
国，窦后入宫后不久，由于家贫，广国被人略卖，陷为奴身。在那以
后，广国屡次被转手他人，但有一次，他在跟随主人前往长安时，听说

348

观津县出身的窦氏现在成为了皇后，突然回想起了幼年时代，便抱着"万一呢"的想法向官府申报。于是，广国确认了窦氏果真就是以前惜别于观津传舍、心中挂念的姐姐，姐弟因再会而悲喜交加，双双哭泣。

窦太后曾有这样一段经历，而俞正燮正是想从中寻找太后极为愤怒的理由。他解释说，因为窦太后此前是庶民出身的宫人，身为卑下的家人子，听了辕固生"此是家人言耳"的无心之言，又结合老子之事，便错认为辕固生是在侮辱自己，所以勃然大怒，想让辕固死于猪的利齿之下。虽然俞正燮的解释看起来有些过于穿凿附会，但说不定这就是事情的真相。

三

如上所述，汉代除了会将家庭成员或亲属称作"家人"，或是将家内良贱合称为"家人"，还将后宫地位卑下者称作"家人子"，另外，将庶民叫做"家人"的例子也并不少见。这些用例相互间可能有所关联，不过，其中引起我们关注的是庶民被称作"家人"的情况。这种称呼当然是从君主的立场出发的，但它出现的原因一定与春秋战国时代的政治、社会现象有关，这点无疑已成为极为重要的研究课题。但即使如此，先秦的情况已经超出了我的讨论范畴，且鉴于我能力不足，只能期待今后能有所发现。另外，关于汉代的"良家子"一词，《史记》卷一百九《李将军列传》"李将军广者，陇西成纪人也……以良家子从军击胡"条司马贞索隐中有"案：如淳云：'良家子，非医、巫、商贾、百工也。'"；《汉书》卷二十八下《地理志》"秦地"条"汉兴，六郡良家子选给羽林、期门"的颜师古注云"如淳曰：'医、商贾、百工不得豫也'"。如上述史料所言，这些"良家"指的是汉代的国民中除了医巫工商之类以外的"家"，"良家子"即是这种"良家"之子嗣的意思。而且，"良家子"与后代良人、贱人的"良人"一词并非无关，这点西嶋定生博士在《中國古代奴婢制の再考察——その階級の性格と身分の性格》[1]中已有所阐释，尽管还有几处问题需要研究，不过

---

1. 见石母田正等编：《古代史講座》第7卷，学生社，1963年。

现在暂时全部留待后考。

那么，中国的统治者是从何时开始进入专制主义的呢？这一问题对于本书的论述而言过于宏大，并不应在此讨论，但毋庸置疑，自春秋末战国以来，统治者的专制逐渐强化，到秦汉一统时，“天子是唯一的支配者”已成为了一种观念。与此同时，天子成为了唯一能够立法、支配万事万物的存在，这就是“天子以四海为家”“普天之下，莫非王土，率土之滨，莫非王臣”之类的说法存在的原因。这样的话，汉天子在现实中建设并能长期维持四海一统的大国；那么在前所未有的强大威权下，汉天子自然也会如在现实中，将全体国民作为自己的臣民来掌控。但实际情况又如何呢？

汉天子无疑拥有庞大的威势，能将全体国民当作自己的臣民。然而如前文所述，从天子的角度来看，所谓“家人”只是普通庶民，而士族则不在这一范围内，那么我认为，并不能简单地用“所有人都是天子臣民”来概括当时的情况。究其原因，通过考察家人一词的含义可见，汉天子作为汉家统治者——汉经常将自身称为“汉家”——所能直接支配、掌握的，只有耕作汉家土地，加工买卖产物以经营生活的庶民阶层。即便士族们确实作为天子官吏，担任中央和地方的官职，领受俸禄，但他们尚未达到成为天子家人的程度，而是独立于汉家的各家主人。就算权势较低，物质力量较小，他们也基本上与汉家是同质的，只不过是因为无法抵抗强大的势力才服从汉家。

近年，增渊龙夫博士在先秦秦汉的“客”的研究中拓展出了新的层面，相关论文已收入《中國古代の社會と國家》一书。如果在增渊博士的基础上重新描述汉天子与士族、庶民的关系，汉天子拥有作为汉家的“客”（即官僚）的士族，以及作为“家人”及汉家财政军事等基础的庶民阶层，天子以此君临四海。与此相对，士族拥有作为自家共事者的“客”[1]，以及作为“家人”及自家经济基础的私奴婢。可见，虽然二者在构造上有云泥之别，但性质基本相同，这样或许更容易理解。

---

1. 客中有从顾问到使役奔走之人，而且也有并不拥有客的士族。

在阅读《史记》《汉书》时，如果只注意到汉代君权的强大，就容易将关注重心放在"天子是专制君主"一事上，我以前也是这么做的。然而，冈崎文夫博士以郡的功曹等为例，反对那种偏颇的观点，这屡屡启发了研究者们。后来我以《隋の天下一统と君權の强化》[1]为题，认为汉的郡县政治中，存在着由两三名身为天子代官的长官、次官级官员，与各郡县所出的部课长以下吏员合作行事，由此运转的体制。当时虽然是君主专制，但放在隋唐以后来比较的话，这种体制所处的结构还是较为宽松的。这一结论当然是参考冈崎博士高论的结果。而且我前文的结论，即所谓"士族是天子的'客'，作为共事者，尚未成为'家人'"，实际上结构性地说明汉家天子的政治不得不与士族合作。可以想见，或许还要经过漫长的岁月，天子才能将士族纳为自己的臣民、家人，从而获得如文字所述般独尊专制的地位。

附带一提，以史学会第四十三回大会东洋史部会的研究发表[2]为代表，鎌田重雄博士在论文集《漢代史研究》及《秦漢政治制度の研究》中考证了汉代庶民（庶人）的含义，指出商人被剔除出这类词汇表示的范围；换言之，在身份制中，商人被定义为庶民以下的人。如果采用这一说法，那么汉代的庶民就与本书第五章中所述的北魏身份制中的庶民极为接近。同时，我在论述汉代的情况时认为"庶民"一词中包含了商贾等群体，如果依照鎌田博士的说法，我的看法就是错误的，但无奈由于自己的研究尚不充分，我还不确定是否应该依从鎌田博士的高论，因此文中的"庶民"一词暂时还是将农、工、商等全部包含在内。想来，与"家人"一词同样，在探讨"庶民"一词的渊源时，也有必要上溯至先秦时代。

1.《日本諸學振興委員會研究報告特輯》第四篇，歷史學；后收入氏著《秦漢隋唐史の研究·下卷》第三部第三章，东京大学出版会，1966年。
2.《史學雜誌》53（7），1944年，汇报栏。

附 构成本书主篇的已发表论文

	论文题目	杂志名	发行年月
1	唐の官有賤民、戶奴・戶婢・戶奴婢 [与竹川 (伊藤) 花子合著]	《山梨大學學藝學部研究報告》第5号	昭和二十九年 (1954) 12月
2	唐代の部曲といふ言葉について——附、隨身	《山梨大學學藝學部研究報告》第6号	昭和三十年 (1955) 12月
3	唐の賤民制度に關する雜考	《山梨大學學藝學部研究報告》第7号	昭和三十一年 (1956) 12月
4	北朝の史料に見えた雜戶・雜營戶・營戶について	《山梨大學學藝學部研究報告》第8号	昭和三十二年 (1957) 12月
5	吳蜀の兵制と兵戶制——附說、魏書釋老志「涼州軍戶」	《山梨大學學藝學部研究報告》第9号	昭和三十四年 (1959) 2月
6	唐の官有賤民、雜戶の由來について	《山梨大學學藝學部研究報告》第10号	昭和三十四年 (1959) 12月
7	漢唐の間家人という言葉について	《山梨大學學藝學部研究報告》第11号	昭和三十五年 (1960) 12月
8	唐代の賤民法に關する雜說	《山梨大學學藝學部研究報告》第12号	昭和三十七年 (1962) 3月
9	唐の太常音聲人と樂戶、特に雜徭と散樂との關係	《山梨大學學藝學部研究報告》第13号	昭和三十七年 (1962) 12月
10	唐の樂戶について——附、部曲妻・客女の語	《山梨大學學藝學部研究報告》第14号	昭和三十九年 (1964) 3月
11	武德・開元年間の謀反と謀大逆事件㈠	《山梨大學學藝學部研究報告》第15号	昭和四十年 (1965) 3月
12	唐法上の奴婢を半人半物とする說の檢討	《史學雜誌》第72編第9号	昭和三十八年 (1963) 9月
13	唐法上の賤民と姓と丁中制	《石田博士頌壽記念東洋史論叢》	昭和四十年 (1965) 8月

此外，本书主篇与外篇的梗概我已另作叙述，请参考《山梨大學學藝學部研究報告》第16号所载。

外

篇

本书外篇中收录了关于唐代贱人制度研究的三篇战前和三篇战后的论文。第一篇《唐代陵、墓户的良贱》发表于昭和七年（1932）。当时，我在了解唐朝制度的相关史料时偶然注意到一些内容，这篇论文只是将这些简单的内容发表了出来，叙述也很冗杂，还不成熟。

第二篇《〈晋书·武帝纪〉所见部曲将、部曲督与质任》，昭和十年（1936）前后，我对兵制研究中"部曲"词义的通说抱有疑问，恰巧龍野四郎氏发表了《魏晉時代に於ける部曲》[1]一文，所以我就想借此机会谈谈个人的见解。本文是第三、四、五篇论文的先声，也是不久后我着手研究唐代贱人制度的开端。

第三篇《南北朝时代的兵士身份与部曲意义的变化》曾在学界泰斗市村瓚次郎先生喜寿和《東洋史統》成书庆祝会[2]时报告，完稿于昭和十六年（1942）。

第四篇《唐的部曲、客女与前代的衣食客》和第五篇《唐代部曲、贱民的形成过程》两篇，是我昭和二十四年（1950）论文的增补版，于二十七年（1953）分开发表。在本书即将出版之际，我不是没有考虑过要趁机重写这两篇论文，但它们已经被许多人批判和引用了。因为它们已是我的旧作，所以我对要不要修改感到颇为犹豫。另一方面，如果要阐明唐代部曲的来由，就必须提到魏晋南北朝时期的家兵；要阐明客女的来由，也必须注意到前朝各代卑贱的客的种种面相并加以分析。其他人姑且不论，我自己也是在经历了这一阶段后，才渐渐找到唐代贱人制度研究的路径。这两篇论文颇具纪念意义，所以我希望它们能保留旧貌，故原样收录。

第六篇《关于中国史上古代社会问题的札记》发表于昭和二十八年（1954）。以前我曾认真地思考过，贫穷者是成为奴婢还是成为佃客——假如以此为标准来丈量时代的浪潮，那么不只是到汉代，难道

1.《歷史學研究》9（10），1939年，会报栏。

2.《史學雜誌》52（3），1943年，汇报栏，第一百八十三次东洋史谈话会。

不是到南北朝末都属于古代吗？这个疑问始终萦绕在我心头，但在当时，这只不过是反抗权威的妄言，想来如梦一般。然而日本战败后，情况完全变了。我从大连撤回，回到日本东洋史学界，震惊于扑面而来的自由风潮，忘记了生活的诸般苦痛，当时的心情简直如同迎接黎明一般。我发表这篇札记是因为这种感慨尚且新鲜，另一方面，也是因为我感到学术研究不是一蹴而就的。

另外，我最近特别强烈地感受到，历史学家的任务并不在于忠实地再现无时无刻不在演化的过去。这是徒劳的，也是我们无能为力的。我们应该做的，是用从"过去"这一无限的世界中选择的材料，描绘出自己的历史性的世界。夸张地说，我们不是要临摹历史，而是要探讨如何构建自己的历史性的世界，个别的论题没有什么太大意义，重要的是我们能在整体上创造出何种历史性的现实。在这层意义上，我们描绘出的事物应当是个性鲜明的。或许有人认为，我只是个考证派的学者，这样的感想实在不合时宜。不过，这是我的一个希望，以前读内藤湖南博士《研幾小錄》时的感想，至今仍然铭记在心。

第一篇

唐代陵、墓户的良贱[1]

———————————

1. 昭和七年8月发行，载《史學雜誌》43（8），1932年。

根据通说，日本令制下，古代日本政府是取贱民充任陵户和墓户；但与此相反，唐朝是差遣良民担任陵户、墓户[1]。《唐六典》卷三"户部郎中员外郎"云：

> 凡京畿充奉陵县及诸陵墓及庙邑户，各有差降焉。桥陵尽以奉先；献陵以三原，昭陵以醴泉，乾陵以奉天，定陵以富平，各三千户。若献祖、懿祖二陵，各置洒扫三十人；兴宁、永康二陵各置一百人，恭陵亦如之。隐太子及章怀、懿德、节愍、惠庄、惠文、惠宣等七陵各置三十人，诸亲王墓各置十人，诸公主墓各置五人。周文帝、隋文帝陵各置二十人，周、隋诸帝陵各置十人（皆取侧近下户充，仍分作四番上下）。（下略）

这条史料列举了《唐六典》编纂时被赐予陵、墓户的主要陵墓，通常被作为上述论断的证据，故我将在此稍加说明。桥陵是睿宗的陵，位于京兆府奉先县；高祖献陵在同府三原县；太宗昭陵在同府醴泉县；高宗乾陵在同府奉天县；中宗定陵在同府富平县，诸皇后都与诸帝合葬[2]。献祖（即高祖的高祖父）宣皇帝陵号建昌，懿祖（即高祖的曾祖父）光皇帝陵号延光，都位于赵州昭庆县[3]。兴宁陵是高祖之父世祖元高帝陵，位于京

---

1. 瀧川政次郎：《陵户考》，《史学杂志》43（3），1932年，第二章第二节唐の陵户と日本の陵户。

2. 《元和郡县图志》；《唐会要》卷一《帝号上》、卷三《皇后》。

3. 如《旧唐书》卷九《玄宗本纪》开元二十八年秋七月壬寅条、《唐会要》卷一《帝号上》中所示，到了开元二十八年，即《唐六典》被奏上后，建昌被改为建初，延光被改称启运。另外，如果据《唐会要》卷二十"公卿巡陵"条云"（开元）二十八年七月十八日制：'伏以八代祖宣皇帝，七代祖光皇帝，六代祖景皇帝，五代祖元皇帝，自昔追尊号谥，稽古有则，而陵寝所奉，须广葬章。其建初、启运二陵，仍准兴宁陵例，置署官及陵户……'"可知两陵在改称时也被提升至与五代祖元皇帝的兴宁陵同等的地位。两陵也创设了陵署，增加了陵户（各三十人变为各百人）。《新唐书》卷四十八《百官志》宗正寺诸陵令的原注称，建初启运的陵户各有百人，这条史料记载的是两陵升级后的制度。

兆府咸阳县；永康陵是高祖的祖父太祖景皇帝陵，位于京兆府三原县[1]；恭陵是高宗的第五子孝敬皇帝（追谥）弘陵，位于河南府缑氏县[2]。高祖的长子隐太子建成之陵在京兆府长安县[3]，高宗第六子章怀太子贤、中宗长子懿德太子重润陪葬乾陵，中宗第二子节愍太子重俊陪葬定陵，睿宗第二子惠庄太子㧑、第四子惠文太子范、第五子惠宣太子业三人陪葬桥陵[4]。又前述《唐六典》"若献祖、懿祖二陵，各置洒扫三十人"以下的文字揭示了每个陵墓各自拥有的陵、墓户数额，但实际情况并非如"桥陵尽以奉先；献陵以三原，昭陵以醴泉，乾陵以奉天，定陵以富平，各三千户"所言。桥陵等五帝陵的陵户数量另载于同书卷十四"太常寺"：

乾陵、桥陵、昭陵各四百人。

陵户

献陵、定陵、恭陵[5]各三百人。

---

1. 《唐会要》卷一《帝号上》；《元和郡县图志》。

2. 《旧唐书》卷八十六《孝敬皇帝传》、《唐会要》卷二"追谥皇帝"。有关恭陵的陵户数额，《唐六典》卷三"户部郎中员外郎"条中称，（恭陵的陵户数）与永康兴宁二陵相同，有一百人。与之相对，同书卷十四"太常寺"献陵、昭陵、乾陵、定陵、桥陵、恭陵署的陵户的原注中则称与献、定二陵相同，为三百人。换言之，《唐六典》的本文与注所记载的内容有所出入，但众所周知，《唐六典》从编纂到结束，其间经过了相当长的岁月，因此《唐六典》本文和陵的出现间有时间差。不仅如此，因为《唐六典》是经众人之手完成的产物，往往呈现出与其他史料记载不同的样态。如恭陵的陵户数额也是其中一例，可能一百人的说法是旧制，三百人的说法是新制。

3. 《唐会要》卷二十《诸陵杂录》。

4. 《唐会要》卷二十一《陪陵名位》。《唐六典》卷十四"太常寺"陵令条中云："凡功臣、密戚请陪陵者听之，以文武分为左右……"如其注中"坟高四尺已下，三尺以上"所记，普通陪葬者的墓是小规模的墓，位于帝陵前方附近区域，但皇太子的陪陵与之略有不同，《元和郡县图志》卷一《关内道》京兆府奉先县条云："开元四年以县西北三十里有丰山，于此置睿宗陵，改为奉先县，隶京兆。玄宗泰陵，在县东北二十里。惠庄太子陵，在桥陵东南三里。惠宣太子陵，在桥陵东六里。惠文太子陵，在桥陵东三里。并在柏城内。"又如《唐六典》卷十四"太常寺"条中所示，与帝陵不同，陪陵六太子的陵也各自设置了陵署，并设置陵令以下官吏。据此可知，即便是陪陵，太子陵也基本呈现出独立的面貌。另外，亲王（皇兄弟、皇子）、公主（皇姑、皇姐妹、皇女）的墓也具备相当的规模。附带一提，《唐六典》编纂时，设置了陵署的陵墓只有景帝、元帝、高祖以下的五帝、孝敬皇帝及隐太子等七太子的陵墓，但到了开元二十八年时，宣帝、光帝的陵也设置了陵署。（参上页注3）

5. 见本页注2。

结合《唐六典》"太常寺"条，再来看前引《唐六典》卷三"户部郎中员外郎"条，可知这条史料除了阐明朝廷为五帝陵各设置了数百人的陵户，充当扫除守卫等杂役外[1]，还揭示了朝廷以县为单位设置户，这些户要负担诸陵所需的时享费。即是说，桥陵要求其兆域所在的奉先县管辖的所有户支付时享费，其他四帝陵则是要求各自奉陵县管辖户中的三千户支付时享费[2]。附带一提，为何只有桥陵的户数特别多呢？《唐六典》卷十四"太常寺"云：

> 陵令[3]掌先帝山陵，率户守卫之事；丞为之贰。凡朔望、元正、冬至、寒食，皆修享于诸陵。若桥陵，则日献羞焉。

可见，这无非是因为开元时期最为敬重玄宗先父睿宗的陵寝。

对《唐六典》的说明就暂告一段落，不过这一条史料的注释中提到了陵、墓户的出身：

---

1. 《唐六典》卷三"户部郎中员外郎"的陵、墓户条中，记载陵、墓户数量时提到"洒扫何人"；《旧唐书·太宗本纪》贞观十一年七月丙午条云"凉武昭王复近墓二十户充守卫，仍禁刍牧樵采"；《元和郡县图志》卷二《关内道二》京兆下兴平县条中云"汉茂陵（中略）守陵溉树扫除，凡五十人（应是五十人之误）"；《新唐书》卷一百三十八《李嗣业传》中有"给扫除二十户"（译者注：原文仅称《唐书》，实应为《新唐书》，且中华本《新唐书》作"给扫除十户"）；《唐六典》卷十四"太常寺"献陵、昭陵、乾陵、定陵、桥陵、恭陵署条中云"若宫人陪葬，则陵户为之成坟"，由此可知陵、墓户的主要任务是兆域的守卫扫除。附带论及，如《唐六典》卷十四"太常寺"献陵、昭陵、乾陵、定陵、桥陵、恭陵署条中有"皆置留守，领甲士，与陵令相左右"，同永康兴宁二陵署条中"兵仗并皆给之"所记，朝廷在这八陵特地设置了士兵，警备更加严密。

2. 《旧唐书》卷八《玄宗本纪》开元十七年十一月条云："辛卯，发京师。丙申，谒桥陵。上望陵涕泣，左右并哀感。制奉先县同赤县，以所管万三百户供陵寝，三府兵马供宿卫，曲赦县内大辟罪已下。戊戌，谒定陵。己亥，谒献陵。壬寅，谒昭陵。乙巳，谒乾陵。戊申，车驾还宫。大赦天下，流移人并放还，左降官移近处。百姓无出今年地税之半。每陵取侧近六乡供陵寝。内外官三品已上加爵一等，四品已下赐一阶（下略）。"玄宗先亲自拜谒先帝陵，后规定以陵寝所在奉先县的一万三百户（恐怕应该接近全部管辖的户数）供陵寝事务。在结束了四帝陵巡谒还宫后，玄宗又大赦天下，下令"桥陵以外的四帝陵，也可取陵附近的六乡（一里百户，一乡五里，六乡共三千户）之户供奉陵寝"。据此，《唐六典》编纂时负担时享费的户数，可能是沿袭了此时制定的规则。

3. 根据不同版本，有将"陵令"写作"陵户"的情况，但无疑"陵令"才是正确的。

　　　　　皆取侧近下户充。

参照《旧唐书》卷三《太宗本纪》贞观十一年秋七月丙午条：

　　　　凉武昭王复近墓二十户充守卫，仍禁刍牧樵采[1]。

由此来看，过往研究认为唐朝用良民充任陵、墓户，这一观点似乎是正确的。但果真是这样吗？

　　开元十七年十一月，玄宗举行亲谒高祖等五帝陵的仪式，同月戊申还宫，同时下诏大赦天下，这份诏书被收录于《唐大诏令集》卷七十七《典礼》"亲谒"条中，赦文的一节云：

　　　　陵户并放从良，终身洒扫陵寝[2]。

这条史料说的是，将五帝陵的陵户从贱人身份中解放出来，使他们成为百姓，但不解除他们身为陵户的职责与劳役，令他们终生洒扫陵寝。值得注意的是，其中隐含了一个意外的事实：史料中证据确凿，在赦文发布的开元十七年，五帝陵的陵户很明显不是良民而是贱民；同时，如果五帝的陵户是贱民，其他的陵、墓户应该也同样是贱民。

　　如此，除了《唐六典》"皆取侧近下户充"与《旧唐书》本纪贞观十一年"凉武昭王复近墓二十户充守卫"外，开元十七年的赦文也能说明唐代陵、墓户的良贱，而且还呈现出一个全新且超乎预料的事实。这

---

1. 凉武昭王是唐室远祖李暠，其事迹详见《晋书》卷八十八。据《元和郡县图志》，他的墓位于陇右道肃州酒泉县。
2. 大赦文是相当长的文书，本文所引史料的前后文是"百姓无出今年地税之半，如已征纳，听折来年逋租。悬调在百姓腹内者，一切放免。孝子顺孙，义夫节妇，旌表门闾，终身勿事。诸州侍老，百岁已上赐帛十段，九十已上赐五段，八十已上赐三段。献陵定陵官吏，并管陵县官，各加一阶。陵户并放从良，终身洒扫陵寝。仍每陵侧近取百姓六乡以供陵寝，永勿徭役。自古帝王贤臣、将相陵墓，宜令所在州县致祭。内外文武官，三品已上加爵一级"，毫无疑问，"陵户并放从良"的陵户只指皇帝亲谒的五帝陵陵户。其后记载的"仍每陵侧近取百姓六乡以供陵寝，永勿徭役"，如上页注2所言，是令各帝陵可拥有负担时享费之户各三千人。

样的话，我们就必须要重新考察陵、墓户的良贱。那么，如果暂时不考虑《旧唐书》本纪的记载，根据这两种史料应该可以得出以下结论：可能从建国初开始，唐朝就以贱民充任陵、墓户，即当时唐代的陵、墓户是贱民。然而自开元十七年起，五帝的陵户被从贱的身份解放，职责与此前相同，其后朝廷对其他陵、墓户也施行了同样的举措。就这样，到了《唐六典》编纂的时期，由陵墓附近的下户担任陵、墓户应已成为常制。因此，以这一结论为前提，参照日本令制的规定"令制下，担任陵墓守卫者有陵户与假陵户两种。陵户是前代守墓人[1]的子孙，其身份为贱；假陵户是没有陵户或陵户不足时，暂时以附近的百姓来守卫陵墓而形成的群体，其身份为良"[2]，再重新审视暂被搁置的《旧唐书》本纪一条，或许可以明白这条史料正说明，即使是在唐以贱民充任陵、墓户的时代，也会临时差遣附近的良民担当此役，颇为宝贵。

简言之，唐初期的制度原则上以贱民充任陵、墓户，也会临时差遣附近的良民；但后来开元十七年发生了变革，即将所有的陵、墓户放为良民。不过，仍有一二问题需要探讨。日本令制下的"陵户"，被认为是陵守及墓守的泛称[3]。但如景龙三年三月十六日太常博士唐绍的上疏所云[4]：

> 谨按昊、顺二陵，恩敕特令依旧，因循前例，守户[5]与昭陵数同。又先代帝王陵户，准式二十人。今虽外氏特恩，亦须附近常典。请准式量减，取足防闲，庶无逼上之嫌，不失尊崇之道。又亲王守墓，旧制例准得十人。梁、鲁近加追赠，不可越于本爵。准令，赠官用荫，各减正官一等，故知赠之与正，义有抑扬，礼不可逾，理须裁制。请同亲王墓户，各置十人为限。

---

1. 原文写作ハカモリべ，汉字即"墓守部"。此处的"部（べ）"是日本大化改新（公元645年）以前存在的"部民制"（日本大和朝廷的民众统治制度）中的名称。——译者注

2. 瀧川政次郎：《陵戸考》，第三章第一节常陵戸与假陵戸。

3. 瀧川政次郎：《陵戸考》，第三章第二节陵守与墓守。

4.《唐会要》卷二十一《诸帝号陵》。

5. 瀧川博士在《陵戸考》第四章第一节"守户与墓户"条中，论证了日本史料中散见的守户相当于令制下的假陵户。然而，即使根据唐代史料中的守户，也无法认为"唐的守户与日本同样，是临时将良民充作陵、墓户时，用于指称这一群体的称谓"了。

如上所述，唐代除了被称为陵户的陵守外，还存在表示墓守之意的"墓户"，而且后代学者常常认为，对唐人而言两者是不可混同的[1]。既然如此，唐代所谓"陵户"一词可能与日本不同，或许并非陵、墓户的泛称。

其次，日本令制下的"陵户"一词，既表示"陵、墓守"的职役，又是官有贱民中的一个阶层，据瀧川政次郎博士的研究，陵户是贱民中地位最高的一级[2]。唐的官有贱民也有数种，根据玉井是博氏的研究，其中最高级的是太常音声人，以下依次是杂户、工乐、官户、官奴婢[3]。因此问题在于，在唐以贱民充作陵、墓户的时期，除了太常音声人等五个阶层外，官有贱民中究竟有没有被称作陵、墓户的一个阶层呢？抑或陵、墓户只是某一类官有贱民从事的一种职役，而不是被专称为"陵、墓户"的一个官有贱民阶层？遗憾的是，目前这两个猜想都无法证实。附带一提，《旧唐书》卷一百四十八《李吉甫传》云：

> （元和）七年，京兆尹元义方奏："永昌公主准礼令起祠堂，请其制度。"初，贞元中，义阳、义章二公主咸于墓所造祠堂一百二十间，费钱数万；及永昌之制，上令义方减旧制之半。吉甫奏曰："伏以永昌公主，稚年夭枉，举代同悲，况于圣情，固所钟念。然陛下犹减制造之半，示折衷之规，昭俭训人，实越今古。臣以祠堂之设，礼典无文，德宗皇帝恩出一时，事因习俗，当时人间不无窃议。（中略）臣恐不如量置墓户，以充守奉。"翌日，上谓吉甫曰："卿昨所奏罢祠堂事，深惬朕心。朕初疑其冗费，缘未知故实，是以量减。览卿所陈，方知无据。然朕不欲破二十户百姓，当拣官户委之。"吉甫拜贺。

即是说，当时有大臣提议，要为宪宗朝夭折的永昌公主建设祠堂。皇

1. 唐代，皇太子以上的兆域被称为陵，亲王公主以下被称为墓。
2. 瀧川政次郎：《陵戸考》，第三章第六节陵戸の身分。
3. 玉井是博：《唐の賤民制度とその由来》，《京都大學法文學會第二部論纂》第一辑《朝鲜中国文化の研究》，刀江书院，1929年，第425页；后收入氏撰论文集《中国社會經濟史研究》，岩波书店，1942年。

帝采纳了李吉甫的上奏，不仅同意停止建造祠堂，还更进一步，下令废除了差遣附近二十户良民为墓户这一冗费的举措，而以官户代替。不过，当时的常制其实是差遣良民[1]，但皇帝没有这么做，反而特地以官户充任。如果其中有什么理由，那么上述"是否存在陵、墓户阶层"的问题就能够轻易解决。可惜具体情况仍不明了，仅凭这些材料可能还无法脱离想象的范畴。

虽然上文中还留有一二问题，但我以为，本文已经更正了"唐代的陵、墓户从建国初以来就是良民"的旧说。另外，日本编纂《养老令》的养老二年相当于唐开元六年，当时唐代的陵、墓户还是贱民。如果基于这一事实，比起旧说，日本令制下"陵户是贱民"的理由就更明确了。

（昭和七年七月二日完稿）

追记

唐代的陵、墓户从唐初以来全都是良人户，这一观点是错误的。与此类似，在开元十七年改革五帝陵陵户以前，认为原则上所有的陵、墓户都是贱人或许也是错误的。

1.《唐大诏令集》卷二十九太和七年册皇太子德音一节云"其诸陵守当夫，宜委京兆府以价值送陵司，令自雇召。并不得差配百姓"，到了文宗太和年间，也有不差遣良民服役而采取募役制的情况。

第二篇

《晋书·武帝纪》所见部曲将、部曲督与质任[1]

---

1. 昭和十五年5月发行，载《東洋學報》27（3），1940年。

一 序言

《晋书》卷三《武帝纪》泰始元年十二月乙亥条：

> 诏曰："（中略）罢部曲将长吏以下质任……"

同纪咸宁五年夏四月条云：

> 大赦，降除部曲督以下质任。

泰始元年（265）十二月乙亥，当时西晋武帝刚接受魏的禅让后不久；咸宁五年（279）四月则是武帝发动征吴大军数月以前。

在研究魏晋时代的制度，特别是研究军队的情况时，上述两条诏令是必须讨论的，但自胡三省《资治通鉴》注认为部曲将、部曲督是官方的将校以来，这一说法都无人质疑[1]。然而，近人何士骥著《部曲考》[2]认为，部曲将、部曲督是私人所有的私兵队长之流，而非官府的将校，此后何说便流行于世，胡三省说则几乎被忽略了，对诏令整体的解释方法也和以前大不相同。但果真新说为是、旧说有误吗？

二 部曲一词

何士骥的《部曲考》纵贯秦汉至隋唐，考察了部曲以及部曲一词的变迁，并不只是讨论了武帝的诏令。为了便于讨论，下文中我将简述《部曲考》的主旨。

汉代时，部、曲、屯是军队组织上的用语，即部为大队，曲为中

---

1. 清朝的何焯（参照《魏志》卷三考证之条）与梁章钜（参照《三国志旁证》卷四太和元年条）等人都认同胡三省的说法。
2. 载《国学论丛》第一卷第一期，1927年。

队，屯为小队。然而不知从何时开始，时人将部、曲连用，作士兵之义，还以部曲一词称呼私人的私兵。到了东汉末三国时代，部曲一词比起官兵，不如说更常用于私兵，最终变成了专门表示私兵的词汇。另一方面，从那时起，私兵（部曲）举家都世代隶属于主家，有事时作为私兵跟随主人，无事时与奴隶一样受主人役使。由此，他们的社会地位也不断下降，开始被当作比普通的民众更卑贱一级的人，最终到了南北朝末至隋唐，部曲变成了贱民的一种。

上述何士骥的论文说明了从南北朝末至隋唐时代的贱民中被称作"部曲"者的由来，在这一点上较有价值[1]。然而，何氏急于证明部曲专门表示私兵，便颇为勉强地将东汉末、三国、西晋史料中的部曲一词联系在一起，以支持自己的观点。不仅如此，何氏认为只要带有"部曲"二字就全都与私兵有关，甚至连前引武帝诏令中的部曲将、部曲督等，也毫不怀疑地认为他们也是私兵。但是，根据下文的论证，何氏的推测或许并不正确。

如史料所示，自东汉末年起，"部"和"曲"作为部队编成的特殊用语，这种用法出现的频率渐渐减少[2]。而在东汉末、三国、西晋时代，将部、曲连用表示队伍，或广泛地表示部队、军队、部下、士兵等含义的情况最多。如《后汉书》卷十九《耿弇传》云：

> 遣弇与吴汉击富平，获索贼于平原，大破之，降者四万余人。因诏弇进讨张步。弇悉收集降卒，结部曲，置将吏……

同书卷三十八《度尚传》云：

> 桓帝（中略）擢（尚）为荆州刺史。尚躬率部曲，与同劳逸……

---

1. 何士骥的论考多参考了梁启超《中国文化史·社会组织篇》第六章阶级下。
2. 如《艺文类聚》卷六十六《产业部·田猎》所言"魏文帝校猎赋曰，长铩纠霓，飞旗拂天，部曲按列，什伍相连，跱如丛林"，后来的诗文中，也有使用部曲原本含义的情况。

368

同书卷四十六《郭躬传》云：

> 永平中，奉车都尉窦固出击匈奴，骑都尉秦彭为副。彭在别屯而辄以法斩人，（中略）帝曰："军征，校尉一统于督。彭既无斧钺，可得专杀人乎？"躬对曰："一统于督者，谓在部曲也。今彭专军别将，有异于此……"

同书卷六十下《蔡邕传》云：

> 董卓宾客部曲议欲尊卓比太公，称尚父。

《魏武步战令》的一节[1]中有：

> 诸部曲者，各自安部陈兵……

《诸葛亮兵要》的一节[2]中有：

> 险地狭逸，亦以部曲鳞次，或须环回旋转，以后为前，以左为右……

陈孔璋（曹操的幕僚）《檄吴将校部曲》[3]云：

> 年月朔日子，尚书令彧，告江东诸将校部曲，及孙权宗亲中外……

《魏略》逸文[4]云：

1.《通典》卷一百四十九《兵二》法制附。
2.《太平御览》卷三百三十一《兵部·斥侯》。
3.《文选》卷四十四《檄》。
4.《三国志》卷十九《魏书·陈思王植传》"植复上疏陈审举之义曰"条裴松之注。

（陈思王植）乃上书曰："（中略）臣初受封，策书曰：'植
受兹青社，封于东土，以屏翰皇家，为魏藩辅。'而所得兵
百五十人，皆年在耳顺，或不逾矩，虎贲官骑及亲事凡二百
余人。正复不老，皆使年壮，备有不虞，检校乘城，顾不足
以自救，况皆复耄耋罢曳乎？而名为魏东藩，使屏翰王室，
臣窃自羞矣。（中略）若陛下听臣悉还部曲，罢官属，省监
官，使解玺释绂，追柏成、子仲之业，营颜渊、原宪之事，
居子臧之庐，宅延陵之室。如此，虽进无成功，退有可守，
身死之日，犹松、乔也。"

《三国志》卷二十三《魏书·赵俨传》云：

时被书差千二百兵往助汉中守，（殷）署督送之。行者卒
与室家别，皆有忧色。（中略）署军复前四十里，兵果叛乱，
未知署吉凶。而俨自随步骑百五十人，皆与叛者同部曲，或
婚姻，得此问，各惊，被甲持兵，不复自安。

同书卷二十一《魏书·卫觊传》云：

觊书与荀彧曰："关中膏腴之地，顷遭荒乱，人民流入荆
州者十万余家，闻本土安宁，皆企望思归。而归者无以自业，
诸将各竞招怀，以为部曲。郡县贫弱，不能与争……"

除上述用例外，东汉末、三国、西晋时代的史料中还有许多处提到
了"部曲"一词，但是它们十有八九表示的是队伍或军队、部队、
士兵等含义。据此，或许可以充分理解当时部曲一词的哪种含义最
为常用。

另外，无论是官方部队还是私家士兵，都可以用部曲一词表示。
上述诸史料中，《后汉书·度尚传》与《魏略》"曹植上书"等史料中的
"部曲"指的是官方的军队士兵，《魏武步战令》和《诸葛亮兵要》中

的"部曲"也是类似的情况。而《魏略》的逸文[1]云：

> （孟）达以延康元年率部曲四千余家归魏。

《三国志》卷二十六《魏书·满宠传》云：

> 时郡内李朔等各拥部曲，害于平民，太守使宠纠焉。

同书卷十八《魏书·李典传》曰：

> 典宗族部曲三千余家，居乘氏，自请愿徙诣魏郡。（中略）遂徙部曲宗族万三千余口居邺。太祖嘉之……

上述史料中的"部曲"指的是私人蓄养的私兵。总之，"部曲"一词可表示官私双方的军队，绝不是仅指私人的军队士兵。

三　部曲将与部曲督

至少，东汉末、三国、西晋时期"部曲"一词的含义是如前节所述的。既然如此，我们就不能轻率地判断晋武帝诏令所见的部曲将、部曲督就是私兵队长之流。

首先从部曲将开始考察。《三国志》卷四《魏书·三少帝纪》齐王嘉平六年春二月条云：

> 诏曰："……整、像（中略）冒突白刃，轻身守信，不幸见获，抗节弥厉，扬六军之大势，安城守之惧心，临难不顾，毕志传命。（中略）今追赐整、像（即合肥新城的郡兵

1.《三国志》卷三《魏书·明帝纪》太和元年十二月"新城太守孟达反，诏骠骑将军司马宣王讨之"条裴松之注。

刘整与郑像二人）爵关中侯，各除士名，使子袭爵，如部曲将死事科。"

同书卷四陈留王咸熙元年八月癸巳条曰：

> 诏曰："前逆臣钟会构造反乱，聚集征行将士，劫以兵威，（中略）中领军司马贾辅、（中略）拒会凶言，临危不顾，词指正烈。辅语散将王起，说'会奸逆凶暴（中略）'，又云'相国已率三十万众西行讨会'，欲以称张形势，感激众心。起出，以辅言宣语诸军，遂使将士益怀奋励。宜加显宠，（中略）其以起为部曲将。"

同书卷九《魏书·曹仁传》云：

> 从平荆州，以仁行征南将军，留屯江陵，拒吴将周瑜。瑜将数万众来攻，前锋数千人始至，仁登城望之，乃募得三百人，遣部曲将牛金逆与挑战。

同书卷十八《魏书·庞惪传》云：

> 遂南屯樊，讨关羽。（中略）（曹）仁使惪屯樊北十里，会天霖雨十余日，汉水暴溢，（中略）惪与诸将避水上堤。羽乘船攻之，（中略）惪被甲持弓，箭不虚发。将军董衡、部曲将董超等欲降，惪皆收斩之。

《晋书》卷五十四《陆云传》云：

> 寻拜吴王晏郎中令。（中略）时晏信任部将，使覆察诸官钱帛，云又陈曰："伏见令书，以部曲将李咸、冯南、司马吴定、给使徐泰等覆校诸官市买钱帛簿。臣愚以……"

同书卷七十七《褚翜传》云：

> 建兴初，复为豫州司马，督司州军事。太傅参军王玄代
> 翜为郡。时梁国部曲将耿奴甚得人情，而专势……

如上述史料所述，自曹操势力日渐壮大时起，所谓部曲将的名称便开始出现[1]。想来，"部曲将"可能原本只是一个普通的名词，指部曲（即部队）长或将校等。然而，据上述嘉平六年二月诏以及咸熙元年八月诏，最晚在曹魏时代，所谓的部曲将已成为特定的官衔。不仅如此，下引史料不仅更证明了这一点，还揭示了部曲将之下尚有副部曲将、散部曲将。

《通典》卷三十六《职官十八·秩品一》"魏官置九品"条云：

> 第九品……副散部曲将……

同书卷三十七《职官十九·秩品二》"晋官品"条云：

> 第八品……部曲将……
> 第九品……副散部曲将……

曹魏条中不见部曲将之名，不过实际上，曹魏肯定也和晋一样设置了

1.《后汉书》卷八十《陈敬王羡传》愍王宠条章怀太子注引谢承《后汉书》逸文载"袁术使部曲将张闿阳私行到陈，之（骆）俊所"；《后汉书》卷八十四《杨奇传》云"从献帝西迁，有功勤。及李傕胁帝归其营，奇与黄门侍郎锺繇诱傕部曲将宋晔、杨昂令反傕，傕由此孤弱"；同书卷九十六《王允传》载"卓部曲将李傕、郭汜等先将兵在关东"；同书卷一百二《董卓传》云"安西将军杨定者，故卓部曲将也"；《三国志》卷六《魏书·董卓传》裴松之注中引用的《英雄记》逸文载"苗，太后之同母兄，先嫁朱氏之子。进部曲将吴匡，素怨苗不与进同心"。如果依据这些史料，那么早在东汉灵帝驾崩时就有了部曲将这种称呼。然而《后汉书·杨奇传》载"部曲将宋晔、杨昂"，但《三国志·魏书·董卓传》则云"傕将杨奉与傕军吏宋果"；《后汉书·王允传》云"卓部曲将李傕郭汜"，而《三国志·魏书·董卓传》载"校尉李傕、郭汜"。这样的话，前面的史料中多次出现"部曲将"，可能是因为后世史家随意滥用"部曲将"一词，以表示"部队将校"的含义。

部曲将的职官，官品也同为第八品。另外，在推断为东汉末曹操时代到三国时期的官印中，除"部曲将印"外，也有"副部曲将"以及"散部曲将印章"[1]；西晋顺阳郡集结大量官吏所建碑的碑文（有残缺）中，也可见"副部曲将广野将军酆周钧宣代"的官职和姓名[2]。将史料记载与这些情况对照的话，上引官品条中的"副散部曲将"，无疑是副部曲将和散部曲将两个官职。此外，如果了解了上述情况，就能明白咸熙元年八月诏（上引《三国志·魏书》）中的"散将"是散部曲将的略称，王起因功从散部曲将晋升为部曲将。

另一方面，《魏略》逸文[3]云：

> 先是，使将军郝昭筑陈仓城；会（诸葛）亮至，围昭，不能拔。昭字伯道，太原人，为人雄壮，少入军为部曲督，数有战功，为杂号将军……

《三国志》卷四《魏书·三少帝纪》高贵乡公甘露二年秋八月条云：

> 诏曰："（中略）诸葛诞创造凶乱，主簿宣隆、部曲督秦絜秉节守义，临事固争，为诞所杀，（中略）其以隆、絜子为骑都尉……"

《晋书》卷五十九《赵王伦传》云：

> 孙秀等封皆大郡，并据兵权，（中略）司隶从事游颢与殷浑有隙，浑诱颢奴晋兴，伪告颢有异志。秀不详察，即收颢及襄阳中正李迈，杀之，厚待晋兴，以为己部曲督。

如上所述，部曲督大概与部曲将在同一时期出现于史料中。据《通典》

1.《集古官印考证》卷四及卷十。
2.《隶续》卷二十一。
3.《三国志》卷三明帝太和二年十二月"诸葛亮围陈仓，曹真遣将军费曜等拒之"条裴松之注。

卷三十六《秩品》"魏官置九品"条：

> 第七品……部曲督 殿中中郎将校尉……

同书卷三十七《秩品》"晋官品"条：

> 第七品……部曲部督（？）、殿中……
> 第八品……副散督、司马长史……

可知魏晋两朝设置部曲督一官，并在部曲督下设置副部曲督、散部曲督。附带一提，在推断为三国时期的官印中，有"部曲督印""副部曲督"及"散督之印"[1]，"散督"自然是散部曲督的略称。

依照以上论证可知，曹魏及西晋设置了部曲将、副部曲将、散部曲将及部曲督、副部曲督、散部曲督等官。结合上引史料来看，部曲将等官名无疑指的是一队的将校。想来，出于讨伐目的派遣的军队，或各地的警备军中自然有部曲将，另外朝廷可能在驻扎了一定数量的士兵之处也分别设置了部曲将，负责统率部队。又从部曲督等的名称来看，他们负责的应该是一队的督战纠察，《魏武步战令》的内容[2]即可证明这一点：

> 临阵，牙门将、骑督明受都令。诸部曲都督将吏士各战时，校督部曲督住阵后，察凡违令畏懦者。

此外，本文暂无法详细阐述，但是三国以后还出现了牙门将、副牙门将、散牙门将等官，在魏晋两朝，牙门将被定为五品官，副散牙门将被定为七品官。而且综合各种史料来看，朝廷在编成一军时，基本会在大将下设置若干牙门将，在牙门将下设置若干部曲将。因此，部曲

1.《集古官印考证》卷十。
2.《通典》卷一百四十九《兵二》法制附。

将、副部曲将、散部曲将等作为将校，地位是相当低下的。

　　回过头来看，虽说朝廷设置了部曲将、部曲督等官职，但也不应简单地认为三国西晋时期史料中所见的部曲将、部曲督全都是国家的军官。这是因为方便起见，私兵中也可能设置了这类头衔以统率部队。然而，只要没有其他特殊原因，西晋武帝诏令中的部曲将、部曲督等就应如胡三省所述是官府军队的将校，将它们看作私人的队长之流自然是不恰当的。

四　部曲将、部曲督与质任

　　何士骥的《部曲考》发表以来，大部分学者在讨论武帝的诏令时都认为"三国时代，私兵的所有者从私兵中取质任的风气颇为盛行。对此，武帝受禅后所发的禁令没有发挥足够的效果，因此到了咸宁五年，武帝又再度发出同样的禁令"，但我们已经知道，这一观点从根本上就有误。《资治通鉴》载泰始元年十二月诏的胡注云：

　　　　又诸将征戍及长吏仕州郡者，皆留质任于京师，今亦罢之。

咸宁五年诏的注释云：

　　　　帝受禅之初，除部曲将质任，今又除部曲督质任。

胡注的说法大体上没有问题，但我还想略作补充。

　　我认为泰始元年诏中提到的"罢部曲将长吏以下质任"，是说"今后将罢除部曲将以下及长吏以下的质任"。"部曲将以下"指的是部曲将以下、副部曲将和散部曲将以上；咸宁五年诏"降除部曲督以下质任"中的"部曲督以下"也指的是"部曲督以下、副部曲督和散部曲督以上"。其次，泰始元年诏提到了"长吏"，但这究竟是如胡三省所言，是"长吏仕州郡者"，还是附属于军队的文官，还不可妄下定论。又被取作质任的子弟是否全被集中于京师，这也很难立刻作出判断。另外，本文暂不讨论"质任"一词的原义，但何兹全氏曾探讨过魏晋时期"质任"的含义[1]：

> 质任就是中国从古以来的以子弟作质的"质"的制度，在魏晋时期因为对立的军事集团的众多，臣属时常有脱离领袖而投降于敌方集团的危险，所以留聚其臣下子弟于领袖的住处的质任制度，特别普遍。无论公私那方面，国家官吏对于君主，将吏对于主将，部曲对于领主，凡举是臣属关系的，君为的保证这种关系的尽忠服从，都要以自己的儿子拿去留在君主或领主那里。这被当作质的子弟便叫作质任。

我以为，何兹全氏的解释是得其要领的。

那么，如何兹全氏所言，在东汉末三国这样的丧乱之世，君主与臣僚、英雄与英雄，以及大小各种势力间，为了展示忠诚、服从、通好等诚意，派遣、索取质任的做法是极为盛行的[2]。然而，将人的妻儿乃至近亲[3]取作质任，这终究是乱世中临时应变的方式，特别是国家向官吏索取质任一事，不只会给官吏带来不快的压迫感，还证明君臣间缺乏信任，不如说，这是关乎国家自身体面的事情。想来，武帝在受禅后，为了在新王朝成立之际展示自己的恩信，所以首先废除了部曲将和长吏以下的质任；而到了聚集大军伐吴数月前，连部曲督以下的质任也被废除了。我认为，武帝一方面借此鼓舞士气，同时也是为了向中外展示国家的信义。

我们虽然知道武帝不再向部曲将、部曲督索取质任，但部曲将、部曲督以上的高级将校、军将等又如何呢？《晋书》卷七《成帝纪》咸和五年春正月癸亥条云：

> 诏除诸将任子。

1. 何兹全：《"质任"解》，《食货》第一卷第八期，1935年。
2. 关于质任，可参滨口重國：《魏晋南朝の兵戶制度の研究》，《山梨大學學藝學部紀要》(2)，1957年，注29。
3. 将儿子取作质任的情况是最多的，这一般被称为质子或任子。

将这一诏令与以前武帝颁布的诏令对照来看，泰始元年时，朝廷罢除了低级将校部曲将（第八品）、副散部曲将（同是第九品）的质任，随后从咸宁五年开始，朝廷不再向部曲督（第七品）、副散部曲督（同是第八品）索取质任。但即便如此，朝廷依然会向部队规模略大的长官，即牙门将（第五品）或一军将帅等级的将领索取质任。可能要到东晋咸和五年，这些做法才得以罢除。尽管如此，咸和五年的诏令又该如何解释呢？我认为，无论咸和五年的诏令该如何解释，朝廷都应该会从牙门将乃至一军将帅处索取质任，此处的问题只在于在哪一时期罢除他们的质任而已。另外，关于普通士兵，曹操以及曹魏、西晋中央军的士兵与其家人作为兵户，被与普通百姓区别对待，兵户需要承担父死子代、兄死弟代的累世兵役义务。同样的做法也见于地方设置的军队中——虽然其程度并不清楚，但在孙吴也有行用这种做法的迹象。而且，这种兵户是由当时的情况生发出来的产物，既方便了兵员的补充，还具备防止他们逃亡或叛乱的重要目的，这种情况恰与将家人取为人质相同。以上内容虽然在我的其他论文[1]中有所详述，不过若与魏晋时代向军队将校以上的将领索取质任的情况综合考虑，也的确非常有趣。

---

1. 濱口重國：《後漢末·曹操時代に於ける兵民の分離に就いて》，《東方學報》（东京）11（1），1940年。

第三篇

南北朝时代的兵士身份与部曲意义的变化[1]

1. 昭和十六年5月发行，载《東方學報》（东京）12（1），1941年。

一　序言

汉代存在着部、曲、屯等一系列特殊用语。部是指现代语言中的大队，曲为中队，屯为小队[1]，主要用于形容军队编制。然而不知何时，部、曲、屯从这种原本的含义发展为"部曲"二字连用，作为惯用语指代军队、部队、部下等，进而表示构成部队的个别士兵，并且广泛用于形容官私双方的军队士兵。

用部、曲、屯三个用语表示队伍大小的做法，自东汉末年逐渐不再实用，但是"部曲"这个新惯用词依然在使用，从魏晋南北朝到隋唐时代后都是如此。然而在这段较长的时间内，"部曲"一词的含义并非一成不变。最晚至唐统一天下时，部曲不再像以前那样表示军队、部队、兵士等，而开始普遍指称某种私人所有的贱民[2]。换言之，"部曲"一词成为了法制上对某种私贱民的称呼。顺便一提，据玉井是博教授的研究[3]，唐代这种叫"部曲"的贱民在法律上是被禁止买卖的，还可与良人女子通婚。因此虽然同为私贱民，部曲之流在法律上的地位要高于私奴婢。

那么，为何"部曲"的语义发生了上述那么大的变化呢？以前有不少学者论及这一问题，其中广为人知的是何士骥的《部曲考》[4]。何氏继承了梁启超的学说[5]，并且更为精细地展开研究。我现在无暇一一介绍相关内容，不过何氏的论点极为清晰，即使在细节上仍有商榷的余地，但大略无误，为国内外学者广泛认可。然而坦率地说，如果何士骥能较为慎重地选择史料，同时又能具备有关南北朝时代军队兵士的储备知识，那么比起细节方面，不如说会在总体上得出颇为不同的结论。

---

1. 日本军制中的大队、中队、小队大致相当于中国军制中的营、连、排。——译者注
2. 中唐以后，再次出现用部曲指称军队士兵的情况，这应当与古文运动有关。但这已经超出了本文的讨论范围，故暂不论及。
3. 玉井是博：《唐の賤民制度とその由来》，京城帝国大学法文学会编：《朝鮮中国文化の研究》，刀江书院，1929年。
4.《国学论丛》第一卷第一期，1927年。
5. 梁启超：《中国文化史·社会组织篇》，第六章阶级下。

我在此之所以再举部由含义变化这种旧题，画蛇添足，也仅仅是出于上述原因而已。

二　南朝部曲的含义

在三国西晋时代，"部曲"一词也和从前一样，表示的是官私双方的军队、部队、士兵等，绝非如何士骥所言变成只指"私兵"，或是多用于指"私兵"的意思。此前，我在题为《晉書武帝紀に見えたる部曲將・部曲督と質任》的论文[1]中已经阐明了这点，所以此处就没有必要再反复论证了。

即使是到了南朝宋齐时代，部曲的语义也还没有丝毫发生变化的迹象。首先，我将在此引用沈约[2]所撰《宋书》作为证据。《宋书》卷四十《礼一》云：

> 元嘉二十五年闰二月，大蒐于宣武场，主司奉诏列奏申摄，克日校猎，（中略）二品以上拥刀，备槊、麾幡，三品以下带刀。皆骑乘。将领部曲先猎一日，遣屯布围。领军将军一人督右甄；护军一人督左甄；大司马一人居中，董正诸军，悉受节度。殿中郎率获车部曲，在司马之后。

同书卷十八《礼五》云：

> 部曲督、护（？）司马史、部曲将，铜印。朝服，武冠。司马史，假墨授。

同书卷三十九《百官上》大将军云云条曰：

> 参军督护，江左置，本皆领营，有部曲，今则无矣。

---

1. 载《東洋學報》27（3），1940年；见本书外篇第二篇。
2. 沈约生于宋文帝元嘉十八年，历仕宋齐梁三朝，殁于梁天监十一年。

同书卷八十三《吴喜传》云：

> 大明中，黝、歙二县有亡命数千人，攻破县邑，杀害官
> 长。豫章王子尚为扬州，在会稽，再遣主帅，领三千人水陆
> 讨伐，遂再往，失利，世祖遣喜将数十人至二县，诱说群贼，
> 贼即日归降。太宗初即位，四方反叛，东兵尤急。喜请得精
> 兵三百，致死于东，上大说，即假建武将军，简羽林勇士配
> 之。（中略）喜（中略）马步东讨。（中略）喜孝武世见驱使，
> 常充使命，性宽厚，所至人并怀之。及东讨，百姓闻吴河东
> 来，便望风降散，故喜所至克捷，（中略——吴喜后被太宗赐
> 死）喜未死一日，上与刘勔、张兴世、齐王诏曰：（中略）昔
> 大明中，黝、歙二县有亡命数千人，（中略）孝武以喜将数十
> 人至二县说诱群贼，贼即归降。（中略）及泰始初东讨，正有
> 三百人，直造三吴，凡再经薄战，而自破冈以东至海十郡，
> 无不清荡。百姓闻吴河东来，便望风自退，若非积取三吴人
> 情，何以得弭伏如此。其统军宽慢无章，放恣诸将，无所裁
> 检，故部曲为之致力。

由上述史料明确可见，《礼仪志一》中的部曲是天子校猎时的官兵；《百
官志》中的部曲是国家武官率领的步兵；《吴喜传》中的部曲是以前赐
予他的官兵。而《礼仪志五》中的所谓部曲督是一支部队（部曲）的
督察官，部曲将[1]是一支部队（部曲）的队长，二者都是官方将校的名
称。另一方面，同书卷六十九《范晔传》云：

> 广州人周灵甫有家兵部曲……

同书卷八十七《殷琰传》云：

---

1. 见本书外篇第二篇。

　　　　淮西人前奉朝请郑墨率子弟部曲及淮右郡起义于陈郡城，
有众一万……

这些是部曲指私兵的例子。

　　如上，我只列举了散见于《宋书》的"部曲"中可明确区别官私
的例子。另外，如同书卷五十《张兴世传》云"白衣随王玄谟伐蛮，
每战，辄有禽获，玄谟旧部曲诸将不及也"等，类似的例子还有很多，
不过要言之，"部曲"一词当时仍指的是当时官方或私人的军队，除此
之外没有任何别的含义。

　　其次，萧子显[1]所撰《南齐书·晋安王子懋传》云：

　　　　隆昌元年，迁子懋（时为雍州刺史）为都督江州刺史，
留西楚部曲助镇襄阳，单将白直侠毂自随。显达入朝（显达
当时被召还京师），子懋谓曰："朝廷令身单身而反，身是天
王，岂可过尔轻率。今犹欲将二三千人自随，公意何如？"显
达曰："殿下若不留部曲，便是大违敕旨，其事不轻……"

同书卷四十六《萧惠基传》云：

　　　　泰始初，兄益州刺史惠开拒命，明帝遣惠基奉使至蜀，
宣旨慰劳。惠开降（中略）迁为太子中舍人。惠基西使千余
部曲，并欲论功，惠基毁除勋簿，竟无所用。

同书卷四十七《王融传》云：

　　　　朝廷讨雍州刺史王奂，融复上疏曰：（中略）但士非素
蓄，无以即用，不教民战，是实弃之。特希私集部曲，豫加
习校……

---

1. 萧子显梁大同三年赴任吴兴太守，没过多久去世，年四十九。

同书卷二十八《刘善明传》云：

> 善明从弟僧副，与善明俱知名于州里。泰始初，虏暴淮
> 北，僧副将部曲二千人东依海岛，太祖在淮阴，壮其所为……

同书卷二十四《张瓖[1]传》云：

> 升明元年，刘秉有异图，弟遐为吴郡，潜相影响。因沈
> 攸之事难，聚众三千人，治攻具。太祖密遣殿中将军卞白龙
> 令瓖取遐。诸张世有豪气，瓖宅中常有父时旧部曲数百。遐
> 召瓖，瓖伪受旨，与叔恕领兵十八人入郡，与防郡队主强弩
> 将军郭罗云进中斋取遐，遐逾窗而走，瓖部曲顾宪子手斩之，
> 郡内莫敢动者。

《晋安王子懋传》与《萧惠基传》称官兵为部曲；《王融传》中的部曲指的是军队的部兵，《刘善明传》《张瓖传》则称私兵为部曲。通观上述史料，南齐时代"部曲"一词仍然指的是官私的军队士兵，并未见到特殊的变化，其后的梁陈时代也是如此。至少从现存的史料来看，至南朝末，可以说，部曲的语义没有任何变化。

三 北朝部曲的含义

若要总论北朝的史书，有北齐天保五年三月奏上的《魏书》，以及唐初编纂的《北齐书》《周书》《隋书》，其中也大量出现了"部曲"一词。不过基本上和南朝一样，北朝史书中的部曲指的也是官私的军队、部队、兵士之类。然而仔细观察就会发现，虽然少见，但其中也有些用法含义极为奇怪。

众所周知，北魏末年军镇叛乱频发，大量军镇士兵和家人们开始

---

1. 张瓖是吴郡吴人。

如潮水般南下。当时，山西的尔朱荣正致力于将他们招抚到自己的根据地，即并、肆、汾三州。尔朱荣的目的当然是为了将他们作为军力来利用，他后来果真也借此成为了一股强大的势力，掌握了北魏朝廷的实权。然而转眼间，尔朱荣就被暗杀，尔朱兆取而代之。由于各种各样的原因，尔朱兆难以统率此前招抚并安置在三州的军镇移民，不得不委任尔朱氏一方的部将、山西的晋州刺史高欢来统御他们。从此，高欢便率领大部分遗民向河北平原移动，不久后反叛尔朱氏，由此打下成为东魏实际掌权者的基础。《北齐书》卷一《神武纪上》用活灵活现的笔法叙述了高欢在东出时，处心积虑地想让军镇的遗民背叛尔朱氏，转而成为自己忠实的爪牙，例如：

> 神武自向山东，养士缮甲，禁侵掠，百姓归心。乃诈为书，言尔朱兆将以六镇人配契胡为部曲，众皆愁怨。

这段描写也是其中之一，不过值得注意的是此处部曲一词的含义。

那么，如果此处的"部曲"和以往一样，指的是军队士兵，伪造信件的内容就是"军镇的遗民将会被配予契胡（指尔朱氏及与之同种族者）为士兵"。若果真如此，这些镇民不久前一直都是尔朱氏的士兵，很难认为他们会因此变得如此愁怨。相反，如果此处的部曲如后文所述那样有类似奴隶的含义，来信的大意是"遗民将被配予契胡为奴隶"，那么就可以理解遗民们最初为何会对尔朱氏感到愁怨了[1]。想来，上文的"部曲"可能已有了这种新的含义。但是，假设真是如此，这类说法究竟在何种程度上还原了当时的情况呢？或许很难说这是北魏末年的用法。

回过头来看，《周书》卷六《武帝纪下》建德六年十一月条云：

> 诏自永熙三年七月已来，去年十月已前，东土之民，被抄略在化内为奴婢者；及平江陵之后，良人没为奴婢者：并宜放免。所在附籍，一同民伍。若旧主人犹须共居，听留为

---

1. 此处应该是配予契胡为士兵（部曲）的意思。

部曲及客女。

关于这一条，何土骥也解说道：

> 此条与《唐书·高宗纪》"显庆二年十二月，敕放还奴婢为良及部曲客女者，听"条同意，又与《唐律》户令所谓"放奴婢为良及部曲客女者，并听之"之说相吻合。可见尔时之部曲，已如唐律所定，为高于奴婢，而贱于良民之人矣。

确如何氏所言，这条史料证明了部曲在法制上被用于称呼某种私贱民。与此同时，这条珍贵的史料还证实当时的私贱民中已经有了被称作部曲的一类，在法律上，其身份略高于私奴婢，正逐渐接近唐代的部曲。至隋代，《隋书》卷二十四《食货志》云：

> 炀帝即位，是时户口益多，府库盈溢，乃除妇人及奴婢部曲之课。男子以二十二成丁。

这条史料和唐开元二十五年户令[1]"诸视流内九品以上官及男年二十以上（"以下"之讹）、老男、废疾、妻妾、部曲客女、奴婢，皆为不课户"的规定有历史性的关系，毫无疑问，其中所谓的部曲是法制上一种私贱民的名称。

如上所述，在《北齐书》《周书》及《隋书》中，与其说部曲的含义发生了巨大的变化，甚至出现了与唐代部曲相同的用例[2]。然而，即使

1.《通典》卷七《食货七》丁中条。

2.《魏书》卷八十《侯渊传》云："寻诏渊以本将军为平州刺史、大都督，仍镇范阳。及尔朱荣之死也，范阳太守卢文伟诱渊出猎，闭门拒之。渊率部曲屯于郡南，为荣举哀，勒兵南向。（中略）后随尔朱兆拒义旗（高欢之军）于广阿，兆既败走，渊降齐献武王（即高欢），后从王破尔朱于韩陵。永熙初，除齐州刺史，（中略）及出帝入关，复怀顾望。汝阳王暹既除齐州刺史，次于城西，渊拥部据城，不时迎纳。民刘桃符等潜引暹入据西城，渊争门不克，率骑出奔，妻儿部曲为暹所虏。行达广里，会承制以渊行青州事。齐献武王又遗渊书曰：'卿勿以部曲轻少，难于东迈。齐人浇薄，唯利是从，齐州城民尚能迎汝阳王，青州（接下页）

《北齐书·神武纪》的部曲一词有奴隶的含义，但在史料性质上，它是否是当时的实录仍值得怀疑。因此，收录于《周书》的建德六年诏敕最早使用了部曲一词的新含义[1]。

四　部曲含义变化的时期

如第二节所述，直至南朝末期，部曲一词仍用作官私双方的军队、部队、士兵等义，并不存在产生其他含义的迹象——至少在现存的史料中。可是在何士骥《部曲考》引用的《南史》卷五十七《范云传》中：

> 为始兴内史，旧郡界，得亡奴婢，悉付作部曲，即货去，买银输官。云乃先听百姓志之，若百日无主，依判送台（南齐时期）。

（转上页）之人岂不能开门待卿也。但当勉之。'渊乃复还，暹始归其部曲。而贵平（当时东莱王贵平是青州刺史）自以斛斯椿党，亦不受代。渊进袭高阳郡，克之，置部曲家累于城中，身率轻骑游掠于外。贵平使其长子率众攻高阳。"何士骥的《部曲考》注意及此处，称："凡两言率骑，而不及部曲，再言部曲，皆与妻子连文，足见斯时之部曲，常与家人同处，而非时随左右之士卒也。是亦为部曲变迁上所极宜注意者。"然而，前引列传的大意是说侯渊中了卢文伟的计谋，被关在范阳城门外，率领部曲即部下南下后，联合尔朱兆与高欢一战，在尔朱兆败走后降服于高欢，被任命为齐州刺史。出帝入关之际，侯渊拒绝来赴任的新任齐州刺史、高欢一方的汝阳王暹入城，以至于无端交战，结果侯渊落败，舍弃了被俘虏的妻子和部曲（部兵），仅率领骑兵部队逃走。此后，高欢接受了侯渊的投降，行青州事，同时从汝阳王暹处取回了之前在齐州抛下的部曲（部兵）和家累，率领他们向青州进发，击退了拒绝其来任的东莱王贵平，进入高阳郡，将部曲（部兵）和家累安置在城中，仅率领速度足够快的骑兵部队游掠城外。"部曲"一词前后共出现了五次，第一和第三个"部曲"说的是侯渊的全体部下，其他的"部曲"说的是侯渊麾下的步兵部队。侯渊的部下包括了步兵部队和骑兵部队，只不过由于故事陈述的原因，只有前者被称作"部曲"。何士骥的解释显然离题了。

1.《北齐书》卷二十三《崔悛传》云："天平初，为侍读，监典书。寻除徐州刺史，给广宗部曲三百、清河部曲千人。"何士骥《部曲考》引用此句后说："盖当时部曲，已渐奴婢等物，相类似矣。"何士骥大概是将其解释为"赠予崔悛部曲一千三百人"，同时认为这条史料证明了当时部曲已和奴婢一样被视为财物。而依我所见，这一推测颇为不确。因为这条史料只是说在东魏初高欢起用名族崔悛为徐州刺史时，由于治安情况非常恶劣，便特别选派若干广宗郡和清河郡的官兵担任崔悛的亲兵。

何氏又云，"是文，同于唐律放奴婢为良及部曲客女者听之意，故此条，又足为当时奴婢部曲相差甚近之证"。然而我的理解与何士骥大相径庭：第一，据"得亡奴婢，悉付作部曲，即货去，买银输官"，无法得出何士骥所言的结论；第二，"悉付作部曲"无法解释。不管怎么考虑，"曲"字都应该是衍字，原句应该是"得亡奴婢，悉付作部，即货去，买银输官"。同时这段史料应该解释为：通常来说，从前当官府捕获了逃亡的私家奴婢时，一律卖给作部成为官贱民，用得到的钱购入白银献给中央。但范云赴任以后改变了这种做法，奴婢的所有者对他感恩戴德。不仅如此，不这么考虑的话，整体的意思是不通的，很明显何士骥的解释有误。另外，《宋书》卷五十四《羊玄保传》云：

> 先是，刘式之为宣城，立吏民亡叛制，一人不禽，符伍里吏送州作部，若获者赏位二阶。

《南齐书》卷四十《晋安王子懋传》云：

> 郁林即位，（中略）子懋（时为雍州刺史）见幼主新立，密怀自全之计。令作部造器仗。

上文所谓的"作部"与这些史料中的作部一样，是附设于地方官府的工作机关。

如上所述，目前尚无南朝的"部曲"一词演变为私贱民法制名称的线索，我认为不仅在现存的记录中，在实际上也没有发生这样的变化。现在来看《隋书》卷十一《礼仪志六》记载的陈朝天嘉初年的舆服制度（大概依照梁天监制度）：

> 部曲督、司马吏、部曲将，铜印环钮，朱服，武冠。司马吏，假墨绶，兽爪鞶。

这里的部曲督、部曲将与第二节所引《宋书·礼志五》的"部曲督、护[1]（？）司马史、部曲将"云云相同，指的是一支部队的督查将校与一支部队的队长。这些官名到陈朝末年为止仍在使用，据《隋书》卷六十五《周法尚传》：

> 法尚遂归于周。宣帝甚优宠之，拜开府、顺州刺史，（中略）陈将樊猛济江讨之，法尚遣部曲督韩明诈为背己奔于陈……

据此可知[2]，上述史料在军队、部队的含义下，继续将"部曲"一词用作官名，在这种情况下，"部曲"明显没有变为国家法制上对私贱人的称呼。这一事实不仅证实了我先前的推测，而且如果南朝的情况是如此，那么果然如史料所示，"部曲"含义的巨大变化出现在北朝。但那又是北朝何时的事呢？

想来大体上"部曲"一词的含义容易受到南北互动的影响。尽管如此，如果直到南朝末年，时人仍只在原有的含义上使用"部曲"一词，那么可以想见，部曲成为私贱民法制名称的时间，就算要追溯到史料记载的北周建德六年以前，也无法追溯得太远。这一情况可从北朝史料的记载中推断出来。

北齐天保五年上呈的魏收《魏书》中，有近三十处提到了部曲一词，但它们全都指的是军队、部队、部下、士兵。因此，此时的部曲都还未变成私贱民的法制名称。其后的东西魏到北齐、北周时代也同样如此，如《周书》卷二十八《郭贤传》云：

> 及颍川被围，东魏遣蛮酋鲁和扇动群蛮，规断鸦路。和乃遣其从弟与和为汉广郡守，率其部曲，侵扰州境。

同书卷三十六《令狐整传》云：

---

1. 虽有督护之官，但此处是衍字。
2. 这是周法尚归降北周后不久的事，其部下的官名仍沿用陈朝旧称。

初，梁兴州刺史席固以州来附，太祖以固为丰州刺史。固莅职既久，犹习梁法，（中略）朝议密欲代之，而难其选。遂令整权镇丰州，委以代固之略。整广布威恩，倾身抚接，数月之间，化洽州府。于是除整丰州刺史，以固为湖州。（中略）固之迁也，其部曲多愿留为整左右，整谕以朝制，弗之许也，流涕而去（北周初事）。

同书卷四十三《陈忻传》云：

武成元年，除熊州刺史，（中略）天和元年，卒于位。（中略）俱总兵境上三十余载，（中略）常保功名。（中略）身死之日，将吏荷其恩德，莫不感恸焉。子万敌嗣。朝廷以忻雅得士心，还令万敌领其部曲。

《北齐书》卷十四《平秦王归彦传》云：

及武成即位，进位太傅，领司徒，常听将私部曲三人带刀入仗。

同书卷二十一《高季式传》云：

季式兄弟贵盛，并有勋于时，自领部曲千余人，马八百匹，戈甲器仗皆备，故凡追督贼盗，多致克捷。有客尝谓季式曰："濮阳、阳平乃是畿内，（中略）而有何急，遣私军远战？万一失脱，岂不招罪？"季式曰："君言何不忠之甚也……"

又同卷《封子绘传》云：

高祖崩，秘未发丧，世宗以子绘为渤海太守，令驰驿赴任。世宗亲执其手曰："（中略）但时事未安，须卿镇抚。（中

略）善加经略，绥静海隅，不劳学习常太守向州参也。"仍听
收集部曲一千人。

如上所示，继续用部曲指称军队、部下、兵士的例子并不少见。

　　然而有趣的是，同样是《北齐书》《周书》，北齐、北周相对后期的内
容就几乎很少用"部曲"表示军队、部下等含义了，到了《隋书》中可以
说是完全看不到了[1]。这一事实暗示，"部曲"一词成为某种私贱民法制名
称的时间离北周末隋初不远，即不早于东西魏末年到北齐、北周时代。

五　南朝兵士的身份

　　秦和西汉时的国家常备军，基本是在征兵制下从普通庶民（多数是农
民）中选出的[2]，兵士的身份也不低下。然而，从东汉末曹操时代开始，兵
民分离的倾向逐渐显著，国家的常备军兵渐渐由从普通民户中选出，变成
了从称作兵户的特定人家中选出[3]，这一制度从两晋延续到了南朝[4]。南朝时代
的兵户[5]通过父死子代、兄死弟代的形式，世代负担兵役的义务，他们的户
籍也和普通民户完全分开，由军营或军府专门管辖。而最应该记住的是，
兵户的社会地位因为各种各样的原因——特别是对官府的隶属性——逐渐
降低，最迟到梁天监十七年，兵户的身份低于普通庶民，甚至已经沦落到
接近奴隶阶级[6]。因为上述情况我已另撰文阐明，所以本文不再重复论述。

　　说到南朝时代的国家常备军，首先应该举出的是上述兵户出身的
兵士。另外，国家常备军中还有官府的募兵，随着时代发展，这些募

---

1. 但是在叙述南朝事件和南朝大臣的条目中，依然有用"部曲"指代军队士兵的例子，这大
　概是因为参考了南朝方面的记录。
2. 濱口重國：《兩漢の中央諸軍に就いて》第一节及第二节的结语，《東方學報》（東京）10
　（2），1939；后收入氏著《秦漢隋唐史の研究·上卷》第一部第六章。
3. 濱口重國：《後漢末曹操時代に於ける兵民の分離に就いて》，《東方學報》（東京）11（1），
　1940；后收入氏著《秦漢隋唐史の研究·上卷》第一部第八章。
4. 当然，随着时代变化，这一制度也有盛衰变化。
5. 濱口重國：《兩晉南朝に於ける兵戶と其の身分》，《史學雜誌》52（3），1943；后收入氏
　著《秦漢隋唐史の研究·上卷》第一部第九章。
6. 同本页注5。虽然南朝的兵户后来确实变得愈发卑贱，但并未成为法律上的贱民。

兵的数量也增加了，因此需要在此稍作论述。此外，广义的士兵中也有从蕃兵及普通庶民中征发之人。然而，蕃兵是朝廷在国防事务方面利用诸种蕃部而产生的特殊部队；普通庶民的征发则主要是在大军出动或非常时期等情况下采取的措施，事情结束后就会立刻回到民伍中，具备临时性，因此本文没有论及。

那么，所谓的官府募兵，是中央及地方的大官将帅在兵户出身的兵士外权宜招募的。这种募兵从南朝初期就不少见，特别是出于弥补兵力不足的需要，边境地区应当经常实行。然而《南齐书》卷二十七《李安民传》云：

> 太祖即位，为中领军，封康乐侯，邑千户。宋泰始以来，内外频有贼寇，将帅已下，各募部曲，屯聚京师，安民上表陈之，以为"自非淮北常备，其外余军，悉皆输遣，若亲近宜立随身者，听限人数。"上纳之，故诏断众募。

同书卷二《高帝纪下》建元元年十二月丁未条云：

> 诏曰："设募取将，悬赏购士，盖出权宜，非曰恒制。顷世艰险，浸以成俗，且长逋逸，开罪山湖。是为黥刑不辱，亡窜无咎。自今以后，可断众募。"

由此可知，宋泰始以来，募兵普遍增加。众所周知，宋孝武帝驾崩后仅二十余年间，前废帝、明帝、后废帝、顺帝四位天子迭立，随之而来的是宗室间剧烈的相互倾轧，内乱反复发生，最后，刘宋政权为萧道成所篡。不仅如此，明帝泰始二年以来，北魏侵略了淮北四州及豫州淮西的广阔地域，严重损害刘宋的国威。大约自刘宋泰始以来，官府募兵的急剧增加或许正是源于这样的政局。时至齐梁陈三朝，凡一百一十年间内忧外患不断，特别是梁太清二年侯景之乱后的四十余年间，南朝完全陷入混乱的形势，王朝不过是勉强维持其命脉，因此，中央或地方的大官将帅自然愈发倾向于募兵。我认为，到了南朝末期，募兵的数量可能已经大幅超过兵户出身士兵的数量了。

　　将帅大官采取这种募兵的方式，一方面是为了执行自己的职务，另一方面也是为了扩大自己的势力，但募兵原本是由官府供给费用的官兵，故而募兵者应当没有处理这些人的自由。然而，随着连续的内乱外寇与天子的权威衰败，大官将帅必然会率领募兵随意移动，将他们当作自己的私兵对待。如前所述，南齐太祖萧道成受禅后下达了募兵的禁令，也是鉴于募兵的弊害过大。

　　另外，募兵和兵户不同，不用负担世代的兵役义务，其户籍可能也被编入普通民籍。然而，他们大多是苦于官府的横征暴敛或负债，不得已才应募的[1]，一旦成为士兵，就很难轻易地脱离这种处境，最后只得全家归顺主将，随主将四处奔波，变成了一群可悲的无赖。何之元《梁典高祖事论》的一节[2]中提到：

　　　　高祖博览古今，备观兴亡，犹复蹑其遗风，袭其弊法，浇薄逾甚，淆紊日滋。梁氏之有国，少汉之一郡，太半之人，并为部曲。不耕而食，不蚕而衣，或事王侯，或依将帅，携带妻累，随逐东西。与藩镇共侵渔，助守宰为蟊贼。收缚无罪，逼迫善人，民盖（疑作"尽"）流离，邑皆荒毁。

这不一定只是说募兵，但已足够让我们了解当时多数募兵的状态了。

六　北朝兵士的身份

　　北魏的军队组织在建国初与末年有很大不同，但在此，我只想简

1.《南史》卷七十《郭祖深传》云："帝（梁武帝）溺情内教，朝政纵弛，祖深舆榇诣阙上封事，其略曰：（中略）朝廷擢用勋旧，为三陲州郡，不顾御人之道，唯以贪残为务。迫胁良善，害甚豺狼。江、湘人尤受其弊。自三关以外，是处遭毒。而此勋人投化之始，但有一身，及被任用，皆募部曲。而扬、徐之人，逼以众役，多投其募，利其货财。皆虚名上簿，止送出三津，名在远役，身归乡里。又惧本属检问，于是逃亡他境，侨户之兴，良由此故。"就连扬徐方向也有人至遥远的边陲应募士兵，据此可见其中也有行不正当之事者。
2.《文苑英华》卷七百五十四《史论一》。

单地叙述从高祖孝文帝迁都洛阳、经世宗时期到肃宗初年的情况。北魏的常备军大致能分为中央军、镇军和州军。中央军的主要部分是近卫军,在京师洛阳城内拥有营舍,除了担当天子宿卫以及镇护京城内外,在各种战斗中也会出动,是北魏最受倚重的军队。军队的士兵被冠以羽林、虎贲之名,主要是出自移居洛阳的鲜卑核心部民(其余也有一些北族系部民)[1]。

其次是镇军。随着平定华北大业的推进,北魏在广阔领土中的每个要地都设置了军镇,进可成为攻击敌地的基地,退可承担确保新版图的任务。虽然军镇的总数一时上升到了数十个(史料中出现的镇名足足达到了七十个),但由于新领土经营得较为顺利,同时为了稳固国家基础,北魏逐渐废止了这些军镇,而改作州。所以到了世宗末肃宗初时,全国共计十一个镇,全部都位于疆域北部,从西开始列举就是敦煌、鄯善、高平、薄骨律、沃野、怀朔、武川、抚冥、柔玄、怀荒、御夷[2]诸镇。而在这些军镇中,有数量极多的鲜卑系部民居住生活(也有一部分汉人)——他们大概是军镇创设时配属此处之人的子孙——另外还有因被捕虏或犯罪配发之人及其子孙,他们全都作为镇户(即兵户)归军镇专门管辖,世代担负着镇兵的义务[3]。

接下来是普通的州军。虽然北魏总体上几乎不重视州军,故也没有设置大军,但在发源于军镇的州中还有在军镇时代被命令担任永屯的蕃人、汉人的子孙。在这些州,他们会继续作为兵户组成州军的主干[4],如凉州就是如此。另外也有州主要征发汉人为士兵,这些州的州兵全部都以兵户担任,虽然无法断言兵户与普通庶民是否被区别对待,但在《魏书》卷八十七《节义传》中有如下记载:

1. 濱口重國:《正光四五年の交に於ける後魏の兵制に就いて》,《東洋學報》22(2),1935年,第一节近衞军;后收入氏著《秦漢隋唐史の研究・上卷》第一部第二章。

2. 这其中只有御夷镇由于特殊情况,设置年代非常近,是在太和末年。

3. 濱口重國:《正光四五年の交に於ける後魏の兵制に就いて》,《東洋學報》22(2),1935年,第三节北部の諸鎮;后收入氏著《秦漢隋唐史の研究・上卷》第一部第二章。

4. 濱口重國:《東魏の兵制》,《東洋學報》24(1),1936年,第一节第三项北部諸州の防衛軍;后收入氏著《秦漢隋唐史の研究・上卷》第一部第三章。

> 刘侯仁，豫州人也。城人白早生杀刺史司马悦，据城南
> 叛。悦息胐，走投侯仁。贼虽重加购募，又严其捶挞，侯仁
> 终无漏泄，胐遂免祸。事宁，有司奏其操行，请免府籍，叙
> 一小县，诏可。

同书卷九《肃宗纪》正光五年八月丙申条云：

> 诏曰："（中略）诸州镇军贯，元非犯配者，悉免为民，镇
> 改为州，依旧立称……"

据此可知，有相当一部分人作为兵户，担负世代的兵役义务。附带一提，此时的州军事由刺史开将军府来统率（刺史被授予将军职，令其开将军府）已是常态，上引《节义传》的"免府籍"一词，大抵表示的是将他们从府籍（作为将军府的府户的籍贯）即兵户的身份解放。另外，正光五年爆发的军镇叛乱扩大，事态告急，《肃宗纪》中的诏敕正是当时的紧急处置。

上文阐述了世宗到肃宗初年间北魏常备军的情况，但那些常备兵的社会地位又如何呢？首先从军镇的兵户开始讨论。既述的十一个军镇中，除御夷镇外，其起源都颇为古老。而且，大部分军镇中配备的兵户不仅都是与北魏同样的鲜卑系部民，而且在过去设置军镇时，由于兵户肩负"防御北境、确保新版图"的重大任务，政府给予兵户的待遇[1]颇为良好。普通人也颇为尊敬这些肩负靖边重任的人，绝无轻蔑兵户之事。然而，自军镇创设已经过了七八十年，个中情势已为之一变。详细情况虽然我已有所论述[2]，但要言之：（1）北部军镇的重要性大幅减低；（2）政府对他们的态度变得冷淡，不再履行以前承诺的恩典；（3）大部分兵户不仅变得缺乏文化和教养，还日渐感觉到生活困难；（4）中央派遣的军镇高官大肆营私舞弊，镇民更陷入穷困的最底层。上

---

1. 但由于捕房、犯罪没为兵户者是不同的。
2. 濱口重國：《東魏の兵制》，《東洋學報》24（1），1936年，第一节第一项北鎮の叛亂；后收入氏著《秦漢隋唐史の研究・上卷》第一部第三章。

述情况日趋严重，必然会导致镇户的卑贱化。随着这些现象出现，就算以前是亲戚或同辈，时至今日，内郡的人也不愿与镇户平等交往或通婚，所以到后来，镇户就被视为比普通庶民更低等的群体。这就是军镇镇户被视作社会中卑贱者的由来。而且虽然多少有些不同，普通的州的兵户[1]最后也基本变成了同样的情况。另外，南朝兵户的地位已经沦落到接近奴隶阶层，不过我们也不能完全否定南朝的情况对北朝军镇、州军兵户身份低下的影响[2]。

最后是近卫军的士兵。北魏主要依靠鲜卑系部民的武力才得以征服中原，因此朝廷将鲜卑系部民置于国防的核心位置。尤其近卫军是朝廷的中央军，可谓北魏的股肱之力，它的军士均来源于鲜卑的核心部民。因此，他们的待遇与社会地位，应当不像军镇或州军兵户那样已变得极为低下了。但是，高祖孝文帝实行急速转向的汉化政策与汉文化崇拜，这一定没有给普通鲜卑系臣僚及将校士卒带来好的结果，而是渐渐在近卫军士中埋下了不平的种子[3]。

七　北朝末年官兵身份的提升

到了北魏的世宗、肃宗时代，士人开始将军镇或州军的兵户视作卑贱者，对此，兵户的情绪是不可能稳定的。他们的怒火酿成了叛乱，一举爆发。这就是肃宗正光五年（524）春三月于沃野镇爆发的暴动，以之为开端，各方都开始举起反旗。受惊的政府虽然宣布要解除兵户籍，将他们纳入普通庶民的行列，但事已至此，这一做法完全无法安抚民心，镇压叛乱。而且，被派去讨伐叛乱的近卫军也没有充分发挥作用，动乱继续扩大，华北全境有如鼎沸之势。这场大乱共持续了七年，在孝庄帝永安三年时渐渐平定，镇压动乱的功臣尔朱荣开始左右

1. 濱口重國：《東魏の兵制》，《東洋學報》24（1），1936年，第一节第三项北部諸州の防衛軍；后收入氏著《秦漢隋唐史の研究·上卷》第一部第三章。

2. 虽然对北魏军镇、州军兵户的社会评价确实显著降低，但如果说已经几近于奴隶阶级，也有些言过其实。

3. 内田吟風：《北朝政局に於ける鮮卑及諸北族系貴族の地位》，《東洋史研究》1（3），1936年，第四节北魏の北系貴族冷遇。像肃宗神龟二年发生的近卫军暴动也是其体现。

北魏朝政，但同年秋，尔朱荣一被暗杀，世间就再度陷入丧乱，大小
势力争斗不断。结果，这场动乱变成了怀朔镇出身的北族高欢与武川
镇出身的北族宇文泰间的争霸战，即北魏分裂为东魏和西魏。如前文
所述，在北魏心怀不满的人并不全是军镇、州军的兵户。自孝文帝迁
都洛阳前后开始，普通鲜卑系部民多因怀才不遇而不得志，渐渐心生
不满，这也使得军镇暴动急速扩大。

　　然而，北魏分裂为东西魏时，高欢获得了心怀最多不平的鲜卑系部
民。我此前已阐明了这一经过[1]，此处不再赘述。总之，正是高欢最大程
度地利用了鲜卑系部民的力量，同时也肩负着他们的希望，成为了东魏
的实际掌权者。故而在东魏，就如同对之前情况的反弹，鲜卑特质愈发
浓厚，此前孝文帝禁止的胡服胡语等再度流行，朝廷多任命鲜卑系士人
担任地位重要的高官，这些现象的出现也不足为奇[2]。而且高欢获得的鲜
卑人出身颇为繁杂，其中最多的是从前叛乱军镇的镇民，以及北魏的近
卫军与作为其母体的洛阳鲜卑系部民，总数达到了数十万。高欢先将前
者分置于其根据地并、肆、汾三州（高欢的霸府在并州），用他们组成
自己的亲军；另一方面将后者移至新都邺城，以之为主力形成天子近卫
军[3]。正是这两军构成了东魏常备军的两大根基，其中还有像高氏亲军这
种自高欢崛起以来在许多战场与之生死与共的元从功勋部队。出于上述
情况，高欢自然极为优待、尊重两军的士兵[4]，在北魏末年地位渐趋下降
的近卫军自不必说，军镇遗民曾被视作卑贱者，如今在鲜卑特质浓厚的
新政权下也开始得势，社会地位显著提升。另外，东魏虽然不重视普通
的州军，但州军逐渐开始取用土著民，朝廷也绝不会视他们为卑贱者。

———————————————

1. 濱口重國：《西魏の二十四軍と儀同府》，《東方學報》（东京）（9），1939年；《高齊出自
　　考——高欢の制霸と河北豪族高乾兄弟の活躍》，《史學雜誌》49（8），1940年，第65页以
　　下。后均收入氏著《秦漢隋唐史の研究》。
2. 内田吟風：《北朝政局に於ける鮮卑及諸北族系貴族の地位》，第11页以下。
3. 濱口重國：《東魏の兵制》第二节与第四节。
4.《隋书》卷二十四《食货志》"魏自永安之后"条云："天平元年，迁都于邺，出粟
　　一百三十万石，以振贫人。是时六坊之众，从武帝而西者，不能万人，余皆北徙，并给常
　　廪，春秋二时赐帛，以供衣服之费"；"至河清三年定令，（中略）京城四面，诸坊之外三十
　　里内为公田。受公田者，三县代迁内执事官一品已下，逮于羽林武贲（即近卫兵），各有
　　差"。由此可知东魏及北齐的近卫兵受到了特殊待遇，也可以猜想高氏亲军的情况。

另一方面，成为西魏实际掌权者的宇文泰也是北魏军镇出身的北族。自关西起兵以来，宇文泰任用的大臣多是鲜卑系士人[1]，所以他掌权后也尽量重用、信赖这一系统的人。到了大统十五年时，宇文泰再次推行先前孝文帝汉化政策废止的虏姓，不仅命令鲜卑系大臣都恢复原本的虏姓，还赐予主要的汉族大臣虏姓而罢去汉姓[2]。而且，这一政策似乎实施得颇为严格，在当时的碑文中还留有堂堂汉族名门被迫在墓碑上刻下虏姓的实例。即使只引用这一事例，也足以证明西魏是不逊色于东魏的、鲜卑特质浓厚的国家。

然而，在常备军这一点上，西魏与东魏间有很大的差别。如我过去所论证的那样[3]，只有极少数的鲜卑系部民落入宇文泰之手，因此西魏无论如何也不能像东魏一样仅以鲜卑人来形成两大常备军，不如说，西魏不得不以土著汉人为主体组建军队。宇文泰于大统十六年组建完毕的、著名的二十四军正是诞生于这种情况，其士兵主要是关中的土著汉人，是在一定的征兵率下组建而成的。换言之，因为关中的普通编户民成为了征兵的主体，军士的身份应该全部都是庶民。另外，出于必要，宇文泰在其余诸州也设置了州军，制定了征取土著良民组成州军的方针。

如上所述，进入东西魏时代后，其情况有所不同，两国常备军士兵的社会身份显著提升，但在南朝仍是旧态，看不到什么改善的迹象。

八　部曲一词成为私贱民法制名称的理由

如第五节中所言，迟至梁天监十七年（518，北魏肃宗神龟元年），构成南朝常备军主力的兵户沦落到几乎与奴隶身份相同的地步[4]。刘宋末以来数量逐渐增加的官府募兵，也与兵户的性质相差不远。而至于私

---

1. 要不然就是长期居于军镇，已经鲜卑化了的汉人。
2. 内田吟風博士前揭论文第五节。另外，关于内田博士的论文，我也以《西魏に於ける虜姓再行の事情》为题，在《東洋學報》25（3）（1938年）发表了陋见。但是着眼于虏姓再行，认为宇文泰进行了大规模的氏族再分定则是我的误解。
3. 濱口重國：《西魏の二十四軍と儀同府》，《東方學報》（东京）（9），1939年，第九节宇文泰の崛起；后收入氏著《秦漢隋唐史の研究·上卷》第一部第四章。
4. 同前，虽然南朝的兵户后来确实变得愈发卑贱，但并未成为法律上的贱民。

人拥有的私兵，我打算之后再一同叙述，其身份大体与官兵不相上下，甚至有许多人完全是奴隶。如果真如上文所述，我认为就算"部曲"一词的词义原为军队、部队、兵士，随着士兵阶级普遍身份降低，"部曲"一词所表示的人群的地位也必然下降，恐怕到了齐末梁初时，部曲几乎已成为贱民的代名词。说某人是部曲，和说他不是"人"之类的效果是一样的。另一方面，如第三节所述，北魏也有大量士兵，如军镇的镇户、州军的兵户等被视作卑贱者，近卫军地位的变化趋势也只会更坏而绝不会更好。既然如此，可以推测北魏部曲一词所表示的人群的地位也在下降，而与此同时，南朝的部曲正好也具有显著的奴隶性特质，或许更助长了这一倾向。

到了齐末梁初，即北魏世宗、肃宗时期，在南北两朝，部曲一词都变得极为卑贱，在南朝，后来官私兵士的身份也没有任何提高，不如说只是延续了与部曲这一侮蔑性称呼相对应的状态。可是唯独在北朝，以正光五年（524，梁武帝普通五年）突发的动乱及政局的剧烈变动为契机，东西魏不约而同地出现了身份显著提高的常备兵。想来，从他们这些新兵的角度来看，就算有数个指称普通士兵的词，如果用已经带有贱民性质的"部曲"称呼自己，肯定会感到极大的不满与侮辱。不仅如此，东西魏的实际掌权者高欢和宇文泰原本也是军镇兵户的一员，因痛恨社会的轻蔑而加入叛军。因此，如今他们自然也很有可能回应自己重要的新军，禁止一切侮辱性言行。

从上述情况出发，我认为东西魏都不对新兵使用部曲之类的奴隶性词汇，这种做法不久就被推广到了其他州兵，最终对普通官兵也不再使用部曲一词。然而，仅凭这种原因，部曲一词还不足以变成法制上私家贱民的专有名称，应该还有其他理由需要阐明。

先不说王朝兴亡或大乱之际，只要外敌入侵、王权衰微的不安势态持续下去，有势力的官僚或大小豪族，就会将自家所有的奴隶或寄寓的客培养为家兵，承担自身、自家的防卫。其中就有人通过广泛鸠合同族、同乡、流民和私吞官兵等来组建大规模的私兵部队，承担维持地方治安的任务，也有野心家各自抓住机会登上舞台，试图开拓自己新的政治生命。从秦汉时期到这一时代，上述现象随处可见，南朝越到末年，私兵家兵横行的现象就越严重，北朝则以北魏末最甚。

从北魏末到东西魏，到处都出现了拥有大量私兵的人。对此，于高欢、宇文泰二人而言，最迫切的是要马上编成强大的中央军，然后凭借其威力，完成对普通州军的整备，解散私兵部队或将他们改编为官兵，二人也巧妙地完成了这些举措。在东西魏初期，有时不得不避免那么迅速地解散私兵部队；在偏远的地方就让私兵统帅继续率领私兵，不如说让这些人镇压地方的做法才是上策。到了东西魏末期，除了那些特殊情况外，私兵几乎全都被解散了。譬如勃海郡的豪族高氏兄弟在成为东魏重臣后，仍继续拥有精锐的私兵部队，不止维持乡党的治安，还协助官兵在多次战斗中建立功勋[1]，成为佳话；但到了东魏末，高氏兄弟的部队或卸甲归田，或被改编为官兵，其身影完全云消雾散。另外，还有人自发地向朝廷献上大量武器马匹，解散私兵[2]。可能对他们而言，一旦有某种规模的国家机构确立，中央的控制力得以贯彻，强行保留私兵就会成为他们家族破灭的根源，尤其是朝廷不允许私吞租税的话，养活大量私兵必然会变得困难。

就这样，朝廷压制了那些拥有大量私兵的人，但仍然允许人们持有少量私兵作为家兵。《北齐书》卷十四《平秦王归彦传》云：

> 及武成即位，进位太傅，领司徒，常听将私部曲三人带刀入仗（这是参殿时的事）。

同书卷十七《斛律羡传》中记载了北齐重臣、拥有无与伦比显贵地位的斛律光一族被诛灭时的情况，亦是一例：

1.《北齐书》卷二十一《高乾兄弟传》。

2.《北齐书》卷十三《清河王岳传》云"初岳与高祖经纶天下，家有私兵，并畜戎器，储甲千余领。世宗之末，岳以四海无事，表求纳之。世宗敦至亲之重，推心相任，云：'叔属居肺腑，职在维城，所有之甲，本资国用，叔何疑而纳之。'文宣之世，亦频请纳，又固不许。及将薨（武定六年十一月，赐鸩的谣言广泛传播），遗表谢恩，并请上甲于武库，至此葬毕，方许纳焉"；同书卷二十二《卢勇传》（卢勇是大姓范阳卢氏）云"武定二年卒，年三十二。勇有马五百匹，缮造甲仗六车，遗启尽献之……"等皆是其例。此外，两传都只记载献上武器马匹等，但交出武器马匹的话自然会解散私兵，变成从事和平的产业。

> （武平）三年七月，（斛律）光诛，敕使中领军贺拔伏恩
> 等十余人驿捕之。（斛律羡时任幽州行台尚书令——中略）便
> 发定州骑卒续进，（中略）伏恩把手，遂执之，死于长史厅
> 事。临终叹曰："富贵如此，女为皇后，公主满家，常使三百
> 兵，何得不败！"

想来，当时中国仍分裂为南北三朝，战争不断，世态不安，因此拥有一定地位和财力的人在家中保有少量家兵（但如斛律氏那般达到三百人应该是例外），在出入或出战时带于左右，以彰显威仪、警备自身，应该是这个时代常见的现象。

那么他们的家兵从主家获得了怎样的待遇呢？由史料记载来看，东汉末魏晋以降，大多数家兵的来源是私家奴婢或无产的寄寓者，概言之，就是在社会中大概会被视为私贱民的人。这种情况到东西魏、北齐北周时都没有改变。如《周书》卷二十五《李贤传》中记载了北周保定年间的圣旨，向身为李贤家兵而立下功劳的私奴隶赐予恩典：

> 奴已免贱者，五人授军主，未免贱者十二人酬替放之。

同书卷十九《王雄传》云：

> 保定四年，从晋公护东征。（中略）至邙山，与齐将斛律
> 明月（即斛律光）接战。雄驰马冲之，杀三人，明月退走，
> 雄追之。明月左右皆散，矢又尽，惟余一奴一矢在焉。

《北齐书》卷十一《广宁王孝珩传》云：

> 周齐王宪来伐，（中略）齐叛臣乞扶令和以稍刺孝珩坠
> 马，奴白泽以身扞之……

同书卷十七《斛律光传》中记载了斛律氏拥有大量家兵的事实：

> 会丞相府佐封士让密启云：“光（中略）家藏弩甲，奴僮千数，（中略）若不早图，恐事不可测。”

《隋书》卷四十《梁士彦传》云：

> 至河阳，与（尉迟）迥军相对。令家僮梁默等数人为前锋，（中略）梁默者，士彦之苍头，骁武绝人。士彦每从征伐，常与默陷阵。仕周，致位开府。

尽管都是片段式的史料，但应该足以说明大多数家兵都是私家贱民。

但是，家兵与从事农耕、家畜饲养或承担家内杂役的奴隶大为不同。家兵平时负责主人一家的防卫，有事就随主人出征等，尽忠职守，粗通武艺。这样的话，他们虽等同贱民，但也是主家的家兵，很容易从主人处获得特殊待遇，这些待遇又为他们的子孙继承。同时，这种事例长期累积，促进了职能、地位和待遇不同的一类贱民阶层——即私人的部曲（家兵）及其子孙——独立产生，而且为了区别他们与普通的私奴婢，用部曲一词称呼这些人也不足为奇。我无法断言这是从哪个时代开始的，但根据上述情况大概可以推断，到了南北朝时代，私贱民中被称为部曲者与被称为奴婢者的区别正在产生[1]。此外，由上文所引的史料可见，根据主家的意志或奏请，立下大功的私家部曲有时也会被放为良民。

那么，私贱民中独立出现了专门被称为部曲的一类，这是极其重大的变化，仅从这一方面来看，不得不说无论在南方还是在北方，部曲一词都迟早面临着根本性的变化。然而此时进入了东西魏时期，官兵普遍脱离了奴隶般的境遇，身份显著上升。想来，部曲一词不只有贱民的性质，甚至正在成为对一类贱民的称呼，这样的话，这些新兵会更激烈地反对被称为部曲，政府当然也会禁止这一称呼。另一方面，

---

1. 唐代的私贱民中有称为“随身”的一类人，而“随身”一词变成私贱民名称的经过，应该也与此相似。

与此同时，东西魏镇压私兵部队，至其末期，私兵几乎完全解散，剩下的只有各家保有的家兵。若果真如此，可以说部曲一词在此时发生了决定性的变化，此后在北朝，部曲一词就应只专门表示由家兵及其子孙形成的一类贱民阶层。只要词义发生一次变化，朝廷也制定了关于部曲身份的国法，那么"部曲"就彻底变成了法定的名称。在此前后，当然也有非家兵及其子孙者进入了部曲群体，如北周末建德六年的诏敕等，或许就是合适的例子。

在北朝，部曲一词变成了法制上私贱民的名称，进入隋朝之后，文帝于开皇九年（589）时灭亡南朝，完成了统一大业[1]。此后，隋在天下广泛地推行了系统继承西魏二十四军的府兵制度，无论是中央还是地方常备兵，全都从庶民阶级（即良民阶层）征发，并且镇压所有私兵部队及家兵，并加以禁绝[2]。因此，部曲一词便通行南北，在法制上专指私贱民的一个种类，并延续至唐的一统时代。

（昭和十六年一月二十七日完稿）

1.《隋书》卷三十九《窦荣定传》云："遇尉迥初平，朝廷颇以山东为意，乃拜荣定为洛州总管以镇之。（中略）高祖受禅，来朝京师，（中略）赐马三百匹、部曲八千户而遣之。"于此我想略作补充。何士骥的《部曲考》对此阐述道："奴婢与杂物（如牛马等）赐人，史中屡见，（中略）盖此时部曲已完全与奴婢相似矣。"我的想法与此略有不同。北周灭亡北齐时，捕房士兵并移往他地的做法并不罕见，如《周书》卷六《武帝纪下》建德六年十二月庚申条云"行幸并州宫，移并州军人四万户于关中"。这些作为俘虏、被命令移驻关中的四万户士兵，可能暂归中央直辖，朝廷将他们作为官贱民性质的士兵一同使役，同时区别于普通士兵，使用部曲这种侮蔑性的名称来称呼他们。想来高祖受禅初，曾赐予从洛州入朝的窦荣定部曲八千户，无疑是这四万户贱民兵士的一部分。又尽管本传"赐马三百匹、部曲八千户"说是"赐"，但此前从来没有赐予予臣下如此多的马匹和官有户的事例。不仅如此，就算窦荣定领受了如此多的马和户，或许无论如何也承担不了这些马和户的给养。因此就算说是"赐"，可能也不过是借与窦荣定作为旗下的兵马。补注：如此解释部曲八千户（一作八十户）并无必要，理解为配给这些人做士兵也无妨。这是因为部曲一词在变为私贱人的名称后，时人也不会完全不用其古义。另外，本文中提到了家兵，认为他们是私家贱民的主体，以此阐述了官私士兵的卑贱化，从这点出发，认为"部曲"一词几乎变为了奴隶的代名词。这一观点是极为不妥的，不如说近乎是误解。

2. 尽管朝廷不允许私兵部队存在，但肯定无法禁止人们持有少量家兵。

第四篇

唐的部曲、客女与前代的衣食客[1]

1. 载《山梨大學學藝學部紀要》（1），昭和二十七年（1952）3月发行。

第一节　序言

唐代在法制上将私贱民阶级分为二等，高级贱民被称作部曲（男性）客女（女性，即女部曲），低级贱民被称作奴（男性）婢（女性），这点在唐朝的法制史料《唐律疏议》中清晰可见。然而，私贱民阶级中存在级别一事，在纵贯过去数千年的中国社会发展中有怎样的意义呢？另外，私贱民被分为二等——换言之，在自古就有的奴婢之外，部曲客女新作为高级贱民出现——是从唐代开始的，还是从数代前就开始了呢？此外，部曲客女等令我们后世之人感到奇异的称呼又是如何产生、发展的呢？

就部曲客女的课题可以提出各种各样的问题，其中也已有许多学者发表了见解，讨论被称作部曲的贱民集团之成立时期、由来，以及部曲这一称呼的渊源。就算只列举有名的作品，也能举出中国沈家本氏的《部曲考》[1]、梁启超氏《中国文化史·社会组织篇》第六章阶级下、何士骥氏《部曲考》[2]、日本玉井是博教授《唐の贱民制度とその由来》[3]、仁井田陞博士《中国身分法史》第八章部曲奴婢法等，我也有一二论说得附骥尾[4]，在众多学者的努力下，可以认为在今日的学界，这个问题已大体得到解决。

然而，几乎没有人对客女进行过研究，因此其形成过程之类可以说完全不明。尽管可能有诸般理由，但最主要的原因是，至少在汉代以后的史料中，存在许多与部曲有关的材料[5]，但与之相反，有关客女的史料极端缺乏。众所周知，最古老的有关客女的史料是《周书》卷六《武帝纪》建德六年十一月条："诏自永熙三年七月已来，去年十月已前，东土

---

1. 载《沈寄簃先生遗书·刑法考·刑法分考十五》。
2. 载《国学论丛》第一卷第一期，1927年。
3. 载玉井是博：《中国社會經濟史研究》。
4. 濱口重國：《晋书武帝纪に見えたる部曲将·部曲督と質任》，《東洋學報》27（3），1940年；见本书外篇第二篇。《南北朝時代の兵士の身分と部曲の意味の變化に就いて》，《東方學報》（东京）12（1），1941年；见本书外篇第三篇。
5. 说实话，虽然有大量史料提到了"部曲"一词，但能体现"部曲"这一贱民集团形成过程的史料极度缺乏。

之民，被抄略在化内为奴婢者；及平江陵之后，良人没为奴婢者：并宜放免。所在附籍，一同民伍。若旧主人犹须共居，听留为部曲及客女。"这是唐代以前几乎唯一的材料。除此之外，就连"客女"的字样在史料中都无法得见。不仅如此，这唯一的史料也只能说明北周建德年间已经有了与唐代客女相同的群体，所以在要考察客女这一女性贱民的形成过程及名称由来等问题时，也发挥不了什么作用。

　　回过头来看，翻查《晋书·食货志》及《隋书·食货志》，会发现其中记有两晋法令中有关限制保有佃客、衣食客的法令。虽然从法令的字面意义上能大概推断出所谓的"佃客"是什么，但却无法确定衣食客具备怎样的性质。另外，目前学界尚无专业的研究，因此关于这一问题尚无定说，与唐代客女的起源一同成为了长期未解决的课题。

　　如上所述，客女及衣食客的问题尚未解决，但我从之前在《史学雑誌》第52编第3号发表《両晋南朝に於ける兵戸と其の身分》时开始，就推断二者间可能存在某种联系[1]，同时，我着手研究了汉唐间史料中散见的各种"客"以厘清这一问题。另外在研究时，中国鞠清远氏《两晋南北朝的客、门生、故吏、义附、部曲》中的内容给了我信心，故我想一并附上。

　　就这样，通过研究两汉到魏晋南北朝史料中出现的各种"客"，属于贱民阶层的衣食客开始浮现，我们不仅确定了唐代的客女就是衣食客的后身，还渐渐明白了另一个问题，即两晋限客法中衣食客的原型。因此，本文将不揣陋昧陈述己见，恳请方家教正。此外，如果本文的结论基本无误，那么对于学界普遍认为已大致解决的部曲由来问题，我们也有必要重新考虑，不过关于这点我想以后再作探讨。

第二节　宾客及其他

一

　　魏晋南北朝时代的史料中有冠以各种各样名称的"客"，其中以宾

---

1. 这也是从在兵户研究中使用的史料延伸而来的。

客、亲客、家客为代表，还有马客、贱客、奴客、十夫客、佃客、出客等，仍有疑问的衣食客也属于这一类型。那么他们的性质如何，又有怎样的社会、法律地位呢？为了解明魏晋南北朝的社会史，学界长期以来都期盼着这方面研究的进展，相对新近的成果是鞠清远氏的综合研究，即氏撰《两晋南北朝的客、门生、故吏、义附、部曲》[1]和《三国时代的客》[2]。

首先从《三国时代的客》开始介绍。文中指出，两汉时代，有被称为宾客者。他们中也有人与主人地位对等，但随着时代推移，除一部分宾客外，大部分人都开始被主家视作卑贱之人，受主人役使，出现了地位下降的现象。而这一现象自东汉末开始愈发显著，到了三国鼎立时代，在"宾客"这一名称外，还出现了亲客、人客、私客、家客、复客、佃客等群体。然而通观这些群体的话，鞠氏指出："在三国时代，以这几种方式，构成了'客'这一种人。虽然名称有宾客、亲客、人客、私客、家客、复客、奴客、僮客、佃客等等不同，但是实际上，恐怕除去少许的地位的差异以外，大体上是相同的，他们是主人的'财产'（不过，他们与律比资财的奴婢，不是一样的）"。纵使名称相异，实际上宾客以下的社会地位都相差不大，尽管与在法律上被明确视为等同资财畜产的奴婢不同，但他们已经彻底变得如同主家的财产一般。鞠氏引用了《三国志》等史料作为证据，其后又进一步论述道：《三国志》卷五《魏书·文德郭皇后传》云，"帝东征吴，至广陵，留谯宫。时表留宿卫，欲遏水取鱼。后曰：'水当通运漕，又少材木，奴客不在目前，当复私取官竹木作梁遏。今奉车所不足者，岂鱼耶？'"《三国志》卷五十五《吴书·甘宁传》裴注所引《吴书》佚文载"宁将僮客八百人就刘表"。此外，三国时代的史料中有不少"奴客"或是"僮客"的用法，即是指奴婢的"奴""僮"与指宾客等的"客"连用，这是因为宾客及其他客在主家的整体地位下降，以前的主客关系变为近于主奴关系，这也是他们的地位变得近似奴婢的明证。

1. 载陶希圣主编：《食货》第二卷第十二期，1935年。
2. 载《食货》第三卷第四期，1936年。

接下来，鞠氏在《两晋南北朝的客、门生、故吏、义附、部曲》一文中认为，除了客的身份日渐低下外，门生、故吏、义附、部曲也经历了同样的过程，便一并考察了这些群体，在此基础上试图阐明这一时代社会史的样态。而本文仅介绍鞠氏论文中必要的部分，其论述如下：到了两晋南北朝时代，被称为"客"的群体进一步增加，又出现了贱客、马客、衣食客、出客等，就普遍概念而言，他们在性质上属于前代以来身份卑贱化的客，其身份亦愈加低下，虽然在法律上依然是良民，但从社会上的评价来看，他们已经彻底被视作类似奴婢之人，其中也有像十夫客这般明确同于奴婢的群体。

在鞠清远氏之外，还有陶希圣氏的《中国政治思想史》言及了魏晋南北朝时代的客，但最早专门研究客的还是鞠氏，在这层意义上，我们应该高度评价鞠氏的论文。而且，鞠氏两篇论文的主旨皆清晰明了，还引用了从前未受重视的史料，可以说是这一时代社会史的必读研究。然而，直言不讳地说，我认为鞠氏的论证未必完全阐明了魏晋南北朝时代"客"的实态及其社会、法律地位。乍一看，其文条理清晰，但细节处却不够充分，也有不少判断与事实相差甚远或过于草率，尚不能说是完备的研究。特别是从宾客、私客、家客到佃客、奴客、衣食客、出客等，只要有一"客"字，鞠氏就不加区别地混为一谈，又据此认为整体上客的社会地位变得近于奴婢，这一点是最需要严正批评的。鞠氏煞费苦心地进行研究，结论却止于隔靴搔痒，还做出了不少错误判断，最根本的原因或许就是上述方法论上的谬误。

二

研究魏晋南北朝时代的各种"客"时，最关键的是要严格区分作为身份低下、与奴婢类似的研究对象而被提出的"客"与不是这类的"客"，所以接下来我将沿着鞠氏的思路，暂且将"客"区分开来进行讨论。

众所周知，两汉史书经常将"宾客"略称为"客"。这一词汇有时表示客人、来访者这种广义的交际上的含义；有时则指某种特定范围内的人群，本文讨论的自然是后者。而此处所言"特定的宾客"继承了先秦时代客卿、食客、宾客、客的传统，他们与主人交换了特殊的礼仪后，与主人结成主客关系[1]。而且对主人来说，宾客的作用也因人而异。例如有人作为主人的顾问参与谋划、建言献策，有人办理主人的公私事务，有人成为主人的喉舌进行宣传，有人成为耳目搜集各类情报，还有人担当主人以及主家的警卫等，情况各式各样。自然，主人会回报这些宾客的效力，主人越有能力，他们的宾客就会获得越多好处，也更有可能通过权势财力获得好的官职或经济利益，所以宾客倾向于聚集在拥有较强政治、经济等势力的家族门下，主人一方也倾向于认为宾客的多少是势力的象征，其中也有一些主人请来大量的学者文人作为宾客，以向世人夸耀。

这些人虽然都被称作宾客，内容却五花八门。根据个人智慧才能的程度或能力的种类，他们的职务有所不同，因此他们的地位也应该不同。其中既有人几乎被主人平等对待，也有人被当做臣下对待。另外，从宾客的品性来说，有优秀的人，相反也会有不少狐假虎威、横行霸道之人。宾客的善恶或许也是主人人品的反映，也有恶主培养宾客成为刺客了结私怨，或恐吓他人，或掠夺弱小百姓的田地、财物、妇女，或是远赴异域带回珍奇的货物。有时，还会有甲乙两家的宾客为一争主家威势，在大街上致人死亡，引起骚乱。像东汉外戚梁冀就是此种恶主及劣客持有者的典型代表。且通观两汉，西汉末相比西汉初，东汉相比西汉，随着时代变迁，恶主与劣客不断增加。虽说如此，鞠氏认为多数宾客在主家的地位降低，在社会上也开始变得卑贱，这种论断或许多少有些错误。究其原因，原本宾客在主家的地位待遇就因人而异，在阶级上或是士族，或是平民，各自保持着自己原来的身份阶级。不仅如此，两汉四百年间的情况姑且不论，鞠氏认为大部分后来被称作宾客的人变得近似于奴婢，与主人间的关系由从前的主客变为主奴关系，如果这真是事实倒也无妨；但这一结论是从魏晋南北朝时代史料中所见的无数宾客一词中归纳而来的，那么他的判断不过

1.《战国策》卷十七"楚"条云："汗明见春申君，候问三月而后得见。谈卒，春申君大说之。汗明欲复谈，春申君曰：'仆已知先生，（中略）'汗明曰（中略）。春申君曰：'善。'召门吏为汗先生著客籍，五日一见。"

是没有任何确凿史料支撑的想象。正因如此，鞠氏才只能得出"宾客群体没有特殊变化"的结论。

鞠氏在《两晋南北朝的客、门生、故吏、义附、部曲》的第一节中，引用了《后汉书》卷七十九《仲长统传》所收录《昌言·理乱篇》：

> 汉兴以来，相与同为编户齐民，而以财力相君长者，世无数焉。（中略）豪人之室，连栋数百，膏田满野，奴婢千群，徒附万计。船车贾贩，周于四方；（中略）宾客待见而不敢去，车骑交错而不敢进。

鞠氏以此为根据称，"不过到了东汉，则宾客的地位，已然落得很低，不得不受主人的卑视"。然而正如前述，在群集的宾客中，既有上宾，也有疏宾，既有上客，也有下客，所以疏宾下客没有受到主家的恭敬对待也不足为奇。何况，上述史料只不过是说大批宾客集中在财阀处，等待着被引见给主人，在大门附近，他们所乘的车骑混乱不堪，场面盛大[1]。所以，就算如鞠氏所言，当时出现了宾客群体地位下降的情况，这条史料也明显与之完全无关。尽管如此，鞠氏却还是据此说明宾客的地位衰落，其论说的展开未免过于急切了。

鞠氏《三国时代的客》中引用了《三国志》卷五十六《吴书·吕范传》：

> 吕范字子衡，汝南细阳人也。（中略）后避乱寿春，孙策见而异之，范遂自委昵，将私客百人归策。时太妃在江都，策遣范迎之。徐州牧陶谦谓范为袁氏觇候，讽县掠考范，范亲客健儿篡取以归。

同书卷五十七《吴书·骆统传》云：

> 骆统字公绪，会稽乌伤人也。父俊，官至陈相，为袁术

> 所害。统母改适，为华歆小妻，统时八岁，遂与亲客归会稽。

鞠氏认为，这是私客及亲客与宾客同样产生卑贱化现象的实例。

"亲客"一词不仅见于三国时代，如《后汉书》卷四十四《齐武王縯传》云：

> 倾身破产，交结天下雄俊。莽末，盗贼群起，南方尤甚。伯升（刘縯的字）召诸豪杰计议曰，（中略）于是分遣亲客，使邓晨起新野，光武与李通、李轶起于宛。伯升自发舂陵子弟，合七八千人，部署宾客，自称柱天都部。

同书卷九十九《何进传》云：

> 袁绍亦素有谋，因进亲客张津劝之曰："（中略）为国家除患。"

同书卷一百七《黄昌传》云：

> 后拜宛令，政尚严猛，好发奸伏。人有盗其车盖者，昌初无所言，后乃密遣亲客至门下贼曹家掩取得之，悉收其家，一时杀戮。

《晋书》卷四十三《乐广传》云：

> 尝有亲客，久阔不复来，广问其故，答曰："前在坐，蒙赐酒，方欲饮，见杯中有蛇，意甚恶之，既饮而疾。"于时河南听事（乐广时为河南尹）壁上有角，漆画作蛇，广意杯中蛇即角影也。（中略）广乃告其所以，客豁然意解，沈疴顿愈。

"私客"一词也见于《后汉书》卷六十四《梁冀传》，该段史料记载了梁冀之妻孙氏父母家的跋扈举止：

> 各遣私客籍属县富人，被以它罪，闭狱掠拷，使出钱自
> 赎……

通观上述史料与鞠氏指出的内容，所谓"亲客"，与《后汉书》卷六十四《梁冀传》中"父商所亲客洛阳令吕放"，以及《晋书》卷九十二《王沉传》所收录《释时论》中一节云"群士千亿，奔集势门，求官买职，童仆窥其车乘，阍寺相其服饰，亲客阴参于靖室，疏宾徙倚于门侧"等相同，无疑是疏宾的反义词，也就是关系亲密的宾客的意思；至于私客，或许与《汉书》卷八十一《匡衡传》"将军以亲戚辅政，贵重于天下无二，（中略）而所举不过私门宾客，乳母子弟"所云的私门宾客含义相同。总之，两者都应该包含在宾客中，无论怎样都不可能是身处主奴关系或与之近似的客。

在同一论文中，鞠氏举出了卑贱化、与奴隶类似的客的第三个例子，即《三国志》卷十一《魏书·田畴传》中所见的"家客"：

> 畴曰："（中略）愿以私行，期于得达而已。"（幽州牧刘虞的部下田畴作为使者前往在长安的献帝处）虞从之。畴乃归，自选其家客与年少之勇壮慕从者二十骑俱往。

"家客"一词可见于三国以后，如《魏书》卷七十一《夏侯道迁传》云：

> 及夬（道迁长子）亡后，三月上巳，诸人相率至夬灵前酌饮。时日晚天阴，室中微暗，咸见夬在坐，衣服形容不异平昔，（中略）时夬家客雍僧明心有畏恐，披帘欲出，便即僵仆，状若被殴。夬从兄欣宗云："今是节日，诸人忆弟畴昔之言，故来共饮，僧明何罪而被瞋责？"

《北齐书》卷三十《高德政传》云：

世宗暴崩，事出仓卒，（中略）德政与帝旧相昵爱，言无不尽。散骑常侍徐之才、馆客宋景业先为天文图谶之学，又陈山提家客杨子术有所援引，并因德政，劝显祖行禅代之事。

《隋书》卷三十六《后妃·文献独孤皇后传》：

初，后以高颎是父之家客，甚见亲礼。

这些词语根据时代不同，性质也不同，因此并不限于指某种特定范围的群体。不过，上述史料中所见的家客绝非近乎奴婢之人。附带一提，由《北齐书》卷四十九可知，《高德政传》中的馆客宋景业此前因为通晓阴阳纬候与历数，而被任命为北平太守，后来世宗高澄横死，他作为高德政的馆客，也是劝显祖高洋受禅的谋臣之一。当时的馆客就是作为达官贵戚之馆的宾客被选拔出来的有能力者。

三

鞠氏在《两晋南北朝的客、门生、故吏、义附、部曲》一文的第三节中说道："在另一方面'客'，不必全然是作田的。也有养马的马客，在马坊教奴子读书的贱客……更有些或者所作的事，与奴隶相同。"作为魏晋南北朝时代有奴婢性质的客的第四例，鞠氏举出了《魏书》卷八十五《文苑·温子升传》中的贱客：

温子升，字鹏举，自云太原人，晋大将军峤之后也。世居江左，祖恭之，刘义隆彭城王义康户曹，避难归国，家于济阴冤句，因为其郡县人焉。家世寒素。父晖，兖州左将军府长史，行济阴郡事。子升初受学于崔灵恩、刘兰，精勤，以夜继昼，昼夜不倦。长乃博览百家，文章清婉。为广阳王渊贱客，在马坊教诸奴子书。作侯山祠堂碑文，常景见而善之，故诣渊谢之。景曰："顷见温生。"渊怪问之，景曰："温生是大才士。"渊由是稍知之。熙平初，中尉、东平王匡博召辞人，以充御史，（中略）子升与卢仲宣、孙搴等二十四人为高第。

此外还有《宋书》卷八十三《黄回传》中的马客：

> 黄回，竟陵郡军人也。（中略）（臧）质讨元凶，回随从
> 有功，免军户。质在江州，擢领白直队主。随质于梁山败走
> 向豫章，为台军主谢承祖所录，付江州作部，遇赦得原。回
> 因下都，于宣阳门与人相打，诈称江夏王义恭马客，鞭二百，
> 付右尚方（使其于右尚方服劳役）。

那么事实果真像鞠氏所说的那样吗？

如果不完整地读一遍《魏书·温子升传》，只从"广阳王渊的贱客
在马坊教奴子学习文字"这件事本身来看，或许可以相信当时存在近
似奴婢的贱客。然而，当时有很多贫穷的文人在显贵人家担任宾客，
并依靠自己的文笔讨生活。著名的温子升是从南朝北归的寒门之子，
在没有出名的时候也处于这种境遇。不仅如此，据他父祖的境遇，他
自己年幼时拜崔灵恩、刘兰等人为师，夜以继日地努力钻研文学的经
历，以及他后来身为广阳王渊的贱客时，出色地完成了侯山祠堂的碑
文，以此为机缘，最终被东平王匡提拔的经历来判断的话，温子升虽
被称为寒门，但其实可以认为他是士族中的末流。因此，后引《北齐
书·赵彦深传》中出现的贱客一词也是一样，赵彦深被称为贱客，是因
为在身为堂堂皇族的广阳王渊看来，他不过是贱客；或是拿他和广阳
王拥有的众多上宾贵客比较时，显得他不过是贱客而已。想来，鞠氏
的观点不仅发端于他"被称为客的人全部类似于奴隶"这一错误的思
路，更是他只关注"在马坊教诸奴子书""贱客"这类文字的表面，而
不深究其他隐情的结果。

"贱客"一词如《北齐书》卷三十八《赵彦深传》云：

> 自云南阳宛人，汉太傅惠之后。高祖父难，为清河太
> 守，有惠政，遂家焉，（中略）父奉伯，仕魏位中书舍人、行

> 洛阳令。彦深贵，赠司空。彦深幼孤贫，事母甚孝。年十岁，曾候司徒崔光。光谓宾客曰："（中略）此人当必远至。"（中略）初为尚书令司马子如贱客，供写书。子如善其无误，欲将入观省舍。隐靴无毡，衣帽穿弊，子如给之。用为尚书令史……

此外，其他史料中也出现过贱客一词[1]。赵彦深后来虽然发迹，但他曾身为东魏尚书令司马子如的贱客，以抄写为职业，极为贫穷，乃至于衣帽和靴子都有了破洞，无法和司马子如一同去尚书省。不过，从他的个人经历和家庭背景来看，他虽然贫穷，却无疑是士族。而且，赵彦深年幼时曾被引见给司徒崔光，崔光评价他"此人当必远至"。这段记载或许多少有些夸张的成分，但考虑到当时的社会常识，清河崔光出身华北首屈一指的名门，同时又是高官，有机会拜谒他的人终究不可能是庶民。

接下来讨论《黄回传》中"马客"的真实身份。《宋书》卷九十四《阮佃夫传》云："泰始初，军功既多，爵秩无序，佃夫仆从附隶，皆受不次之位，捉车人虎贲中郎，傍马者员外郎。"鞠氏认为《黄回传》中的马客与这里的"傍马者"类似，是马丁乃至厮夫的称谓[2]，因此恰能证明当时存在与奴婢类似的客。魏晋南北朝时代耕田的客被称为佃客，与这种情况对照来看，即使不是鞠氏也容易陷入这样的判断。但究竟这个预想是否正确，还需慎重考虑。

陈朝太建十四年正月甲寅，也就是高宗孝宣帝驾崩次日，始兴王叔陵突然发动叛乱，据守都内的东府城，因此宫中陷入大乱。此时，正如《陈书》卷三十一《萧摩诃传》所云"时众心犹预，莫有讨贼者，东宫舍人司马申启后主，驰召摩诃，入见受敕，乃率马步数百，先趣东府

---

1. 东汉王充《论衡》卷二十七《定贤篇》云"孟尝君夜出秦关，鸡未鸣而关不闿，下座贱客，鼓臂为鸡鸣，而鸡皆和之，关即闿，而孟尝得出"；《史记》卷七十五《孟尝君列传》只记作"客之居下坐者"，所谓下坐的贱客，自然是自夸拥有"食客数千人"的孟尝君麾下宾客群中的一人。

2. 鞠清远：《两晋南北朝的客、门生、故吏、义附、部曲》，《食货》第二卷第十二期，1935年，第三节注3。

城西门屯军"，猛将右卫将军萧摩诃接受敕命，立即率领马步数百向东府城进发。在他出动数刻后，始兴王就被诛杀，叛乱得以平定。《陈书》卷三十六《始兴王叔陵传》记叙了始兴王被萧摩诃的部下斩杀的场景：

> 叔陵部下，多弃甲溃散，摩诃马客陈智深迎刺叔陵，僵毙于地，阉竖王飞禽抽刀斫之十数下，马客陈仲华就斩其首……

在南朝陈时，有许多将军会募集勇士为自己的部下，将他们视作客对待[1]。如果熟悉这种情况，立刻就能判断出斩杀始兴王的马客，正是隶属萧摩诃所率马步三百[2]内马队的客，也就是所谓骑马的武士宾客。《宋书·黄回传》中的马客也是这种性质。黄回遇赦从京城离开，在宣阳门与人斗殴时，语气强硬地宣称"我可是江夏王义恭大人的骑马客啊"（"诈称江夏王义恭马客"），以恐吓对手，因此被追究假冒身份之罪，再度受到处罚。如果按照鞠氏的说法，这句话就会变成"我可是江夏王义恭大人的马夫啊"或"我可是卑贱的仆人啊"，这就完全说不通了。顺带一提，黄回本来是兵户[3]——即世代承担兵役义务的户——出身的士兵，因为有功，从兵户中被解放，并被任用为州刺史的白直队主[4]（刺史的警卫队之一白直队的队长），后来因战败逃亡，被中央军将校谢承祖抓获，送到江州的官营制造场内接受服劳役的惩罚，在此期间被赦免，然后从京城离开。他也算是久经沙场的勇士，日后成为了南朝宋的大将。

鞠清远氏认为，魏晋南北朝时代，客的身份大幅下跌，几乎近于奴婢，又举出了宾客、亲客、私客、家客、贱客、马客等实例，本节则对此重新进行了探讨。由此可知，在寻找这一时代在社会或法律地

1. 相关内容将在之后发表的《魏晋南北朝時代の兵戶制度の研究》[见《山梨大學學藝學部紀要》（2），1957年；后收入氏著《秦漢隋唐史の研究·上卷》第一部第十章]中详细叙述。
2. 前引《陈书·萧摩诃传》中只云"马步数百"，濱口氏"三百"之数不知何据。——译者注
3. 濱口重國：《两晋南朝に於ける兵戶と其の身分》，《史學雜誌》52（3），1941年；后收入氏著《秦漢隋唐史の研究·上卷》第一部第九章。
4. 鞠清远：《两晋南北朝的客、门生、故吏、义附、部曲》，《食货》第二卷第十二期，1935年。

位上沦落至近乎贱民的客或类似于贱民的客的时，上述这些身份应该被完全排除在讨论范畴外。

第三节　奴客

一

鞠清远氏在《三国时代的客》中指出，东汉末丧乱后的史料中，存在指奴婢的"奴""僮"与指宾客等的"客"连用，称"奴客"或"僮客"的用法，同时认为其原因是"客的地位，继续低落，便与奴僮连缀起来，便称为'奴客''僮客'"，认为它有力地证明了宾客及其他客都出现了奴婢化的现象。

然而，早在西汉时期的史料中就能找到奴与客连用的实例。例如《汉书》卷六十七《胡建传》云：

> 值昭帝幼，皇后父上官将军安与帝姊盖主私夫丁外人相善。外人骄恣，怨故京兆尹樊福，使客射杀之。客臧公主庐，吏不敢捕。渭城令建将吏卒围捕。盖主闻之，与外人、上官将军多从奴客往，犇射追吏，吏散走。主使仆射劾渭城令游徼伤主家奴。建报亡它坐。盖主怒，使人上书告……

同书卷七十六《尹翁归传》：

> 是时大将军霍光秉政，诸霍在平阳，奴客持刀兵入市斗变，吏不能禁……

同书卷五十七上《司马相如传》：

> 临邛多富人，卓王孙僮客八百人，程郑亦数百人[1]……

---

1. 但是《史记》卷一百十七《司马相如传》中记作"卓王孙家僮八百人"，并非僮客。

既然《汉书》中出现了这些例子，那么《后汉书》同样出现类似记载
也是自然之事，如《后汉书》卷五十三《窦宪传》：

> （窦）景为执金吾，（窦）环光禄勋，权贵显赫，倾动京
> 都。虽俱骄纵，而景为尤甚，奴客缇骑依倚形埶，侵陵小人，
> 强夺财货，篡取罪人……

及同书卷一百十二下《方术·公沙穆传》：

> 时缯侯刘敞，（中略）所为多不法，（中略）上没敞所侵
> 官民田地，（中略）其苍头儿客犯法，皆收考之。

诸如此类。

这些"奴客"，如《汉书》卷七十二《鲍宣传》中七亡七死上书的
一节"董贤（中略）使奴从宾客浆酒霍肉，苍头庐儿皆用致富"，以及
同书卷二十七《五行志》中之上所载：

> 成帝鸿嘉、永始之间，好为微行出游，选从期门郎有材力
> 者，及私奴客，多至十余，少五六人，（中略）出入市里郊壄，
> 远至旁县。时，大臣车骑将军王音及刘向等数以切谏。谷永曰：
> "易称'得臣无家'，言王者臣天下，无私家也。今陛下弃万乘
> 之至贵，（中略）崇聚票轻无谊之人，以为私客；置私田于民
> 间，畜私奴车马于北宫；数去南面之尊，离深宫之固……"

本应详细地写作"奴"及"宾客"（乃至"客"），却仅略记为"奴客"。
两汉会将官吏、卒[1]和刑徒简单地并记为"吏卒徒"，还有将刑徒和奴
婢一并写为"徒奴"的例子[2]，"奴客"的情况也是如此，并没有什么复

---

1. 官府中从事杂役、兵役和力役者的名称。
2. 滨口重国：《漢代の將作大匠と其の役徒》，《史學雜誌》47（12），1938年，第六节；后收
入氏著《秦漢隋唐史の研究·上卷》第二部第八章。

杂的缘由。假设"奴客"连用的理由诚如鞠氏所言，主人与宾客的主客关系变为主奴关系就成了西汉以来的事，那么，两汉时期极为活跃的宾客群体从一开始就与奴婢类似，这实在不知所由。况且，正如第二节所述，自两汉至魏晋南北朝，宾客一直都是宾客，地位没有降低，也没有变得与奴婢类似，因此不得不说，不管在讨论哪个时期时，鞠氏对"奴客"一词判断都是有误的。附带一提，如《汉书》卷一百上《叙传》中"自大将军薨后，富平、定陵侯张放、淳于长等始爱幸，出为微行，行则同輿……"所言，跟随成帝微行的私客指的是前代功臣张安世之孙张放、定陵侯淳于长等嬖幸之臣。又《公沙穆传》"苍头儿客"中的"苍头儿"和《鲍宣传》中的"苍头庐儿"，如志田不动麿教授所言[1]，苍头就是奴婢，另一方面，志田教授误以为"客"是客户、佃客，也就是佃农之意，但此处的"客"无疑是宾客的简称[2]。

两汉时代的史料中，奴客或是僮客之词尚不多见，但进入三国时代以后则多次出现。如《三国志》卷五《魏书·文德郭皇后传》云：

> （黄初）六年，帝东征吴，至广陵，后留谯宫。时表留宿卫，欲遏水取鱼。后曰："水当通运漕，又少材木，奴客不在目前，当复私取官竹木作梁遏。今奉车所不足者，岂鱼乎？"

同书卷九《魏书·曹爽传》"于是收爽（中略）伏诛，夷三族"条裴注云：

> 魏略曰：……丁谧（中略）太和中，常住邺，借人空屋，居其中。而诸王亦欲借之，不知谧已得，直开门入。谧望见王，交脚卧而不起，而呼其奴客曰："此何等人？促呵使去。"王怒其无礼，还具上言。

同书卷四十六《吴书·孙策传》"建安五年，曹公与袁绍相拒于官渡，策阴

1. 志田不动麿：《漢代の奴隷制度蒼頭について》，《歷史學研究》2（1），1934年。
2. 附带一提，关于前注志田教授的论文中"苍头"由来的内容，我有许多无法赞同的部分，详见《魏晋南北朝時代の兵户制度の研究》。

欲袭许，迎汉帝，（中略）未发，会为故吴郡太守许贡客所杀。先是，策杀贡，贡小子与客亡匿江边。策单骑出，卒与客遇，客击伤策"条裴注云：

> 《江表传》曰：（中略）贡奴客潜民间，欲为贡报仇。猎日，卒有三人即贡客也。策问："尔等何人？"答云："是韩当兵，在此射鹿耳。"策曰："当兵吾皆识之，未尝见汝等。"因射一人，应弦而倒。余二人怖急，便举弓射策，中颊。

《太平御览》卷四百七十一《人事部》一百十二《富上》云：

> （王隐晋书）曰：刁达字伯道，弟畅（中略）次弘（中略）各历职州刺史，兄弟子侄，并不治名行，竞修货殖，有田万顷奴婢数千人。义旗初，（中略）宋王遣刘毅诛之，刁氏既富，奴客纵横，上山固泽，为京口之蠹。宋既诛畅，散其谷帛金钱牛羊……

《晋书》卷一百《王机传》云：

> 就王敦求广州，敦不许。会广州人背刺史郭讷，迎机为刺史，机遂将奴客门生千余人入广州……

《宋书》卷四十五《向靖传》云：

> 劭（靖之弟），永初中，为宣城太守。劭弟子亮，以私忿杀弥（靖的小字）妻施氏，托云奴客所杀，劭辄于墓所杀亮及弥妻并奴婢七八人，匿不闻官……

《南齐书》卷三十九《陆澄传》云：

> 建元元年，骠骑谘议沈宪等坐家奴客为劫，子弟被劾……

《魏书》卷四十四《宇文福（延）传》云：

> 属大乘妖党突入州城，延率奴客战，死者数人……

《北史》卷十六《道武七王·河间王曜传》曜曾孙和条云：

> 和（中略）位东郡太守。先是，郡人孙天恩家豪富，尝
> 与和争地，遣奴客打和垂死。至此，和诬天恩（中略）父子
> 兄弟一时俱戮……

这些"奴客"的词汇应与两汉时代同义，不妨单纯将它们理解为"宾客"与"奴婢"的连用。谨慎起见略作补充，据《三国志·魏书·文德郭皇后传》，皇后认为不应在游乐之事上差遣近卫军的将士或使用官家资财，其中的"奴客"指的是皇后的私奴与私客。又《三国志·吴书》裴注所引《江表传》记载的是许贡的客及奴奉戴主人遗子，起誓复仇，终于借三名客之手达到了目的。

二

然而，与上文引用的例子略有不同，三国以后的史料中出现了可能不只是单纯地连用"宾客"与"奴婢"的"奴客"一词。据《三国志》卷三十八《蜀书·麋竺传》，东海郡朐县的富豪麋竺给予窘困的英雄刘备极大的援助：

> 麋竺（中略）祖世货殖，僮客万人，赀产巨亿。（中略）
> 建安元年，吕布（中略）袭下邳，虏先主妻子。先主转军广
> 陵海西，竺于是进妹于先主为夫人，奴客二千，金银货币以
> 助军资；于时困匮，赖此复振。

粗心的人或许会如此理解：麋竺将其妹献给刘备为夫人，并附赠奴客二千人及金银货币作为刘备的军资。由此可见，上文中的（奴）客是

赠与的客体，也就是说可能等同于奴婢资财。不过，更妥当的解释应该是：糜竺将自己势力下的宾客及奴婢归入刘备麾下，作为将校士卒或仆役受到役使。

不过，《三国志》卷五十七《吴书·虞翻传》"初，山阴丁览，太末徐陵，或在县吏之中"等条裴注中引用的虞豫《会稽典录》逸文中记载，由于徐陵死去，他所有的僮客、土地遭人掠夺，因此友人建议向孙权提出诉讼：

> 徐陵字元大，历三县长，所在著称，迁零陵太守。（中略）陵卒，僮客土田或见侵夺，骆统为陵家讼之，求与丁览、卜清等为比，权许焉。

史料记载虽然说的是僮客、土地被侵夺，但其实应该是说，因为其他有势者不法地夺取了土地，在那些土地上劳动的僮客也进入了其他家族的势力范围。但即使如此，这里的僮客也与至今所见的奴客、僮客稍有不同，应该不是"宾客"与"奴婢"的连用。又《晋书》卷九十四《隐逸·陶淡传》中记载，富家子陶淡家中积攒千金，拥有僮客一百余人，但他却将之弃若敝履，从十五六岁时就有志于仙人，最终离开尘世，不知所终：

> 淡幼孤，好导养之术，谓仙道可祈。年十五六，便服食绝谷，不婚娶。家累千金，僮客百数，淡终日端拱，曾不营问。颇好读易，善卜筮。于长沙临湘山中结庐居之，（中略）遂转逃罗县埤山中，终身不返，莫知所终。

《魏书》卷七十六《张烈传》记载，北魏灵太后一党任命张烈为青州刺史，迫使其远离中央。此时，有人认为青州是张烈的故乡，在当地有大量财产僮客，担心他有可能图谋不轨，于是张烈便被任命为瀛州刺史：

> 后灵太后反政，以烈（元）叉党，出为镇东将军、青州

> 刺史。于时议者以烈家产畜殖，僮客甚多，虑其怨望，不宜
> 出为本州，改授安北将军、瀛州刺史。

虽然《陶淡传》《张烈传》中的"僮客"也有可能是"宾客"与"奴婢"的连用，但不如说，这些用法与前文《徐陵传》[1]中的"僮客"更为接近。

上文探讨了三国以来的史料，除了"宾客"与"奴婢"的连用外，还有作为私家经济实力标志的"奴婢"及类似的某种"客"（虽说类似，但尚未与奴婢一样属于贱民阶级）的连用。然而，就算如鞠氏所言，这种用法的出现既不是主人与宾客群从主客关系沦落为主奴关系的证据，也不是这种变化导致的结果。

三

《晋书》卷七十三《庾翼传》记载，东晋康帝之世，庾翼作为荆州刺史，都督江荆司雍梁益六州诸军事，他在北伐的名义下，根据一定比重征发治下六州的编户拥有的贱民，充作兵士：

> 康帝即位，翼欲率众北伐，上疏曰，（中略）于是并发所
> 统六州奴及车牛驴马，百姓嗟怨。

同书卷九十四《隐逸·翟汤传》记载了当时的故事：

> 建元初，安西将军庾翼北征石季龙，大发僮客以充戎役，
> 敕有司特蠲汤所调。汤悉推仆使委之乡吏，吏奉旨一无所受，
> 汤依所调限，放免其仆使，令编户为百姓。

值得注意的是，《庾翼传》中的"征发奴"在《翟汤传》中变为了"征发僮客"；以及由于特殊的敕命，翟汤自家应派出的数名仆使最后免于

1.《三国志·吴书·虞翻传》裴注所引《会稽典录》。

征发，翟汤将他们解放为良民。如后文所述，这条材料不禁令人开始怀疑，当时私家所有的贱民内不仅包括从前就有的奴婢一类，也有被赋予"客"之名的一类人。然而无论如何，至少我们据此能知道，此时的奴婢及与之近似的卑贱的客可能会被并称为"僮客"或"奴客"等。《太平御览》卷九百十二《兽部》二十四《貍》条所引南朝宋刘义庆《幽明录》云：

> 吴兴戴眇家僮客姓王，有少妇美色，而眇中弟恒往就之。客私怀忿怒，具以白眇中郎作，此甚为无理，愿尊敕语。眇以问弟，弟大骂曰，何缘有此，必是妖鬼。敕令打杀客……

从字面上来看，我认为戴眇家叫作"王"的僮客并非奴婢，而是极为卑贱的客。而"僮客姓王"一事被记录下来，或许是因为僮客、奴客这些词汇是当时卑贱的客与奴婢的泛称。

通过仔细查找"奴客"的用例，可以发现"奴客"的用法逐渐产生了变化，再来看晋葛洪《神仙传》[1]的记载：

> 刘政者，沛人也。高才博物，学无不览，以为世之荣贵，乃须臾耳。（中略）乃绝进趋之路，求养生之术，勤寻异闻，不远千里，苟有胜己，虽奴客必师事之。

由此推断，这条史料中的"奴客"一词并非"奴婢及与之近似的卑贱客的泛称"这种狭义的含义，而是"卑贱之人"这种普遍的含义。不过，下文中的两种史料更能恰当地说明奴客、僮客之词出现了这种用法。其一是有名的《高句丽广开土王好太王碑》：

> （上略）□□□□便国城百残困逼，献出男女生口一千人细布千匹，归王自誓，从今以后，永为奴客，大王恩赦□迷

1.《太平广记》卷五《神仙五》"刘政"条。《神仙传》卷八。

衔录其后顺之诚于是□五十八城村七百将残王弟并大臣十人旋师还都八年戊戌（下略）[1]

该碑立于广开土王死后第二年，即后任的长寿王二年，相当于东晋义熙十年。其二是《牟头娄墓志》。昭和十一年五月，恩师池内宏博士在《"满洲国"安东省辑安县高句丽遗迹》中首次将该墓志介绍给学界，墓志全文以照片形式刊载。遗憾的是，墓志剥落得相当严重，能识读的部分很少，但照片一中有两处、照片三中一处、照片四中一处，共计四处可见"奴客"字样。其中相对较容易判读的是第三幅图版：

　　　泰? 吞?
　　□ 恩教奴客牟头娄□□

与第四幅图版：

　　　　　　　衰?
　　□□奴客在远□切□□

此处亦承蒙池内博士教示。

　　那么，《好太王碑》中的奴客无疑是说"百残王世代为高句丽[2]王的奴仆臣妾，臣服侍奉"[3]；大使者牟头娄墓志中的奴客大概是"臣"的意思，尤其是第三幅图版中的"奴客牟头娄"，明显是指"臣牟头娄"，第四幅图版中的"奴客"或许也指的是牟头娄自己。想来，奴客的这种用法与《宋书》卷七十四《鲁爽传》"虏（指北魏）群下于其主称奴，犹中国称臣也"中的"奴"完全相同，一般指臣服、臣从者，虽然也有恰好指"卑贱之人"的例子，但那自然是从中国传来的用法。

---

1. 据《朝鲜金石总览》卷上。
2. 原文作"高勾丽"，与前文不统一，暂时统改"高句丽"。——译者注
3. 《好太王碑》云："九年己亥，百残违誓，与倭和通。王巡下平穰，而新罗遣使，白王云，倭人满其国境，溃破城池，以奴客为民，归王请命。"这里可以看到另一处"奴客"的记载。

　　关于"奴客"语义的考证暂时告一段落[1]，但翻阅《宋书》卷四十二《王弘传》，其中有数处与本文各节密切相关，故于此处不厌其烦地逐一引用。首先是"与八座丞郎疏曰：'同伍犯法，无士人不罪之科，然每至诘谪，辄有请诉。若垂恩宥，则法废不可行；依事纠责，则物以为苦怨。宜更为其制，使得优苦之衷也。（中略）想各言所怀。'"其次云：

　　左丞江奥议："（中略）符伍虽比屋邻居，至于士庶之际，实自天隔，舍藏之罪，无以相关。奴客与符伍交接，有所藏蔽，可以得知，是以罪及奴客。自是客身犯怨，非代郎主受罪也。如其无奴，则不应坐。"

又云：

　　右丞孔默之议："君子小人，既杂为符伍，不得不以相检为义。士庶虽殊，而理有闻察，譬百司居上，所以下不必躬亲而后同坐。是故犯违之日，理自相关。今罪其养子、典计者，盖义存戮仆。如此，则无奴之室，岂得宴安。但既云复士，宜令输赎……"

接下来云：

　　尚书王准之议："昔为山阴令，士人在伍，谓之押符。同伍有怨，得不及坐，士人有罪，符伍纠之。此非士庶殊制，实使即刑当罪耳。夫束脩之胄，与小人隔绝，防检无方，宜及不逞之士，事接群细，既同符伍，故使纠之。于时行此，非唯一处。左丞议奴客与邻伍相关，可得检察，符中有犯，使及刑坐。即

---

1. 如果试推测"奴客"语义的变迁，如本节第一项引用的王隐《晋书》"刁氏"条及《南齐书·陆澄传》中的这种"奴客"，或许应被理解为私家卑贱的客及奴隶的泛称。

事而求，有乖实理。有奴客者，类多使役，东西分散，住家者少。其有停者，左右驱驰，动止所须，出门甚寡，典计者在家十无其一。奴客坐伍，滥刑必众，恐非立法当罪本旨……"

又云：

殿中郎谢元议谓："事必先正其本，然后其末可理。本所以押士大夫于符伍者，所以检小人邪？为使受检于小人邪？案左丞称士庶天隔，则士无弘庶之由，以不知而押之于伍，则是受检于小人也。然则小人有罪，士人无事，仆隶何罪，而令坐之。若以实相交关，责其闻察，则意有未因。何者？名实殊章，公私异令，奴不押符，是无名也，民乏赀财，是私贱也。以私贱无名之人，豫公家有实之任，公私混淆，名实非允。由此而言，谓不宜坐。还从其主，于事为宜。无奴之士，不在此例……"

又云：

吏部郎何尚之议："按孔右丞议，士人坐符伍为罪，有奴罪奴，无奴输赎。既许士庶缅隔，则闻察自难，不宜以难知之事，定以必知之法。夫有奴不贤，无奴不必不贤。今多僮者傲然于王宪，无仆者怵迫于时网，是为恩之所霑，恒在程、卓，法之所设，必加颜、原，求之鄙怀，窃所未惬。谢殿中谓奴不随主，于名分不明，诚是有理。然奴仆实与闾里相关，今都不问，恐有所失。意同左丞议。"

最后云：

弘议曰："寻律令既不分别士庶，又士人坐同伍雁谪者，无处无之，多为时恩所宥，故不尽亲谪耳。吴及义兴适有许、

陆之徒，以同符合给，二千石论启丹书。己未间，会稽士人
云十数年前，亦有四族坐此被责，以时恩获停。而王尚书云
人旧无同伍坐，所未之解。恐莅任之日，偶不值此事故邪。
圣明御世，士人诚不忧至苦，然要须临事论通，上干天听为
纷扰，不如近为定科，使轻重有节也。又寻甲符制，蠲士人
不传符耳，令史复除，亦得如之。共相押领，有违纠列，了
无等衰，非许士人同里之外也。诸议云士庶缅绝，不相参知，
则士人犯法，庶民得不知。若庶民不许知，何许士人不知。
小民自非超然简独，永绝尘秕者，比门接栋，小以为意，终
自闻知，不必须日夕来往也。右丞百司之言，粗是其况。如
衰陵士人，实与里巷关接，相知情状，乃当于冠带小民。今
谓之士人，便无小人之坐；署为小民，辄受士人之罚。于情
于法，不其颇欸？且都令不及士流，士流为轻，则小人令使
征预其罚，便事至相纠，同伍之防，亦为不同。谓士人可不
受同伍之谪耳，罪其奴客，庸何伤邪？无奴客，可令输赎，
又或无奴僮为众所明者，官长二千石便当亲临列上，依事遣
判。（中略）"太祖诏："卫军（即王弘）议为允。"

上引几条史料记录了刘宋文帝元嘉七、八年时，王弘等诸大臣对同伍
缘坐法适用范围的讨论。当时，同伍缘坐法作为国法，其原则是不因
士庶差别对待；相反，如社会上士庶天隔的思想所示，士族与庶民间
可谓有云泥之别，因此在现实层面上，朝廷很难调和法律与社会思想
间的矛盾。最后，文帝采取了王弘的便宜之计，讨论宣告结束。总之，
由《王弘传》可知，"奴客"一词大量出现于官吏们的讨论中，已成
了一个既有词汇。另外，在这一场合下（并非始终如此），除了"奴
客"一词，客（身）、奴、养子、典计、仆隶、僮、仆、奴仆、奴僮都
属于官吏们所言"奴客"的范畴乃至内容。由此归纳来看，可见大臣
们所言的奴客被用作谢元"奴不押符，是无名也；民之赀财，是私贱
也"中某种贱民的代名词；相对的，士族阶级被称作士、士大夫、士
人、君子，庶民阶级则被称作小人、小民。反过来推测，此时的贱民

阶级中或许存在一个被称为"客"的群体。此外，此处的"养子"指的是名为养子，实为贱民之人，"典计"则如第四节第二项所述，指的是职掌私家农场财计之人，可见也有贱民从事这种工作。

第四节　佣客与佃客

一

为了寻找魏晋南北朝变得卑贱，乃至成为卑贱之人的"客"，我对"奴客"一词进行了探讨。通过探讨奴客一词的用例才可以确认，卑贱的客确实存在。而卑贱客的情况也多种多样，并非全都是贱民客。然而，从《晋书·翟汤传》及《宋书·王弘传》中大臣的议论来看，当时也有被视为贱民阶级的客。那么，卑贱的客是什么样的客，属于贱民阶级的客又是什么样的客呢？这又成为了新的课题。

雇佣劳动的形态各式各样，但众所周知，在中国，从先秦时期开始，这种类型的劳动就已存在了，而且出现于范围颇广的有偿劳动、劳役中，被称作佣、佣作、庸赁、赁等。可是鞠氏完全没有注意到，这些从事雇佣劳动的人们也被称为"客"。例如在《太平御览》卷四百四十四《人事部》八十五《知人下》所引东汉末赵岐的《三辅决录》云：

> 庞知伯名勃，为郡小吏。东平卫农，为书生穷乏，乃客锻于勃家。知伯知其贤，尤加礼待，雇直过偿，及去送十里，过舅家复赍钱赠之，农不肯受。

《后汉书》六十七《桓荣传》云：

> 桓荣（中略）少学长安，习欧阳尚书，事博士九江朱普。贫窭无资，常客佣以自给，精力不倦……

同书卷九十四《吴祐传》云：

> 吴祐（中略）除新蔡，世称其清节。时公沙穆来游太学，
> 无资粮，乃变服客佣，为祐赁春。祐与语大惊，遂共定交于
> 杵臼之闲。

《三国志》卷二十三《魏书·杜袭传》裴松之注引《先贤行状》记载，东汉的杜根直谏和熹太后，激怒了她，差点丧命，逃到民间成为酒家的佣人：

> 乃密起逃窜，为宜城山中酒家客，积十五年[1]……

《三国志》卷十一《魏书·管宁传》附《胡昭传》裴松之注引《魏略》记载，在东汉末动乱时期，有一人名为焦先，行为奇特：

> 至天寒时，搆火以自炙，呻吟独语。饥则出为人客作，
> 饱食而已，不取其直。

《太平御览》卷五百八《逸民部》八《逸民八》引皇甫谧《高士传》记载了东汉末期党锢之祸中，夏馥逃亡一事：

> 夏馥（中略），乃剪须变服，易形改姓，入相虑山中，为
> 冶工客作，形貌毁悴，积佣三年，而无知者[2]。

同书卷六百十九《学部》十三"借书"条引《西京杂记》记载了西汉时期匡衡的逸事：

> 匡衡勤学，邑人大姓，又不识字，家富多书。乃与客作，
> 不求其价。主人怪而问之，衡曰愿得主人书遍读之，主感叹

1.《后汉书》卷八十七《杜根传》中云："为宜城山中酒家保。"
2.《后汉书》卷九十七《党锢·夏馥传》中云："入林虑山中，隐匿姓名，为冶家佣。亲突烟炭。"

给以书，后成大儒[1]。

葛洪《神仙传》中记载了被称为仙人的李八百教授名人唐公昉一事：

> 李八百，蜀人也。（中略）时人计其年八百岁，因以为
> 号，或隐山林，或出市廛。知汉中唐公昉有志，不遇明师，
> 欲教授之，乃先往试之。为作客佣赁者，公昉不知也，八百
> 驱使用意，异于他客，公昉爱异之[2]。

以及《搜神记》卷十一云：

> 余外妇姊夫蒋士，有佣客，得疾下血。

《太平广记》卷四百二十六《虎一》"袁双"引《五行记》云：

> 晋孝武太元五年，谯郡谯县袁双家贫，客作幕还家，道
> 逢一女，年十五六。

《太平御览》卷八百二十八《资产部·酤》引《列仙传》云：

> 酒客者，梁市上酒家客也，作酒常美，日售万钱。有过，
> 主人逐之，主人酒更酸败，遂至贫穷。

　　由上述史料可见，私家雇用的各种劳动者也会被称作"客"。这是
因为他们与奴婢相反，奴婢被视为资财畜产的同时，对于主家而言亦

1.《汉书》卷八十一《匡衡传》云："家贫，庸作以供资用。"此外，三十八种景印本汉魏丛书
　之《西京杂记》卷二云："邑人大姓文不识，家富多书，衡乃与其佣作而不求偿。"
2.《太平广记》卷七《神仙七》"李八百"条。《神仙传》卷二。

不是外人，故而算是广义的家人[1]。相反，就算客长期服务于同一家，其身份依然只能算作外人，即"客"的一种。在雇佣客中，也有人明明身份不低，却因经济窘迫而暂时成为佣客，但正如东汉年王符《潜夫论》"事富贵如奴仆，视贫贱如佣客"所言，以及西晋夏侯湛辞的一节"虽叩牛操筑之客，佣赁拘关之隶"[2]所述，毋庸置疑，他们大部分都是穷人，且原本的身份就很低微。然而，只要佣客还是佣客，不管多么贫穷都属于良民，自然和作为贱民的奴婢界限分明。

二

《汉书》卷七十七《孙宝传》云："时帝舅红阳侯立使客因南郡太守李尚占垦草田数百顷，颇有民所假少府陂泽，略皆开发，上书愿以入县官。有诏郡平田予直，钱有贵一万万以上。"陶希圣氏引用了这条史料，认为它是客亲身从事开垦劳动的事例[3]。不过，不仅在财阀的宾客中有人专门负责主人的营利事业，在贵戚大官家中亦有这类宾客。所以，红阳侯立从宾客中选出了这条史料中的"客"，并派他经管开垦事务。

然而，应劭《风俗通义》卷九"世间多有伐木血出以为怪者"条云：

---

1. 玉井是博教授《中国社會經濟史研究》中所收《唐の賤民制度とその由來》一文涉及了中国"家人"一词的古老用例，并引用了《汉书》卷三十一《陈胜传》所云"秦令少府章邯免骊山徒人、奴产子，悉发以击楚军"。关于此处的"奴产子"，颜注云："服虔曰：'家人之产奴也。'师古曰：'奴产子，犹今人云家奴也。'"对于其中的服虔说，玉井氏评论称："如果将此处的家人解释为一家之人或庶人，就无法解释奴产子一词。将家人解释为私奴婢，而奴产子就是私奴婢所生的奴（婢），这种解释才最恰当。因为服虔是东汉末人，我相信至少从东汉末开始，就存在将私奴婢称为家人的风气。"其见解可谓十分妥当。但为了不产生误解，我在此赘言几句："家人"大致可以解释为"家里的人"，有时这"家人"中也会包括私家的贱民。而服虔将"奴产子"注为"家人生下的奴"，是因为他认为众所周知此处指的是私家奴婢生下的奴。因此"家人"一词在当时不仅指代私贱民，有时也会同时指称私贱民和其他家里的人。此外，如果要补充玉井教授已指出的"家人"用例，还有《三国志》卷二十八《魏书·毌丘俭传》中愤恨于司马氏专横的毌丘俭、文钦等人起兵反抗这一条史料装注中的记载：

　　《魏末传》曰：殿中人姓尹，字大目，小为曹氏家奴，常侍在帝侧，大将军（即司马师）将俱行。大目（中略）启云："文钦本是明公腹心，但为人所误耳，（中略）大目昔为文钦所信，乞得追解语之……"大将军听遣大目单骑往，（中略）追文钦，遥相与语。大目心实欲曹氏安，（中略）钦殊不悟，乃更厉声骂大目："汝先帝家人，不念报恩，而反与司马师作逆；不顾上天，天不祐汝！"乃张弓傅矢（中略），大目涕泣曰："世事败矣……"

2. 《晋书》卷五十五《夏侯湛传》。

3. 陶希圣：《西汉的客》，《食货》第五卷第一期，1937年。

> 谨按：桂阳太守江夏张辽叔高，去隔令，家居买田，田中有大树十余围，扶疏盖数亩地，播不生谷，遣客伐之，六七血出[1]，客惊怖，归具事白叔高。

同书卷五云：

> 汝南范滂孟博，（中略）父字叔矩，遭母忧，既葬之后，饘粥不瞻，叔矩谓其兄弟："（中略）上阙莫酹，下困糊口，非孝道也。"因将人客于九江，田种畜牧，多所收获，以解债，负土成冢……

上述史料所见的"客"或"人客"[2]，无疑是从事伐木或种田畜牧等劳役的客。且《三国志》卷四十八《吴书·孙休传》永安元年条裴注引《襄

1.《太平御览》卷四百十五《草木十·木怪》"张叔高"条引用《风俗通》中有"有赤汁六七斗出"一句，或应据此校正。

2. 鞠氏在《三国时代的客》一文中，将"人客"视作卑贱化的客的例子，就此我想先发表一点看法。《三国志》卷十一《魏书·王脩传》云："初平中，北海孔融召以为主簿，守高密令。高密孙氏素豪侠，人客数犯法。民有相劫者，贼入孙氏，吏不能执。"《三国志》卷五十二《吴书·步骘传》云："会稽焦征羌，郡之豪族，人客放纵。"《史记》卷一百十一《卫将军列传》云："大将军卫青者，平阳人也。其父郑季，为吏，给事平阳侯家，与侯妾卫媪通，生青。（中略）青为侯家人，少时归其父，其父使牧羊。先母之子皆奴畜之，不以为兄弟数。青尝从入至甘泉居室，有一钳徒相青曰：'贵人也，官至封侯。' 青笑曰：'人奴之生，得毋笞骂即足矣，安得封侯事乎！'"其中，人奴是人之奴的意思，所以上文的人客指的也是人之客，或许不一定只能表示卑贱的客。然而《三国志》卷五十四《吴书·周瑜传》云："……病卒，时年三十六。权素服举哀，感恸左右。丧当还吴，又迎之芜湖，众事费度，一为供给。后著令曰：'故将军周瑜、程普，其有人客、皆不得问。'"此处的人客所指的似乎不是宾客之类。这是因为，这条说的是大将周瑜在赤壁之战中立下大功，战胜后却于巴丘阵亡。孙权不仅在当时郑重地对待他的丧事，后来还念及周瑜（和程普）的功劳，便免除了周家现有卑贱客（应即佃客等）的公课，即不将周家拥有的人客当作隐户漏口加以检括，使得周家经济富足。这与第四节第三项所述的三例东吴给客制度的情况和主旨相通。另外，《三国志》卷九《魏书·曹仁传》裴注所引《英雄记》中记载，曹家是拥有僮仆人客百余人的富裕之家，曹纯十四岁丧父后，便妥善处理了曹家的事务，其文曰："纯字子和。年十四而丧父，与同产兄仁别居。承父业，富于财，僮仆人客以百数，纯纲纪督御，不失其理，乡里咸以为能。"自然，此处的"人客"指的也是曹纯家中的佃客和其他卑贱的客。因此，虽然也有用"人客"指卑贱佃客之类的情况，但佃客之类本来就是良民中的卑贱者，因此很难说这是已经卑贱化的客的实例。

阳记》云：

> 衡（丹阳太守李衡）每欲治家，妻辄不听，后密遣客十人于武陵龙阳氾洲上作宅，种甘橘千株。临死，敕儿曰："汝母恶我治家，故穷如是。然吾州里有千头木奴，不责汝衣食，岁上一匹绢，亦可足用耳。"衡亡后二十余日，儿以白母，母曰："此当是种甘橘也，汝家失十户客来七八年，必汝父遣为宅……"吴末，衡甘橘成，岁得绢数千匹，家道殷足。

其中的"客十人""十户客"也是从事私家果树栽培的客。又《三国志》卷七《魏书·张邈传》"太祖堑围之三月，上下离心，其将（吕布之将）侯成、（中略）将其众降"条裴松之注云：

> 九州春秋曰：初，布骑将侯成遣客牧马十五匹，客悉驱马去，向沛城，欲归刘备。成自将骑逐之，悉得马还。

或许这里的客也亲身承担牧马的劳役。

以上史料展现了私家卑贱"客"的种种形态，以及他们与主家形形色色的关系。我已探讨过主家雇用的佣客，所以接下来将讨论与主家有租佃关系的客。

曹操自建安元年以来实施著名的屯田法，将因动乱而产生的大量无主土地收归公家，或是在新开垦的土地上实施屯田，招募百姓耕作屯田，同时按照有无官牛等其他出借物，收取收成的十分之五、十分之六、十分之七为租税充当军费，以解燃眉之急，故而称这些耕作者从事佃农型劳动并未言过其实。而且屯田耕作者除了被称作佃兵、佃士外，如《三国志》卷十五《魏书·梁习传》云：

> 更拜议郎、西部都督从事，统属冀州，（中略）习表置屯田都尉二人，领客六百夫，于道次耕种菽粟，以给人牛之费。

同书卷十六《任峻传》裴松之注引《魏武故事》中关于屯田的议论记载：

> 载令曰："（中略）（枣）祗白以为僦牛输谷，大收不增谷，有水旱灾除，大不便。反覆来说，（中略）孤不知所从，使与荀令君议之。时故军祭酒侯声云：'科取官牛，为官田计。如祗议，于官便，于客不便……'"

同书卷二十三《赵俨传》云：

> 以俨为关中护军，（中略）屯田客吕并自称将军，聚党据陈仓……

如上所示，这些人也被称作"客"。想来，有可能当时佃农普遍被称作佃客或田客。

晋限田法中所见的佃客颇值得讨论。《晋书》卷二十六《食货志》记载：

> 而又得荫人以为衣食客及佃客，（中略——省略了有关衣食客的规定）其应有佃客者，官品第一第二者佃客无过五十（？）户，第三品十户，第四品七户，第五品五户，第六品三户，第七品二户，第八品第九品一户。

以及《隋书》卷二十四《食货志》"晋自中原丧乱，元帝寓居江左"条中有"其无贯之人，不乐州县编户者，谓之浮浪人，乐输亦无定数，任量准所输，终优于正课焉"，后又云：

> 都下人多为诸王公贵人左右、佃客、典计、衣食客之类，皆无课役。官品第一第二，佃客无过四十户。第三品三十五户。第四品三十户。第五品二十五户。第六品二十户。第七

品十五户。第八品十户。第九品五户。其佃谷，皆与大家量
分。其典计，官品第一第二，置三人。第三第四，置二人。
第五第六及公府参军、殿中监、监军、长史、司马、部曲
督、关外侯、材官、议郎已上，一人。皆通在佃客数中。（中
略——省略有关衣食客的规定）客皆注家籍。

《晋书·食货志》的规定制定于西晋武帝统一天下后不久；另外对照第
七节第一项所引《南齐书·州郡志》，可推测《隋书·食货志》所载的规
定制定于东晋元帝太兴四年时。而且东晋制度云"其田谷[1]，皆与大家量
分"，即佃客与大家（即主家）间是租佃关系，又称"无所课役"，在这
几点上确与西晋制度有共通之处。而且尽管两晋官贵所有佃客的数量大
体上随官品递增，但只有西晋的第一、第二品五十户与第三品十户间相
差极大。正如鞠氏所言[2]，此处应该是"第一品第二品十五户"的讹误。

　　另外，东晋制度在记载了典计后，又云"皆通在佃客数中"，可见
当时是从佃客中选择合适之人充当典计，由此推断，此处的典计与佃
客关系密切。另一方面，第三节第三项所引《宋书·王弘传》尚书王准
之议提到，"有奴客者，类多使役，东西分散，住家者少。（中略）典
计者在家十无其一"。鞠清远氏在注意到这条史料后，又根据《宋书》
卷三十八《黄回传》：

　　　　会中书舍人戴明宝（中略）启免回（黄回免于刑罚），以
　　领随身队，统知宅及江西墅事。性有功艺，触类多能，明宝
　　甚宠任之。

解释称：

　　　　典计，究竟是作什么事的，不甚清楚，疑与宋书八三黄

1. 据前引《隋书·食货志》，此处疑应作"佃谷"。——译者注
2. 鞠清远：《两晋南北朝的客、门生、故吏、义附、部曲》，《食货》第二卷第十二期，1935
年，第二节。

回传"知宅及江西墅事"之知宅知墅，相差不多[1]。

我认为大致如此。即是说，限客制度中所见的典计——以及王准之议中的典计——负责巡视主家所有的各处耕地、征收租税、掌管其余庄园有关财务等有关工作。其名称或与《三国志》卷五十六《吴书·吕范传》"初（孙）策使范典主财计，（孙）权时年少，私从有求，范必关白，不敢专许"所见"典主财计"的含义相近。但是为了不引发误解，我仍要对鞠氏的考说略作补正：《宋书·黄回传》记载，黄回因戴明宝的帮助免于刑罚后，作为身经百战的勇士受到赏识，被雇用为戴家的随身队长（私家所有家兵的队长），负责巡逻宅墅，黄回自己并不负责典计工作。另外，虽然在西晋制度中没有见到典计，但那是因为西晋朝廷许可的佃客数量一直少于东晋，所以可能没有必要特意设置典计，抑或是由于佃客内部会随意设置典计，关于这点尚不能确定。

《晋书》卷九十三《王恂传》云：

> 累迁河南尹，（中略）魏氏给公卿已下租牛客[2]、户数各有差[3]，自后小人惮役，多乐为之，贵势之门动有百数。又太原诸部亦以匈奴胡人为田客，多者数千。武帝践位，诏禁募客，恂明峻其防，所部莫敢犯者。咸宁四年卒……

据此可知，两晋的佃客限制法起源于曹氏时代。曹氏制度的详情不得

---

1. 鞠清远：《两晋南北朝的客、门生、故吏、义附、部曲》第三节注7。
2. 鞠氏在《三国时代的客》中作了如下说明："租牛客户，究竟作何解释？据想，或者与五代末年宋初的小客、牛客是一样的，一种是用主人的牛的，一种是自备牛具或无牛的。魏时国家的屯田客，也就是根据牛来分别租谷剖分比例的，租牛客户，或者就是这两种佃客的合称。"（亦参本页注3）
3. 鞠氏虽然将其句读为"……租牛客户，数各有差"，但从"客"字的用例来判断，此时尚未出现"客户"这一熟语，因此此处应当读作"……租牛客，户数各有差"。附带一提，本文第五节第三项虽然指出，"像工户，不久就变成了法律规定的官有贱民，并持续到了隋唐时代"，但说明较为模糊，这证明了在本篇论文发表时，我自己也尚未明白这一问题。至于"工户"这一官有贱民的产生与由来，请参考本书第五章"官贱人的由来"相关内容。此外，类似的记述方式在外篇中比比皆是。

而知，不过时值东汉末大乱时代，豪族富家想方设法兼并土地，积极吸纳佃客、奴婢等；相反，当时也不乏失去了所有资产的官僚。这样的话，与两晋制度着力于限制持有佃客的数量不同，说不定曹氏制度起初允许官僚拥有佃客，且免除其公课，正是为了借此给予他们经济利益。然而，一旦有了这样的惯例，一方面，有权势的官员就会要求朝廷认可他们能拥有更多佃客；另一方面，佃客们为了免除公课，与官僚沆瀣一气，自然也会有一群人成为名义上的佃客。最终，由于危害甚大，晋武帝受禅后全面禁止募客，在平吴之役后又重申《晋书·食货志》所载的法令，至此才在一定程度上限制了官吏或贵族可被允许拥有的佃客数量。

有关佃客限制法的探讨暂告一段落，但想来，不仅贵戚显官拥有大量规定外的佃客，普通民众中极为富裕的人家也拥有相当多的佃客，这些佃客就成为了漏户——自然，编户民中也应有佃农或兼为佃农者。由此可以推测，当时有极多隐户、逃户未载入户籍。而且，官方允许的佃客是免交公课的，因此他们对主家有很强的隶属性，未受到正式认可的佃客也基本上是国家控制外的私民。因此，即便同样是卑贱的客，佃客的隶属性也应比佣客更强，史料中展示私家经济实力时所常用的"奴客""僮客"之"客"，也多指这些佃客。但即便如此，也不能断定他们法律上的身份与奴婢一样属于贱民阶级。如我在第六节中详述的那样，他们虽然处于最末等，但依然属于良民。

三

鞠清远氏在《三国时代的客》中引用了《三国志》卷五十四《吴书·吕蒙传》：

> （孙）权嘉其功，即拜庐江太守，所得人马皆分与之，别赐寻阳屯田六百人，官属三十人。蒙还寻阳……

鞠氏称，"国家的屯田客，有时，直接赐与官吏或贵族"，并论证了屯田客有时会和奴婢一样，被当成资财畜产对待，成为被赠送的物品，由此认为屯田客也是这一时代中一种类似奴婢的客。然而关于这条史料，正如我另撰文论述的那样[1]，建安十九年，孙权攻占曹操在江西一带唯一的战略据点庐江郡时，为了奖励在占领皖城时立下大功的吕蒙，将大部分俘虏的人马都交给他充作兵马，并将寻阳的屯田和屯田客六百户，以及屯田官三十人原封不动地赐予吕蒙，作为奉邑。靠着这些收入，此后吕蒙才得以让他麾下的将士获得丰厚的给养。因此，这里的屯田客绝非鞠氏所认为的那种意思。

鞠氏在同一篇论文中还讨论了东吴史料所见的"复客"。"复客"与东吴的给客制度有关，但鞠氏的论述不得要领，因此我想先稍作详述。

从《三国志》卷五十五《吴书·陈武传》中可见，东吴的陈武在建安二十年战死，当时，孙权免除了新安县两百户人家的公课，将他们作为佃客赐给陈武的儿子陈脩等人，由此稳固了陈家的经济基础。陈武的继承人陈脩于黄龙元年去世，他的弟弟陈表继承家业。嘉禾三年，陈表被任命为新安都尉，负责讨伐山越，当时他考虑到先前孙权赐给自家的两百户佃客也在新安县，其中有很多体格强壮的人，因此将他们还给国家充作兵户[2]，并征发其中的男子为兵，用以讨伐山越。孙权为这种超乎常人的行为感动，陈家既然返还了佃客，必然会因此产生利益损失，为了补偿陈家，孙权便下令重新在郡县的正户（即一般编户）内选取贫困户，充作陈家的佃客：

> 陈武字子烈，庐江松滋人。（中略）尤为权所亲爱，数至其家。累有功劳，进位偏将军。建安二十年，从击合肥，奋命战死。权哀之，自临其葬（《江表传》曰：权命以其爱妾殉葬，复客二百家）。子脩有武风，年十九，权召见奖厉，拜别部司马，授兵五百人。（中略）建安末，追录功臣后，封脩都亭侯，

1.《魏晋南北朝时代の兵户制度の研究》，见《山梨大學學藝學部紀要》（2），1957年；后收入氏著《秦漢隋唐史の研究·上卷》第一部第十章。

2. 关于将返还给国家的佃客充作兵户一事，将于《魏晋南北朝时代の兵户制度の研究》一文中论述。

为解烦督。黄龙元年卒。弟表，字文奥，武庶子也。（中略）迁表为无难右部督，封都亭侯，以继旧爵。表皆陈让，乞以传脩子延，权不许。嘉禾三年，诸葛恪领丹杨太守，讨平山越，以表领新安都尉，与恪参势。初，表所受赐复人得二百家，在会稽新安县。表简视其人，皆堪好兵，乃上疏陈让，乞以还官，充足精锐。诏曰："先将军有功于国，国家以此报之，卿何得辞焉？"表乃称曰："今除国贼，报父之仇，以人为本。空枉此劲锐以为僮仆，非表志也。"皆辄料取以充部伍。所在以闻，权甚嘉之。下郡县，料正户羸民以补其处。

又同卷《蒋钦传》云：

蒋钦字公奕，九江寿春人也。（中略）权讨关羽，钦督水军入沔，还，道病卒。权素服举哀，以芜湖民二百户、田二百顷，给钦妻子。

同卷《潘璋传》中称他是孙权的一员猛将，又云：

潘璋字文珪，东郡发干人也。（中略）然性奢泰，末年弥甚，服物僭拟。吏兵富者，或杀取其财物，数不奉法。监司举奏，权惜其功而辄原不问。嘉禾三年卒。子平，以无行徙会稽。璋妻居建业，赐田宅，复客五十家。

以上三传是孙氏政权赐与臣子佃客的实例。因为《陈武传》裴注所引《江表传》中的二百户复客并不在陈家的故乡庐江郡松滋县，而是在不同方向的会稽新安县，故而我推测陈家不可能让他们从事平时家内的各种杂活，而是将他们作为陈家的佃客，与陈家保持着租佃关系。随着讨论的推进，亦可明白《蒋钦传》中的芜湖民二百户和《潘璋传》中的复客五十家也都是佃客。同样，《江表传》中虽然只有"复客二百家"的表述，没有"赐"或"给"的字样，但和《潘璋传》中的"赐田宅复客五十家"相同，此处的复客应指被免除了公课的客[1]。

接下来的问题是，东吴的佃客赐与制度是否与魏晋时期相同，即朝廷以普通官僚为对象，机械性地加以实施呢？东吴佃客赐与的实例目前仅有以上三例，而这三例中赐与的户数都太多了。即是说，嘉禾三年潘璋死去时，朝廷赐给他的遗孀五十户，这已然有点过多，而蒋钦和陈武的遗族在建安年间各受赐两百户，此处的数额更是夸张，总感觉其中有某种特别的缘由。对此，我联想到的是东吴的封爵制度[2]。直到建安二十四年讨伐关羽，获得荆州为止，孙权并未对自己的臣下实施正式的封爵制度，仅对有必要者权宜性地授予事实上的奉邑。但这种权宜性的奉邑不是只能由领有者的子孙继承，对将军们来说，奉邑的收入不仅能充当私人经济，也能用于手下军队的给养费。因此，将军过世时，如果他的子弟中有人能统率旧部，通常就让他原样继承奉邑和旧兵；但如果没有合适的继承者，即使是在赤壁之战中立下大功的名将周瑜，在死后，他旗下的数千军队和四县奉邑也都归于刚取代周瑜的将军鲁肃所有。

正因如此，在将军们死亡时，他们的遗族就突然被要求返还奉邑，其中自然会有人对将来的生活感到不安。因而在这种情况下，可想而知，孙权会实施某种怀柔的措施。建安年间，孙权授予陈武和蒋钦的遗族多达两百的封户，正是这种措施的一个实例，或许应当认为，孙权赐下封户的目的实为保障宿将遗族的生活。在平定荆州后，孙权放弃了权宜性的奉邑，转而正式实施封爵制度，同时也允许子孙袭封，由此，这种长年的担忧也基本消失了。不过，虽然封爵原则上可以继承，但如果先人在世时曾有罪过，或现在的子孙有罪，朝廷有时也会

1.《陈武传》裴注所引的《江表传》中只云"复客二百家"，没有"赐"或"给"的记载，因此或许会有人认为，此处应该读作"复、客二百户（客二百戶を復する）"。然而就算应该这么读，该句的意思也会变成：在陈武拥有的客中，仅免除新安县两百户的公课而承认他们的存在。与解释为"给予二百户复客"时给予陈武遗族的利益是一样的。

2.《魏晋南北朝時代の兵戸制度の研究》，见《山梨大學學藝學部紀要》（2），1957年；后收入氏著《秦漢隋唐史の研究・上卷》第一部第十章。

追究此事而不许袭封。潘璋父子的情况正是一个合适的例子。嘉禾三年潘璋死后，因为他的儿子被问罪，朝廷不仅不许他袭封父亲的溧阳侯爵位，而且还命他辞别母亲，徙居会稽。而当时孙权赐给潘璋之妻田宅和五十户佃客，是因为他念及潘璋生前的功勋，并同情遗孀的现状，不想让她为老年后的生活感到不安，为此才采取了特别措施，这样理解应较为妥当。

东吴赐与佃客的实例目前为止只有上述陈武、蒋钦、潘璋三例，而且这三例都是对将军的遗族采取了特别的处置办法。因此，只要无法找到其他相关史料，就必须承认东吴的佃客赐与和两晋的限客法大异其趣。

第五节　出客与衣食客

一

之前我根据《晋书·翟汤传》等史料，特别是《宋书·王弘传》的诸臣议，推断魏晋南北朝时代史料中所见的各种"客"之内，不仅有所谓从社会评价来看卑贱的客，也有实际与奴婢相同、属于贱民阶级的贱民客。有一条史料能更清晰地证明这一点，即《晋书》卷九十八《王敦传》所云：

> 帝以刘隗为镇北将军，戴若思为征西将军，悉发扬州奴为兵，外以讨胡，实御敦也。永昌元年，敦率众内向，以诛隗为名，上疏曰：刘隗（中略）邪佞谄媚，谮毁忠良，疑惑圣听，（中略）免良人奴，自为惠泽。自可使其大田以充仓廪，今便割配，皆充隗军。（中略）复依旧名，普取出客，从来久远，经涉年载，或死亡灭绝，或自赎得免，或见放遣，或父兄时事身所不及，有所不得，辄罪本主，百姓哀愤，怨声盈路。

另外，关于从扬州编户中征发奴或出客为士兵之事，《晋书》卷六《元帝纪》大兴四年五月庚申条所言也是此事：

诏曰:"（中略）其免中州良人遭难为扬州诸郡僮客者，以备征役。"

那么，东晋元帝永昌元年，王敦以清君侧为名举兵进攻都城时，指责刘隗恣意从扬州编户中征发奴及出客为己方兵士，其中"出客"一词值得注意。王敦在上疏中特意详述，称刘隗粗暴混乱地征用出客，这些出客中包括了已死之人、自赎成为良民之人或从主家被解放成为良民之人，而且由于时间久远，这种身份上的变化大多难以判断。虽然如此，官宪以古老的籍账为唯一根据进行征发，如果没有征发到出客，就会毫无顾忌地处罚旧主家，因此给普通编户造成了非常严重的困扰。据此来看，当时的出客既非奴婢也非良民，其身份确是贱民阶级。成为了自由民的出客可能是从主人处被解放或要求自赎，或许可知他们的确属于私家。了解了这一情况后，再来看《晋书》卷六十四《会稽文孝王道子传》所云：

元显（道子的世子）性苛刻，（中略）又发东土诸郡免奴为客者，号曰"乐属"，移置京师，以充兵役（东晋隆安三年之事）。

由此可见，所谓出客，指的是由奴婢之身被出为客之地位——换言之，被改为客——的群体。同时，此时私贱民阶级中的奴婢与被称为客或出客的群体间形成了两个等级的差别，奴婢是低级贱民，客与出客则是高级贱民。而且应当可以确定，史料中的"客"是高级贱民的略称，正确的称呼至少是"出客"，抑或其他的称呼。

重新翻阅迄今为止所见的史料可知，客种类繁多，与私家存在联系，从隶属性较弱的群体开始列举的话，第一是上宾与下宾混杂的宾客，第二是处于雇佣关系的佣客，第三是处于佃农关系的佃客，这一顺序基本无误，不过他们全都是庶民乃至于士族。另一方面，对"客""出客"这些高级贱民的正式称呼虽然尚且不明，不过就算他们的身份是贱民，根据名称来看，应当还是属于普通的客。那么其实际情况又是如何呢?

二

《魏书》卷四十三《房法寿传》云:

> 及历城、梁邹降,法寿、崇吉等与崔道固、刘休宾俱至京师。以法寿为上客,崇吉为次客,崔刘为下客。法寿供给,亚于安都等。

在北魏时代,有人因种种原因从南朝势力范围内入国,国家对这些人才待以客礼、加以保护的同时,也会谋划将来该如何利用他们,上引史料便是一例。同书卷五十八《杨椿传》云:

> 椿临行,诫子孙曰:"我家入魏之始,即为上客,给田宅,赐奴婢、马牛羊,遂成富室……"

同书卷六十一《沈文秀传》云:

> (慕容)白曜既下历城,(中略——沈文秀此时为魏军所获)待为下客,给以粗衣蔬食。显祖重其节义,稍亦加礼之……

如上所述,在上客、次客、下客三种待遇中,如果被作为上客对待,朝廷便会准备宾礼,但如果被作为下客对待,其待遇不过是不为每日衣食所困。

上引史料虽然是国家给予客礼的情况,但私家对宾客群也会采取同样的做法,主家对上宾和下宾的待遇无疑有极大区别。另外,两汉四百年间,大部分时候都相对和平,如果家家户户都致力于经营自家产业,那么堂堂士族觅集宾客,让他们监督开垦事业,或遣赴外国进行贸易,或是有恶主强夺他人田土、财物、妇女,诸如此类的情况也更多了。如此，越来越多的人开始从事卑杂的工作，就算与鞠氏的理解有几分不同，但毋庸置疑，宾客群整体的声誉受到了若干损失，同时"宾客"特别是"客"一词的价值也被迫降低了。另一方面，时人也会用"宾客"一词表示"来访者、来客"这种正常交际上的含义，但东汉末年，时局开始动荡，就连士族中也不乏有人背井离乡，投靠远离战火之地的亲族朋友或大家豪族，寄身其下。而且，在寄人篱下期间获得官职的人尚好，不然，那些不得志的没落之人长期以来受人照应，虽然名义上是宾客或客，但实质则沦落为被供养的食客。由于其本人也不能只是游手好闲，自然会倾向于让家眷帮他做些称手的工作，由此，他们就变成了"不是客的客"这种群体。

我在第二节第一项中探讨宾客身份时，担心产生误解，故而避免引用史料，不过《三国志》卷四十《蜀书·李严传》"乃废平（李严旧名）为民，徙梓潼郡"条的裴注所引《诸葛亮集》中出现了值得注意的"宾客"一词：

> 今虽解任，形业失故，奴婢宾客百数十人，君以中郎参
> 军居府，方之气类，犹为上家。

诸葛孔明问蜀将李严之罪，剥夺其位阶，命其作为庶民徙居梓潼郡时，曾恳切教诲李严之子李丰，这条史料就是其中一节，大意是说："虽说你的父亲李严被罚，你家丧失了从前的威势，但你家中尚有奴婢宾客百数十人之富，你也位居中郎之职，参与军府事务，因此你家的确仍是上家。"这条史料中的"宾客"，与本文第434页注2中引用的《三国志·魏书·曹仁传》裴注所引《英雄记》中"富于财，僮仆人客以百数"中的"人客"基本同义，因此它指的是被李家役使的佃客与其他卑贱的客。当然，这种用法在史料中很少见，但这或许是因为在三国争乱之世，大家豪族下寄寓或荫附着真正的宾客及其他身份各异的人，在这种情况下，遂出现以"宾客"一词将他们全都包括在

内的用法[1]。

想来，自古以来就存在佃农或雇佣劳动者，但东汉后期才开始称他们为佃客、佣客。至于为何称他们为"客"，不仅是因为对主家而言，这些被称作"宾客"或"客"的群体是外人；更是由于其中猥杂卑贱之人增加，连带着该词的指示范围也扩大了。《太平御览》卷八百三十四《资产部》十四"钓"条云：

> 孙绰子曰，海人与山客，辩其方物，（中略）山客曰邓林有木，围三万寻，直上千里，傍荫数国……

《搜神记》卷一云：

> 园客者，济阴人也。貌美，邑人多欲妻之，客终不娶。尝种五色香草，积数千年，服食其实。忽有五色神蛾，止香草之上。客收而荐之以布，生桑蚕焉。至蚕时，有神女夜至，

---

1. 鞠氏在《三国时代的客》一文中引用了《后汉书》卷五十四《马援传》"后为郡督邮，送囚至司命府，因有重罪，援哀而纵之，遂亡命北地。遇赦，因留牧畜，宾客多归附者，遂役属数百家。转游陇汉间，常谓宾客曰：'丈夫为志，穷当益坚，老当益壮。'因处田牧，至有牛马羊数千头，谷数万斛。（中略）乃尽散以班昆弟故旧"及章怀太子注"《引汉书》：'援过北地任氏畜牧。自援祖宾，本客天水，父仲又尝为牧帅令。是时员为护苑使者，故人宾客皆依援'"，并称，"多数的宾客，在西汉末年，已然是役属于主人的，我们看《马援传》"。这条史料记载，马援在王莽时亡命到父祖因缘之地，开始从事畜牧时，故人宾客或是一起谋划，或是为他效劳，因此马援最终获得了大量的牛马和谷物收成，供他驱使的人也达到了数百户。鞠氏认为"役属数百家"指的是故人宾客，这只是将史料向有利于自己的方向去解释。假使真如鞠氏所说，那么富豪家中拥有大量服务于主人、被主人役使的宾客才是常态，这样的话，此条中的宾客就毫不特殊，而且这段史料也根本无法证明宾客的身份变得比原先更卑贱。

　　鞠氏在同一篇论文中称，"东汉末年，豪族的宾客，在数量上，已然使人惊讶"，并引用了《三国志·魏书》二十六《满宠传》中"时袁绍盛于河朔，而汝南绍之本郡，门生宾客布在诸县，拥兵拒守。太祖忧之，以宠为汝南太守。宠募其服从者五百人，率攻下二十余壁，诱其未降渠帅，于坐上杀十余人，一时皆平。得户二万，兵二千人，令就田业"，然而这条史料讲的是，东汉末群雄中最有势力的袁绍在自己的故乡汝南郡拥有大量门生和宾客，他们都各自率领自己的私兵抵抗曹操，因此曹操任命满宠为汝南太守攻伐他们，降服了隶属袁绍的二万户和二千士兵，并不是说门生和宾客多达两万户。

助客养蚕。

至于山客、园客之类的名称为何出现，或许也是基于同样的理由。

又《宋书》卷九十一《孝义传》云：

> 郭世道（中略）子原平字长泰，又禀至行，养亲必己力。性闲木功，佣赁以给供养。性谦虚，每为人作匠，取散夫价。主人设食，原平自以家贫，父母不办有肴味，唯食盐饭而已。（中略）要须日暮作毕，受直归家，于里中买米，然后举爨。（中略）父亡，哭踊恸绝，数日方苏。以为奉终之义，情礼所毕，营圹凶功，不欲假人。本虽智巧，而不解作墓，乃访邑中有营墓者，助人运力，经时展勤，久乃闲练。又自卖十夫，以供众费。宅兆之事，俭而当礼，性无术学，因心自然。葬毕，诣所买主，执役无懈，与诸奴分务，每让逸取劳，主人不忍使，每遣之，原平服勤，未曾暂替。所余私夫，佣赁养母，有余聚以自赎。本性智巧，既学构冢，尤善其事，每至吉岁，求者盈门。原平所赴，必自贫始，既取贱价，又以夫日助之。

《南齐书》卷五十五《孝义传》云：

> 吴达之，义兴人也。嫂亡无以葬，自卖为十夫客，以营冢椁。

最初注意到此处的人可能是鞠清远氏[1]，如鞠氏所言，《郭原平传》中的"自卖十夫"与《吴达之传》中的"自卖为十夫客"应当是相同的。

十夫客是什么尚且不明，不过"十夫"一词表达的是某种劳动量

---

1. 鞠清远：《两晋南北朝的客、门生、故吏、义附、部曲》，《食货》第二卷第十二期，1935年，第一节。

的数额或某种劳动形态，如此，"十夫客"一词或许是对从事这种劳动之人的称谓。又"所余私夫佣赁，养母有余，聚以自赎"一句颇为难解，或许应理解为"郭原平根据与将自己买作十夫客之家的约定，完成了十夫的劳动后，成为主家的私夫即雇佣劳动者，用所获的银钱赡养母亲，其余则储蓄起来，偿还此前成为十夫客时所获取的钱财，成为自由之身"。因此，十夫客是抵押奴婢的一种，而如果这种人也被称作"客"，那就应当承认"客"一词的卑贱化。与此同时，高级贱民中亦有被叫作"客"或"出客"的群体，或许这种情况较为普遍，并不奇怪[1]。

三

　　前文讨论的部分有些太细节化，故我仍想再推测一二。《晋书》卷八十九《王育传》记载，西晋的王育因孤贫而为人佣客，在牧羊时，因为丢失了重要的羊而被主人责备。当他准备为了补偿主人而卖身时，却有一个叫许子章的人，因为怜悯王育的志行，不仅代他赔偿了丢失的羊，还供给衣食令他学习，等王育长大后让他娶了兄长之女，给予宅第和资业，助他独立：

> 王育字伯春，京兆人也。少孤贫，为人佣牧羊，每过小
> 学，必歔欷流涕。时有暇，即折蒲学书，忘而失羊，为羊主
> 所责，育将鬻己以偿之。同郡许子章，敏达之士也，闻而嘉
> 之，代育偿羊，给其衣食，使与子同学，遂博通经史。（中
> 略）子章以兄之子妻之，为立别宅，分之资业，育受之无愧
> 色。（中略）太守杜宣命为主簿。

另外，同书卷七十四《桓冲传》中记载，东晋的桓温兄弟尚未显达时，因为家贫，买不起为母亲治病所需的羊，桓温只好准备抵押弟弟桓冲换羊。此时，富裕的羊主人为兄弟的孝心所感，没有取桓冲为质就把

1.《晋书》卷八十九《嵇绍传》记有"赐墓田一顷客十户"。这是很常见的赐予墓户的例子之
　　一，所以虽然本文暂未引用，但我们应当注意，这类人在当时也被称为"客"。

羊送给了他，并提出暂时把桓冲领回自家抚养：

> 寻迁振威将军、江州刺史、领镇蛮护军、西阳谯二郡太守。（中略）初，彝（桓冲兄弟之父）亡后，冲兄弟并少，家贫，母患，须羊以解，无由得之，温乃以冲为质。羊主甚富，言不欲为质，幸为养买德郎。买德郎，冲小字也。及冲为江州，出射，羊主于堂边看，冲识之，谓曰："我买德也。"遂厚报之。

王育和桓冲是何等幸运才不至于如此。然而，在相似的情况下，更多的人则是卖身或被抵押为奴婢。另一方面，由于生活贫困，或许有很多人会将子女送给大户人家（虽然这与如奴婢般被卖不同）。这些子女在得到衣食的同时，也必须承担各种劳动[1]。同时，这类人的特征并非是卖身，而是由主家供给衣食，所以可以想见，他们被称为衣食客。但究竟衣食客之类的事物是否实际存在呢？另外，如果实际存在的话，他们的社会、法律地位又如何呢？考虑到这一点时，我立刻想到了两晋限客制度中与佃客并举的"衣食客"。不过，限客法中衣食客的情况我想暂时搁置，还是先言归正传。

尽管从社会评价来看，佣客和佃客是卑贱的客，但他们大致上可以保障自己的生活，其身份至少是良民。相对的，衣食客就是所谓的被供养者，因为他们的生活完全依赖主家，与佣客、佃客的隶属程度有显著差别，他们不仅不能随意停下工作休息，而且如果不想再做衣食客，就必须要向主家付清迄今为止的供养费，无法轻易地摆脱衣食客的境遇。他们为人的自由受到相当大的约束，不如说更接近奴婢。因此，即便假设衣食客原本被视作良民对待，随着时间的推移，在法律上也极有可能沦落到近乎奴婢的地位。

此处稍作他言。服饰是区别阶级上下与贵贱的外在标志，朝廷对

---

1. 另外，从事这种劳动时，仰仗主家供给的衣食与在主家的劳动有何种关系，我将在第六节第二项详述。

此制定了严格的制度。如《晋书》卷四十六《李重传》所云，"重奏曰：'（中略）自秦立阡陌，建郡县，而斯制已没。降及汉魏，因循旧迹，王法所峻者，唯服物车器有贵贱之差，令不僭拟以乱尊卑耳。（中略）八年己巳诏书申明律令，诸士卒百工以上，所服乘皆不得违制。若一县一岁之中，有违犯者三家，洛阳县十家已上，官长免……'"如果管内有违犯服制之人，朝廷也会处罚地方长官。可就算法令如此严格、详细，但显贵富家中还有不少人将服饰视作自己权势财富的象征，甚至还让末流的家僮从婢都盛装打扮，以此夸耀自身。不过这只是平时的情况而已，不过，在正式场合中，人们还是很难无视官方规程。

《宋书》卷十八《礼五》条云：

> 诸在官品令第二品以上，其非禁物，皆得服之。第三品以下，（中略）第六品以下，（中略）第八品以下，加不得服罗、纨、绮、縠杂色真文。骑（骅之误）士卒百工人，加不得服大绛紫襈、假结、真珠珰珥、犀、瑇瑁、越叠、以银饰器物、张帐、乘犊车，履色无过绿、青、白。奴婢、衣食客，加不得服白帻、蒨、绛、金黄银叉、镮、铃、镯、钏，履色无过纯青。诸去官及薨卒不禄物故，家人所服，皆得从故官之例。

"第八品以下……"是低位的有品者及低级吏员的服饰制度。"骑、士卒、百工人"中的士卒是国家常备军的兵士，当时他们都是兵户，承担世代的兵役义务。另外，百工人是官府的工匠，即工户，世代负担工匠的义务。另外，"骑"是"骅"之讹误，那个时代的官骅是导引车马的贱卒马丁之类，也有世代为骅的义务[1]。而从社会评价来看，骅、兵户、工户都处于良民的底层，如玉井是博教授的名著《唐の賤民制度とその由來》中所示，如工户，不久就变成了法律规定的官有贱民，并持续到了隋唐时代。

---

1. 骅、士卒、百工人相关内容的讨论可见《魏晋南北朝時代の兵户制度の研究》。

这样的话，我推测在规定中，列在驺、士卒、百工人之下者已不是良民，或许已是非自由民的贱民，而上引服饰规定中最后还提到了"奴婢、衣食客"，将奴婢与衣食客一同举出。《唐会要》卷三十一《舆服上》"杂录"条中收录了唐太和六年六月敕，记录了从王公官员到民庶商人僧道的舆服制度，敕文最后云"诸部曲、客女、奴婢，服絁绸绢布，色通用黄白，饰以铜铁。客女及婢，通服青碧"，上引"奴婢、衣食客"的记载与之有间接联系。它不仅证明我此前设想的衣食客实际存在，更明示了衣食客的各种有关情况，颇具史料价值。即是说，至少服饰制度中绝不会把良民与贱民同列，故而最晚在南朝宋时，衣食客已被当作与奴婢相同的贱民阶级对待。另外，如果贱民阶级中有衣食客和奴婢两类，与其名称相同，不卖身、以仰赖主人供给衣食为特征的衣食客无疑是高级贱民，自然，卖身的奴婢一方则被定为低级贱民。

总之，本节论证了（1）最迟在东晋初，私贱民阶级中的二等之别成立，高级贱民被称为出客，低级贱民被称为奴婢。（2）最迟到南朝宋，高级贱民被称为衣食客，低级贱民被称为奴婢，不过想来，出客的"客"是指衣食客，奴婢恢复衣食客身份的行为，乃至被恢复为衣食客者可能都被惯称为"出客"。

第六节　衣食客与唐代部曲客女的关系

一

讨论唐代部曲客女的学者不在少数，其中代表性的著作当数玉井是博教授《唐の賤民制度とその由來》，以及网罗众说，并从法律角度加以解释的仁井田陞教授大作《中国身分法史》第八章《部曲奴婢法》。下表基于这两部著作，将唐代的部曲客女和奴婢作一对比：

	部曲、客女	奴、婢
1	对主家有身份上的隶属关系	对主家有身份上的隶属关系
2	无独立户籍，附籍于主家	无独立户籍，附籍于主家

（续表）

	部曲、客女	奴、婢
3	无迁移住地之自由	无迁移住地之自由
4	不被视同家畜资财，故不得为买卖的对象	被视同家畜资财，并被作为物来对待，故可以买卖
5	可以娶良人之女	只允许同色婚
6	刑法上，如殴打良人，比良人互相殴打罪重一等	比良人互相殴打罪重二等
7	不得任官	不得任官

这样，部曲客女和良人的不同点自然也就明确了。

那么部曲客女和奴婢的根本区别又是什么呢？《唐律疏议》卷十八《贼盗二》"造畜蛊毒"条问答云：

> 答曰：部曲既许转事……

同书"杀人移乡"条的律文云："诸杀人应死会赦免者，移乡千里外。其工、乐、杂户及官户、奴，并太常音声人，虽移乡，各从本色。（部曲及奴，出卖及转配事千里外人）"其疏议云：

> 注云"部曲及奴，出卖"，谓私奴出卖，部曲将转事人，各于千里之外。

据此可知，尽管部曲客女与奴婢不同，不能被任意买卖，但法律允许主人将他们转事他家。又同书卷二十五《诈伪》"诈除去官户奴婢"条律文云："诸诈除、去、死、免官户奴婢及私相博易者徒二年，即博易赃重者从贸易官物法。"问答曰：

> 问曰：有人将私部曲博换官奴，得以转事衣食之直准折

454

官奴价否？

　　答曰：奴婢有价，部曲转事无估，故盗诱部曲并不计赃。今以部曲替奴，乃是压为贱色。取官奴入己者自从盗论，以部曲替奴理依"压部曲为奴"之法。须为二罪，各从重科。

同书卷二《名例二》"十恶反逆缘坐"条律文云："即监临主守，于所监守内犯奸、盗、略人，若受财而枉法者，亦除名（奸，谓犯良人。盗及枉法，谓赃一匹者）；狱成会赦者，免所居官（会降者，同免官法）。"问答中提到了略去的部曲客女的情况：

　　答曰：（中略）又令云："转易部曲事人，听量酬衣食之直。"既许酬衣食之直，必得一匹以上，准赃……

据此可知，部曲客女转事时，要支付所谓"衣食之直"。

　　玉井教授指出，允许部曲客女从甲家转事乙家，在此情况下新主人向旧主人支付"衣食之直"，这是部曲客女所具有的一个特征；仁井田博士也说道："部曲转易时授受的衣食之直类似于部曲的价值，但和价值并不相同。还有，衣食之直这点显示，部曲这一群体由主人给予衣食或衣食费用来维持生活。因此，部曲没有成为主人的所有物，只是承担终身的服从义务。"[1]我想，新主人向旧主人支付部曲客女的衣食之直（即旧主家为部曲客女负担的衣食费）的情况下，新旧主人以衣食之直的名目买卖部曲客女的用意或许更为强烈。然而在法律上，如仁井田博士所说，衣食之直终究不是部曲客女自己的价值，这就是他们区别于奴婢的性质，而我希望这一点能引起更多注意。

　　目前，尚无史料能直接说明部曲客女在主家从事的劳动形态。恐怕，部曲客女像奴婢一样，涉及诸多方面的工作：或是农耕和栽培果树蔬菜，或是家畜饲养和山林池沼事宜，或是用于手工业劳动、商家的驱使、家庭内的杂役杂使……然令我颇为疑惑的是，就算工作种类

1.《中国身分法史》，第899页。

如此繁杂，部曲客女所从事的劳动不是也应在某些层面上与奴婢有所区别吗？关于这一点，应该介绍的是陶希圣氏等人的见解。

陶希圣氏说道：

> 最初我注意三国至唐的部曲，部曲的女子叫做客女，由客女推到庄客、佃客、客作儿，以至于晋代的衣食客等客，我在写《中国政治思想史》第三册的时候，就断定部曲与佃客是一样身分，在经济上叫佃客，在法律上叫部曲。[1]

他从写作《中国政治思想史》时起就认为，尽管唐代的部曲客女在法律上被称为部曲，但其经济上的实质是佃客，即佃农。之后的鞠清远氏也持完全相同的意见[2]，也有很多日本学者明里暗里赞同此说。但就我所见，陶氏等人的说法，如陶氏自己所言，是为魏晋南北朝时代的佃客、唐代的部曲客女和唐宋时代的庄客三者共通的"客"字所局限，仍有必要讨论这一论断是否恰当。

也有部分学者认为，佃客、庄客即农奴原本有数种，但概言之，佃客、庄客指的是以缴纳租种费、地租为代偿，从地主处借来土地耕作的人，除此之外，土地的收获原则上全归佃农所有，同时他们也自己掌握自家经济。当然，由于佃农通过租种地主的土地来维持一家生计，也常会献上每季最早的物产，或到地主家中帮忙等。虽然他们在相当程度上残留着对地主的隶属性，但根本上来说，佃客通过缴纳租种费来完成他们每年的责任。那么唐代的部曲客女又如何呢？假设真如陶氏所说，部

---

1. 陶希圣：《西汉的客》，《食货》第五卷第一期，1937年。
2. 鞠清远：《魏晋南北朝的客、门生、故吏、义附、部曲》第六节。另外，该文第五节称："在唐律中我们可以看出部曲客女，在身分上是平民，不过由于他们与主人共贯，又受了这种隶属关系及家属关系的影响，使他们在刑法方面，似乎不及平民的地位那样高。"即鞠氏认为，部曲客女虽然在身份上是平民，但在刑法上的地位不及平民，这种观点完全无视了整个唐代制度。鞠氏之所以作出这种错误的判断，是因为他认为前代的佃客、唐的部曲客女和其后的庄客身份都完全相同。《沈寄簃先生遗书·历代刑法考·刑法分考十五》"部曲考"条称："至于衣食客、佃客、浮家、吏兵等项间亦相依日久，并于部曲。事或有之，书缺有间，更无可考矣。"并未彻底区分衣食客和佃客。

曲客女与主家有租佃关系，当他们从甲家转事乙家时，应该只要归还甲家租佃权，重新与乙家缔结租佃关系即可。此外，就算他们与主家没有缔结明确的租佃契约，也有事实上的租佃关系，身为佃农，其衣食应该由自家生产，而不是依靠主家供给，因此转事时应该不存在衣食费之类的问题。但如上所述，部曲客女在转事时，新主人会支付给旧主人部曲客女们长年间的衣食费。既然这样，显然不应认为部曲客女与主家间具有租佃关系。赞同陶氏说法的人认为，"即使部曲客女与主家间有租佃关系，也与良民的情况不同，租佃费率极高，事实上处于无法自立的状态"，仍然对陶说表示支持。然而我完全无法接受这种权宜之说，相关内容将会在下一项中详述，此处暂不赘言。

此外，部曲客女在转事时，新主人只需支付旧主人部曲客女们在旧主家获得的衣食费，这与主家只负担部曲客女的衣食费是同样的道理，而此事明确显示，部曲客女在来源上与卖身的奴婢不同，因此没有赎金之类的负担。可是，就算只是衣食费，日积月累的话金额也会变得相当庞大，故而除非主家出于恩情最终解放了部曲客女；或是亲属帮助他们偿还负债，不然他们根本无法摆脱非自由民的境地。要言之，部曲客女与奴婢的区别在于，部曲客女的来源不是卖身，而是只从主家处获得衣食，终究与卖身后完全成为物的奴婢不同；且应该认为，在劳动方面，至少在法律上，二者没有特别的差异。

回过头来看，我在第五节第三项中根据《宋书》服饰一条，论明了最迟在刘宋，时人已称高级贱民为衣食客，称低级贱民为奴婢，以及衣食客的特征是"非卖身"及"从主家获得衣食"。唐代的私贱民也分二级，高级贱民称部曲客女，低级贱民称奴婢，而且部曲客女的特质是非卖身并只获得衣食。将上述结论与唐代的情况相对照，可以直观地确定，前代的衣食客与唐代部曲客女的特质和地位完全相同，因此前者应是后者的前身。不仅如此，衣食客中当然有衣食客男和衣食客女，因此唐代"客女"的名称可能沿袭了前代，由此，客女的起源这一悬案也被解决了。此外，这么来看，另一方的部曲无疑与衣食客男的异名同类，那为何唐朝不取客男之名，而采用部曲之称呢？这一点如序言所述，将另撰文论证。

二

《太平广记》卷二百八十六《幻术三》"关司法"条云：

> 郓州司法关某，有佣妇人姓钮，关给其衣食，以充驱使。年长，谓之钮婆。并有一孙，名万儿，年五六岁，同来。关氏妻亦有小男，名封六，大小相类。关妻男常与钮婆孙同戏，每封六新制衣，必易其故者与万儿。一旦，钮婆忽怒曰，皆是小儿，何贵何贱，而彼衣皆新，而我儿得其旧，甚不平也。关妻问曰，此吾子，尔孙仆隶耳，吾念其与吾子年齿类，故以衣之，奈何不知分理。（出《灵怪集》）

同书卷三百三十五《鬼十二》"李林甫"条云：

> 唐李林甫为相既久，自以阴祸且多，天下颇怨望，有鬼灾，乃致方术士以禳去之。后得一术士曰，（中略）术士曰，可于长安市求一善射者以备之。林甫乃于西市召募之，得焉。（中略）林甫即资其衣食，月计以给。（出《宣室志》）

在《灵怪集》的故事中，一名妇人被关家雇用、给予衣食，妇人则以劳役偿还。在《宣室志》的故事中，一名擅射之人被李林甫雇用，每月领取报酬为衣食费用，该人则通过警备李家换取酬劳。二者都是良民从事雇佣劳动的情况。当然，因为这些都是传说故事，严格按照法律分析也是无益，但是通过这些故事可知，在当时各种类型的雇佣劳动中，有支付衣食费用的情况，也有给予衣食本身，而不付出其他财物的情况，同时可以推断，在对主家的隶属依存程度上，前者与后者有很大差别。

可是至今为止，我在谈到唐代的部曲客女时，都草率地认为他们是"依靠主家供给衣食之人"。另外，仁井田陞博士认为"衣食之直这点显示，部曲这一群体由主人给予衣食或衣食费用来维持生活"。但是，唐代的部曲客女得到的是衣食费，还是衣食这些东西本身呢？他们真的是甘愿受人驱使，以换取这些衣食（或衣食费）吗？或是上述猜测都不准确呢？此处仍有必要再作探讨。

唐代法律中，奴婢完全被当作物品对待，他们的劳动果实全归主人所有，并无任何权利，作为会说话的牛马，从事的是典型的奴隶劳动。南朝梁任昉《述异记》卷上云：

> 范文，本日南奴也。为奴时，牧羊于涧中，得两鲤鱼，欲私食之。郎知诘之，文诈云，将砺石还，非鱼也。郎至鱼所，果见两石，文异之。石有铁，文因入山中就冶作两刀。

如上所述，奴婢甚至连捡拾到的东西也无法随意处置。那么部曲客女又如何呢？假如他们依靠主家供给衣食，并以劳动偿还的话，那么每日的劳动与所供衣食就可相抵，因此，部曲客女对主家不可能有"衣食之直"这种欠债，所以当部曲客女转事他人时，应该不会出现这方面的问题。然而，部曲客女从甲家转事乙家时，两家间会授受他们的衣食费。这一点表明，部曲客女绝不是通过劳动从主家处换取衣食或衣食费。无论劳动多么辛苦，其成果尽归主家所有，其报酬连主家所供的衣食都无法折抵。换言之，部曲客女从事的是典型的奴隶劳动。可见，部曲客女所受到的待遇，甚至无法与那些可怜的、劳动所得仅能换取衣食的雇佣劳动者相提并论。综合看来，唐代的部曲客女在来源上就不是卖身，因此其身份高于奴婢，但其劳动形态确实与奴婢完全相同，当然，前代衣食客的劳动形态亦是如此。而在厘清上述观点后，就会发现陶氏等人认为部曲客女与主家是租佃关系的这种说法，从根本上就令人难以赞同[1]。

回到前面的话题，在魏晋南北朝时代有所谓"佃客"一词。出乎意料的是，"佃客"不仅是佃农型劳动者的称呼，可能也会用于指称雇

---

[1]. 我所说的是法律上所见部曲客女的劳动形态，因此，实际上这种看法可能多少还有讨论的余地，但如果不知道劳动形态的话，现阶段就无法讨论。

佣关系下的农业劳动者，即中国历史中的"佣耕"；就算是在贱民中，也难保没有人将衣食客类型的人称作"佃客"。然而，在此我只打算讨论佃农型劳动者被称作佃客的情况。第四节第三项所引《三国志·吴书·陈表传》中，陈表认为，朝廷给予自家两百户佃客，这是"空枉此劲锐以为僮仆，非表志也"，但这不过是因为在大将陈表看来，他们等同于僮仆。这样的表述在史料中还有很多，如本节第二项所引《灵怪集》中，关妻称雇用的妇人之孙"尔孙仆隶耳"就与之相同。现在来看《陈表传》，陈表将佃客作为兵户返还给国家，对此，孙权则挑选贫困的郡县编户以补陈家佃客之缺。如果当时佃客属于贱民，就算以孙权的权力，或许也无法仅凭一道命令，就让不管如何贫困也是良民的郡县编户沦为私贱民。

　　另外，第三节第三项所引《宋书·王弘传》的诸臣议记录了关于以下问题的探讨：同伍缘坐法是直接适用于士族，还是让拥有奴客[1]即贱民的士族连坐，没有贱民的人赎罪？当时，右丞孔默之议曰："今罪其养子、典计者，盖义存戮仆。"尚书王准之议曰："有奴客者，类多使役，东西分散，住家者少。其有停者，左右驱驰，动止所须，出门甚寡，典计者在家十无其一。奴客坐伍，滥刑必众。"另一方面，东晋的给客制度中，典计是从给予的（实际是官方认可保有的）佃客中选拔出来的。也许会有人认为，因为以上诸臣议中所见的典计明显是贱民，所以东晋给客制度中的典计也一定是贱民，故佃客也必然是贱民。但是，正因该史料记载的是诸臣议中的典计才会如此，但典计不全是贱民，就像与典计并举的养子或客肯定也不全是贱民一样。这就好比士族被称为君子，庶民被称为小人，诸臣议中所用的奴客一词也只是贱民阶级的代名词。所以，当时的奴客一词并非专门指代贱民，有时也泛指贱民及良民中卑贱的客，而且，这种用法与平时用"奴客"表示臣服之人、卑贱之人的用法相同。况且，我通过探明唐代部曲客女劳动的本质，得出了新的认识——佃农与部曲客女二者的劳动形态有质的差别。因此，假如佃农型劳动的佃客也明确属于贱民的话，就无法

---

1. 诸臣议中所言的奴客表示的是私贱民阶级。

与贱民中的二等之别匹配，至少要分三等、四等，还要将佃客置于最高级才合理；同时，关司法家的佣妇人那种通过劳动仅能换取衣食的人，也应当被规定为贱民。但在从秦汉至隋唐的社会史上，这种情况几乎是无法想象的。无须赘言，佃客不是贱民，他们具备良民的身份。

第七节　两晋限客法所见衣食客

一

《晋书》卷二十六《食货志》云：

> 又得荫人以为衣食客及佃客，品第六已上得衣食客三人，第七第八品二人，第九品及举（釁之讹）辇、迹禽、前驱、由基、强弩、司马、羽林郎、殿中冗从武贲、殿中武贲、持椎斧武骑武贲、持钑冗从武贲、命中武贲武骑一人（以下省略佃客的规定）。

《隋书》卷二十四《食货志》"晋自中原丧乱、元帝寓居江左"条有"其无贯之人，不乐州县编户者，谓之浮浪人，乐输亦无定数，任量准所输，终优于正课焉"，又云：

> 都下人多为诸王公贵人左右、佃客、典计、衣食客之类，皆无课役。（中略——省略了佃客、典计的规定）官品第六已上，并得衣食客三人。第七第八二人。第九品及釁辇、迹禽、前驱、由基强弩司马、羽林郎、殿中冗从武贲、殿中武贲、持椎斧武骑武贲、持钑冗从武贲、命中武贲武骑，一人。客皆注家籍。

如第四节第二项所言，《晋书·食货志》的规定制定于西晋统一天下后不久，据《南齐书》卷十四《州郡志上》南兖州条：

> 晋元帝过江，建兴四年，扬声北讨，（中略）时百姓遭

难，流移此境，流民多庇大姓以为客。元帝太兴四年，诏以
流民失籍，使条名上有司，为给客制度，而江北荒残，不可
检实。

《隋书·食货志》所载的规定制定于东晋元帝太兴四年，可知两晋允许保有衣食客的数额相同。

如上引《南齐书》"流民多庇大姓以为客"，第五节第一项所引元帝大兴四年诏"其免中州良人遭难为扬州诸郡僮客者，以备征役"所云，在西晋末至东晋的五胡动乱时期，出现了大量背井离乡的难民，数不胜数的人在贫困至极时，成为大家豪族下的佃客等卑贱客或贱民。国家担心放任他们不管会使国家权力所不及的隐户漏口大增，一方面检括隐户漏口时，另一方面效仿西晋制度，限制一定的数额，免除客的公课，承认主家对客的保有权。晋武帝统一天下后施行限客法，大概也是基于这样的情况。然而这一时代，君权愈加衰落，豪族势力日益强大，故而这种限客法发挥了多大作用就颇有疑问了，恐怕必须视同具文。

那么，限客法中所见的衣食客又是什么呢？虽然鞠清远氏在《两晋南北朝的客、门生、故吏、义附、部曲》中有所提及，但他始终认为名称带有"客"者已经全部卑贱化了，更没有对这一群体进行说明。又玉井是博教授在《中国社會經濟史研究》所收《唐の賤民制度とその由來》[1]中仅考虑到食客（即寄食者），在此之外并无深刻探讨。可是从限客法来看，佃客以户为单位表示，相对的，衣食客一方则以人数表示。这一事实表明，他们不像佃客那样没有若干家人就无法维持产业，与佃客的性质不同。而且比起佃客，官府允许保有的衣食客数量明显更少，六品以上勉强有三人，七品、八品不过各二人，第九品及釁辇司马以下不过各一人。这样的话，他们的工作只需一人就可保证，因此，或许可以认为他们从事的是与官吏随身服务有关的劳动。

至此得出的结论都比较容易猜到，但究竟他们与主人间建立了怎样的关系，又属于何种身份阶级呢？简单明了地说，他们与《宋书》

1.《唐の賤民制度とその由來》，收入《中国社會經濟史研究》，第183页。

服饰一条所见的衣食客，即唐代的部曲客女相同，身份属于贱民阶级，劳动形态是奴隶劳动。可是，据《隋书·食货志》所载"都下人多为王公贵人左右、佃客、典计、衣食客之类，皆无课役"，可知有许多人想成为贵族大家的衣食客。这恐怕是因为成为衣食客的话，就能够享受免除公课的待遇。但无论免除多少公课，成为衣食客就意味着从良民沦落至贱民阶层，而且他们在主家的劳动也无法与主家供给的衣食等价。如果衣食客是这种类型的奴隶劳动者，那么"很多人希望成为衣食客"就变得难以理解了。

又东晋限客制度最后一条云"客皆注家籍"（一曰"客皆注籍"），西晋制度的情况或许也是如此。对此，鞠氏指出"客与平民的主要差异，应只是户籍中有无独立户贯的差异"，认为佃客与衣食客没有独立户籍，附籍于主家[1]。玉井是博教授认为此处的"客"一词仅指衣食客，这是因为如果连身为佃农的佃客都附籍于地主，似乎不太合理[2]。另外，沈家本氏在《部曲考》[3]中指出，收录于《文献通考》卷十一的同一条法规写作"其客皆注客籍"，据此认为"皆注客籍，尚有籍在官，与部曲之随主属贯者有别"，认为客并非附载于主家之籍，而是有独立户籍的群体。因"家"字容易与"客"字混淆，所以这条材料不仅没有决定性作用，而且通行本《文献通考》仍作"家籍"而非"客籍"。但就我管见，从结论上可以认为衣食客也有独立的户籍。这是因为，若如玉井教授那样认为此处的"客"字只是衣食客，那么就很难符合整体文意，还是应该像鞠氏那样，将"客"看作佃客与衣食客两者才是正确的。不过，玉井教授"连佃客那样的良民都被纳入地主的户籍"这一令人诧异的观点，实际上有其合理性。了解了这一点后，就会明白"客皆注家籍"不应解释为附于主家之籍，而显然是说佃客与衣食客自己的户籍中都被注明"他是某氏的客"。自然，良民（除隐户、漏户之外）有独立的户籍，私贱民则附于主家之籍，这是当时的通则。因此，由于佃客和衣食客都有独立的户籍，他们当然都是良民而非贱民。

1.《两晋南北朝的客、门生、故吏、义附、部曲》，《食货》第二卷第十二期，1935年，第三节。
2.《唐的贱民制度とその由来》，收入玉井是博：《中国社会经济史研究》，第183页。
3. 载《沈寄簃先生遗书·历代刑法考·刑法分考十五》。

目前已知，限客法中所见的衣食客是良民，但从其名称推测的话，还不能认为衣食客与《宋书·服饰志》条所见的贱民衣食客及唐代部曲客女完全不同，那么二者究竟有怎样的关系呢？我认为，限客法中的衣食客原本被视作良民对待，但不知不觉间，衣食客的身份降低，以至于成为贱民。可是，限客法上的衣食客与非限客法上的衣食客间存在良贱之别，因此两者的劳动形态一定不同。不仅如此，也可以说良贱之别正产生于劳动形态的差别，而这一区别对实际的劳动者而言，宛如天堂与地狱之别。因此，我认为在这种情况下，不应该采取"良民何时被明文规定属于贱民"这种观念性的解释方法。故而，为便于论述的推进，我想先区分限客法中的庶民衣食客与非限客法中的贱民衣食客。

史料中有不少主家放奴为良的例子，但在这种情况下，奴婢只是被解放了，结果却连明天的粮食都无法保证。因此，主家只能让那些无依无靠的人来当自家的佃客或佣客。故对主家而言，就算要解放奴婢，但在很多情况下，只免去赎身费是不够的。想来，现在已很难断定这种情况是从何时开始的，不过有时看主家方便，或许也有人只是放免了奴婢（即免去奴婢的赎身费），却让他们继续在自家劳动，只负担衣食费用。即是说，这种解放虽不完全，然而随着时代发展，这种社会现象不断集聚，在民间首先产生了"将他们视作低于良民，但高于奴婢者"的观念。而且，具备这种特征的人被称作衣食客，将奴婢放为衣食客的做法或被放为衣食客者则习惯性地被称作"出客"。此外，在这类贱民产生后，或许也有良民因困窘而沦落为所谓的贱民衣食客。另一方面，私家中当然也有与贱民衣食客不同，仅从主人处获得与劳动等价衣食的良民，恐怕这些人也被称作衣食客。引起争议的限客法中的庶民衣食客或许沿用的就是这一名称。

以上是我的推断，如果没有太大偏差，答案有两种可能：（1）限客法中允许的，官吏为自己随身服务而役使的良民衣食客的数量，如记载的那样，上品三人，下品一人，极其稀少。因此，官员不得不使用自家的贱民衣食客以资补充，不如说贱民衣食客在数量上占压倒性多数。结果说到衣食客，几乎就默认是指贱民衣食客，以致在法律上，衣食客之名也变成了高级贱民的专称。要么就是（2）庶民衣食客作为官吏的随身服务者，不需缴纳公课，这一制度在东晋初后不久成为具文，只有贱民衣食客在民间不断发展，最后衣食客已经变成只指代贱民衣食客了。除此二说外再无他解，而不管遵从哪个解释，民间贱民衣食客的数量优势可能都是主要原因[1]。

二

经过了数节的讨论，我想，作为本文主题的衣食客和部曲客女的关系基本已经明确了。讨论的结果看似平淡，但不如说正是因为结果平淡，我才遇到了比预想中更多的难关，因此，或许也会有些太过于推测的地方。另外，直到做完十夫的劳动量以前，十夫客都从事奴隶劳动，做完后则在主家从事雇佣劳动，将得到的报酬储蓄起来（或者将应得的报酬原样交还主家），在还清先前卖身给主家做十夫客时，从主家处收下的金额之前，其人身都被抵押在主家，无法得到原先的自由，后半段的雇佣劳动实际上是以劳动清偿债务。通过这个例子可知，当时的劳动形态已经分化并复杂化了，而且随着劳动形态的改变，劳动者的身份阶级也产生了明显的差异。因此在贱民制度的研究上，模糊的观念上的讨论已经不适用了。虽然今后还有很多应该进一步研究的问题，但本文就此告一段落。最后，我还想回顾一下从魏晋南北朝

---

1. 关于《宋书·服饰志》的衣食客一条，因为当时尚留有限制衣食客保有的制度，所以这条史料也有可能是基于此类制度成文的。如果是这样的话，那么解释（1）就是正确的。另外，若明文规定限客法中的衣食客是贱民，那么很显然，衣食客一词实际的指称对象可能全都是贱民。《晋书》卷四十四《华廙传》云，"廙（平原高唐人）少为武帝所礼，历黄门侍郎、散骑常侍、前军将军、侍中、南中郎将、都督河北诸军事。父疾笃辄还，仍遭丧（父华表卒于咸宁元年八月）旧例，葬讫复任，廙固辞，违旨。初，表有赐客在鬲（平原郡内的县），使廙因县令袁毅录名，三客各代以奴。乃毅以货赇致罪，狱辞迷谬，不复显以奴代客，直言送三奴与廙，（中略）中书监荀勖（中略）因密启帝，（中略）又缘廙有违忤之咎，遂于丧服中免廙官，削爵土"，将受赠的三客换成三奴。仅凭这段史料，我们无法确认客的真实性质，但从用人数表示这一点来看，或者与限客法中的衣食客性质相同。既然如此，那么与佃客一样，我们或许也应该从三国时代入手，来探讨限客法中衣食客的起源（参照第四节第二项所论魏的给客制度及其主旨）。同时，华廙之所以同意将客三人换成奴三人，应该是因为给客制度中的衣食客是良民，劳动形态也不是奴隶劳动，因此比起收下客，收下奴无论是在劳动方面还是在可以买卖这一点上，对私家而言都是更有利的。

到隋唐时代，私贱民阶级内确立二等之别在中国社会史上的意义。

《春秋左氏传》昭公七年条云："天有十日，人有十等，下所以事上，上所以共神也。故王臣公，公臣大夫，大夫臣士，士臣皂，皂臣舆，舆臣隶，隶臣僚，僚臣仆，仆臣台，马有圉，牛有牧，以待百事。"有些学者拘泥于这条记载，认为春秋战国时代，私贱民制度已经发展到了相当的高度。然而，这条记载不过是为了将人分成十等，才罗列这些卑贱的词汇以形容下层民众。在中国历史上，私贱民内的二等之别正是确立于魏晋南北朝时代，并在此时进入了成文法，这种现象尚持续到了隋唐时代。由魏晋南北朝的史实来看，这一结论就更为明显了——私贱民的数量自秦汉以来持续增加，绝对没有减少。如果在私贱民数量增加的同时，二等之别也随之产生，并被纳入法律条文，由此制度性的规定也已完备，那么中国史上私贱民制度[1]臻于顶峰的时代果然还是在魏晋南北朝时代以后。另一方面，众所周知，春秋战国以后士阶级形成，到秦至西汉为止，士阶级尚未固定化，但在魏晋南北朝时期，正如"士庶天隔"的思想所示，阶级差别变得极其严格且封闭化，而且即使同为士族，根据门第高下也被分为不同的等级，高门大族更是变成了贵族。这是阶级分化发展的必然结果，或许私贱民制度的发展也应像这样置于宏大的历史潮流中来理解。

附记

昭和十八年（1943）十月，我从东京大学离职，翌年受满铁调查局的委托前往大连。那里有颇好的图书馆，并未令我感到研究上的不便。我前往热河、"满洲"东部、呼伦贝尔草原旅行，度过了一段有益的研究生活。在日本战败前不久，我作为二等兵被召集，自召集被解除后，我开始与进驻的苏联军KII同吃同住，数月间，我虽然受到了滞留日人的保护，但时局混乱，简直是赌上了性命在工作，这也成为了我后来遭逢大难的原因。其间，昭和二十一年（1946），经中国长春铁路局之手，满铁的研究调查机关被改组，设立了科学研究所，我作为经济调查局的一员得以继续研究中国社会史。我仍十分怀念

---

1. 亦是在这一时代，官有贱民制度也发展到了顶峰。

在当时悲惨的生活中，我与现在任职于京都大学的天野元之助博士、清水盛光教授，任职于同志社大学的内田智雄教授等一起，每月召开研究会进行讨论的经历。昭和二十二年（1947），垂死的我从大连被引渡归国，发现静冈市的老宅已经受灾，家人被疏散到了旧东海道名迹丸子宿[1]附近的一处农家，此前有大恩于我的市村瓛次郎先生已归道山。当时恰逢梅花盛开，山谷间的村落中满是馥郁的香气，此情此景至今难以忘怀。此后，我的健康稍有恢复，因此为生活计，我在静冈县厅做着低级吏员的工作，不久在东北大学曾我部静雄博士的深情厚谊与恩师池内宏博士的激励下，我以在大连时所做的研究为核心，开始写作学位请求论文[2]。当时的我宛如在困窘的深渊苟延残喘，最终得以完稿，完全是得益于多方予我的声援。而本文就是该学位论文的一部分。昭和二十五年（1950），承蒙池内、鸟山两位先生和铃木俊九大教授的照顾，我赴山梨大学就任，终于获得了研究的余力与安定的生活。今年，我更是获得了文部省的科学研究费，在史料搜集上有了极大便利，在此补正旧稿并予以发表。

（昭和二十六年十二月七日记）

---

1. 应即"鞠子宿"，东海道五十三次之一。——译者注
2. 详见《山梨大學學藝學部研究報告》（2）（1951年）的汇报。

第五篇

唐代贱民、部曲的形成过程[1]

1. 载《山梨大學學藝學部研究報告》（3），昭和二十七年（1952）9月发行。

第一节　序言

一

古代中国有官贱民与私贱民。而根据唐代法律，私贱民被分为部曲客女与奴婢两类[1]：（1）部曲客女是为生活所困，委身他家，受到供养；（2）所以他们不像奴婢那样成了"物"，也就不是买卖、赠予的客体，地位高于奴婢；（3）虽然客女只能当色为婚，但部曲可与良人女子结婚；（4）然而，他们在主家从事的劳动类型与奴婢相同，为奴隶型劳动，劳动成果均归主人所有；（5）所以主家给予他们的衣食费全部由他们自己负担[2]，只要尚未付清这笔衣食费，就无法回归良民的身份[3]；（6）此外，他们没有独立的户籍，无法担任公职，这一点与奴婢相同。法律上，奴婢与部曲客女间的差别归根结底是基于卖身或未卖身，可以说前者是奴隶[4]，后者是半奴隶。然而，在自古便有的奴婢外，像部曲客女这样的高级贱民是何时出现的，又经过了怎样的历程呢[5]？

目前，在这种男性被称作部曲、女性被称作客女的群体中，部曲的起源已有诸多学者有所讨论，就算仅列举其中主要者，也有沈家本、何士骥、玉井是博等诸氏的成果。上述成果的发表可谓嘉惠学林，但随着后来研究的进步，需要订正的部分也越来越多。我在昭和十四年（1939）七月十一日东方文化学院东京研究所的小型演说[6]，及昭和十五

---

1. 玉井是博：《唐の賤民制度とその由来》，收入《中国社會經濟史研究》。以及仁井田陞博士《中国身分法史》第八章部曲奴婢法。

2. 可参濱口重國：《唐の部曲客女と前代の衣食客》，见本书外篇第四篇。

3. 奴婢是否在赎金外还要负担衣食费，抑或奴婢的赎金内包括了他们的衣食费吗？这点有待日后研究。补注：由于私奴婢是主家的财物，相当于牛马，故而在赎金外不需负担衣食费。奴婢的衣食费相当于牛马的饲料、装具。

4. 此处所言并非部曲客女和奴婢的所有异同之处。而且，我说的始终是法律上的规定，实际上的情形也必须得到更充分的考虑。

5. 序言的"一"与第四篇第六节"一"的内容有所重复，故而略加改写。

6.《東方學報》（東京）10（1），1939年，汇报栏，小讲演会记事。

年（1940）十二月十八日东京大学东洋史谈话会上[1]，曾对诸先学之说加以批判。也因如此，我的一部分观点有幸被仁井田陞博士的名著《中国身分法史》采用。然而，距当时已过去了十余年，今日来看，我自己也感觉到我的讨论仍极不彻底，尚有不少谬误。因此，我想在此再次讨论部曲的产生过程，还请方家赐教。

二

汉代时已有了部、曲、屯等一系列用语，这些词汇本来表示的是队伍的规模，部指大队，曲指中队，屯指小队，用于形容多人组成的队伍。其中代表性的例子就是《续汉书》志二十四《百官志一》"将军不常置"条中"其领军皆有部曲。大将军营五部，部校尉一人，比二千石；军司马一人，比千石。部下有曲，曲有军候一人，比六百石。曲下有屯，屯长一人，比二百石"，用来表示军队编成的情况。

正因为部、曲有这种含义，不知不觉就出现了将部、曲连用，表示队伍、队列的用法，如《史记》卷一百九《李将军传》云"程不识正部曲行伍营陈，击刀斗"；班固《两都赋》[2]在叙述东汉围猎盛况时称"遂集乎中囿，陈师案屯，骈部曲，列校队"；《周礼·地官》"小司徒"之职"大役则帅民徒而至，治其政令"云云条郑注云"而至，至作部曲也"；《后汉书》卷十九《耿弇传》云"击富平、获索贼于平原，大破之，降者四万余人。（中略）弇悉收集降卒，结部曲，置将吏"等。不仅如此，"部曲"这一熟语甫一出现，就具备了派生含义，如《后汉书》卷十六《邓禹传》云"嘉（汉中王刘嘉）相李宝倨慢无礼，禹斩之。宝弟收宝部曲击禹"；同书卷三十八《度尚传》云"擢为荆州刺史。尚躬率部曲，与同劳逸"；《三国志》卷六《魏书·董卓传》云"时（何）进弟车骑将军苗为进众所杀，进、苗部曲无所属，皆诣卓"；同书卷五十二《吴书·张昭传附子承传》云"为濡须都督、奋威将军，封都乡侯，领部曲五千人"；吴韦曜撰《吴书》逸文[3]云"中郎将豫章徐

1.《史學雜誌》52（3），1943年，汇报栏，东洋史谈话会。

2. 据《后汉书》卷四十下《班固传》。

3.《三国志》卷六十一《吴书·潘濬传》裴松之注。

宗，有名士也，（中略）然儒生诞节，部曲宽纵，不奉节度"。这些例子中的"部曲"，指的是编成的队伍（部曲），或应被组编的整体将校士卒，也就是军队、部队、部下、将校、士卒的意思。又《后汉书》卷七十二《董卓传》云"又以故牛辅部曲董承为安集将军"，《三国志》卷六《魏书·袁术传》云"后为太祖所败，奔其部曲雷薄、陈兰于灊山"，同书《魏书·董卓传》云"与卓故部曲樊稠、李蒙、王方等，合围长安城"，这些例子中的"部曲"指的是隶属某人的将校士卒，乃至部下个人。顺便一提，随着这种用语上的变化，部、曲二字的原义后来几乎仅见于诗文、兵书等，渐渐远离了实用的范畴。

部、曲的原义，以及两汉三国时代作为熟语的部曲用法大致如上所述。毫无疑问，这一用语即是唐代对高级贱民称呼的渊源。因此，问题在于为什么部曲会变为对私贱民的称呼呢？诸先学正是对此煞费苦心。

第二节　诸前辈学者之说

首先，我想先引用沈家本氏《部曲考》[1]的主要内容：

推原其故，部曲本为军中之虚名通号，受命令于国家，所统之人与所属之人不相联系，既非所统之人之所能私有，亦非所属之人之所能私自相从。洎乎黄巾乱起，海内沸腾，一时豪强号召，徒党云合雾会。（中略）而斯时之部曲，或出于乡里收合，（中略）或出于临时合募，（中略）或出于互相并吞。（中略）又有废其将而分与他人者：（中略）自是某人之部曲遂各为某人之所私有，故《蜀志·先主传》注《英雄记》：布令备还州，并势击术。具刺史车马童仆，发遣备妻子部曲家属"。《李典传》："典宗族部曲三十余家，居乘氏，自请愿徙诣魏郡。太祖笑曰：'汝欲慕耿纯耶？'遂徙部曲宗族

---

1. 载《沈寄簃先生遗书·刑法考·刑法分考十五》。

万二千余口居邺。"《李通传》："为阳安都尉。太祖与袁绍相拒
于官渡。绍遣使拜通征南将军，通亲戚部曲流涕曰：'今孤危
独守，以失大援，亡可立而待也，不如亟从绍。'"《韩当传》：
"综内怀惧，载父丧，将母家属部曲男女数千人。"以上诸事，
并以部曲与家属、宗族、亲戚相连而及，此可证其为私有者
也。延及六朝，此风未革，如《陈书·高纪》"南豫州刺史沈
泰奔于齐，诏其部曲妻儿各令复业"，《文纪》"东扬州刺史张
彪起兵围临海，世祖与周文育轻兵往会稽，以掩彪后，彪将
沈泰开门纳世祖，世祖尽收其部曲家累"。亦以部曲与妻儿家
累同称，此等部曲几与奴婢为类，永远隶于私家，然其时尚
未有卑贱之明文也[1]。（下略）

又云：

　　然则《唐律》之部曲究为何等人？起于何时乎？（中略）
窃谓（中略）计自三国鼎峙，下至周、隋，此三百数十年间
兵祸未绝于世，一时将吏莫不各有部曲以自私，（中略）第其
初部曲虽供役私家而尚未沦于卑贱，故别于奴婢，而不混为
一等。洎乎朝移代易，荣悴不齐，此等人不供役公家，不系
名户籍，其妻儿衣食仍仰给私门，而部曲之称犹袭畴昔，于
是杂户、官户之外遂有此一项名目矣。此从名称上推测之如
此，此由于世变之迁流，固非一朝一夕之故也。（中略）此等
人原其家世，本非贱隶，不可与奴婢同科而论，其依赖之心、

---

1. 沈家本氏在此条后，引用了《晋书》卷一百十六《姚弋仲载记》"弋仲部曲马何罗博学有文
才"，同书卷一百十七《姚兴载记上》"苌死，（中略）硕德镇阴密，（中略）硕德将佐言于
硕德曰：'公威名宿重，部曲最强……'"以及同书卷一百十八《姚兴载记下》"谦（桓玄族
人桓谦），江左贵族，部曲遍于荆楚"等史料，指出"是部曲中大有人才，亦多旧时官属"，
主张虽然当时部曲（即私兵）持续贱民化，但部曲还未被明文划为私贱民，因此其中也有
相当杰出的人物。但如我所述，当时部曲一词延续的是前代的官私军队、将校士卒、部下
等含义，同时部曲一词指代的群体并未持续贱民化，因此将领豪杰旗下有杰出的人物也并
不奇怪。

服从之义，究难与良人同等。（下略）

仁井田博士认为沈氏此说较为稳妥，给予了相当高的评价。

接下来是何士骥的《部曲考》[1]。因为其内容颇长，我仅在此介绍要旨。何氏称：到了东汉末三国时代，比起官兵，"部曲"一词不如说更常用于私兵，最终变成了私兵的代名词。随着这一变化，私兵举家都世代隶属于主将（同时也是主人）之家，有事时作为私兵（部曲）跟随主人出征，无事时与奴隶一样受主人役使，从事贱役。由此，到了南北朝时代，私兵即部曲便明确地变为了良民之下的群体。这就是唐代法律中部曲的起源。

何氏的论考不仅引用了丰富的史料，其主张乍一看也颇为清晰，因此为国内外学者广泛认可，获得了"说到部曲考的话就会想到何士骥，说到何士骥的话就会想到部曲考"这种程度的评价。

何氏断定"部曲"一词后来变为私兵的代名词，关于这一点，不仅沈氏持相同意见，它也是讨论部曲的前辈同侪共同的观念。因此，我将从这里出发进行探讨。根据诸先学讨论部曲起源时的普遍见解，在东汉末至南北朝的混乱期，即使有官兵，也没什么必要讨论其数量，有权势者拥有的私兵反而独占鳌头。但是，这种观点是由于魏晋南北朝四百年间的军制史尚未开拓而产生的误解，如果仔细研究的话，与其他时代相比，魏晋南北朝时期的确私兵盛行，但若是除去高度混乱时期，不仅国家常备军齐整的时期更长，从数量上来看，私兵的规模也无法与官兵相比。通过迄今为止我尽绵薄之力所发表的论文[2]，这些事实已然渐渐得到证实。因此，我们不得不承认，"部曲一词变为后来私兵的代名词"这一诸先学的观点，从根本上就存在错误。

但是，不管军制的情况如何，如果能在史料中找到实证的话，部

---

1. 载《国学论丛》第一卷第一期，1927年。

2.《後漢末曹操時代に於ける兵民の分離》，《東方學報》（東京）（11）；《兩晉南朝に於ける兵戶と其の身分》，《史學雜誌》52（3）；《正光四五年の交に於ける後魏の兵制について》，《東洋學報》22（2）；《東魏の兵制》，《東洋學報》24（1）；《西魏の二十四軍と儀同府》，《東方學報》（東京）（8）（9）。后均收入《秦漢隋唐史の研究》。

曲一词后来专门表示私兵的说法就没有问题。然而，如以前我在《晋书武帝紀に見えたる部曲将・部曲督と質任》[1]、及《南北朝時代の兵士の身分と部曲の意味の變化に就いて》[2]二文中所详述的，至少直到南北朝末期，从史料上都无法认定那一事实。虽然在这一时代的史料中，"部曲"的字样不胜枚举，但那些全都与东汉末三国时代相同，表示的是军队、部队、部下、将校士卒、手下、队伍、队列等含义，自然也能表示官私双方的部队，而不是偏指一方。而且，此时没有史料能证明私兵（部曲）从良民渐渐沦落为贱民阶层，诸先学仅是立足于错误的先见，还只引用了有利于自己观点展开的史料。其中最具代表性的是何士骥说，不过在上引两篇论文中，我已详细地反驳了他的观点，所以在此我只想对沈氏论考的细节部分略作商榷。

　　沈氏的《部曲考》根据《三国志》卷三十二《蜀书·先主传》裴注中引用的《英雄记》以及《三国志》卷十八《魏书·李典传》、同卷《魏书·李通传》、同书卷五十五《吴书·韩当传》等史料，称"以上诸事，并以部曲与家属、宗族、亲戚相连而及，此可证其为私有者也"。《英雄记》一条记载，吕布趁刘备之虚，俘虏了刘备留守下邳城中的家眷与将兵（部曲）的家人，不过在二人议和后，吕布将这些人尽数返还刘备；《李典传》称，李典将自己乘氏县的宗族和部下（部曲）共三千余家、一万三千余人，转移至曹操霸府所在地邺城，当然，这些人也带着家人一起转移；《李通传》则称，李通的亲戚、部兵（部曲）恳切地劝说李通，应该答应豪杰袁绍的招抚；《韩当传》称，吴大将韩当之子韩综，率领家人、部下的将兵（部曲）及其家人亡命于魏。

　　沈氏特别指出，上引《英雄记》等史料将部曲与家人、宗族、亲戚等连用，但因为私兵携带家人居于主将所在地的例子并不少见，故而当有事发生时，史料自然会同时记载主将与其家人、部下与其家人的动向。沈氏并未详细讨论这种理所当然的现象，他想说的是私兵（部曲）携家人居于主将麾下，这证明他们渐渐变为大将的私有物。然

1.《東洋學報》27（3），1940年；见本书外篇第二篇。

2.《東方學報》（东京）12（1），1941年；见本书外篇第三篇。在此略作补充，时人有时也会延伸部曲的词义，将蛮夷君长所率部众称为部曲。

而，这一论点或许太跳跃了。即使是私兵，仅因那种原因也不至于变为大将的私有物，这些记载当然也无法证明私兵的私有物化。何况沈氏在前揭诸传的基础上，又附上了《陈书》卷三《世祖纪》一条与同书卷二《高祖纪下》永定二年三月甲子条诏，称"延及六朝，此风未革，（中略）亦以部曲与妻儿家累同称，此等部曲几与奴婢为类，永远隶于私家"，认为私兵（部曲）随即归私家所有，沦落为类似奴婢的身份。沈氏的观点或许可以说几乎脱离了史料。

第三节　家兵

一

由诸先学关于唐代法律中部曲形成过程的研究方法来看，他们是从前代史料中大量存在的部曲用例中，寻找部曲变为高级贱民称呼的经过。然而，除非将史料向有利于自己观点的方向解释，否则相符的材料其实并不存在。至北周时突然浮现一条相关史料，即《周书》卷六《武帝纪下》建德六年十一月条的记载：

> 诏自永熙三年七月已来，去年十月已前，东土之民，被抄略在化内为奴婢者；及平江陵之后，良人没为奴婢者：并宜放免。所在附籍，一同民伍。若旧主人犹须共居，听留为部曲及客女。

这条史料中首次出现了与唐代法律中部曲同义的"部曲"，但也仅仅是同义，从史料价值来说，我们只能知道北周末年，部曲一词已经渐渐变为私贱民的法制称呼，但如果想要考证称呼变化的过程，这条史料几乎起不到作用。如果真是这样，在研究唐代部曲形成的过程时，无论怎样从表面上探索部曲一词的用例，或许都是无用功。

但毋庸置疑，唐代的部曲应该溯源至诸前朝的部曲一词，同时因为"部曲"是男性私贱民的称呼，故而容易想见，相比前朝的官兵（官部曲），私兵（私部曲）一方与唐代部曲的关系更加密切。所以有鉴于此，可以说先学诸家着眼于魏晋南北朝时代私兵的做法是正确的。只是问题在于，应该将什么类型的私兵作为研究对象进行把握。

就算是私兵一类中也有万千样态。从担当一身一家护卫的、人数相对较少的私兵，到争霸天下、数万人的大部队，数量上来看跨度极大。而即使从性质上看，也有从以家人或自家贱民为主体建立的私兵，到加上宗族势力的，再到加上同乡同县的有志者或投募者的，再到加上穷民、降卒、降民等的私兵。像这样，纠合的范围逐渐扩大，私兵成为了大规模部队，这就连带着每个私兵的地位、身份、阶级都变得极为复杂。另一方面，从私兵给养的来源来看，有只依靠一家的经济能力维持的；有宗族、同志者、同乡同县者相互依靠、帮助，给予无报酬劳动的；有通过劫掠近邻以补充必要需求的；也有光明正大地私吞一县一郡的租税，或默认将私吞物资充当经费等诸多形态。还不仅是如此，还有商贾为了运送高价商品而组织的自卫部队[1]，富豪用于警备各处园宅所组织的巡视部队[2]，根据具体情况，用途也多种多样。何况，时代变迁时各有势者体现的政治立场不同，其私兵部队的复杂性就更增加了。比如对奉戴汉献帝、号令天下的曹操而言，可以说与他敌对的袁绍等群雄的军队全都只是私兵，但从群雄的角度来看，士兵的官私之别肯定是无所谓的。

即使只是对私兵稍作论述，所涉的范围也极大。过往的研究没有考虑到这一点，仅模糊地描绘私兵的全貌，却没有指出其间任何明确的区别，因此不管列举多少（前代的）私兵，想来也无法探知其与唐代部曲的关系。

二

两汉时代的显贵富豪基本上都蓄养着大量私贱民，也有不少仅一

1.《宋书》卷六《孝武帝纪》大明八年春正月甲戌条云："诏曰：'东境去岁不稔，宜广商货。远近贩籴米粟者，可停道中杂税。其以仗自防，悉勿禁。'"同书卷六十四《何承天传》所见上表的一节云"宜申明旧科，严加禁塞，诸商贾往来，幢队挟藏者，皆以军法治之"，可知商贾往来时，有时也会编制自卫部队或采取自卫手段，这样的例子在后世也不罕见。

2.《宋书》卷八十三《黄回传》记载，黄回被南朝宋太宗的恩幸之臣戴明宝雇用，率戴家私兵担任住宅、别墅的巡视队队长，云"以领随身队，统知宅及江西墅事"。顺便一提，黄回是身经百战的勇士，因事受罚，因戴明宝的帮助而被赦免，后来成为大将。

家就豢养着千人以上私贱民的案例。而且，贱民的用途大致有两种，一种是从事作为主家经济基础的各种生产性劳动，另一种是从事主家杂役，而后者中又有专门负责主家警备的群体。在主家眼中，他们身强力壮、忠诚勇敢，如《后汉书》卷二十六《宋弘传》所云"则（弘之子）子年十岁，与苍头共弩射，苍头弦断矢激，误中之，即死。奴叩头就诛，则察而恕之"，也有武艺出众之人扈从主人出入，如果主人要出征的话也有数人随同。此外，还有如《汉书》卷六十七《胡建传》所云："值昭帝幼，皇后父上官将军安与帝姊盖主私夫丁外人相善。外人骄恣，怨故京兆尹樊福，使客射杀之。客臧公主庐，吏不敢捕。渭城令建将吏卒围捕。盖主闻之，与外人、上官将军多从奴客往，犇射追吏，吏散走。主使仆射劾渭城令游徼伤主家奴。"即作为主人的部下进行私斗。另外，私家宾客群中也有身怀武艺，服务主家的人[1]。他们在关键时刻负责指挥贱民爪牙，一同参与暴乱（例如上揭胡建的例子）的事例也不少见。

两汉时，除去新莽倒台、东汉再兴时的混乱时期，大体上国内一直持续和平状态，故而可以认为一家基本不会蓄养太多贱民爪牙。可是到了东汉末年，政治、社会日渐动荡不安，不仅大小流贼开始横行，不久后甚至演变成了群雄割据的局面。所以毫无疑问，出于自卫的必要，有势力者的贱民爪牙又渐渐扩大，而当时又如何称呼这种私兵呢？《后汉书》卷七十一《朱隽传》云：

> 会交阯部群贼并起，（中略）光和元年，即拜隽交阯刺史，令过本郡（即会稽郡）简募家兵及所调，合五千人，分从两道而入。
>
> 贼帅常山人张燕，（中略）后渐寇河内，逼近京师，于是出隽（当时朱隽身为中央的大官，身居京城洛阳）为河内太守，将家兵击却之。

---

1. 濱口重國：《唐の部曲客女と前代の衣食客》，《山梨大學學藝學部紀要》（1），1952年，第二节；见本书外篇第四篇。

同书卷七十四上《袁绍传》中所记袁绍向汉献帝的上书中陈述了自己在宦官作乱时奋战的经历：

> ……元帅受败，太后被质，宫室焚烧，（中略）臣独将家
> 兵百余人，抽戈承明，竦剑翼室，虎叱群司，奋击凶丑……

其中也能见到"家兵"的字样。

　　想来，家兵以自家的私贱民为主体，由家人及宾客中的勇武者等为指挥组成，也就是方才我逐渐提炼出的"私家爪牙"，《朱隽传》唐章怀太子注云"家兵，僮仆之属"，其解释应较为妥当。东汉光武帝时大幅紧缩军备，除了边境以外，地方警备变得极为薄弱。时至东汉末，从前出现的缺陷彻底暴露，王朝难以讨伐大小流贼，这也更加剧了士庶的不安，促进了汉朝的崩溃[1]。另一方面，地方的治安维持除了仰仗大小有势者的实力外已别无他法。因此，私家的私贱民爪牙（即家兵）的数量自然骤然增加，训练与装备也日渐精良。这些家兵不只负责主家的护卫，更成为了一县一乡治安维持的根本，主人出征时，还能够出动大规模的家兵亲卫队[2]，上揭《朱隽传》《袁绍传》或正可说明这一点。

三

　　以自家贱民为主体的私兵（家兵）自然由一家的经济供养，所以可以说他们是私兵中的私兵。我在多种多样的私兵中将这种私兵列为研究对象，希望能关注他们在魏晋南北朝时代的活动状况。

　　《三国志》卷一《魏书·武帝纪》建安二十三年春正月"汉太医令吉本与少府耿纪、司直韦晃等反，攻许，烧丞相长史王必营，必与颍川典农中郎将严匡讨斩之"条裴注云：

> 三辅决录注曰：（中略）时关羽强盛，而王（即曹操）在

---

1. 濱口重國：《光武帝の軍備縮少と其の影響》，《東亞學》（8），1943年。后收入氏著《秦漢隋唐史の研究·上卷》。
2. 两汉和平时期，因为官兵齐整，即使主人让若干贱民爪牙随行，但多数人仍没有从军。

邺，留必典兵督许中事。文然（吉本之子）等率杂人及家僮千余人夜烧门攻必……

同书卷九《魏书·曹洪传》云：

扬州刺史陈温素与洪善，洪将家兵千余人，就温募兵，得庐江上甲二千人，东到丹杨复得数千人……

同书卷十六《魏书·任峻传》云：

任峻字伯达，河南中牟人也。（中略）会太祖起关东，入中牟界，（中略）以归太祖。峻又别收宗族及宾客家兵数百人，愿从太祖。

同书卷十八《魏书·吕虔传》云：

吕虔字子恪，任城人也。太祖在兖州，（中略）以为从事，将家兵守湖陆。（中略）以虔领泰山太守。（中略）袁绍所置中郎将郭祖、公孙犊等数十辈，保山为寇，百姓苦之。虔将家兵到郡，开恩信，祖等党属皆降服……

同书卷五十五《吴书·甘宁传》裴注云：

吴书曰：宁将僮客八百人就刘表。

《晋书》卷四十二《王浑传》云：

楚王玮将害汝南王亮等也，公孙宏说玮曰："（中略）今举非常事，宜得宿望，镇厌众心。司徒王浑宿有威名，为三军所信服，可请同乘，使物情有凭也。"玮从之。浑辞疾归第，以家兵千余人闭门距玮。玮不敢逼。俄而玮以矫诏伏诛，浑乃率兵赴官。

同书卷五十七《张光传》云：

张光字景武，江夏钟武人也。（中略）少为郡吏，家世有部曲……

同书卷五十八《周勰传》云：

勰字彦和。常缄父言。时中国亡官失守之士避乱来者，多居显位，驾御吴人，吴人颇怨。勰因之欲起兵，潜结吴兴郡功曹徐馥。馥家有部曲，勰使馥矫称叔父札命以合众，豪侠乐乱者翕然附之……

同书卷七十六《顾众传》云：

苏峻反，王师败绩，众还吴（顾众为吴郡人），潜图义举。（中略）众乃遣郎中徐机告谟（即吴国内史蔡谟）曰："众已潜合家兵，待时而奋，又与张悊克期效节。"谟乃檄众……

同书卷八十四《殷仲堪传》云：

义旗建，（子简之）率私僮客随义军蹑桓玄。玄死，简之食其肉（殷仲堪因桓玄被杀）。

同书卷九十六《列女·虞潭母孙氏传》云：

及苏峻作乱，潭时守吴兴，又假节征峻。孙氏戒之曰："（中略）汝当舍生取义，勿以吾老为累也。"仍尽发其家僮，令随潭助战，贸其所服环珮以为军资。

同书卷一百《王弥传》云：

> 惠帝末，妖贼刘柏根起于东莱之惤县，弥率家僮从之……

《宋书》卷五十七《蔡兴宗传》中记载，前废帝即位后极为凶暴，京师衣冠人人自危，此时蔡兴宗劝说太尉沈庆之奋起反抗：

> 庆之曰："（中略）正当委天任命耳。加老罢私门，兵力顿阙，虽有其意，事亦无从。"兴宗曰："（中略）殿内将帅，正听外间消息，若一人唱首，则俯仰可定。况公威风先著，统戎累朝，诸旧部曲（指沈庆旧部诸将），布在宫省，宗越、谭金之徒，出公宇下，（中略）且公门徒义附，并三吴勇士，宅内奴僮，人有数百。……"

同书卷六十九《范晔传》云：

> 广州人周灵甫有家兵部曲……

《南史》卷六《梁本纪上·高祖纪》中记载了南朝宋末的故事：

> 皇考，讳顺之，字文纬，（中略）袁粲之据石头，黄回与之通谋，皇考闻难作，率家兵据朱雀桥……

《南齐书》卷二十四《张瓌传》云：

> 吴郡吴人也。（中略）升明元年，刘秉有异图，弟遐为吴郡，潜相影响。因沈攸之事难，聚众三千人，治攻具。太祖密遣殿中将军卞白龙令瓌取遐。诸张世有豪气，瓌宅中常有

父时旧部曲数百。遐召瓛，瓛伪受旨，与叔恕领兵十八人入郡，与防郡队主强弩将军郭罗云进中斋取遐，遐逾窗而走，瓛部曲顾宪子手斩之，郡内莫敢动者。

《梁书》卷二十八《裴之高传》云：

> 时魏汝阴来附，敕之高应接，（中略）士民夜反，逾城而入，之高率家僮与麾下奋击，贼乃散走。

又同书卷五十一《处士·张孝秀传》记载，张孝秀虽然举兵反对刺史陈伯之的叛乱，但最终兵败，不得不逃走。然而，由于陈伯之抓获并残酷杀害了张母郭氏，张孝秀因此诚心皈依佛道，山居东林寺，与之前举兵时的数百家兵一同耕作田地数十顷，以田地的收获供养众僧[1]：

> ……归山，居于东林寺。有田数十顷，部曲数百人，率以力田，尽供山众，远近归慕，赴之如市。

《陈书》卷十三《荀朗传》云：

> 高祖崩，宣太后与舍人蔡景历秘不发丧，朗弟晓在都微知之，乃谋率其家兵袭台。事觉，景历杀晓……

《魏书》卷四十四《宇文福传》云：

> （福子延）以父老，诏听随侍在瀛州。属大乘妖党突入州城，延率奴客战，死者数人，身被重创……

《北齐书》卷二十五《张亮传》中记载了北魏末年尔朱兆被高欢击败而

---

1. 张孝秀归隐山林一事据《南史》卷七十六。

自杀时的事：

> 及兆败，窜于穷山，令亮及仓头陈山提斩己首以降，皆
> 不忍，兆乃自缢于树。

同书卷二《神武纪下》武定元年三月条记载，高欢与西魏战于芒山：

> 西师尽锐来攻，众溃，神武（即高欢）失马，赫连阳顺
> 下马以授神武，与苍头冯文洛扶上俱走……

《北史》卷三十一《高昂传》中记载了高昂在芒山之役中战死前后之事：

> 是役也，昂使奴京兆候西军。京兆于傅婢强取昂佩刀以
> 行，昂执杀之。京兆曰："三度救公大急，何忍以小事赐杀？"
> 其夜，梦京兆以血涂己。寤而怒，使折其二胫。（中略——叙
> 述了芒山战况）西人尽锐攻之，一军皆没。昂轻骑东走河阳
> 城，太守高永洛先与昂隙，闭门不受。昂仰呼求绳，又不得，
> 拔刀穿阃，未彻，而追兵至。伏于桥下。追者见其从奴持金
> 带，问昂所在，奴示之。昂奋头曰："来，与尔开国公！"追者
> 斩之以去。

《北齐书》卷十四《平秦王归彦》云：

> 及武成即位，进位太傅，领司徒，常听将私部曲三人带
> 刀入仗[1]。

同书卷十七《斛律光传》中记载了北齐首屈一指的名将斛律光因谗言
被赐死一事：

---

1. 指对平秦王归彦的特殊待遇，即允许他在进入宫殿时有带刀部曲三人随从。

> 会丞相府佐封士让密启云：“（中略）家藏弩甲，奴僮千数，每遣使丰乐、武都处，阴谋往来。若不早图，恐事不可测。”

同卷其子羡传云：

> 临终叹曰：“富贵如此，女为皇后，公主满家，常使三百兵，何得不败！”

上述是东汉末群雄争霸时到南北朝末期间的史料[1]。就算在家兵中，贱民的数量也不一定多于良民，不过上述史料或许足以证明，在这个战乱不绝的时代，一些勇敢的私家贱民作为家兵，开展了相当惊人的活动[2]。而且，这一时代延续汉代的情况，私贱民继续增加，但终究只有有势者才能蓄养一二千贱民，而这种有势者的数量极为有限。同时对家兵来说，最优先的是从事生产，他们必须致力于自家经济基础的稳定。所以即使主家在极为困难时能动员良贱拿起武器，组织起千人的家兵部队，但很明显，由于家兵的消费巨大，就算是豪富之家也很难维持如此大规模的家兵部队。因此，私家常备家兵的最大规模基本以三四百人为限这一观点可能较为妥当，不过数十人规模的部队当然也并不少见。另外，《魏书》卷七十七《高谦之传》云，“上疏曰：（中略）自正光已来，边城屡扰，命将出师，相继于路，（中略）妄称入募，别倩他人引弓格，虚受征官。身不赴陈，惟遣奴客充数而已”。这虽然不是积极地将贱民充作家兵，而是利用不正当手段的案例，不过应该可以认为私贱民在军事上的用途拓宽了。

---

1. 本节引用的诸史料中，《三国志·吴书·甘宁传》裴注引《吴书》或《晋书·殷仲堪传》中的“僮客”，及《魏书·宇文福传》和《高谦之传》中的“奴客”，如《唐の部曲客女と前代の衣食客》中所详论的，有可能仅是奴和客的连用，也有可能指私家所有的贱民和卑贱的佣客、佃客等，具体情况必须具体判断。
2. 通观魏晋南北朝时代，起初高门贵族自己领兵行动的现象并不罕见，但其后社会对贵族的评价日益提高，相反他们则大多嫌恶俗世，远离武事。与此相对，门第低下的在地豪族或许开始显示其实力。

第四节　唐代法律中部曲的形成过程

一

私家的爪牙被称为家兵，显然只是因为同一时代的官私军队、将校、士卒、部下都被称为部曲，所以他们无疑也被称作部曲。而在前节引用的诸史料中，《晋书·张光传》载"家世有部曲"，同书《周觊传》云"吴兴郡功曹徐馥（中略）有部曲"，《宋书·范晔传》云"有家兵部曲"，《南齐书·张瑰传》云"瑰宅中常有父时旧部曲数百"，《梁书·张孝秀传》载"有田数十顷，部曲数百人，率以力田"，《北齐书·平秦王归彦传》云"常听将私部曲三人带刀入仗"，这种称呼在史料中也很明确。

另外，在家兵（即私家部曲）的构成中，除了家内成员外，也有不少雇来的武艺高强者成为了家兵的指挥官，然而贱民仍占绝对多数，家兵中的代表应该是贱民部曲。不仅如此，对于身为指挥官的主人及武艺高强者们而言，作为部下的贱民就是自己的部曲（部下）。长此以往，"各家的部曲"就理所当然地开始专指作为家兵的贱民，如果说"他是甲家的部曲"，就相当于说"他是甲家的贱民"，这种现象亦不足为奇。正因如此，我认为这是后来"部曲"一词变为法律上对私贱民称呼的重要原因。

那么，为什么部曲成了对高级男性贱民的称呼呢？这是接下来需要考察的问题。自古以来就有将私家贱民解放为良民的行为，即放贱为良。其中有些是因王朝的命令而施行的，也有的是基于私家的意志。不过在后者的情况下，因为贱民年老后就难以役使，养到老死也很麻烦，所以也可能有恶主以解放的名义抛弃年老的贱民。然而，由于可能受到世人的指责，主人以这种理由随意放贱为良是颇为困难的。他们多数是为了报答贱民多年的劳苦，出于回报恩情的动机才这么做。主家中，也有如《魏书》卷七十七《高谦之传》"好于赡恤，言诸无亏。居家僮隶，对其儿不挞其父母，生三子便免其一，世无凭黩奴婢，常称俱禀人体，如何残害"那般奇特的主人公。此外，如果只是单纯地解放了奴婢，有亲属者尚可，否则这些人反而会为明日的食粮所困。因此主家会提拔他们为自家的佣人或佃户，或给予他们其他工作。

　　然而私家贱民中的部曲时常面临生命危险，可谓是豁出性命的工作。《北齐书》卷十一《广宁王孝珩传》中讲述了北齐被北周军队入侵后灭亡时的情况，"齐叛臣乞扶令和以稍刺孝珩坠马，奴白泽以身扞之，孝珩犹伤数处，遂见虏"；《周书》卷十九《王雄传》中记载，保定四年，王雄在邙山与北齐明将斛律光（字明月）进行一对一的厮杀，"明月退走，雄追之。明月左右皆散，矢又尽，惟余一奴一矢在焉"，由此可见，贱民部曲跟随主人奋勇作战。因此，为了回报他们的劳苦，部曲被放为良民的概率自然高于其他贱民[1]。另外，在放为良民的部曲中，也有人凭借主家的上奏，从朝廷获得官职。如《周书》卷二十五《李贤传》中，李家的贱民部曲也在有功者之列，对于已从李家被解放为良民的五人，朝廷授予他们军主之官；还未被免贱的十二人则由朝廷亲自出钱赎作良民，史料云：

> 令中侍上士尉迟恺往瓜州，降玺书劳贤，（中略）又拜贤甥厍狄乐为仪同。贤门生昔经侍奉者，二人授大都督，四人授帅都督，六人别将。奴已免贱者，五人授军主，未免贱者十二人酬替放之（北周保定年间事）。

而且，《隋书》卷四十《梁士彦传》云，"至河阳，与迥军相对。令家僮梁默等数人为前锋，士彦以其徒继之，所当皆破（讨伐尉迟迥之际）"，又云：

> 梁默者，士彦之苍头，骁武绝人。士彦每从征伐，常与默陷阵。仕周，致位开府。开皇末，以行军总管从杨素北征突厥，进位大将军。汉王谅之反也，复以行军总管从杨素讨平之，加授柱国。大业五年，从炀帝征吐谷浑，遇贼力战而

---

1. 虽说如此，这只是相对性的说法，将部曲放为良民当然没有那么简单。

死，赠光禄大夫。

像梁默就是从私家贱民部曲成为柱国行军总管，直到最后死后受赠光禄大夫之官[1]。

比放贱为良更重要的是，部曲是主家重要的爪牙，平日勤于武艺，一旦发生紧急情况就要豁出性命，执行任务，所以与非部曲的贱民相比，主家可能会给予部曲若干较好的待遇。而且，就算是因老病负伤等理由不堪为部曲者也无法改变身份——或许也有人因此被解放为良民——不仅如此，我推测只要本人曾一度获得优待，这些条件也会为其子孙继承。当然，这种情况最初可能只是个别现象，但长此以往，这些人自然就在社会上开始聚合，虽然同是贱民，但部曲及其子孙被

1.《北齐书》卷五十《恩幸·韩宝业传》载："高祖时有苍头陈山提、盖丰乐、刘桃枝等数十人，俱驱驰便僻，颇蒙恩遇。天保、大宁之朝，渐以贵盛，至武平时皆以开府、封王，其不及武平者则追赠王爵。（中略）苍头始自家人，情寄深密，及于后主，则是先朝旧人，以勤旧之劳，致此叨窃。"在高祖高欢掌握东魏实权的时代，作为高家私奴驰骋战场者甚多，他们渐蒙恩宠以至开府封王，《恩幸传》评价道："甚哉齐末之嬖幸也，盖书契以降未之有焉。"

《南齐书》卷三十八《萧景先传》中收录了景先永明五年出征讨伐雍州地区蛮房，遇疾而卒时的遗言，曰："（中略）毅虽成长，素阙训范。贞等幼稚，未有所识。方以仰禀圣明，非残息所能陈谢。自丁荼毒以来，妓妾已多分张，所余丑猥数人，皆不似事。可以明月、佛女、桂支、佛儿、玉女、美玉上台，美满、艳华奉东宫。私马有二十余匹，牛数头，可简好者十匹、牛二头上台，马五匹、牛一头奉东宫，大司马、司徒各奉二匹，骠骑、镇军各奉一匹。应私仗器，亦悉输台。六亲多未得料理，可随宜温恤，微申素意。所赐宅旷大，恐非毅等所居，须丧服竟，可输还台。刘家前宅，久闻其货，可合率市之，直若短少，启官乞足。三处田，勤作，自足供衣食。力少，更随宜买粗猥奴婢充使。不须余营生。周旋部曲还都，理应分张，其久旧劳勤者，应料理，随宜启闻乞恩。"

"分张"一词出现了两次，而《宋书》卷七十四《沈攸之传》所载朝廷讨伐沈攸之的檄文一节云"留其长息元琰，以为交质，父子分张，弥积年稔"；《魏书》卷二十一下《彭城王勰传》云"但在南百口，生死分张，乞还江外，以申德泽"；《南齐书》卷三十二《张岱传》云"未拜，卒。年七十一。岱初作遗言，分张家财，封置箱中"；《唐六典》卷六"刑部都官"条原注载"诸官奴婢赐给人者，夫、妻、男、女不得分张"。除上述外，史料中还能举出多个例子，意思是别离、分离、分割等。

那么，萧景先遗言开头云"自丁荼毒以来，妓妾已多分张，所余丑猥数人"，结尾曰"……部曲还都，理应分张，其久旧劳勤者，应料理，随宜启闻乞恩"。如果此处的部曲指代的是景先家兵，意思就是自己的丧枢还都之时，就让从军的贱民部曲各自分张，成为自由身，尤其是长期劳动之人可以向天子上奏（景先是南齐宗室一员），请求随宜拔擢。但此时募兵盛行，长期跟随主将的兵士（部曲）很多，因此难以推断。若得赐教，实为幸事。

视作更高级的群体，应享有的待遇条件也基本固定下来。而且，如果这种状态进一步发展，也会促进从来只存在奴婢一类的私贱民阶级中产生被称作"部曲"的高级贱民——不论与部曲（家兵）这一职务有没有实际关系，这是显而易见的道理。

二

虽然话题有所改变，不过迄今为止，学者们都致力于部曲的研究，所以我原本认为与之相对应的客女的研究应该也很盛行，可事实并非如此，长期未解决的问题仍被束之高阁。我发表于《山梨大學學藝學部紀要》第1号的论文《唐の部曲客女と前代の衣食客》可能是最早研究这一问题的成果。该论文自然有不足之处，我也想听取诸家意见，并进行补正。全文梗概如下：至两汉为止，法律上的私贱民中只有奴婢一类，之后最迟至东晋初，出现了奴婢以外的高级贱民；最晚至南朝宋，对高级贱民的称呼"衣食客"被固定下来。然而，衣食客中应有衣食客男和衣食客女，那么毫无疑问，唐代法律上的客女是衣食客女，同时可以推定，部曲与衣食客男是同类异名。

仅就上述梗概来看，我认为没有问题。既然如此，我们自然应该通过考察与衣食客的关联，从而探讨唐代法律中部曲的由来。不过，为便于讨论的推进，我将先探讨部曲一词明确成为高级贱民法制称呼的时期。

就像我曾多次讨论过的那样，就史料中出现的部曲一词来看，其意为官私军队、部队、将校、士卒、部下、队伍、队列等。在北周建德六年十一月的诏敕之前，史料中并不存在上述含义之外的不同用法，关于这一点，我将在下文稍作详细论述。

总述北朝情况的史书有《魏书》《北齐书》与《周书》。《魏书》是北齐天保五年（554）三月时奉上的史书，《北齐书》《周书》编纂于唐初，但编纂时当然也有可以依据的史料。那么，从年代上来考察三部史书共数十处"部曲"记载的话，其中北齐武成帝即位时的记载[1]与北

1.《北齐书》卷十四《平秦王归彦传》云："武成即位，进位太傅，领司徒，常听将私部曲三人带刀入仗。"

周武帝天和元年时的记载[1]年代最晚[2]。慎重起见,《北史》中最后一次出现部曲是在北齐河清天统年间[3]。也就是说,只有在北齐与北周对立时才能见到部曲一词,此后,它就基本在正史中消失了[4]。与这种史料上的情况相对,北周建德六年(577)的诏敕中,出现了与迄今为止的"部曲"含义完全不同的"部曲"一词,即指高级贱民。其后,如《隋书》卷二十四《食货志》云"炀帝即位,是时户口益多,府库盈溢,乃除妇人及奴婢部曲之课",《北史》卷六十一《窦荣定传》云"及受禅,来朝,赐马三百匹、部曲八十户[5]遣之"[6]所述,正史中不断出现专指高

---

1. 《周书》卷四十三《陈忻传》云"天和元年,卒于位。(中略)子万敌……领其部曲"。陈忻其人拥有大量私兵,为朝廷允许,受任长期镇守地方的人,此处的部曲是比家兵规模更大的私兵部队。

2. 《周书》卷三十六《令狐整传》云:"孝闵帝践祚,(中略)初,梁兴州刺史席固以州来附,太祖以固为丰州刺史。(中略)犹习梁法,凡所施为,多亏治典。朝议欲代之,(中略)遂令整权镇丰州,(中略)数月之间,化洽州府。于是除整丰州刺史,以固为湖州。(中略)整请移治武当,诏可其奏。(中略)城府周备。固之迁也,其部曲多愿留为整左右,整谕以朝制,弗之许也,流涕而去。及整秩满代至,民吏恋之,(中略)其得人心如此。"乍一看,此条是北周受禅后有关部曲的事例之一,而对照同书卷四十四《席固传》,令狐整取代席固被任命为丰州刺史是在太祖宇文泰在世时。大概是《令狐整传》在叙述孝闵帝践祚之事后,用"初"回溯,叙述令狐整丰州时代的经历。

3. 除了《北齐书》《周书》中所见者外,《北史》卷五十四《斛律羡传》"河清三年,为都督、幽州刺史。(中略)天统元年五月,(中略)在州养马二千匹,部曲三千,以备边"的记载时代最晚。

4. 中唐以后,再次出现了用部曲一词表示军队、部下的例子,但这些大多在本文讨论范围外,故不论及。

5. 此条据百衲本、同治八年岭南本、五局合刻本《北史》。高祖受禅后赐予元勋窦荣定的八十户部曲或许就是之前杨家所有的部曲。此外,何兹骥氏对此指出,"奴婢与杂物(如牛马等)赐人,屡见,(中略)盖此时部曲,已完全与奴婢类似矣"。此说大体可取,虽说用的是"赐",但其意思也很广泛,不能说部曲与法律上成为买卖客体的奴婢一样,完全被作为物对待。再者,《北史》云"八十户",但《隋书》卷三十九则作"八千户"。我在旧文《南北朝时代的兵士的身分と部曲の意味の变化について》(见本书外篇第三篇)中,采用《隋书》"八千户"一说的同时,认为此处的部曲是作为窦荣定的部下被授予的军队士兵,但这是错误的。附带一提,《册府元龟》卷三百三《外戚部四》"褒宠"条云"部曲八十二人"。亦参本页注3。

6. 虽然很难判断《窦荣定传》中的部曲为何,但据本书主篇第六章第一节第二项的讨论结果,此处的部曲是士兵的意思,或许也是使用部曲古义的一例。

级贱民的"部曲"一词[1]。这一现象非常有趣[2]，并非偶然，因此我们基于该事实推测，北朝"部曲"一词被用为私贱民法制称呼的时期，应当追溯至距建德六年不远。谨慎起见，略作补充，在"部曲"表示官私军队、将校、士卒、队伍、部下等含义的时代，"部曲"一词常于正史中出现，相对的，当"部曲"成为高级贱民的法制称呼后，这种用法自然就迅速减少了。

另一方面，在南朝的史料中，至陈朝末年为止，部曲的含义与从前别无二致，并没有发生如北朝末年般变化的迹象。就算北朝已经将"部曲"

---

1. 虽然正史以外的诸史料中也有部曲一词，但几乎用的都是原本的含义。《太平广记》卷二百三十《器玩二》"王度"条载"大业八年（中略）其年冬，兼著作郎，奉诏撰史，欲为苏绰立传。度家有奴曰豹生年七十矣。本苏氏部曲，颇涉史传，略解属文，见度传草，因悲不自胜。度问其故，谓度曰，豹生常受苏公厚遇，今见苏公言验，是以悲耳"云云。苏绰是东魏权臣宇文泰的名臣（文官），当时战乱频繁，各种身份的人都贱民化了，因此豹生这种多少懂得文章之人也有可能成为了苏家的部曲（私贱民）。另一方面，也可以解释为苏绰虽是文官，也会被赐予若干官兵作为警卫，故豹生本为苏绰的兵士，后来成为私贱民（此外还能有别的解释），因此，难以判断此处的部曲是新旧哪种含义。补注：《太平广记》的部曲或许是苏家的家兵部曲。

　　唐代温大雅的《大唐创业起居注》卷二秋七月条云"帝乃将世子及敦煌公等，率家僮十数，巡行营幕，次比器仗精粗，坐卧饮食，粮禀升斗，马驴饥饱，逮乎仆隶，皆亲阅之。如有不周，即令从人借助，亦不责所属典司"，可知李渊起兵时军中存在大量私贱民。《起居注》其后叙述完攻取霍邑的情况，又云："遂平霍邑，帝视战地，怆然谓左右曰，（中略）其破霍邑，攻战人等有勋者，并依格赏，受事不逾日。惟有徒隶一色，勋司疑请教，曰义兵取人，山藏海纳，逮乎徒隶，亦无弃者。及著勋绩，所司致疑，览其所请，可为太息，岂有矢石之间，不辨贵贱，庸勋之次，便有等差，以此论功，将何以劝，黜而为王，亦何妨也。赏宜从重，吾其与之。诸部曲及徒隶征战有功勋者，并从本色勋授。"徒隶是仆隶、奴隶的意思，但前面的两处徒隶说的是从军的私贱民整体，后面的"诸部曲及徒隶征战有功勋者，并从本色勋授"，我认为应解释为"命令将徒隶分为高级贱民部曲和低级贱民奴（徒隶），各从本色勋授"。这样的话，本条可以作为唐创业前使用新含义的部曲之例。补注：有可能《大唐创业起居注》的部曲指的是良民士兵，徒隶则指贱民士兵。此外，还可参本书第六章第二节第二项。

2. 《隋书》所见部曲一词，以及冠以部曲一词者可见四处。其一是本文原文指出的《食货志》的部曲，其二是卷三十九《窦荣定传》的部曲（参照上页注6），都是新含义的部曲（本页注1）。剩下两处是卷六十四《陈稜传》的"帐内部曲"和卷六十五《周法尚传》的"部曲督"，但《陈稜传》的帐内部曲并非隋朝官职，而是陈稜仕于南朝时的官职，《周法尚传》的部曲督如在下页注1中所言，是陈朝的官名。正如随着论述推进而逐渐明确的那样，在北周末以前不久，北朝将部曲一词定为法律上对私贱民的称呼，相较之下，直到陈朝末期，南朝至少在法律上一直没有出现这样的变化。因此，南朝存在帐内部曲（亲卫部队的意思）或是部曲督（原为部队督将校的官名，后变为表示武官位阶的名号）不足为奇，而《隋书》中只有关于南朝的记载才会出现这种古义的部曲用例，这点也颇为有趣。

一词定为私贱民法制上的称呼，南朝还是在武官名中冠上"部曲"一词，例如在官制上设置"部曲督"[1]之类的官职并实际行用，此事确有其证[2]。无须赘言，国家不可能一边制定并且实际采用作为武官名的"部曲督"，一边又将部曲一词定为法制上对私贱民的称呼。因此，可以断定南朝不仅在史料上，而且实际上也没有将"部曲"用作私贱民法制上的称呼。

回过头来看，我在其他论文中讨论过，"在东晋初，私贱民中已经出现了二等之别；最晚至刘宋，衣食客被定为法制上对高级贱民的称呼。"将这一事实与南北两朝部曲的用例相对照，应该可以得出结论：在南朝，直至其末年，法制上对高级贱民的称呼一直都是衣食客。然而北朝又是什么情况呢？根据江南王朝的史料，朝廷在法制上确立了衣食客与奴婢的二等之别，但北朝一方却没有能证实这一点的史料。不仅如此，先不论名称如何，北朝在建德六年十一月的诏敕之前，连有没有在私贱民中设立二等之别都不清楚。就算参照著名的北魏均田法与北齐河清三年的给田法，虽然它们详细地规定了对私贱民的授田规则，但其中只出现了奴婢一类。这一事实或许否定了北朝私贱民中二等之别的存在。

然而北朝直到末期都没有建立二等之别的说法，只是就法律上而言是如此。南北朝时代，政治、社会、经济交流频繁，北朝的民间（即使不是民间整体）可能也会像南朝那样将私贱民分为二等，并将高级贱民称为衣食客，这种理解或许才是妥当的。另一方面，如本节第一项中推

---

1. 如旧文《晉書武帝紀に見えたる部曲将·部曲督と質任》（本书外篇第二篇）中论明的那样，从三国鼎立时，朝廷已设立部曲将或部曲督这些武官。这种武官名存在于南朝时代，陈朝也如《隋书》卷十一《礼仪志六》陈天嘉初制定舆服之制所示，有"部曲督、司马吏、部曲将，铜印环钮，朱服，武冠"的设置，部曲督原本是武官的职名，但后来变为表示武官的位阶。

2. 《隋书》卷六十五《周法尚传》中记载，陈朝周炅之子周法尚计划北投，被周宣帝赐予开府、顺州刺史、归义县公的官爵后，因陈将樊猛发动攻击，周法尚与部下部曲督韩明合谋，用计大破敌军："迁使持节、贞毅将军、散骑常侍，领齐昌郡事，（中略）陈宣帝执禁法僧（法尚之兄），发兵欲取法尚。其下将吏皆劝之归北，（中略）遂归于周。宣帝甚优宠之，拜开府、顺州刺史，封归义县公，（中略）陈将樊猛济江讨之，法尚遣部曲督韩明诈为背己奔于陈，伪告猛曰：'法尚部兵不愿降北，人皆窃议，尽欲叛还。若得军来，必无斗者，自当于阵倒戈耳。'猛以为然，引师急进。（中略）猛于是大败……"陈朝存在部曲督这一官名（本页注1），但北朝的北周并没有设置，因此，此条的部曲督显然是陈的官名，在周王朝允许周法尚北投后，周法尚部下的官名从陈之旧，原样留存于史料记载中。周法尚北投发生在周宣帝时期，而宣帝是武帝后即位的天子。

断的那样，同一时期，由于其他原因，在民间渐渐形成了将私贱民分为二等，并将高级贱民称作部曲的倾向。这样的话，后来北朝在法律中新承认了私贱民的二等之别时——基本可以追溯到距建德六年不远——低级贱民像以前那样被称作奴、婢，高级贱民中的男性则采用"部曲"这一称呼。此时，朝廷认为将女性一方也称作部曲并不合适，就规定以衣食客的"客女"来称呼她们。或许可以推断，当时在民间，"部曲"与"客女"正渐渐成为对男女高级贱民的普遍称呼[1]。

---

1. 如果在民间设立私贱的二等之别，再逐渐普及的话，由于主奴间产生的各种问题必须由法律处理，故而总有一天，朝廷不得不在法律上承认二级的区别，但我认为那是需要某种契机的。

　　北魏一统华北以来，国内保持着比较平静的状态，但以孝明帝时北镇叛乱为契机，北魏分裂为东西两魏，互相攻打。而且因为北朝和南朝的战争也非常激烈，由于贫困、掠夺、俘虏等原因变成贱民的人数自然有所增加。其中最有名的事件是西魏趁梁末大乱之际攻打在江陵的梁元帝萧绎，将江陵的王公百官士庶共十余万人掳回北方，他们大部分成为了官有贱民，或者作为私贱民被赐给公卿百官。另外，北周建德六年二月平齐时也俘虏了大量人口作为贱民。

　　按照史书记载，西魏北周在这三朝鼎立时得到了最多的俘虏，因此可以说它的贱民增加率最高，而另一方面，北周频繁地解放官私贱民。例如《周书》卷五《武帝纪上》保定五年六月辛未条云："诏曰：'江陵人年六十五以上为官奴婢者，已令放免。其公私奴婢有年至七十以外者，所在官司，宜赎为庶人。'"同书卷六《武帝纪下》建德六年二月癸丑条云："诏曰：'(中略)宜加宽宥，兼行赈恤。自伪武平三年以来，河南诸州之民，伪齐被掠为奴婢者，不问官私，并宜放免。其住在淮南者，亦即听还，愿住淮北者，可随便安置。其有癃残孤老，饥馁绝食，不能自存者，仰刺史守令及亲民长司，躬自检校。无亲属者，所在给其衣食，务使存济。'"同年十一月条云："诏自永熙三年七月已来，去年十月已前，东土之民，被抄略在化内为奴婢者；及平江陵之后，良人没为奴婢者：并宜放免。所在附籍，一同民伍。若旧主人犹须共居，听留为部曲及客女。"同卷宣政元年三月丁亥条云："诏：'柱国故豆卢宁征江南武陵、南平等郡，所有民庶为人奴婢者，悉依江陵放免。'"同书卷八《静帝纪》即位年六月己巳条云："诏南定、北光、衡、巴四州民为宇文亮抑为奴婢者，并免为民，复其本业。"上述是和解放私贱民有关的史料(排除了仅和官有贱民有关的内容)，而最值得注意的是，私贱民的解放开始于北周武帝时，且于此时次数最多。另一方面，北齐的情况如何呢？北齐于天保二年九月壬申、皇建元年八月、天统三年九月、天统四年十二月多次解放贱民，但那是对所有官有贱民的解放令，完全看不到关于私贱民的内容。

　　北周武帝屡次下达私贱民解放令的理由之一，是为了要收揽新归附地区的人心，同时也使被解放的贱民成为国家公民，以增加承担租税、徭役的人口。然而，从拥有贱民者的立场来说，如果法令突然解放相应的奴婢，纵使国家给予若干赎金，自家的经济和其他方面也有不少损失。按照当时民间的风俗，愿意作为部曲客女(他们没有赎金这一名目)，继续在其主家服务的奴婢并不少见。也有奴婢认为被解放后，与其生活没有着落，不如能成为惯于住在主家的累赘。希望这么做的主家亦不在少数，武帝建德六年十一月诏云，"若旧主人犹须共居，听留为部曲及客女"可资证明。另一方面，按照本文正文所推测的那样，如果北朝在法制上承认部曲客女的时期距离武帝建德六年不远，北朝之所以承认部曲客女，正是与武帝一代轰轰烈烈推行私贱民解放政策密切相关，因此可以推断，部曲客女正式被承认的时期可能接近武帝建德六年。

附带一提，如上所述，我认为时至南朝末期，高级贱民被称作衣食客，低级贱民则被称为奴婢。衣食客[1]的来源并非是卖身，而是因生活贫困被他家所养，因此，他们被视作比卖身而来的奴婢更高级的贱民。那么在南朝，衣食客与部曲间存在着怎样的关系呢？如果一个人从奴变成了部曲（家兵），大致相当于被提升到了衣食客的地位，另外也有人从衣食客变成部曲。由此，最后在法制上，"部曲"显示其职务，而"衣食客男"则表示其地位。

第五节　结论

诸先学认为，私兵（部曲）本是良民，携妻儿长期从属于主将（也是主人），平时从事主家的贱役，有事时则作为部曲（私兵）行动，在此期间，不知不觉间部曲的身份已经从良民沦落至贱民，这就是唐代法律中部曲的由来。而在唐代法律中，部曲成为高级贱民的原因，据沈家本氏所言是"此等人原其家世，本非贱隶，不可与奴婢同科而论"，即良民部曲（私兵）逐渐贱民化说。与此相对，我列举了从一开始就是贱民的家兵（部曲），他们从事的是家兵这一重要的职务，因此即使同为贱民，家兵（部曲）也被看作是高级贱民，故我的观点与前人是明显相反的。自旧稿草成以来，我并未改变我的观点，但当时我仅作了粗略的说明，因此仁井田博士在出版《中国身分法史》时，既部分赞同陋见，又采取沈家本氏的说法，称"从良人身份低落及奴隶身份提高两方面理解部曲这一社会性集团的形成过程，在这层意义上，我想综合考虑沈家本氏之说——即（一）本非贱民的部曲也长期存在，（二）他们一直供给私家劳役，（三）同时他们因缺乏经济独立而依附私家，由此产生了这种贱民化现象，与滨口氏的说法。"[2]《中国身分法史》是日本学界的名著，一两点瑕疵绝不会影响其价值，但正因为它是名著，影响的范围不小，故我斗胆在此对其赘言一二。

---

1. 滨口重國：《唐の部曲客女と前代の衣食客》第五节、第六节（见本书外篇第四篇）。
2. 仁井田陞：《中国身分法史》，第870页。

　　沈氏也好，何氏也罢，那些从前的讨论只是模糊地讨论私兵整体，而没有如我这般在探讨私兵时，揭示出（即第一类）由私家经济供养的贱民为主体的家兵，与脱离私家经济力量中的其他私兵（即第二类）间的区别。不仅如此，第二类私兵脱离了私家经济力量的范围，因此规模颇大，且在历史的表面上出现次数最多，任谁都会注意到，诸先学只是列举并讨论了这种私兵，却完全没有考虑到家兵。正因如此，先学们只能认为曾为良民的私兵逐渐贱民化，除此之外便没有了别的思路，仁井田博士也无法完全脱离这种倾向。

　　仁井田博士以"可知六朝时代的部曲达到相当大的数量"为开头，指出《魏志》卷十八《李典传》、《梁书》卷二十八《夏侯亶传》、同书卷三十九《羊侃传》[1]、《陈书》卷十三《荀朗传》等史料中有"家族部曲三千余家""有部曲万人""部曲千余人""部曲万余家"等记载，指出"这些史料显示，隶属一私人的部曲达到数千，有时超过万人（万家）"[2]云云，但这种说法也是因为仁井田博士无法跳出良民部曲逐渐贱民化的观点。这些史料中的部曲指的是官私军队、部下，因此将领或豪杰所率的部曲达数千数万并不奇怪。同时应该牢记，主将与部下将校士卒间只有军事上的隶属关系，如果只是这样，就算时间再长，他们也不会陷入类似主奴的关系。换言之，应该将这一事实铭记于心：既然至少他们不是由私家经济供养，就应当不会产生类似主奴的关系。慎重起见，略作补充，虽说如此，我也没有否定众多私兵（部曲）中，可能有人本为良民，后来却沦落到贱民阶层。但这只是个人因为经济情况沦落为贱民时突然发生的贱民化，而非渐渐形成的现象。不仅如

1.《梁书》卷三十九《羊侃传》云："侯景反，攻陷历阳，高祖（中略）令侃率千余骑顿望国门。（中略）贼乃退。（中略）有诏送金五千两，银万，绢万匹，以赐战士，侃辞不受。部曲千余人，并私加赏赉。"玉井是博教授在《中国社會經濟史研究》所收《唐の贱民制度とその由来》第206页中指出，"部曲的行赏由主将自己为之，其作为私兵的性质愈加明晰。"玉井教授也和何士骥氏一样，认为部曲一词已变为私兵的代名词。但根据我的陋见，羊侃当时率领的千余部曲就算不是官兵而是私兵，由于当时的官私军人都被称为部曲，所以应该也没什么奇怪的。同时，根据这条史料就认为被称作部曲的人都日渐私兵化，显然是错误的。

2. 仁井田陞：《中国身分法史》，第871页。顺便一提，仁井田博士同时采用了沈家本和我的说法，所以在讨论部曲的形成过程时，他的议论变得处处暧昧，这也是不得已的。

494

此，个人的贱民化才是前提，他们绝非因为身为私兵而贱民化。

上文叙述了我对唐代法律中部曲形成过程的见解，归纳如下：（1）魏晋南北朝时代以贱民为主体的家兵活动颇为频繁；（2）这种贱民家兵被主家称为部曲；（3）可见，由于他们是主家重要的爪牙，所以被赋予了优越的条件，因此被视为贱民中较高级的群体，这是不久后被称作"部曲"的高级贱民出现的最重要原因；（4）它日渐成为法制上贱民名称的时期可以追溯至距北周建德六年不远时。当然，仅凭这些结论，仍有很多不明之处，但我担心诠释过度反而会导致主线的错误，故讨论就此告一段落。若能得方家赐教，实为幸事[1]。

（昭和二十七年四月稿）

补记

甲家不让家兵在安全无事的时候闲着，也可能令家兵去从事农耕及其他杂务。另外，在巨变发生时，因为主人一定会让所有能驱使的人都成为战士，所以不仅是家中的贱民，连佣人、雇佣劳动者等也会理所当然地参与其中。即使排除这种情况，佣人、雇佣劳动者等平时就在甲家的势力之下，广义来说也是甲家的手下、徒众，故而称他们为部曲也不足为奇。

南朝梁僧人慧皎撰《高僧传》卷十一《习禅第四》云：

> 释昙超……建元末还京，俄又适钱塘之灵苑山。每一入禅，累日不起。后时忽闻风雷之声，俄见一人秉笏而进，称严镇东通。须臾有一人至，形甚端正，羽卫连翩，下席礼敬，自称："弟子居在七里，任周此地。承法师至，故来展礼。富阳县人故冬凿麓山下为砖，侵坏龙室。群龙共忿……（于是群龙不下雨，人人困窘，因此希望借助法师的力量来说法降雨）"超曰："兴云降雨，本是檀越之力，贫道何所能乎？"神曰："弟子部曲，止能兴云，不能降雨，是

---

1. 在论述唐代法律上部曲的形成过程时，任谁都会想起日本部曲一词的由来，但这在我的专业之外，所以未加讨论。

故相请耳。"遂许之。神倏忽而去,超乃南行……(对群龙说法的结
果)……竟遂降大雨……超以永明十年卒,春秋七十有四。

"弟子部曲"是山神对法师说的谦逊之言,但既然"部曲"一词也有这种用法,
可见其含义之广。

　　然而,现在不是要讨论被称作部曲者的范围,而是探究唐代法律中部曲的
由来。既然如此,就应该先讨论平时为私家经济供养的人即贱民部曲,如果对
其他部曲,例如大部队的私兵和大户人家的雇佣劳动者等不是贱民的部曲加以
讨论的话,就会迷失方向,这是我主张的一个要点。

第六篇

关于中国史上古代社会问题的札记[1]

---

1. 载《山梨大學學藝學部研究報告》（4），1953年，昭和二十八年12月发行。［黄约瑟先生曾
将本篇译作中文，题为《中国史上古代社会问题札记》，收入刘俊文主编：《日本学者研究中
国史论著选译》第一卷《通论》（中华书局，1992年），珠玉在前，嘉惠学林——译者注］

一

自1920年代中国共产党开始活动以来，苏联和中国的学者间便开始热烈地讨论亚细亚生产方式问题，就此交换意见。随后，在郭沫若氏《中国古代社会研究》发表时，日本东洋史学界内马克思学说的影响也日渐显著，昭和七年（1932），志田不动麿教授在《史學雜誌》第43编第1、2号上发表了《晉代に於ける土地所有形態と農業問題》一文，倾注了他年轻时代的热情；随后同在《史學雜誌》第43编第2号上，羽仁五郎氏发表了题为《東洋に於ける資本主義の形成——アジヤ的生產と中國社會》的理论性文章。昭和六年（1931），九一八事变爆发，众所周知，事变前后几年日本社会萧条，连东京大学史学科的毕业生中，半失业者的数量也在年年增加，对世间的不平也日益高涨。因此，友人同志同聚一堂，讨论马克思或亚细亚生产方式时，时常称九一八事变为帝国主义战争，为之愤慨；或将大学教师称作封建教授，颇感痛快。这种风气流行开来，实在是热闹至极。

然而除了若干例外，当时的史学专业出身者基本都缺乏理论素养，不如说他们的理论都是二手的，对中国史中个别的事实也没有充分的了解。因此，青年学者唯物史观式的解释基本上没有为该领域的专家所接受。不仅如此，在史实基础上证明空谈的理论并非易事，青年学者们取得的成绩与投入的热情不成正比，自怨自艾，这更接近当时的真实情况。然而青年学者的苦恼和热情不久后凝结了平凡社的《世界历史大系》，并促成了历史学研究会的设立，今日回想起来，应该对学界做出了不少贡献。而且，讨论亚细亚生产方式，相当于讨论如何把握中国社会的发展，因此日本学界理所当然地会产生从世界史的观点来重新把握中国史的趋势，这点是最值得铭记的。

二

昭和五年（1930）起的大概八年内，我在仙台市的东北学院文科担任教师。此处是块静谧之地，有森林之都[1]的美称，此外在这段漫长的时间中，我有幸接触到东北大学冈崎文夫博士独特的学风，并得以如敬爱兄长般与曾我部静雄博士相处。到了昭和十二年三月，我转任东方文化学院东京研究所的研究员，再度在东京生活，其后不久就发生了七七事变。然而，日本的亚细亚生产方式论并没有因战争而突然衰退，一时间反而变得更加活跃，这是因为我们迫切需要探明如何理解有如汪洋大海般的中国现代。而研究所内，以现已成为中国法制史权威的仁井田陞博士为首，还聚集了牧野巽博士、北海道大学教授板野长八氏、中国研究所员宇佐美诚次郎氏、东京大学山本达郎博士和其他新锐，所内的讨论相当热烈。

　　回想起来，应该是昭和十四年，在所内的历史部门的小研究会上，不知因什么话题而起，我说，"我们应该可以认为，古代社会的色彩延伸到隋唐时代为止吧？"我话音刚落，板野长八氏就指点我道："秋泽修二氏有相似的见解。"我是从此时开始知道秋泽氏的名字的。他出身于哲学领域，在昭和十年前后发表了大量的专著、译作和论文，十四年二月在白扬社出版了《中国社会构成》一书。然而最近的东洋史学者似乎完全遗忘了他，因此接下来我将据《中国社会构成》一书对秋泽氏的见解略作介绍。

　　秋泽氏认为中国社会的根本特征是家父长制的君主独裁统治（despotism），他认为家父长制的君主独裁统治形成的根本原因，除了在于农村共同体式的关系及近代其遗制的残存、人工灌溉及与此密切相关的集约性小规模农耕外，还在于诸种农村共同体式关系的顽强存在、残存导致的奴隶制社会和封建制社会的不完全发展。另外，他认为中国的君主独裁政治有两个阶段：

　　　　我们可以将中国君主独裁政治的两个历史性阶段……区
　　分开来。第一阶段是家父长制的奴隶制君主独裁统治，第二
　　阶段是家父长制的封建制君主独裁统治。前者大致相当于春

---

1. 原文作"杜の都"，读作もりのみやこ，与"森之都"同音，即仙台的爱称。——译者注

秋战国时代（也可以将周代全部包括进来）和秦汉时代的中国社会，后者大致相当于从唐代到清末为止的中国社会。另外，所谓均田制时代的中国社会，拥有这两者的特殊中间形态，即过渡形态的意义。……然而虽说如此，那家父长制的君主独裁统治的根本性质，即所谓亚细亚式的停滞性的性质，经过这两个阶段后，最终还是保持不变……农村共同体式的关系，和推行人工灌溉，即政治性的治水土木事业，这两个根本原因仍或多或少地持续制约着中国社会[1]。中国的封建制社会是在均田制崩溃的同时浮出水面的。均田制的崩坏因封建农奴制土地所有者的发展而起，这种封建农奴制土地所有制虽然尚未完备，但是在南朝已经可以看到它的成长。在均田制崩坏后的唐宋时代，除了主要在官营工业中被役使的官有奴隶外，整体而言，奴隶所有制显著衰退，特别是在宋代，连官有奴隶相比于唐代也大量减少。[2]

《中国社會構成》出版于昭和十四年（1939），当时，自亚细亚生产方式论活跃发展以来已过了十来年，日本左翼阵营的理论亦迅猛成长。不仅如此，秋澤氏在充分利用国内外历史学家实证研究的基础上展开叙述，因此对我们来说非常容易理解。

然而秋澤氏认为"中国社会绝非普遍社会发展法则的例外……在中国社会中，奴隶制和封建制中的固有法则也不断实现，只是不管是奴隶制还是封建制，都被作为中国社会特征的……家父长制的君主独裁统治……制约了，没能发展到完全的形态"[3]，这一见解与羽仁五郎氏发表于《史學雜誌》上的论文[4]中的观点与结论相似。然而，秋澤氏首次公开主张，家父长制的奴隶制君主独裁统治的上限在西周，从春秋

1. 秋澤修二：《中国社會構成》，白扬社，1939年，第54—55页。
2. 同上书，第229页。
3. 同上书，第53—54页。
4. 羽仁五郎：《東洋に於ける資本主義の形成——アジヤ的生產と中國社會》，《史學雜誌》43（2），1932年，第10、16页。

战国到秦、西汉时代逐渐显著；东汉开始，可以看到它渐渐开始让位于农奴制；唐中期开始，则明确进入了家父长制的封建制君主独裁统治社会，这在昭和十四年时具有划时代的意义。我对此大为敬佩，同时如板野氏所教示的，我知道了有人与当时的我抱有相近的想法，有一种觉得知己的感觉。

不过我也不是完全赞同秋泽氏的说法。第一，秋泽氏认为奴隶制生产方式最繁荣的时代是到西汉为止，但我认为应该更往后推一点。第二，秋泽氏遵从武伯纶氏在《西汉奴隶考》中提出的观点，认为西汉时代的官私奴隶有两千万人到三千万人，我认为这里有很大的误差。也就是说，秋泽氏根据《汉书·百官公卿表上》所云"吏员自佐史至丞相，十二万二百八十五人"和同书《食货志》所载"哀帝即位，（中略）丞相孔光、大司空何武奏请：'（中略）诸侯王奴婢二百人，列侯、公主百人，关内侯、吏民三十人。期尽三年，犯者没入官'"，认为一名官吏实际拥有的奴隶数量为平均每人一百人，由此得出了一千二百零二万八千五百人的数字。此外，他还推测官有奴隶和豪家富商拥有的奴隶有一千万人以上，因此合计有两千万到三千万的奴隶，但是这个说法有严重的误差。再怎么高估西汉时代官私奴隶的数量也不会超过四五百万，我觉得这是常识。

第三是秋泽氏还举出了浮客和佃农为例，他认为浮客是奴隶性质的农业劳动者，而佃农是半奴隶性质，这两类人再加上两千万乃至三千万的奴隶被用于当时所有的生产部门。由此，他认为西汉是中国社会史上奴隶制生产方式最具支配地位的时代。秋泽氏在奴隶之外又举出奴隶性质的浮客和佃农，这或许是从家父长制的君主独裁统治这一理论中导出的结果。然而若真如秋泽氏所言，中国进入封建社会后，家父长制的专制主义仍是普遍的社会特质，那么我认为，在列举中国式奴隶社会的特征时只举出奴隶，而在列举中国式封建社会的特征时只举出农奴，或许就足够了。而且，即使浮客和佃农确为半奴隶性质，也不应该将汉代时他们的数量与普通庶民的数量相比。按照我的推断，奴隶本身再怎么多也应该不超过四五百万。这样的话，奴隶和半奴隶性质者的劳动总量应该远远低于普通庶民。因此不得不说，秋泽氏认为西汉时奴隶制生产方式占支配地位，这明显是错误的。

三

昭和十六年9月，日本诸学振兴委员会主办的历史学特别学会于东北大学法文学部的讲堂召开，当时我从东京大学前来参会，以《隋の天下一统と君権の强化》为题做了研究报告。值此良机，在报告的序言中，我阐述了自己平时对中国社会发展方式的见解。这一报告作为文部省教学局发行的研究报告特辑第四篇，于十七年1月公开发表，但由于当时太平洋战争激战正酣，报告还未为众人所见就沉寂了下去。故而接下来，我将再次阐述该报告的序言部分：

> 回顾过去历经数千年的中国历史，会发现春秋战国时代发生了巨大的变革，可以说国家社会层面产生了根本性的变化。而其后一直到较近的时代，都没有发生如这一时代所经历的那种变革。在学界，也有学者把西周以前视作古代，从春秋战国开始到较近的年代视作中世，作为一个时代来把握。
>
> 但是，如果从不同角度来看这个问题，可以说在这一时间段内也发生了某种程度的变化，也可以认同各个时代均有特殊的倾向。例如从经济史上来说的话，秦汉时代约九成国民都是农民，大部分是自耕农或自由农民。因此，不妨说秦及两汉是以自由农民为基础的国家与社会。本来此时也不是没有奴隶，但奴隶开始显著增加，无论如何也是从东汉末到魏晋南北朝的现象。这一时代，奴隶不仅在农耕方面扮演重要角色，也有很多家内奴隶（此处意指消费奴隶）及在官营工业方面被役使的奴隶，连国家应常备的军兵及其家属也奴隶化了，其奴婢人数之多前无古人、后无来者。想来那或许是两汉以来，越来越多的自由农民向奴婢转化的结果。之后的隋、唐、宋，特别是从唐中期开始，此前众多的奴婢数量显然开始渐渐减少，从农业方面来说，随着庄园的发达，出现了佃户，即与欧洲中世的农奴有若干相似之处的人群，其数量不断增长，到了无法忽视的

地步。

　　既然如此，可以认为在某些学派的学者视作"一个中世"的时代中，其实发生了相当程度的变化。在重视这种变化的基础上再来思考的话，西周前是血缘社会，如果要细分春秋战国以后，或许从春秋战国到秦汉及南北朝末是具备较多古代特质的社会，隋唐宋以后则是封建特质较强的社会。

这些就是序言的全部内容。今日来看，关于殷周认识的不足颇为明显，还犯了如认为魏晋南北朝国家的常备兵及其家属已奴隶化这样的错误。而且总体来说，这段叙述中对各课题的看法并不彻底，令人极为羞愧。不过，这段话是我在支持秋澤氏结论的同时，对其不断加以修正的产物，窃以之为自己的研究方针。

四

　　昭和十九年3月，我从东京帝国大学进入满铁调查局，主要在大连继续研究生活，二十二年撤回静冈。从那时，日本开始盛行讨论如何以世界史的视角把握中国史，出现了数篇论文，不过其中最值得注意的是应是前田、西嶋二氏的成果。

　　前田直典氏《東アジアにおける古代の終末》一文尖锐地批判了硕学内藤湖南博士体系的继承者们的见解，尝试树立新论，即东亚古代社会的下限与封建社会的上限是在9世纪前后。我深感乘着"二战"后的言论自由之风，前田氏的治学热情迸发而出。而且，这篇论文有力地解答了当时日本史学界"如何将西洋与东洋概括为一部世界史"的烦恼。但是，我们还未看到其说有充分展开，病弱的前田氏就已撒手人寰，极为可惜。

　　继承了并进一步发展前田说的，是东京大学西嶋定生氏《中國古代帝國形成の一考察》（《歷史學研究》第141号）、《中國古代史の理解について》（同刊第152号）、《國家權力の諸段階・古代國家の權力構造》（历史学研究会1950年度大会报告）等一系列力作。

　　西嶋氏沿袭了前田说，也同意前田氏"9世纪前后到达了中国古社会的下限，奴隶以外，佃农也是奴隶性的存在"的观点。然而，至于为什么佃农是奴隶性的存在，两氏的学说有所分歧。换言之，前田氏认为，当时由于生产力低下，土地的使用金过于高昂，因此他们名为佃农，实质则变为奴隶般的存在。与之相对，西嶋氏先讨论了中国社会中家父长制的奴隶制，称"秦汉时代的大土地所有者，在拥有作为内包性奴隶的自家奴隶外，还支配着作为外延性奴隶的、在自家土地上耕作的佃农，在两者身上行使家父长的权力"，又达成了"这样的构造具备支配性，因而该社会是古代社会"的结论。大概西嶋说受到了当时被介绍进日本的马克思遗稿《資本制生產に先行する諸形態》[1]的影响，同时，在"二战"结束前的学术成果中，秋澤说与西嶋说最为接近。

战后数年，前田、西嶋两氏论文的发表，可谓日本东洋史学界的大幅进步。然而西嶋氏可能也认为家父长制的专制主义是原始共同体以后中国社会的特质，但如果是这样，假如将中唐以前定为古代社会、中唐以后规定为封建社会，或许也可用先前对秋澤说同样的方法批判西嶋说，换言之，即几乎没有必要引佃农为例。而且，像这样举佃农为例的话，就必须要区别中唐前与中唐后的佃农，但二者在实证上有什么不同呢？如果要强调两者间本质区别的话，难道不会推导出否定家父长制专制主义这一中国社会特质本身的结果吗？又即使应该关注大土地所有上的奴隶或佃农并进行讨论，但就算是在奴隶、佃农相对较多的时代，一般而言，普通庶民也比他们规模更大，也不能无视他们的情况。我在读前田、西嶋两氏的成果时，即抱有这样的疑问。

五

我从昭和二十二年秋季开始担任静冈县厅的临聘职员，又于二十五年3月赴山梨大学任教。其后于二十七年5月，在东北大学举办的东北中国学会大会上，我很荣幸地获得了公开演讲的机会。会场是法文经三号教室，正是十年前由日本诸学振兴会主办的历史学特别学会，所以更加令人怀念。我演讲的题目是《中國史上における古代社

---

1. 中译本为《资本主义生产以前各形态》，为马克思1857—1858年间的手稿。——译者注

會問題》，其要旨虽然已刊载于《文化》第16卷第6号的学会报告栏，但内容非常简短，而且还有被误记之处，故而接下来我想引述其概要：

（1）中国是否有总体上的奴隶制时代？以及如果有的话，应该被比定为殷还是周？虽然学界存在这些重大的问题，但今天的演讲将完全不触及这部分，而计划专门考察私有奴隶诞生后的情况。

（2）私有奴隶的出现大概是在春秋战国时期。而且，虽然无法确定具体数量，但通观秦汉至魏晋南北朝，私有奴隶已达到了相当的数量。而众所周知，要到唐中叶以后，私有奴隶在总人口上所占比率才会显著减少。另外，虽然至秦汉，制度上只存在"奴婢"一种私奴隶，但到了两晋南北朝至隋唐，奴婢之外又出现了半奴婢——唐代法律中称他们为"部曲客女"，奴隶制度更为完备了。此外，也是在同一时代，官有奴婢中出现了数个级别。

（3）其次，如关注这些奴隶的森谷克己氏等，也有学者认为他们以消费奴隶为主。但是我根据自玉井是博教授、加藤繁博士以来的学说，认为相比之下，生产奴隶占多数。除了"耕当问奴，织当问婢"这一南北朝时的著名谚语，也有多例史料能说明奴婢最优先从事的是主家的生产，如《三国志》卷四十八《吴书·孙休传》永安元年条裴注所引《襄阳记》云"千头木奴"，《太平御览》卷四百五十七《人事部九十八·谏诤七》所引晋张方撰《楚国先贤传》所云杨颙（诸葛孔明的臣属）谏言，梁任昉撰《述异记》云"千亩木奴，不如一龙珠""璙琚"的记述都是如此。

（4）奴婢之外还有佃农，早从先秦开始，佃农就已经存在了。至于佃农的数量，东汉比起西汉为多，魏晋南北朝比起东汉又多，确实是随着年代推进逐渐增加。然而，佃农显著增加、开始替代农耕上的奴婢一事，果然还是要到中唐以后。

（5）上述论点已由多人论明，可以说对我们而言已为常识。因此，仅由上文来看，从春秋战国到中唐是奴隶劳动较为繁荣的时代，其后则是封建社会的色彩日益浓厚的时代，这一结论或许可以成立。

（6）然而就算在奴隶最多的时代，其数量也始终无法与普通良民相比。关于佃农的情况也可以得出相同的结论，即使是在佃农显著增长的时代，其数量也远少于自耕农。换言之，春秋战国以来，某些时代盛行奴隶劳动，某些时代则盛行佃农劳动，但那不过是一股浪潮，我们不能忘记，在那之外，社会的底流是更庞大的且几乎不变的自耕农阶层劳动。若果真如此，不如说确实应该将春秋战国到较近的时代作为一个时代来把握。

（7）回溯前史，春秋战国到先前的中国，其政治形态是君主专制，另外，可以说大体上每一朝专制的程度都比前一朝更强。当然，其间也有东晋南朝这样，由于贵族势力妨碍了君权的自由伸张，故乍一看会错看成贵族政治形态的时代。但即使在这种情况下，中国的政治机构也始终是君主专制。这样的事实正与上述自耕农阶层这一庞大底流的存在相合，所以说君权强大的基础即根植于这一底流。

（8）最后还有些重要的问题应当考察。春秋战国以来，士族是第一等级，平民是第二等级，奴隶是第三等级，所以从阶级构造上来说，奴隶应该会成为两个较高阶级的下层。然而，从经济构造来观察，拥有奴隶的人仅限于大部分士族及平民中的一些富家，占据国民大部分的普通平民无法拥有奴隶，农家基本上也都是依靠自身家庭劳动的小农。而且类似的，可以说中唐以后是佃农代替奴隶位置的时代。原本隋唐及其他时代中，这些可怜的普通庶民也与士族、富家一同，被视作法制上为良民的自由民，只有奴隶及半奴隶是贱民或非自由民，但究竟他们又拥有何等程度的自由呢？我认为，在这种情况下他们被看作君主的农奴乃至隶农，希望今后对此进行讨论。

以上是演讲的要旨。与十多年前做研究报告时重点陈述从春秋战国到近时奴隶与佃农的演进浪潮相反，这次我重点阐述了几乎未变的庞大底流，这不能不使我感到岁月的流逝。

六

与前田、西嶋两氏的论文有关且值得注意的成果是宇都宫清吉教授在《名古屋大學文學部研究論集Ｖ》中发表的《僮約研究》。该文从历史学者的立场出发，彻底地研究了王褒所作《僮約》这一滑稽文，同时致力于解明秦汉魏晋的社会、经济构造，宇都宫教授的观点之新奇及史观的不断精进时常令人叹服。接下来，我想介绍宇都宫教授对把握中国社会发展方式的见解，同时补充若干我个人的观点。

宇都宫教授称，应当以如下方式理解秦汉时代：虽然中国的农业社会向来是被征服的奴隶阶级从属于居住在邑城内的贵族，但从公元前7—前6世纪铁制农具出现时起，皇权国家替代了邑城国家，开始形成。在绝对性的皇权国家下，时人以良民、编户民的身份，再次开始了被编排组织的过程。而秦汉是这一过程的完成时期，在绝对的皇权下，良民基本是平等、自由的自耕农，帝国的物质基础则建立在自耕农民阶层上。然与之相反，又渐渐出现了以下现象：从旧农村社会解体时开始，其内部的大土地所有者，与仅能持有零星土地或完全没有土地的人开始分化为两个阶级，不久后，前者就逐渐开始在经济上支配后者。这一现象自然破坏了"绝对皇权下万民理应平等"的原理，因此不得不承认，秦汉帝国从成立初开始就暗藏着没落的命运。事实上，秦汉四百年间，大土地所有者（上户、豪族）与非大土地所有者的小农、佃农（下户）间的阶级分化日渐显著，豪族对下户的支配日益明显，至东汉末，帝国的基础实质上已经崩坏了。"诚然，豪族自身就是古代帝国社会内部发展的矛盾体。"[1]另外，东汉末年古代帝国灭亡后，上户即豪族在社会中作为贵族位居高位，还支配着大量下户，经

---

1. 宇都宫清吉：《僮約研究》，《名古屋大學文學部研究論集》（5），1953年，第45页；后收入氏著《漢代社會經濟史研究》，弘文堂，1955年。

济实力雄厚，自然能确保自身强有力的政治发言权，直至后来贵族时代的展开。"这实际上是公元前二世纪到公元三世纪这一长时段间，汉古代帝国内部发展出的社会构成上的革命……是革命的成就"[1]。

接下来，宇都宫教授就这一时代中大量的奴隶称：

> 奴隶主要是从这种社会经济构造中被创造的。他们是上户下户关系这一社会构成的副产物，其自身绝不是附有社会构成特质的、本质性的存在。……决定这一社会构造的因素实际正是上户与下户构造性的结合关系。[2]

又关于上户所有的大土地，宇都宫教授主张，虽然不能否定上户会利用奴隶进行耕作，但通观秦汉到魏晋，利用佃农耕作的情况明显较多。

宇都宫教授"秦汉帝国土崩瓦解的重要原因是上户、下户制的发展"的观点无须质疑。然而，对于他将秦汉帝国的崩坏看作古代社会的终结、将东汉末三国时期政治的变化看作社会构成上的革命这一点，以及断言农耕中佃农具备数量优势这一点，我颇不赞同。

七

首先，我想探讨大土地所有制中奴隶劳动与佃农劳动何者占据优势。宇都宫教授在判断这一点时，利用了居延汉简等材料，考虑到了秦汉奴隶的价格；接着使用了大量史料、数字与理论，考察了"在农业经营上，使用奴隶与佃农何者更为有利"；又在一并考虑土地面积问题的基础上，得出"佃农占据数量优势"的结论，煞费苦心。然而即使如此，在考证的过程中，仍有一处我无法理解。

《盐铁论·未通第十五》云："御史曰：'古者，制田百步为亩，民井田而耕，什而籍一。义先公而后己，民臣之职也。先帝哀怜百姓之愁苦，衣食不足，制田二百四十步而一亩，率三十而税一。"《说文解字》

---

1. 宇都宫清吉：《僮约研究》，《名古屋大學文學部研究論集》（5），1953年，第70页。后收入氏著《漢代社會經濟史研究》，弘文堂，1955年。
2. 同上，第37—38页。

晦部云："秦田二百四十步为晦。"《汉书·食货志》代田条注云："邓展曰：'（中略）古百步为晦，汉时二百四十步为晦……'"宇都宫教授解释了上述史料，称西汉武帝前虽然实行了百步一亩制，但武帝一朝改为二百四十步一亩制。因为除《盐铁论》"御史曰"外已没有更详细的史料，故而只能暂且接受它的说法。然而问题是，武帝前后，实际的土地面积真的发生了那样的变化吗？如果百步一亩制被改为二百四十步一亩制，百姓土地不得不遵从新制的话，无论对国家财政还是对百姓的经济生活都是一大变革，故而理所应当被特意记入《汉书》本纪和《食货志》中，可是史料中却看不到相关记载，这是疑问之一。此外，武帝朝在定儒教为国教的同时，废止了作为古制的一百步一亩制，却采用了据称是秦制的二百四十步一亩制，这是疑问之二。

　　若要在此阐述我的臆测，我想作如下考虑：武帝朝以当时的标准尺来丈量天下土地时，大概是以约二百四十步为一亩，由此武帝布告天下，古制虽然是一百步一亩，但本朝今后将采用二百四十步一亩制，因此不比古制，田租相当轻。这只是对善政的夸饰，而武帝前后民间实际的土地面积并没有变化。而且，如果我的推测所言非虚，宇都宫氏指出，"晁错时代的一顷是一千步，所需的劳动力是二人以上，因此武帝朝厘正土地面积后，在一顷是二千四百步的情况下，最少也应该需要四五人的劳动力"，同时以这一推测为重要根据，认为秦汉魏晋的大土地所有制中佃农占据数量优势，这种说法或许在根本上就存在谬误。

　　然而，我对土地面积的历史完全是门外汉，因此我请教了这一领域的权威、本校[1]地理学教室的藤田元春博士。当时，藤田老师认为"不管是一百步一亩制还是二百四十步一亩制，根据土地的肥瘠、栽培适种的情况、距都市及农家聚落的远近及其他各种条件，现实中有比实际规定小的一亩，也有更大的一亩。而且它们都被通用为一亩。另外，还必须考虑到丈量的尺度本身。因此，武帝土地面积改革的问题并非如你所言的那么简单。但最后的结论可能是武帝前后，在现实中

---

1. 即濱口氏当时任职的山梨大学。——译者注

并没有发生急剧的变化"，并举出了许多例子为我进行说明。听了藤田老师渊博的一席话后，我认识到这是我无力插足的领域。但即便如此，从其他理由出发，我也不得不反对宇都宫教授的观点。

北朝隋唐时代，均田法的细节虽然有所不同，但一对夫妇基本上能被授予一顷土地，这是最基本的思考方式。当然，实际情况大概是朝廷只能授予他们远少于一顷的土地，不过如果有一顷土地，当时典型的农家，即一对夫妇就可以轻松地维持几个孩子的生活。想来，或许是因为二三人的劳动力就足以经营一顷土地。不仅如此，《颜氏家训》卷下《止足篇》云：

> 常以二十口家，奴婢盛多，不可出二十人，良田十顷……

《周书》卷四十二《萧大圜传》云：

> 果园在后，开窗以临花卉；蔬圃居前，坐檐而看灌畦。
> 二顷以供饘粥，十亩以给丝麻。侍儿五三，可充纴织；家僮
> 数四，足代耕耘。

上述南北朝时代的史料表明了一顷所需的最少劳动力，颇具说服力。因为颜家原本就是士族，自然将耕作之事委托给奴隶，而十顷之田大概需要二十名奴婢左右，再加上若干牲畜进行耕作。又梁简文帝之子萧大圜，在国灭归降北朝后过着悠闲自得的生活，上引史料即叙述了他安于简素的日常心境。而他说，"对于二顷的耕地，以四名家僮代耕就足够了"，这句话或许是最明确地表示"一顷所需的最低劳动力是两人"的史料。

从南北朝到隋唐，当然是二千四百步一顷，但如果将一顷所需的劳动力是二三人左右的事实，与西汉武帝前晁错的说法对照的话，不得不说，毋庸置疑，此处的一顷与武帝前后一顷的实际面积没有太大差别。既然如此，以"武帝前后土地面积有差别"为前提来解释武帝以后的史料，得出"比起奴隶，佃农一方的数量更多"的结论，这种研究方法或许并不恰当。

正因如此，我们必须重新考察秦汉魏晋的大土地所有制中，奴隶耕作与佃农耕作何者占有优势，但目前尚不存在能更明确地说明这一点的史料，因此，虽然每个人都多少会被各自的史观左右，但我还是认为，奴隶附着于大土地，故而到中唐为止，相对于佃农，奴隶占有无法忽视的比重。尽管如此，我的观点当然不会从根本上颠覆宇都宫教授"秦汉是向所谓上户、下户制发展的时期"的论点。

八

过去，"庄园"一词主要用于讨论中唐以后的情形，宇都宫教授则将其上溯至秦汉时期来使用，称：

> 中国社会经济史发展中有两种庄园的经营形态，如果将3世纪到7世纪的形态称作旧式庄园，那么8世纪以后的形态则应称作新式庄园。而从公元前2世纪到公元后2世纪的形态，在谱系上应属于旧庄园的前期[1]。

将庄园形态分为新旧二型。接着，关于两者的差异，宇都宫博士称：

> 八九世纪以后发展出的庄园，由被称作庄户、佃客、佃民等的佃民阶层构成，他们是拥有相当独立生活能力的农民。其中也居住着小自耕农与独立商人等，庄园自身也渐渐接近一个村落的形态。然而，当时的佃农世代为地主劳动，被称作客、客户、佃客，有时也会被称作部曲，名称混用，前述3—7世纪的庄园正是由这种依附程度相当高的佃农或奴隶来耕作的。因此，原则上来看，虽说他们也能自给自足，但其经济能力极为低下，被严格地隔绝在庄园内部，我认为他们自身与外界经济相联系的能力也是弱小的。[2]

---

1. 宇都宫清吉：《僮約研究》，《名古屋大學文學部研究論集》（5），1953年，第63页。
2. 同上。

宇都宫博士还将秦汉时代称为古代帝国，称"到了3世纪，这一古代帝国内部发生的社会构成上的革命基本完成"[1]；又在另一论文《史記貨殖列傳について》中指出，"汉帝国基本就是中国古代社会能达到的最终政治形态"[2]。对照他的这些观点，可知他认为中国社会到秦汉为止属于古代，三国以后则进入中世。

那么，中世的下限应置于哪里呢？从宇都宫教授对庄园的独特解释来判断，他认为隋唐当然是中世，宋朝以后也被认为是中世。但另一方面，从庄园被分为新旧两种类型来推测的话，也可能宇都宫教授认为中世到中唐为止，唐宋以后则是近世。这一点可能只能询问宇都宫教授了。

无论如何，宇都宫教授的这一说法是正确的：中唐以后的庄园本身近似于一个村落的形态，此前则并非如此。另外，中唐后庄园的耕作者几乎都是佃农，与之相比，以前的庄园里除了佃农外还同时存在奴隶，这种观点也大致无误。然而，新式庄园的佃农拥有较高的生活能力，相较之下，旧式庄园的佃农全家都向地主提供劳动，对地主的依附度很高，因此生活能力低下，那么佃农本身被分为新旧的依据又是什么呢？

据周藤吉之氏《宋代莊園制の發達》[3]一文可知，在中唐前和中唐后佃农对地主的依附度及生活能力的高低等没有太大差别，即使存在，也只不过是程度上的差别。不仅如此，宇都宫教授在讨论秦汉时代的上户、豪族时，并非完全没有考虑到所谓父权家长（Patriarchal）的支配，但他不认为当时的佃农是奴隶般的存在，反而认为"虽然他们穷困，但原则上，他们有独自的生活，有卖身、抵押、维持家庭或出售的自由，其生计独立于地主的经济之外"[4]。这样的话，"不同时代的佃农没有太大差别"这种说法，难道不是让他的观点更为合理吗？

附带一提，关于中唐以前的佃农，宇都宫氏认为他们与家族一同

1. 宇都宮清吉：《僮約研究》，《名古屋大學文學部研究論集》（5），1953年，第70页。

2.《名古屋大學文學部研究論集》（2），1952年，第10页。

3. 载《東洋文化研究所紀要》（4），1953年。

4. 宇都宮清吉：《僮約研究》，《名古屋大學文學部研究論集》（5），1953年，第36页。

为地主提供了劳动。虽然宇都宫氏并未明确说明，但如果当时真存在这种现象，那么此种劳动是作为地租的一部分被提供的，还是作为地租以外的东西提供的呢？如果能明白这一点就很有意思了。然而这一点尚未经过实证研究，我们都为此感到遗憾。

接下来，宇都宫教授认为中世从三国开始，又将古代的终末置于东汉末。关于这点，我想谈谈自己的见解。宇都宫教授称秦汉两朝为古代帝国，认为汉朝是中国古代社会形成的终极形态，在这个帝国内部产生的上户、下户制不断发展，终于在3世纪时完成了社会革命。但我认为，从春秋战国开始，私人的大土地所有制发展，因此产生了宇都宫教授所谓的上户、下户制的倾向，这是这一社会理所当然的发展方向。而在这一进程中，也就是在自耕农阶层较为健全的时期，以他们的大量存在为基础形成的正是秦汉两朝。所以，大土地所有制的发展或许是秦汉帝国的矛盾，但绝不是社会的矛盾，帝国的瓦解是社会发展的正常结果。另外，如果这样的社会进一步发展，应该说六朝门阀贵族的形成也是理所当然的趋势，不如说，将春秋战国到中唐看作一个时期，并将门阀贵族的形成期视作其巅峰的思考方式更为自然。而且，这或许也和从春秋战国到中唐所见私有奴隶的浪潮相呼应。从这层意义出发，我认为要把古代和中世的分界线追溯到春秋战国。

九

稍转换一下话题，在我的学生时代，学界尚有略微怀疑过殷墟是否真是殷代遗存倾向的。然而此后，殷墟科学调查、发掘的出色成果将我的所有疑虑一扫而空。而且在此期间，郭沫若氏等人对金文的研究也取得了极其出色的成绩。可以说，目前殷周文献学已取得长足进展，正有大量论文不断发表。然而，所谓殷周研究的繁荣只是中国学界的现象，而日本学界的研究却受到了很大制约，最主要的原因就是甲骨文、金文释读的困难。除了京都大学人文科学研究所的贝塚茂树博士外，几乎没有几人能充分利用甲骨文和金文。

我很遗憾自己无法释读甲骨文或金文，在中国学者相继发表的力作面前，我只能喟然长叹。不过通过大量的研究，想来必须承认至少西周已脱离了原始共同体时代。所以问题在于，西周是总体奴隶制的时代，还是应该归为封建制时代呢？我认同郭沫若氏的新旧见解，认为西周是总体奴隶制的时代。

对我而言，西周是总体奴隶制的时代一事终究还是假说，但现在立足于这一假说，并且根据我多少有所了解的秦汉隋唐的史实来判断，我尤为关注从春秋战国至较近的年代是一个时代，普通民众是君主的农奴或是隶农这一说法，虽然它在现在的日本学界似乎没有什么支持者。这一观点强烈地吸引着我。而如果根据这一论点，过往民众在整体上被视作奴隶受到支配，从春秋战国起逐渐被解放，虽然在中国的说法中被称作良民，但还不是自由民，而是整体上作为农奴或隶农，受到处于支配者阶层顶点之君主的掌控；另一方面，至中唐时还有相当多的官私奴隶，若借用宇都宫氏的卓越见解，可以认为从整体来看这些官私奴隶只是次要的。

我现在想暂时承认上述观点，但是为了更为彻底地厘清它，就多少有必要承认马克思"亚洲私有土地的缺失"与"地租和租税一致"的理论，而且需要通过秦汉以后的史料来加以证实。但是，究竟能做到什么程度呢？

秋澤氏在《中国社會構成》的第一篇第一章中认为，至少在春秋战国以后，中国土地私有的缺失和地价与租税的一致不过是神话，并表示了强烈反对。而且他认为，北朝及隋唐的均田法暂时阻止了奴隶制矛盾最终尖锐化，在确立绝对权力的物质基础的同时，保证了大土地所有者，同时也是奴隶所有者"豪家富者"的地位，另一方面又抑制了他们的势力膨胀[1]。而且，关于该均田法是否是国家封建制，秋澤氏说道：

> 　　均田制不是基于严格的国家土地所有者的国家封建制。
> 虽然在均田制中，也存在向良民收取租税这种具有封建地租
> 含义的情况，但是从整体来看，租税与地价属于不同的范畴。
> 一般而言，应该认为良民的租庸调是强化其奴隶性的租税收

---

1. 主要见秋澤修二：《中国社會構成》第313、314页。

取。即社会的基础是奴隶制[1]。

他虽然没有完全否定国家封建说，但最终认为，国家像掌握奴隶般地掌握了普通农民。然而就像之前介绍的那样，秋泽氏相信从秦汉至隋唐间存在极多的奴隶（曾认为西汉时代就有两三千万人），即使在唐代，奴隶制生产方式已经不占据支配地位了，但仍占有优势，他立足于这一错误见解，继续考察均田法。此外，与秋泽氏的观点多少有些区别，但直到最近仍有人认为国家像掌握奴隶般掌握了农民。这些说法全都立足于"春秋战国至中唐为古代社会"的前提，同时其中大多数人认为，过重的徭役劳动是奴隶制存在的证据。然而，奴隶与隶农二者间存在着狭义的农奴，沉重的徭役劳动归根到底应该是农奴的一个标志。

中田薰博士以及仁井田陞博士从法制史的立场，反对将均田法当作土地国有制或类似制度的论点。然而，仁井田博士在最近的论文《中國の家父長權力の構造》中指出：

　　中国的家父长权力，也就是家父长与家族间的服从关系，其规模扩展到了国家层面乃至全社会，君主占据了中国社会家族式结构的最高点，以"君主是民之父母"这种理念和关怀来进行权力支配。这就是所谓"家父长制的专制主义"。关于"民之父母"，例如《尚书·洪范》中有"天子作民父母，以为天下王"；在讨论对中国王土思想的理解时则常常引用《诗经》"溥天之下，莫非王土"。或许可以说，以"天子是民之父母"这一意识为媒介，所有主体一方亦有可能产生王土思想，但王土思想与所谓土地私有并不矛盾[2]。

此处，仁田博士根据黑格尔的看法，认为家父长制的专制主义被认为

---

1. 秋澤修二：《中國社會構成》，第321页。
2.《法社會學》（4），1953年，第15页。

是中国社会的根本特点，这当然会导致对黑格尔"在东洋只有一个人是自由的"这句名言的赞同。于是，作为"绝对者"的君主立于全国范围内家父长专制主义的顶点，以此拥有全部的国土，仁井田博士根据上述理解承认了王土思想的存在。同时，他在承认农民个别的土地私有的基础上指出"然而两者间并不矛盾"。但如果要从理论上解释为何不矛盾的话，就必然要接受马克思"国家是最大的地主"的理论，除此之外或许别无他法。

无须赘言，唐代的均田法给予成年男子（也就是给予一对夫妇）口分、永业共一顷的土地，相对的，也征收租、调、役、杂徭四种赋税。时人每年交租粟二石、调绢两丈及绵三两，服役二十日，杂徭四十日，故而负担相当沉重，同时这些也是国家收取租税徭役的大宗。当然在实际情况下，与其说是国家给予这些土地，不如说是允许普通农民在这种程度上实现土地私有，所以每个农民只是保有祖先代代所有的少量土地，土地的抵押和买卖并没有被绝对禁止。然而，尽管存在这样的不合理与矛盾，从法律整体来看，均田法呈现出这样的结构：将土地看作君主的所有物，允许民众使用、占有，但相应的，会收取租、调的实物地租与役、杂徭的劳动地租。而且考虑到每年的役和杂徭合计六十天，且百姓的居住自由也受到了限制，这样的话，我们可以坦率地承认，当时的普通百姓就是君主的农奴或隶农。

在东洋史学者中，有很多人将唐代均田法看作一种土地国有制度：此前有玉井是博教授与加藤繁博士，最近有曾我部静雄博士的名著《均田法とその税役制度》、铃木俊教授《唐代均田法施行の意義》[1]等。我在接受了这些学说的同时，也认为不仅是隋、北朝的均田法和西晋的占田、课田法，还要上溯到曹操时期开始的三国屯田法——这一点受宫崎市定博士《晉武帝の戶調式》[2]启发良多——以及王莽的限田法、西汉哀帝的限田策等，它们都是以君主作为最高土地所有者的家父长制专制主义的具体体现。另外基于这一观点，我想再度探讨秦汉及魏

---

1. 载《史渊》（50），1951年。
2. 载《東亞經濟研究》（19）；后收入《宫崎市定全集》第七卷，岩波书店，1992年。

晋南朝的租税、徭役和兵役制度。

十

以上，我以《关于中国史上古代社会问题的札记》为题，零零散散作了叙述，不过本文并非是为了介绍和批判现在盛行的关于各个时代和各王朝的细致研究及理论，而只不过是以自己的粗略想法为中心，回顾性地叙述一番，以供自己参考。另外，正是出于这种随意的心情，我在引用诸前辈同侪珍贵的成果时，自己没有实际进行研究，实为随意之作，请诸位海涵。

但若说我的札记多少有些特色，那就是不采取只看春秋战国后发展的大土地所有制中的生产方式变化——奴隶和佃农——就得出结论的方法，而是将通常多于他们的普通农民阶层作为更主要的对象展开论述。

另外，在我的设想中，春秋战国前中国是古代社会，从春秋战国以后到较近的年代是中国的中世社会，在这种条件下：（1）相对于中唐以前普通农民大多是君主的农奴这一特质，中唐后，普通农民作为君主隶农的特质是否日渐增长；（2）春秋战国以来，私家的佃农是农奴还是隶农等，仍有很多问题我也无法自己判断，故而附记于此，以祈得方家教示；（3）尽管如此，在以普通农民阶层这一庞大底流为根基的"中世"间，大土地所有制中也可以分出奴隶劳动的浪潮比较显眼与佃农劳动的浪潮比较显眼两个时期。而且，中唐以前的统治者阶层——士族富家大体上是奴隶的所有者，因此他们应该具备奴隶所有者的特质，有支配奴隶的倾向。另一方面，中唐后除了普通农民外，大土地所有制中代替奴隶的佃农大幅增加了。这样的话，中唐以前仍有可能残留着古代社会的色彩。

最后，由于农村共同体、家父长制的专制主义等理论往往没有经过实证研究，不如说，它们很容易变成各种历史研究之不足的避难所。然而最近仁井田博士在《法社會學》第4号上发表了《中國の家父長權力の構造》这篇重要的论文，为我们提供了一个有力的据点，实为幸甚。仁井田博士的论文向我们展现了中国家父长权力构造之复杂，以及测定其随着时代而变化的强弱程度之困难，同时也令我们不得不承认殷周研究越发不可或缺。

（昭和二十八年十一月完稿）

《札记》的补记

虽然从汉到中唐的贱人，即奴婢（相当于奴隶）和部曲客女（可说是半奴隶）中也有人被用于奢侈用途，但从整体来看，其中大部分人当然还是被用于生产用途或家事劳动。尽管贱人的总数变得甚难把握，但我推测，最多的时候也不会超过四五百万人，恐怕只限于二百万人左右。另一方面，只看统计数字的话，相当于士族与庶民（即唐代的良人）在汉代鼎盛时达到五千数百万人，唐代鼎盛时也有五千数百万人。因此相比贱人，良人在数量上占据压倒性优势。而被称为良人者十分之九以上是庶民，士族只有十分之一，如果将全体庶民视作国家君主的农奴，就可以理解他们缴纳的公课具有地租性质。

根据我上述的推断，从汉到唐是以农奴为基础的国家，即封建国家，属于中世的范畴，其显著特点在于庶民阶层总体上是农奴，因此可以称为中国的中世。

但是退一步来说，即使贱人是少数，但多的时候也达到将近二百万人，而且士族既是当时的统治者，又是土地贵族，几乎垄断式地占有了这些贱人，庶民（除极少数富家外）则无缘拥有贱人，在最坏的情况下，甚至自己都可能被迫沦落成贱人，如果只是简单地规定汉唐为中国的中世，总感觉有所遗漏。

假设如我所言，汉唐国家的基础是总体上为农奴的庶民阶层，那么士族们作为辅佐天子政治的官僚，应当被要求怀有中世意识，自己也应做了相应的努力。但是，士族自家也将大部分经济基础置于奴隶和半奴隶之上，至少在这点上——可以推测还有其他原因——士族们既是中世性的，另一方面也具备古代的统治意识。因此他们当然在朝表现为中世性官僚，在家或乡党则表现为古代色彩浓厚的主人，而这种情况显然会影响当时的政治或文化等层面，因此大而观之，在所谓中世之中，也可以发现相当多古代社会的因素。我所遗漏的就是这种情况。

我对到中唐为止的情况进行了如上分析，中唐时安禄山大乱爆发，以此为转折点，中国在许多方面产生了变化。在士族们的经济基础——大土地经营方面，这一时期的劳动主体明显由奴隶、半奴隶变成了农奴，随之亦出现了庄园的发达这一巨大变化。不必赘述，这一变化是去除根深蒂固地残留于统治阶层内的古代性意识，将之统一于中世性意识之下的重要原因。所以显而易见，当时的士族们无论在官场上还是在自家内，都具备完全的中世统治意识，这必然也会导致中国政治、文化的面貌更趋向于中世型的样态。

慎重起见略作补充，我记得以前有人注意到大土地经营方面劳动主体的变化，并以奴隶解放这样的西方词汇来表述、解释。诚然，由唐到宋的变化是经过漫长岁月才产生的现象，如果贱人中有作为佃农被解放者的话，那就还有仍为贱人者。此外，也有越来越多的贫困者出于无奈只能成为佃农，所以使用奴隶解放这样的词语是不恰当的，不如说这种说法可能是招致误解的根源。而宋代以后，贱人也因种种用途继续存在，其数量也不一定剧减。然而，他们已经不具备原本在生产方面的巨大意义了，在普通庶民每年不断增加的巨大数量面前，其身影日渐淡薄。

早先，著名学者内藤虎次郎博士提出，中唐后至五代宋初，中国社会发生了显著的变化，这应该被视为一种时代的变化。特别是在诗歌文章、美术工艺等文化层面，时代变化的样态清晰可见，任谁都会认同内藤博士的高论是不可撼动的。而"二战"后，席卷日本东洋史学界的所谓时代分期之争正是围绕着如何在世界史视野下解释中唐后至五代宋初的这种变化而展开的。众所周知，当时出现了两派说法。

即是说，一派断定这是从古代向中世发展的变化，另一派则认为是从中世向近代发展的变化。不用说，这里所谓的"古代、中世、近代（近世）"，与日本史学界及其他领域的惯用语不同，第一派明确地认为"古代即奴隶制社会，中世即农奴制社会，近代即资本主义社会"并加以使用，在第二派中古代的概念有异，此外大体相同。因此，将唐视作古代的终结抑或是作为中世的终结，两派的观点大相径庭，但对于唐宋间社会本身的变化，也就是出现了革命这一点，两派的意见都是相同的。但最重要的是，究竟国家社会有没有发生那么巨大的变革呢？我对此怀有疑问。此外，我还认为如果没有发生这种性质的变革，就称不上是革命。

十分抱歉，我讲了些乏味的内容，但作为叙述的一部分，我希望读者能忍耐并倾听下去。某个时代是古代、中世还是近代（近世），是根据各种各样的社会生产关系决定的，社会自身也会因此发生变化，在这一点上两派的意见大体相同。我将秦汉后判断为中世社会也是基于上述及的观点，即我认定国家与庶民全体的关系已变为君主和农奴的关系。但即便说是中世，中国的情况也和有大量封建领主的日本或欧洲不同，天子变成了唯一的封建领主，因此我将它称为"中国式的中世"。但自不待言，这又变成了中国天子"专制"程度之强的问题，所以接下来，我将话题转移到古代中国的所谓"专制"。

古代中国的"专制"是否在先秦时代以前就出现了呢？若果真如此，其原因是什么呢？这是中国史上重要的研究课题，也是国内外学者至今仍在讨论的问题，而我对"把'专制'看作贯穿中国史的一个特点"的说法颇有共鸣。可是，先秦及以前不是我的专业领域，所以我只把问题限定在秦汉后加以考察。

秦汉，特别是汉真正地统一了四海，其统治持续了四百年之久，因此无须赘言，天子展现出了前所未有的强大威势。天子之所以为天子，是因为借由五行说、天命说等的神授、神权论，天子被赋予了正当性，正如"天无二日"等词语所示，认为天子是唯一独尊者的观念日益发展，在汉代，天子成为了所有法律的源头，不仅其专制君主的地位已成绝对，各种学问的方向也据此确定下来。这已是学界共识，如今不必赘论。

然而汉代天子是否如我们的观念所示，是专制君主的化身呢？我们应当个别地对其进行观察。关于这一点，内藤湖南博士门下的高足冈崎文夫博士曾反对将汉代天子一律看作专制君主来探讨，而我在旧文《隋の天下一統と君権の強化》[1]中讨论了汉天子与郡县政治的理想状态，以及在本书主篇第六章第二节第三项论明了天子与士族的关系等，从结构性观察的层面证明了冈崎博士高论的正确性。就算汉代的士族是天子的政治协助者，但他们也仅是官僚，还未彻底臣服于天子，因此汉天子在很多方面不得不与士族的意向妥协。

想来，所谓的"专制"问题最终还是要归结到权力关系上，因此汉天子意图使士族成为自己忠实的官僚，长期以来君主握有统治权威，这一目标也随之趋于达成。但东汉末以来争乱相继，国家三分，西晋仅实现了片刻的统一，晋

1.《日本諸學振興委員會研究報告》特辑第4篇，1942年，历史学；后收入氏著《秦漢隋唐史の研究・下卷》第三部第三章。

室南渡后，政局陷入了最为险恶的状态。于是，作为士族尤其是大士族的贵族，趁君权衰微左右政治，政局发生了改变，甚至有人用"贵族政治"一词来形容当时的局势。但也如我的《札记》所触及的那样，君权衰微虽是事实，但当时的政治形态仍延续着汉代的天子专制体制，据当时臣下关于国事的上奏、上言可知，贵族虽然专横，但也盼望四海一统、君权恢复，绝非要自己取代天子组成掌权集团，这种情况也没有实际发生，因此以贵族政治描述说明当时的局势就会招致误解。妥善而言，当时的政治形态还是如以前一样是君主专制，只是天子的威权一落千丈。

当南方的诸王朝处于上述状况时，作为北方征服国家的北魏和继承了其体系的东西魏与北齐、北周采用了和汉人社会相同的组织，政治上却不允许贵族像南方那样肆意妄为，不仅君主专制得以贯彻，当隋吞并南朝再度统一天下时，天子的威势立刻复归秦汉旧貌。不如说，正如接下来要指出的那样，隋君主专制的体制比汉朝更为强势，并且这种状况持续到了唐代。

虽然不止一二项证据显示，到了隋朝，君主专制的程度在体制上得到了强化，不过在此只列举相对简明易懂的材料：一是旧稿《隋の天下一統と君權の強化》中所述的事实，即郡县官吏任职方式中反映出的专制强化。另一个是科举制。汉代以来有多种选拔官吏的方法，不过概言之就是推荐和恩荫两种，无论哪一种都重视士族的意向和门第的资格。隋虽然没有废除这两种方法，却加上了考试的方法，这就是所谓的科举制。当然，直到唐以后，作为官吏登用和资格审定的方法，科举制才发挥了巨大的效果，此后盛行于历朝历代。但国家采用科举制的目的，绝不只是因为长期实行的九品中正制度变成了维护贵族利益的傀儡，故要对产生的弊害进行矫正。正如宫崎市定博士在其名著《九品官人法の研究·科举前史》第三编余论中所言："而隋唐的科举制度则是克服贵族主义的生命力旺盛的制度……可以说同样的事情，不仅在选举方面，而是在所有的方面，汉和唐之间都存在着差异。"[1]无法掩饰的是，科举制的目的是将全体士族阶层置于君权之下，更强势地加以统治，我确信科举制与上文指出的地方官任职方式一样，其最大目的是君主专制体制的强化。

---

1. 见宫崎氏书第565页。此句的译文据宫崎市定著，韩昇、刘建英译：《九品官人法研究：科举前史》，中华书局，2008年，第349页。——译者注

如上所述，秦汉以后，中国的政治形态一直都是君主专制，只有程度消长和强弱之别，在唐到宋、元、明、清的变迁中也没有改变。可以推测，每一朝都各自从体制上强化了专制的程度，故而完全无须特地将宋朝的天子称为独裁君主，并认为其与诸前朝的天子间有质的差别。然而这一社会是古代、中世还是近代，当然应该依照各自时代的生产关系来决定，专制程度的强弱则是另一个问题。但如果天子是以土地和庶民为基础的封建君主，统治者阶层是所谓的土地贵族，庶民间有自耕农、佃农和半佃农的差别，但大部分是农民的话，那么我实在难以相信从唐到宋之间，发生了动摇国家和社会根基的社会革命。

概言之，我将从秦汉到隋唐和宋元明清间的时代视作中国式的中世，其中还分为几个阶段，到中唐为止是古代因素残存的时期，其后是统一于中世的色彩之下的、封建色彩更加浓厚的时期。与此同时，无论唐宋间发生了多么显著的变化，那也只是从中国自身发展的视角来观察的结果，但如果用"世界史的视角"这一战后的方法来观察，就会发现这不过是中国式中世内部所发生的变化，这难道不是一种合理的解释吗？

在本书即将出版时，我将再读《札记》的感受补记于此。如果要再略作补充，我用贵族一词表示士族中势大者或有名者，同时将其与被称为豪族、大家、名族者看作是同一类人，而不像一部分学者那样，将称为贵族的人和称为豪族的人区分对待。因此无论在什么时代，身为士族的、有庞大的权势和人望之人都可以被称为贵族。然而，随着君主专制的加强，通常连大士族都渐渐无法保有从前那样的庞大实力和声威，因此在这层意思上，应该可以与宋以后的士族（即士大夫中实力最强者）相区别，称中唐以前的大士族为贵族。

此外，观察隋统一天下后施行的各种统治政策，会发现其中有些制度在前朝时已被各自创立，以为权宜之策。要说的话，这些制度更多是基于古老的思想，它们在大一统的天子强权下被加以完善后施行，如均田法和府兵制。然而与此相反，也有些政策明显是在隋这一时间点上，经过新的思考后被采用的政策，比如从官吏任职方式中所见的君权强化，或是考试制等。然而这些与前者不同，经过隋唐，直到宋以后，它们都被长期沿袭，从这一点来看的话，早在隋朝的政策中，就可以看到中唐到宋之间所谓"变化"的线索。

另外，这篇《札记》和补记的写作是为了备忘，丝毫没有强加于别人的意思。试着将人类社会的发展分为古代社会、封建社会、资本主义社会诸阶段，对于理解社会变迁而言非常便利，也能寄托对未来的希望。然而不根据这种从西欧诞生的学说，而是认为亚洲应该有亚洲独特的发展方式，建立起不同的理论，认为应该根据这一理论来阐释亚洲并为之努力，这当然同样意义深刻。因此，最要紧的是每个人能遵循自己的方式，彻底地进行研究，这同时也会使得学问研究的水准一步步提高。今后，在追踪古代中国社会的发展时，最迫切需要的或许是阐明庶民阶层和君主、国家间的关系。换言之，就是如何了解庶民阶层的性质并加以认识。譬如我对庶民阶层性质的阐述，自然还只是一个草案而已。

　　还有，我在《札记》中称，唐代杂徭的服役天数是四十天，不过根据现在研究的进展，应该记作四十天或五十天，其理由请参考宫崎市定博士《唐代赋役制度新考》[1]和我的《唐の太常音聲人と樂戸、特に雜徭と散樂との關係》[2]。

---

1. 载《東洋史研究》14（4），1956年。

2. 载《山梨大學學藝學部研究報告》（13），1962年。

后　记

　　本书的原稿大致成型于已过去的昭和三十九年（1964）初冬，之后又在誊写上花了一些时间，不过其间最令我在意的还是我那生来拙劣的文笔。虽然我想做些什么改写一下原稿，但一旦开始做就没完没了了，而且我的健康状况终究还是无法承受这样的工作，所以最终，本书还是保持了草稿的样子。此外本书中，我谈到平日无比尊敬的诸大家的高论时，对其中极少数观点夹带了一些粗浅的意见，很担忧不知会不会有失了礼数的地方。若果真有失礼之处，因本书是所谓的试论，不过是为将来的研究所做的准备，恳求诸位念在这一点上稍加宽宥。不仅如此，我从未像今日那样热切地感受到从各位那里所受的深厚学恩，如果私见多少有值得采纳的地方，那一定都是学界整体进步的结果。

　　然而本书之所以能有幸被编入《東洋史研究叢刊》，全都仰赖尊敬的宫崎市定博士之盛情，从最初听闻宫崎博士的建议至今，已有五六年了。然而当时我已疾病缠身，原稿的整理无法如预计般顺利推进，只能坐看荏苒岁月的流逝，幸好余命仍在，今天甚至拿到了校样。我心中愈发感佩宫崎博士赐予的温情，同时，对出版事宜推进时，在各种事情上予我教示和照顾的佐伯富博士、猪熊兼繁博士、板野长八教授、鎌田重雄博士、酒井忠夫博士和其他诸位，我也必须致以深厚的谢意。此外，我也要深刻感谢包揽了从校正、核对引用文献到制作索引等所有繁杂工作的布目潮渢教授和大澤陽典氏的厚意与辛劳。

　　最后，本书出版之际，我从文部省得到了研究成果刊行费补助金，对本书这般困难重重的刊行过程而言，这正如久旱逢甘雨，我只能在此对文部省当局和委员会的诸位表示深厚的谢意。

昭和四十一年七月九日

濱口重國

译 者 后 记

　　濱口重國先生大著《唐王朝の賤人制度》的中译本，经历约十年时光，终于呈现在大家的面前。说到个人翻译本书的缘起，最初是由复旦大学徐冲先生邀约进行翻译，当时也爽快应承；然而正式从事本书的翻译工作后，才惊觉事情远比想象中困难。在阅读本书时，一方面感佩濱口先生学养深厚、逻辑思辨强、征引广博等特点，另一方面也为濱口先生的昭和前期文章风格所慑服，加上自身日语水平与精力有限，以及受前几年疫情等因素的交互影响，直至去年才初步完成译稿。

　　在上述背景下，自己能够坚持完成翻译，最需要致谢的是本书的校者，也就是日本金泽大学的安部聪一郎教授。从进行翻译工作之初，自己就经常向安部先生求教，安部先生也认真地提供了各种帮助，最后还应邀撰写本书的中译版序，介绍本书在日本的评价，在此衷心感谢安部先生在各方面的大力协助。除此之外，自己在翻译过程中也受到海峡两岸与日本等地诸多师友的支持与鼓励，心中一直抱持感激之情。

　　近年任职南开大学期间，在带领同学阅读日文史学名著的同时，也组织大家参与本书的后期各项工作，包括廖昀、洪景涛、李皖莹、孙兵、杨睿雯、张宇宁、霍晨铭、张辰彦等同学协助了译文的整理，此外还有王天昊、管圣昌、李佳飞、秦淅捷、贾心语、董秋实等同学帮助核对史料、润色字句等，特别是廖昀主导书稿的整合与校样工作，贡献良多，在此一并致谢。当然，一切文责由本人担负。期待本书的出版能对学界研究有所贡献。

　　另外需要对本书的翻译工作做出如下说明：

　　1. 文中提及的日本人名及日语论著，除特定用词外一律保留原名称，若为日语旧体字也保留原样，不改为现代日本通用字。

2. 原文所引书名中的"支那"一词一般改为"中国","北支那"则改称"华北","满洲事变"统改"九一八事变","日华事变"统改"七七事变","败战"统改"战后""二战后"等。引用书名中的"满洲国"加引号表示特殊含义。

3. 部分日本学术界专用名词或作者惯用语改为中文学术语境中较通行的表达,如"后汉""后魏"等改为"东汉""北魏",《北周书》改为《周书》,"则天武后"改为"武后",《三国志》中的《魏志》改为《三国志·魏书》等。

4. 关于原书所引史料的处理:(1)有通行点校或影印本的一律据通行本更改,以便翻检史料。(2)涉及濱口氏上下文论述的字或句读差异不作更改,以便理解原书的逻辑。(3)统一修改标点符号,有通行标点本的史料据通行本更改,其他则将濱口氏所作句读改为常用标点。

5. 原书个别史料旁有作者所注的日文片假名标记,这些标记主要是为了便于日本读者阅读、理解史料,故在译稿中略去,特此说明。

6. 原书多用括注或尾注,亦有个别附于文后的"补注",为阅读方便起见,现统一整理为页下注,并尽量增补征引文献的完整信息。

7. 原书有个别错字、漏字、序号错误、征引论著信息错误的现象,确定为原本编校错误者直接改正(另外参考了原书所增补的"正误录"),推测有误之处则加译者注说明。

王安泰
2023 年 3 月

编 者 后 记

日本学者在古代中国研究领域的深厚传统与显赫成绩大概已经是学界常识。不过与之相比，译介到中文学界的相关论著仍然是远远不够的。为此，我们编选了这套"日本学者古代中国研究丛刊"，希望能够对促进中日学界的相互了解、深化相关研究起到积极作用。

丛刊目前的规模为专著十一种。在确定书目的过程中，主要考虑以下两个重点：其一，侧重于汉唐间的历史时段。这应该是在古代中国研究的各专门领域中日本学者的优势和特点最为明显的阶段，对于中国学界来说极具参考价值。其二，主要以二战后成长起来的学者为译介对象。经历了战后左翼思潮的风行，这一代学者大致于1970年代登上学术舞台，并引领了其后二十年的发展潮流。当然，丛刊也希望能够保持开放性，未来还将继续纳入更多优秀的作品。

对于日本学者书中提及的日文论著，丛刊采取了尽量保持文本原貌的处理原则。包括日文人名、书名、期刊名、论文名中的日文汉字，均未转为中文简体，以便利中国学者检索相关文献。由此给读者带来的不便，敬希谅解。

在中国当下的学界环境中，专门学术论著的翻译出版并非易事。丛刊最后能够落实出版，要归功于海内外诸多师友的大力支持和热忱帮助。诸位原著作者对我们的工作均给予了积极回应，并在著作权与版权方面提供了很多协助。日本汲古书院、青木书店和朋友书店，台湾稻禾出版社和台大出版中心，也慷慨赠予了中文简体版版权。对于各位译者来说，数十万字的翻译工作耗时费力，又几乎无法计入所谓"科研成果"，非有对学术本身所抱持的热情不足以成其事。北京大学历史系的阎步克先生和罗新先生对丛刊的策划工作勉励有加。复旦大学历史系时任领导金光耀先生和章清先生为丛刊出版提供了至为关键的经费支持。复旦大学出版社的陈军先生和史立丽编辑欣然接受丛刊出版，史编辑在编务方面的认真负责尤其让人感佩。日本中央大学名誉教授池田雄一先生、御茶水女子大学名誉教授窪添慶文先生、京都府立大学名誉教授渡辺信一郎先生、福冈大学紙屋正和先生、中央大学阿部幸信先生、大东文化大学小尾孝夫先生、阪南大学永田拓治先生、鹿儿岛大学福永善隆先生、台湾大学甘怀真先生、成功大学刘静贞先生，复旦大学韩昇先生、李晓杰先生、姜鹏先生，武汉大学魏斌先生，首都师范大学孙正军先生等诸位师友，在丛刊的策划、版权、翻译、出版等方面给予了诸多帮助。在此一并深致谢意。

徐　冲

2016年元旦于东京阳境原

图书在版编目(CIP)数据

唐王朝的贱人制度/(日)浜口重国著;王安泰,廖昀译.—上海:复旦大学出版社,2023.6
(日本学者古代中国研究丛刊/徐冲主编)
ISBN 978-7-309-16516-6

Ⅰ.①唐… Ⅱ.①浜…②王…③廖… Ⅲ.①贱民-研究-中国-唐代 Ⅳ.①D691.71

中国版本图书馆 CIP 数据核字(2022)第 194269 号

唐王朝的贱人制度

[日]浜口重国 著
王安泰 廖 昀 译
[日]安部聪一郎 校
责任编辑/史立丽

复旦大学出版社有限公司出版发行
上海市国权路 579 号 邮编:200433
网址:fupnet@ fudanpress.com http://www.fudanpress.com
门市零售:86-21-65102580 团体订购:86-21-65104505
出版部电话:86-21-65642845
常熟市华顺印刷有限公司

开本 787×1092 1/16 印张 34.25 字数 493 千
2023 年 6 月第 1 版
2023 年 6 月第 1 版第 1 次印刷

ISBN 978-7-309-16516-6/D · 1137
定价:98.00 元